本书受上海市一流学科建设项目（B 类）资助（编号为 2013GXYLXKZZXGG）

政治学与国际公共管理丛书

二十国集团与全球治理

G20 GOVERNANCE FOR A GLOBALIZED WORLD

JOHN J. KIRTON

［加拿大］约翰·J. 柯顿 著
郭树勇 徐谙律 等译

上海人民出版社

丛书总序

党的十八大召开之后，中国的政治发展重点和外交取向发生了新的重大的变化。一方面，我国坚定不移地走中国特色社会主义的民主政治道路，在继续推进党内民主、深化行政体制改革的同时，明确提出了推进人大制度理论创新与实践创新，更加重视发挥民主协商的命题，为协调推进全面建成小康社会、全面深化改革、全面推进依法治国、全面从严治党提供更好的政治保障。另一方面，党中央统筹国内国际两个大局的思路更开阔、方式更新、力度更大，中国梦与世界各国的梦相通，“一带一路”倡议将中国发展与世界发展深度联结，上海合作组织、二十国集团、金砖国家和亚信会议等新兴国际组织将更多更好的中国声音、中国方案和中国智慧带给国际社会。由此，中国进入了推进改革开放、实现民族复兴、管理国际公共事务、维护与缔造世界和平的新时期。这些变化，正在形塑着中国和世界的面貌和秩序，其影响的深度和速度有时甚至超出了决策界和研究界的预料。

变化的实践需要变化的理论。变化的理论要解释变化了的、正在变化的和即将变化的政治实践，这种实践已经不单是一国的实践，而是具有一定的世界意义。这显然是一个宏大的世界性课题。研究之难，可以想象。它既要继续借鉴又要实质性地突破西方的话语体系，并对国际社会的结构与进程力争作出细致入微的考察；既要认真总结中国政治与行政实践经验，又要对实践起到指导或参考作用；既要坚持问题导向、面向未来，又必须对历史和现实的基本问题作出必要的说明，从而使得学术研究尽可能接近历史、逻辑和现实的统一。开展上述研究，需要中国与外国、中央与地方、政界与学界等各类专家的共同努力，需要政治学、国际关系和行政学等学科的交叉研究。

上海外国语大学有志于这方面的探索。承蒙教育部和上海市的支持和学界的厚爱，上外自20世纪80年代初在加强外国语言文学研究和区域国别研究的同时，开展了国际问题研究和政治学研究。1987年在上外召开的全国第一届国际关系理论研讨会，对上外的政治学与国际关系研究起到了重要的推动作用。进入21世纪以来，上外的政治学获得了长足的发展，除了国际政治本科专业、国际关系等6个专业硕士点之外，政治学一级学科博士点和博士后流动站先后建立起来，中东研究所、《国际观察》杂志等机构获得了全国性声誉，欧盟研究中心、二十国集团研究中心中外文化软实力创新基地等一批教育部和上海市研究基地影响日隆。2014年，学校决定成立国际关系与公共事务学院，进一步整合政治学研究力量，全面贯通政治学本科、硕士、博士与博士后的人才培养，并确立了在重点发展国际关系（国际政治、外交学）的基础上加快区域国别与比较政治研究、全球治理与国际组织研究、中外文化软实力与国际政治社会学研究的思路，通过发展公共管理支持政治学发展，把国际组织人才培养和区域国别人才培养等提上了政治学学科建设的新的议事日程。

这套政治学与国际公共管理丛书的宗旨，就是在此背景下为校内学者和校外协同创新专家提供展示上述探索成果的舞台。丛书将重点围绕比较议会、国际公共行政、国际组织（含联合国事务）、区域国别理论、中国学理论等领域，力图突出三个特点：一是紧扣党的十八大以来的中国政治发展和参与或主导国际公共管理的新发展、新趋势这个主题，以新的视角透视中国内政外交的新常态；二是更加注重总结中国政治的成功经验及其中国学意义，包括中央与地方在推进党内民主、创新人大制度、推进民主协商等方面的经验；三是鼓励研究中国参与或主导的国际组织(包括联合国)特别是新兴国际组织的发生发展及生态、文化、卫生、人力资源等相关的国际公共管理问题。为了做好丛书组织编辑工作，我们邀请了有丰富政府工作包括外交工作经验的专家进入编委会，为我们提供指导。我们希望，丛书能够为国际组织和区域国别研究提供理论支持，对从事外交和国际组织工作的同志提供参考，并为更好地在国际比较视野下开展政治学研究和公共管理研究积累经验教训。囿于时间与能力所限，难免在探索中考虑不周、出现差错不当之处敬请批评指正。

主　编

2015 年 6 月

中文版序

——从圣彼得堡峰会到杭州峰会

在我2013年版《二十国集团与全球治理》一书的中文译稿即将付梓之际，我谨在此对向本书翻译出版提供支持与帮助的诸多机构和个人表示由衷感谢。

首先，我要感谢上海外国语大学国际关系与公共事务学院（下简称"上外国关学院"）及其G20研究中心。上外国关学院及其G20研究中心是上海乃至中国开展二十国集团研究的重要智库，颇具发展潜力。长期以来，上外G20研究中心与多伦多大学G20研究中心保持着良好的合作关系。本书的翻译也是基于两个中心合作项目的重要工作之一，上外G20研究中心为本书的翻译和出版提供了人员支持和物质保证。因此，我十分感谢上海外国语大学的校长曹德明教授、副校长杨力教授和上外国关学院院长郭树勇教授，正是他们的有力领导和组织，我才能获得与他们合作的宝贵机会。郭树勇教授自从担任上外国关学院院长以来，亲自领衔本书的翻译，高效、高质量地完成了这项工作。在中国即将于2016年开始担任二十国集团轮值主席国之际，本书中文版的出版恰逢其时，相信会加深中国读者对二十国集团工作的了解。

由于英文版的原书篇幅很长，要将书中内容准确移译为汉语、传递给中文读者，这是一项充满挑战的工作。在此，我特别感谢由郭树勇教授和徐谙律博士领衔的翻译团队，他们花费了大量精力。除郭教授和徐博士外，翻译人员还包括：曾信凯、周义元、郭沁心、赵倩、宣昔池、梁晨、陆璐琰和张博昕。此外，我还要感谢阿什盖特出版社的柯尔斯滕·豪盖特和基斯·滕德罗两位同事，他们同上海人民出版社签订了译本的版权合同。

我的书在2013年出版时，对二十国集团从2008年11月在华盛顿举办的第一次峰会到2010年6月在多伦多举办的第四次峰会这前四次峰会进行了详细、系统的记述和评价；同时，书中简要分析了接下来的2010年11月首尔峰会、2011年11月戛纳峰会和2012年洛斯卡沃斯峰会。在书的末尾，我对二十国集团的未来做了展望。英语原版问世后，二十国集团接着召开了2013年9月圣彼得堡峰会和2014年11月布里斯班峰会，2015年11月的安塔利亚峰会和2016年秋的杭州峰会也在积极筹备中。近期峰会的举办或筹备过程进一步印证了我当时在书中对二十国集团未来的预测以及对二十国集团治理的体系中心模式的分析。因此，十分有必要在中文版问世前，对2013年至2015年的三次峰会的筹备与举办过程作一简要回顾，并对2016年杭州峰会可能作出的贡献作出展望。

2013年9月5日至6日，俄罗斯圣彼得堡峰会

二十国集团第八次峰会于2013年9月5日至6日在俄罗斯圣彼得堡召开并取得巨大成功。此次会议持续推进二十国集团峰会的成效，使之达到自2008年首次举办峰会以来的新高度。在波及范围广、亟待解决的重大安全问题上，二十国集团领导人组成了一个全球管理委员会，自觉、灵活、切实地发起应对行动。他们为解除叙利亚大规模杀伤性武器铺平了道路。与会各国领导人一致谴责2013年8月发生在叙利亚大马士革的化学武器袭击事件，指出该事件违反了国际基本准则。美国总统奥巴马和峰会主持人、俄罗斯总统普京就此事进行了双边会晤，就销毁叙利亚化学武器问题达成一致。

此外，在该次峰会的推动下，二十国集团制定了基于有效的中期财政巩固的持续发展战略。峰会重点关注就业、中小型企业、年轻企业家和新企业。其议程包括：加快推动金融监管关键领域的改革，将反对贸易保护主义承诺的期限延长至2016年，促进一项贸易便利化协定在当年12月的世界贸易组织部长级会议上签订，开启有利于投资的创新型融资工作，以及首次正式宣布经济的包容性和不平等性。在发展问题

上，圣彼得堡峰会为国际开发协会(IDA)筹措了资金，以补充其对世界最贫穷国家的赠款。在税收公平问题上，此次峰会致力于保证资金富足的个人和企业在这个全球化的世界中支付应付税款，同时也保证将尽快实现信息的自动交换和多边协定的共同遵守，以及早日为跨国合作的转移收入进行有效征税制定新规则。在组织机构上，峰会增加了一次财政部长和劳动部长的联席会议，并将成员国的商务工作、劳动工作、青年工作和国民工作纳入二十国集团的工作范围内，这是该集团前所未有的举措。

二十国集团参与全球治理的几个主要方面表明，圣彼得堡峰会取得了巨大成功。在国内政府管理方面，虽然仅有90%的领导人出席了此次峰会，但峰会公报对55%的成员国作了总共15次积极评价，为迄今举办的九次峰会中最多。在民主协商上，峰会发布的11份领导人文件的篇幅总共长达28 766字，总字数也达到历次峰会中的最高。在常规性的方针制定工作中，虽然其就民主所制定的15项肯定性方针仅在历次峰会中位列第五，但峰会就人权问题制定了三项肯定性方针，在历次峰会中位列第二。在决策方面，峰会作了281项承诺，数量在历次峰会中位列第二，仅次于2011年戛纳峰会的282项。在承诺的兑现上，通过各成员国履行其首要承诺，承诺兑现平均比例达到71%，在历次峰会承诺兑现情况中位列第四。在全球治理的发展这项工作中，峰会对二十国集团内部的机构作了190次援引，领跑历次峰会的援引数量，而对集团以外的机构所作的237次援引在历次峰会中位列第二。

二十国集团圣彼得堡峰会之所以取得如此巨大的成功，其重要助推因素在于中国产生的新一届领导集体。圣彼得堡峰会是新上任的中国国家主席习近平首次在这一国际舞台上亮相。他在会上的言行体现了他的执政重点及其对二十国集团的观点，意味着中国将在二十国集团中发挥愈发重要的影响力。习近平主席将二十国集团视为一个重要平台，认为这个平台能为发达国家与发展中国家提供共同商议国际经济事务的机会，为中国提供加强与诸如拉丁美洲、金砖国家等新兴经济体的双边和多边关系的机会，能帮助中国在政治安全问题上选择谨慎而明确的立场，并为中国在国际舞台上阐明其经济和发展原则提供契机。在圣彼得堡峰会上,中国再次为用于发展的全球公共物品提供资金支持,向国际开发协会第17次筹款提供3亿美元供其2014年至2016年的开发计划;而此时,西方国家的资金援助正在减少。这是中国对此类多边组织提供的数额最大的赠款。此外,中国在继续强调国际货币基金组织改革和推动人民币加入该组织特别提款权一揽子货币进程的同时,进一步接受了相互评估程序(MAP),并开始着手推动政策协同改革。

2014年11月15日至16日,澳大利亚布里斯班峰会

相比而言,2014年11月15日至16日在澳大利亚布里斯班召开的二十国集团第九次峰会是迄今为止成就最小的峰会。此次峰会的主持人是澳大利亚时任总理托尼·阿伯特,他是唯一从未参加过二十国集团峰会或类似峰会的领导人。

布里斯班峰会受到了最新爆发的安全威胁的影响——俄罗斯总统普京批准乌克兰的克里米亚地区加入俄罗斯联邦。然而峰会拒绝明确指出受到这一影响,仅是在总结性的公报中指出,“威胁依然存在”,包括由“地缘政治造成的紧张局势”,但对当前阻碍全球发展的最大威胁——俄罗斯在乌克兰的所作所为——只字不提。此外,峰会也未提及当时的第二大地缘政治威胁——“伊斯兰国”(IS)极端恐怖组织在中东地区残酷的种族屠杀。

布里斯班峰会的核心议题是其将未来五年的全球增长率在2013年10月估测的基准线上额外增加2%以上的计划。然而,与会各国领导人既没有以个人名义对这一目标表态,又没有承认增长率的基准线在下降。甚至连这个额外增加2%的目标能否实现也取决于各成员国能否全部兑现它们在《布里斯班行动计划》中所作的将近1 000项承诺。峰会也没有增加切实有效的问责机制来保证这些承诺如期兑现。

在基础设施上,与会各国领导人支持其部长和政府官员的工作,在现有的世界银行集团的全球基础设施基金(GIF)的基础上,成立了“全球基础设施中心”(Global Infrastructure Hub)。在就业问题上,与会各

国领导人提出，需要保证共同增长，减少不平等现象。他们就降低青年失业率、鼓励创业、改善工作环境安全与健康等问题作出重要承诺。他们还保证提升女性就业参与率，即到2025年使女性就业率提升25%。这是二十国集团首次针对女性参与就业问题作出承诺。

在金融监管方面，二十国集团领导人欢迎金融稳定委员会关于要求全球系统重要性银行增加吸损能力的建议，同时也欢迎“在增强主权债务重组有序性和可预见性方面取得的进展”。二十国集团在确保国际税收体系公平和建设反腐败合作网络这两方面也相似地采取措施，承诺在给定时间内提高受益人所有权透明度。在贸易方面，二十国集团领导人提出将努力保证双边、区域和诸边贸易协定互为补充，重申反对贸易保护主义、减少监管负担，并将全面、迅速落实2013年在圣彼得堡峰会上提出的贸易便利化协定。

在国际金融机构改革方面，美国已批准国际货币基金组织的份额和治理结构改革方案，但这一改革在目前由共和党控制的美国参议院仍未得到落实。在如何使美国最终推动落实改革的问题上，二十国集团在峰会上并未提出切实有效的方案。在发展问题上，二十国集团仅在公报中用短小的一段提出降低全球侨汇平均成本、保障粮食和营养安全，并表示支持联合国就制定富有雄心的2015年后国际发展议程开展工作。然而公报中并未明确二十国集团将如何支持联合国的工作。

在能源方面，中国和美国成为两大主导力量。与会各成员国领导人核准了包含11项内容的《二十国集团能源合作原则》，并要求成员国的能源部长召开首次会议。他们就提高能效、控制气候变化的具体措施形成一致意见。他们还重申了逐步取消化石燃料补贴，但没有明确将如何在2016年期限到来前全面兑现这项2009年的承诺。

中国和美国同样主导了气候变化的议题。二十国集团领导人鼓励各国通报其对限制碳排放的自主决定所作的贡献，并支持为绿色气候基金动员减缓和适应气候变化的资金。上述贡献是在峰会尾声所作。各国领导人也承诺，将共同努力，在2015年12月的巴黎联合国气候变化大会上，形成一个能够有效控制气候变化的新框架公约。

二十国集团在此次峰会上首次直接提出通过重大措施应对全球卫

生问题。峰会在公报中单独列出一段，对在西非国家爆发的埃博拉疫情表示关切。作为峰会议程的扩大事项，二十国集团领导人呼吁国际金融机构帮助“包括中东地区在内的受影响的国家应对埃博拉疫情和其他人道主义危机带来的经济冲击”。

通过系统分析布里斯班峰会的各项工作，我们可以看出，此次峰会在迄今为止的九次峰会中成就最小。在历次峰会中，其公报中对成员国所作积极评价的次数位列第三，领导人文件数量位列第二，承诺数量位列第三，其中有关问责的承诺数量位列第一。尽管如此，出席此次峰会的领导人数量在历次峰会中最少，其公报总字数位列倒数第三，针对民主和人权制定的肯定性方针数量最少，在发展全球治理问题上，对二十国集团内部的援引数量位列倒数第三，对其他外部国际组织和机构的援引数量位列倒数第二。在峰会召开六个月后，其首要承诺的兑现率仅有63%，比圣彼得堡峰会低整整5%。截至2015年9月，《布里斯班行动计划》中仅有三分之一的承诺得以兑现。

2015年11月15日至16日，土耳其安塔利亚峰会

二十国集团第十次峰会定于2015年11月15日至16日在土耳其安塔利亚召开，由土耳其总统雷杰普·塔伊普·埃尔多安担任峰会主持。2014年11月14日在布里斯班，在格里菲斯大学承办的二十国集团课题组于峰会前召开的研讨会上，土耳其总理阿赫迈特·达乌特奥卢在他的主题发言中宣布了安塔利亚峰会的议程。达乌特奥卢在发言最开始，通过2008年金融危机和全球气候变化的例子，突出强调各国之间的相互依存关系。同时，借助土耳其靠近叙利亚、利比亚靠近乌克兰的例子，他也强调了世界各国的地理关联，并呼吁通过政治经济的方法正确面对各国的在功能上的关联。

达乌特奥卢指出，二十国集团是规范各国国内金融体系和世界金融结构、有效应对危机、积极建立更优越体系和推动世界经济重组的合适平台。由于其具有非正式、灵活和成员之间相互尊重的特点，二十国集团能够自主制定其会议议程、自由提出创建。土耳其将通过共识和

包容做到这一点,并同时欢迎非二十国集团成员国参加峰会。由此,安塔利亚峰会成为讨论埃博拉疫情、艾滋病问题、移民和难民问题的恰当场合。安塔利亚峰会延续了二十国集团多年来形成的固定议程,但同时也设立了其自身的七项重要议题。

第一项重要议题是发展。峰会将发展与最贫穷国家纳入峰会将讨论的所有话题。在这个高度联结、流动性强的世界,光是出于这个原因,最贫穷国家的人民就能流动到世界各地。由于认识到贸易能够增加就业、维护社会稳定,安塔利亚峰会将贸易视为第二项重要议题,包括多边和区域自由化问题。第三项重要议题为就业,其核心问题是创业、女性和青年就业。提高就业是促进经济增长和维护政治稳定的重要因素。中小型企业是第四项重要议题,发展中小型企业在保证就业和发展过程中发挥着关键作用。

安塔利亚峰会的第五项重要议题是能源问题。在现代的全球化经济中,能源是不可或缺的;然而当今世界,有五分之一的人口过着没有电的生活,26 亿人仍然在使用有机燃料做饭。作为创造就业机会、发展中小型企业和保证能源供应的核心因素,投资成为安塔利亚峰会的第六项重要议题。

投资、执行和包容很快成为安塔利亚峰会的总体主题。土耳其在部长、峰会筹备官和政府官员等不同层面多次召开筹备会议。与以往峰会相似,部长级会议主要在各成员国财长和央行行长中举行。此外,五月和七月,土耳其召集了各成员国农业部长,举行了会谈;9 月 3 日至 4 日召集劳动部长开会,并于 9 月 5 日与财长和央行行长举行联席会议;10 月 2 日将组织召开能源部长会议;10 月 5 日将召开贸易部长会议。安塔利亚峰会的四次筹备官会议分别安排在 2014 年 12 月 1 日、2015 年 3 月 26 日、6 月 16 日和 10 月 13 日举行。

2016 年,中国杭州峰会

中国为峰会所作的准备工作正在逐步展开,外界越发关注作为 2016 年二十国集团峰会轮值主席的中国将有何作为。人们对杭州峰会有较高的期待。自 1999 年二十国集团创立至今,中国一直在其中扮演谨言慎行、不断成长的主导者角色。在 2016 年峰会的准备过程中,中国在默默积蓄力量,将以前所未有的领导和组织力度主办此次峰会。峰会将以二十国集团既有的议程为基础,增加中国自己的提议,提出全球治理体系的结构框架,从而应对其二十国集团合作伙伴共同面对的诸多危机。目前,中国本身正在遭受危机的直接影响。这些危机源自希腊和乌克兰的金融动荡,以及中国自身在 2015 年夏季开始放缓的经济、急剧下跌的股票市场和持续贬值的货币。此前,中国强劲增长的相对能力引领中国为二十国集团参与全球治理、帮助世界走出困境作出了重大贡献。2016 年的焦点有所转变,人们更加关注正在面临越发显著的危机的中国将如何更大限度地发挥组织领导能力,为其本国以及这个高度关联的世界寻求利益。

中国副总理张高丽在 2015 年 6 月中旬圣彼得堡举行的国际经济论坛上首次公开披露了杭州峰会的议程计划。议程首先提出推动世界经济增长和维护国际金融市场稳定。在接下来的内容中提出坚持公平公正、包容有序,推动完善全球经济治理体系,指出中国支持联合国及相关机构在全球治理中发挥基础性作用,切实提高新兴市场国家和发展中国家的代表性和发言权。张高丽副总理还提出,中国将加强宏观经济政策沟通和协调、反对贸易保护主义,欢迎相关国家参与其“一带一路”合作发展倡议,欢迎世界各国“共襄盛举”。中国将坚持结构改革,大力加强创新能力建设,推动科技革命和产业变革,从而促进经济持续稳定增长。

2016 年峰会的最终议程将以二十国集团全体成员的共识为基础,在广泛征询集团内外意见后确定。到目前,越来越多的事实表明,中国一贯谨慎、如今持续增强的领导能力足以帮助 2016 年杭州峰会取得巨大成功。

结　语

综上所述,2013 年后召开的几次二十国集团峰会各项工作表现总体上印证了我在本书中提出的二十国集团治理的体系中心模式。本书在 2013 年出版时,研究二十国集团的书籍鲜见,而且无人对二十国集团的运作方式系统地作出具体描述和研究。而如今已出版了十余本有关二十国集团的专著和论文集,但针对这些重要的学术问题所做的研究依然十分少见。因此,本书的中文译本是供今后二十国集团研究者参考的不可多得的宝贵资料。最重要的是,在中国通过主办 2016 年二十国集团峰会,逐步发挥对集团的主导作用之际,此中文译本的面世让本书拥有了更多的中国读者,同时也让中国读者对二十国集团有了更深入的了解。

约翰·柯顿

2015 年 9 月 10 日于加拿大多伦多

序 言

十余年前，我还在钻研八国集团时，就萌发了撰写本书的念头。那个时候，亚洲爆发金融危机，继而在 1997 年至 1999 年席卷全球；1999 年，七国集团财政部长和八国集团的领导人同意成立一个新的国际组织，即二十国集团财政部长和中央银行行长论坛，这是八国集团在全球治理方面取得的最新成就。进入 21 世纪，国际社会日益担忧全球化治理问题。2001 年 9 月 11 日，阿富汗境内的基地组织对美国发起恐怖袭击，引发了国际社会关于如何打击恐怖主义的迅速关注。在这两种情况之下，新诞生的二十国集团引起了我的特别兴趣。后来，我将二十国集团研究加以拓展，开始涉足全球治理的合法性和有效性问题。到 2005 年的时候，我对二十国集团参与全球治理的第一个五年情况进行了系统的评估。这个评估与之前的全球治理合法性、有效性研究，蒙受学者、学生和有关方面的厚爱，时至今日还常常被引用援证。这提醒了我，不能把对二十国集团的研究驻足于半途，它值得进一步探幽发微。

然而，在那个十年中，我又将注意力一度转向了八国集团，想搞清楚它在峰会上以及治理体系方面如何接纳新兴国家和国际组织。2005 年，这个接纳过程中发生了一个巨大的飞跃，因为这一年巴西、中国、印度、墨西哥和南非组成的五国集团参加了八国集团领导人的格伦伊格尔斯会议。后来，2007 年有了官方层面的“海利根达姆进程”，2008 年召开了八国峰会的主要经济体论坛，而 2009 年则将追求更加广泛多样参与的努力引向高潮。

2008 年秋天，肇始于美国的全球金融危机。在这之前，我就又把注意力转回了二十国集团。我先是创立了一个独立的二十国集团研究中心,接着在巴西圣保罗召开年度秋季财长会议之际,与马德琳·科克(Madeline Koch)一起主编了一本纪念二十国集团治理十周年的书。就在那本书出版前夕,二十国集团在2008年11月14日至15日在华盛顿召开了第一次峰会。后来的峰会就密集地举行了。本书所记录会议的时间节点为2010年6月26日至27日在多伦多举办的第四次峰会。此次会议结束前,我已围绕二十国集团撰写了50篇文章、书的章节和主编的论文集。然而,在我从事上述研究的过程中,我沮丧地发现,全世界针对二十国集团的评论如潮水般涌至,但是,还没有一部令人信服的专著能全面、连贯、详细地讲述二十国集团的发展历程。而关于二十国集团的定位,2009年9月匹兹堡峰会上其领导人宣称,它是全世界永久性的首要国际经济合作论坛。这就是我撰写该书的渊源。

关于视角和方法

这本书致力于成为第一本全面深入、独立客观地分析二十国集团的权威性著作。它研究的起点是1999年召开的二十国集团财长和央行行长级别会议,终点是2010年多伦多峰会。它避免像一些畅销书或广泛流传的项目成果那样,只顾给二十国集团领导人提出政策建议,或者批评二十国集团运作方式发生了偏差。它也不是一本从内向外简洁地记述二十国集团自身有价值的历史的著作,将历史截至到这个组织尚未发展为峰会的2008年为止,于当年出版了事。相反,这本著作借用了国际关系与全球治理的最好的概念和理论,对二十国集团治理以及集团本身进行了论述。

要实现这个目标,要求我比那些提出过无数的建议、倡议,从事过评估任务的人们提供更多的证据。为获取这些证据,我旁征博引了关于二十国集团的学术著作、智库的分析报告、会议组织者的出版物、参会者的传记作品、政策评论,更重要的还有报纸和其他新闻报道。此外,本书还得益于1999年至2011年之间我们与二十国集团的主管人员进行的100多场个人访谈和政策座谈,其中的一些主管人员参加过草案的制定与评议。我们还访问了二十国集团中几乎所有成员国和多边国际组织的有关官员，从领导人级别到部长级别、副部长级别，等等。还是用那句名言，我只是站在巨人的肩膀上。巨人们做了大量、不可或缺的即时或前期分析，在这些基础上，我才能够开展旨在理解和说明二十国集团及其运作的有关研究工作。因此，我在每一章开头，先总结一下前人的观点，然后再开始我的分析，这样既便于读者了解为什么我的分析是符合现实与逻辑的，也便于他人自己判断哪一种分析观点更能令人信服。毋庸置疑，在研究初期，由于档案没有开放，实践者也没有通过出版物讲述所有的真相，因此，很多重要的内容遗失了。但是，我为这本书收集的文献资料足以达到目标，首次为当前二十国集团治理提供了最全面、最可靠、最详实、最独立、最学术化的解释，并为他人将来循此道路对二十国集团进行更好的解释奠定基础。本书无意于流芳百世，它仅是抛砖引玉，翘首以待更优的佳作。

致　谢

在我撰写本书的过程中，许多人慷慨相助。他们的帮助，各式各样，不计其数。我首先应当感谢二十国集团领导人、财政部长、央行行长及其随行官员，以及他们在世界主要国际组织中的同事，他们同意接受我的访谈，修改书稿的有关章节，为本书的付梓加油鼓劲，不只一次地施以援手。我还要感谢 NEWSDESK 媒体，它准许我把过去和当前二十国集团实践者们的成果收入到我与他们联合主编的论文集中，还把这个论文集印发给二十国集团召开的每一次峰会。能够与柯尔斯滕·豪盖特、玛格丽特·杨格以及他们在阿什盖特出版社的同事合作，是一次愉快的经历，他们总是能够给合作者以美好的回忆。阿什盖特出版社乐意答应我借用我过去发表过的成果，对此，我表示十分欣赏。我还要感谢加拿大大使馆、学术联系项目，以及包括比利时、土耳其、韩国、印度尼西亚等国在内的有关国家的学术伙伴给予的重要惠助。这些国家接待了我有关的访问，使我有机会接触二十国集团的官员，而正是这些官员帮助我扩大视野，让我对二十国集团的运行情况有了更加全面的认识。美国斯坦利基金会的戴维·肖尔和他的同事给我特殊的帮助，他召集了多个工作坊并邀请我参加，在那里我有幸与一些关键人物和观察家自由地交流关于二十国集团的信息和观点。

我格外感激多伦多大学的同事们。多伦多大学是全球治理网络研究的发源之地和中枢重镇，这里的学者、学生和教授们组成了二十国集团研究小组，并对我提供了难得的支持。彼得·哈尔哈伊诺尔教授、埃拉·科科特里斯博士、米歇尔·威尔逊阁下、伊凡·萨维克、凯瑟琳·科特里斯、利达·普雷马以及桑德拉·拉穆在许多重要方面给予我帮助。卡罗尔·穆尔是多伦多大学图书馆馆长,主办了二十国集团信息中心网站。琳达·科尔曼是约翰·格拉姆图书馆的馆长,她管理着八国集团和现在二十国集团的档案、阅览室、图书资料以及会议物品。路易斯·波利教授在担任国际研究中心主任和芒科全球事务学院研究副院长期间,先后向我提供了大量高水平的建议和及时的帮助,并提醒我必须遵循学者有义务遵循的高标准、严要求。我在芒克学院共事合作的乔·旺格和杰夫·科普斯坦等一系列学者,对我的需求总是有求必应。三一学院教务长安迪·奥查德、院长德里克·艾伦、财务主管杰弗里·西伯恩、鲍勃·博特韦尔,以及国际关系项目主任梅里·麦克唐纳,他们都是我从事研究的力量支柱和后勤支撑。我所在的政治科学系的系主任戴维·卡梅伦也给我至关重要的扶持。西姆库大厅(Simcoe Hall)的主席戴维·内勒和他的团队向我提供了全球性的战略视野和领导,这些视野与领导对于我的工作发挥了关键作用。我还得到多伦多大学之外许多朋友的支持,安德鲁·库珀和约翰·英格利希给我出了不少好点子,提供了重要的材料。我的二十国集团研究中心的主要研究伙伴们也给了我同样的知识和物质上的帮助,特别是罗马的保罗·萨瓦那、布卢明顿的米歇尔·弗拉蒂安尼、华盛顿特区的多梅尼科·隆巴迪、莫斯科的玛丽娜·拉里奥诺娃、根特的德赖斯·勒萨热、首尔的李东伟(音)、上海的朱杰进和北京的徐婷。

我要把最诚挚的感谢送给希瑟·基奇和艾雷尼·埃雷马,他们先后在2010年夏天和2011年夏天这两个成书的关键时刻,担负了本书的主要研究工作。在二十国集团治理夏季读书班上,马里萨·塞姆基、索菲·兰洛伊丝和亚历克桑德拉·苏萨克与我进行了学术交流,其间给了我源源不断的灵感。扎里亚·肖、罗宾·伦诺克斯、卡罗琳·布拉赫特、玛丽亚·马奇夏伊恩、瑞安·希尔莫尼厄克、朱莉娅·库利克不辞辛苦地工作,为本书附录提供了数据资料,并参与了不少其他工作。研究主管詹尼利·古伯特以及二十国集团研究中心执行主任马德琳·科克一直坚守岗位,一旦我遇到难题,就会鼎力相助。

如果二十国集团本身没有被设计出来并得以创立,没有通过正确的方式引领,未能取得今天峰会层面的成功的话,那么,这本书也不可能撰写出来。尽管很多人为二十国集团的创立与发展作出了贡献，但是这一切的最终发生碰巧与两位智者有关。他们拥有远见卓识和过人智慧，两人珠联璧合、精诚合作，将二十国集团的构想变成了现实。正是基于这个原因，我将本书奉送给加拿大的保罗·马丁阁下和美国的劳伦斯·萨默斯阁下。

约翰·柯顿

2012年8月于莫里森湖米尔岛

目　录

第四部分　创建峰会俱乐部:2008—2010 年

第五部分　结　　语

第一部分

二十国集团治理:一种分析框架

第一章
导论

二十国集团治理的意义

1999年12月15日至16日，国际体系内最重要的19个国家和欧盟的财政部长和中央银行行长齐聚柏林，首次召开二十国集团（G20）会议（Kirton，2001a，2001b）。此次会议的召开是为落实国际社会的一项决定。1999年早些时候，七国集团（G7）的财政部长和八国集团（G8）的领导人均同意并决定创立二十国集团。这一决定源于两位人士发起的一项倡议。其中的一位是七国集团中的最小国家加拿大的财政部长保罗·马丁（Paul Martin，2008），另一位是七国集团中的最强大国家美国的财政部长劳伦斯·萨默斯（Lawrence Summers，2008）。马丁、萨默斯和他们的同事作此决定，旨在应对源于亚洲、继而蔓延至全球的金融危机。1997年7月，亚洲金融危机肇始于泰国。不到年底，这场危机就已席卷印度尼西亚和韩国，1998年8月扩大到俄罗斯，9月波及美国，导致对冲基金美国长期资本管理公司（LTCM）破产，最终于当年秋天殃及巴西。这种连锁式危机表明，在金融日益全球化的时代，无论是七国集团、八国集团，还是国际货币基金组织（IMF），都不能仅仅依靠自身的力量维护世界金融稳定。在马丁和萨默斯看来，世界需要一个成员更广的永久性新组织，由守成国家和新兴国家组成，以委员会的方式为全球金融和经济掌舵。他们认为，这个集团的每个成员国应地位平等，为全球事务共享基本公共物品。被选作成员国的所有国家一致同意加入这个新组织。这样，在20世纪即将落幕之际，二十国集团在财政部长和中央银行行长层次上成立。

将近十年之后，2008年11月14日至15日，上述19国和欧盟的领导人在华盛顿特区召开二十国集团第一次峰会。与1975年六国领导人共同发起七国集团峰会一样，本次会议同样由法国发起、由美国主导。直接提出召开二十国集团峰会倡议的是法国总统萨科齐（Nicolas Sarkozy）；其前辈德斯坦（Valéry d'Estaing）是七国集团峰会的发起者，并于1975年11月主持召开七国集团第一次峰会。召开二十国集团峰会的倡议一经提出，就得到美国小布什政府的支持。正如1975年那样，美国再次坚持要求扩大集团成员国范围，而不是将之限制为仅由欧洲和大西洋沿岸国家组成的老牌俱乐部。美国这样做的目的是动员新兴的全球性大国贡献力量，有效应对当今世界错综复杂的危机。2008年10月，美国总统小布什（George W.Bush）决定，新一届峰会不但要邀请八国集团成员和其他几个国家的领导人，还要邀请已参加二十国集团财长和央行行长论坛的成员国的领导人；同时，小布什决定，峰会由美国主持召开。就像10年前各成员国财长和央行行长赞同召开二十国集团会议一样，二十国集团的领导人也一致同意参加这次峰会。这些领导人坚信，世界各国需要共同应对这场始于美国，后肆虐全球的毁灭性金融危机。这场危机最早爆发于美国中小企业的抵押贷款市场，继而蔓延至华尔街，后来席卷大西洋彼岸的欧洲。上述金融动荡表明，有必要建立新的峰会层次的全球治理中心，以维护金融稳定，促进经济增长，推动贸易自由化，加快贫困国家和地区的发展。这些目标本来已经是七国集团或八国集团峰会议程事务的重中之重，但是，现在需要更加广泛的二十国集团来有效实现。处理危及全球体系的危机，需要国际社会更大的参与性和参与国更大的平等性，这已经超出了七国集团或八国集团的能力所限。总起来看，二十国集团成员国涉及全世界65%的人口、80%的贸易和85%的国民生产总值（GNP）。

在华盛顿召开的二十国集团第一次峰会确立了抑制金融危机和经济危机的指导思想，提出了遵循指导思想展开合作的途径，并作出落实指导思想的具体决定。峰会成员国同意在四个月后再召开一次后续峰会。2009年4月1日至2日，第二次峰会由英国首相戈登·布朗（Gordon Brown）在伦敦主持召开。这次峰会使许多人得出了这样的一个结论，新的领导人层次的二十国集团应当也将会成为强化、对抗甚或替代七国集团或八国集团的永久性组织，成为 21 世纪的全球经济治理中心。2009 年 9 月 24 日至 25 日，刚上任的美国总统奥巴马(Barack Obama)在匹兹堡主持召开了二十国集团第三次峰会。会议进一步推进第二次峰会的成效，宣布二十国集团此后将成为加强其成员国之间国际经济合作的永久性领导人层次的论坛。2010 年 6 月 26 日至 27 日，加拿大总理史蒂芬·哈珀(Stephen Harper)在多伦多主持召开了二十国集团第四次峰会。会议强调，为了应对和扼制刚刚在欧洲爆发并正在影响全球的金融危机，二十国集团有必要继续频繁地召开此类峰会。此次欧洲金融危机由急剧增长的希腊主权债务引发，其波及面迅速扩张，致使欧盟的强大力量也无法控制，从而演化成十多年来第三次全球金融和经济危机。

不同流派关于二十国集团治理的观点

世界主要国家的领导人很快认定，在现有的或者目前可设想的所有国际机构中，二十国集团最适合担负起领导全球应对 2007 年至 2010 年间发生的金融危机的角色。一种分析表示，那些领导人认为，二十国集团在创立的第一个十年间，其财政部长和央行行长论坛取得了成功，并认为二十国集团在更高层次的峰会上同样取得了成功。回顾这十年，二十国集团似乎已成为公认的促成占主导地位的经济强国群体建立新格局的国际机构，其宗旨是适应全球化快速发展、命运和利益更为攸关的世界形势的需要。另一种分析认为，二十国集团成立初期，其运行存在严重缺陷，因为与 1997 年至 1999 年的危机相比，2007 年至 2010 年的金融危机传播速度更快、波及范围更广、影响程度更深、爆发时间更同步、社会破坏力更强；而且，二十国集团财政部长和央行行长合力稳定金融秩序之后仅十年，就爆发了 2007 年至 2010 年的金融危机。这些缺陷极为严重，简单地将论坛升级为相同成员国领导人层次的峰会并不足以克服它们。

对于金融安全、经济前景和百姓生活受 2007 年至 2010 年危机及其后果重创的国家而言,判断上述两种观点究竟哪种更合理显得极为重要。同时,对于研究二十国集团及其他非正式多边峰会制度的国际政治和全球治理学者,以及创立和管理此类制度的国际政治和全球治理实践者而言,对上述两种观点的判断同样重要。在大国权力正在转移、国家间联通方式正在转变、各国利益高度联结的当今世界,这些学者和实践者通过细化运行机制,试图建设一个有效、合理、持久的全球治理体系。

时至今日,围绕二十国集团治理的路径、因素和后果的不同判断,无论是关于过去财政部长和央行行长层次的治理,还是关于现在领导人层次的治理,鲜有权威结论,学者和其他人在各自标准上无法达成共识。对于这些判断孰优孰劣,若干思想流派(参见附录 A)之间产生了争鸣,其涉猎较广,但常缺乏严谨性,呈现出受主观思想影响和固有观念约束的特点。不同流派首先往往会纠结于新的二十国集团与老的七国集团或八国集团是什么关系这个笼统问题(Hermawan et al., 2011)。

关于二十国集团纯属多余的观点

在这场争鸣中,第一个流派的观点是,二十国集团从长远看来是多余的,原因之一是它的成员数目太大、成分太杂,它的制度安排太不正式;另一个原因是,这一派观点认为,在二十国集团的影响下,七国集团或八国集团、其他非正式多边组织或布雷顿森林体系框架内的联合国组织机构开始重新发挥作用,根据全球治理的新要求进行了相应的改革。这一流派认定全球治理是零和竞争,最初获得了一些例证,比如,与二十国集团大约同期产生的由英国控制、法律上得到强化的国际货币与金融委员会(IMFC),以及由德国设计的金融稳定论坛(FSF)。这个流派还指出,财长和央行行长层次的二十国集团未能预测和防止 2007 年至 2009 年之间主要发生在美国的金融危机,那场危机挑战了二十国集团维护全球金融稳定、促进全球化均衡发展的核心使命。即便提升至领导人层次,二十国集团也未能防止 2010 年欧债危机从希腊爆发。而事实上,对 2010 年 5 月正在爆发的金融危机率先作出反应的是七国集团的财政部长，二十国集团的财政部长在一天后才有所回应，而且回应得不如七国集团具体。2010年11月11日至12日，二十国集团在韩国首尔召开第五次峰会，自此，二十国集团一度式微，峰会由一年两度减少至一年一度。这使得随后一年中，仅有七国集团或八国集团和其他国际组织在治理更具挑战的全球经济中发挥作用。2011年11月3日至4日，二十国集团领导人才再度聚首，峰会在法国戛纳召开，2012年6月18日至19日，峰会在墨西哥洛斯卡沃斯举行。

这么看来，二十国集团是七国集团或八国集团的潜在对手。七国集团或八国集团在二十国集团成立到2009年的时间内，通过增加成员国和扩大全球经济治理参与度，迅速适应了二十国集团的竞争。在2009年召开的财长和央行行长会议及其峰会上，七国集团或八国集团重拾旧命，将几乎被其首脑会议丢弃十年的金融和经济问题正式列为议题。八国集团峰会常常扩大会议规模，邀请其他国家和国际组织与会。与八国集团领导人一样，二十国集团领导人也未能实现早已过期的多哈发展议程的贸易自由化；八国集团2009年峰会和2010年峰会把经济和金融纳入其核心议程；新的金融稳定理事会(FSB)和老的巴塞尔银行监管委员会(BCBS)以及国际货币基金组织正在进行具体的深入改革；巴西和澳大利亚的领导人决定不出席在多伦多召开的二十国集团第四次峰会。以上事实表明，二十国集团峰会或成为一个多余的国际机构，逐渐衰微成为一个自吹自擂、自卖自夸的全球经济治理论坛。二十国集团充其量可以保留现有的财政部长和央行行长层次会议，与诸如1989年成立的反洗钱金融行动特别工作组(FATF)和1999年成立的金融稳定论坛等由七国集团或八国集团催生的其他金融机构一样，在略低的层面上开展工作(Bayne, 2003)。

“多余说”流派中存在一种尤为强势的主观性观点，认为二十国集团是现今世界所需的全球经济治理面临的巨大威胁。主张废除二十国集团的领袖人物安德斯·奥斯隆德(Anders Aslund)提出，2009年匹兹堡峰会之后，二十国集团对国际金融体制构成威胁，应被“叫停”(2009)。他对一个自诩为首要经济论坛的机构的合法性表示质疑，因为它没有吸纳成员的明确标准、没有统一的治理规则，也没有得到其他非成员大国的授权。在奥斯隆德看来,二十国集团不仅强夺了全球金融治理的权力,而且还期望二十国集团之外的173个国家遵循它的规则,这种做法违反了国家主权原则。奥斯隆德提出的替代方案是国际货币基金组织,因为该组织具备所需的普适性、硬性的法律地位和工作人员。他至多把二十国集团当成非正式的"咨询论坛"。许多与国际货币基金组织或联合国有联系或对其持同情态度,并主张硬法立场的传统多边主义者都支持奥斯隆德的观点。事实上,自二十国集团1999年诞生,至2008年提升为领导人层次的国家集团这段时间内,国际货币基金组织自身也长期持这一观点,试图打败二十国集团。即使在2010年首尔峰会之后,国际货币基金组织总裁多米尼克·斯特劳斯-卡恩(Dominique Strauss-Kahn)还警告,二十国集团可能会沦为一个毫无存在意义的机构,这种风险持续存在(Talley, 2010)。

关于拒绝二十国集团主导作用的观点

第二个流派拒绝二十国集团的主导作用,但是接受它继续存在并作出一定的贡献(Beeson and Bell, 2009)。这些拒绝论者承认,不同的国际机构有可能进行正和性质的共存与合作,其研究结论认为,虽然二十国集团会继续存在,但是它无法扮演全球经济治理的首要中心的角色,其原因部分在于,它有许多缺陷,而这些缺陷损害了八国集团的利益。早在其创立之初,就已出现诸如此类关于二十国集团运行成效令人失望的言论,批评的声音主要来自那些主张硬法、质疑其合法性的人(Abbott et al., 2000)。他们预测道,由于现有的或者经过革新的硬法多边组织享有更高级的权威,运行效果也比较好,再成立一个新的非正式的部长级会议注定要失败(Culpeper, 2000; Foster, 2003; Scholte, 2003; Bryant, 2003)。他们既渲染了二十国集团难以解决的制度性缺陷,又认可了二十国集团在执行临时性零星任务方面的表现。他们坚持认为,二十国集团无力应对世界需要的新的全球经济体制建设问题。莱昂纳多·马丁内斯-迪亚斯(2007)指出,二十国集团运行效果的不平衡是七国集团的霸权造成的;他进而提出这样的论点,二十国集团财政部长和央行行长层次会议针对新兴经济成员国的工作成效力度不够，一个原因是它依赖一致原则而不是多数票决，另一个原因在于新的二十国集团中，七国集团作为一股已形成的合力，其能力、凝聚力和持续性已占据了主导地位。

在华盛顿召开二十国集团第一次峰会后，拒绝论者再度表态。他们坚持认为，二十国集团领导人错误地判断了那场金融危机，拒绝为错误判断承担责任，未能提供之前在部长级会议上允诺的公共物品，从而没有实现会议的预期目标（Duncan，2008；Lander，2008；*Economist* 2008c，2008d，2008a，2008b）。匹兹堡峰会之后，拒绝论者仍然怀疑这个集团的治理能力（Giles，2009；Donovan，2009；Winning and Parkinson，2009）。一些人将二十国集团峰会无法在关键问题上达成共识的原因指向各主要成员国在其自身的主导观念和利益之间的差异（Schirm，2012）。在多伦多峰会的准备阶段，肯尼思·罗戈夫（Kenneth Rogoff）有预见地要求那些自称规治国际金融的各国管理者解释，为什么他们未能控制住主权债务危机在欧洲甚至欧洲以外地区肆虐（2010）。他强调，现代社会面临的诸多全球挑战，从规范复杂技术到管理日益升级的金融风险，以及应对诸如2010年在墨西哥湾发生的英国石油公司石油泄漏事件等危机，迎接这些挑战都需要从组织上提出更加协调一致、更具包容性的应对之策。

保罗·马松（Paul Masson）和约翰·帕蒂森（John Pattison）做了进一步的分析。他们发现，由于搭便车的问题，共同动荡之后的国际金融合作会受到一定的打击（2010）。他们认为："规治是一种国际公共物品，由于某些收益和成本溢出到其他国家，规治出现了供给不足的现象。"总体而言，二十国集团可能比八国集团运作得更好，但是，八国集团在二十国集团这个更大的国际机构中的利益却会减少。一些增加的成员国可能不会为国际金融规治提供附加值，而它们的加入必将大幅度增加合作成本。这么一来，二十国集团的规模"降低了在主要改革问题上达成一致的可能性"。此外，非正式的二十国集团也很难实现将国际共识转化为各国国内法律的推进工作，这使得二十集团无法起到实质性作用。

安东尼·佩恩（Anthony Payne，2010）也表示了疑惑，在大多数

“被边缘化”的国家排除在外的情况下，二十国集团是如何运行良好的呢？托马斯·赖特（Thomas Wright）肯定了二十国集团在全球治理“格局转变”中的地位，但同样质疑这个由“随意选择的”成员国所组成的集团的合法性（Shorr and Wright，2010）。二十国集团将173个国家排除在外，这会引起人们指责它在搞“全球治理的种族隔离”。如果一个集团包含了太多的平等成员国，它们各自面临不同的复杂问题，又没有一致的价值观，那么，这个集团就很难形成共同的决定。赖特提出的解决办法是，美国应发挥更加强有力的主导作用，与拥有共同利益的国家深入发展关系。

还有一些人不认可二十国集团，批评它忽略了非洲，对贫穷国家缺少关注（Payne，2010）。2009年匹兹堡峰会之后，塞内加尔财政部长迪奥普呼吁二十国集团领导人不能“继续忽略上亿非洲人”（Agence France Presse，2009a）。重债穷国计划（HIPCs）的各国部长要求二十国集团采取措施，改变该集团中没有真正的贫困国家代表的状况。

一些拒绝论者到最后提出了改革的观点。主张改革的这个分支流派不认可二十国集团现行的结构和运作模式，但是认为若稍作调整，它还可以成为有效、合法的合格机构。西尔维娅·奥斯特里（Sylvia Ostry，2010）提出，二十国集团作为一个非正式的指导性委员会缺乏七国集团先天拥有的信任度，没有制定成员国的准入标准，还面临着美国强烈要求减少成员国数目的威胁。它需要“从结构上和进程上作出重大的调整，以应对当下全球经济挑战”。不在少数的分析人士，尤其是这派拒绝二十国集团主导作用的分析人士，就这个制度改革提出了各种各样的建议（Bradford and Lim，2010）。但是，究竟哪种改革方式更可取，在这个问题上他们往往会产生分歧。他们提出的一系列自相矛盾的方案，无论是在理论上还是在实践中，都无法向人们证明，他们所认为的最优方案如何在具体治理中实现预期效果。

关于二十国集团完善全球治理的观点

第三个流派认为，二十国集团治理是对八国集团和其他相似国际组织治理的重要补充，完善了全球治理的效果（Kirton，2005a，2005b，2010b；Alexandroff and Kirton，2010；Griesgraber，2009；Kharas and Lombardi，2012）。该流派的观点是，作为其成员国国际经济合作的永久性重要中心，二十国集团运行效果良好，尤其是在与现有的七国集团或八国集团成员国、国际货币基金组织、世界银行，以及新的二十国集团中基于硬法、由不同成员国组成的其他多边组织的合作中，运行成效显著。该流派不认为、不期待也不希望二十国集团成为有效、合理开展全球治理的唯一中心，甚至认为不应将其视为成员国的治理中心，更不用说成为全球 193 个国家的治理中心。

完善论的第一个分支是二十国集团的“独特使命”观点，认为二十国集团的核心使命是保障金融稳定、持续发展、推进全球化，从而惠及所有国家。这同时也是合理评价二十国集团表现的标准。

该流派的第二个分支认为二十国集团能“代表更多国家”。他们认为，在七国集团或八国集团继续存在的基础上，二十国集团的成立补充了新兴国家在全球治理中的力量，而这股力量是七国集团或八国集团所不具备的。

第三个分支认为二十国集团“在一定条件下具备发展潜力”。该分支认为，二十国集团创立早年，在财长和央行行长层次上的会议如能较好应对一些重大挑战，会成为一个前途光明的国际组织，有潜力作出重大贡献（Porter，2000；Johnson，2000，2001；Helleiner，2001；Kirton，2001a）。皮埃尔-马克·约翰逊（Pierre Marc Johnson）认为，二十国集团是一个“能够在全球治理中扮演重要角色、富有前景的组织”（2001）。其前景在于它汇集了以下几个有利条件：协同 19 个成员国和欧盟、欧洲央行（ECB）、国际货币基金组织和世界银行；代表全世界超过 85％的国内生产总值（GDP）和 65％的人口；拥有专业的经济学家和财政部长；制定综合、灵活的工作计划；其首个主办国致力于扩大议题范围，将缓解贫困等目标纳入议程，以确保全球化带来的利益惠及广大国家。因此，二十国集团能促成一场经过改善的南北对话，从而开启新一轮的多边贸易自由化进程，综合贸易、环境、发展和社会问题，构想并促成建立一个完整、协调的全球治理新体系。

第四个分支的观点是二十国集团的“作用已被实践证明”。该分支认为二十国集团在其创立初期若干年中，是“一个有效、合法的机构，产生了意义重大的成绩”(Kirton, 2002; Martin, 2004; Crockett, 2004; Meyer et al., 2004; Knight et al., 2004)。

第五个分支认为二十国集团应“通过峰会进行全球治理”。他们在二十国集团成立早期就主张各成员国的首脑加入，形成“二十国集团领导人会议”(L20)，认为这样也许能加强各国对不断深化的全球化进程的应对能力(Le Boucher, 2003)。他们所提的峰会既可以是解决个别紧迫的全球性问题的专门会议(Martin, 2004)，又可以是一个固定的、工作内容更全面的常务会议(Johnson, 2001; Schwab, 2003; O'Neill and Hormats, 2004; Kirton, 2001a)。安妮-玛丽·斯劳特(Anne-Marie Slaughter)曾将二十国集团财政部长和央行行长论坛视作“为防止未来危机而特别创立的网络”(2005)。她提出，二十国集团应该在诸多方面扩展其建制。

等到二十国集团在2008年真正升格为领导人层次的峰会，完善论者悉数亮出观点(Kirton, 2008, 2009; Cooper, 2010a, 2010b)。该流派的第六个分支认为二十国集团“因为七国集团而被普遍接受”，比如里斯托·彭蒂莱(Risto Penttilä)总结道，二十国集团峰会规模太大、成员太多元，不能有效发挥作用，其结果是，“七国集团将成为执行委员会，而二十国集团则将扮演大会参会者的角色”(2009)，两个集团因此而相互协作、共依共存。

第七个分支提出“二十国集团与八国集团的合作性依赖关系”，强调二十国集团和八国集团之间的相互合作意义重大。他们认为，八国集团能在关键问题上提出有益的建议，而二十国集团能促进解决这些关键问题的方式的创新(Postel-Vinay, 2011)。安德鲁·F.库珀(Andrew F.Cooper)强调，八国集团可“为二十国集团提供范例，帮助二十国集团尽快形成创新路径，使其逐渐由一个处理危机的委员会转型为一个更全面的、新的指导委员会”(2010a)。尼古拉斯·贝恩评价说，“二十国集团前几届峰会取得的成效超出预期，为二十国集团、国际货币基金组织和改革后的金融稳定理事会建立了积极的互动关系”

(Nicolas Bayne，2010，228—289)。然而，贝恩同时警告称，二十国集团随后提出的宏观调控计划已超出过去三十年中所做的任何尝试的能力范围，并告诫七国集团成员国，应学会与二十国集团的其他成员国分担权力。

该流派中的第八种观点认为，"二十国集团在一定条件下可发挥主导作用"。库珀和保拉·苏巴基(Paola Subacchi)指出，二十国集团峰会是一个必不可少的新型灵活网络，"扮演着体系风险管理者的角色，为防止出现约束性的单边主义提供保障"，但它需要改善合法性、提高工作效率，才能运行顺利(Cooper and Subacchi，2010；Cooper，2010b)。崔元基(Wongji Choe)则提出一个更强大有力的观点，认为2007年至2009年间发生的金融危机标志着全球力量平衡和早先建立起来的新自由主义经济政策范式的转变，因此二十国集团的出现是国际社会应对这次危机的"唯一重要选择"(2010)。然而，在不久的将来，二十国集团仍要面临巨大挑战，例如，在经济危机的冲击逐渐退却后，它应如何继续保持发展势头？以及在没有正式组织制度和问责机制的情况下，二十国集团将如何开展全球治理？

关于二十国集团将取代其他全球治理机构的观点

第四大流派提出取代论的观点。他们认为，二十国集团在全球治理这场零和竞争中取代了七国集团或八国集团的地位，七国集团或八国集团已经、将要或应当逐步退让，不再担任全球治理的有效核心平台的角色(Ernst Weltke，转引自 Porter，2000；Beauchesne，1999；Bradford and Linn，2004；Jim Peterson，转引自 Dean，2004；Paul Heinbecker，转引自 McCarthy，2004；Carin and Mehlenbacher，2010；Heine，2010)。

早期的取代论者将旧的八国集团被新的二十国集团所取代的首要原因归为七国集团或八国集团的失职。这是取代论流派的第一个分支。他们指出，二十国集团治理"切实可行"，"意义重大"，"成员广泛"，"经验丰富"，"成果显著"，"行之有效"，而八国集团"无法满足实际需求”,“成员国数量少”,“落伍过时”,“毫无新意”,“起不了实质性作用”,已沦为一个“仅是交换看法、互致寒暄的”论坛(Bradford and Lin, 2004)。二十国集团则发展强劲,在财长和央行行长会议和领导人峰会两个层面,不论是在组织制度上还是在实际工作中,都已开始取代八国集团,开展全球治理。

这些早期替代论者大多是已退休的全球治理实践者,他们常以对国际体系当下和未来转型的论断为基础,提出自己的主张,而这些论断或自相矛盾,或带有主观偏见,或者未得到证实。他们指出了八国集团和联合国在危机应对中的失职,并设想代表国家更广泛的二十国集团峰会有诸多优势。他们主张二十国集团取代其他全球治理机构,但几乎从未仔细分析过以下问题:二十国集团目前的财长和央行行长会议做了哪些实质性工作?他们为什么做这些工作?以及仅仅将会以提升至领导人层面,又能带来什么新变化?此外,对于1997年以来七国集团或八国集团在上述相似的问题,他们也未作出严格、细致的分析。

二十国集团峰会的开启更是加强了取代论者的声音,由此出现第二种观点,将取代的原因转向成员国的相对能力的改变以及“包容性”本身的价值(Celso Amorim, 转引自 Agence France Presse, 2009b; Choi, 2009; Baker, 2010; Shanghai Institutes of International Studies Working Group, 2009; Hermawan et al., 2011; Peersaud, 2010; Wang, 2009)。保罗·凯利(Paul Kelly)认为,二十国集团主导全球治理只是时间早晚的问题,因为人们早已认识到全球力量平衡的相对转变,从而促使二十国集团逐步上升为全球经济治理的首要论坛。其他人则特别强调,诸如澳大利亚的成员国作为二十国集团的“座上宾”,他们从中获得了巨大好处。虽然二十国集团规模大,成员国之间存在分歧,难以达成共识,但它不可避免地会包容其成员国,或许它会因其标志性意义重大而不负使命。

第三种观点强调领导人的创新思路,认为这是二十国集团取代其他全球治理机构的主要驱动因素。在多伦多峰会的准备阶段,保罗·马丁坚称,二十国集团峰会已作出“非常非常好的努力”,邀请各成员国领导人齐聚一堂,为应对新的全球金融挑战提出各种创见(Grant

2010)。他认为二十国集团峰会未来将会取代八国峰会。

该流派的第四个观点是二十国集团“建制的非正式性”。大卫·绍尔(David Shorr)强调,二十国集团的成员国并不是随意选择的,而是以各成员国的政治、经济影响力为选择条件,但它缺少一个固定的组织构架,这一直是“决策者讨论的焦点问题”(Shorr and Wright, 2010; Wang, 2009)。实际上,二十国集团的非正式性在成员国寻求国内和国际的支持上起到关键作用。二十国集团举办的面对面会议为成员国建立了共同的期望和兴趣,从而使各成员国领导人带着峰会产生的动力向国内传递积极信号。布鲁斯·琼斯(Bruce Jones)、卡洛斯·帕斯夸尔(Carlos Pascual)和斯蒂芬·斯特德曼(Stephen Stedman)对此表示认同,他们将“集团”这种方式视为“一种能够完善政策……从而谋求共识的制度化对话模式”(2009)。

第五种观点认为二十国集团“已在实践中证明其领导地位”,并提出更远大的设想。珍妮弗·希尔曼(Jennifer Hillman)评论道,二十国集团“在一系列重大争议问题的具体解决方法上达成的一致意见消除了外界的质疑”(2010)。她提出,美国和欧洲国家应借助二十国集团为世界上所有的经济机构建立一个“董事会”。八国集团会议助理筹备官、俄罗斯学者瓦季姆·卢科夫(Vadim Lukov)做了类似的强调,指出二十国集团峰会通过动用史上最强的金融刺激手段以及其他刺激手段,改革国际金融机构体系(IFIs),同时越过高度多元的国家界限,启动史无前例的对话,探讨不同国家在政府和经济管理方面各自的理念,成功地扼制了2007年至2009年之间的金融危机(2010a, 2010b)。王京(音)和马修·古德曼(Jing Wang and Matthew Goodman)补充道,实现金融规范是二十国集团峰会“未被提及的成就”(2012)。

第六种观点颇为乐观,认为二十国集团将促使“联合国恢复活力”,表示二十国集团峰会不仅会取代七国集团或八国集团峰会,而且还能帮助无所作为的联合国重新恢复工作活力,甚至能实际取代诸如联合国安理会(UNSC)五个常任理事国这类未能发挥作用的核心控制机构(Janice Stein,转引自 McCarthy, 2004)。2010年8月,法国总统萨科齐宣布了2011年11月由法国主办的二十国集团第六次峰会的计划。他委婉地提出，第六次峰会上将成为推动联合国安理会改革的一次会议。

尚未解决的问题

单就各大流派包罗万象的观点而言，我们很难判断哪个流派或者哪一派的分支观点在理论上更具说服力、在实践中更合理。四大流派中，每一派都给研究二十国集团治理的老一辈、当下和未来的学者和分析人士留下了尚未解决的问题，有待他们认真思考。此外，以上流派的观点均缺少对二十国集团在全球治理中的实际效果深入、细致和系统的考量。各观点极少以国际关系概念或理论作为支撑，很少借助国际关系概念或理论思考全球治理机构应有的运作方式和存在的必要性，以及评价此类机构的运作效果。几乎没有学者或分析人士通过分析国际机构运作表现的各个方面，例如国内政府管理、协商、方针制定、决策、承诺的兑现和全球治理的整体发展，全面综合地评价二十国集团在全球治理中发挥的作用。针对二十国集团的出现、发展和工作表现，鲜有学者给出清晰、具体、合理的分析解释。然而，预测二十国集团的未来发展趋势、规划其未来发展路线，都需以此分析解释为基础。尤其是许多人都认为二十国集团的出现是新兴国家崛起的必然结果，却很少有人用整体体系、具体事务体系、权力循环或其他体系理论来证明这一观点合乎逻辑、值得信服。几乎没有学者和分析人士在仔细思考二十国集团成员国在全球治理中实际的相对能力变化的同时，关注到关联度越来越高的全球体系和提出适应该体系的各大国际机构日益集中和复杂的需求，从而思考由此产生的各国之间相互牵制、相互影响的脆弱性。最重要的是，虽然有些人已注意到二十国集团产生的原因，或者甚至已经认识到金融危机在促成二十国集团形成的因素中的核心地位，但是没有人站出来解释为何二十国集团能在危机结束后持续运作，甚至在金融危机风波退却的 2002 年至 2007 年间，二十国集团在某些方面的地位得到巩固和提升。即便是在 1997 年至 2001 年和 2008 年至 2010 年间的那两场金融动荡中，当时所有可能的全球治理的国际机构里单单只有二十国集团成功地扼制了危机，没有人站出来解释其中的原因。如果不对二十国集团的具体成因和发展路径做深入研究,就对持续发生、日益深重的危机能增强还是削弱二十国集团中新兴国家的实力和影响力作出预测,或对危机能否促进各成员国之间寻求更大的共性、达成更大的共识作出预测,这还为时过早。诸如中国和沙特阿拉伯这样选择性地全球化、却又极易受外界牵制的国家如何融入这个新的全球治理体系?除去八国集团成员国、经济合作与发展组织(OECD)成员国和由巴西、俄罗斯、印度、中国和南非组成的金砖五国(BRICS),全球其他国家在二十国集团峰会召开的背景下会有何表现?这些问题有待观望。

虽然人们针对二十国集团全球治理展开了热烈讨论,但是目前尚无学者或分析人士对二十国集团财长及央行行长层次会议的全面表现进行专门研究,或通过与其他全球治理机构对比,对此进行比较研究,也没有针对从财长和央行行长层次会议这一持续发挥核心作用、作为统一整体的全球治理机构新发展而来的二十国集团峰会已举办的四次会议所取得的成效的研究。再者,针对二十国集团在其影响力、广泛性、代表性和合法性这几个方面所谓的优势,及其在特定的不同工作模式中缺乏多样性这一显著的劣势,尚无学者或分析人士在二者之间建立有效联系。上述缺憾导致如下问题尚未解决:二十国集团、国际货币与金融委员会和金融稳定论坛都在1999年创立,但二十国集团却能独占鳌头,尤其是在最初催生这三个机构的金融危机影响消退后,二十国集团在全球治理中发挥主导作用,其中的原因是什么?为何2001年新的小布什政府接手了其前任克林顿政府创立的二十国集团呢?虽然早在2004年至2005年间,时任加拿大总理保罗·马丁已提出关于二十国集团峰会的积极、清晰构想,但二十国集团峰会落实成型却大大滞后,这是什么原因?小布什总统曾极力反对二十国集团峰会,2005年秋天曾否决创立二十国集团峰会的提议,然而,他为何又在2008年成为二十国集团峰会的创始人呢?因此,针对二十国集团的发展路径、全球治理模式、所取得的成效,以及迄今为止二十国集团采取的特定发展模式和治理效果的原因,学者和分析人士需通过详细、系统地考量二十国集团在财长和央行行长层次会议和峰会两个层面上的组织构想、发展历程、运作模式和影响力,寻找有力证据。

本书的研究目的与研究方法

在世界各国政治事务日益广泛、高度相关的背景下，对全球治理的体系需求不断增强，二十国集团应运而生。本书系统地考察二十国集团的形成和发展，并评价其表现和成效，从而为研究二十国集团与全球治理提供有力证据。本书通过运用古典和当代国际关系理论和概念，分析解释目前二十国集团治理的起因，在此基础上预测其未来的发展趋势。值得一提的是，本书是基于对全球国际组织相互竞争、相互依赖和相互合作的动态趋势的考察而展开对二十国集团治理的研究，而非仅将其视作基于不同国家举办的“流动论坛”以及各国的国际组织借助一个无政府体系平台而“栖息”的旧模式而创建的一个国际组织(Kirton, 2005b)。

本书是研究二十国集团治理的首部完整、原创、权威的学术专著，时间跨度涵盖其1999年在财长及央行行长层次会议上的创立至2010年在多伦多召开的第四次峰会(参见附录B)。本书避免时下人们热衷的研究套路，并非要为二十国集团成员国的首脑提供运作和治理的建议，也不是要指责他们工作不力，没能通过二十国集团治理高效解决当下国际社会面临的诸多问题。同时，本书也不是像2008年出版的二十国集团在财政部长和央行行长层次会议发展史那样从内部对二十国集团治理的详细考量。本书的重点在于通过运用国际关系与全球治理研究领域最合适的理论和概念，系统地描述二十国集团的工作内容，解释其工作目的。作者的研究意图并非从二十国集团治理中寻找证据来证明国际关系理论的不同观点，而是希望通过运用理论中的关键概念，针对从目前已存在的全球治理机构中发展而来的二十国集团，提出更专业、更有深度的评价。

与关于二十国集团治理不断升温的观点讨论中被普遍采用的建议、提倡和评价的方法相比，本书实现其研究目的需要更为强有力的例证来支撑。本书的例证来源于以下几个方面：(1)研究二十国集团治理的学术著作；(2)二十国集团治理参与者出版的书籍或关于二十国集团治理参与者的传记；(3)政治评论、报纸和其他媒体提供的数据，这些都是例证的重要来源。此外，本书也得益于1997年至2012年间，从二十国集团几乎所有成员国获得的大量个人专访、非正式会谈和政治对话机会，以及与二十国集团治理的关键参与者就书稿进行的讨论。在目前的早期阶段，有些档案尚未完全公开，大部分治理实践者不愿全盘谈论，许多例证存在缺少相关性的脱节问题，部分例证的说服力和权威性不够。但是，本书收集的例证足以使其成为迄今为止研究二十国集团治理的首部完整、专业、详尽、客观的学术专著，也足以使其成为未来学者的研究基础和依据。

全球治理的体系中心

本书认为，从过去的部长级会议到现在的首脑级会议，通过运作层次的整体提升，所涉政治事务和全球治理内容范围的扩大，二十国集团已逐步发展为全球治理的体系中心。二十国集团之所以能广泛、有效、合理地开展全球治理，首先是因为不断蔓延的经济金融动荡已波及其所有成员国，使各成员国均表现出一种新的、超越国界的共同的脆弱性。除此之外，全球治理中心转向新的二十国集团的原因还包括如下几个方面：(1)传统的多边组织和较新的多边机构无法独立应对此类经济金融动荡；(2)七国集团成员国以外的国家的相对能力在不断提升；(3)七国集团成员国以外的国家的民主程度在加大；(4)二十国集团成员国在国内政治管理、资本、连续性、能力和承诺等方面的优势；(5)二十国集团正在发展为受到各成员国高度重视的俱乐部，成为不断扩大的全球治理网络的中心。

本书提出，二十国集团是全球经济治理的灵活网络，在打击面空前的全球金融危机的催生下而产生，但这并非本书的首创观点(Slaughter, 1997; Alexandroff and Kirton, 2010; Kirton, 2010a; Cooper and Subacchi, 2010; Heine, 2010)。但是，本书首次细化了“网络”在全面运用于二十国集团治理时的概念，首次深入研究了二十国集团是否、如何成为以及在多大程度上是全球治理网络的中心，首次全面回顾了二十国集团从创立到取得如今核心地位的发展历程。同时，本书也并非提出各种危机是催生全球治理机构制度的重要因素这一观点的首部著作(Ikenberry, 2001; Gamble, 2009)。但是,本书认为,无论是在建制上还是在观念上,危机动荡、相对能力和国家民主共性并不足以让人们形成创立具体的全球治理机构的构想,也不足以使这样的机构最终得以建成。本书是为数不多的持这一观点的研究。本书认为,除上述三点外,还需单独与综合考虑成员国之间的相互协调、发展视野、预期打算,以及领导人的选择等问题。因此,本书系统地概括、梳理与分析了二十国集团在其创立的十一年间采取目前的发展路径与运作模式的六个关键原因,同时综合研究了这六个原因之间的相互作用和影响。根据分析方法与现有例证,本书突出强调了二十国集团成员国之间的协调、个体成员国扮演的角色以及其创始人和接管人所具备的全球治理的远见这三方面的重要性。

八国集团治理的发展历程

本书认为,二十国集团自 1999 年创立,已迅速、灵活地发展为治理各类全球经济事务的国际机构。这些经济事务曾长期由七国集团或八国集团治理,包括诸如恐怖主义融资、洗钱、跨国犯罪与腐败等一系列关键性政治安全问题,以及善治问题。到 2001 年,尤其是随着 2008 年二十国集团峰会的召开,二十国集团已从其在国内政府管理、协商和方针制定方面取得的初步成就逐渐转向强有力的决策、承诺的兑现和全球治理的整体发展。此外,二十国集团鼓励过去闭门造车的成员国相互学习、与社会共享发展成果,推动其经济、制度和政治改革,从一开始就在保护与推动成员国的经济政治对外开放,并已取得显著成效。然而,面对推动其自身治理的合理民主化,以容纳更广泛的政府参与或制定适当的问责机制,从而从顶层加强民主化或全面满足更高的合法性需求所带来的挑战,二十国集团目前的所作所为尚存在不足。

二十国集团治理的源起

二十国集团最初由动荡催生,包括 1997 年至 2001 年和 2007 年至

2010年的两次金融危机、始于2001年的恐怖主义威胁,以及2007年开始的能源和环境危机。上述危机动荡爆发和蔓延速度不断加快,波及范围和政治影响不断扩大,对主权国家内部的冲击程度不断上升,最终发展为危及处于最顶级的相对能力层面的动荡。此类动荡越发呈现出由非国家实体引发的特点,1997年的金融动荡的产生根源和危及对象是正在崛起的亚洲国家,而到了2007年至2010年,金融危机的产生根源和危及对象则变成了曾一度引领世界、但如今极度脆弱的欧美国家。两次危机的发生顺序和特征的转变表明,全球化进程已在社会和经济层面将世界转变为一个复杂、多变的体系,各国之间的相互联系日益密切,国际事务越发复杂,充满越来越多的变数。

上述动荡暴露了世界主要大国的脆弱性,同时使各大国变得同等地脆弱。20世纪40年代,美国及其大西洋联盟国家曾为当时仍以威斯特伐利亚体系为中心的世界建立正式的多边组织,后来还建立了诸多非正式多边国际机构以加强保障。然而,在经历动荡后,上述多边国际组织如今已无法继续为各国提供足够的保障。与大部分类似的国际机构不同,二十国集团自成一体,其成员国全面、平等地参与治理。在全球化程度不断加深的背景下,世界需要集体主导、同时内部平等的能力来有效应对越发频繁的动荡和越发强烈的脆弱性,二十国集团正是由不断地积累这些能力的国家组成。这些成员国在国际体系中举足轻重,部分国家充当国际体系安全的主导维护者的角色,而另一些则是其受惠者。在经济发展、全球化、八国集团的引领以及二十国集团社会化的背景驱动下,各成员国已逐步成为政治更为开放的政体。通过各成员国的财政部长、央行行长和首脑在政治管理、资本、连续性、能力和承诺等方面的不懈努力,二十国集团进一步受益。这些努力始于其发起人和初创者保罗·马丁和劳伦斯·萨默斯。马丁是二十国集团1997年至2001年的掌门人,并在2004年至2005年间致力于将其提升为峰会层次的会议;萨默斯对推动二十国集团财长和央行行长层次论坛的启动及其峰会在2009年至2010年间的创立发展起到了至关重要的作用。

二十国集团逐渐发展为一个国家俱乐部,其固定的成员国和有限的参与者数量降低了运作成本和债务，推动了守成国家和新兴国家的学习和社会化进程。它将地位、身份和体系利益的新概念如“开明主权”赋予处于世界第一梯队、最具影响力的成员国，从而为全球治理带来诸多好处。通过各成员国之间不断加强互动合作，二十国集团的集体身份、成员国的归属感和被社会认可程度得以提升，尤其是在2008年那场始于美国的金融危机的影响下，二十国集团峰会连续两年每年召开两次。二十国集团同时也成为不断扩大的全球治理网络的中心，其许多成员国也会在其他世界多边机构的峰会或部长级会议上会晤，这为他们提供了进一步发表意见、交换观点、磋商和集体决策的机会。二十国集团成员国的政府在不同级别上积极参与全球治理，其作用在首脑级峰会上达到顶峰。作为全球体系的核心和正在朝着成为在成员国内部受到重视的俱乐部方向发展的重要集团，二十国集团已获得了核心地位、有效性和合法性。

二十国集团治理的发展阶段

具体而言，二十国集团经历了三个不同的发展阶段，每个阶段都有一种特定的运作模式及一系列主要的内在因素。

第一阶段：金融危机促使加拿大—美国共同创立二十国集团(1997—2001年)

二十国集团治理发展的第一个阶段为1997年至2001年，在亚洲金融危机的促使下，加拿大和美国在财政部长和央行行长层面共同创立了二十国集团论坛。当时，世界接连爆发了三场前所未有的动荡：源于亚洲而后蔓延至全球的金融危机、“9·11”恐怖袭击事件及其后续影响，以及土耳其和阿根廷的金融危机。二十国集团正是为应对上述金融动荡而创立的国际组织，而后其事务范围迅速扩展至经济、社会和安全领域。但是，在当时已存在的诸多同类国际组织机构中，上述促成因素后来唯独转化为二十国集团治理的成效，这主要归功于保罗·马丁和劳伦斯·萨默斯两位七国集团成员国的财政部长。他们预见并合理估算了由新兴国家的发展和各国不断增强的脆弱性所带来的相对能力的变化，因此新创立了一个由国际体系中的重要国家平等参与的全球治理机构。该组织起初由七国集团成员国创立和参与。当时，七国集团或八国集团正处于其成员国在冷战后发展的辉煌时期，并在 1997 年至 1998 年刚做下将致力于民主进程的俄罗斯纳入八国集团成员国的决定。

第二阶段：二十国集团逐渐成为新兴国家的俱乐部(2002—2007 年)

二十国集团治理发展的第二个阶段为 2002 年至 2007 年。在这一阶段，二十国集团名副其实地成为新兴国家的俱乐部。二十国集团的主席国和主导职责逐渐转向非七国集团成员国，这些国家在全球治理中开始发挥更大的作用，并产生了更大的影响力。二十国集团的议程也转向这些新兴国家的优先发展和国际金融机构体系(IFI)改革。德国和中国成为二十国集团治理的积极倡导者。该俱乐部通过国际货币基金组织“话语权和表决权”第一阶段的改革的一项协议，给予新兴国家更大的组织空间，从而在其组织建制上取得初步成就——其他国际机构从未在这一方面取得成就。在带来上述成就的原因中，诸如 2005 年 7 月 7 日发生在英国的恐怖袭击这类新动荡的影响较小，其更主要的原因在于七国集团或八国集团的自身缺陷、该组织在应对危机时的迟缓反应，以及其他国际机构接纳迅速发展的新兴国家并将其作为平等参与治理的成员的举措。上述成就的另一主要原因在于二十国集团成员国不断深化的民主进程、保罗·马丁对二十国集团提升为首脑级峰会的大力支持，以及以二十国集团为中心的全球治理机构不断扩大的网络，例如经济大国能源安全和气候变化论坛(MEM)的举办。触发二十国集团创立的危机一旦结束，其最初规划便在集团内继续发挥作用，使之朝创始人预想的方向发展，取得诸多重要成果，并使之提升实力，成为联系世界各国、覆盖全球范围的治理体系中心。

第三阶段：核心国家的金融危机促使主要国家创立峰会俱乐部

二十国集团治理发展的第三个阶段是其在运作理念和实际工作中提升至领导人层次的峰会的阶段。在这一阶段，二十国集团成为各成员国最重要的论坛，因而也成为整体的世界经济治理的最重要的论坛。二十国集团峰会扼制了 2007 年至 2009 年那场源于美国，而后蔓延至全球的金融和经济危机,也消弭了2010年春天在欧洲爆发并影响全球的金融危机的影响。由于受欧债危机影响,世界各国一些原本就难以推进的工作变得难上加难。这些工作包括:保证财政刺激从而促使其可持续发展,通过相互评估和调整使世界各国均衡发展,在全球经济紧缩时期依然开放贸易,加强国内金融共同监管,为发展筹措资金,推动国际金融机构体系“话语权和表决权”改革的第二阶段工作。

2007年至2010年间,一系列由非国家实体引发的动荡带来了一场几乎席卷全世界各领域的风暴,包括全球金融与经济危机、发生在莫斯科、孟买以及其他地区的恐怖主义事件,以及由于2008年世界油价创下的历史性新高和2010年4月美国墨西哥湾麦肯多油井井喷溢油事故所导致的能源与环境危机。但我们也要看到,上述动荡并不足以要求和决定二十国集团作出反应,因为当时已有或即将出现诸多单边、双边、区域性或其他国际机构,这与1997年至1999年的情况相似。此外,2009年9月,二十国集团作出使新的峰会成为各成员国优先选择的常态化的首要论坛的决定时,最初触发其创立的危机已得到扼制,欧债危机尚未爆发,而且当时还有许多半个多世纪未解决的其他组织机构问题尚未得到妥善处理。同样,将二十国集团推向第三阶段的直接原因也并非美国的主导及内政。与1997年至2001年二十国集团的形成一样,2008年至2010年二十国集团向领导人层次的跃升是美国共和党和民主党两党努力的结果,这项工作从任期将满的共和党总统小布什一直延续到刚上任的民主党继任者奥巴马,他们一前一后,共同推动二十国集团的迅速创立和发展。在二十国集团创立和跃升至峰会级别的两个过程中,美国都是起决定性作用的关键国家,但是,这些提议都是来自七国集团。再者,作出这项决定时,二十国集团很可能受到其成员国以外的参与者和势力给予的愈发强大的阻力。

二十国集团峰会被选作应对2008年金融危机的途径,部分是由于1999年其财政部长和央行行长级别会议的合理规划及其后来的实际工作成效。事实上,在2008年金融危机发生前,除举棋不定的小布什总统以外,二十国集团其他所有成员国就已一致认为二十国集团应该提升至领导人层次。匹兹堡峰会宣称使二十国集团成为常态化的首要论坛，这是对1997年至1999年开启的二十国集团发展进程的又一推进。1997年至1999年，二十国集团创始人选择了一条正确的路线，使其得以从容应对21世纪各国日益密切的联系、越发复杂的事务和不断增加的变数所带来的挑战；同时，其创始人也选择了正确的合作伙伴，共同开辟了一条“超级高速路”，从而在2008年金融动荡发生时，不论是首先作出反应的国家还是后来跟上的重建者，都能对此及时采取应对措施。在这个各国密切联系的世界，实力较弱的国家会很快影响并削弱强国的力量。因此，合理的全球治理方式要求，在国际体系内的重要国家中，不论是新兴国家还是守成国家，都应实现平等，同时也需加大各国之间和内部的开放程度，从而促进各国形成灵活性，以应对新时期复杂、多变、高度联系的世界形势与挑战。这一阶段全球权力重心的转移也与威斯特伐利亚时代的世界格局有所不同，因为由于八国集团和二十国集团的先后努力，现在几乎所有迅速发展的新兴国家都是民主国家。中国也在逐步发展，其经济、社会和政治开放程度不断提升，这是中国在这个紧密联系的世界上繁荣发展的必备条件。由此，二十国集团已成为名副其实的全球治理体系中心，发挥国家间俱乐部和国际机构俱乐部的作用。

二十国集团治理的未来

从1999年创立到2010年，在这11年中，二十国集团围绕金融、经济、贸易和发展中越发依赖国际治理的关键问题开展工作。在短时期内，其工作范围灵活地扩大至其他事务的处理，尤其是2001年的恐怖主义事件和2006年的气候变化问题。二十国集团的一个重要特征是其成员国在集团内共同的经济、政治和社会原则上达成了越来越多的共识，承诺在核心领域保证更高的政治开放程度。

从长远来看，这可能会使二十国集团与以促进民主和社会发展为核心使命的八国集团相互补充、相互趋同，而最终走向融合。民主和经济发展相辅相成，由此产生良性循环将使提倡民主的二十国集团成为在经济、社会和政治领域更加有效的全球治理中心（Friedman，2006）。

作为未来“公正规则”的实现形式，开放民主在世界范围内影响力巨大，因此，二十国集团将会成为一个更加规范合理的俱乐部。在成员国和参与者的数量和组成上，二十国集团超过了八国集团；然而，在政策议程、治理范围以及促进民主的核心使命上，八国集团为二十国集团提供支持，使其逐渐成为更受单个成员国重视的俱乐部。在未来，组织制度优越的二十国集团和思想理念优越的八国集团或许会很好地融为一个集团，尤其是二十国集团若能够更广泛地容纳国际市民社会，并循着八国集团的思想路线改善其责任制，那么二者将可能实现融合。

本书的论证思路

本研究的论证思路如下：第二章为“二十国集团治理的体系中心模式”，该章通过全面回顾各类国际关系理论，提出本书研究二十国集团全球治理的具体概念框架和要点。本书结合这些理论和概念，提出了“全球治理的体系中心”模式，系统地描述和解释了二十国集团创立发展和开展工作的方式和原因。

第二部分是“集团的产生：1999—2001 年”。这一部分提出二十国集团的创立是由危机引发的观点，并回顾了其创立的头三年的具体工作。第三章是“集团的创立：1999 年柏林会议”，研究了二十国集团的创立过程和原因，回顾了在 1997 年至 1999 年那场源于亚洲、继而蔓延至全球的金融危机中，二十国集团面对诸多其他国际机构，以及同年创立的国际货币与金融委员会和金融稳定论坛，在加拿大财长保罗·马丁和美国财长劳伦斯·萨默斯的倡导下，其首次部长级会议在柏林的成型过程。第四章是“治理全球化：2000 年蒙特利尔会议”，分析了二十国集团在加拿大担任主办国并由保罗·马丁主持会议后，迅速增加目标、扩大议程、取得广泛的成就的过程与方式。第五章是“打击恐怖主义：2001 年渥太华会议”，研究了 2001 年秋季美国遭遇基地组织的突然恐怖袭击，新的小布什政府遭受重创时，二十国集团如何灵活、有效地扮演全球安全治理者的角色，如何将防止恐怖主义融资作为工作重心，以及如何发挥国家间俱乐部作用从而将各国团结在一起。

第三部分为“平等发挥治理作用:2002—2007 年”。这一部分考察了二十国集团在发展过程中所做的调整和转变,使之在第二个发展阶段成为新兴国家的俱乐部。经过调整与转变,二十国集团在实际运作、计划构想和组织结构上成为一个更平等的集团,2004 年至 2005 年将二十国集团提升至领导人级别的峰会的强烈呼吁和即将实现。第六章是“推动发展:2002 年新德里会议和 2003 年莫雷利亚会议”,展示了二十国集团开始由非七国集团成员主办后,逐渐转向发展的过程。第七章是“携手柏林:2004 年柏林会议”,回顾了曾经不够积极的德国如何成为二十国集团的有效主导者,从而为二十国集团推动国际金融机构体系改革、给予新兴国家成员国更大的空间做准备。第八章是“争取中国:2005 年香河会议”,记录了二十国集团中最大的非八国集团成员国在担任二十国集团的主席国、履行其主导职责时所做的工作。第九章是“加强可持续性:2006 年墨尔本会议与 2007 年克莱蒙德会议”,详述了二十国集团在能源和气候变化上升为世界关键问题时,将可持续发展列入其议程的原因和经过。

第四部分为“创建峰会俱乐部:2008—2010 年”。这一部分重点研究了二十国集团跃升至领导人级别峰会、建立组织制度,及其在峰会举办的头两年作为成员国国际经济合作最重要的常态化中心取得积极成效的途径和原因。第十章是“直击巅峰:2008 年华盛顿峰会”,追溯了二十国集团如何以及为何在 2008 年秋季美国爆发前所未有的金融危机时开始由各成员国的首脑治理。第十一章是“遏制经济萎缩:2009 年伦敦峰会”,记述了在“经济大衰退”全面影响守成国家、新兴国家和发展中国家的时期,二十国集团峰会如何继续发挥全球治理作用。第十二章是“为峰会建立制度:2009 年匹兹堡峰会”,回顾了二十国集团峰会转变各成员国国际经济合作最重要的常态化中心的过程。第十三章是“控制欧债危机:2010 年多伦多峰会”,记述了 2010 年春天,由希腊主权债务危机在欧洲引发新危机的情形下,二十国集团如何实现其更远大的目标。

第十四章“二十国集团治理的未来”为第五部分,是本书的结语部分。该部分总结概括了本书的主要观点,包括二十国集团治理发展历程和原因，以及本研究对国际关系理论所做的贡献。在此基础上，该部分扼要地考量了二十国集团在未来峰会上的发展趋势及其对全球治理的总体影响。

参考文献

Abbott，Kenneth W.，Keohane，Robert，Maravcsik，Andrew，Slaughter，Anne-Marie，and Snidal，Duncan. 2000. "The Concept of Legalization." *International Organization* 54(3):401—420.

Agence France Presse. 2009a. "African Ministers Demand G20 Seat." October 4. Available at：www.pambazuka.org/aumonitor/comments/2564. Accessed：July 2012.

Agence France Presse. 2009b. "Brazil Sees Chance to Alter World Decisions at BRIC Summit." June 14.

Alexandroff，Alan S. and Kirton，John J. 2010. "The 'Great Recession' and the Emergence of the G20 Leaders' Summit." In *Rising States，Rising Institutions：Challenges for Global Governance*，eds Alexandroff，Alan S.，and Cooper，Andrew F.Washington DC：Brookings Institution Press，178—195.

Åslund，Anders. 2009. "The Group of 20 Must Be Stopped." *Financial Times*，November 26. Available at：www.iie.com/publications/opeds/oped.cfm?ResearchID=1549. Accessed：July 2012.

Baker，Andrew. 2010. "Restraining Regulatory Capture? Anglo-America，Crisis Politics，and Trajectories of Change in Global Financial Crisis." *International Affairs* 83(3):647—663.

Bayne，Nicholas. 2003. "Impressions of the Evian Summit，1—3 June 2003." June 3. Available at：www.g8.utoronto.ca/evaluations/2003evian/assess_bayne030603.html. Accessed：July 2012.

Bayne，Nicolas. 2010. *Economic Diplomat*. Durham UK：Memoir Club.

Beauchesne, Eric. 1999. "Martin Warns against Complacency." *Montreal Gazette*, September 26, A9.

Beeson, Mark and Bell, Stephen. 2009. "The G20 and International Economic Governance: Hegemony, Collectivism, or Both?" *Global Governance* 15(1):67—86.

Bradford, Colin I. and Lim, Wonhyuk, eds. 2010. *Toward the Consolidation of the G20: From Crisis Committee to Global Steering Committee*. Seoul and Washington DC: Korean Development Institute and Brookings Institution.

Bradford, Colin I. and Linn, Johannes F. 2004. "Global Economic Governance at a Crossroads: Replacing the G7 with the G20." Brookings Institution Policy Brief 131. Available at: www.brookings.edu/papers/2004/04globaleconomics_bradford.aspx. Accessed: July 2012.

Bryant, Ralph C. 2003. *Turbulent Waters: Cross-Border Finance and International Governance*. Washington DC: Brookings Institution Press.

Carin, Bary and Mehlenbacher, Alan. 2010. "Constituting Global Leadership: Which Countries Need to Be Around the Summit Table for Climate Change and Energy Security?" *Global Governance* 16(1): 21—38.

Choe, Wongi. 2010. "The Role of Korea in G20 Process and the Seoul Summit." Paper prepared for an international conference on "G20 Seoul Summit: From Crisis to Cooperation," Korean Association of Negotiation Studies, May 20, Seoul. Available at: www.g20.utoronto.ca/biblio/choe-kans.pdf. Accessed: July 2012.

Choi, Hee-Nam. 2009. "Enhancing Korea's Standing though the G20." *Korea Herald*, June 9.

Cooper, Andrew F. 2010a. "The G8-G20 Partnership." In *G8 & G20: The 2010 Canadian Summits*, eds Kirton, John J., and Koch, Madeline. London: Newsdesk, 306—307. Available at: www.g8.utoronto.ca/newsdesk/g8g20. Accessed: July 2012.

Cooper, Andrew F. 2010b. "The G20 as an Improvised Crisis Committee and/or a Contested 'Steering Committee' for the World." *International Affairs* 86(3):741—757.

Cooper, Andrew F. and Subacchi, Paola. 2010. "Overview". *International Affairs* 86(3):607—617.

Crockett, Andrew. 2004. "Progress towards Greater International Financial Stability." In *The IMF and Its Critics: Reform of Global Financial Architecture*, eds Vines, David, and Gilbert, Christopher L.Cambridge: Cambridge University Press, 36—58.

Culpeper, Roy. 2000. "Systemic Reform at a Standstill: A Flock of 'Gs' in Search of Global Financial Stability." Paper presented at Critical Issues in Financial Reform: Latin-American/Caribbean and Canadian Perspectives, Munk Center for International Studies University of Toronto, June 1—2, Toronto. Available at: www.g8.utoronto.ca/scholar/culpeper2000. Accessed: July 2012.

Dean, January. 2004. "Trade Minister Says PM's Right on Expanding G7." *Mississauga News*, April 21.

Donovan, Paul. 2009. "What Is the G20 Really Fighting For?" *Jakarta Post*, October 19.

Duncan, Richard. 2008. "Bring Back the Link Between Gold and the Dollar." *Financial Times*, November 23. Available at: www.ft.com/intl/cms/s/0/ba673d22-b977-11dd-99dc-0000779fd18c.html#axzz215UCNXWY. Accessed: July 2012.

Economist. 2008a. "The Coddle and Protect Policy." November 20. Available at: www.economist.com/node/12636308. Accessed: July 2012.

Economist. 2008b. "Miss World Goes Missing." November 20. Available at: www.economist.com/node/12631700. Accessed: July 2012.

Economist. 2008c. "No Time to Waste." November 20. Available at: www.economist.com/node/12637027. Accessed: July 2012.

Economist. 2008d. "Where's Angela?" November 20. Available at: www.economist.com/node/12637035. Accessed: July 2012.

Foster, Peter. 2003. "Far More New Faces than New Ideas." *National Post*, December 13.

Friedman, Benjamin. 2006. "The Moral Consequences of Economic Growth." *Society* 43(2):15—22.

Gamble, Andrew. 2009. *The Spectre at the Feast: Capitalist Crisis and the Politics of Recession*. Basingstoke: Palgrave Macmillan.

Giles, Chris. 2009. "G20 Yet to Deliver on Early Promise." *Financial Times*, November 8. Available at: http://www.ft.com/cms/s/0/8e834f02-cc63-11de-8e30-00144feabdc0.html#axzz1B4rYIUhT. Accessed: July 2012.

Grant, Kelly. 2010. "Paul Martin." *Globe and Mail*, May 31.

Griesgraber, Jo Marie. 2009. "Reforms for Major New Roles of the International Monetary Fund? The IMF Post-G20 Summit." *Global Governance* 15:179—186.

Heine, Jorge. 2010. "Will They Have Table Manners? The G20, Emerging Powers, and Global Responsibility." *South African Journal of International Affairs* 17(1):1—11.

Helleiner, Gerald. 2001. "Developing Countries, Global Financial Architecture, and the Group of Twenty: A Note." Prepared for the Governance Working Group of the Global Financial Governance Initiative. Available at: www.globaleonomicgovernance.org/wp-content/uploads/Helleiner%20on%20G20.PDF. Accessed: July 2012.

Hermawan, Yulius P., Sriyuliani, Wulani, Hardjowijono, Getruida H., and Tanaga, Sylvie. 2011. *The Role of Indonesia in the G20: Background Role, and Objectives of Indonesia's Membership*. Jakarta: Friedrich-Ebert-Stiftung Indonesia Office. Available at: library.fes.de/pdf-files/bueros.indonesien/08365.pdf. Accessed: July 2012.

Hillman, Jennifer. 2010. "Saving Multilateralism: Renovating the

House of Global Economic Governance for the 21st Century." Brussels Forum Paper Series, March. German Marshall Fund of the United States. Available at: www.gmfus.org/wp-content/files_mf//.galleries/ct_publication_attachments/EconJenniferHillmanBFPaperSavingMultilateralism.pdf. Accessed: July 2012.

Ikenberry, G. John. 2001. *After Victory: Institutions, Strategic Restraint, and the Rebuilding of Order after Major Wars*. Princeton: Princeton University Press.

Johnson, Pierre Marc. 2000. "Beyond Trade: The Case for a Broadened International Governance Agenda." *Policy Matters* 1(3): 4—36.

Johnson, Pierre Marc. 2001. "Creating Sustainable Global Governance." In *Guiding Global Order: G8 Governance in the Twenty-First Century*, eds Kirton, John J., Daniels, Joseph P., and Freytag, Andreas. Aldershot: Ashgate, 245—282.

Jones, Bruce, Pascual, Carlos, and Stedman, Stephen John. 2009. *Power and Responsibility: Building International Order in an Era of Transnational Threats*. Washington DC: Brookings Institution.

Kelly, Paul. 2009. "Shift to G20 Was Matter of Time." *Australian*, September 27.

Kharas, Homi and Lombardi, Domenico. 2012. "The Group of Twenty: Origins, Prospects, and Challenges for Global Governance." Brookings Institution, Washington DC. Available at: www.brookings.edu/research/papers/2012/08/g20-global-governance-kharas-lombardi. Accessed: July 2012.

Kirton, John J. 2001a. "The G20: Representativeness, Effectiveness, and Leadership in Global Governance." In *Guiding Global Order: G8 Governance in the Twenty-First Century*, eds Kirton, John J., Daniels, Joseph P., and Freytag, Andreas. Aldershot: Ashgate, 143—272.

Kirton, John J. 2001b. "Guiding Global Economic Governance:

The G20, the G7, and the International Monetary Fund at Century's Dawn." In *New Directions in Global Economic Governance: Managing Globalisation in the Twenty-First Century*, eds Kirton, John J., and von Furstenberg, George M.Aldershot: Ashgate, 143—67.

Kirton, John J. 2002. "Global Community Outreach: The G20 and Africa." G8 Online, Lecture No.9. Available at: www.g8.utoronto.ca/g8online/2002/english/2002/09.html. Accessed: July 2012.

Kirton, John J. 2005a. "The Future of the G8." In *G8 Summit 2005: aping the Challenges*, ed Fraser, Maurice. London: Newsdesk Publications. Available at: www. g8. utoronto/newsdesk/G8-2005. pdf. Accessed: July 2012.

Kirton, John J. 2005b. "Toward Multilateral Reform: The G20's Contribution." In *Reforming from, the Top: A Leaders'20 Summit*, eds English, John, Thakur, Ramesh, and Cooper, Andrew F.Tokyo: United Nations University Press, 141—168.

Kirton, John J. 2008. "The G8's Democratic Governance." ["In Portuguese."] *Cadernos Adenauer* 9:39—60.

Kirton, John J. 2009. "London Summit: Acting for Change." In *The G20 London Summit: Growth, Stability, Jobs*, eds Kirton, John J., and Koch, Madeline. London: Newsdesk Publications, 26—27. Available at: www. g20. utoronto. ca/news desk/1 on don. Accessed: July 2012.

Kirton, John J. 2010a, "The G20 Finance Ministers: Network Governance." In *Rising States, Rising Institutions: Can the World Be Governed?* eds Alexandroff, Alan S., and Cooper, Andrew F.Washington DC: Brookings Institution Press, 196—217.

Kirton, John J. 2010b. "The G20 Summit as an International Negotiation Process: Shaping the Systemic Summit Club for Toronto and Seoul." Paper prepared for a conference on on "G20 Seoul Summit: From Crisis to Co-operation" hosted by the Korean Association of Negotiation Studies and sponsored by the Institute of Foreign Affairs and National Security, May 19, Seoul. Available at: www.g20.utoronto.ca/biblioykirton-kans.pdf. Accessed: July 2012.

Knight, Malcolm, Schembri, Lawrence, and Powell, James. 2004. "Reforming the Global Financial Architecture: Just Tinkering Around the Edges?" In *The IMF and Its Critics: Reform of Global Financial Architecture*, eds Vines, David, and Gilbert, Christopher L.Cambridge: Cambridge University Press, 124—156.

Lander, Mask. 2008. "World Leaders Vow Joint Push to Aid Economy: Big Decisions Delayed." *New York Times*, November 16, p.1. Available at: www.nytimes.com/2008/11/16/business/worldbusiness/16summit.html. Accessed: July 2012.

Le Boucher, Eric. 2003. "Pourquoi les antimouriialistes gagnent du terrain." *Le Monde*, November 9.

Lukov, Vadim. 2010a, "G20 and G8 in Search of Solutions: Global Problems of Economy and Society." *International Affairs* 56(5):58—76.

Lukov, Vadim. 2010b. "Pamership for Progress: From the 2010 Musk ok a-Toronto Summits to the Seoul Summit." Conference on "Partnership for Progress: From the 2010 Musk ok a-Tor onto Summits to Seoul Summit" at the State University Higher School of Economics, October 27, Moscow.

Martin, Paul. 2004. "Speech by the Prime Minister." Address at a luncheon hosted by CORIM, CERIUM, Institut d'études internationales de Montréal at UQAM and the Montreal International Organization, Montreal, May 10. Available at: epe.iac-bac.gc.ca/100/205/301prime_minister-ef/paul_martin/05-10-06/www.pm.gc.ca/eng/news.asp@id=201. Accessed: July 2012.

Martin, Paul. 2008, "Time for the G20 to Take the Mantle from the G8." In *Growth, Innovation, Inclusion: The G20 at Ten*, eds Kirton, John J., and Koch, Madeline. London: Newsdeesk, 22—27. Available at: www. g8. utoronto. ca/newsdesk/G20at10. pdf. Accessed: July 2011.

Martinez-Diaz, Leonardo. 2007. "The G20 after Eight Years: How Effective a Vehicle for Developing-Countiy Influence?" Global Economy and Development Working Paper No. 12, Brookings Institution, Washington DC. Available at: www brookings. edu/papers/2007/1017development. aspx. Accessed: July 2012.

Masson, Paul R. and Pattison, John C. 2010. "Financial Regulatory Reform: Using Models of Cooperation to Evaluate Current Prospects for International Agreement." Rotman School of Management, University of Toronto, Toronto. Available at: www. g20. utoronto. ca/biblio/G20reforms. pdf. Accessed: July 2012.

McCarthy, Shawn. 2004. "Ottawa Still Supports UN, Graham Says." *Globe and Mail*, May 1.

Meyer, Laurence, Doyle, Brian, Gagnon, Joseph, and Henderson, Dale. 2004. "International Coordination of Macroeconomic Policies: Still Alive in the New Millennium?" In *The IMF and Its Critics: Reform of Global Financial Architecture*, eds Vines, David, and Gilbert, Christopher L. Cambridge: Cambridge University Press, 59—105.

O'Neill, Jim and Hormats, Robert. 2004. "The G8: Time for a Change." Global Economics Paper No. 112, Goldman Sachs, New York.

Ostiy, Sylvia. 2010. "Pessimism of the Intellect, Optimism of the Will." August 7, Available at: www. g20. utoronto. ca/biblio/ostty-cipa. html. Accessed: July 2012.

Payne, Anthony. 2010. "How Many Gs Are There in 'Global Governance' after the Crisis? The Perspectives of the 'Marginal Majority' of the World's States." *International Affairs* 86(3): 729—740. doi: 10. 1111/j. l468—2346. 2010. 00908. x.

Penttila, Risto E. J. 2009. "Multilateralism Light: The Rise of Informal International Governance." Centre for European Reform, London. Available at：www.cer.org.uk/pdf/penttila_essay_July09.pdf. Accessed：July 2011.

Persaud，Avinash，2010. "The Locus of Financial Regulation：Home versus Host." *International Affairs 86*：637—646.

Porter，Tony. 2000. "The G7，the Financial Stability Forum，the G20，and the Politics of International Financial Regulation." Paper presented at the annual convention of the International Studies Association，March 15，Los Angeles. Available at：www.g8.utoronto.ca/g20/biblio/porter-isa-2000.pdf. Accessed：July 2012.

Postel-Vinay，Karoline. 2011，*Le G20，laboratoire d'un monde émergent*. Paris：Les Presses de Sciences Po.

Rogoff，Kenneth. 2010. "Technology，Complexity，Economy，Catastrophe." *Globe and Mail*，June 2. Available at：www.theglobeandmailcom/news/opinions/technology-complexity-economy-catastrophe/article1588565. Accessed：July 2012.

Schirm，Stefan A. 2012(July). "Global Politics Are Domestic Politics：A Societal Approach to Divergence in the G20." *Review of International Studies*：1—22，doi：dx.doi.org/10.1017/S0260210512000216.

Scholte，Jan Aart. 2003. "Governing Global Finance." In *Governing Globalization：Power，Authority and Global Governance*，eds Held，David，and Me Grew，Anthony. Cambridge：Polity Press，189—208.

Schwab，Klaus. 2003. "Address to the Plenary Session of the World Economic Forum：Africa Economic Summit 2003." June 12，Durban.

Shanghai Institutes of International Studies Working Group. 2009. "The Reform of International Financial System and China's Policy Options." *Global Review* (3)：40—54.

Shorr，David and Wright，Thomas. 2010. "The G20 and Global

Governance：An Exchange." *Survival：Global Politics and Strategy* 52(2)：171—198.

Slaughter，Anne-Marie，1997. "The Real New World Order." *Foreign Affairs* 76(5)：183—197.

Slaughter，Anne-Marie，2005. "Government Networks，World Order，and the L20." In *Reforming from the Top：A Leaders' 20 Summit*，eds English，John，Thakur，Ramesh，and Cooper，Andrew F.Tokyo：United Nations University Press，281—295.

Summers，Lawrence. 2008. "The Birth of the G20，" In *Growth，Innovation，Inclusion：The G20 at Ten*，eds Kirton，John J.，and Koch，Madeline. London：Newsdesk，29—31. Available at：www.g8.utoronto.ca/newsdesk/G20at10.pdf. Accessed：July 2012.

Talley，Ian. 2010. "IMF Chief：Global Financial Crisis Has Washed Away Old Economic Order." Dow Jones，December 8.

Wang，Guoxing. 2009. "Financial Crisis：Its Impacts on International Economic System and Geopolitics." *Global Review* 3：24—38.

Wang，Jing and Goodman，Matthew P. 2012. "Prudence and the G20，" *Global Economics Update* 1(6)：1—2. Available at：csis.org/files/publication/120802_Simonchair_newsletter_August2012.pdf. Accessed：August 2012.

Winning，Nicholas and Parkinson，Joe. 2009，"G20 Fin Mins Come Up Short on Climate Change." Dow Jones，November 7.

第二章
二十国集团治理的体系中心模式

分析思路

研究二十国集团治理的具体路径需要为其建立一个集中的、综合多方面因果关系的模式，从而将各种关键性因素用一定的逻辑串联，并明确地将各因素与已产生的不同结果相对应，如有可能，还可以寻找各种因素与未产生的结果或未发生的事情之间的关系。本章通过运用古典和当代国际关系理论中的概念，建构了这种分析模式。在建构过程中，本章还借鉴了用于分析八国集团治理的现有模式，并根据二十国集团的特性，以及在已发生变化的全球体系背景下，各成员国领导人需开展的各项具体工作，对现有模式做了一定的调整。本章从现实主义、自由制度主义、葛兰西政治经济学、建构主义、复杂适应系统、俱乐部和网络等国际关系理论中选取相关概念展开分析，对公认的八国集团治理协调平等模式作出修正和扩展，得出二十国集团治理是采取体系中心治理模式的结论。

国际关系理论

对二十国集团治理模式的理论分析

最早运用国际关系理论研究二十国集团治理的学者是托尼·波特(Tony Porter)，他分析了二十国集团财政部长和央行行长层次会议的起因、早期运作形式和未来展望(Tony Porter，2000；Schirm，2012)。

波特认为，合法性这一概念与标准的现实主义、自由制度主义和葛兰西政治经济学的分析相对立，它对分析解释二十国集团和金融稳定论坛(FSF)缘何产生至关重要。现实主义理论能够用来解释在更早的时候美国在创立二十二国集团过程中的领导作用。二十二国集团由七国集团成员国、澳大利亚和由美国单方面选择的十四个新兴国家组成。但是，后来创立的二十国集团的直接原因并不能归为美国单方面的作用，也不能归为其七国集团同僚的努力结果，尤其是在讨论到其非七国集团成员国时，这一问题更不应简单对待。二十国集团的成员制度增强了这些非七国集团成员国的相对实力，很明显，在争取加入这一新集团的机会中，他们毫不让步。相似地，自由制度主义理论观点能够用来解释二十国集团在降低交易成本、从学理上创立规模经济的概念、减少不稳定因素以及在1997年至1999年金融危机后开始加强监管等工作中所扮演的角色。该理论也能用于分析七国集团作为国际全球治理机构体系"大本营"所起的作用。然而，二十国集团中的七国集团成员国或其他成员国均缺少理性谈判；非七国集团成员国在争取成员资格的问题上丝毫不作让步；同时，发展中国家成员国刚加入二十国集团时，由于受危机影响，暂时表现得较为软弱。自由制度主义理论以及现实主义理论的核心论点无法对以上三个重要事实作出合理解释。

葛兰西政治经济学同样不适用。二十国集团虽在表面上有利资本发展，但它加大了成员国在市场和商业领域的自主权，认为商业组织在二十国集团形成或工作中不能起重大作用，并强调了两条关键路径——针对社会经济中的私营部分应分担负担和通过选择性的资本控制进行缓慢的资本自由化，而这两条路径与富人阶层的利益是对立的。二十国集团致力于最大限度地降低金融危机和动荡的发生次数及其严重影响，这些努力事实上是为维护富有投资者和广大新投资者的利益。但是，受危机影响的国家和阶层以及更广泛的国际社会也要分享这些利益。对此作出更好的解释的是合法性动态分析——它研究的是二十国集团和金融稳定论坛在经济、特定行业和民主三方面保证操作与政治合法性的方式。

波特(2000)恰到好处地分析了危机在二十国集团的创立和早期运

作中所起的关键作用，尤其是1997年至1999年全球金融危机，它带来的一系列动荡使当时的主要全球治理机构(国际货币基金组织、十国集团(G10)、巴塞尔银行监管委员会，甚至还有相对独立的七国集团)丧失了权威影响力，并引发人们呼吁创立一个代表性更广泛的新论坛，从而使研究全球化的学者走出危机发生前新自由主义理论的主流方法套路，转向一种对社会感知度更高的研究方法(Kirton, 1999, 2000)。然而，在对二十国集团的发展历程和早期运作方式进行了一番细致分析后，我们可以看到，现实主义、自由制度主义和葛兰西政治经济学虽然仍有不足，但是，在一定程度上，这些理论对二十国集团的分析研究所起的作用比波特认定的作用要更加强有力。

现实主义

从严格意义上说，不论明确与否，二十国集团的理论模式研究可始于现实主义理论的一个核心假设，即在地域范围有限的威斯特伐利亚体系国家，包括影响国际体系、全球治理和世界秩序在内的国家相对能力占据着最重要的地位(Morgenthau, 1948)。虽未明言，但这种研究借鉴权力循环理论的不同研究方法，重点关注新兴国家的迅速崛起，得出结论：若需维护全球稳定，改革世界秩序，并在更广的层面上有效、合理解决世界面临的各类问题，新兴国家需要在全球治理的这个中央论坛上占据一席之地(Organski and Kugler, 1980; Doran, 1971; Cooper, 2010)。通过霸权稳定论和领导力理论，现实主义理论强调了二战后的美国作为主导国在国际机构的创立过程中所扮演的重要角色，并认为在“霸权之后”的时局中，在其盟国的些许支持下，美国依然在这些国际机构中发挥主导作用，八国集团“美国+1”的主导模式充分印证了这一观点(Keohane, 1984; Putnam and Bayne, 1987; Hajnal, 2007)。

诚然，美国在国际机构中的这种主导地位确实在1997年得到了提升。专门创立二十二国集团最初仅是美国政府中少数官员的个人提议，而不是整个国家的意愿(Krasner, 1978)。二十二国集团给予美国政府及其他七国集团成员国政府共同的权利，创立一个规范的公共论坛，为其设立固定不变的成员制度，同七国集团和其他与之相关的国际机构之间建立合理的报告关系。美国经济经历了十年既不过热、又不萧条的“温和经济”发展。此外，在1997年至1999年金融危机影响下，美国与除英国和加拿大外的其他七国集团国家相比，在相对实力上有所复苏。即便是在这种情形下，二十国集团同1975年的七国集团一样，全面调动了各国的主导力量，以应对当前对全球影响面更广的威胁和后霸权时代的美国无法仅依靠自身力量应对的威胁。1998年9月，美国长期资本管理公司受金融危机的影响走向破产便揭示了这一点(Kirton，2000)。

现实主义理论对二十国集团治理的研究有更广的适用价值。除极个别的国家以外，二十国集团所选择的成员国都是当时世界上实力相对强大的国家，而诸如泰国和智利这样稍逊一筹的国家都未能入选。二十国集团的每个成员国，不论其地位，不论它是七国集团还是七十七国集团(G77)成员，在集团创立后不久，都灵活、平等地与其他成员国联合，摈弃过去的分歧，为达到使二十国集团成为各国平等参与的俱乐部的最佳目标而努力。美国作为头号强国，在1999年和2008年对二十国集团两个级别会议的创立中都起了主导作用。之所以能成功，是因为美国得到实力排在第二位的几个强国的支持——1999年的加拿大和2008年的法国与英国。虽然美国引发了2008年的金融危机，但是我们可以说，它有最专业的能力来应对和解决发生在顶级金融中心纽约的这场危机。不论是相对实力正在走下坡路、意欲采取守势的国家，还是相对实力正在上升、并在调整在外交中的权力与义务的国家，在创立维护其第一梯队地位的更大的国家集团时，各国共同享有平等权利，因而不会推翻保证其在不同时期发展机会的制度。

但是，在相对能力与国际机构的创立、运作、工作成效及其影响之间，我们很难建立起直接的因果联系。此外，对于单极化、两极化以及以五国联盟形式出现(但在背后各自“推进运作”)的多极化所产生的世界格局影响，现实主义做了很好的理论分析；但是，由二十个国家主导的世界除了允许各国采用更加有效的方式平衡发展以外，如何才能创立一个具有连续性、可发挥自治作用的国际组织？对于这个问题，现实主义理论的分析是不够的。现实主义仅将威斯特伐利亚时代的国家所具备的相对能力和合理性作为理论研究对象。如此一来,对于部分问题,现实主义无法作出有力解释,包括这些国家的脆弱性和能力,世界国家体系广度和深度的重要性,一些此前降级为中等强国的国家应有的同等重要性,以及加速全球化的时代中意义有所减弱的领土权问题。而事实上,在分析二十国集团治理时,相对能力、相对能力的变化以及体系性动荡下的守势稳定策略依然十分重要。但是现实主义理论仅仅给出了建构一个分析二十国集团工作方式和原因的综合模型的若干必要“零件”,而并未提供整套“工具箱”。21 世纪是飞速发展的时代,与 1648 年以来威斯特伐利亚时代缓慢发展的世界完全不同。在这个新世界中,相对联系与相对能力一起发挥重要影响作用,而在过去,仅有相对能力一个因素发挥着重要作用。

自由制度主义

自由制度主义也对二十国集团的理论模式作出了贡献。自由制度主义最初的侧重点是降低工作成本,认为可通过提供工作重心、将对未来发展的眼光放得更长远、提升透明度、建立互信、打击弄虚作假行为来实现这一点。二十国集团为何能超过由某个重要国家或多边组织在其成立前后创立或构想的专门集团机构呢?这个侧重点便是解释其原因的重要理论支撑(Krasner, 1978; Keohane, 1984; Cooper, 2010)。该理论的上述特征有助于回答如下问题:为何在 1999 年建制的二十国集团胜过了国际货币基金组织专门设立的由二十五国借款新安排(NAB-25)、二十二国集团以及三十三国集团(G33)?为何在促使其创立的金融危机结束后,二十国集团依然保持成员国数量和制度不变?为何在 2008 年秋天一场严重的金融危机发生后,人们会选择二十国集团,将其提升至领导人级别呢?另外,七国集团或八国集团是一个重要的国际机构温床,酝酿了新的二十国集团的诞生,并促进其发展——七国集团或八国集团在 1999 年通过了创立二十国集团的设想,自始至终都在为之提供内部引领和主导,向人们说明将二十国集团提升至领导人层次的好处，并邀请其经验丰富的成员国在二十国集团创立初期担任该集团部长级和首脑级会议的主席国，履行主导职责。

但是自由制度主义不足以合理地解释为何二十国集团在全球治理中胜过了高度合法化的国际货币基金组织及其国际货币与金融委员会，并开始引领和治理这两个组织机构(Abbott et al., 2000)。关于另一个问题，二十国集团也无法给出答案：二十国集团既没有自己的秘书处，又没有合法的章程，无法保证理论上所要求具备的明确性、制度性和代表性，也不能提供联合国和国际货币基金组织都具备的合法性，但十年来，这样一个非正式、合法化程度较低的集团却经常能取得良好的工作成效，其中的原因是什么？在这个世界，各国之间高度依存，上面提到的这些硬性要求和特征或许远没有人们想象的那么重要。而能否迅速拿出灵活、革新、相互联系的应对措施，这才是决定哪一类全球治理中心能起作用、胜过其他中心的首要条件。在国际货币基金组织“话语权和表决权”这一关键议题上，最终是由非正式的二十国集团推动了正式的国际货币基金组织的改革，而不是国际货币基金组织改革了二十国集团。

葛兰西政治经济学

政治经济学概念，尤其是葛兰西和历史唯物主义传统的政治经济学，同样对二十国集团的理论模式有少数贡献，但同时有诸多方面未能顾及(Wallerstein, 1979)。与更具实力的七国集团或八国集团一样，二十国集团也是一种集体霸权的形式——最强大的二十个国家参与的治理，而被排除在外的 173 个威斯特伐利亚体系主权国家被摆上次要地位，并由这 20 个国家治理(Bailin, 2005; Soederberg, 2002; Best, 2003)。另外，在 1999 年，二十国集团的大部分成员国都十分富裕，或者正在发展，并在当时的情形下有能力获得既得利益，从而实现该集团推动金融稳定、反恐及建立和发展保证各成员国平等地位的第一梯队治理集团的目标。各成员国开始接受下述基本前提条件：全球化、市场资本主义、实际执行、而非纸上谈兵的《华盛顿共识》，尤其是开放贸易和投资对促进出口导向型经济增长的重要性(Williamson, 1997)。不接受这些条件的国家不能成为二十国集团的成员,比如马哈蒂尔(Mahathir)领导下的马来西亚。各国将经济和计划上达成的一致视为头等大事,但由此带来的协调一致并未扩大到传统安全问题上,因为二十国集团在创立之初并未涉及这个政策范畴的问题。

不过,二十国集团的部分主导成员国,比如中国和印度这两个带头的国家,将自己视为依然一穷二白的发展中国家。如果不将其称作革命性影响,那么,我们可以说,他们的这种做法产生了明显的改革效果,尤其对诸如气候变化等问题的影响。在更广的层面上,二十国集团认可这样一种逻辑,即单一的世界资本体系如今需要来自单一政治中心的全球资本治理,而中国和沙特阿拉伯却几乎不算历史唯物主义理论中所描述的资本主义国家。此外,二十国集团内部关于组织建制的重要讨论是二十国集团政治的核心,这些讨论所涉内容包括国际金融机构体系(IFIs)话语权和表决权的零和改革,以及市场资本主义和国家资本主义中,哪种形式在目前最合适。与此同时,二十国集团未能预测或防止2007年至2009年间,美国和主要大西洋国家爆发金融危机,也没有发现引发新的观念秩序的矛盾,在这两个问题上的严重失败同样也对历史唯物主义的关键论点构成挑战。

建构主义

建构主义理论不同流派的概念丰富了对二十国集团治理模式的研究,但依然存在不足之处。建构主义为该研究补充了很重要的一个方面——社会,它鼓励积极主动、立场坚定、目标明确的各参与国在应对新问题时密切合作,允许其达成新共识、建构新的共同利益和身份,甚至允许其创立新的国际组织,或许可将其称为变革世界中的"稳定共同体",或金融、经济和社会安全共同体(Adler, 2002, 1997; Adler and Barnett, 1998; Baker, 2006, 2010)。

首先,建构主义鼓励学者超越正在逐渐消失的威斯特伐利亚体系思维,认为在从深嵌自由主义到民主、人权和法治的诸多问题上,学者应重视思想认识层面和思想的自主力量。实际上，约翰·鲁杰起初提出，区别于实体权力的共同社会目标能够维护与改变国际制度体系(John Ruggie, 1983)。这一观点侧重考察七国集团或八国集团以及后来的二十国集团在思想层面上达成的共识如何推动二十国集团创立和发展，尤其是在不受危机影响、各国相对能力迅速变化的时期内是如何实现的。在此，各国关于“嵌入式生态主义”的共识发挥了一定的作用(Polanyi, 1944; Kirton, 2002)，再分配原则也与之密切相关(Kirton, 2005)。在思想层面，建构主义将重点落在方针制定与共同原则和行动两方面，前者是国际机构的工作内容之一，后者是诸如二十国集团这类国际组织开展具体工作的原因。

其次，二十国集团的议程主要围绕一系列专门性很强、专业化程度高的事务展开，包括金融监管、国际金融以及国际金融机构体系的工作。在这种情况下，迫切需要各成员国达成新共识，以应对新出现的问题(Adler and Haas, 1992)。七国集团最初在建构新的思想认识方面具备优势，但这种优势依然不够。上述议程和工作促使七国集团对二十国集团发挥引领作用，也使七国集团离不开二十国集团，而不是通过唤起思想认识模式固定不变的旧利益集团来助其完成使命。

再次，在1999年催生二十国集团和2008年促使其跃升为首脑级峰会的两次严重危机中，各成员国面临着联系日益密切的世界和越发复杂的事务，变数也越来越多，越来越不为各国所熟悉。在二十国集团关于非银行类资产担保商业票据、信用违约互换以及美国抵押信贷市场的各种金融工具的争论中，这些成员国几乎无法通过任何明确的、固定不变的专业利益集团寻求支持。危机很容易扼杀从由过去发展而来的世界秩序。而建立新的秩序则需各国自身与国际社会在思想上和政治上的共同努力。各国和国际社会不要仅仅考虑通过监管套利的方式避免损失，不断变化的国际秩序将承担的责任，因为这是理应考虑的一方面。此外，新的秩序需从社会层面上建构，通过加强国际互动与合作，设立新的管理制度，这个制度中，除了考虑避免损失，还要在发生危机、过去状况不再是一条可选择的道路时，考虑各国的国内优先权。

然而，建构主义理论针对二十国集团治理也有缺憾，对诸多问题未作解释。比如，二十国集团基于社会而建构的新经济秩序与其说是一种将产生深远影响的未来选择，不如说它只是展现了当前现状。2008年金融危机发生时，法国总统萨科齐和英国首相布朗构想了“新布雷顿森林体系”，将其作为建构新经济秩序的未来选择。再如，七国集团内的互信程度和交往合作远远大于新的二十国集团，尤其是在涉及中国、沙特阿拉伯和阿根廷的议题上，更是如此。除此之外，一些实力稍逊的强国，比如加拿大和韩国，很容易就接受了“二十国集团成员国”这个新身份，然而对于最强大的美国而言，接受这个身份并非易事。老牌“中等强国”澳大利亚和巴西的领导人甚至没参加2010年6月的峰会。当时，二十国集团还没有在成员国之间相互交往的层面上建立共同体或俱乐部。

关键概念

若要分析上述不足，并研究21世纪世界对一种新型全球治理模式的需求，以及这一大背景下已出现的新型全球治理模式，还需从借鉴另外三个理论中的概念。

复杂适应系统

在分析世界对全球治理的新形式的需求时，可借鉴的第一个概念是复杂适应系统(Holling, 1973; Homer-Dixon, 2001; Dewitt and Kirton, 1983; Pstrom, 2009)。这个概念强调，世界不会永久保持均势，极少有恒定不变、完全对应的线性因果关系，其发展过程需靠计划路线指导，并会有不同声音的多方反馈，这个世界可能会突然跃升至新的局势，因而其体系结构在不断变化。

在这样的体系中，全球治理的参与者面临着各国联系日益密切、国际事务越发复杂、充满越来越多变数的大环境。各国参与者知道，他们既不熟悉也很难控制这个大环境。他们的任务不是在熟知的固定简单体系中运作，将维护或提升其自身的既得利益和身份作为物质或环境目标(Wolfers, 1962)。相反，其任务是各国应坐在一起，分析这个新体系如何影响世界，以及在这个新体系短时期内开始削弱各国实力之前，二十国集团能在多大程度上控制这个体系，以及应该如何控制该体系。如果新的危机卷土重来，但危机的源头不是为人们了解的某一个困境重重的国家，或者甚至不是那些经常计算相互合作（甚至还有偶然发生的战争）的累积效应的威斯特伐利亚体系国家，而是源自许多非国家行为体，包括所有生物及其以外的自然过程，完成这项任务显得尤为重要。这种新体系容易引发动荡，让所有国家认识到他们共同的脆弱性，它同时促使各国共同形成避免损失的集体本能。因此，对新型全球治理模式的需求并非因为该体系长期以来无人治理，而是由于当今世界日益变化的复杂性。

俱乐部

第二个可借鉴的概念是俱乐部。通过理性、强调激励的共同表述，这一概念可以解释为何二十国集团不是大国协调集团。比如，它不是由八国集团简单增加几个大国而形成，而是新产生的与八国集团完全不同的集团，参与变化后的世界的全球治理。八国集团是一个大国协调集团——这是一种非常特殊的俱乐部形式。二十国集团不属于这种形式，因为其众多成员国不是主要大国，其成员中还有许多非民主国家。但它同样具备连续、集中、组织合理的特点，从而使其成员国不仅能组成一个连续性的便利组织，也能形成一个成员已知、集体责任与权力明确的俱乐部。另外，与大国协调集团相似，二十国集团俱乐部在其创立的前十一年中，从未取消任何国家的成员资格，也没有任何国家主动退出该俱乐部。

俱乐部概念最初由詹姆斯·布坎南（James Buchanan）提出。布坎南通过消除纯私有物品和纯公有物品之间的隔阂，利用俱乐部概念来分析合作成员制度与行为（1965）。俱乐部是一种无偿机构，不接纳新成员，非成员不能享受成员的益处。成为俱乐部成员的益处远远大于参与俱乐部的成本（Sandler and Tschirhart，1997）。米歇尔·弗拉蒂安尼（Michele Fratianni）和约翰·帕蒂森（John Pattison）认为这个概念对国际机构有很强的解释力(2001)。由于美国霸权引领的成本提高,“如今的激励制度促使各国开始思考集体引领,而不是由一国进行霸权引领”。成为这种集团的一员,从而参与其工作与发展,对每个国家都有很强的激励刺激作用。尤其是对实力相对较弱的成员国而言,如果仅依靠相对实力,这些国家很难发挥影响力。

这种激励制度的转变也对解释二十国集团崛起的原因有一定的帮助(Hermawan et al., 2011)。成员国国家越大、实力越强,往往其加入二十国集团的成本就越高——当然获利也更多。如果成员国获利减少,那么激励其参与引领二十国集团发展的动力就会随之而降低。人们将二十国集团视为各成员国平等参与的俱乐部,部分原因在于,激励美国在国际合作中发挥引领作用的因素正在减少。成为该俱乐部的一员也有很大的好处,包括通过跻身于国际体系内的重要国家之列,获得国际影响力,通过参与二十国集团会议,在国内产生政治回报,最重要的是,通过成员国提供的最佳方式,提升构建全球新秩序的能力。俱乐部成员除获得上述直接益处外,还能从生产更广泛的全球公共物品过程中获益。只有二十国集团俱乐部能够生产公共物品,而各成员国也对此有需要。

俱乐部的第二方面在于其社会心理方面的特征,这对研究二十国集团同样很重要(Stephens, 2010)。八国集团是一种特殊的俱乐部——小规模精英国家集团,各国通常在独立的小型会议或集体会议上相聚,有充足时间自由交换意见,圆桌形式的工作餐和会议让各国代表得以近距离接触。比如,他们既可以拍拍集团其他成员国同事的肩膀,又可以和邻桌代表低声交谈,还能进行个人和非正式的集体聊天。相比之下,二十国集团成员国数量大增,开会时相互之间的距离也隔得更远,各国代表非正式聊天的时间大大减少,会议时间也有所缩短,各国代表的语言也不尽相同。不过,二十国集团成员国的数量依然有限。各国代表进行个人交流互动的机会足以让这个来之不易的俱乐部的成员国产生一种宝贵的集体身份认同。二十国集团会议,尤其是从2008年开始通过增加会议频度,至少逐渐能在各国财政部长和央行行长中建立起一定的关系,从而在危机显现时,一个成员国能够通过电话联系到其他成员国，正如2010年5月那样。二十国集团成员国持不同观点、使用不同语言的领导人之间甚至也能形成这种个人互动的关系。

动荡是激发俱乐部内部增强国际合作的重要因素，合作效果则取决于动荡对不同国家的相对影响（Masson and Pattison，2010）。在动荡产生的影响程度相当的国家，其政策的合作与协调会带来更多好处。然而，如果一个国家在动荡中遭遇的影响比其他国家大，那么这个国家在协调过程中获得的好处会比其他国家少；危机蔓延的情形则另当别论。例如，2009年至2010年，一项征收银行税款的提议曾在二十国集团成员国中激起了不同的反响。接连发生的强烈动荡能产生一种特别推动作用，使一个国家在俱乐部中寻找相熟悉、互信度更高的另一个国家，以倾吐其迷茫与恐惧，从而减轻动荡给该国带来的影响，并与那个国家齐心协力，找出一条共同的出路。

总而言之，动荡激发了二十国集团俱乐部运行的第一个有效层面，因为其成员国认识到，如果不全部“抱团”发展，他们就要单枪匹马面对一切（Putnam and Bayne，1987）。而随着成员国走到一起共同解决由动荡所产生的问题，共同分享顺利解决问题的兴奋感和成就感，俱乐部就出现了第二个层面——社会心理层面。

网络

第三个可借鉴的概念是网络（Zacher and Sutton，1996）。二十国集团不仅是公共的新兴社会心理俱乐部，而且是对全球网络起中心作用的俱乐部。在这个网络中，二十国集团俱乐部的守成国家和新兴国家成员同时参与治理，使二十国集团位于辐射至其他国家集团全球治理网络的中心，从而通过其他国家集团采纳观点意见，同时借助它们发挥全球治理网络中心的影响。这样，网络中的每个成员都在二十国集团治理中有所呈现，即便这个国家还不是这个作为网络中心的俱乐部的正式成员国或特别参与国。由此可见，二十国集团是世界上组织安排最合理的俱乐部。作为处于全球治理网络中心的俱乐部，即便不出现新的动荡，二十国集团也至少能胜任全球治理的工作。

安妮-玛丽·斯劳特称,世界不再由严格划分等级的国家组成,而是由像蜘蛛网一般的许多网络组成,这些网络通过相互联系,而不是相互包含,给予各国诸多益处(1997, 2004, 2005, 2009)。她认为,行政、管理、司法和立法层面上的跨国政府间合作越来越需要全球治理,从而在传统的行政层面之外及其内部形成共识。旧的世界体系是由不同大小、内部结构鲜为人知的"黑盒子"国家按不同等级排布而成,这些国家遵循着自身制定的各项规则,很少有国际机构为其规则制定提供建设性意见。但这种旧体系正在逐渐退出历史舞台,取而代之的是一个新的世界体系,行政、司法和立法组成的国家政府三要素在世界上进行国际、跨国和国内互动。

在创立之初,由财政部长、央行行长及各成员国代表和官员参加的二十国集团治理就已形成了一个网络。二十国集团创立不久,便出现了许多由某领域的专家组成的工作坊或研讨会,以提供相关的知识。二十国集团的网络使信息同步传播,因而世界上所有人都能获得相同的知识。这种传播途径越来越多的是通过互联网而实现。通过二十国集团的前期准备和后续工作,知识的同步加强了网络在其金融稳定理事会的管理者中产生的这些效果。

站在需求角度,全球化意味着世界需要更多的全球性的规则。然而,从供给角度来看,威斯特伐利亚体系国家却不愿接受一个拥有决策权的传统集权机构(Slaughter, 2005)。罗伯特·基奥恩(Robert Keohane)认为,在非政府世界搭建密集网络的全球化也能从合作过程中获得潜在的益处——如果这些益处能够受到新组建的国际机构的约束;他还补充道,国际机构自身就具有"约束力"(2002)。斯劳特认为,领导人层次的二十国集团能够满足正当性和透明度的需求,因为它向世界表明,与联合国或世贸组织相比,政府网络在平衡权力中心的问题上更具包容性,在目标上,政府网络更透明(2005)。二十国集团峰会"可以是推动变革、解决问题……以及确立由众多网络组成的二十国集团自身的网络中心地位的催生因素"(Slaughter, 2005)。二十国集团峰会开启后,邀请了更多国家和国际组织参与,主办国的工作范围越来越大,上述变化给这个网络增添了更多特点,也产生了更多成效,甚至连各国最顶级的首脑也能与其国外同行们成功地开展网络全球治理。

全球治理的体系中心模式

描述和分析二十国集团的工作需要建立一个因果关系模式，从而集中、成体系地研究二十国集团的创立、发展演变、工作成效，以及促使其采用这种特定发展模式的合力。八国集团治理的协调平等模式首先由约翰·柯顿提出(John Kirton，1989，1993，2000，2001)，该模式为建立二十国集团治理模式提供了一个合理的出发点。但要归纳总结出二十国集团作为体系俱乐部的独特特征，还需对协调平等模式作一定的调整和扩展(Kirton，2010)。八国集团以大国实力和民主政体为标准的成员制度较宽松，二十国集团并非只是八国集团权力协调的放大版。相反，二十国集团是由国际体系内的重要国家所组成的另一种完全不同的俱乐部。在当今世界，各国的相对联系和相对能力已成为国际体系的核心特征。与 1648 年以来威斯特伐利亚时代缓慢发展、相对独立的世界相比，二十国集团成员国所处的当今国际体系发挥着更为重大的作用。

二十国集团治理的各项工作

与协调平等模式类似，二十国集团作为国际机构的工作主要围绕六个方面展开(参见附录 C)。

国内政府管理

第一项工作是国内政府管理(参见附录 D)。当一国获得参与二十国集团会议的机会，或被宣布成为其成员国，或取得其主席国或主办国资格，同时，在该国国内，人们热烈响应与支持其优先参与其峰会或部长级会议，在这些情形下，二十国集团产生了重要影响。由此，国内政府管理成为二十国集团治理的第一项工作。通过二十国集团峰会或部长级会议的集体公报对一国的赞许、会议结束后媒体的正面评价、该国在国内得到的舆论支持，以及该国或其会议代表最终在选举中得到的认可，上述积极影响可得到综合体现。这些影响的范围进而继续扩大，一国在国家政策话语中会援引二十国集团会议的内容，而在二十国集团的重要成就中，一国的国家形象也会得到展现，比如《蒙特利尔共识》或《首尔发展共识》。另外，主办峰会或部长级会议能为一国的经济及其他方面带来好处，比如，有助于通过加大财政成本，以及其他的实际投入和政府投入来提升其国家形象。

协商

第二项工作是协商(参见附录 E)。协商是成员国在二十国集团会议召开期间、会议前后以及其他场合面对面进行的内部非公开讨论与对话，甚至还包括多边和双边的电话会议和邮件交流。根据二十国集团以全体成员国名义发布的集体公报，二十国集团的协商工作除上述非公开的方式以外，还包括公开的外部协商。

方针制定

第三项工作是方针制定(参见附录 F)。这项工作的重心是二十国集团确认其共同原则和共同准则。根据经典国际体制理论，原则是指对客观事实、因果关系和正确行事方法所做的规范；而准则的内容更为具体，包括规定(“你应该做什么”)、禁忌(“你不该做什么”)和许可(“你可以做什么”)(Krasner，1983)。

二十国集团最初接受客观事实并创立这个集团，表明其治理者能够理解由他们主导的复杂适应性系统的运作方式，同时也表现了其治理者提前预知和预防危机发生的能力。

二十国集团的内部因果模式表明，治理者很好地规划了复杂适应性系统的本体“现实”，或者至少完美地契合了该领域的外部“专家们”普遍达成的共识。因此，治理者同其他利益攸关者一起，在认识层面上为二十国集团确立了可信度。就这一点而言，二十国集团因果模式的内部共识和一致及其与外部共识的契合对建立其外部可信度非常重要。

内外共识并不互为充要条件，有时集团内部完全达成共识，但完全没有与任何外部共识形成契合。事实上，以七国集团为中心的那个站不住脚的新共识模式表明，尽管外部专家认为这种模式在经验上不成立，二十国集团成员国依然一致地认同，他们目前无力采取任何有效措施来治理全球化的金融市场（Bergsten and Henning，1996；Kirton，1999）。另外，除了外部共识，二十国集团在认识观念上的创新和改革能够展现其在全球治理中发挥的最强主导作用。

从上面提到的客观事实和因果关系中，产生了正确的行事方式——指针对在要做或已做的事情中，哪些是正确的问题，人们所达成的一致。这是合法性的核心，简言之，就是指正确的规则。如果人们认为二十国集团是在为所有人做正确的事，那么由谁代表各成员国做这件事就不那么重要了。如果人们认为二十国集团是在尽最大努力，用恰当方法做正确的事，那么，在此过程中，二十国集团的工作是否完全起作用也不那么重要了。相比二十国集团正在推动什么实质性工作，谁来治理、谁能从中得到什么就不那么重要了。因此，“治理权”（right to rule）来自“正确的规则”（right rule）这个更高层面的概念（Buchanan and Keohane，2006）。

二十国集团注重民主的价值观念，这对其固有的正确行事方式及随之而产生的合法性也颇为重要。从狭义上看，二十国集团开放民主、个体自由和社会进步的观念源于七国集团或八国集团对它的支持与推动。七国集团或八国集团将上述标准视为其核心价值观念。在政治开放这一广义层面上，诸如透明度、正当性以及法治一类的民主标准是大部分人都认同的程序性原则，它们保证了二十国集团治理对更广大的国际社会的开放。在最广泛的意义上，比起已在大部分国家黯然失色的其他价值观念，以及后来取代那些观念的价值观念，上述民主观念更深入人心，更为世界各国所接受。一个实际案例便说明了这个问题：1975 年爆发的全球民主革命在大部分国家都是朝着推进民主这一方向发展，而委内瑞拉和玻利维亚则在小范围内逆转这个方向，成为全球民主化高速公路上的小减速带。

决策

第四项工作是决策——指给出可信、明确的集体承诺，具备足够的明确性、制度性和代表性，以成为理论和道德规劝的来源，或对外部力量的威慑，这些外部力量对二十国集团所做承诺的回应往往出于其自身目的；即便二十国集团各成员国政府不采取进一步措施，决策也能充分产生上述效用（Abbott et al.，2000；Kokotsis，1999）（参见附录 G）。二十国集团声明中的软法有力地表述了其决心和自我约束力，在瞬息万变的环境中，规避了跨政府条约的正式章程中常见的笼统性、模糊性或陈旧性（参见 Simmons，2000）。这些承诺在其目标、意义和适用成员国数目上也许不尽相同。但通过将二十国集团治理扩大为全球行政工作，使其成为规定性权威行动的来源，这些承诺使二十国集团超越了流于表面的治理意义，不再仅是供国内政府管理者集体接受媒体拍照的机会，也不仅是各成员国在其中开展协商的全球“热水浴池派对”，更不仅是牧师劝人向善的布道坛。

承诺的兑现

第五项工作是承诺的兑现。承诺的兑现首先是指履行决议性的承诺，而后延伸到成员国与其他国家有效执行承诺，以通过预期方式或其他方式产生预期结果，有效解决问题（参见附录 H）。在这里，二十国集团各成员国政府通过最直接的“一阶”行动以兑现承诺，忠实地执行其集体共识（参见附录 H）。一个广泛的事实表明，二十国集团各成员国在满足其对七国集团或八国集团所作承诺的过程中，其努力方式和程度因时间、成员国和议题领域的差别而有所不同（von Furstenberg and Daniels，1992；Kokotsis，1999）。这表明，类似七国集团或八国集团、二十国集团这样非正式软法机构无需警力支撑，就可作为自己的“司法部”，像一个真正的集团那样约束成员，有诺必践。另外还有一个事实正在逐渐浮现，即各国领导人能够“打造”其承诺，使之变得易于履行。

而关于哪种问责机制有助于增强承诺的兑现及其背后的原理，这一问题还有待进一步研究。

全球治理的发展

第六项工作是全球治理的发展。从内部而言，这项工作包括二十国集团的创立、发展和演变，以发挥国际机构的作用；而就外部而言，该工作包括与之相关的其他方面。与其持续不断的运作不同，二十国集团组织架构演进的关键便在于此。从内部而言，峰会、部长级会议、正式机构和民间团体这些机构和集团的创立与利用处于工作的核心地位。这里包括七国集团或八国集团以及二十国集团所衍生的多边峰会机构，或涉及二十国集团成员国的其他级别的机构，尤其是金砖五国，即巴西、俄罗斯、印度、中国和南非。

就外部而言，尤为重要的一点是，在由诸如国际货币基金组织及二十国集团成员国参与的其他论坛所组成的更大的国际机构体系中，二十国集团能够保持其身份并以集团的形式运作，从而扩大二十国集团内部的共识，集体接受更大的行为体对其进行投入。为此，二十国集团成员国并不受限于其他机构的体制，而是将这些机构视为运载工具或合法机制，以在更大的团体内推广其共识。

各方面工作的位序

二十国集团治理的六项工作在两方面产生同等重要的影响和作用。首先是在时间上，二十国集团影响的时间跨度可从最近延伸到长远的未来。在一国被宣布成为其成员国，或取得会议主办权时，国内政府管理可当即尽早启动，不需要等到峰会或部长级会议召开。全球治理的发展会产生长期效果，可使世界治理模式、运作模式的设定、结构产生机构甚至是规章发生改变。例如，二十国集团推动了国际货币基金组织“话语权和表决权”的改革。

再则是在空间上，二十国集团的影响可从会议或峰会会场延展到国际、超越国界和全球层面。国内政府管理关注地理上是本土的、地域范围有限的威斯特伐利亚体系国家和社会，从会址开始向外辐射，当然，会议影响也可能扩大到目标国家和其他国家。集团成员国内部可在跨政府层面上进行协商、方针制定和决策，这一系列工作也可扩大至集团成员国以外的国家，使之成为其参与者或比如参与国或影响对象。集团所做的承诺不一定由决策者来兑现，其他行为体也可参与承诺兑现的过程。这意味着全球治理的发展会对整个世界产生影响（Putnam and Bayne，1987）。

总体而言，二十国集团治理成效也可通过其全面性来进行评估，即该集团是否能有效作出反应，是否有能力为各种全球性挑战提供解决方案，或是改革现存国际机构，或是在其成员国范围内外创立新机构。其全面性可通过多种方式评估：在空间上，可根据所影响的国家或地区来评估；在功能上，可根据所处理的问题来评估；在时间上，可根据对危机的反应、事后措施与事前防范来评估；从深度上，可根据所寻求和所得到的国内侵入性程度来评估。二十国集团若要完全表现出全面性，则需最大限度地利用其作为一个灵活的论坛的独特优势：它正得到更多工作任务、拥有更多议程，能够以新的方式关联多个事项，可以达成大型协议以增进总体福利，还能为整个全球社会指引新的方向。

二十国集团的集体治理成效还可以通过集团的总体一致性来评估。一致性是指能提供内部一致、逻辑可靠、完整而又有效的一整套全球治理体系。这个治理体系可在任何情形下应对全球体系的需求。二十国集团治理在某些方面表现得非常出色，但如果其内部出现意见分歧，它便会连贯性不足，效率降低，缺少全面性，难以应对即将发生的全球性挑战。

二十国集团治理的原因

二十国集团治理的体系中心模式将二十国集团治理解释为流动结盟外交的直接结果，具有以下四个特点：任何成员国都有担任领导角色的机会；任何成员国都可以支持，也可以反对；根据议题不同，成员国可以灵活地形成一系列新的联盟，超越传统标准以及现有的集团；哪怕是最强大的成员国也会最终适应并遵守集体结果。这一流动合作外交源于六大潜藏因素：由动荡引发的共同脆弱性；旧的国际机构的失败，因为它们只是单枪匹马地保护成员国的国际利益和偏好，独自提供全球公共物品；集体主导、内部平等的能力；共同的核心国家特征；国内政治控制、资本、连续性、能力和承诺；作为全球网络中心的有限的俱乐部参与制。

二十国集团治理的体系中心模式可被视为对解释八国集团治理的协调平等模式的调整与扩展(Kirton, 1989, 1993)。与调整后的协调平等模式类似，该模式开始就宣称在一个日益全球化的世界，跨领域的脆弱性的平等化，而不是能力，要求这个更大的集团的成员国在面对传染性的、影响所有国家的威胁时能够贡献资源，或者，同样重要的是，能在自己国家体系内通过脆弱性影响所有国家(Keohane and Nye, 1989)。1999年，在二十国集团外围的非七国集团成员国，包括新兴国家和中等强国已在诸多方面发挥很大影响力。这与其他组织的外围成员国不同，包括石油输出国组织(OPEC)，七十七国集团，20世纪70年代开始的消费者—生产者对话，1981年坎昆"全球谈判"会议成员，或从1989年七国集团巴黎峰会开始会晤的十五个发展中国家集团。在这个联系密切的世界，二十国集团中的非七国集团成员国因其严重的脆弱性和增强能力而显得尤为重要。短短十年间的角色互换中，这些国家改变了角色，发挥着重要作用。美国、英国、德国从1997年至1999年金融危机中的金融安全提供者转变为2008年至2010年金融危机中的金融安全消费者。而印尼、韩国、俄罗斯和巴西等国则是完成了反方向的角色转换。新的全球化带来的全球地理范围的扩大，危机蔓延速度的提升，以及对国内破坏程度的增强，在1997年至1999年的全球金融危机中展现得淋漓尽致。因此，这要求有一个主导力量作出前所未有的迅速反应和果断行动，同时要求核心集团中更多国家带领各国在国内采取措施，将这类对系统和社会都有破坏性的危机扼杀于萌芽阶段。

此外，与冷战时期四分五裂的世界不同，现代国际社会有足够多的代议制民主政体，或者说，有足够多的政体在统治程度和方式上更趋民主。如此一来,在民主趋同的基础上,人们有可能建立一个永久制度化的组织来有效进行国家治理。正是这个民主层面,或者更确切地说,是这个原始民主层面,深深吸引了二十国集团的非七国集团成员国,并且从某种程度上说,促成了一个共同的目标。这种日渐增长的政治开放带来了各成员国间的更多接触和互动,以及学习其他成员国政府的机会,从而深化并加强了集团的凝聚力。

经验表明,在集团创立及早期运行等关键问题上,二十国集团一开始就进行了激烈的讨论。最突出的当属统领全局的结构性问题,即,究竟是二十国集团还是其对手国际货币与金融委员会能够在于 1999 年肇始的新时代成为受经济主导的有效政治中心?第二个是成员国的问题,七国集团成员国有不同的偏好,其中两国取得一些成功,因为它们在这个新组织中希望保留自己的民族偏好,建立自己偏爱的世界秩序。在早期针对私营部门参与及受控资本账户自由化的新原则的讨论中,出现了第三个问题:七国集团成员国和非七国集团成员国之间起初的分歧形式显示出其让位于二十国集团成员国之间相互影响和流动结盟的迹象,这超越了二者的分歧。

简言之,21 世纪的后冷战时期,在高度全球化世界中,经过调整并得以扩展的协调平等模型能够解释七国集团或八国集团的出现、运行及其有效性,并在相当程度上解释了二十国集团的创立、维系、发展、工作及其影响。在成立初期,由于以下六项因素,二十国集团峰会表现出多方面、跨国的脆弱性:连续发生的一系列动荡;其他国际组织应对危机的失败;成员国能力的主导地位及平等化;政治开放性趋同;政治控制、资本、连续性、能力和成员国代表所作的承诺;有限的俱乐部参与制度,是二十国集团从外部成为体系网络状中心,在内部各成员国平等发挥作用。这促进建立灵活的内部联盟,任何成员国都可以基于长远的利益、特殊的民族价值观念或变更的偏好与其他任何成员国合作。和协调平等模型相似,二十国集团治理的体系中心模式中,各国早期积累的共同目标,在超越 K 集团的限制、囊括更多成员国的过程中,联盟的流动性所发挥的作用,以及二十国集团对扩大规模的抵制,这些问题都说明造成二十国集团采取有限参与制度的因素仍然非常重要(Snidal,

1985)。然而,二十国集团治理体系中心模式的独特之处在于其网络中心的地位,即便它不会成为永久的人际交往的俱乐部,它也是一个公共俱乐部。

由动荡引发的共同脆弱性

在全球治理的体系中心模式中,促使二十国集团围绕全部六项工作发展和运作的第一个因素是由动荡引发的共同脆弱性(参见附录I)。同严重的全球危机一样,动荡通常是突发性产生的,对国家价值观念造成严重威胁,但这些动荡并不一定需要在短时间内作出应对。此外,动荡的产生不仅可以如晴天霹雳般的突然袭击那样,没有任何前兆和预警,也可以是逐渐累积的因果链条的一环,在最后一环上往往会产生比之前各环节更严重、更具破坏性的后果。就连被称作21世纪美国珍珠港事件的"9·11"事件也是不到十年内发生的第二次动荡,基地组织恐怖主义者袭击了纽约世贸中心,杀害了许多无辜平民。与分析理性模式相似,最强大的国家的领导人通常在吸取教训方面缓慢、有选择、有控制地作出反应,因而第二次以及随之而来的动荡所带来的后果更严重,时常产生非线性的梯度效应(Steinbruner, 2002; Welch, 2005)。

这种连续动荡使领导者们意识到自身弱点——主权政体社会和国家内部的伤害无法通过国家政策的单方面改变得到扼制(Keohane and Nye, 1977)。其中,由动荡引发的共同脆弱性尤为突出。它由非国家、非人为的因素引发,在无意识、无意图、无目标、无控制的状态下发起,却可随时随地侵入最强大的政体,迅速伤害许多人,并造成更多其他破坏。美国"9·11"事件具有这种新型脆弱性的几个特点。"猪流感"和气候变化问题更是如此。这种脆弱性在1997年至2001年以及2008年至2010年的两次金融危机中表现最为严重,其后果包括,在两次危机的影响下,有一批人变得一贫如洗、流离失所,最终会逐渐死亡。

这种由动荡引发的共同脆弱性很容易在贫穷小国和社区中产生,并对其造成影响。这些小国和社区几乎时常处在这种新型脆弱性的世界中,在动荡发生时缺乏所需的适应性和应变能力(Dewitt and Kirton,

1983)。然而,这种脆弱性也会从小国或大国的内部产生,即便是实力最强大的国家也会因此变得和小国一样脆弱。1997年至2001年的危机很大程度上呈现出第一种情况,至少在美国长期资本管理公司避险基金暴跌之前都是如此。2008年至2010年的金融危机属于第二种情况,因为最强大的美国变得几乎与其他弱国一样脆弱,只是程度不及最后得到国际援助的冰岛、爱尔兰、希腊或葡萄牙等国。

在这个世界,如果某些国家能扼制动荡和脆弱性,或者是引发动荡或脆弱性的内在因素,这说明这些国家很重要,在国际体系中都有举足轻重的地位。这些国家联系密切,任何有效应对措施都不能忽视它们的存在。

国际机构的失败

影响二十国集团发展、促使其开展以上六方面工作的第二个原因是国际机构的失败,因为这些机构在应对这些由动荡引发的共同脆弱性时,都是独立采取行动,产生的效果不尽如人意(参见附录J)。这些国际机构既包括20世纪40年代建立的老牌正式硬法多边组织,又包括新的、非正式的软法多边组织,如七国集团或八国集团本身,以及带有秘书处的其他组织(Wicks, 2003)。这些机构在预见能力、发展过程和制定政策上表现不佳。此外,其各成员国具备应对联系密切的世界中的动荡和脆弱性所需要的能力,它们应当在这些机构治理中心平等地参与治理,但是,这些机构对待成员国的方式存在不妥之处,因此其工作多以失败告终。在霸权时代结束后的很长一段时间内,一些多边组织能够很好地为其创立者服务,但这些组织终将显现出病态和落后性(Barnett and Finnemore, 1999, 2004)。老牌多边组织以及单边、区域性和其他多边组织机构在维护其成员国利益和提供所需的全球公共物品这两方面的失败,能够促进二十国集团产生一致性,加速其采取行动。其他类似的全球治理机构在工作上的不足,是对转向二十国集团全球治理的强大推动力。

在这里,我们可以提出关于二十国集团"代表性"的激烈争论。在公共环境或个人生活中，每人都有权创立不同的团体，但并非每人都能参与这些团体，或成为其成员，因此，这里的相关标准是相对代表性，而不是由某种凭空的任意想象确定的代表性。那么问题在于：与其他相关的国际机构相比，在治理核心的参与者的数量、均衡程度和多样性等各方面，二十国集团是否具有更大的优势呢？

二十国集团成员国数量是八国集团成员国数量的两倍多，此外还包括两个多边机构，以非七国集团和非八国集团成员国占大多数。其成员国数量在发展中国家和发达国家之间以及在经济合作与发展组织成员和非成员之间达到了大致平衡。二十国集团成员国来自世界各大主要地区，其来自亚洲，特别是亚太地区的成员国，以及属于世界所有主要地缘政治文明的成员国，具有尤其强大的代表性。然而，与国际货币与金融委员会相比，二十国集团在地域、语言和相对能力这几方面存在不足。具体来说，二十国集团成员国中非洲国家、法语国家和贫穷小国数量太少，相反，传统的西欧中等强国数量过多，其中部分原因在于，二十国集团尚未将先前已确认具备成员条件的尼日利亚吸纳为正式成员。但是，二十国集团的两个当然成员，国际货币基金组织和世界银行，给予二十国集团一个机会，宣称其至少间接代表了国际社会的全体国家成员，能够处理这两个布雷顿森林体系机构目前处理的一系列广泛议题，包括金融、发展以及许多相关的国际和国内事务，这些议题所涉及的范围还在不断扩大。不过和七国集团与八国集团一样，欧盟这样的区域性组织的特殊存在，一方面深化了二十国集团的民主特性，另一方面也导致代表国家的不平衡，使得发达的欧洲国家具有特权，而世界其他地区的大部分新兴国家、小国、发展中国家和实力较弱的发达国家则不占优势（Larionova，2012）。从更广的层面上说，二十国集团的组织构架并非是为了广泛地吸纳国际市民社会的代表而搭建，甚至也没有通过借鉴甚至诸如经济发展与合作组织和国际劳工组织这类国际机构长期采用的传统形式设立这种吸纳代表的过程。二十国集团缺少代表性在其民主政治强大主导地位中表现得最为明显，几乎没有人注意到这一点。二十国集团代表性的变化究竟有多重要，其代表性的变化在具体工作中究竟会产生多大影响，这两个问题最好留给 1997 年至

2010年间的事实来判断和解答。相对代表性只是其他国际机构在全球治理中失败的一个因素,更重要的因素在于其预见能力或前期工作、应对问题和把握问题关键的能力以及在发生系列动荡时的反应速度。

其他国际机构在上述各方面以及其他方面工作的失败,意味着同属于上述机构成员的大部分二十国集团成员国都在期待二十国集团在全球治理中发挥影响作用。久而久之,二十国集团的影响力和作用便超过了与之相似的老牌国际机构。然而自七国集团或八国集团正式批准二十国集团创立,并将国际货币基金组织和世界银行作为其当然成员,二十国集团就已取得成功。即便在自己的治理工作中表现不佳,上述机构依然与二十国集团合作,为其参与全球治理提供必要支持。

集体主导、内部平等的能力

促使二十国集团发展演变并从六个方面展开工作的第三个原因,在于各成员国总体和具体的相对能力的集体主导和内部平等的特征(参见附录K)。成员国集体主导为其履行承诺提供了有利资源。二十国集团没有忽视任何可能有想法或能力创立对其构成挑战的对立俱乐部的国家。通过说服集团外的参与者接受其很可能产生成效的基准点和威慑点,二十国集团积蓄了最强大的能力,以应对即将发生的动荡和挑战。

成员国的内部平等会产生责任感和巩固二十国集团工作成效的资源,因为在范围更广的多边组织内部,二十国集团成员国更可能产生主要影响,更可能肩负起正式的管理责任,以继续实现二十国集团的目标。这些资源和责任也会产生综合性影响,因为这个集体主导集团有能力也有动力引领其在新的领域展开治理工作。

渐渐地,各国日益平等的能力让市场和外部参与者有可能对二十国集团的集体共识作出响应,而不是单独响应美国或者七国集团或八国集团。另外,通过向每个成员国施加有效威胁,即一旦某国违背约定,该国将立即遭惩罚,这种内部平等从整体上增强了成员国对规则的遵守,从个体上加强了各国对诺言的信守,并增加了成员国集体参与更加全面的全球治理工作的机会(Kirton, 1993)。

衡量集体主导和内在平等这两方面的相对能力,必须不仅按照传统的威斯特伐利亚体系计算方式进行计算,而且要参照在密切联系的世界中同等重要的联系性进行评估。关键问题在于:(1)二十国集团的集体主导能力是否能够胜任对这个体系的治理;(2)该集团的成员国之间及其各自内部有无有效的内部平等能力和联系。

民主趋同

促使二十国集团发展演变并从六个方面展开工作的第四个原因,是大部分成员国或所有成员国在其国内政治开放问题上的趋同特征。其中,政治开放与观念民主最为重要,因为这两者保证了二十国集团成员国的政府和社会能够开展开放、可行、多边的网络治理。这些趋同的特征既是各国的组织制度特征,又是其认识观念特征。在组织制度方面,国内民主使各国更偏好和平、经济更加开放,更愿意展开广泛的国际合作,这些特征已被许多古典与现代的民主和平理论证实(Kant, 1991; Oneal and Russett, 1999; Ikenberry, 2001)。认识观念上,那些长期遵循、深入贯彻民主原则的国家可被视作这个民主俱乐部的成员。然而,即便是最早在法律上承认是民主国家的政体都曾经历失败,而且事实上从未实现过其理想,在20世纪70年代初受水门事件影响的美国就说明了这点。在实践中,民主总是一项正在进行的工作(United Nations Development Programme, 2010),而在理论上并非如此。

政治控制、资本、连续性、能力和承诺

促使二十国集团发展演变并从六个方面展开工作的第五个原因,在于成员国的国内政治控制、资本、连续性、能力和承诺(参见附录L)。各国的领导人或部长掌管其行政、立法、中央银行和监管机构,在国内拥有足够的支持率和选举自由,但他们在政治控制和资本上存在差距。政治控制和资本使他们能够控制国内社会的主要偏好和观念,从而解决长期存在、不断发展的全球结构性问题,并通过调整自身以解决国外

的其他问题(Baker, 2010;参见 Schirm, 2012)。再则,如果这些领导人同样在二十国集团成员国以外的国家中得到足够多的支持,那么人们也会期望他们在那些国家中发挥引领作用。他们针对问题提出的解决方法会产生强烈的反响,具有一定的合理性,即便其他国家政府和干预性国际组织对此表示反对,他们也会在公众中产生影响。二十国集团的某个成员国如果国内政治控制力较低、资本较少,其领导人便会在国内政府管理这项工作上加大努力,但此举会降低二十国集团治理其他五项工作的整体效果。

连续性给予各成员国代表更多的经验和更大的专业性,并着眼于更长远的发展目标。连续性也促进领导人建立个人关系,并使各国产生责任感,从而有助于使集团成为人际交往的俱乐部。二十国集团成员国的能力一方面来自于教育,另一方面来自其在金融、经济和商业三方面已有的专业经验,这三方面是二十国集团工作的几项核心议题。具备这些能力的国家在集团内的影响力会得到提升,而具备这些能力的二十国集团整体对外部世界的影响力也会得到加强(Porter, 2003; Baker, 2010)。承诺是各成员国代表的个人行为,指的是他们对某些议题和二十国集团整体治理的重视、他们对开展治理工作方式的构想,以及他们实现这一构想的决心和能力。

有限地参与俱乐部:二十国集团作为网络治理中心

促使二十国集团发展演变并从六个方面展开工作的第六个原因,在于其为使集团发挥网络治理中心作用而限定的俱乐部参与条件(参见附录 M)。限制参与者的数量和资格有助于提升各成员国对这个专门俱乐部的忠诚度,也有助于提升俱乐部的权威性。限制集团规模保证了更多协商对话的机会、更大的方针制定共识、更多的决策性承诺以及通过履行承诺而更好地将其兑现。各国之间的相互交往日益密切,从而共同巩固了二十国集团的特征和影响力。

上述变化表明,二十国集团代表的兴趣观念及身份越发表现出集体建构的特征,二者通过一成员国与另一成员国代表之间积极的个人互动而实现。高度的连续性和密切的交往强化了各国代表之间的个人关系。个人的好恶可以改变，同样，各国对二十国集团及其成员国代表的情感也是可以培养的。因此，这个公共机构性集团也就成为了个人的俱乐部。

在二十国集团成员国中，当守成的八国集团成员国和新兴的非八国集团成员国共同成为其他重要多边组织的关键成员时，二十国集团俱乐部就成为了全球网络的中心。这并不是一个毂辐状的帝国关系网，不是由位于网络中心的一个国家顺着单独的轮辐，将其影响辐射至尤其控制的其他各国或分别与其他各国进行互动(Galtung，1964)。相反，在位于网络中心的二十国集团俱乐部中，各成员国交叉组合，在其他机构中发挥着引领作用，从而更有活力地相互传播信息、开展合作、发挥影响。鉴于英联邦国家、法语国家和地区国际组织的峰会或财政部长级论坛，以及亚太经合组织(APEC)论坛和美洲国家首脑会议，二十国集团从1999年基于这些坚实的基础，开始在全球治理中发挥作用。随着越来越多类似组织的继续创立，到2010年，二十国集团已逐渐发展为一个位于国际体系中心的俱乐部。

本章小结

在1997年至1999年那场源于亚洲，而后蔓延至全球的金融危机中爆发了一系列动荡。在全球化的影响下，这一系列动荡继而触发新的脆弱性，促使成员国更多、集体能力更强、相互联系更紧密的二十国集团在1999年创立，以协助七国集团或八国集团以及其他国际机构在金融及其相关领域开展全球治理。二十国集团通过将国际体系内更多、更广泛的重要国家吸纳为成员国，提升了这个新成立的集体治理中心的能力、代表性、有效性和合法性。2008年，那场源自美国，而后席卷全球的更严重的金融危机进一步推动二十国集团的发展，使之跃升至领导人层次，这一转变给二十国集团带来了新机遇，也为之提供了新的工作层面。从1999年到2010年，二十国集团抓住了多少机遇？它是如何抓住这些机遇的？以及它为何要抓住这些机遇？在接下来的章节中，我们将重点围绕这三个问题展开讨论。

参 考 文 献

Abbott Kenneth W.，Keohane，Robert Moravcsik，Andrew，Slaughter，Anne-Marie，and Snidal，Duncan. 2000. "The Concept of Legalization." *International Organization* 54(3):401—420.

Adler，Emanuel 1997. "Seizing the Middle Ground：Constructivism in World Politics" *European Journal of International Relation* 3(3)：319—363.

Adler，Emanuel. 2002. "Constructivism and International Relations." In *Handbook of International Relations*，eds Carlsnaes，Walter，Risse，Thomas，and Simmons，Beth A.Loudon：Sage Publications，95—118.

Adler，Emanuel and Barnett，Michael，eds. 1998. *Security Communities*. Cambridge：Cambridge University Press.

Adler，Einpuel and Haas，Peter M. 1992. "Conclusion：Epistemic Communities，World Order，and the Creation of a Reflective Research Program." *International Organizanon* 46(1):367—390.

Arrighi，Giovanni and Silver，Beverly. 1999. *Chaos and Governance in the Modern World System*. Minneapolis：University of Minnesota Press.

Bailin，Alison. 2005. *From Traditional to Group Hegemony：The G7，the Liberal Economic Order，and the Core-Periphery Gap*. Aldershot；Ashgate.

Baker，Andrew. 2006. *The Group of Seven：Finance Ministries，Central Banks，and Global Financial Governance*. London：Routledge.

Baker，Andrew. 2010. "Restraining Regulatory Capture? Anglo-America，Crisis Politics，and Trajectories of Change in Global Financial Crisis." *International Affairs* 33(3):647—663.

Barnett, Michael and Finnemore, Martha. 1999. "The Politics, Power, and Pathologies of International Organizations." *International Organization* 53(4):699—732.

Barnett, Michael and Finnemore, Martha. 2004. *Rules for the World: International Organizations in Global Politics*. Ithaca: Cornel! University Press.

Bergsten, C.Fred and Henning, C.Randall. 1996. *Global Economic Leadership and the Group of Seven*. Washington DC: Institute for International Economics.

Best, Jacqueline. 2003. "From the Top-Down: The New Financial Architecture and the Re-embedding of Global Finance." *New Political Economy* 8(3):383—384.

Buchanan, Allen and Keohane, Robert O. 2006. "The Legitimacy of Global Governance Institutions." *Ethics and International Affairs* 20(4):405—437.

Buchanan, James M. 1965. "An Economic Theory of Clubs." *Economica* 32(125):1—14.

Cooper, Andrew F. 2010. "The G20 as an Improvised Crisis Committee and/or a Contested 'Steering Committee' for the World." *International Affairs* 86(3):741—757.

Dewitt, David and Kirton, John J. 1983. *Canada as a Principal Power: A Study in Foreign Policy and International Relations*. Toronto: John Wifey and Sons.

Doran, Charles. 1971. *The Politics of Assimilation: Hegemony and Its Aftermath*. Baltimore: Johns Hopkins University Press.

Fratianni, Michele and Pattison, John C. 2001. "International Organisations in a World of Regional Trade Agreements: Lessons from Club Theory." *World Economy* 24(3):333—358.

Galtung, Johan. 1964. "Balance of Power and the Problem of Perception: A Logical Analysis." *Inquiry* 7(1—4):277—294.

Hajnal, Peter I. 2007. "Summitry from G5 to L20: A Review of Reform Initiatives." CIGI Working Paper No. 20, March, Centre for International Governance Innovation, Waterloo ON. Available at: www.cigionline.org/publications/2007/3/summitry-g5-l20-review-reform-initiatives. Accessed: July 2012.

Hermawan, Yulius P., Sriyuliani, Wulani, Hardjowijono, Getruida H., and Tanaga, Sylvie. 2011. *The Role of Indonesia in the G20: Background, Role, and Objectives of Indonesia's Membership*. Jakarta: Friedrich-Ebert-Stiftung Indonesia Office. Available at: library.fes.de/pdf-files/bueros/in donesien/08365.pdf. Accessed: July 2012.

Holling, Crawford. 1973. "Resilience and Stability of Ecological Systems." *Annual Review of Ecology and Systematics* 4:1—23.

Homer-Dixon, Thomas. 2001. *The Ingenuity Gap: Can We Solve the Problems of the Future?* Toronto: Vintage.

Ikenbeny, G., John. 2001. *After Victory: Institutions, Strategic Restraint, and the Rebuilding of Order after Major Wars*. Princeton: Princeton University Press.

Kant, Immanuel 1991. "Perpetual Peace: A Philosophical Sketch." In *Kant: Political Writings*, ed Reiss, Hans Siegbert. Cambridge: Cambridge University Press, 93—130.

Keohane, Robeit O. 1984. *After Hegemony: Cooperation and Discord in the World Political Economy*. Princeton: Princeton University Press.

Keohane,. Robeit O. 2002. *Power and Governance in a Paiiially Globalized World*. London: Routledge.

Keohane, Robert O. and Nye, Joseph S. 1977. *Power and Interdependence: World Politics in Transition*. Boston: Little, Brown.

Keohane, Robert O. and Nye, Joseph S. 1989. *Power and Interdependence*. 2nd ed. Glenview, IL: Scott, Foresman.

Kirton, John J. 1989. "Contemporary Concert Diplomacy: The

Seven-Power Summit and the Management of International Order." Paper presented at the annual convention of the International Studies Association, 29 March-1 April, Loudon. Available at: www.g8.utoronto.ca/scholar/kirton198901. Accessed: July 2012.

Kirton, John J. 1993. "The Seven Power Summits as a New Security Institution." In *Building a New Global Order: Emerging Trends in International Security*, eds Dewitt, David, Haglund, David, and Kirton, John J. Toronto: Oxford University Press, 335—357.

Kirton, John J. 1999. "Economic Cooperation: Summitry, Institutions, and Stmctural Change." In *Structural Change and Cooperation in the Global Economy*, eds Boyd, Gavin, and Dunning, John H. Cheltenham: Edward Elgar.

Kirton, John J. 2000. "The Dynamics of G7 Leadership in Crisis Response and System Reconstruction." In *Shaping a New-International Financial System: Challenges of Governance in a Globalizing World*, eds Kaiser, Karl, Kirton, John J., and Daniels, Joseph P. Aldershot: Ashgate, 65—94.

Kirton, John J. 2001. "Guiding Global Economic Governance: The G20, the G7, and the International Monetary Fund at Century's Dawn." In *New Directions in Global Economic Governance: Managing Globalisation in the Twenty-First Century*, eds Kirton, John J., and von Furstenberg, George M. Aldershot: Ashgate, 143—167.

Kirton, John J. 2002. "Embedded Ecologism and Institutional Inequality: Linking Trade, Environment, and Social Cohesion in the G8." In *Linking Trade, Environment, and Social Cohesion: NAFTA Experiences, Global Challenges* eds Kirton, John J., and Maclaren, Virginia W. Aldershot: Ashgate, 45—72.

Kirton, John J. 2005. "Toward Multilateral Reform: The G20's Contribution." In *Reforming from the Top: A Leaders' 20 Summit*, eds English, John, Thakur, Ramesh, and Cooper, Andrew F. Tokyo:

United Nations University Press, 141—168.

Kirton, John J. 2010. "The G20 Finance Minister's Network Governance." In *Rising States, Rising Institutions: Can the World Be Governed?* eds Alexandroff, Alan S., and Cooper, Andrew F. Washington DC: Brookings Institution Press, 196—217.

Kokotsis, Eleanore. 1999. *Keeping International Commitments: Compliance, Credibility, and the G7, 1988—1995*. New York: Garland.

Krasner, Stephen D. 1978, *Defending the National Interest: Raw Materials Investments and US Foreign Policy*. Princeton: Princeton University Press.

Krasner, Stephen D. 1983. *International Regimes*. Ithaca, NY: Cornell University Press.

Larionova, Marina, ed, 2012. *The European Union in the G8: Promoting Consensus and Concerted Actions for Global Public Goods*. Famham: Ashgate.

Masson, Paul R. and Pattison, John C. 2010. "Financial Regulatory Reform: Using Models of Cooperation to Evaluate Current Prospects for International Agreement" Rotman School of Management, University of Toronto, Toronto. Available at: www.g20.utoronto.ca/biblio/G20reforms.pdf. Accessed: July 2012.

Morgenthau, Hans Joachim. 1948. *Politics among Nations: The Struggle for Power and Peace*. New York: Knopf.

Oneal, John R. and Russett, Bruce, 1999. "The Kantian Peace: The Pacific Benefits of Democracy, Interdependence, and International Organizations." *World Politics* 52(1):1—37.

Organski, A. F. K. and Kugler, Jacek. 1980. *The War Ledger*. Chicago: University of Chicago Press.

Ostrom, Elinor. 2009. "Beyond Markets and States: Polycentric Governance of Complex Economic Systems." Nobel Prize lecture, December 8. Available at: www. nobelprize. org/nobelprizes/economics/

1aureates/2009/ostrom_lecture.pdf Accessed: July 2012.

Polanyi, Karl. 1944. *The Great Transformation: The Political and Economic Origins of Our Time*. New York: Farrar and Rinehart.

Porter, Tony. 2000. "The G7, the Financial Stability Forum, the G20, and the Politics of International Financial Regulation." Paper presented at the annual convention of the International Studies Association, March 15, Los Angeles. Available at: www.g8.utoronto.ca/g20/biblio/porter-isa-2000.pdf. Accessed: July 2012.

Porter, Tony. 2003. "Technical Collaboration and Political Conflict in the Emerging Regime for International Financial Regulation." *Review of International Political Economy* 10(3):520—551.

Putnam, Robert and Bayne, Nicholas. 1987. *Hanging Together: Co-operation and Conflict in the Seven-Power Summit*. 2nd ed. London: Sage Publications.

Ruggie, John G. 1983. "International Regimes, Transactions, and Change: Embedded Liberalism in the Postwar Economic Order." In *International Regimes*, ed Krasner, Stephen D.Ithaca: Com ell University Press, 195—232.

Sandler, Todd and Tsdiirhait, John T 1997. "Club Theory: Thirty Years Later." *Public Choice* 93(3):335—355.

Schirm, Stefan A. 2012(July). "Global Politics Are Domestic Politics: A Societal Approach to Divergence in the G20." *Review of International Studies*: 1—22. doi: dx.doi.org/10.1017/S0260210512000216.

Simmons, Beth. 2000. "The Legalization of International Monetary Affairs." *International Organization* 54(3):573—602.

Slaughter, Anne-Marie. 1997. "The Real New World Order." *Foreign Affairs 16(5)*:183—197.

Slaughter, Anne-Marie. 2004. *A New World Order*. Princeton: Princeton University Press.

Slaughter, Anne-Marie, 2005. "Government Networks, World

Order, and the L20." In *Reforming from the Top: A Leaders'20 Summit*, eds English, John, Thakur, Ramesh, and Cooper, Andrew F. Tokyo: United Nations University Press, 281—295.

Slaughter, Anne-Marie. 2009. "America's Edge: Power in the Networked Century" *Foreign Affairs* 88(1):94—113.

Snidal, Duncan. 1985. "The Limits of Hegemonic Stability Theory." *International Organisation* 39(4):579—614.

Soederberg, Susanne. 2002. "On the Contradictions of the New Intenational Financial Architecture: Another Procrustean Bed for Emerging Markets?" *Third World Quarterly* 23(4):607—620.

Steinbruner, John D. 2002. *The Cybernetic Theoiy of Decision: New Dimensions of Political Analysis*. Princeton: Princeton University Press.

Stephens, Gina, 2010. "Information and Communication: G8 Institutionalization and Compliance in the DOT Force." In *Making Global Governance Effective: Hard and Soft Law Institutions in a Crowded World*, eds Kirton, John J., Larionova, Marina, and Savona. Paolo. Farnham: Ashgate, 201—215.

United Nations Development Programme. 2010. "The Real Wealth of Nations: Pathways to Human Development." Human Development Report 2010. Available at: hdr.undp.org/en/reports/global/hdr2010/chapters/. Accessed: July 2012.

Von Furstenberg, George M. and Daniels, Joseph P. 1992. *Economic Summit Declarations, 1975—1989: Examining the Written Record of International Cooperation*. Princeton: Princeton University Press.

Wallerstein, Immanuel. 1979. *The Capitalist World-Economy*. Cambridge: Cambridge University Press.

Welch, David. 2005. *Painful Choices: A Theory of Foreign Policy Change*. Princeton: Princeton University Press.

Wicks, Nigel L. 2003. “Governments, the International Financial Institutions, and Cooperation.” In *The New Economic Diplomacy: Decision-Making and Negotiation in International Economic Relations*, eds Bayne, Nicholas, and Woolcock, Stephen. Aldershot: Ashgate, 261—274.

Williamson, John. 1997. “The Washington Consensus Revisited.” In *Economic and Social Development into the XXI Century*, ed Emmerji, Louis. Washington DC: Inter-American Development Bank, 48—61.

Wolfers, Arnold. 1962. “National Security as an Ambiguous Symbol.” In *Discord and Collaboration: Essays on International Politics*, ed Wolfers, Arnold Baltimore: Johns Hopkins University Press, 147—165.

Zacher, Mark and Sutton, Brent. 1996. *Governing Global Networks: International Regimes for Transportation and Communication*. Cambridge: Cambridge University Press.

第二部分

集团的产生:1999—2001年

第三章

集团的创立:1999年柏林会议

引　言

挑战

1997年至1999年金融危机起源于亚洲,后来演化为全球性危机,促成了一批新的国际机构的产生,它们是以美国和七国集团为核心的、部长及官员层面的金融领域机构。此项进程始于1997年11月在加拿大温哥华召开的亚太经合组织会议。会上,美国总统比尔·克林顿宣布成立专门性的、短期的、官方级别的二十二国集团,以讨论7月在泰国爆发的、迅速演变的亚洲金融危机,并且考虑用强化国际金融架构的方式来解决这场危机。此项进程是三十三国集团的延续,该集团拥有更大规模,也属于专门性组织,并且包括了几个较小国家。1999年,在国际货币基金组织内部,成立了由24个成员国组成的新国际货币与金融委员会。1998年秋季至1999年春季,七国集团建立金融稳定论坛,该论坛起初仅由七国集团组成,而后又加入4个较小国家与地区成员。

迄今为止,建立全球金融与经济治理新论坛最雄心勃勃的尝试,便是二十国集团的创立。在1999年6月18日至20日召开的科隆峰会上,二十国集团得到了七国集团各国领导人的认可。这个新式政治层面论坛公开的正式议题是金融事务,但也包含了广泛的、与社会和政治问题相关的经济问题。其全体成员国占据了当时世界经济实力的主要份额。

随着对国际体系有重要影响力的新兴国家的加入,并与守成的八国集团强国具有平等地位，这使二十国集团具有巨大的潜力。但是谁也说不清楚，这个特别的新机构有多么重要，或者它能在众多历史悠久的和新近成立的治理全球金融的国际机构中占据什么地位。二十国集团能够向更具包容性的全球治理迈出重要的一步吗？又或者它只是那些激增的、非正式咨询性组织中的一员，试图在现有国际机构已占主导地位的世界寻找一席之地？

不同流派的观点

不同流派对新二十国集团的评价存在着颇大差异。第一派是怀疑论者，认为二十国集团是由美国主导。其支持者指出，由美国发起的对1997年至1999年金融危机的回应，二十国集团虽有前途，但后劲不足。作为美国单边制度化的努力，二十国集团反映和强化了七国集团的主导地位，并且在第一年限制了议程的改革和行动的改变（Helleiner, 2001; Culpeper, 2000）。

第二派认为软法是不会成功的。其支持者认可二十国集团是一个真正平等应对危机的组织。但是他们认为，与令人生畏的硬法竞争，二十国集团注定会黯然失色。因为硬法内含最古老、更具合法性、更具实力的多边组织秩序。例如国际货币基金组织下属的国际货币与金融委员会（Abbott et al., 2000; Brown, 2010）。

第三派将二十国集团视为一个更加持久、具有发展潜力以及更广泛的俱乐部（Porter, 2000; Germain, 2001）。该流派认为，由于二十国集团比七国集团拥有更广泛的成员制度，作为非正式全球治理机构，它有更好的机会获得运作所需的合法性。

第四派是乐观主义者。这一派认为，充满危机的21世纪如同20世纪70年代初一样，需要一个新的全球治理中心，这个中心拥有联合新兴领导国家的能力，应对全新的、全球范围的体系脆弱性（Kirton, 2000）。二十国集团正是这个中心。

第五派是空想主义者。这一派认为，七国集团建立的初期目标是针对当时的国际金融危机，该危机与广泛的经济、社会和政治问题存在内在联系。七国集团由美国和其他国家具有前瞻性的财政部长建立，他们希望当自己成为领导人的时候能继续他们的非正式会议（Putnam and Bayne，1984，1987；Baker，2006）。空想主义者暗示，二十国集团在未来极有可能成为最顶尖的组织。二十国集团的成立立刻带来了呼声，认为它将会取代七国集团或八国集团成为全球治理的有效中心（Beauchesne，1999）。实际上，在 1991 年 12 月柏林召开的二十国集团第一次部长会议上，富有权威并全方位参与其中的德国中央银行行长恩斯特·威尔特克（Ernst Weltke）表示，这个新组织将会取代七国集团，或者至少会接替七国集团的领导地位。

本章论点

本章认为乐观主义者的观点是正确的。在二十国集团成立和第一年运作中，该集团起步较好。部分原因在于加拿大财政部长保罗·马丁（Paul Martin）和美国财政部长劳伦斯·萨默斯（Lawrence Summers）对二十国集团塑造和工作具有富有远见的想法。在该集团的第一年中，二十国集团创始人刻意把握好方向，成功地规划了蓝图，并带领组织在柏林成功地召开了第一次会议。这对于领导人自身而言，其远见、创新力和雄心恰好也是符合其能力的。

可以肯定的是，二十国集团的概念、建立和前期运作得如此成功，归功于体系治理中心模式。二十国集团是国际体系内重要国家对互相联系的、复杂的、不确定的一连串动荡和共同脆弱性的世界作出的回应。旧的正式多边组织和新兴多边机构已经失败，一个由有能力的而又忠于职守的个人所构成并带领的新组织，经过一定的竞争与合作，集合了全球占主导地位、内部均衡且民主趋同的国家，最终定会获胜。

诚然，有些人认为二十国集团的构想和建立，是为了帮助确保由重要国家组成的更广泛机构能够理解、接受和实现二十国集团的倡议。但是，二十国集团创始人力求在最低限度上确保互惠共赢，让七国集团成员国充分认识到，在冷战后的全球化世界中发挥着重要作用的一个更大范围内的国家群体拥有什么样的观点，拥有什么样的立场，优先考虑的国内政治事项是什么；并使他们认识到：冷战后，面对全球化的新情势，而七国集团已不能够单独治理全球金融了。二十国集团优于国际货币与金融委员会之处在于，它拥有灵活性和类似全球治理网络中心的横向、纵向联系。这个领导中心以其敏锐性、合法性、及时性和针对性的行动立足于日益全球化而又危机四伏的世界。此外，保罗·马丁身为二十国集团最早的构建者和创始人，通过政治权威和广泛、创新而又有抱负的议程构建二十国集团，使其成为包容性的、发挥领导作用的有效论坛。二十国集团的显著特点在于组成结构。没有其他机构能够如此将不同的、国际体系内重要国家集合起来，让部长们和行长们亲自从首都前往参加各成员平等的紧凑型集团的非正式对话。这么一来，二十国集团就填补了国际金融治理架构的巨大空白(G20，2008)。

二十国集团是由首先爆发于亚洲、后以前所未有的速度、规模和范围蔓延至全球的持续性金融动荡催化而成。这些动荡最终影响了新的民主的俄国，甚至一度影响了其他传统强国，例如美国。无论是作为多边组织的国际货币基金组织、多边的七国集团或八国集团，还是单独行动的美国，都曾预测、预防、遏制或充分地处理这场全面持续的危机。显然，成功的回应要求具有全球主导能力的国际体系内重要国家和拥有相当大的内部均衡力的国家组成一个新机构。成员国对金融稳定、经济增长、经济与社会稳定拥有不断增长的国内偏好，具有丰富的实践，走到了一起，几乎所有国家政治开放性都不断增长。

劳伦斯·萨默斯和保罗·马丁是在此意愿和技巧的原则上，最先构思并将二十国集团付诸实践的人。自1993年以来，劳伦斯·萨默斯领导美国财政部国际事务的工作，并于1999年和2000年担任美国财政部长。保罗·马丁(Paul Martin)于1993年担任财政部长，他经验丰富，主持二十国集团头三年的工作。相较于八国集团，二十国集团的全体成员受到的限制更少，但对于一个内部脆弱的世界来说，该集团在开始审议、制定新方针以及决策上仍然是有效的，作为全球治理网络中心从事全球联系的工作。

创 立 过 程

最初的愿景和制度路径

1988 年七国集团多伦多峰会上，二十国集团的前景第一次引发重要的政治关注。各国领导第一次在其声明中将此新进程定义为“全球化”，这加剧了以“全球化”为核心的全球经济相互依赖(G7，1988)。为了应对经济全球化和世界均势的变化，他们呼吁建立一个对话性的新论坛，提出了有预见性的构想：

> “确实，亚太地区新工业化国家(NIEs)在世界贸易中变得越来越重要……经济重要性的加剧使得工业化国家与亚洲新兴工业化国家、亚洲其他外向型国家在提高建设性对话、短期内共同合作方面，有着更多的国际责任和紧密的共同利益。围绕宏观经济、货币、结构和贸易这些政治领域开展对话和合作，能够实现世界经济可持续、均衡增长所必需的国际调整。我们鼓励非正式进程的发展，这会促进双方就共同关心的问题进行多边讨论，促进必要的合作。”(G7，1988)

最初将这一愿景付诸制度时排除了欧洲国家。一年后的 1989 年成立了财政部长及外交部长级别的亚太经济合作组织。1993 年，在美国总统比尔·克林顿领导的新一届政府倡议下，将亚太经济合作组织提升至领导人级别。它成为全球治理网络内守成国家与新兴国家间的多边峰会机构，而二十国集团终究会成为该网络的中心。四年后，年度亚太经济合作组织领导人会议在太平洋沿岸城市温哥华召开。此次会议旨在应对 1997 年 7 月爆发的亚洲金融危机，却成为了建立国际机构新进程的起源。这种新进程在二十国集团那里达到了顶峰。

20 世纪 90 年代，为了完善以七国集团和十国集团为中心的传统的国际金融治理，二十国集团应运而生。该进程吸纳了一些实力迅速增长、有体系关联度的国家。面对迅速全球化的世界，该进程旨在帮助阻止经济危机触发内部脆弱性的加深、蔓延和复发。在源于美洲的

1994 年墨西哥比索危机结束后(Kirton，1995；Summers，2008)，诞生了比十国集团主导的借款总安排(GAB)更广泛的协定，即国际货币基金组织的新借款协定(NAB)。在这一进程中又成立了二十二国集团并在随后扩大至三十三国集团，还成立了应对 1997 年至 1998 年亚洲引发的全球金融危机的国际货币与金融委员会和金融稳定论坛，最终，二十国集团的建立使得这一进程达到高潮。在此期间，为适应迅速全球化的需要，国际社会不断努力对抗日益增强的危机脆弱性，限制以美国为中心的单边主义和独断专行的国际领导制度，并用全球治理的体系方式加以替代。此进程的核心人物是保罗·马丁。在墨西哥危机后，他首先构思了这种组织的类型，并在二十二国集团成立后选定了该集团的二十个成员。

新借款协定(1997 年 1 月)

扩大七国集团的第一步，是吸纳 20 世纪 90 年代中期以来新近对全球金融有重要影响力的主要新兴国家。1994 年 12 月墨西哥爆发比索危机，催化了新借款协定的产生。在 1995 年哈利法克斯峰会上，七国集团领导人呼吁十国集团将其提供给国际货币基金组织的资金，在借款总安排的基础上翻一番(Bergsten，and Henning，1996；Kirton，1995；Fréchette，1995)。1997 年 1 月 27 日，国际货币基金组织执行董事会最终批准通过新借款协定，协定于 1998 年 11 月 17 日生效。该协定的生效时间比 1997 年 7 月起源于泰国的亚洲金融危机迟了一年。新借款协定与长期存在的借款总安排一样，将秘书处设在国际货币基金组织，但新借款协定拥有更多的资金和额外的捐款国，例如韩国。

新借款协定有 25 个成员，比拥有 11 个成员的借款总安排在数量上多了一倍以上。新借款协定 3.4 亿特别提款权的最低捐款国与地区分别是韩国、香港货币当局、马来西亚、新加坡、泰国和芬兰。加拿大是七国集团成员中排名最后的国家，拥有 1 396 亿特别提款权，超过上述金额的四倍。美国是七国集团成员中排名最高的国家，拥有 6 712 亿特别提款权，几乎是加拿大的 6 倍，是韩国等最低捐款国家的 20 倍。

新借款协定与之前的借款总安排都在 1997 年金融危机中发挥过作用。事实上，相较借款总安排而言，新借款协定拥有更多的资金和更大的灵活性，这已证明是成功抵御危机必不可少的条件。1994 年源于美洲的比索危机最终促成拥有 25 个成员国的新型有效俱乐部的产生，其包括了守成国家和新兴国家。当然，这个俱乐部的产生还称不上平等的方式。

二十二国集团(1997 年 11 月)

第二步是超越七国集团和更早的十国集团，形成临时的、官方级别的二十二国集团。在华盛顿酒店第一次会面后，二十二国集团也被称为威拉德集团，其包括了来自七国集团和其他十五个国家和地区的金融和中央银行代表。其中，15 个国家和地区分别是：阿根廷、澳大利亚、巴西、中国、中国香港、印度、印度尼西亚、韩国、马来西亚、墨西哥、波兰、俄罗斯、新加坡、南非、泰国(Hajnal, 2007; G20, 2008; Jokela, 2011; Costello, 2008)。它是在 1997 年 11 月温哥华召开的亚太经合组织领导人会议上，由美国总统比尔·克林顿和新加坡总理吴作栋基于个人倡议建立起来的。

二十二国集团是美国财政部筹划的想法。它源于 1997 年金融危机时期，当时国际货币基金组织在香港召开会议拒绝建立亚洲货币基金。克林顿总统在亚洲金融危机吞噬泰国和印度尼西亚之后，便立刻提议建立二十二国集团(Kokotsis and Kirton, 1997)。七国集团对美国给予普遍的支持。随后，在 1997 年 12 月 24 日迸发并达到顶峰的韩国金融危机，证明了这一步的重要性(Kirton, 2000)。马丁无权选择二十二国集团的成员。从 1998 年 4 月在美国召开第一次会议可以看出，美国拥有重要的地位。

在随后的一年里，二十二国集团的活动和三次会议围绕国际金融体制内的特定事项，形成了一些有用的分析研究。加拿大对二十二国集团的贡献是十分突出的，这有助于将马丁的信念贯彻到二十国集团信念中，也有助于加拿大带头将二十国集团付诸实践，以提升其声望。

三十三国集团(1999年3月)

第三步始于1999年3月,二十二国集团扩大成为三十三国集团。三十三国集团在二十二国集团的基础上增加了11个国家,分别是比利时、智利、科特迪瓦、埃及、摩洛哥、荷兰、沙特阿拉伯、西班牙、瑞典、瑞士、新西兰、土耳其。此步扩张非常重要,因为七国集团国家不希望它们的欧洲十国集团同僚像在二十二国集团那样被踢出局。

这步扩张并没有提高组织的效用。美国主导的欧洲与国际机构遭到越来越多的挫折,它并不能使华盛顿当局感到满意(Blustein, 2001)。美国财政部和七国集团成员普遍想知道,新型的、专门性的以及非正式的二十二国集团应该由谁主导,它有什么职责,有哪些成员国,如何进行工作才能建立与其他现有国际组织的联系(Abbott et al., 2000)。加拿大财政部门拥有二十二国集团和三十三国集团的工作经验,强调需要一个拥有比七国集团更广泛成员制度的日常国际咨询论坛,并且该论坛要与国际货币基金组织以及世界银行的治理结构相结合(Canada, Department of Finance, 2000)。这些结论引发建立一个更加制度化和长久性集团的倡议,最初称之为G-x。这能够在已有国际机构和新论坛中找到一个明确地位,例如国际货币与金融委员会。因此,三十三国集团很快便消亡了。

这个前景可能会激发美国和其他国家的一部分人去起草一份谁能加入新机构的名单。由于多米尼克·施特劳斯-卡恩(Dominique Strauss-Kahn)离任法国财政部长,因此,法国不寻常地扮演了作用有限的角色。澳大利亚也积极加入此类集团,虽然在理论上这种做法是有益的,却并不是一个明智的选择。

金融稳定论坛(1999年2月)

第四步是由七国集团财政部长建立金融稳定论坛。该论坛始于1998年10月3日七国集团会议,并正式成立于1999年2月22日的德国波恩会议(Helleiner et al., 2010)。第一次七国集团会议在原则上达成决定,但对其如何执行并未形成统一意见,这在第二次会议上才得到解决。金融稳定论坛的目的是“促进国际主管部门、国际机构、国际监管或专家小组之间信息的交换与统筹，解决国际金融稳定方面的问题”(FSF, 1999)。

七国集团财政会议最早提出建立金融稳定论坛。备受尊敬的德国中央银行行长汉斯·提特梅耶(Hans Tietmeyer)在会议上立刻拒绝了这一提议。然而美联储主席艾伦·格林斯潘(Alan Greenspan)让他重新考虑这个提议，而后作出一个更加深思熟虑的答复。这次，提特梅耶同意了此提议，并在三个月后提出建立新论坛的提案。最初的成员制度是由提特梅耶设定的标准构成，关键标准适用于世界上主要资本市场。金融稳定论坛最初由各国的财政部长和中央银行代表、七国集团顶尖的监管人员、非政府国际监管机构的主席以及国际金融机构(IFIs)代表们组成。

根据提特梅耶的报告内容，金融稳定论坛将目标和途径设定为维护资本自由流动。但是，现在世界上有足够的国际制度和条约能够确保资本以生产为目的，并为此得到恰当的监管。

1999年4月国际货币基金组织华盛顿会议上，金融稳定论坛第一次亮相。1999年6月科隆峰会上，七国集团领导人同意扩大论坛，将一些国际体系内重要的新兴国家吸纳进来。这标志着体系内重要国家的概念被视为最重要的概念(G7, 1999)。1999年9月15日在巴黎召开的后续会议上，荷兰、澳大利亚、中国香港和新加坡这类守成的和新兴的全球金融中心加入金融稳定论坛，至此金融稳定论坛拥有11个成员。

马丁提议到，新兴二十国集团的所有成员都应加入金融稳定论坛(Ibbitson and Perkins, 2010)。但是，马丁通过非正式途径被告知，二十国集团对他来说已经是一种幸运，不应再得寸进尺。马丁号召金融稳定论坛应被赋予更多的权威、资源和管理人员，但同样遭到拒绝。欧洲国家不愿扩大和加强金融稳定论坛的部分原因在于，以欧洲为中心的十国集团被搁置一旁的事实。德国和法国批评并极力游说其他欧洲小国同僚退出金融稳定论坛。欧盟和其轮值主席曾就这些问题作出回应。欧洲进一步担心一个更广泛的、非欧洲集团会淡化它们的影响力。拥有11个成员的金融稳定论坛是民主俄国的巨大的屈辱。因为仅有八国集团承认民主俄国，它仍游离在七国集团金融论坛外，也被排除在金融稳定论坛外，然而中国香港和小国新加坡却依靠它们现有的资本市场加入了金融稳定论坛。

国际货币与金融委员会(1999年6月)

第五步是同时建立国际货币与金融委员会，这在1999年6月科隆峰会上获得七国集团领导人的认可。为了鼓励加强与改革国际金融机构的治理结构，于9月，国际货币与金融委员会取代了国际货币基金组织临时委员会。国际货币与金融委员会继承临时委员会先前职责，例如向董事会提建议，管理国际货币与金融体系。它同时也扩大了咨询权并拥有独立的财政事项。

国际货币与金融委员会需要在春秋两季前举办预备会议，作为临时委员会每年两次会议的补充。24个成员反映了国际货币基金组织执行董事会的构成。其诉求部分来自于发达国家和发展中国家的代表。参与者必须是财政部长、中央银行行长或同级别的人。英国前财政大臣戈登·布朗(Gordon Brown)已连续多年担任国际货币与金融委员会的就职主席。

国际货币与金融委员会在两个方面优于国际货币基金组织。第一方面是建立部长理事会，它是国际货币基金组织协议中原始条款的设想。第二方面是领导人带领建立国际货币与金融委员会。1996年至1998年间，它由国际货币基金组织常务董事米歇尔·康德苏(Michel Camdessus)大力推行。

二十国集团的建立

第六步也是最后一步，是二十国集团的建立。在1999年科隆峰会上，此财政部长与中央银行行长论坛得到了七国集团领导人、金融稳定论坛以及国际货币与金融委员会的认可。在他们6月8日的公报中，领导人注意到了对新机构的需求，并断言国际货币基金组织和世界银行的中心地位(G7, 1999)。为了加强金融市场监督和管理下的国际合作与协调，他们同样也欢迎金融稳定论坛的建立。

作为对 1997 年至 1999 年金融危机的回应，二十国集团并不是唯一的、最重要的以及七国集团认可的国际机构，也没有得到所有成员国的完全信任。相反，它作为三个新机构之一产生，好似婴儿一般不得不寻找并跟随其比较优势，在越发制度化的拥挤世界中，与德国设计的金融稳定论坛、英国主持的国际货币与金融委员会以及法国为首的国际货币基金组织进行合作与竞争(Fratianni et al., 2005)。

马丁主持了二十国集团头几年工作，他设想二十国集团公开的、正式的职责是起初商讨的那样，“促进讨论，分析和评估工业化国家和新兴市场之间的政策问题，促进国际金融的稳定”(Canada, Department of Finance, 2000)。其 19 个创始成员国包括了七国集团、阿根廷、澳大利亚、巴西、中国、印度、印度尼西亚、韩国、墨西哥、俄国、沙特阿拉伯、南非以及土耳其。加拿大主持了 1999 年 12 月在柏林召开的第一次会议，会议地点的选择是总体妥协的一部分。此外，加拿大也是 2000 年第二次会议的主持与主办国。考虑到二十国集团头两年的主办国和主席都来自七国集团国家，之后的主席国和主办国每年会在参与者之间轮替。

总 体 方 案

二十国集团并不是单纯由美国主导倡议的，它并没有根据国际政治制度中的经典现实主义温和霸权或七国集团治理的美国领导力模式理论加以建构(Keohane, 1984; Putnam and Bayne, 1987; Cohn, 2000)。对于早些时候建立专门性的二十二国集团与三十三国集团，美国确实提出了明确要求，制造了声势，制定了议程，举办了会议，并在很大程度地决定了入选成员国。但是对于二十国集团，其灵感和倡议来自加拿大财政部长保罗·马丁(2008a, 2008b; 同见 Summers, 2008; Sautter, 2008; Amato, 2008; Brown, 2010)。他与劳伦斯·萨默斯进行接触，后者迅速同意此倡议。1999 年 4 月 27 日，两人在华盛顿萨默斯的办公室中见面，设计这个俱乐部。这仅发生在克林顿在 5 月 12 日宣布劳伦斯·萨默斯接替罗伯特·鲁宾成为美国财政部长的两周前。

美国渴望开启一个新的进程，甚至建立一个新的机构，来处理新的世界事务。受到几股力量的影响，1997 年至 1999 年肇始于亚洲的金融危机，现在已演变为全球金融危机，对世界事务形成了新的影响。在这里，萨默斯既是明确并引领美国对金融危机、回应的关键人物，也是美国财政部门开展全球事务的核心人物(Rubin and Weisberg, 2003)。他先是担任副财政部长，而后于 1999 年 7 月 2 日经参议院批准后成为财政部长。萨默斯与其他财政部官员一道，寻求建立一个由国际体系内重要国家构成的紧凑型组织。该组织能够接手七国集团的治理，并将它扩大为更广泛的机构(Rubin and Weisberg, 2003)。它们主要是对金融危机，以及来自强大的国会、专家和公众对国际货币基金组织的批评作出回应。这些批评包括取消国际货币基金组织，或大幅缩减其职权。在克林顿政府第一个任期时期第一次出现此类挫折，当时国际货币基金组织对 1994 年墨西哥比索危机反应缓慢、僵硬、受到法律限制，而墨西哥还是美国和加拿大北美自由贸易协定(NAFTA)的伙伴。

墨西哥比索危机后，美国财政部带领大批有能力的人员前往国际货币基金组织考察，这些技术专家反对美国进行迅速、迫切的回应和改革。美国财政部倾向认为，国际货币基金组织临时委员会是一个议程由国际货币基金组织成员制定、所有问题都优先被国际货币基金组织官员讨论的论坛。名义上负责、民主上问责的财政部长只不过从首都飞来，在一个简短的会议上做发言，批准别人准备好的公报，然后便迅速离开。在二十国集团，美国财政部长力求规避那些合法化的、组织化的限制。这既是为了确保美国的偏好，也是为了广大公众利益而以更有效地处理新式的金融危机。

然而，美国对国际货币基金组织在墨西哥比索危机表现不足感到沮丧，它并没有考虑单独建立二十国集团，或大体上确定二十国集团应有的雏形。二十国集团是萨默斯和马丁合谋的产物。马丁自 1993 年起担任加拿大财政部长，对于如何最好地改革国际金融体系有完整的新的想法。墨西哥比索危机后,他构思建立一个财政部长机构,吸收主要的亚洲国家和穆斯林国家,以应对未来的此类危机。但是作为新上台的财政部长,马丁在推进自己的想法上并没有什么进展。1995 年七国集团峰会在加拿大哈利法克斯召开,会议关注国际金融机构改革,应对比索危机和早期春季发生的巴林银行垮台,强调采取进一步举措的必要性(Kirton, 1995; Fréchette, 1995)。从早期开始,马丁和他的官员就支持美国的想法,用不同的方法做事情。他们积极地将美国的计划向更加广阔、更加制度化的咨询性机构推进,并且提议任命马丁为主席。

英、日与美、加一道,也是七国集团中对建立新集团最热心的推动者。然而,英国关心的是二十国集团不要削弱新国际货币与金融委员会的声望。布朗(2010)身为 1997 年以来财政大臣,希望能成为该集团的第一位主席。

德国并不愿意建立二十国集团,而认为专门性的、由七国集团控制的金融稳定论坛才是重点所在。德国是 1999 年七国集团和八国集团的主席、欧洲主要经济强国,它看不到对其他更广泛的、非正式的以及制度化的全球集团有任何需要,认为这只会淡化德国的地位。此外,德国人霍斯特·克勒(Horst Köhler)在处理全球金融治理领域中美国和德国复杂关系之后,便成为国际货币基金组织的执行董事。德国人默许二十国集团的创立源于部分妥协,其中包括允许德国主办由保罗·马丁担任主席的二十国集团第一次会议。

1999 年 1 月 1 日,随着德国财政部长汉斯·艾歇尔(Hans Eichel)成为七国集团财政论坛的主席,他和他的官员有足够多的机会向美国同僚表达自己对新兴二十国集团的看法。但是,并没有详尽和可靠的证据表明,他们鼓励二十国集团的建立或为其塑型(cf. Wade and Vestergaard, 2010b, 2010a)。关于二十国集团的组成,曾有人断言:

> “它们是于 1999 年由美国财政部的蒂莫西·盖特纳(Timothy Geithner)和他德国财政部同僚科赫韦泽(Caio Koch-Weser)通过跨大西洋电话挑选的。盖特纳和科赫韦泽边写名单边说着,加拿大入选,西班牙出局,南非入选,尼日利

亚和埃及出局等。他们将这个名单发送给其他七国集团的财政部长;并且邀请他们出席第一次会议(Wade, 2009)。”

也许就是这次通话,让两个高层的下属有了一个含糊不清的约定。4月27日,身为财政部长的萨默斯和马丁继代理人之后于华盛顿举行了面对面的会议上,就集团的成员制度作出决定(见下文)。广而言之,亚洲金融危机引发了更多人讨论是否需要建立一个新的金融架构,以及处于中心的最优机构应该是什么样子。

法国受到来自欧洲伙伴荷兰、西班牙的压力,也不愿意建立二十国集团,因为荷兰与西班牙被排除在二十国集团之外(Brown, 2010)。法国不但对国际货币基金组织,而且对法国人米歇尔·康德苏(Michel Camdessus)带领的新国际货币与金融委员会,均感到满意。1999年期间,法国同英国人戈登·布朗一起寻求加强国际货币基金组织临时委员会。他们希望国际货币基金组织临时委员会的工作小组能够处理特定问题,例如透明度问题。根据这一概念,五至六位财政部长将会一年内会见两至四次,并在需要部长出席的会议上对所有国际货币与金融委员会的决策进行反馈。这可以通过建立和执行标准来实现。1999年底,尽管还未获得官方认可,这个提议尚有被接受的可能。法国也在推动将国际货币基金组织临时委员会打造成为部长委员会,使之作为国际货币基金组织的中心。

国际货币基金组织本身也反对二十国集团的建立、投入与运作。这个态度反映在布朗(Brown, 2010, 79)十年后的评价中,其提到“事实上,在最初构想时,二十国集团是一个绕过国际货币基金组织,同时向亚洲平衡的机构,因为当时经济危机正在吞噬亚洲”。确实,在二十国集团作为金融论坛的头十年,国际货币基金组织力求摧毁这个强大的对手,以确保其在全球金融治理上的核心能力。然而在2008年,二十国集团和国际货币基金组织同样成为领导人级别的机构,这是尚未发生过的事件,自此国际货币基金组织承认失败。国际货币基金组织的策略立即转变为控制二十国集团,而不是摧毁它。然而,从始至终,康德苏就一直与二十国集团第一任主席马丁有着良好的合作。

在一定意义上讲,二十国集团曾经是法美协调的结果。剩下的七国集团成员不出所料地不同程度上分列在跨大西洋鸿沟的两侧。政治分明的联盟为就职主席马丁作出选择提供了某种方便。大多数七国集团成员认为，新二十国集团好似美国的产物，就像二十二国集团和三十三国集团一样，要么由美国主持，要么在美国召开第一次会议。美国游说七国集团其他国家申请主席职位。一些人建议布朗出任，因为各七国集团部长不再与国际货币与金融委员会竞争，并且希望维持其作为国际货币基金组织咨询的、顾问的和潜在决策委员会的合法性。马丁此时作为美国和英国的首选，以及跨大西洋和跨太平洋都能接受的人物出现。因此，对该集团建立作出大量工作的马丁和布朗都成为其主席，同时他们都希望并相信自己会成为主席。

最后，七国集团间存在一个趋同的看法，即认为需要一个部长级别的、平衡性与代表性机构，并保持足够小规模，以促进全球经济和金融问题开放对话，从而对重大问题达成共识。当接踵而至的全球金融危机正在毁灭新兴市场时，二十二国集团以及三十三国集团两个官方研讨小组建议，需要举办一个更强有力的、更有效率的、更高层次的论坛，而且这类论坛要专注于通过建立恰当的汇率机制、负债管理、国际规范和标准以降低危机带来的脆弱性。在七国集团内外，有许多人对上述领域中近在眼前的危机感到力不从心。

在提特梅耶阐述完他对每个新论坛比较优势的全面看法后，各国就稳定新国际金融架构的潜在价值达成了操作上的共识。金融稳定论坛可以讨论银行业、有价证券业、保险业以及金融业的金融稳定问题。国际货币与金融委员会主张，在拥有正规治理架构的国际货币基金组织内部，来自首都的各国部长应当更直接地控制其驻地执行董事和员工。二十国集团是一个拥有共同愿景、达成共识，随后作出有效决策、获得司法机构认可行动的核心团体。司法机构包括国内政府、国际层面的国际货币与金融委员会和国际清算银行(BIS)、国内金融稳定论坛以及私人自我监管领域。这意味着二十国集团通过达成共识和民主参与，开展开放性对话与决议制定，从而实行近距离的国际协商。参与者按要求实现真实的、正式的决策，将结果交给国内外权威机构，并以服从和落实的方式向集团协商。

成 员 资 格

根据构想,二十国集团应当包括世界上经济能力最大、脆弱性最强、连接最紧密的国家。七国集团公报详细规定了,二十国集团成员必须是“国际体系内重要国家”和“主要新兴市场”(G7,1999)。在这些简单的词语背后蕴含了一些标准。一个标准是成员国对世界事务具有重要性,不但拥有脆弱性,还要具备能力。金融稳定论坛的成员资格基于成员国在世界主要资本市场的专业能力不同。二十国集团的成员资格产生于总体的全球能力和全球脆弱性。脆弱性意味着考虑到国家受债务或其他渠道因素影响的程度太深,如果不能采取正确的建议和政策,就会对整个全球体系产生传染性的影响,正如泰国、印度尼西亚以及韩国轮流发生金融危机一样。例如阿根廷、土耳其这些国家应该帮助他们,共同打击让其崩溃的全球体系。脆弱性、能力、连通性是以上的共同标准。

非七国集团成员国还希望二十国集团的观点与发达国家有所不同,成员也要来自世界的各个地理区域,即使一个非成员拥有全球最大的经济体,也在所不惜。这么一来,适当平衡与最大风险一样,成为了选择成员的另外两个标准。一个关键的标准是参与,即各国要参与工作谈判,就加强金融法规和金融体系的最佳方式达成一致,以预防和稳定全球化带来的全球金融动荡。考虑到亚洲金融危机造成的对国际货币基金组织的敌意,该组织针对上述危机建议采取财政紧缩措施,并制定了更强大的金融标准和规范。如今有人认为,针对上述建议,国际货币基金组织应当与许多预期接受方进行谈判,从而使接受方感受到自己是建议制定进程中的一分子。

这也涉及地缘政治。国家拥有地区影响力,这是选择成员国的重要因素。同样,国家的政治性质也是重要因素。美国对于保护和促进政治开放与民主有着明确的意愿。而对于加拿大,其关注焦点在于金融稳定。他们认识到,对于与国际体系联系紧密的国家而言,国内政治开放会加强其国内金融稳定,而国内政治失败也会引发金融动荡和危机传导。

新集团的成员并不是美国单独挑选的,而是由马丁和萨默斯二人最终挑选的(Ibbitson and Perkins, 2010)。出于政治考虑,在美国政府内部,萨默斯领导的财政官员通常会与国务院和白宫商议成员资格。马丁没有与加拿大总理商议成员选择问题。

1999 年 4 月 27 日,马丁与作为克林顿政府当时提名的财政部长候选人的萨默斯在华盛顿见面,讨论决定谁将加入此新论坛(Ibbitson and Perkins, 2010)。面对过去五年成倍的经济危机,马丁确信,在全球治理领域中主要新兴国家需要占有一席之地。他认为二十二国集团已经取得巨大成功,能够将其提升至财政部长和中央银行行长级别。马丁与萨默斯起草了一份入选初期二十国集团成员国的名单,并从二十二国集团成员国开始考虑。这个选择并不是基于系统性数据的计算,而是凭直觉认为哪些国家对国际体系具有重要性(Ibbitson and Perkins, 2010)。马丁与萨默斯决定哪些国家入选后,名单便在入选国之间传播。其他国家也可以提出自己的名单和看法,但是对结果并没有什么重要影响。

对马丁、萨默斯以及其他人而言,继八国集团后,最明显的候选者便是中国。印度也是一个不错的选择。巴西和墨西哥从一开始便入选,这引发了众多争论。一些名单将澳大利亚、韩国、土耳其以及沙特阿拉伯排除在外。

沙特阿拉伯虽不是二十二国集团的成员国,但考虑到美国作为十国集团准成员的地位,其财政部官员认为,选择沙特阿拉伯是显而易见的。并且,在饱受批判的中东地区,它提供了丰富的石油资金。沙特阿拉伯是美国亲密的盟友,将能源出口至美国、日本和世界后,使其变得脆弱。马丁与萨默斯都基本同意,全球每个地区都有国家入选,但是萨默斯强烈推荐沙特阿拉伯作为中东地区的首选。

经过商议,马丁与萨默斯很快同意另一个非二十二国集团国家土耳其加入二十国集团。土耳其入选的原因是,土耳其扮演美国和北大西洋公约组织(NATO)军事同盟的重要角色,所有与它相关的西方战略都会因此更加巩固(Kirton, 2010b; Lesage, 2010)。二十国集团的会员资格是战略资源的重要组成部分,被证明是极具说服力的。鉴于土耳其加入欧盟有巨大的不确定性,因此,考虑吸纳它进入二十国集团就非常有必要了。加强土耳其与二十国集团的联系,能够帮助深化土耳其自1950年以来的民主传统。因此,二十国集团接纳土耳其,一个考虑是希望土耳其保持其在非民主控制下的中东地区稳定的穆斯林民主政体的特点。它也可能通过不承认波兰受益(见下文)。接纳土耳其,为其在2001年陷于金融危机时,得到国际货币基金组织追加的巨额财政支持铺平道路,因为,政治上也不允许一个二十国集团的国家失败。

印度尼西亚是第三个被吸纳的穆斯林占多数的国家。即使经济上受到危机重创,脆弱性和体系重要性明显不足,印度尼西亚基于国内生产总值和人口等方面的国家能力仍受认可。它在亚洲和东南亚国家联盟(ASEAN)也有影响力。美国考虑到,印度尼西亚作为最大的穆斯林国家在推进民主过程中有着重要地位。印度尼西亚承认,由于国内政治动荡,第一次二十国集团会议推迟了对它的邀请,直至印度尼西亚政府将问题解决后才重新邀请(Martin, 2010)。后来印度尼西亚及时解决了问题,参加了柏林会议。

阿根廷作为二十二国集团原有成员,自然入选二十国集团。它仍然没受到2001年金融危机的影响。该国入选的原因在于其1999年的经济政策和经济表现都为良好。

智利作为南美洲的其他国家,拒绝加入新借款协定,也不在美国二十国集团候选人名单上。马丁欣赏智利是迄今为止拉丁美洲经济增速最快的国家。智利也得到了其新自由贸易伙伴加拿大的同情。在自由贸易谈判中,智利说服马丁进行有选择性的资本控制。在关于个别成员的最长时间讨论中,萨默斯承认智利有着非常抢眼的经济背景。但是考虑到规模受限、国家重要性以及国家数量,智利还是出局了。

南非的入选的主要原因在于,马丁确信每个大洲都应该有国家参与。萨默斯同意这种大陆分配,而南非明显是非洲地区的最佳选择。南非财政部长特莱瓦尔·曼纽尔(Trevor Manuel)备受尊敬也是一个原因。美国考虑了南非、尼日利亚和埃及。埃及的命运与土耳其相似,因为出于政治考虑而入选。

尼日利亚作为非洲第二重要的国家列入候选者名单。就美国一方而言，财政部官员知道尼日利亚不是二十二国集团成员，且经济表现极度欠佳。推选其作为候选者明显是出自国务院的政治考虑。马丁(Martin, 2010)认为它应该入选，那么它便能够入选。但是后来，像印度尼西亚一样，尼日利亚遭受国内政治动荡。不同于印度尼西亚的是，尼日利亚并没有在柏林会议前及时将问题解决，因此它未获得会议邀请。即使当国内政治动荡的问题得到解决，也不能再给予其创始国的地位。

日本极力要求其作为二十国集团中亚洲的坚定代表。马来西亚基于以下原因不在考虑范围之内：过分的资本控制，1997 年至 1999 年金融危机时期对国际货币基金组织和全球化广泛的抨击，坚持亚洲价值观，支持拟议的区域性亚洲货币基金，不断漠视民主价值观、人权以及法治。

泰国虽然是二十二国集团成员，但是也没有被吸纳进二十国集团。正如智利一样，泰国也得到了加拿大的同情。1998 年春季，当印度尼西亚即刻被金融危机蚕食之际，泰国无法履行其地区承诺，加拿大随即向泰国提供了巨大的财政支持(Kirton, 2000)。一些七国集团国家随后感到，泰国拥有不小的国家规模；金融危机时和危机发生后它拒绝货币管控；而且二十国集团也需要另一个亚洲国家，特别是东南亚国家联盟成员国，以减少将来二十国集团和类似十国集团的旧式中心的欧洲中心特点。然而最后，泰国的国土太小而影响了泰国的入选，这种情况也发生在二十二国集团成员新加坡和中国香港身上。

对于欧洲，波兰在早期阶段受到限制。当美国推荐波兰时，欧洲人因为他们与西班牙的问题而投下反对票。

欧盟和欧洲中央银行是唯一入选的地区性组织，这代表了七国集团内欧洲成员的胜利。最初，除了经常参加七国集团会议的国际货币基金组织和世界银行外，马丁与萨默斯并不打算其他国际组织加入。荷兰和西班牙不痛快地向法国抱怨他们的出局。法国带着它们的请求与马丁接触。基于他们给政府开发援助(ODA)占国内生产总值百分比高比重的捐助，斯堪的纳维亚人要求一个轮值席位。欧洲在七国集团现有的地位使得此要求难以拒绝。虽然美国显得不耐烦，事实上七国集团还是对欧盟和欧洲中央银行的地位同时进行了讨论，并对国际货币基金组织改革中的配额份额安排进行初步商讨。不过，诸多所谓的全球经济治理集团，无论在过去还是现在，都有着过于浓厚的欧洲中心色彩。

像七国集团那样，欧洲国家也希望欧盟部长理事会能够入选。美国一方面考虑到地域平衡，另一方面也想保留谈判席位给那些政治影响力直接来源于国家资本的国家，不希望有更多的欧洲国家或组织加入，所以拒绝了欧洲的建议。

在二十国集团成功实践后，美国开始转向减少欧洲国家在国际货币基金组织及其董事会的重要任务，并通过重新配置配额，以适应发展中国家的重要性上升的新形势。这次重新配置配额，以相对降低法国、英国、意大利和其他欧洲小国的配额为代价，旨在支持崛起中的日本、韩国、中国以及德国。事实上，这不仅仅是一个超越十年的追求，它标志着现实主义防御性理论同预期理论的损失规避原则、自由制度主义的法制化原则相结合，打败了最强大国家的偏好原则。国际货币基金组织因此被留下再治理十年，继续它自 1944 年以来的工作，直到二十国集团领导人峰会将它取代。

4 月 27 日，当马丁与萨默斯会见结束时，二十国集团的成员资格已是板上钉钉。可依然有一些成员国在提供成员的建议名单，一些出局者也极力想获得加入的资格。但是，马丁与萨默斯最初提出的名单却未发生改变，主要基于几个理由。一个理由是，没人想在会议开始后挑起成员资格问题，从而打开“潘多拉的盒子”，搞乱会议；另一个理由是各方就增加哪个国家达成不了一致意见。同时，根据脆弱性的选择，各方也不愿意淘汰任何国家，诸如阿根廷，无论它经济表现和政策如何不堪，也不愿将其剔除出名单之外。各方一致决定，二十国集团各成员资格是永久性的。如同俱乐部一样，成员资格的最有意义之处在于其拥有特权。二十国集团创设成员名单与七国集团相比，成员数量更多，组成更加多元，这就产生了一种不愿再增加新成员的倾向；与此同时，占据主流地位的平等准则也成为了邀请其他国家作为半成员的动机。最重要的是，作为接下来十年及未来体系稳定的生产者和消费者，19

个创始国的组成是国际体系内重要国家富有远见的选择。

尽管只有19个成员国，但为了减少对第二十个席位空缺的反复解释，马丁与萨默斯决定将此新俱乐部称为“二十国集团”。第二十个席位是要为布雷顿森林机构、国际货币基金组织、世界银行所共享，它们可以经常出席二十国集团进行各种评估活动。一旦马丁与萨默斯决定了成员资格，便询问准成员国的财政部长是否愿意加入，并鼓励他们加入二十国集团。他与七国集团财政部长争论道，在全球化的金融事务下，之前的机构已无法再开展工作。新兴市场经济体尤其是亚洲国家，对于国际货币基金组织应对1997年至1999年亚洲金融危机的方式感到愤怒。它们是不会轻易听从七国集团单方面同意的提议。马丁也同样与潜在的、仅加入二十国集团的国家交谈，并获得它们的确定无疑的支持。

机构设计

国际社会把二十国集团设计为一个协商和制定方针的论坛。实际上，像七国集团金融论坛一样，它是一个增加决策影响力的论坛。二十国集团将目标调整为鼓励有关国家“就国际问题达成共识”（Canada, Department of Finance, 2000）。此外，二十国集团负有促进国际金融稳定的职责，其主要关注点在于政策问题。七国集团给二十国集团划定的特定议题领域是处理金融问题。然而，马丁建议，该组织应从更全面且富有远见的任务和议程着手。这个机构将有一个实质性的核心，就是对新自由主义的正统观念进行反思，而其他的国际金融机构在他们的批评者看来都高度秉持新自由主义的理念。马丁利用强烈的个人兴趣设计并发展了此新论坛，使它符合自己的构想。他在一开始便宣布，二十国集团将“专注于将全球化带来的利益转化为各地更高的收入和更好的机会”，这包括全世界的劳动者（Beattie, 1999）。新论坛将会稳固地、持续地促进全球发展，因此它拥有明确的分配公正和广泛代表的社会理想。自最初，马丁便表示，二十国集团的核心任务是促进金融稳定，使全球化为全人类服务。

马丁设想了一个灵活且全面的议程。他巧妙地利用主席的特权，在一开始便断言“全球经济和国际金融体系没有什么主要方面能独立于机构范围之外”(Canada, Department of Finance, 2000)。八个月后，马丁详尽阐述道：“二十国集团授权全方位地探索国际金融的各个领域的治理。包括应对金融危机带来的毁灭性影响、穷人和富人渐增的差距以及滞后于全球经济巨大变化的治理体系，对于最后一点我深信不疑。”(Canada, Standing Committee on Foreign Affairs and International Trade, 2000)2000年秋季，在加拿大召开了二十国集团第一次财政部长和中央银行行长会议，马丁认为是时候让二十国集团“解决与全球化相关的更广泛问题”了。

马丁还认为，二十国集团既要集中精力对长期性金融危机进行预防，也要集中关注短期的危机应对政策。因此，根据设想二十国集团远不止于技术导向或限制于专业性问题的论坛。

二十国集团和其他国际机构的关系将会发挥巨大作用，但是机构本身也受约束。二十国集团在布雷顿森林机构的架构内开展工作，为了让各国代表(包括国际货币基金组织临时委员会和联合发展委员会的主席)与欧盟参与到实质性讨论中，以确保工作形成良好的合力。这将“帮助协调其他国际机构和组织的活动，如金融稳定论坛”，在国际货币与金融委员会内“促进近距离协商”，并潜在发展“就复杂问题达成一致立场……以促进其他论坛的决策”(Canada, Department of Finance, 2000)。二十国集团旨在指导其他新旧重点机构的工作，它将作为金融和经济问题的新全球治理网络核心开展行动。然而，实际上，这与金融稳定论坛没有历史上的联系。

其他国际机构的特点和做法，也为进一步发挥二十国集团的潜能和重要性提供了参考。包括七国集团在最开始就严格控制主席席位；在最初两年后实行主席为期一年的轮值制度；在起初进行年度二十国集团与七国集团联系；各国副部长聚集在一起为部长级会议做准备并提供各种支持；利用具备能力的国际货币基金组织、世界银行和外部专家这些资源；想办法形成工作小组就二十国集团责权进行研究并建议。

重要的是，二十国集团中各国中央银行行长和财政部长地位平等。这是一种中央银行在二十二国集团和三十三国集团中重要角色的移植，后者是美国财政官员埃德温·杜鲁门(Edwin Truman)基于个人倡议建立起来的。相比于七国集团，中央银行行长在二十国集团具有更加重要的作用。

马丁力求将新机构发展为极具影响力的论坛。加拿大最初考虑于 2000 年 6 月即第一次柏林会议的六个月后在多伦多召开第二次部长会议。后来，因为担心这将减损七国集团财政部长会议和 7 月日本冲绳召开的七国集团或八国集团会议的影响而作罢。

加拿大也力求建立一个广泛包容的、区域平衡的、充满不同观点的论坛，避免组织再造后成为按传统划分包括仅仅按照地理区域划分或基于旧式南北关系划分的牺牲品。加拿大倾向于开展开放式讨论，让各成员集中精力于分享经历，而不是空讲那些从前任继承下来的僵硬立场。加拿大最初设想和其他人的想法不同，很显然，那些新加入的财政部长将二十国集团视为促进南北平等的极佳机会。

这里也潜在地存在着对以七国集团为主导的国际金融机构的怀疑。回顾 20 世纪 90 年代中叶上演的金融危机，1995 年至 2003 年巴西总统费尔南多·恩里克·卡多索(Fernando Henrique Cardoso)号召全球协调以抑制不受控制的资本流动。但是，巴西的思路没有较迅速地转换到二十国集团的解决方案上，反而它认为二十国集团的倡议可能会破坏传统以联合国为基础的多边主义。

然而，非七国集团国家却郑重对待了这个方案，并给予了其成功实践的机会。非七国集团受中国这个最大且潜在问题最多的国家的领导。二十国集团能够成为七国集团与非七国集团之间有意义的、相互影响的论坛。为了确保这一点，中国的开放态度和上升的国际地位是十分重要的。中国作为在很大程度上摆脱 1997 年至 1999 年金融危机的亚洲强国，希望其在新论坛中占有优势地位。

然而，对于这个刚刚起步的机构是否能比拥有合法地位的七国集团或八国集团做得更多，还是存在着一些质疑。一些参与者认为，二十国集团是危机孕育世界下七国集团化的一部分，二十国集团的建立是为了确保七国集团或八国集团的普遍想法达成更广泛的共识，让其想法更易被广阔的世界所接受。在这一观点下，受危机严重影响的二十国集团中的十一个成员国家和非七国集团或八国集团国家别无选择地吸取七国集团或八国集团的倡议，获得表面上的参与权，并仅仅在边际角落对治理结果产生影响。二十国集团的建立进一步表明，七国集团或八国集团不希望将国际金融体系改革留给国际货币基金组织和世界银行，因为那里贫困的发展中国家拥有长期存在的、制度化的作用，并能够动员起大规模且技能完善的国际人员的能力。中国已证明不想成为发展中国家同盟的固定一员，这有助防止二十国集团成为一个新南北对话论坛，或是一个小规模、依附的、新自由主义的以及坚定的联合体，或是回应二十国集团是美国领导的、统一于七国集团或八国集团此类看法的坚定国家团体。

任务和议程

二十国集团的任务和议程立即超越聚焦于金融稳定的最初设计。在持续性金融动荡下，1999 年八国集团峰会在德国召开，其首次提出了关于促进社会可持续发展的全球化“科隆共识”。这明显不同于“罗纳德·撒切尔主义”，也不同于早期由七国集团主导、当下由国际货币基金组织主导的一般性理解的华盛顿共识(Kirton，2000)。促进全球经济增长符合七国集团内外许多国家的需要，这些国家还没有享受到美国“金发女孩”经济所带来的经济火车头驱动的各种利益，这种经济温度适当，令人印象深刻，既不会太冷导致经济衰退，也不会太热引起通货膨胀。此外，在金融核心内部对近几年金融危机的分析表明，汇率、债务、管理、国际规范和标准是二十国集团要解决的关键问题。

计划和安排

温哥华(1999 年 11 月)

二十国集团运作始于 1999 年 11 月，那时各国代表第一次预备会议在温哥华召开。会议主席是德国财政部国务卿科赫韦泽(Caio

Koch-Weser)，他设计并确定游戏规则，力求建立一个持续、合理、合法以及全球化事务的新机构，以便在下个月柏林会议上能得到各国财政部长和中央银行行长的调整和接受。过去七国集团忽视了这一点。

在第一次会议上，各国代表在几个基本方面达成了共识。二十国集团应致力于围绕金融问题有效地交流看法，并以此为基础达成一致的认识，通过实际作为证明其领导力。相较于七国集团，二十国集团能够有选择有针对性地处理一些经济问题，每年召开一次各国财政部长、中央银行行长会议以及两次各国代表会议。国际货币基金组织和世界银行对二十国集团提供支持，帮助其执行有关规定。二十国集团并不是一个正式的决策论坛，它没有一个秘书处或工作小组，从而能够在保密基础上进行工作。为了超越这些基础，二十国集团应该如何设置议程，抱有何种愿景，国际社会产生了不同的看法。

以国际货币基金组织为首的一方认为，国际金融体系已经拥有了各类国际机构，关键是要赋予这个体系更多的价值。为此，二十国集团应致力于解决国际货币基金组织执行董事会没有能力达成统一的难点问题，将资本账户自由化、私营部门参与主权债务重组以及应急信贷额度(CCL)纳入议程之中。这个议程将确保二十国集团成为一个管用的、啃硬骨头的论坛。

以加拿大为首的另一方认为，二十国集团应当循序渐进地开展工作，集中力量解决那些已采取了实质性措施的新老问题，或者解决内部有望达成共识的新问题。加拿大建议将一些重要问题列入二十国集团议程，比如采取适当的汇率体制，比如同意私营部门介入经济重新安排。加拿大对其倾向的立场和态度尤其坚定，认为需要为新机构造势，与新机构协调行动，并对之抱有自信，结果这种立场也取得了胜利。

第二次代表会议是解决汇率、资本账户和金融部门债务管理问题。这次会议所做的工作远超过七国集团、国际货币基金组织执行董事会和经济合作及发展组织(OECD)已完成的工作。

第三次代表会议是处理国际社会的角色问题。国际货币基金组织认为，为确保七国集团和二十国集团同意这项改革，应当仔细研究应急信贷额度(CCLs)。它还推荐把类似的方式用于债务暂停上，这样做是为了修改债务的集体行动条款(这里也建议联合公私部门工作小组),也为了债务暂停本身。但这个想法并没有被采纳。

会上各方面就会议的内容本身没有出现什么争议或激进的看法,但在一些有关程序的重要决定上却出现了分歧。第三次代表会议的成果将充当柏林会议上各国财政部长和中央银行行长的议程。没有会议公报,也没有关于草案的讨论,只有一个相对非正式的主席总结声明。正如加拿大主席希望那样,二十国集团财政部长和中央银行行长将讨论的切入点,锁定在一些确保能够达成共识的合理前景问题上,就近距离协商和方针制定等作出决策。由于这些决策不太难,因此,它们成为二十国集团行动的最初推动力。

会议过程

柏林(1999年12月)

二十国集团第一次会议完全是妥协的结果。会议之所以在柏林召开是为了安抚不情愿的德国。由加拿大人保罗·马丁担任主席的一部分原因在于,为了避免任何二十国集团过分受美国主导的言论。柏林会议的主题、议题和背景资料几乎都来自于其他国际机构。在柏林会议上,以国际货币基金组织领导为首的同盟一再要求二十国集团解决国际货币基金组织执行董事会、国际货币与金融委员会以及国际社会总体尚未达成共识的问题。加拿大再次反击,认为为了造势,二十国集团应该从已达成最低协议的问题入手。为了支持后种方法,加拿大在主办国德国和美国的支持下推动了此次讨论。这与二十国集团早期愿景是相对立的,其早期愿景是希望该组织成为加速国际货币基金组织和国际金融体系改革合法化的论坛。符合加拿大愿望的是,二十国集团的议程致力于汇率安排、金融业法规、监管以及谨慎的负债管理。在马丁看来,"各国政府就所有架构内改革的集体努力,已为减小危机生成的脆弱性作了准备"。因此,减小危机生成的脆弱性便成为首要任务。

柏林会议的现场资料是由加拿大、德国和诸如美国这类的少数其他国家准备的。这次会议要求是非正式的,其问题必须在一页纸的主席发言以内。它服务于那些“了解你”的国家,以便他们制定游戏规则,并确定组织目标。

会议从晚上开始持续到第二天全天。它议题广泛,讨论了标准问题,体现了开放性的特征。马丁鼓励各国部长们大胆发言、提问和共享想法。关于宏观经济趋势和前景的讨论成为会议的主题,会议集中于全球经济作为一个整体具有脆弱性的领域,而非个别国家的情况和表现。因此,二十国集团的研究重点,不是哪个国家的问题与责任,而是国际体系的脆弱性。

一些来自新兴国家的代表阅读了会议事先准备好的声明。对话的内容与其他论坛没有什么不同。然而,大多数参与者建议采取非正式性的方式举行会议。即使与会者对最终的结论一清二楚,还是举行了自由式的讨论。这也符合了马丁的愿望。他强调一开始交流和讨论就比决策和建制更为重要。事实上,二十国集团会议在欧洲召开反而使欧洲成员国难以各抒己见,只能用一个声音说话,这进一步促使非欧洲成员国认识到,该机构不能再吸收任何提出申请的欧洲国家为成员国。

二十国集团第一次会议并没有工作小组,后来才建立起来。与此同时,其他国际机构也没有要求它拓展运作范围。更具争议性的问题,如萨默斯在会议前夕公开宣布对国际货币基金组织进行改革,在国际体系的“脆弱性”讨论中仅占极小部分的对话,萨默斯提议的大部分议题都是在会场内进行。萨默斯的呼吁是旨在加强国内政府管理的一种努力。美国试图向国会表明,政府正在重视完善有关国际货币基金组织和国际金融机构咨询委员会的工作。后者由美国国会建立,由艾伦·梅尔策(Allan Meltzer)担任主席,向多边国际机构推荐美国的政策建议。这有助于在创建之初就将国际金融机构改革的架构问题放置到二十国集团正式议程上。

这次会议上出现了一些挑战的信号,但对潜在发达国家和新兴国家之间的划分中还是取得了一些成功。例如,在规范类问题上,关于“盎格鲁—撒克逊人”或德国人的计划,加拿大和美国认为土耳其和其他国家都会同意它们的处理办法。与国际货币与金融委员会和国际货币基金组织执行董事会表现出的迟疑相反,其他国家似乎都会同意。

然而,发展中国家对这个情况有不同的看法。它们将会议视为学习和交换想法的途径,而不是对未来决定进行协商的平台。它们坚持认为,在重大问题上还有需要做更多的工作。对于任何以七国集团为领导而安排的选举,新兴国家都设定明确的界限。

二十国集团会议在透明度、规范管理方面并没能立即改变那些新兴国家顽固代表的想法。美国、英国和加拿大将这次会议视为国际金融新架构的核心基础。会后,中国和巴西继续表达对国际货币基金组织计划的关切,并同墨西哥和阿根廷一道对这个国际组织强加的苛刻条件表示忧心忡忡。反对的声音仍停留在三个“盎格鲁”国家(加拿大、美国、英国)、德国和日本上。日本希望能有一个各国都接受的明确标准。从更广泛的角度看,七国集团内部意见并不统一。马丁力促二十国集团要求金融稳定论坛采取强硬的银行监管路线。当时,其他七国集团成员也对银行业采取宽松的管理政策,故反对马丁的做法。

然而,会议也有达成共识的具体信号。所有二十国集团国家都一致认为,国际货币基金组织与世界银行应当对各国财政规章进行审查,以便完善规章,使规章与国际标准一致。要着手开展对国内金融规则的国际监督,恰如其分地不断跟进,从而切实完成“建立在普遍接受的全球治理原则上的一个重要突破”(Canada, Standing Committee on Foreign Affairs and International Trade, 2000)。例如,在标准和规范问题上,要将制定方针的共识转化为决策承诺。为了贯彻国内共识,组织公开讨论和形成理性的选择,这么一来,就可以依靠以身作则而不是说教来领导治理。参与者意识到,由于它们居于国际金融机构的核心,在全球具有重要地位,因此,只有通过形成真正共识和率先垂范,才有可能作出一个对全体成员有现实约束力的决定。

各项工作

在柏林会议上,二十国集团开局良好,尤其是在承诺兑现和方针制定方面有不凡的表现(参见附录 C-1)。

国内政府管理

劳伦斯·萨默斯的讲话不论是对于国内于政府管理还是对于二十国集团的第一次会议,其作用都是微乎其微的。会议公报也未对任何成员作出积极评价(参见附录 D)。

事实上,二十国集团第一次会议可能受到了来自成员国国内的伤害。《加拿大环球邮报》(*The Globe and Mail*, 1999)曾批评财政部长马丁,在国内尚有问题需要解决之际前往柏林。其社论讲道:"作为二十国集团第一次会议主席,马丁将于这周前往柏林,致力于国际金融体系及其流程,但是他在国内还有一堆准备工作没完成。"其他评价并没有那么消极,但是也怀疑二十国集团能否完成任何有价值性的工作(Cook, 1999)。

协商

在协商方面,柏林会议取得了实实在在的成功。在二十国集团公布的文件中,有一篇 472 个字共 6 段的简短主席声明,它是过去数十年来预定会议中声明最简短的(参见附录 E)。柏林会议声明重点关注宏观经济和贸易,是预定会议产生的最短文件。次年,召开部长会议时,文件的长度增加了四倍之多。然而,就柏林会议自身而言,其讨论带动了思想开放和意见交流,这也是主席所希望的。

方针制定

在方针制定上,柏林会议取得了巨大的成功。在加拿大的引领下,会议认可了最普遍的民主原则。二十国集团援引了三项这样的原则:提高透明度、鼓励发表不同观点以及注重听取各国观点(参见附录 F-1)。柏林会议因此为该组织奠定了核心规范基础,同时也确立了结果分配和嵌入式自由主义中社会保障的重要性。

决策

在决策方面,柏林会议起步较为成功,它提出四个具体承诺(参见附录 G)。两个与宏观经济相关,另两个与国际金融机构相关。这是各成员国财政部长和首脑在接下来的十年内所做承诺中承诺数量排名倒数第二，承诺范围排名倒数第一。

承诺的兑现

在兑现其承诺过程中柏林会议注重引入问责机制。柏林会议作出的承诺包含具体的内在标准。其中，三个承诺由二十国集团金融代表负责兑现。第四个承诺强调了国际货币基金组织和世界银行清楚、透明的数据报告的重要性。

全球治理的发展

在全球治理的发展方面，柏林会议采取了一些切实的措施(参见附录 C-1)。在集团内部，各成员国出台了旨在加强集团制度化的文件，并公开承诺会于 2000 年再次相聚在加拿大。其中的两项制度要求代表们解决若干问题，并在下次会议上向财政部长反馈。

在集团外部，为了更好地应对金融危机，各国财政部长同意继续与现有的国际论坛合作，尤其加强与金融稳定论坛、国际货币基金组织和世界银行的合作。国际货币基金组织和世界银行取得头等重要的地位。二十国集团的柏林会议既关注本机构的发展，也赞赏、帮助、支持、促进以及提高其他论坛已完成或应该完成的工作。

取得成效的原因

二十国集团的建立以及取得最初成效很大程度上归功于全球治理的体系中心模式。该模式综合因素的前三个原因与戈登·布朗(2010)十年后评价中强调的三个原因如出一辙。布朗认为，亚洲经济危机在肆虐成性，二十国集团企图绕过国际货币基金组织提供金融支持，以加强亚洲治理危机的力量。尽管亚洲不少国家经济上较为脆弱，但是一些新兴国家如中国和印度领导的国家仍然拥有一定的抗打击的能力。然而，除了从危机中诞生，面对共同脆弱性，弥补国际制度失灵，将相对能力均衡化等特点之外，二十国集团模式还有三个重要的组成部分，即国内政治向民主趋同，拥有较强的政治资本、政治控制、政治连续性和执政效能，以及二十国集团取得了正在发展的全球网络的中心地位。

在危机中产生的共同脆弱性

二十国集团得以建立，柏林会议上取得实质性成功，首先是因为危机接连发生，新成员国面对新非国家行为体的威胁，表现出共同的脆弱性。早前，1994 年墨西哥比索危机和 1995 年巴林银行破产所带来的较小动荡后，出现了两年的稳定时期。1997 年至 1999 年始于泰国房地产市场、源于亚洲、现已演化为全球性的金融危机，最终促成二十国集团的建立。危机超出原有的地域及影响范围，蔓延至亚洲内外。危机于 1997 年 7 月席卷泰国，秋季蔓延至印度尼西亚，12 月扩大至韩国，1998 年 8 月殃及至俄罗斯，1999 年 9 月美国长期资本管理公司(LTCM)崩溃，巴西也在两个月后随即全面崩溃。此外，危机以难以想象的速度迅速蔓延。第一阶段是在遥远的亚洲，金融危机起初演化缓慢，用了半年时间击垮了三个不断壮大的小国。但是在容易令人满足的 7 个月春假过后，第二个阶段迅速袭来，并在三个月内席卷了欧洲的两个“超级大国”和美洲的巴西。

这清楚表明了，新兴国际体系的各国之间联系越来越紧密。与 1944 年、1975 年、1994 年墨西哥动荡和 1995 年春季巴林银行破产前相比，各国家更易受到外部危机的伤害。新的金融危机最先发生在主权政体中的非国家金融机构之中，随后扩展到主权国家本身。随后又花了两年时间，通过金融机构和地域的渠道影响至美国。如今，不论是金融安全的消费者还是生产者，对体系而言都是非常重要的。二十国集团有意将二者纳入组织之中。1994 年墨西哥比索危机时，保罗·马丁并没有打算将体系内重要国家财政部长集团的这个概念付诸实践。只有当 1997 年至 1999 年源于亚洲、现已演化为全球性的第二波金融危机发生后，他才开始这么做。

其他国际机构的失败

二十国集团得以建立和柏林会议上取得实质性成功的第二个原因,在于其他国际机构的失败。国际金融体系向一体化方面发展,同时又面临错综复杂的形势。而亚洲金融危机蔓延速度越来越快,影响的范围越来越大。20 世纪 40 年代以来,所有正式的、多边组织总部都设在美国与欧洲。20 世纪 60 年代以来,新的非正式多边机构不但没有能够有效地减少金融危机所带来的实际损害,而且在对受危机影响的国家实施援助方面做得都不太充分(参见附录 I)。

首先,国际货币基金组织在应对危机的各个方面都称不上成功。先是预测不准、预防不力,接着又未能遏制住其蔓延,后来又没有进行自身改革,以防止另一场危机再次爆发。1994 年国际货币基金组织未能预测和预防墨西哥比索危机。的确,国际货币基金组织预测到 1996 年 9 月的泰国金融危机,该组织的常务董事也极力促使泰国采取预防措施,但最终未能防止危机的爆发。国际货币基金组织也未能说服七国集团向泰国提供应对金融危机所需的资金。后来,韩国金融危机于 1997 年 12 月 24 日爆发,为应对危机,国际货币基金组织向七国集团权势部门请求并确保资金支持。

在二十国集团成立后,国际货币基金组织力图改进自己的工作。正如国际货币与金融委员会主席戈登·布朗(2010, 80)所言:“应当想方设法在二十国集团和国际货币基金组织找到一个平衡点:二十国集团应采取战略性作用,并着眼于长期问题。国际货币基金组织则处理关于制定决策的紧急问题……然而,国际货币基金组织提出的处理全球失衡的倡议被丢在一边,不予理睬。”

其次,七国集团作为另外一个老牌的国际机构,在独自行动时也算不上成功。在丹佛峰会和 1997 年上半年财政部长领导会议上,七国集团完全没有预测和预防到即将到来的金融危机。七国集团对 9 月 12 日在香港召开的秋季部长级会议回应不足。而这个时间恰好是在泰国沦陷后,印度尼西亚和韩国崩溃前。1998 年伯明翰峰会同样也是失败的。并且,在 8 月俄罗斯违约、9 月美国因长期资本管理公司(LTCM)

崩溃所导致金融市场失灵、巴西在秋季后要求救援，这一系列事件之后，七国集团财政部长领导会议仍然没有预测和预防到第二阶段的金融危机。七国集团或八国集团在此危机时期根据其核心任务，管理取得了巨大的成功。其核心任务是，保护和促进印度尼西亚、韩国、俄罗斯以及巴西的民主。但是单纯就促进金融稳定性的低级政治而言，七国集团是失败的。在危机时期，七国集团财政部长曾经尝试劝说新兴国家接受七国集团有关规章与金融规则的架构，但没成功。新兴国家认为，它们并不是其成员，因此无视七国集团的根本建议(Martin, 2008a)。两年后，七国集团理性地认识到，需要一个更广泛的组织，这样的组织既要得到金融稳定论坛的支持，也必须获得国际货币与金融委员会和二十国集团的认可。

显然，全球治理需要一个新的国际机构。但是谁也拿不定，一个新机构能否单枪匹马地发挥有效的作用。讨论下来的结果是，这个国际机构要想发挥作用，要努力拥有比较优势，保证成员国共享权力，具备竞争力。并通过设立新的组织来减少风险，而不是成为一个在老牌国际机构之间讨价还价的论坛。七国集团或八国集团自身不会再增加新的国际体系内的重要国家。金融稳定论坛不愿在七国集团基础上再增加成员，只增加澳大利亚、荷兰、新加坡及中国香港这些较小行为体。国际货币基金组织是更具普遍性和合法化的组织，它给予巴西、墨西哥和阿根廷执行董事的席位。然而，过时的、欧洲中心主义代表占据过多席位的内部委员会阻碍了金融稳定论坛的发展。另外，作为一个开放的、非正式论坛，金融稳定论坛受限太多。国际货币基金组织在其 1944 年宪章中规定，由各国公民组成的机构高层人员要拥有专业化的知识与文化，以应对新的国际金融需求。与此同时，没有一个机构给予成员国的中央银行行长类似于财政部长的平等地位，而这点二十国集团做到了，而且二十国集团允许中央银行行长在他们的领域内代表国家。对于国际货币与金融委员会，中央银行行长通常坐在财政部长的后面，而不是旁边。因此，二十国集团顺应了民主潮流，并最终占据主导地位。

集体主导、内部平等的能力

二十国集团创立和柏林会议取得实质性成功的第三个原因，在于与会国家和欧盟表现出的集体主导、内部平等的能力。面对连续而剧烈的危机，老式多边组织和新式多边机构都失败了，这一方面显示出新兴国家日益成为国际金融治理不可或缺的一部分。另一方面，也说明新兴国家也是全球金融危机的原因，应对危机之策要从源头做起，要主权国家内部改革金融规则，加强金融监管，并打击权贵资本主义。随着中国和印度的崛起，新兴国家作为金融安全的消费者和生产者以及全球贸易和经济增长的助推者出现。尽管新兴国家在这两方面的国际影响力不断增加，然而在 1997 年至 1999 年间新兴国家依然被排斥在七国集团和八国集团之外，在事实上缺席金融稳定论坛，其在国际货币与金融委员会和国际货币基金组织的代表席位数量也远远不够。从起初就将新兴国家视为平等成员的二十国集团认识到，过去十年国际经济实力的结构发生了巨大的变化（G20，2008）。与 1999 年的其他机构对比，二十国集团在全球主导和内部均衡能力方面占据优势（参见附录 K）。人口是人口、资源和技术这生产三要素或能力三要素之一，也是后威斯特伐利亚时代国际合法性的关键构成。若将成员国人口因素考虑进来，二十国集团的优势更加明显。（Dewitt and Kirton，1983）

在 1999 年，仅占世界人口 14%的八国集团，却独占全球国内生产总值的 67%。美国作为最大的经济体，实力远超过八国集团中最弱的俄罗斯。此外，虽然八国集团拥有超强的均衡化能力，但它也受损于经济相互依赖。危机导致俄罗斯于 1998 年 8 月拖欠债务，还导致八国集团中次弱成员加拿大的货币在那时跌至历史最低点，仅 0.62 加元兑换 1 美元。

金融稳定论坛包括除俄罗斯以外的七国集团成员，但同时也包括 4 个较小的富裕国家与地区。这 4 个国家与地区对二十国集团主导和内部均衡能力的贡献微乎其微，美国的实力远超过集团内那些最小规模的成员国。国际货币与金融委员会拥有 24 个成员国，包括七国集团、比利时、丹麦、荷兰、瑞士、阿根廷、阿拉伯联合酋长国、加蓬、泰国以及其他国家。它所代表的全球经济份额几乎与二十国集团持平，其规模最大的成员国实力也远超过最小规模的成员国。

从 1999 年那一类别中产生的第三个候选者是二十国集团。其 19 个成员国家代表了 81％的全球国内生产总值和三分之二的世界人口，还包含了金融危机中未受损伤的新兴大国，著名的有中国和印度(Kirton, 2000)。鉴于目前和预期的增长率，如 1999 年韩国 9％的增长率，很明显二十国集团很快会成为一个更加有分量的机构。最大成员国美国实力是最小成员国南非的 70 倍。用基尼系数作为衡量成员国内部均衡的标志，二十国集团的基尼系数是 0.54。因此，二十国集团在全球主导、集团外部均衡能力以及集团内部平等方面具有明显优势。这些优势有助于二十国集团像有平等成员之称的俱乐部那样运作，成员国之间交流意见、达成共识，所有成员国可以许下承诺、接受承诺并认可承诺，都没有直接使用在政府间谈判论坛上依靠的威胁、惩罚、诱惑和其他刺激手段。

民主趋同

二十国集团创立和取得最初实实在在的成功，特别是方针制定方面取得成功的第四个原因在于成员国国内民主趋同。二十国集团成分极其复杂多样，其成员国的地理区域分布、发展水平、语言、宗教、文化、法律和政治体系都不尽相同。然而，守成国家和新兴成员国家都关注国内以至全球的金融稳定、持续性发展以及社会稳定，并通过全球化使所有人受益。一些以中国为首的新兴国家需要金融稳定性和强劲的、稳定的以及持续性的经济发展，以对抗威胁其封闭政体的国内社会不稳定性。

二十国集团的成员国不仅对国内社会稳定作出承诺，而且其国内制度中政治公开与政治民主的承诺也十分突出，并呈日益趋同之势。七国集团对 1994 年的墨西哥、1997 年的韩国以及 1998 年的巴西和俄罗斯的民主体制作出辩护。美国尤其力促将上述国家纳入二十国集团，以巩固民主体制的成功。美国利用二十国集团成员资格以加固土耳其民主体制，并通过吸纳印度尼西亚和尼日利亚来保证民主体制的实施。二十国集团作为一个高度民主的集团诞生，在其第一次财政部长会议上，只有中国和沙特阿拉伯作为忠诚的“非民主政体”被判出局。二十国集团成员对国际体系影响重大，不仅因为它们从一开始就维护金融稳定，还因为它们直到最后也在保护和促进全球民主体制改革。

在 1999 年诞生的诸多机构中，二十国集团在政治公开性方面的优势较大。如果欧盟及其所有欧洲成员国都被包括在内，这个数值还会更高，因为这些国家都支持民主。国际货币基金组织的 24 个成员也包含一些非民主体制国家。

国内政治控制、资本、连续性、能力以及承诺

二十国集团创立和在柏林会议上取得实质性成功的第五个原因，不仅在于其所有成员国的相对能力较强，而且在于各国的国内政治控制、资本、连续性、能力和承诺的广度和深度（参见附录 L）。该集团的创始人之一保罗·马丁来自加拿大自由党，在 1993 年该党派拥有安全的议会多数席位、一个分裂的反对党和强大的民众支持率。人们希望，在长期执政的让·克雷蒂安离任后，马丁本人能够接任其总理职位。马丁自 1993 年 12 月担任财政部长，此前他曾在加拿大汽船公司这家跨国公司担任首席执行官，这家公司之前主要是面向新兴国家开展业务。1999 年，他的财政部长同事们都准备好响应他的号召，建立一个新集团。

在美国，劳伦斯·萨默斯服务于不再连任的克林顿政府，该政府不再控制国会，且因莫妮卡·莱温斯基事件在公众前形象大跌，结果导致了对总统的弹劾程序。不过，在 1999 年被任命为财务部长之前，萨默斯还是一位饱受赞誉的经济学家，拥有丰富的财政部工作经验，并被视为在克林顿政府和白宫中执行力和影响力仅次于总统的人。尽管目前，美国政府的政治控制力低、政治资本较少、政治潜在连续性不强，萨默斯的言行体现了高度的历史继承性和出色的现实处事能力。

在英国，由托尼·布莱尔领导，并于 1997 年至 2010 年间执政的新

工党政府不仅占据了议会的多数席位，而且拥有相当高的支持率。作为财政部长，戈登・布朗对扶贫和教育许下郑重承诺。在德国，格哈德・施罗德（Gerhard Schroeder）领导的社会民主党与关注环保的绿党结成联盟，于1998年掌权。在法国，于1995年开始执政的希拉克政府经验丰富，取得了牢固的政治控制权力。上述国家中的大多数为左翼自由派，只有希拉克领导的法国是个例外。

有限地参与俱乐部：二十国集团作为网络治理中心

二十国集团的创立和其在柏林会议上拥有出色表现的第六个原因，在于它限定了参与俱乐部的成员数量及范围，成为一个网络治理中心。人们纷纷开始讨论新的二十国集团成员制度，在这个时候，成员国的地位及选择标准绝对不容忽视。第一个标准较为明显，即该国是否对国际体系具有重要影响力。该标准的出发点是，当今世界中，各国相互影响、相互联系，这个新世界已经取代了威斯特伐利亚时代的旧世界。这个旧世界由自给自足、各自独立的主权国家组成，其相对能力以它们的领土大小为基础。第二个标准是民主承诺，该标准较不明显。它主导了20世纪40年代的世界架构，即相对能力、战时胜利以及以陆地为基础的地理代表性。该标准虽然与过去相比意义较小，但依然起到了一定作用。

二十国集团最重要、最根本的优势在于，其作为一个机构性俱乐部，从始至终完全平等地对待所有成员。在制度和操作层面上，二十国集团每位成员完全平等；然而现实中，在柏林会议从筹备至结束后的一段时间内，一些国家的影响力还是要大于另一些国家。即便如此，各国财政部长、央行行长以及代表之中依然存在操作和观念上的平等。由于某些参会个人同时在国际货币基金组织担任代表国家的执行董事，他们在其中积累的丰富经验促进了这种操作和观念上的平等，巴西的佩德罗・马兰便是一例。

二十国集团的第二个优势在于，其每年聚会的主办国按地理位置轮流，而非固定于某一地点或取决于集团主席所在国家。这一特性恰恰巩固了二十国集团所提倡的平等原则。会议轮值制度有助于确保二十国集团所有成员国感受到平等,使其在一段时间内能够承担权利和责任,同时享有主席和主办国的威望。相比较而言,在国际货币与金融委员会成立之初的几年内,其主席职位连续由戈登·布朗担任。该委员会的年度会议主要在华盛顿召开,但每隔三年会在其他地方召开一次。而金融稳定论坛更倾向于在瑞士巴塞尔召开会议。七国集团的财政部长甚至也倾向于一年一次或两次在美国华盛顿召开国际货币基金组织的半年度会议;从 1997 年开始,各国财政部长也不再出席领导人轮值的年度峰会。国际货币基金组织由德国的霍斯特·克勒担任总裁,世界银行行长由美国的詹姆斯·沃尔芬森(James Wolfensohn)担任,金融稳定论坛由德国人设计。上述种种事实无不表明,这些组织似乎是二十世纪欧美国家的专属机构,而不属于 21 世纪的亚洲和新兴国家。

作为成员数量和范围都有限的俱乐部,二十国集团的第三个优势在于其成员制度的连续性。二十国集团始终保持恒定的成员数量,这与其他类似组织形成鲜明对比,例如由 1973 年 7 月成立的四国集团扩展而来的七国集团、1975 年创建的八国集团、由二十二国集团扩展而来的三十三国集团以及成员国由 7 个增加至 11 个的金融稳定论坛。进行这样的设计是二十国集团的慎重决定,它反映了为什么一个只有 19 个成员国的俱乐部却以 20 这个数字来命名(Ibbitson and Perkins, 2010)。后来成为民主国家的尼日利亚未获得成员资格的原因便是二十国集团拒绝扩容。这种成员制度的连续性有助于建立一个具有排他性的、紧凑的、社会地位高的俱乐部,而以上三点恰恰是所有成员都重视的特征。

在一个紧凑型俱乐部内实行高度受限的会员参与制度是二十国集团的第四个优势。与七国集团、八国集团以及金融稳定论坛相比,二十国集团拥有更多的参与者。它的成员包括 19 个国家、欧盟、国际货币基金组织以及世界银行,各个成员国会派一位财政部长或中央银行行长出席其年度会议。然而,二十国集团的规模仍然小于部分其他机构或组织,例如拥有 24 个成员的国际货币与金融委员会和国际货币基金组织执行董事会、拥有 25 个成员的新借款协定（后来成员数量有所增加）、二十二国集团以及三十三国集团。此外，即使各成员国均派遣官员出席金融稳定论坛，二十国集团会议的代表人数仍然与金融稳定论坛不相上下。在后来的几年，二十国集团将通过开展公开讨论、达成更多共识与承诺的方式强化这一优势。

作为一个紧凑型俱乐部，二十国集团的第五个优势在于其非正式的、软法特性。二十国集团直接从各国的财政部长和央行行长筹集资本，这一点使得财政部长和央行行长认为自己对集团拥有了一定的掌控权，而不是由受国际官僚文化和国际法约束的国际事务公务员来对集团进行运作。因此，二十国集团避免了包括官僚掠夺问题、法律规定和大型组织的非灵活性以及由此产生的异常问题（Barnett and Finnemore，1994，2004）。能够影响国家资本的那些权势们不喜欢在国际货币基金组织的条条框框下行事，这也是二十国集团创立的原因之一。

除此之外，不同于国际货币与金融委员会的投票选区模式，二十国集团各主要新兴国家的代表和五国集团成员一道，拥有作为个体的行动自由，而不仅仅充当一群具有固定共识的选区代理人的角色，他们需要反复强调既定的最低共同水平线。在国际货币与金融委员会中，土耳其被划分到欧洲大陆中等强国代表的选区中，而巴西、阿根廷、墨西哥代表了其他拉丁美洲国家。二十国集团有能力将这些国家从限制中分离出来。这一特点，加上其愈发严格的参与制度，使得二十国集团成为一个决策更为灵活开放、共识更容易达成的论坛。

与此同时，由于国际货币基金组织和世界银行继续参与二十国集团的工作，即使它们不能进入二十国集团的执行层，也能代表该机构，因此，国际货币基金组织和世界银行赋予了二十国集团与布雷顿森林体系机构的内在联系。二十国集团因而继承了国际货币与金融委员会的一些法律合法性、全球责任以及广泛的组织资源，尽管这些继承在华盛顿受到一些限制，它的执行委员会被七国集团占据，它的行政首脑有着欧美特点。然而，与在华盛顿召开的世界银行和国际货币基金组织会议上的情况不同，相较于南非、印度尼西亚、韩国或其他成员国，国际货币基金组织和世界银行不再显得那么重要。二十国集团还动员其主席运用强大的国内资源，为共识的达成做了充分的准备工作，并有效地落实了这些共识。

二十国集团第六个优势是机构内部的紧密互动。二十国集团每年都要召开会议，年度会议推动着召开副部长的会议和座谈会。通过社会心理动态建构，互动频数的增加能够增强群体的活力和认同，反过来，群体认同又能把群体塑造成一个人际交往的俱乐部。二十国集团的各财政部长和中央银行行长也能够一年多次地与他们的同事以非网络会面方式进行面对面的交流。但在集团成立之初，受到柏林会议的影响，二十国集团内的互动是十分有限的。

然而，保罗·马丁、戈登·布朗和汉斯·艾歇尔三人之间一度存在令人尊敬的协作关系，人们意识不到他们作为个人或他们分别最喜欢的二十国集团国家、国际货币与金融委员会、金融稳定论坛的各个论坛的捍卫者而在进行相互间的竞争。三者作为世界经济组织的范例，各自引领经济走向成功。在二十国集团和国际货币基金组织建立的过程中，布朗和马丁各自被视为最有可能成为主席的人选，尽管他们两人都清楚自己更感兴趣的恰恰是对方的职位。在二人的对话中可以明显看出，对于对方渴望领导的组织，双方自身都不抱太大的野心。

二十国集团拥有的第七个优势，在于它对外而言位于全球多边组织网络的中心地位。这些多边组织通常由来自二十国集团中的守成国家与新兴国家联合领导。因此英国、加拿大、澳大利亚、印度以及南非将二十国集团与英联邦联系起来，其中英联邦作为世界上最古老的全球性多边峰会组织，成立已有将近一个世纪。与之类似的是由法国和加拿大共同控制的法语国家组织，该组织从 1985 年开始举办两年一度的峰会。许多七国集团国家与土耳其一道，将二十国集团国家与北大西洋公约组织(NATO)联系起来，其组织峰会在 20 世纪 90 年代得到巩固。自 1993 年领导人会议后，许多国家还将二十国集团与始于 1993 年首脑会议的亚太经济合作组织(APEC)、始于 1994 年美洲国家首脑会议(SOA)以及始于 1996 年亚欧峰会(ASEM)联系起来，其中亚欧峰会是欧洲国家针对太平洋大国在 1993 年建立的亚太经济合作组织领导人会议所作出的回应。

在财政部长层面上，韩国签署的新借款协定、澳大利亚加入金融稳定论坛以及国际货币基金组织的发展进程，种种事件都在进一步强化二十国集团作为全球治理网络中心的地位。对于经济合作与发展组织而言，现在二十国集团有墨西哥和韩国作为其成员，同时，两国还是亚太经济合作组织财长论坛、西半球财政部长论坛、旧式国际清算银行(BIS)、巴塞尔银行监管委员会(BCBS)、十国集团以及联邦财政部长论坛的成员。国际清算银行在二十国集团强大之前，已成功超越了昔日十国集团霸主的地位。巴塞尔银行监管委员会虽在国际清算银行框架下，但早已脱离十国集团的管治。这么一来，每一个二十国集团成员通过这些关键位置、关键国际组织以及关键选区建立了如此高度紧密的关系，以至于每一个成员都不会被落到关键网络之外。这些国际机构发挥的影响交相辉映，构成了一个全球金融治理的总体网络。

作为体系性俱乐部，二十国集团的鲜明特征是充当全球治理网络中心，这个特征解释了为什么从过去概念得到的标准很难解释二十国集团取得的成就。与 1648 年威斯特伐利亚和约在中欧签订的时期相比，固执的地理区域主义在快速全球化时代已没有那么重要(Ruggie, 1993)。在某种程度上确实是这样，国际货币与金融委员会的成员资格十分偏重于欧洲、中东和非洲，这与 1944 年国际货币基金组织建立之初的情形差不多。1973 年石油动荡后，国际货币基金组织便进行了调整。与此相反，包含了韩国和土耳其的二十国集团，增加了诸如宗教和语言等其他方面的代表性，使其超越了单一的地理位置因素。

作为全球治理网络中心的俱乐部，二十国集团促进合作大于推动竞争。七国集团通过成员国接受透明度和监督的新的准则和实践，的确显示了其领导力，相比之下，二十国集团与国际货币与金融委员会成了颇具合法性的组织，正如二十二国集团之前那样。然而，随着越来越棘手的问题出现，具备灵活性、更小规模以及对个体国家具有自由性的二十国集团表明，这个组织能够产生一个提供更及时和更平衡的结果。

本章小结

二十国集团方兴未艾，其未来取决于创始者有多大能力实现之前设定的远大目标，也取决于二十国集团主席能否提出恰当的对策应对各种挑战。

挑战之一：二十国集团是否有能力取代旧的和新近成立的协商机构，抵制诱惑，不再允许新的以欧洲为中心的成员加入到二十国集团，因为二十国集团已经在全球范围内实现了代表性平衡，而且已经包括了七国集团的四个欧洲国家和欧盟。2000 年 4 月在华盛顿召开十国集团形式性质的会议上很快提出建议，十国集团能够很容易被终止，议程会归于二十国集团之下，其欧洲成员国例如瑞士仍然在组织之外或者通过欧盟创新性的安排成为代表。

挑战之二：不少国家要求二十国集团增加新成员或参与者，进一步扩大其全球覆盖面、地区平衡以及组织的影响力。二十国集团能否拒绝上述要求，保持有限参与，维护功能匹配，巩固其作为国际体系内第一梯队重要国家群体的地位，也是其面临的重要挑战。

挑战之三：二十国集团要有能力展示它对国际市民社会大有裨益并与之联系密切，从而增强它的代表性和民主合法性，而目前二十国集团的代表性和民主合法性正在走下坡路。可以肯定，当前的国际金融危机一旦结束，这种需求就会出现（Canada，Standing Committee on Foreign Affairs and International Trade，2000）。1999 年 4 月，在华盛顿召开的国际货币基金组织会议上，国际市民社会的代表们在会场外抗议时就发出了要求增强代表性和合法性的呼声。而这将很快成为八国集团面对的问题，事实上八国集团在 2000 年冲绳峰会上就开始与国际市民社会正式展开对话。

参考文献

Abbott，Kenneth W.，Keohane，Robert，Moravcsik，Andrew，

Slaughter, Anne Marie, and Snidal, Duncan. 2000. "The Concept of Legalization." *International Organization* 54(3):410—420.

Amato, Giuliano. 2008. "From Bretton Woods to the G20." In *Growth, Innovation, Inclusion: The G20 at Ten*, eds Kirton, John J., and Koch, Madeline. London: Newsdesk, 29—31. Available at: www.g8.utoronto.ca/newsdesk/G20at10.pdf. Accessed: July 2011.

Baker, Andrew. 2006. *The Group of Seven: Finance Ministries, Central Banks, and Global Financial Governance*. London: Routledge.

Barnett, Michael and Finnemore, Martha. 1999. "The Politics, Power, and Pathologies of International Organizations." *International Organization* 53(4):699—732.

Barnett, Michael and Finnemore, Martha. 2004. *Rules for the World: International Organizations in Global Politics*. Ithaca: Cornell University Press.

Beattie, Alan. 1999. "New Forum to Supplement G7 Work," *Financial Times*, September 27.

Beauchesne, Eric. 1999. "Martin Warns against Complacency." *Montreal Gozette*, Septermber26, p.A9.

Bergsten, C. Fred and Henning, C. Randall. 1996. "Global Economic Leadership and the Group of Seven." Washington DC; Institute for International Economics.

Blair, Tony. 2010. A Journey. London; Random House.

Blustein, Paul. 2001. *The Chastening; Inside the Crisis That Rocked the Global Financial System and Humbled the IMF*. NEW YORK: Public Affairs.

Brown, Gordon. 2010. *Beyond the Crash: Overcoming the First Crisis of Globalization*. NEW YORK; Free Press.

Canada. Department of Finance. 1999. "Finance Minister Paul Martin Chosen as Inaugural Chairperson of New Group of Twenty." Press Release 99—080, Washington DC, September 25. Available at:

www.g8.utoronto.ca/finance/fm992509.htm. Accessed: July 2012.

Canada. Department of Finance. 2000. "New G20 Forum: Backgrounder." Availableat: www.g20.utoronto.ca/g20backgrounder.htm. Accessed: July 2012.

Canada. Standing Committee on Foreign Affairs and International Trade. 2000. "Evidence." Ottawa, May 18. Available at: www.Parl.ga.ca/HousePublications/Publication.aspx?Docld=1040280&Language=E&Mode=1&Parl=36&Ses=2. Accessed: July 2012.

Cohn, Theodore. 2000. *Global Political Economy: Theory and Practice*. New York: Longman.

Cook, Peter. 1999. "Time will tell whether There's a Need for a G20, Peter Cook Says." Globe and Mail, December 15.

Costello, Peter. 2008. The Costello Memoirs: The Age of Prosperity. Melbourne: Melbourne University Press.

Culpeper, Roy. 2000. "Systemic Reform at a Standstill: A Flock of 'Gs' in Search of Global Financial Stability." Paper presented at Critical Issues in Financial Reform: Latin-American/Caribbean and Canadian Perspectives, Munk Centre for International Studies, University of Toronto, June 1—2, Toronto. Available at: www.g8.utoronto.ca/scholar/culperler2000. Accessed: July 2012.

Dewitt, David and Kirton, Jhon J. 1983. Canada as a Principal Power: A Study in Foreign Policy an International Relations. Toronto: John Wiley and Sons. Financial Stability Forum. 1999. "Announcement of the First Meeting of the FSF, Washington." April 6. Available at: www.financialstabilityboard.org/press/t_990414.htm. Accessed: July 2012.

Fratianni, Michele, Savona, Paolo, and Kirton, John J., eds. 2005. New Perspectives on Global Governance: Why America Needs the G8. Aldershot: Ashgate.

Fréchette, Louise. 1995. "The Halifax Summit: A Canadian Perspective." North American Outlook 5(3):7—13.

G7. 1998. "Toronto Economic Summit Economic Declaration." Toronto, June 21. Available at: www.g8.utoronto.ca/summit/1988toronto. Accessed: July 2012.

G7.1999. "G7 Statement." Colone, June 18. Available at: www.g8.utoronto.ca/summit/1999Koln/g7statement_june18.htm. Accessed: July 2012.

G20.2008. "The Group of Twenty: A History." Available at: www.g20.utoronto.ca/docs/g20history.pdf. Accessed: July 2012.

Germain, Randall D. 2001. "Global Financial Governance and the Problem of Inclusion." Global Governance 7(4):411—426.

Globe and Mail. 1999. The Surprising Legacy of the Minister of Finance Paul Martin's Triumph on the Defict is Shadowed by Wrong-headed Policies Elsewhere. December 19.

Hajnal, Peter I. 2007. *The G8 System and the G20: Evolution, Role, and Documentation*. Aldershot: Ashgate.

Helleiner, Eric, Woods, Ngaire, and Griffith-Jones, Stephany. 2010. "The Financial Stability Board: An Effective Fourth Pillar of Global Economic Governance?" Centre for International Governance Innovation, Waterloo ON. Available at: www.cigionline.org/sites/default/files/FSB%20special%20report_2.pdf, Accessed: July 2012.

Helleiner, Gerald. 2001. "Markets, Politics, and Globalization: Can the Global Economy Be Civilized?" *Global Governance* 7(3): 243—263.

Ibbitson, John and Perkins, Tara. 2010. "How Canada Made the G20." *Globe and Mail*, June 18. Available at: www.theglobeandmail.com/news/world/g8-g20/news/how-canada-made-the-g20-happen/articlel1609690. Accessed: July 2012.

Jokela, Juha. 2011. "The G20: A Pathway to Effective Multilateralism?" Chaillot Paper NO.125, April 21, European Union Institute for Security Studies. Available at: www.iss.europ.ed/publications/detail/article/

the-g-20-a-pathway-to-effective-multilateralism. Accessed: July 2012.

Katada, Saori N. 2001, *Banking on Stability: Japan and the Cross-Pacific Dynamics Of International Financial Crisis Management*. Ann Arbor: University of Michigan Press.

Keohane, Robert O. 1984. *After Hegemony: Cooperation and Discord in the World Political Economy*. Princeton: Princeton University Press.

Kirton, John J. 1995. "The G7, the Halifax Summit, and International Financial System Reform." *North American Outlook* 5(June): 43—66.

Kirton, John J. 2000. "The Dynamics of G7 Leadership in Crisis Response and System Reconstruction." In *Shaping a New International Financial System: Challenges of Governance in a Globalizing World*, eds., Kaiser, Karl, Kirton, Jhon J., and Daniels Joseph P. Aldershot: Ashgate, 65—94.

Kieton, John J. 2010a. "The Group of Eight's Legacy, Limitations, and Lessons." In The new Dynamics of Summitry; Innovations for G20 Summits, eds Bradford, Colin I, and Lim, Wonhyunk. Washionhton DC and Seoul: Brookings Institution Press and Korea Development Institute, 17—60.

Kirton, John J. 20110 b. "Potential Partnership in Global Economic Goberanace: Canada's G20 Summit from Toronto to Tuikey." Paper prepared for a presentation at TEPAV, Ankara, and DEIK, Istanbul, Turkey, June 7—8, Available at: www.g20.utornto.ca/binlio/kirton-tuikey-2010.pdf. Accessed; July 2012.

Kokotsis, Eleanor and Kirton, John J. 1997. "National Compliance with Environmental Regimes: The Case of the G7, 1988—1955." Paper prepared for the annual convention of the International Studies Association, March 18—22, Toronto.

Lesage, Dries ed. 2010. "The Future of the G8 and G20" [Special issue]. Studia Diplomatica 63(2).

Martin, Paul. 2000. "Statement by the Honourable Paul Martin, Minister of Finance for Canada, to the Institute for International Economics." Washington DC, April 14. Available at: www.collectionscanada. gc. ca/webarchibes/20070000055106/www. fin. gc. ca/news00/00-031e.html. Accessed: July 2012.

Martin, Paul. 2008b. "Time for the G20 to Take the Mantle from the G8." In Growth, Innovation, Inclusion: The G20 at Ten, eds Kirton, John J., and Koch, Madeline. London; Newsdesk, 22—27. Available at: www. g8. utoronto. ca/newsdesk/G20at10. pdf. Accessed: July 2011.

Martin, Paul. 2010. "Address to the 2010 Couchiching Conference on Watershed Moment or Wasted Opportunity." August6, Geneva Park, Canda.

Porter, Tony. 2000. "The G7, the Financial Stability Forum, the G20, and the politics of International Financial Regulation." Paper presented at the annual covbention of the International Studies Association, March15, Los Angeles. Available at: www. g8. utoronto. va/ga20/biblio/porter-isa-2000.pdf. Accessed: July 2012.

Putnam, Robert and Bayne, Nicholas. 1984. Hanging Together: Co-operation and Conflict in the Seven-Power Summit. 1st ed. Cambridge MA: Harvard University Press.

Putnam. Robery and Bayne, Nicholas, 1987. *Hanging Togetther*: *Co-operation and Conflict in the Seven-Power Summit*. 1st ed. Cambridge Ma: Harvard University Press,

Putnam, Robert and Bayne. Nicholas. 1987. *Hanging Together*: *Co-operation and Conflict in the Seven-Power Summit*. 2nd ed. London: Sage Publications.

Rubin, Roberti E. and Weisberg, Jacob. 2003. *In an Uncertain World*; *Tough Choices from Wall Street to Washington*. New York:

Random House.

Ruggie, John G.1993. "Territoriality and Beyond: Problematizing Modernity in International Relation." *International Organization* 47(1):139—174.

Sautter, Christian. 2008. "Fundamental Principles for Global Financial Governance." In *Growth, Innovation, Inclusion: The G20 at Ten*, eds Kirton, John J., and Koch, Madeline. London: Newsdesk, 32—34. Availableat: www. g8. utoronto. ca/newsdesk/G20at10. pdf. Accessed: July 2012.

Wade, Robert. 2009. "From Global Imbalances to Global Reorganisations." *Cambridge Journal of Economics* 33(4):539—562. doi: 10. 1093/cje/bep032.

Wade, Robert and Vestergaard, Jakob. 2010b. "Overhaul the G20 for the Sake of the G172." *FinancialTimes*, October 22. Availableat: www. ft. com/Intl/cms/s/0/2581209c-5f0b-11e0-a2d7-00144feab49a. html #axzzlmClv38ck.

Wade, Robert and Vestergaard, Jakob. October 22. Available at: www. ft. com/intl/cms/s/a2ab4716-dd45-11df-9236-00144feabdc0. html #axzzlmClv38ck. Accessed: July 2012.

第四章

治理全球化治理:2000年蒙特利尔会议

引　言

挑战:

2000年10月24日至25日,二十国集团在加拿大蒙特利尔(Montreal)举行了第二次会议。保罗·马丁首次以主持人的身份再次担任会议主席。既然促成其成立的亚洲金融危机已经过去,也没有新的威胁需要去应对,那么,在本次会议上,刚起步的二十国集团遭遇了新的挑战,要求开拓一个具体的,能以一种相互促进的方式合法有效治理的角色。如果二十国集团与七国集团和八国集团成员国,与由国际货币基金组织和新国际货币与金融委员会领导的广泛多边组织有重叠部分,那么在没有严重危机情况下,二十国集团不得不利用其特点,在各种建立完善的多边组织中定位其与众不同的角色,并证明它所具有的价值。

国际货币与金融委员会既有地位稳固、影响较大的国际货币基金组织的支持,又有以技术为导向的,并与国际清算银行有密切联系的金融稳定论坛的支持。但二十国集团与之不同,其大多数成员都缺乏一个超越各成员国国家官僚机构之上的国际组织"依托",它只是在人口密集、实体繁杂的世界上,由世界各地的财政部长、银行正副行长组成的一个单独运作的论坛。这些有影响的各类实体包括非官方多边组织、重要的国家政府、跨国公司、私人机构和快速变化的市场本身(Culter et al., 1999)。

第二次会议不仅仅是要解决二十国集团的生存问题,还要设法增强其未来的影响力和重要性,而其影响力和重要性的获得取决于这个刚起步的机构，在和居于全球金融经济治理中心的其他新旧组织发展关系过程中作出何种选择。

第一个选择，二十国集团可以发展为一个机构，这个机构试图在有更大影响力的新兴国家组织中将七国集团或八国集团达成的共识实现合法化。二十国集团可以劝说这些新兴国家支持七国集团和八国集团的立场，容许七国集团和八国集团引导新的秩序，从形式上和事实上进一步扩大合法化和认同的程度。

第二个选择，二十国集团可以演化成为一个次级组织，它因金融危机而生，危机过后注定会以一个曾经有效的机构而逐渐消失。由于二十国集团成员国部长、银行行长十分忙碌，经常在其他地方碰面，从而失去参加活动的兴趣，因此二十国集团很有可能输给国际货币与金融委员会。而国际货币与金融委员会能够动用国际货币基金组织下属的各种正式组织的强大资源。这些组织得到了很多方面的支持，比如欧洲主要大国早早就建立了投票权的治理体制与制度，英国担任了国际货币与金融委员会的主席，法国为国际货币基金组织内设机构提供帮助，美国在国际货币基金组织行使一票否决权。

第三个选择，在这个全球化深入发展、危机肆虐的后冷战时期，二十国集团可以成长为一个能够定义和落实全球化治理新方向、新决策和新制度，具有一定自主权的有效合法的中心机构。二十国集团可以把七国集团成员和关键的发展中国家以及新兴国家联合起来，使它们享有同等地位，并以一种更加综合，有前瞻性合法有效的方式，增强后者的话语权和合作能力，以更好地面对全球化的主要挑战。完成上述艰巨的任务，对二十国集团的影响力至关重要，因为这必将减弱其最初在 1997 年至 1999 年金融危机处理，以及之后的国际金融体制改革中的影响力。然而，要确保各方获益，或者说至少能够让市场逻辑自己造成的分配不均问题在一定程度上得到改善，这个全球治理中的挑战会更加艰巨。

不同流派的观点

关于将来会选择哪种路径，刚刚起步的二十国集团第二年表现如何,路径的探索和成就的取得有哪些原因,围绕上述问题学界出现了两种流派的争论。

第一派是由怀疑论者组成,认为二次会议没有取得实质性的成就,未能使国际社会普遍接受关于全球治理问题的蒙特利尔共识。在安德鲁·贝克(2006)看来,把解决发展中国家的贫困和剥削问题置于优先地位的认识是经不起推敲的,这样做的结果是未来的道路仍然充满着不确定性,人们怀疑这个不成熟但却重要的认识是否只是一个美好的假象。

另一派则认为,二十国集团得益于其性质以及主席保罗·马丁的决心和能力,成功地确定了指导全球化发展的方向(Kirton, 2001b)。这一派认为此次蒙特利尔会议使得二十国集团成为了一个更为合法有效的组织,取得了重大成果,主要是在全球化社会可持续发展方面达成了蒙特利尔共识,代替了旧的共同理解却饱受争议的华盛顿共识。蒙特利尔会议讨论了全球化的难题,公开承认全球化会带来经济发展和社会混乱。马丁说,这是第一次由重要机构讨论全球化的利弊问题(Paul Martin, 转引自 Scoffield, 2000)。在进行讨论和明确方向之后,二十国集团作出了一些具体的决定,取得了制度上的新进展。这一年,比起国际机构中的新旧竞争者与合作者的成就,二十国集团的成就占了上风。

本章论点

本章认为,二十国集团在 2000 年中证明了其价值,使其蒙特利尔会议取得巨大成功。随着 21 世纪的到来,广泛而综合的全球化议程引起了全球社会成员的高度关注,二十国集团成功地将全球化议程置于其工作的中心。它制定了新的原则和方向,赋予了二十国集团治理全球化的新的核心使命。更明确地说,蒙特利尔会议在三个方面取得了杰出的成就:它的议程广泛地包含了一系列由全球化问题提出的议题;它从会议协商走向方针制定,创设了一个反映新兴成员国的高度关注的蒙特利尔共识;它更注重决策的制定。

上述成绩的获得，与其说归因于最近或最新动荡的影响，还不如说是源自二十国集团的比较优势，包括其成员国实力强大，集团成员的代表性强，授权和程序灵活，主席能力出众、坚定不移。二十国集团因此渡过了它在后危机时期至关重要的一关。它在蒙特利尔会议上取得的成功，是多种事态综合驱动的结果：国际货币基金组织没能很好地应对全球化带来的挑战和担忧；八国集团没有在 2000 年冲绳峰会上邀请更多的国家与会；新兴国家的实力得到强劲的恢复；作为二十国集团的主办人和主席的保罗・马丁表现出高度的一贯性、出色的能力和坚定不移的品质。

国际制度上的竞争者和合作者

在 21 世纪之初，七国集团、国际货币基金组织、国际货币与金融委员会和二十国集团的中心议程有二：一是在 1997—1999 年全球金融危机的震荡中应对挑战，建立新的国际金融秩序，二是抚慰由这些动荡带来的关于全球化的广泛担忧（Kaiser et al.，2000；Kirton et al.，2011b）。七国集团接受了这个挑战，首先召开了 2000 年 1 月和 4 月的财政部长会议，继而对 7 月份的八国集团冲绳峰会做了准备，在 2000 年 9 月布拉格峰会后召开会议时，这种应对挑战的努力达到了高潮。国际货币与金融委员会也在布拉格会议上加盟进来，发挥了重要的作用。

七国集团

在冲绳峰会即将到来的几个月中，副财长和官员们高度紧张地工作，拟定供首脑或领导调整或批准的协议草案。七国集团的财政部长在危机后的 7 月 8 日和 9 日在日本福冈会晤，决定缩小他们的金融议题，向他们的领导递交关于国际金融体系、穷人债务减轻和其他领导们关注的问题上的报告。

在福冈，首脑们评估了世界经济和俄罗斯经济。在世界经济及其管理方面几乎没有任何分歧。随着亚洲经济的发展日本经济逐步恢复,世界经济也开始稳步发展。虽然财长们发现了日本消费者信心不足的问题,但是谁也不愿意去强调这些危机的严重性。因为危机造成的宏观经济滑坡明显已经过去了。

关于全球经济体系,财政部长们没有详细讨论也没有提出新的倡议。美国财政部长劳伦斯·萨默斯在回应国际金融机构咨询委员会艾伦·梅尔策的报告(2000)时提出了折中建议之后,谈论了国际货币基金组织机构的改革。他们也讨论了多边发展银行的改革,特别是国际银行和地区银行的角色调整。会议采纳了早些时候美国的一项提议,这项提议主张,国际货币基金组织应当提供短期金融支持,而世界银行应当提供长期的发展基金支持。此后,难题就所剩无几了。

几周后,七国集团领导人第一次在冲绳会晤。在 7 月 21 日下午,八国集团峰会开始前,他们聚集在一起。他们的议题远比原本财政部长准备的议题多得多,他们关注金融体系、重债穷国、金融犯罪和核安全(Bayne, 2001)。他们并不打算从整体上领导全球化。

9 月,七国集团的财政部长第一次在会后聚集在布拉格,集中讨论了油价问题。美国作为一个负责任的伙伴,尤其寻求和确保与沙特阿拉伯之间达成近期增加供给的友好协议。在全球金融体系方面,也达成了普遍认可的协议。根据共同理解的华盛顿共识,七国集团还建议发展中国家在满足其金融需求的过程中,最好依靠私人资本市场,而不是依靠公共资源。

另一个重要的议题是重债穷国,会议在该方面没有取得什么进展。这对于寻求发展速度快于其伙伴的加拿大来说,无疑是一个挫折。加拿大没有经过七国集团伙伴的同意,单方面宣布暂停支付利息,成为七国集团中唯一采取这种措施的国家。其采用了原先只能由美英两国使用的技术,即可以公开采取行动而无需七国集团的财政部长们一致同意。萨莫斯和英国的财政大臣戈登·布朗严厉地批评马丁这么做,反对加拿大财长的单边主义而不是他所做事情的性质。他们的批评没有打消马丁的念头。马丁的做法也引起了名人外交家博诺的注意。博诺成功地邀请他们进行了第一次会面,并公开地赞赏了马丁及其做法。

然而，从总体上来说，在克林顿执政的最后一年，美国与七国集团会员国的关系相处得不错。富有领导力的英国和加拿大，果断而自信的新日本，以及总能成功抵制重大变革的强大的欧洲，推动了七国集团的不断发展(Kirton, 2000)。但是七国集团既没有在建设全球新的金融体系上采取重大步骤，也没有在落实1999年科隆峰会上设定的目标和倡议、解决重债穷国难题上取得多少实质性的进展。在管理国际货币基金组织和全球金融方面，日本目前需要外来者尤其是亚洲国家发出更大的声音。为了满足这个需求，应对洗钱等其他问题，七国集团为正式的多边国际货币基金组织再一次地发挥了有效的中心领导作用。但是，七国集团还是让位于二十国集团了，因为二十国集团作为一个全球治理的中心论坛，既能适应更广泛参与全球金融治理的需求，又能以更加稳定、平等、公正的方式应对全球化治理面临的主要挑战。

国际货币与金融委员会

2000年4月，加拿大参加了在华盛顿召开的国际货币与金融委员会会议的开幕式，这个经历激起了它主办蒙特利尔会议的雄心。有一些迹象表明国际货币与金融委员会会成为一个有效的论坛。在戈登·布朗有魄力的领导下，国际货币与金融委员会推进了一个雄心勃勃的议程，包括实施了像重债穷国的债务减免这类有争议的计划。乌干达最近买了一架总理专机，可以作为一个例子。对于财政副部长和国际货币基金组织官员准备的公报草案，财政部长在讨论中形成的意见完全能够自行作出实质性的改变。可能最富影响力的事情是，国际货币与金融委员会在公报的开头放置一个重要声明，指出国际货币基金组织继续在国际货币体系中扮演中心的角色。这既直接回应了那些聚集在华盛顿街头，拼命让大家关注国际货币基金组织所谓的缺点的数以千计的抗议者，也回应了那些完全阻止召开国际货币与金融委员会会议的人们。2009年4月二十国集团伦敦峰会上有一个先例，布朗亲自监督公报的修改，并且他只允许部长们而不允许任何一个普通官员进入公报起草室。

同时,并没有太多迹象表明,国际货币与金融委员会可以超越二十国集团,成为一个能处理更广泛事务的中心论坛。国际货币与金融委员会的议程很大程度上限制在传统金融问题上。它并没有打破乌干达购买事件造成的重债穷国的僵局。会议上,许多成员国按事先准备做了发言,因此会议显得不够活泼。在有些人看来,布朗有意定下基调,并想提前结束讨论。由于街头爆发了游行示威,有几位有影响力的大人物未能将新的议题纳入会议讨论。这些人包括法国财政部长劳伦·费边,由于费边是新官上任,因而由更有经验的央行行长特里谢代表法国表达意见。总而言之,这次国际货币与金融委员会会议以保卫国际货币基金组织而告终,留下其他国际组织去研究如何保卫全球化并推动国际货币基金组织和全球化更好地为全人类服务。

国际货币与金融委员会的下一次部长级会议是在国际货币基金组织和世界银行的半年聚会期间,于 9 月 18—19 日在布拉格举行。尽管部长们希望国际货币与金融委员会能够授权给成员国部长,而不是给它自己的工作人员,然而几乎所有的会议工作都提前准备好了,大多数是由国际货币与金融委员会副部长在伦敦会议时完成的,在这里也召开过七国集团副部长会议。

与华盛顿相比,在布拉格有更多的抗议者,他们都曾破坏过 1999 年 10 月在西雅图召开的世界贸易组织部长级会议。他们最后包围了会议所在地的大楼,不允许里面的任何一个人出来。国际货币基金组织新的常任理事长,七国集团的资深的霍斯特·科勒,首先对示威者表示欢迎,并通过这种方式增强七国集团对国际货币基金组织所处理问题的意识。但是,他亲眼所见的暴力程度让他非常沮丧。他宣布七国集团各国必须开始对国际货币基金组织的工作采取立竿见影的保护措施。

国际货币与金融委员会布拉格会议的显著的特点是采取了互动的方式。会议之初,国际货币基金组织做的一个关于世界经济展望的报告,接着会议讨论了全球经济的风险和脆弱性。作为会议主席,布朗推动着会议的进行。这次会议充满了活泼的气氛,几乎没有人读准备好的稿子。但由于 24 位部长共坐一堂,每个人的观点都需要征得背后不同选区的同意，因此对议题有着迥然不同的观点，才使对话显得有些僵硬。

美国和德国首先提出了他们对于国际货币基金组织改革的倾向性观点。他们仍然需要主导特别提款权的份额并占据总干事的位置。国际货币与金融委员会和国际货币基金组织的执行委员会被证明是美国维持领导地位的有效工具。一个明显的例子是，应急信贷额度问题不但关乎美国总统比尔·克林顿的个人信誉得失，而且也关乎美国金融机构的重大利益，国际货币与金融委员会和国际货币基金组织的执行委员会都支持了美国的立场。

然而布朗十分关注贫困问题，把扶贫问题纳入新国际货币与金融委员会的授权范围中，这个做法得到了广大市民社会组织联盟的支持，也得到了除了德国之外的所有七国集团成员的支持。国际货币与金融委员会为了在年底之前将二十个国家纳入重债穷国计划的进程，首先作出坚决的承诺，紧接着在国际货币基金组织的大力支持下履行所做的承诺，这是那年日本主办的七国集团会议没有做到的。然而事实证明，国际货币与金融委员会渐渐成为一个加强美国进而英国和欧洲欢迎国际金融新秩序的看法的论坛，这个论坛没有足够的空间去容纳更多的行为体和价值观。

十国集团

十国集团也在布拉格举行了一个十分简短的会议，会议集中讨论了银行管制和金融部门监管问题。这次讨论的技术性很强。十国集团事实上是充当了一个国际清算银行和借款总安排(GAB)的巴塞尔银行监管委员会部长会议的角色。

计划和准备

2000年重塑全球经济治理体制的高潮是在10月24—25日举办的蒙特利尔会议，与会的有二十国集团财政部长和银行行长。本次会议中心任务是总结在柏林提出的讨论，就二十国集团的角色及国际社会在指引全球化进程中的作用达成共识。这个任务不局限于柏林会议中对金融危机应对的讨论。在蒙特利尔会议上,二十国集团比七国集团、国际货币与金融委员会取得了更大的成功,它超越了原先狭隘的、局限于经济技术问题的研究,转向应对日益相互联系的全球经济社会问题。他们同时也确保了七国集团内外和国际市民社会的担忧能够被听到、理解和应对。蒙特利尔会议通过在全球经济、社会以及生态治理方面设定新的方向,使得二十国集团在一直维持其重要性、有效性和合法性方面迈出了关键的一步。(Kirton, 2001b)

在二十国集团的第一年中,非七国集团成员问及这个新的论坛会为他们做些什么,而一些七国集团成员则想知道他们是否会在二十国集团中失去地位。由加拿大会议主席领导的二十国集团回应说,他们会致力于成员国间的相互了解,使得二十国集团的成员国能够像七国集团一样共同协作。该会议主席的主要目标是使得非七国成员国能够适应新群体。二十国集团对于全球化问题达成了更好的共识,并通过了在国内外银行或私人机构财政困难的救助的标准和规范上开展合作的决议,如果这些标准和规范还不能被称作规则的话。

更重要的是,二十国集团就其自身存在的必要性达成越来越多的共识,同时也意识到必须通过采取新的行动来应对全球化造成的巨额社会开销,并设立对以市场为导向的全球化的限制。会议达成了一个更为精细的共识,即私人机构必须在一定程度上接受风险并参与到金融危机的解决中来,同时也探讨了设立和统一标准和规范的必要性,这可以通过发达国家和发展中国家间协同合作来塑造。在汇率问题方面达成了进一步的共识,与会成员一致认为不同的情况需要用不同的方法和机制来应对。然而,这一新的共识并没有改变成员国代表们在国际货币基金组织执行委员会以及世界银行方面的存在争议的情况,尤其是在那些在世界银行中没有管理权的国家。

马丁·保罗和新兴国家的成员们认为共同的利益存在于减少全球化社会开销和引入市民社会积极参与之中。因此,蒙特利尔会议集中讨论了“全球化治理”,并在讨论蒙特利尔共识时达到高潮。该会议扩充了二十国集团的安排任务,不再仅仅强调经济的稳定。马丁从未想到二十国集团的财长会议的讨论会仅限于金融问题。他一直认为世界会发生改变是必然原则，中国和印度成为主要参与者只是时间的问题，并且越快越好。财政部长掌控着财政大权，无论在哪国政府中都是最有权的部长。因此，财政部长参与到政府活动的各个角落，比如，当他们在讨论贸易问题时，并不在意贸易部长的想法。

在传统的国际货币基金组织方式和最初所受的强势美国视角的影响下，盛行一时的华盛顿共识被解读为一种十分严密而又保守的方法，而这些方法应该被各个国家所接受。然而，事实上，华盛顿共识比它看上去更为广博(Williamson，1997)。相比于右翼化的解读和1999年被赋予的象征意义，它获得了更多的理解和更广泛的社会关注。芝加哥学派经济学家和国际货币基金组织等团体似乎以一种跟风的方式，支持以市场为基础的观点。他们认为危机中的发展中国家必须采取提高税收并削减支出的方法。然而，作为发达国家财政部长的马丁认为，如果他被告知采取强硬手段，他有权否决他的官员们的提议。相比之下，发展中国家的财政部长们并没有能力去否决国际货币基金组织的经济学家和其他七国集团成员国的决议，尤其是当财政部长们和行长们与国际货币基金组织的官员们站在一条战线并为他们服务的时候。

另一个相关的议题是资本市场的自由化。国际货币基金组织急切地寻求资本市场自由化。当一个国家面临“热钱”的流失，国际货币基金组织将财政紧缩作为应急反应机制。不支持资本自由流通的说法是对当时主流金融思维的挑战。而马丁表示二十国集团应该支持资本的自由流通。马丁的观点遭到二十国集团中的非七国集团成员的反对。然而，二十国集团的财政部长们不仅仅是正统的经济学家，马丁想要形成的共识是能够清晰表达他们观点的，而不仅仅是普遍认为的，国际货币基金组织所提倡的华盛顿共识。虽然他原以为要使他的观点得到认可会遭受巨大困难，但事实并非如此。

在二十国集团发达成员国中，英联邦国家中的英国和澳大利亚与加拿大的观点最接近。法国仍然对任何可能损害国际货币基金组织的机构持怀疑态度。而萨默斯也不想损害美国在国际货币基金组织和世界银行中的否决权地位，因而不愿意去支持二十国集团，在其中美国只是 20 个平等成员之一。对美国而言，值得安慰的是，二十国集团首领由值得信赖的北美同胞所担任，其政策也受到支持加拿大的分析性论点的影响。在二十国集团成员国中，中国并非经济合作与发展组织的成员，但其作为一个十分强大的支持者，最近决定加入世贸组织。马丁和他的盟友们成功地使广泛的全球化话题成为蒙特利尔二十国集团会议议程的中心。

香港代表会议(2000 年 3 月)

2000 年 3 月二十国集团代表第一次在香港会晤，回顾了柏林会议的成果，继而为蒙特利尔会议做准备。在这之前，国际货币与金融委员会代表聚首，为 2000 年 4 月中旬的第一次国际货币与金融委员会会议做准备。二十国集团代表对柏林会议的成果十分满意，使得加拿大会议主席敢于在蒙特利尔会议上采取更为雄心勃勃的方法。

多伦多代表会议(2000 年 8 月)

在同年 8 月二十国集团多伦多圆桌代表会议上，很明显，二十国集团得到了来自新兴国家的支持。俄罗斯表现积极，南非也很活跃，印尼态度并不明朗，沙特阿拉伯具有良好的合作性。中国是二十国集团和加拿大路径的有力支持者。

与会者一致认为，私人机构认可了二十国集团成员国在解决金融危机中不可或缺的角色。然而，许多成员国对其不透明性及其成为单边行动催化剂的可能性表示担忧。

部长级会议过程

作为主办国，加拿大希望蒙特利尔会议是高度互动的，并没有时间进行社交活动、干部组织、七国集团单独会面或已安排好的双边活动。同时，该会议通过确定下届会议日程及其主办国来确保二十国集团的未来发展。就其实质而言，此次会议试图明确全球化存在两方面——

金融、经济方面和社会方面,包括健康、教育、福利和就业。

马丁坚持认为,市民社会机构使得一些现实问题日益突出。他认为这些机构的意见十分重要,尤其是当他们的意见与他的部门相左之时。马丁同意在二十国集团会议之前会见非政府组织,听取意见并且向他们学习,把他认同的观点传达到二十国集团会议上。马丁本希望更多部长能够亲自会见他们的市民社会成员,为蒙特利尔部长级会议做准备。然而,对于市民社会组织是否应该派代表全方位参与,二十国集团成员国没有达成共识。

该会议主要处理四项任务:应对全球化挑战,面对世界经济现状,稳定金融秩序,增强后期对危机危害抵抗的能力。在西雅图世贸组织部长级会议、华盛顿和布拉格国际货币基金组织会议的强烈抗议后,对全球化的担忧被推至风口浪尖。此次会议以其自发性和实质性讨论而闻名。较其他同类会议而言,马丁认为这次会议更为出色、开放。

全球化

由于国际货币基金组织对新兴国家的指导并未得到尊重,对标准和规范的设定与统一,以柏林会议为起点,到达蒙特利尔会议,过程缓慢而温和。新兴国家的公民认为这些标准和规范是压迫的,在社会上是反生产的,并且可能会引起更多反全球化的抗议。因此,新兴国家的代表和其他参会成员在会议上问及了在上述情况下该如何继续。马丁和澳大利亚的彼得·科斯特洛说,许多国家都经历过类似的挣扎,如经济体从封闭到开放的转变或是结构化调整。美联储主席艾伦·格林斯潘(Alan Greenspan)还谈到了创造性破坏的价值。

蒙特利尔因此兴起了反思全球化的浪潮,邀请每个国家深思自身的全球化经验,目的是消除有过类似经历的每个二十国集团成员的疑虑。在接下来的两年,20 个成员国中的 16 个国家提交了关于应对全球化的经验和教训的报告。

蒙特利尔会议以其开放的、反思性的讨论为特色,探讨了近期以激进的姿态应对全球化问题的缘由,以及二十国集团该如何更好地回应各种批判。全球化利大于弊成为共识。然而,几位发言人指出,全球化过程中既有许多国家和公民被边缘化的问题,同时存在着隐患和隐性利益。一些人则认为,技术进步和其他形式的全球化会加深强者和弱者间的数字化鸿沟,并且提升了对再分配和社会保障的需求。同时,全球化使得政府对其公民和公司的征税都会变得更加困难,这反而会留下不良影响。如果真是这样,政府会更加缺乏满足这些需求的资金。

同时,与会发言人认为全球化存在失控的风险。国界与选举之外的个人和机构作出的决定影响着国内,而各国政府对他们主权国家的公民却缺乏直接负责的能力。因此,全球化存在侵犯主权的危险。在一位与会者看来,这是通向盎格鲁—撒克逊经济和社会组织模式的胜利。

与会成员一致认为,全球化程度在不断加深,规模在不断扩大,这需要采取集体行动来应对。正因为不存在简单的解决方案,人们必须以积极的眼光来看待目前发展过程中的所得。这也需要更有活力的措施来缓解全球化造成的失衡。二十国集团必须主动应对贸易问题,包括消除发达国家的市场准入障碍。同时,它们必须确保其管理手段与全球一体化进程相匹配,并且能够着手解决贫困问题,采用增加政府开发援助等手段。在这些问题上,成员国态度必须坚定明朗。二十国集团要求其部长代表为下一届部长级会议准备关于全球化成本和收益的报告,并采用国家实例来阐明要点。

世界经济、汇率、失衡和能源

对于世界经济的讨论始于国际货币基金组织《世界经济展望》的出现。关于美国目前账户赤字的重要性和影响,在参与者之间存在分歧。其中最具争议的问题是汇率。一个七国集团银行行长问道,在浮动汇率下,当个人收入投资而不是政府赤字导致失衡时,赤字会带来多少问题。七国集团的两个欧洲银行行长反驳道,欧洲和美国的赤字和汇率是世界经济不乐观的失衡表现,面临重大的风险。他们认为,全球储蓄的流动是来自发展中国家，而且正是发展中国家所需要的，而美国并不需要。发展中国家大体上支持欧洲的观点，认为七国集团外汇市场的动荡是七国集团自身经济发展引起的问题，需要在某种程度上加以限制。美国则反驳说，二十国集团的部长们无法理解为什么资产由市场定价的情况，正如其实际运作的那样，那么他们更不会断定会有突如其来的纠正。为稳定汇率而考虑采取行动是不切实际的。

会议还对石油市场的发展趋势进行了讨论。石油出口国和进口国都关心石油的价格和交易量。他们认为，这是由政治因素驱动的而非经济因素。石油出口国认为，生产商的产油能力都差不多，而且会有一个适度盈余的期望，价格只会在短期下降，因为受政治因素影响的时期已经过去了。

金融稳定

金融稳定委员会的安德鲁·科罗克特带头讨论了金融稳定问题。他指出其三个新的盈利点：市场流动性和波动性；需经工作组检验的电子金融；取缔诣如对冲基金的复杂金融工具，将十国集团代表的工作重心落在巩固金融部门方面。有些参会者认为，金融稳定委员会应该增加成员数量。如果做不到，则至少应该向二十国集团说明。

危机脆弱性

会议的最后一项议题是降低面对危机的脆弱性。它包括了标准和规范、外部负债、汇率管制，以及私营部门参与。在设置标准和规范方面，与会成员担心设定过程过于僵化。发展中国家认为应该设立一种以上的方式。一项创新的建议是要提供官方发展援助的标准；更多国家支持浮动汇率是唯一可行的长期选择。一些汇率干预措施与这种方法是一致的。在重债穷国问题上，美国对其立法最终被国会通过前景给了一个非常积极的评价，而且最后确实通过了。二十国集团主要是接受了更新，来自美国这一重要成员国在几年前已经发起的倡议和其他论坛的成果，尤其是七国集团或八国集团。

成 果

蒙特利尔会议取得了重大成功。相比它落实的具体决定或制度流程,它建立的新的原则和方向更为重要。它形成了主席保罗·马丁所说的在全球化问题上的,有着利益共享和社会保障的蒙特利尔共识。虽然它的名字从未被人熟知,但是它的观念十分流行。

从其最广泛的程度上来说,这个新的共识认为仅仅经济增长是不够的。肯定的是,经济增长是非常重要的,甚至是必要的。但是,没有在卫生保健和教育方面的发展,经济增长是不够的。那样,它超越了传统理解的华盛顿共识,并建立在了七国集团 1999 年的“科隆共识”基础上。蒙特利尔共识有三个中心点的连接和平衡的保障:全球化对每个人都有好处,它的好处必须更广泛共享,而穷人免受其成本。没有一个个体元素是全新的(Kirton et al., 2001a)。但蒙特利尔共识在至关重要的发达国家和发展中国家的代表群之间达成协议,从关注稳定全球金融体系和经济转移到分享其潜在利益、维护世界上的穷人上来。19 世纪 40 年代嵌入式自由主义的妥协又回来了,一直延伸到支持现代社会保护和穷人上来(Ruggie, 1983)。从而,二十国集团加快其全球化任务的第二核心使命——促进金融稳定,并把它放在主要位置。

各 项 工 作

通过系统考量蒙特利尔会议在二十国集团治理方面的六项工作,我们可以看出,此次会议取得了重要和巨大的成功。

国内政府管理

在国内政府管理方面,蒙特利尔会议是十分成功的。会议对成员国作了十次积极评价。这是二十国集团截至 2010 年夏天在历次会议上所作积极评价数量最多的一次(参见附录 D)。其中有 4 次针对八国集团成员国,6次针对非八国集团成员国。这也反映了马丁想要让非八国集团成员国们在新群体中有归属感。

该会议还直接推动了主席国国内政治的发展。该会议在10月24—25日举行,就在自由党领袖兼总理的保罗·马丁在11月27日发起了前期的选举的后两天。此前二十国集团部长级会议在秋天召开,而会议的时间和地址的选择已不同于往常。事实上马丁的选区在蒙特利尔。然而,备受欢迎的自由党不需要在蒙特利尔和魁北克得到来自二十国集团会议过多的帮助,在大选一个月后,自由党在下议院增加了其占有多数席位的优势,从155票增加到了172票。

协商

从协商这方面来看,蒙特利尔的公报和它附加的2 504个字是柏林公报内容的六倍之多(参见附录E),蒙特利尔的议程范围也更为广阔,各项议程顺利进行,议程范围不仅仅是危机应对和通过结构调整促进金融稳定的问题。同时,蒙特利尔会议强调债务、发展推力、贸易自由化、健康、农业、环境和社会政策问题。这印证了马丁之前的承诺,没有经济政策是超出二十国集团有可能触及的范围。就像他所说,它也会对很多国家的部长之间的讨论主题做一个归纳。这是一个需要二十国集团领导人们自己去加以重视的一个广范围、多部门、高目标的议程。

方针制定

在会议方向的设置上,蒙特利尔的表现最激烈和最有影响力。各种有影响力的国家聚集在二十国集团,第一次确认了全球化无论是对他们自身的发展还是对国际社区整体来说,都是正确的方向。他们都一致认为,经济一体化是全球化的核心,可以继续以其强大的力量,改善成千上万的工业国家、过渡性国家和发展中国家人们的生活(G20 Finance, 2000)。这个共识是由于1997—1999年全球金融危机的突袭,且中国和沙特阿拉伯都证明了这一点。此外,新兴国家的声音和全球化分配的维度的重要性,要求必须“改善发展中国家向发达国家出口市场的准入”和“让政府发挥重要作用”。“嵌入式自由主义”的共识已经战胜“撒切尔主义”，并取代它在 20 年之前的地位(Ruggie, 1983)。

二十国集团财政部长和央行行长推崇的全球化具体概念也是十分重要的。他们把全球化用更广泛的术语定义：“国民经济一体化程度的提高需要更多国际货物、服务、资本、人和观念的流动”(G20 Finance, 2000)。全球化不仅仅只限于处于新自由主义共识核心地位的经济自由化。二十国集团对全球化的理解涉及技术、市场经济体制的采纳、贸易和资本自由化。然而，对于全球化这一伟大概念诞生的庆祝也充满了政治色彩。它是在八国集团冲绳岛峰会的公报的基础上建立起来的，该公报主要是承认了信息技术包括数字鸿沟的克服在共享文化内容和思想上的积极作用(Kirton et al., 2001a)。流动性人口的增加和经济体之间的一体化程度加强也具有政治影响。二十国集团在规章制度上的贡献使得八国集团的“开放民主”的全球化核心理念得到提高，也确保了其透明度(参见附录 F)。

分配需要平等和一体化。几乎没有新的或具体的内容承诺可以提高有效性、透明度、国际机构的合作精神，虽然有些承诺，但只是用来安慰那些街头抗议。二十国集团认为自由化提供了应对收入不平等和减少贫困威胁的方法，它虽然会导致“经济困难和社会混乱”，但是这一观念被“全球化有利于所有的参与者”的认识所战胜(G20 Finance, 2000)。这样做，它凸显了社会全球化的社会维度和人性维度。事实证明，新兴国家提高发展中国家的市场准入水平的呼声被注意到了。因此，二十国集团与八国集团呼应，必须坚持“把全球化的好处最大化”。

蒙特利尔共识以社会敏感和维护全球化为主要内容的科隆共识为基础，并在这基础上得以发展(Kirton, 2000)。二十国集团的观念不仅是让封闭的发达国家群体去接受新兴国家，它还加速了全球规范从简单地关注全球经济稳定向共享其福利和穷人保障的需要转变。

决策

在决策领域，蒙特利尔会议作出了七项承诺，此次所做承诺的数量几乎是前一年柏林会议的两倍(参见附录G)。数量最多的是在宏观经济政策方面,共有3项承诺;其次是发展方面的承诺,为2项;接着是国际金融机构改革和社会政策方面的承诺各1项。在国际金融体系方面的具体承诺,二十国集团另在附件有详细描述,这也标志着一个微小的进步。

对国家预算支出有巨大影响力的财政部长认为,更重要的是"技术援助应该支持新兴市场经济体"的认知,以及在传染病,农业研究和环境方面,承诺"增加国际社会对其他全球公共产品提供的贡献"的认知(G20 Finance, 2000)。重债穷国计划的有关表述强调,有必要高度关注减贫和经济改革,委婉地提到美国应当作出其应有的贡献。会议作出的承诺不多,却制定了影响深远的社会目标,这都成为会议号召进行贸易自由化过程中的主要特征。这么做旨在"促进国内政策,帮助向社会传播一体化的好处",旨在设计和建设社会安全网,保护自由化条件下的最脆弱者。在纯粹的政治领域,会议承诺,要在金融滥用和"市场一体性"一方与金融稳定一方之间建立起重要的联系。

承诺的兑现

在付诸实践上,蒙特利尔会议的表现不好不差。八项承诺中没有一项包含催化旨在落实与八国集团峰会密切相关的工作承诺的内容。实施不是一个大问题,因为这仅仅是二十国集团第二次部长级会议。相反,与会者集中精力完成他们已在柏林开始的危机管理讨论,并对最近抗议活动之后全球化的问题进行了讨论。但是马丁认为,二十国集团不仅是一个讨论的平台,而且是"一个鼓励实施具体政策措施的论坛"(G20, 2008)。二十国集团公报强调政策实施,是对未完成工作的有效提醒,特别是提醒各国在完善国际金融体制方面仍有大量工作要做。人们已经开始用温和的方式关注承诺兑现问题。

全球治理发展

在推动二十国集团全球治理制度化发展方面,蒙特利尔会议可圈可点。公报六次援引自身机构,十八次援引其他机构(参见附录 C-1)。从内部看,与会者同意下一年度举行两次副部长级会议以及一次部长级会议。这拥有指导全球化的明确日程,有助于确保二十国集团成为永久性机构。这也在二十国集团原有的危机应对和体制改革任务的基础上,赋予了它新的任务。此外,随着印度将在次年承办部长级会议,以及主席国获得了制定议程的特权,二十国集团开始了国际领导制度从守成大国向新兴大国转变的关键一步。

在官方层面,蒙特利尔会议发布了三项跟进措施。第一,开展一系列的案例研究,掌握受到全球化影响的各国在应对全球化当中获得的经验。这项措施旨在找出共同的判断和适当的评价,促进全球化的争论以及找到治理全球化的关键因素。第二,由二十国集团副部长牵头开展对国际制度的研究,用来了解全球治理的差距、重叠和功能性责任。第三,就汇率体制进行讨论,为政策制定提供指导。私人部门代表也参与到这些进程中,正如二十国集团副部长在 8 月多伦多会面时一样。这么一来,会议的重点就发生了转变,从柏林会议里确定关注其他国际机构,转到蒙特利尔会议上关注二十国集团自身制度发展,关注包括专家等在内的市民社会的参与。

在外部,蒙特利尔会议上对其他机构作了十八次援引,是柏林会议的三倍。会议对国际货币基金组织的援引总共十次,其中包括对国际货币与金融委员会的三次援引,这加强了二十国集团和国际货币基金组织既有的牢固关系。二十国集团会议对世界银行援引四次,对金融稳定论坛援引两次。这是二十国集团首次援引金融稳定论坛,然而,该组织中没有二十国集团新兴国家成员。虽然如此,但是新兴国家成员仍然可以指导其在二十国集团论坛的工作。

二十国集团取得成效的原因

蒙特利尔会议取得巨大成功,可以归结为二十国集团全球治理体系中心模式的胜利,而其中各因素的重要性,由高到低排列,从列表开始的危机催生、共同的脆弱性,到之后的其他因素。

在动荡中产生的共同脆弱性

蒙特利尔会议取得巨大成功的第一个原因是危机催生的共同脆弱性。这种危机和脆弱性不仅来自金融业，也来自能源和社会内部(参见附录I)。蒙特利尔会议上，亚洲最近发生的金融危机及其负面影响虽然逐渐消退，但仍历历在目。同时，人们愈加担心阿根廷会发生危机。阿根廷在1999年进入了三年衰退期，在2000年获得了一笔价值400亿美元(包括国际货币基金组织提供的140亿美元)的调整项目，而2000年10月其副总统辞职时，阿根廷更是陷入了政治危机(de Larosiere, 2005)。最终，在2001年9月，阿根廷拖欠债务金额破纪录地达到1 320亿美元。

危机应对是蒙特利尔会议的两个主题之一。为达此目的，会务做了多方面的前期准备，包括找到国际社会在汇率安排、债务管理、私人部门参与以及国际标准及准则的施行等方面的最佳经验。最终的公报包括了一份名为《降低金融脆弱性，应对金融危机》的附件，这一附件直接着眼解决上述问题。

在狭义的金融领域外还潜藏着一种新的危机类型，即能源危机。很久以前，为了应对能源危机，八国集团就开始采取行动了。在蒙特利尔会议之前，攀升的油价使以美国、日本和德国为首的老牌成员国更加脆弱。然而，沙特阿拉伯增加了油量供应，这证明沙特阿拉伯是一名必不可少的、负责任的二十国集团成员，也是美国的伙伴。

最后，随着在西雅图、华盛顿和布拉格出现的抗议，人们意识到，另一个潜在的社会凝聚力危机来自七国集团成员国内爆发的抗议。金融危机爆发时，在亚洲国家爆发了抗议，现在抗议已扩散至美国。由于蒙特利尔会议上，二十国集团将要研究解决全球化问题，就没有发生暴力抗议。因此，二十国集团将注意力转向处理更广泛但又不太严重的危机，包括社会和政治领域内危机。

国际机构的失败

蒙特利尔会议取得巨大成功的第二个原因是旧的多边机构无法应

对近期的突发事件,七国集团或八国集团无法在危机后帮助深陷泥潭的新兴国家。国际货币基金组织未能预测到全球经济在 2000 年的强劲增长(参见附录 J-1)。在包括国际货币基金组织自己在内的许多人看来,国际货币基金组织在亚洲金融危机期间的表现很糟糕。在 2000 年之前,国际货币基金组织都没能挽回自己的名声。有些人认为,这次危机并不是由高估的汇率或者新兴国家太多的主权债务引起的,而是"国际借贷内生性的不稳定性"引起的(Sachs, 1998)。亚洲国家在过去几十年里经历了高速增长,与此同时,国际社会呼吁对国际金融体制进行改革,而这些改革使得这些国家的金融体制更加容易遭受国际动荡的影响。一般来说,经济增长和审慎监管是不匹配的两种事物。在国际货币基金组织坚持要求私有化和自由化的背景下,一些新兴国家缺乏必要的手段来应对资本流动的突然停止和倒流。杰弗里·萨克斯(Jeffrey Sachs, 1998)认为,受市场影响的国家只是缺乏流动性但并非无力清偿,问题是,当外国融资降低时,它们无法借到足够的资金偿还债务。此外,资源流动性降低时,本国政府和国际货币基金组织都作出了错误的决定,进而加深了危机的程度。

世界贸易组织在 1995 年诞生之初就是一个重要的多边组织,但在第一回合多边贸易自由化谈判结束五年后,世界贸易组织未能启动新一轮谈判。同年在西雅图举行的世贸组织部长会议遇到了暴力抗议,情况与同年国际货币基金组织—世界银行部长会议遇到的差不多。市民提出要求,贸易要为解决社会和生态问题服务。虽然这样的抗议可能对二十国集团蒙特利尔会议的一些讨论产生影响,但该会议主席马丁并没有过分在意。

"蒙特利尔共识"在一定程度上回应了主导国际货币基金组织、世界银行和世界贸易组织思维的、老套并且为人所熟知的"华盛顿共识"。二十国集团只是财政部长和央行行长的新组织,没有秘书处或者官僚机构来巩固和落实蒙特利尔共识,但是可以反对之前"华盛顿共识"中所主张的严格的自由市场经济和去管制化政策。因此,二十国集团蒙特利尔会议扩大了议程,解决全球化及其影响这个更广泛的问题,并且强调有必要扩大保护的范围。

早在亚洲金融危机发生时，七国集团或八国集团就已表现出明显的劣势。虽然他们就加强管控以防止未来发生类似危机的问题达成了新的国际共识，但是由于缺乏灵活性和敏感度，他们无法将其付诸实践。甚至在其达成新的"科隆共识"后，七国集团或八国集团在冲绳召开峰会时也未邀请其他非成员国参加，没有通过拓宽对话范围而得到更广泛的接纳。在德国总理施罗德的支持下，主办国日本作出了努力，尽管如此，八国集团的其他成员以及未来可能的受邀参与八国集团峰会的国家并未形成一致意见(Kirton, 2001a)。

集体主导、内部平等的能力

蒙特利尔会议取得显著成功的第三个原因是二十国集团成员国集体主导、内部平等的能力(参见附录 K)。2000 年，二十国集团成员国的经济总量占世界国内生产总值的 82%，与前一年持平。但八国集团成员国在其中的贡献却从 67%降至 66%，而新兴国家成员的贡献则从 14%上升至了 15%。

印度、中国和巴西虽然仍被视为发展中国家，但它们在世界经济中所占的份额在平稳增加，这使二十国集团内部的平等程度逐步提升。2000 年，二十国集团新兴国家成员在亚洲金融危机后稳步复苏。持续攀升的油价极大地推动了俄罗斯国内生产总值上升，从而让俄罗斯不必在巴黎俱乐部中争取债务免除。1998 年 8 月，俄罗斯曾一度是金融安全消费者，尔后，它逐渐开始转变为潜在的金融安全生产者。尽管如此，俄罗斯仍被拒绝在七国集团的金融俱乐部之外，而在其 1986 年创立时，七国集团由过去的五国集团加上加拿大和意大利而组成。但是，若要对全球化的利弊作出严肃、客观、切实的评价，必须将在经济一体化进程中同时经历过其利与弊的国家考虑在内。

民主趋同

蒙特利尔会议取得显著成功的第四个原因，是二十国集团成员国国内的民主方针与实践大体趋同。建立对全球化概念的统一理解并形成全球化治理方式的统一观念,这是在国际监管中达成更广泛共识的第一步。促使各国寻求该共识的因素众多,其中之一是二十国集团成员对国内政治开放性的承诺日益深化。

金融危机结束后,一些积极的信号渐渐显现。在俄罗斯,普京出任代总统,而后在大选中顺利当选俄罗斯联邦第三届总统,完成了政权的和平交接。1999 年,印尼举行大选,这是该国四十多年以来的第一次自由选举。目前,印尼正在进行包括总统任期和职权范围在内的民主改革。中国加入世界贸易组织的决定表明了其在国内推动法治建设的强烈意愿和积极性。朝鲜和阿根廷也表现出了在民主方面的进步。巴西和墨西哥同样如此。

政治控制、资本、连续性、承诺和能力

蒙特利尔会议取得显著成功的第五个原因,也是最重要的原因,是二十国集团财长和央行行长强大的政治控制、资本、连续性、能力和承诺。其中,最为突出的一例是本次会议的主持人、主席、集团创始人保罗·马丁。马丁的言行增强了二十国集团的历史连续性,体现了其出色的现实处事能力和对该组织一如既往的忠诚投入。

蒙特利尔会议的与会者与柏林会议基本相同。但经过一年,各国财政部长和央行行长的经验又有所丰富。不过,根据会议结束后一个月的美国总统选举民意调查结果,劳伦斯·萨默斯可能不久后就要离任。但保罗·马丁则不同。加拿大在 10 月 22 日大选前也作了民意调查,结果显示,当时的财政部长马丁很有可能会在连任的多数党政府继续效力。马丁责任感强、积极性高,担任了七年财政部长,此前,他曾是一个私营企业的首席执行官,本次会议是他第二次担任二十国集团的主持人和主席。

有限地参与俱乐部:二十国集团作为网络治理中心

蒙特利尔会议取得显著成功的第六个原因是其有限的俱乐部参与制度得到加强,从而巩固了其全球治理网络中心的地位。

在内部,本次会议是二十国集团实行成员不变的紧凑型成员制度的第二年。马丁和萨默斯再度参会,除美国和加拿大外,其他成员国中有十位财长也是再度参会。由于与会财政部长和央行行长多次参加二十国集团一年一度举办的会议,他们也因此相互建立起个人关系。由此可见,二十国集团固定不变的成员制度产生了累计效应。

在外部,由于成员还包括欧盟、世界银行和国际货币基金组织,二十国集团得以在更大范围内同世界相联系。这一点在国际货币与金融委员会在华盛顿和布拉格召开的两次会议上有充分体现:布雷顿森林体系机构每半年召集一次会议,为一系列由新兴国家和守成国家组成的多边组织机构提供了诸多会面机会,在这些机构的成员以及参会者中,二十国集团成员占据多数。

此外,最近新出现了一批跨区域论坛和全球财长论坛,这使以二十国集团为中心的全球治理网络进一步扩大(参见附录 M-3、M-4)。2000 年 9 月 19 日至 20 日,包括 5 个二十国集团成员的英联邦国家在马耳他举行会晤。1999 年 4 月,包括 2 个二十国集团成员的法语国家和地区金融与经济部长会议召开创立大会,共商贸易与投资问题。2000 年 9 月 9 日至 10 日,亚太经合组织第七次财政部长论坛在文莱的达鲁萨兰举行,出席论坛的国家中有 10 个国家是二十国集团成员。西半球国家财政部长于 1997 年 11 月在智利举行第二次会议,于 2000 年 2 月 3 日在墨西哥坎昆举行第三次会议,二十国集团中 5 个成员国的财政部长在这两次会议上再次会面。经济合作与发展组织成员国的财政部长也在 2000 年春召开了年度常务理事大会,包括韩国和墨西哥在内的 10 个二十国集团成员派财政部长出席了这次会议。

本 章 小 结

到 2000 年年底,1997 年至 1999 年全球金融危机的迅猛攻势已经很快减弱,但仍然产生着持续而深远的影响,有助于二十国集团寻找到新的治理方向。对于二十国集团的新兴国家成员而言,此次危机及其后果的记忆依然历历在目。不论是处于现有秩序中心的老牌机构和组织，还是由 1999 年金融危机催生的新机构和组织，它们都以不同的方式在危机结束后发挥各自作用。

七国集团在 1999 年科隆峰会上已达成一项新共识，提出全球化进程需灵活适应社会需求，实现可持续发展。在 2000 年冲绳峰会上，七国集团讨论了当时全球化进程中的核心问题——信息技术革命。在此次峰会上，虽然七国集团肯定了公共部门在应对分配问题中发挥的作用，但它更加重视信息技术革命所带来的益处，并集中讨论了应如何将此益处扩大，以及在公民社会参与者与七国集团以外的国家和机构参与全球治理时，其采取的新手段和新方法如何消除国家和机构的信息技术差异。

国际货币与金融委员会在布拉格召开的会议主要围绕两个问题展开：第一，肯定了美国在国际油价上涨这个老生常谈的问题上的立场；第二，力争各方支持“精兵简政”后的国际货币基金组织，并推动各方接受美国提出的应急信贷额度概念。事实表明，国际货币与金融委员会没有能力同公民社会密切合作，难以顺利解决该领域的诸多问题。但是，它兑现了关涉重债穷国的承诺，该承诺高度契合了“贫困例外”这一由英国提出、七国集团或八国集团创立的概念。1988 年的七国集团多伦多峰会首次提出减免最穷困国家的债务；国际货币与金融委员会的这一举措则成为多伦多条款目前所取得的最新进展。

与布拉格会议不同，二十国集团蒙特利尔会议则更重视全球化这个更大的议题，将关注范围扩大至发展中国家和公民社会，并达成了一项新的共识，以区别于其成员国在国际货币基金组织中相持不下的分化立场。国际货币基金组织对于全球化的关注仅仅集中于基本的经济问题；然而，二十国集团则更进一步，它基于七国集团“科隆共识”向更广大的支持者提出了“蒙特利尔共识”，将全球化中的社会、生态、人文和分配问题提升至与经济同等重要的高度。只有在二十国集团内，经济与社会的平衡才真正由所有成员全面共享，并得到全体成员的一致认可。这一方针转变所带来的影响的主要表现是，蒙特利尔会议后，即使“华盛顿共识”在国际货币基金组织继续得到认可，但它在美国政府已不受欢迎。回望更长一段历史，我们可以看到，国际货币基金组织对资本市场自由化的态度发生了彻底转变;它曾在 20 世纪 90 年代提出资本主义市场自由化,然而,在十年后的今天,这一机构也已不再提及这个概念。

二十国集团依照目前这条路径发展,其主要原因并非仅限于最近的一系列全球性动荡。如果只是说,这些动荡以不同形式对二十国集团的七国集团成员和发展中大国成员造成影响,将其带上目前这条发展道路,这是远远不够的。这些由全球化的金融体系所带来的动荡为全球治理的全面转变创造了条件,起到了催化促进作用。但这一转变的程度和方向表明,独立自主的国际机构及其协调者和引领者能够发挥重要作用。当今世界瞬息万变,全球化日益加深,世界充满了复杂和不确定因素,各国的联系愈加密切,这促使国家和国际机构或组织开始通过密切地交流重构其利益和地位。在这种情形下,组织机构和协调者的有利引导便显得尤为重要。

作为一个新创立的国际组织,二十国集团展现了它对全球化这一强调全面、平等和均衡的概念的格外重视。二十国集团将其使命设为促进全球化的成果惠及所有国家。这样一来,二十国集团使自身成为在全球治理中发挥独特、重要、永久和合法作用的国际机构。同时,这也表明,在目前的国际机构中,单个的机构也能发挥重要影响。二十国集团蒙特利尔会议后不久,其创始人之一的萨默斯任期将满,不再担任美国财政部长;然而几周后,时任加拿大财政部长的保罗·马丁及其自由党在政府选举中赢得了绝大多数席位,这意味着马丁将继续为二十国集团作出贡献,至少能在接下来这关键的一年中发挥作用。

参 考 文 献

Baker, Andrew. 2006. *The Group of Seven: Finance Ministries, Central Banks, and Global Financial Governance*. London: Routledge.

Bayne, Nicholas. 2001. "Managing Globalisation and the New Economy: The contribution of the G8 Summit." In *New Direction in Global Economic Governance: Managing Globalisation in the Twenty-*

First Century, eds Kirton, John J., and von Furstenberg, George M.Aldershot: Ashgate, 171—188.

Cutler, A. Claire, Haufler, Virginia, and Porter, Tony, eds. 1999. *Private Authority and International Affairs*. Albany: State University of New York Press.

De Larosiere, Jacques. 2005. "From Mexico to Argentina: What Have We Learned from Two Decades of Debt Crises?" *Monograph Series*, Number 3, Princeton Institute for International and Regional Studies. Available at: www. asmp. fr/fiches_academiciens/textacad/larosiere/mexico_argentina.pdf. Accessed: July 2012.

G8.2000. "G8 Communique Okinawa 2000." Okinawa, July 23. Available at: www. g8. utoronto. ca/summit/2000okinawa/finalcom. htm. Accessed: July 2012.

G20.2008. "The Group of Twenty: A History." Available at: www. g20. utoronto. ca/2000/2000. communique. html. Accessed: July 2012.

G20 Finance Ministers and Central Bank Governors. 2000. "Communique." *Montreal*, October 25. Available at: www.g20.utoronto.ca/2000/2000communique.html. Accessed: July 2012.

Kaiser, Karl, Kirton, John J., and Daniels, Joseph P., eds. 2000. *Shaping a New International Financial System: Challenges of Governance in a Globalizing World*. Aldershot: Ashgate.

Kirton, John J. 2000. "The Dynamics of G7 Leadership in Crisis Response and System Reconstruction." In *Shaping a New International Financial System: Challenges of Governance in a Globalizing World*, eds Kaiser, Karl, Kirton, John J., and Daniels, Joseph P. Aldershot: Ashgate, 65—94.

Kirton, John J. 2001a. "The G7/8 and China: Toward a Closer Association." In *Guiding Global Order: G8 Governance in the Twenty-First Century*, eds Kirton, John J., Daniels, Joseph P., and Freytag,

Andreas. Aldershot：Ashgate，189—222.

Kirton，John J. 2001b. "The G20：Representativeness，Effectiveness，and Leadership in Global Governance." In *Guiding Global Order：G8 Governance in the Twenty-First Century*，eds.，Kirton，John J.，Daniels，Joseph P.，and Freytag，Andreas. Aldershot：Ashgate，143—172.

Kirton，John J.，Daniels，Joseph P.，and Freytag，Andreas. 2001a. "The G8's Contributions to Twenty-First Century Governance." In *Guiding Global Order：G8 Governance in the Twenty-First Century*，eds Kirton，John J.，Daniels，Joseph P.，and Freytag，Andreas. Aldershot：Ashgate，283—304.

Kirton，John J.，Daniels，Joseph P.，and Freytag，Andreas，eds. 2001b. *Guiding Global Order：G8 Governance in the Twenty-First Century*. Aldershot：Ashgate.

Meltzer，Allan H.2000. "Report of the International Financial Institutions Advisory Commission." United States Congress，Washington DC.

Ruggie，John G.. 1983. "International Regimes，Transctions，and Change：Embedded Liberalism in the Postwar Economic Order." In *International Regimes*，ed Krasner，Stephen D. Ithaca：Cornell University Press，195—232.

Sachs，Jeffrey. 1998. "Global Capitalism：Making It Work." *Economist*，September 12，23—25.

Scoffield，Heather. 2000. "Globalization Must Deal With Poverty：Martin." *Globe and Mail*，October 25.

Williamson，John. 1997. "The Washington Consensus Revisited." In *Economic and Social Development into the XXI Century*，ed Emmerji，Louis. Washington DC：Inter-American Development Bank，48—61.

第五章
打击恐怖主义:2001 年渥太华会议

导　　论

挑战

2001 年 11 月 16 日至 17 日,二十国集团财政部长及其央行行长第三次会议在加拿大渥太华举行,加拿大财政部长保罗·马丁出任会议主席,会议的举办地点与主席人选都出人意料。此前由于马丁建议将第三次峰会放在新兴国家进行,本该由印度举行这次会议,但是由于 2001 年的"9·11"事件以及 9 月 18 日美国国内爆发的炭疽病疫情,所有重要国际会议都被取消。二十国集团成员国的安全部门禁止本国部长前往印度参加会议。最终马丁提议在加拿大渥太华举行此次会议,这里同时也在召开世界银行、国际货币基金组织和七国集团的年中会议,这样忙于处理各项事务的美国财政部长和其他同事也可参加。

财政部长马丁强调,处于美国金融中心的美国世界贸易中心大厦才是恐怖袭击的目标(Martin, 2001)。因而在某种程度上讲,通过掐断恐怖分子融资链条可以制止基地组织的恐怖活动,这立即成为当时一项热门金融和经济议题。虽然没有人愿意参加重要国际会议,马丁仍然坚持应当举行此次二十国集团会议:"我一直在说,'你们这是在让恐怖分子击垮我们。这就是他们的目的'。"(Martin, 2008)他提供了多种方案,包括在华盛顿举行会议。美国安全部队和其他成员坚决反对所有的提议。美国财政部长保罗·奥尼尔在 9 月 11 日去了东京。美国政府担心基地组织会再次发动袭击,因此不愿意让他再次出国

(Suskind, 2004)。马丁最终提出将渥太华作为举办地,希望美国和其他成员国可以接受此项提议。

虽然英国的戈登·布朗看起来想要承办此次会议,但事实上并没有其他国家要这样做。不过,大家也只认可渥太华这一地点。加拿大再次承办二十国集团会议显示出马丁在该机构中名副其实的公认领导地位。同时也显示出,相对于其他国际组织,在面对此次史无前例的震惊美国和全世界的灾难,甚至众多公民丧生于双子塔内的情况下,二十国集团具有更强的应变力。马丁相信,非常有必要昭示世人,全球性组织有求必应,有能力应对最极端的灾难。

二十国集团将此次会议的重点聚焦到掐断恐怖组织融资,动员包括新兴国家和伊斯兰国家在内的二十国集团成员援助遭受袭击的美国,从而将美国共和党人布什成立的新政府与初建不久的这个国际机构联系起来。布什政府不久前清除了由前任总统克林顿所在的民主党人建立的多个非正式多边机构,比如八国集团的可再生能源特别行动小组(DOT Force)以及"数字机会工作小组"。然而,美国新政府对二十国集团在渥太华举行峰会以及其他会议,并采取行动把世界带回正常轨道的行为尤其感激不尽。美国人的反应是"谢天谢地,加拿大帮大忙了!"因此,在布什的关注下,二十国集团存活了下来。他们得以能够处理美国面临的恐怖主义危机,也习惯于处理除此之外发生在其他地区的经济危机,包括土耳其和阿根廷同年发生的金融危机。

不同流派的观点

学者对于2001年二十国集团会议的内容、原因和成果颇有争论。一派学者认为此次会议做得太少、行动太晚,基地组织在全球的恐怖威胁并未销声匿迹,比如2005年在英国伦敦再度出现。第二派学者认为,二十国集团行之有效,它作为非正式组织能够运用其已经具有的在经济制裁、战争融资或者支援盟友的强大能力,快速应对全球性危机(Kirton, 2011; Fretag et al., 2011)。

然而,这样的论述虽然认识到了遭受重创的美国需要国际援助,但并未解释美国即使有些不情愿,却为何偏偏接受二十国集团的国际援助。同时,这些论述也没能解释为何所有的二十国集团成员如此迅速、心甘情愿、毫无保留地选择了二十国集团,而非其他更加成熟的国际金融组织,作为自己从事国际共同事业的组织平台。

本章论点

本章认为 2001 年的二十国集团会议取得了巨大成功。此次会议以较快的速度调整了议题,扩大了议程,集中精力研究恐怖主义融资和阿富汗等安全问题。这样,二十国集团迅速从此前蒙特利尔的路线设定转向雄心勃勃的具体决策及政策的精心执行问题。这么一来,虽然这一会议是由此前败于布什的民主党人所创立,它仍然成功地把新一届美国政府纳入其中。此外,在渥太华举行的这次会议显示,二十国集团已经超越了国际货币与金融委员会和七国集团,因为正是二十国集团会议的召开,后者才能成功并有效运作。"9·11"事件不但从形式上,而且更从实质上,都使得二十国集团成为世界网络的必不可少的核心,这个网络包括其新旧竞争者和目前的伙伴;与此同时,它还使得这一新组织成为真正的人际关系俱乐部,尽管它成立的时间不长。

更具体地说,渥太华会议的巨大成功首先归因于 2001 年的两个危机。其中之一是基地组织对美国的五角大楼和世贸大厦几乎同时发动的突如其来、危害严重的恐怖袭击。另一个危机是来自中东的伊斯兰国家土耳其和美洲新的民主国家阿根廷可能发生的金融危机。会议取得成功的第二个原因是所有其他国际机构的失败,尤其是总部设在遭受恐怖袭击的纽约市和华盛顿地区的国际组织,它们不能在那个被恐怖战争弄得精疲力竭的秋天发挥作用,甚至联合国系统没有一个组织能有效应对恐怖主义和恐怖融资,甚至连总部设在蒙特利尔的国际民航组织也对防止"空中劫持"无能为力。虽然对土耳其和阿根廷的财政援助有赖于七国集团,然而切断基地组织的资金来源仍要靠仅在二十国集团内的某些伊斯兰和非伊斯兰成员国。尤其是本国公民在世贸中心大厦中死亡的大部分二十国集团成员国,都理解恐怖主义对法治以及国内的民主的威胁。虽然美国小布什政府刚刚成立，保罗·马丁和其他二十国集团的财政部长却已在任多年。在经历两次会议后，二十国集团会议有了一位赢得了各成员信任的主席，各成员国都愿意参加会议，并借此解决恐怖主义融资问题。

二十国集团在会议议程设置上从三个方向发生了一次大的飞跃，向上，它经由恐怖主义融资问题转到安全领域，向前，它进入紧张的决策和执行；向内，它则大大增强了国际协调国内金融管制的内容。产生这次伟大的飞跃有多个援引：对美国的“9·11”事件彰显了危机催生的共同脆弱性；老一代和新一代多边机构在没有二十国集团的情况下甚至自己无法召集会议；包括沙特、印尼和土耳其在内的美国盟友具有了具体领域的体系重要性；二十国集团成员对恐怖袭击给法治、经济社会和政治开放性带来的威胁同仇敌忾；马丁主席对二十国集团的一贯立场、卓越才能以及无比忠诚，这使得二十国集团在很短时间内发展为主要的全球治理核心和重要的人际交往俱乐部。

计划和准备

渥太华会议展示了高级别会议，无论经过几个月的细致入微的精心准备，都会被会议前的突发事件所打乱。在这种情况下，“9·11”事件深刻塑造了二十国会议的地点、日程和成果。蒙特利尔会议的准备会议曾提出了蒙特利尔会议需要解决的几项议题，但蒙特利尔会议正式开始后，打击恐怖主义融资问题迅速强占了中心话题。

选择印度

2001年二十国集团会议原本定在印度新德里召开。从二十国集团成立一开始，马丁就寻求担任头两次会议的主席，确保二十国集团运行步入正轨。他建议，担任主席并承办会议的任务接下来应当由一名非七国集团成员担任，而且今后这样的工作，应当在发达国家和发展中国家成员两个群体间轮替。

对很多成员来说，首位非七国集团成员主办国和主席人选应该是南非。这归因于南非声名远扬的财政部长曼纽尔。与其他二十国集团的成员同时相比起来，曼纽尔显然出类拔萃。他虽然起初非常情愿，但最终拒绝举办这次会议，理由是南非缺乏举办会议的足够行政能力。印度随后提出承办会议，部分因为带有民族主义色彩的印度人民党在1998年取代了由尼赫鲁领导的时任所熟知和尊敬、自印度独立一直长期执政的国大党，尤其是印度在八国集团1998年的伯明翰峰会时进行了核弹实验引起国际社会的不满之后，印度希望借此机会建立国内外威望与声誉。除此之外无人提出承办会议。主席国加拿大和其他二十国集团成员很容易地作出决定，印度由此成为承办国。不过“9·11”事件发生后，各国认为印度离美国和其他成员国太远，离阿富汗的基地组织太近。

会议地点移至渥太华

9月11日之后，二十国集团的安全官员反对举行任何国际性会议，因为它们会成为基地组织袭击的目标。加拿大副财政部长乔纳森·弗里德传达马丁的意思时说，举行二十国集团会议很重要。加拿大的看法是，如果国际货币基金组织、世界银行、七国集团和二十国集团不举行会议，恐怖分子的目的就会得逞，各国应该告诉世人国际体系仍然是一个坚不可摧的整体。即使只有六周的时间准备，加拿大认为自己能够并且应该完成这项关键任务。马丁表示，加拿大应当在高度警戒下举行本次国际会议。由于马丁还是七国集团和二十国集团的主席，他在七国集团和二十国集团两个层面上推动这次会议取得成功。但是，二十国集团的同事们不同意马丁和弗里德这么做。各国安全部门坚持认为安全高于一切。当恐怖主义融资议题出现时，马丁认为在二十国集团上讨论这个问题会比在七国集团上讨论更为合适，这个结论得到了许多国家的赞同。反对举办会议的态度由此逐渐缓和下来。美国拒绝了马丁提出的在华盛顿举行会议的建议。英国财政大臣戈登·布朗此前似乎同意在伦敦举办，但后因英国安全官员反对而作罢。

马丁随后提出在渥太华举办二十国集团会议。

所有二十国集团的成员国均同意在渥太华召开会议，但许多国家提出一项条件：如果在二十国集团会议开始不久前举行了七国集团财政部长会议，他们就不再参加二十国集团会议。各国不想形成这种局面：在七国集团上作出决定之后又在二十国集团会议上批准这些决定。马丁坚称，先召开二十国集团会议，后召开七国集团和国际货币与金融委员会会议，后者采取强有力的措施解决恐怖主义融资问题。加拿大明确表示，在二十国集团会议期间不允许其他组织开会，国际货币基金组织会议期间也应当如此。二十国集团决定了举行渥太华会议的时间后，七国集团决定召开财政部长会议，时间改在二十国集团会议之后。

副财长会议

为了准备财政部长和央行行长会议，二十国集团于 2001 年 10 月召开了副财政部长会议。会上，官员们集中讨论了三件大事：脆弱的全球经济、恐怖主义和全球化问题；同时也附带讨论了阿根廷的金融危机。会议担心，阿根廷重组主权债务会加大债务拖欠，进一步冲击“9·11”事件后已经脆弱的全球经济。有一种可能，新旧两场危机相互影响，情况变得更为糟糕。

二十国集团成员 2000 年在蒙特利尔已经讨论过汇率制度。各国普遍要求加拿大举行一次汇率论坛，这一要求在副财政部长会议上得到落实，但在汇率最优机制问题上，各国并未达成共识。不过，各国在两个方面达成一致，一是要采取强有力的国内汇率政策，二是有干预的浮动汇率制度并不适合所有新兴国家。巴西尤其不愿意采取浮动汇率制度。加拿大官员说服巴西采取渐进贬值的策略。

二十国集团成员国副财政部长和私人部门进行了一轮圆桌会议，讨论如何提高国际资本市场的效率和稳定性。私人部门代表强调了发展国内资本市场、用本国货币发行债券和设立强有力的金融机构的重要性。

会 议 过 程

在渥太华会议中心举行的财政部长和央行行长会议主要讨论了三项议题,即后“9·11”时代的经济增速减缓、恐怖主义融资以及发展问题,而发展问题是在马丁的极力坚持下才列入会议议程的。

经济增长

第一项议题是经济增长。持续的全球经济减缓时刻是各国关注焦点。国际货币基金组织不久前发布了来年的预测值,估计 2002 年和 2003 年全球产出只有 2.4%的增长(IMF, 2001)。此次减缓和之前情况不同,全球各地各部门同时出现了减缓,这是经济全球化发挥作用的必然结果。早在 2001 年 9 月 11 日前,商业和消费者信心就在下降,利率也在降低。随着最初的冲击从恐怖主义扩展到金融领域,从美国扩展到非七国集团国家,新兴国家也受到了影响,很难再提高资金的流动性。

在主权债务议题上,马丁一直要求建立国际体制有序地解决债务再融资问题。虽然有反对声,但马丁的二十国集团同事的态度也在改变。讨论并没有仅仅限于阿根廷或者土耳其,而是商讨如何系统地解决那些会持续发酵的危机。加拿大银行和英格兰银行等各国银行认为,不能像国际货币基金组织那样在危机出现时才去解决,应当建立起一个预防措施框架,可以将私人部门纳入其中,减少在事后对国际货币基金组织大额债务救济的需求。

对于全球衰缓经济和危机解决的讨论必不可免地要涉及一些各国更为关心的具体案例。二十国集团代表对受危机影响的同事们的心情感同身受。他们认识到国际社会对于良好运行的资本市场有着共同利益。但是除了此前国际货币基金组织和西班牙提供了援助之外,他们并没有增加任何援助。二十国集团财政部长也未承诺给土耳其任何新的资金。

恐怖主义融资

第二项议题是恐怖主义融资。与会者知道自己应该参与到应对"9·11"事件当中,而他们可以做的一件事就是切断恐怖分子的资金。在会上,许多财政部长和央行行长第一次知道一些伊斯兰国家中的非正规金钱交易系统是如何运作的。此前的一个月,七国集团财政部长已经同意批准联合国对恐怖主义融资的决议。现在他们在二十国集团的同事也这样做了。他们起草了详细的《二十国集团打击恐怖主义融资行动计划》。虽然这项工作是在加拿大官员与各成员国协商之前就已做好了,但是各国部长和行长还要敲定一些细节问题。不论是从其本身还是它所代表的共识方面来说,这个行动计划都是一个了不起的成果。

由于二十国集团的组织结构的原因,这个行动计划基本上出自加拿大之手。二十国集团没有秘书处,举办国负责汇集整理各成员国的议题并安排提交议程。加拿大官员和其他国家官员合作完成了计划的90%,剩下的10%由财政部长和央行行长在会议上完成。

这一过程需要权衡各国利益。对一些较小国家来说,恐怖主义融资并不是优先事项,它们更加关心卫生医疗和教育。并且,如果没有银行系统的实质性改革,就很难采取必要措施解决恐怖分子融资问题。这就需要富裕国家的援助。

二十国集团达成了一项非正式共识:如果发达国家承诺帮助新兴国家解决首要问题,新兴国家就会接受此项行动计划。通过此种跨议题谈判、功能性捆绑协商,由"9·11"事件引发的心理社会团结,新兴国家在二十国集团内的影响力和平等地位都得到了提升。

二十国集团在会议期间及之后将协商转化为决定。继在行动计划上达成共识之后,二十国集团把这项计划交给了随后在同一会议中心举行的国际货币与金融委员会会议。次日,国际货币与金融委员会几乎是一字不改地采用了《二十国集团打击恐怖主义融资行动计划》。二十国集团作为一个非正式组织,本是一个遇事协商的机构,有了《行动计划》之后,就有了飞跃性的发展,朝着更具领导力、更正式、更机制化、更合法化的机构方向发展,成为全球治理体系的中坚力量。

发展

第三个议题是发展。所有成员再次一致同意全球化可以起到积极作用,但也需要公共部门和私人部门的合作。会上,受援国告知施援国,应当提高援助效果,增加援助资源,这些对于发展都是必不可少的。

阿富汗问题

二十国集团财政部长和央行行长讨论了阿富汗问题,10月初,以美国为首的联合军队对这个国家发起了军事行动。他们评估了一项可行的阿富汗重建计划,并得出结论认为,由于时间因素,当前还筹措不到重建所需的资金。马丁有先见之明,他曾提出重建需要的费用庞大。

部长们又讨论了是否有可能下周再次会面讨论重建事宜。2001年11月20日,美国和日本共同在华盛顿主持了高级官员会议,首次讨论了重建阿富汗的问题。十二个国家和国际组织的领导人出席了这次会议。随着冻结恐怖主义资金新行动的展开以及阿富汗重建,二十国集团已经成为一个直接、双向的全球安全治理者。

成　　就

渥太华会议最重要的成就是《二十国集团打击恐怖主义融资行动计划》。《行动计划》虽然是附件,但篇幅几乎与公报正文相当。国际货币与金融委员会很快批准了这个计划。根据《行动计划》,二十国集团国家承诺实施联合国安理会就恐怖主义和恐怖主义融资作出的决议,并且会批准联合国通过的《制止向恐怖主义提供资助的国际公约》和《打击跨国有组织犯罪公约》。他们同时呼吁其他国家和国际组织实行此项行动计划。会议主席马丁作出了这样的判断,《行动计划》显示出二十国集团"解决既定工作计划外的紧急事件"的灵活性(G20, 2008)。各国部长承诺在下次会议时会汇报各自进展,这表现出各国落实计划和持续关注恐怖主义融资问题的决心。

在恐怖主义融资问题上达成一致是会议的重要成就。虽然“9·11”事件对于国际社会产生了深刻影响，众多二十国集团国家在地理上和政治上仍然和美国相去甚远。这和1997年至1999年金融危机时的脆弱性情况有较大的不同。在“9·11”事件中，即使这些国家的一些公民在袭击当中丧生，它们受到袭击的直接影响仍比美国小很多。阿根廷有另外的紧急问题要处理。并非所有的国家都有条件实施反恐措施，尤其是那些牵涉到反洗钱任务的国家，它们更难完成定下的目标。

政治分野也在发挥着影响。二十国集团唯一的中东国家沙特阿拉伯并不是很合作。沙特始终否认此次袭击事件中的劫机者是沙特人。然而，马丁希望在此议题上能够达成共识并且成为渥太华会议的中心议题。能够让各国签署这份壮志雄心的行动计划，马丁已经很成功了，他更大的成功是让各国发自内心地认同这份计划。二十国集团将沙特阿拉伯和印度尼西亚纳入到指导和决策过程中，充分表现了其包容性。

渥太华会议体现既讲创新，又讲稳定的特点。二十国集团显示出，它一方面应对新的危机，另一方面继续解决国际金融和经济问题，执行其核心的既定议程。各国财政部长和央行行长强调，恐怖袭击不会有损经济前景，并称他们已经采取措施保持国际资金的流动性，稳定市场。因此在新兴市场愈演愈烈的经济危机不会受到“9·11”事件的影响而发生改变。

财政部长们要求副财政部长就私人部门进行讨论并且在下一次会议时就提出进一步解决金融危机的报告。由加拿大和英国牵头的二十国集团走向了建立危机预防框架的一步。加拿大央行行长大卫·道奇见证了这一议题取得的巨大进步。会议并非讨论如何解决阿根廷金融危机，二十国集团听取了遭受金融危机影响的阿根廷和巴西两国央行的意见和建议，这两个国家都为会议作出了巨大贡献。

在全球化问题上，二十国集团也在继续推进。在渥太华会议时，众多参与国已经完成了各自的案例调查报告。加拿大二十国集团秘书处根据各国的结论准备了一份报告。这份文件认为全球化是世界持续繁荣的重要因素，而要取得经济上的成功需要实行强有力和良好的国内政策以确保发展进程。不过由于讨论“9·11”事件占据了会议的太多时间，关于上述报告的一些重要讨论被延迟到了下一年。

在全球化问题上，二十国集团取得了积极但又微妙的成果。二十国集团承认，全球化能够带来益处，并且有效地改善“各国大部分公民在生活水平”(G20 Finance, 2001a)。然而，全球化带来的危机和挑战需要国际社会加强合作，共同应对。对于发达国家来说，全球化的一个好处是，它减少了各国之间的贸易壁垒。对于非经合组织成员来说，随着发达国家和发展中国家的贸易壁垒在减少，同样的好处也正在显现。二十国集团财政部长也认识到，有必要联合各种国际金融机构和世贸组织，共同努力，帮助贫困国家从日渐加强的经济一体化中受益。但是全球化也存在风险，在经济一体化发展的同时，各国也变得更加脆弱。

各 项 工 作

渥太华会议在二十国集团治理中几乎每个方面都取得了巨大成功。

国内政府管理

在国内政府管理上，渥太华会议有着上乘的表现。从文件上来说，会议在公报中并未对任何成员作出积极评价(参见附录D)。然而，事实上，马丁向加拿大、美国及其邻国受惊吓的公民们展示了二十国集团国家果断采取行动支持美国、阻止后续的袭击。

在将会议地点定在渥太华这个问题上，马丁冒了国内政治风险。其中一个风险是恐怖分子有可能袭击渥太华。另一个是暴力，几个月前，在热那亚会议上，抗议者困扰着八国集团峰会。马丁督促着加拿大官员与警方的讨论，力图降低上述两方面的风险。

协商

渥太华会议的协商情况也功不可没。此次会议产生了《二十国集团打击恐怖主义融资行动计划》(G20 Finance, 2001b),篇幅长达1 646字。这是会议首次产生第二份独立文件,与蒙特利尔公报中提供的附录不同(参见附录E)。打击恐怖主义融资是二十国集团此前从未涉及的领域,而渥太华会议的公报花了大半篇幅谈及该问题。由于前不久在美国发生的"9·11"事件阴云未散,二十国集团在此次会议上加大对恐怖主义问题的关注,这也在情理之中。

实际上,除了打击恐怖主义融资以外,阿富汗问题和发展问题也在会议议程上凸显。此外,二十国集团继续基于宏观经济政策和贸易问题大量关注。不过,诸如国内金融管控这类在前两次会议上颇受关注的议题在渥太华受到冷落。

方针制定

渥太华会议在方针制定方面取得了显著成就。人们对2001年的"9·11"事件仍然记忆犹新,这激起了二十国集团将各成员国一致认同的新旧重要事项再次拿上会议进行讨论。二十国集团在四个场合对四项原则表示了赞同,数量迄今为止最高(参见附录F)。在渥太华会议上,二十国集团重申应提升透明度,并第一次强调了善治、负责的国际机构和互通信息与认识的重要性(G20 Finance, 2001a)。

在蒙特利尔会议上,二十国集团成员再度肯定了分配原则,同样进一步表现了对保护嵌入式自由主义的支持。嵌入式自由主义不论是在出现频率还是涉及范围的广度上都已达到新高。

决策

渥太华会议在集体决策方面也有强劲表现。会上所作承诺高达二十四项(参见附录G),是前一年蒙特利尔会议的三倍、柏林的第一次会议的六倍。由此可见,"9·11"事件和渥太华会议促使二十国集团从协商型制定方针论坛转变为一个强有力的决策型论坛。

会议所作的二十四项承诺中,有二十项关涉恐怖主义,两项关涉宏观经济,一项关涉国际金融机构,一项关涉贸易。保罗·马丁曾立下宏伟目标,建立追踪和冻结恐怖主义融资的新机制。通过此次会议,马丁实现了这个目标。他将此称为"重要反击措施",认为这是七国集团永远不会达到的成就(Martin, 2008)。若要在该问题上达成共识,各国需在其各自的优先事项中作出一定妥协,而集团的所有 20 个成员最终确实一致通过了一项重大行动计划。值得一提的是,假如这项计划是由更加排外的七国集团制定,那么,它不可能获得这么广泛的支持。

承诺的兑现

在这二十四项承诺的兑现方面,渥太华会议同样取得了巨大成功。会议开门见山,直接提出追踪恐怖主义融资。此外,会议提出了几条反馈命令,并发布了若干后续会议通知,这表明每个成员都会牢记承诺,并履行承诺的决心。二十国集团成员承诺,在下次会议召开时,他们将汇报打击恐怖主义融资行动的进展,同时各成员国代表还将提交一份金融危机管控报告。此举表现出二十国集团对履行承诺的重视。不过,在所有承诺中,仅有三项会在次年的八国集团峰会上对其成员兑现承诺起敦促作用(参见附录 C-1)。

全球治理的发展

在全球治理发展上,渥太华会议在几个方面取得了巨大成功。在内部,二十国集团灵活地调整了会议召开的时间、地点和议程,这是其他机构或组织无法做到的。之所以作出这样的调整,不仅是因为二十国集团要应对刚发生的恐怖主义危机,而且还因为它要处理和扩大内部议程。在会议筹备过程中,二十国集团也将私有部门纳入议程考虑范围。此次的议程促使二十国集团在会议结束后一周在华盛顿召开了一次官员层次的会议,以落实阿富汗重建的决议。渥太华公报对二十国集团制度化建设作了六次援引(参见附录 C-1)。

在外部,《二十国集团打击恐怖主义融资行动计划》在会议结束第二天就被国际货币与金融委员会采用。二十国集团渥太华公报对其他机构或组织作了三十一次援引,创下三次会议的新高,而它对自身作为机构的援引仅有六次。公报中首次出现金融行动特别工作组，援引次数为八次，在其他机构或组织的援引次数中位列第一。最值得一提的是，二十国集团对一些政治安全机构作了援引，包括联合国安理会的两次。公报对联合国的援引总共六次、国际货币基金组织四次，金融稳定论坛和世界银行各三次。二十国集团一方面大力支持联合国，另一方面发挥带头作用，同国际货币基金组织和七国集团一道，发起打击恐怖主义的战斗。从这一事实中，国际机构或组织之间的相互影响可见一斑。

取得成效的原因

二十国集团在2001年的特定工作事项中取得强劲、全面的成功，其原因再次在于该集团的体系中心模式。

在动荡中产生的共同脆弱性

渥太华会议取得成功的第一个关键因素是在动荡中产生的共同脆弱性。此次动荡首先来自针对美国的一系列恐怖袭击，其次是阿根廷和土耳其一触即发的金融危机。无论是在爆发时间、打击程度、波及范围上，还是在社会影响上，2001年的“9·11”事件都是一次前所未有的动荡，对美国及其盟友，乃至整个国际体系都产生了严重影响。基地组织曾在1993年对纽约世贸大厦发起过一次严重袭击，而2001年，又针对美国发起了第二轮威胁。这一次，他们在同一天内再次针对上次的目标——纽约世贸大厦——发起了两次致命袭击，同时还针对华盛顿发起了另外两次袭击。事发之后的数天，纽约证券交易所关闭，美国的经济活动大面积暂停。由此，这些袭击传达出这样一条信号：北美不论是在物质方面，还是在国力方面，或是在金融方面，都已不再坚不可摧。当时，美国经济正在周期性衰退，对全球产生了影响；而恐怖袭击的发生加速了经济衰退。紧接着，在“9·11”事件一周后，美东地区又受到不明来源的炭疽病疫情威胁。

第二轮动荡来自阿根廷的主权债务危机。这场危机全面爆发,在12月恶化为世界上有史以来最大规模的主权债务违约。此时,土耳其也面临金融困境。两国遭受的金融威胁波及其他国家和地区,再次触发人们对可能爆发全球性债务违约的担心。同时,基于互联网的"新经济"也在急剧滑坡,国际油价持续攀升,通货膨胀日益加剧,三股合力加速美国进入极度缓慢的经济增长期,日本和欧洲也紧随其后。这预示着全球经济将发生严重衰退,也让世界在应对九月发生的安全危机时面临着更大的困难。

恐怖袭击、由此引发的美国和世界经济衰退,以及阿根廷和土耳其一触即发的金融危机,这三者很好地解释了二十国集团为何能在打击恐怖主义融资和处理阿富汗问题这些新议题上有如此积极的表现,也解释了二十国集团为何能成功将其内部议程范围扩大至应对金融危机和宏观经济调控这些方面。当然,如要解释二十国集团为何在加拿大召开会议,以及为何小布什领导的美国以及所有其他成员国都同意参会并在其中积极合作,上述危机动荡并非唯一原因。

国际机构的失败

渥太华会议取得巨大成功的第二个原因在于,其他国际机构无法单凭依靠自身力量及时有效应对这些危机。面对新的安全危机,其他国际机构的无能为力暴露得一览无余,它们无法提前准确预测恐怖袭击,因而也无法预防袭击的发生,或者也无法在事后独立处理袭击带来的后果(Kirton, 1993)。"9・11"事件发生后,联合国并未按期召开联大九月的例会;国际货币基金组织和世界银行也没能在华盛顿开会,只好搭了二十国集团渥太华会议的便车。国际货币基金组织对全球经济错误地作了乐观预测,他们没能预测到 2001 年秋天发生的一系列安全危机,也未预料到这些危机后来所带来的衰退(参见附录 J-1)。除二十国集团以外的国际机构或组织中,只有北约在"9・11"事件后在军事阵线上迅速采取了有效的打击行动。

在意大利,八国集团提前发现了可能针对 2001 年 7 月热那亚峰会的一次恐怖袭击，它成功地避免了这次恐怖活动的发生。但它未能预测或预防几个月后恐怖组织对美国的那场袭击。热那亚峰会期间，抗议活动此起彼伏；峰会邀请参会的非八国集团国家和国际组织数量空前。尽管如此，那次峰会并未引起其重视潜在的恐怖主义威胁，也没能让他们关注阿根廷与土耳其正在爆发的金融危机。八国集团热那亚峰会仅邀请了少数非洲国家参会，而对防止恐怖主义威胁和金融风险真正具有意义的国家却未在受邀之列。

9月25日，七国集团财政部长举行了会议，主要讨论其各自国内猖獗的恐怖主义活动。他们谈道，"加强国际合作以打击恐怖主义融资，这是他们的共同事业"；会上，七国集团财长作了统一行动的计划。此外，七国集团财长还决定，在10月初安排一场会议，以发起打击恐怖融资的"全球行动"(G7, 2001)。但是，他们只能在二十国集团渥太华会议开会之余会面，需等二十国集团会议本身开幕后召开会议(G20 Finance, 2001b)。

在更广泛的层面，国际金融体系自身似乎需要进行新一轮改革。此次改革的目的不仅是要筹集更多资金以应对危机和增强私有部门的责任感，而且还包括明确国际货币基金组织的工作重点，使其重新发挥作用，成为一个危机预防型机构，增强其同改革后的多边发展银行之间的关系，以及应对新出现的全球化问题，诸如衍生产品的影响和美元化进程等(Fratianni et al., 1999; Salvatre, 2000; Hale, 2001; von Furstenberg, 2001b, 2001a)。但是，国际金融体系几乎没有按时开展上述改革。

将其他国际机构的这些失败放在一起，人们不由得产生回到20世纪90年代中期的错觉，当时，七国集团或八国集团领导人面对全球化的市场感到无能为力，于是没有采取任何行动，无所作为(Bergsten and Henning, 1996)。他们甚至还对部分国家说，由于全球化趋势已开始不受控制，同时由于新自由主义派的华盛顿共识已占据主导地位，并产生了"宪法性的"约束，七国集团中，即便是世界强国的政府也变得无可适从；他们还说，近期，有人反对使用灵活适应社会需求的方法开展全球治理，而这样的努力其实是徒劳的(Gill, 1993; Cerny, 1995;

Birdsall and de la Terre, 2001; Kirton, 2001)。他们提出质疑,虽然通过老牌的国际货币基金组织、新的七国集团或八国集团,或最近期从其中衍生而来的机构,诸如国际货币与金融委员会和金融稳定论坛,各国政府能够一起采取行动,但在全球化不断深入的时代,面对市场压力,世界各国能否一致开展协调的全球治理呢?眼下,由于发达国家都在着力消除新的安全威胁,全球化的这些内生性挑战在可能存在的安全漏洞面前变得更加严峻。如此做来,这些国际机构几乎没有发挥任何治理作用。

对二十国集团而言,它是一个新机构,以金融为主要议题,这么看来,它在应对这类安全威胁问题方面同样也很容易被边缘化。但事实上,二十国集团却是唯一能够迅速、决断地作出反应的国际机构。不仅是在打击恐怖主义融资方面,而且在应对安全、金融、全球化和发展领域的诸多其他尖锐的周期化挑战时,二十国集团能够发挥有效影响。

集体主导、内部平等的能力

渥太华会议取得全面巨大成功的第三个原因,在于其成员日益增强的集体主导能力和内部平等的相对能力(参见附录 K)。二十国集团成员的经济总量继续占全球国内生产总值的 82%,该水平与前一年持平。集团内部平等程度首次有所提升,其基尼系数由前 2010 年的 0.54 上升至 2012 年的 0.55,非八国集团成员占全球国内生产总值的份额维持在 15%不变。然而,二十国集团成员中,经济总量最高与最低的两个国家所占全球经济总量份额的比率由一年前的 74.84 上升至 86.76,其原因在于,相比成员国中经济总量最高的美国,国际油价的下降拉低了总量最低的沙特阿拉伯的国民生产总值。

除其总体能力以外,单是一个二十国集团就已包括了有能力应对眼前各种危机的国家。处于引领地位的七国集团成员控制着世界的正规金融中心和债务偿付体系。然而,沙特、印度尼西亚和土耳其在非正规金融中心和债务偿付体系中扮演着重要角色,而这也是打击恐怖主义融资中必不可少的领域之一。二十国集团的许多成员很快就意识到，如果不同伊斯兰国家及其金融与经济体系打交道，他们不可能有效打击恐怖主义融资。因此，二十国集团，而非七国集团，将土耳其和阿根廷吸纳为正式成员，而这两个国家正是目前这场新的金融危机的来源。

民主趋同

渥太华会议取得全面巨大成功的第四个原因，是二十国集团成员在国内政治体系中的政治趋同。2001 年，俄罗斯和墨西哥在民主化进程中取得重要进展。朝鲜、印尼和阿根廷在民主发展道路上继续前行。印度自独立后，一直由国大党执政；而在 1998 年的大选中，印度的反对党打败国大党，首次成为执政党，这也成为印度民主发展的重要一步。此外，“9・11”事件再次提醒各成员国，应当恪守其共同承诺，保留对合法军队的绝对控制，加强在恐怖主义活动猖獗时期的法治，并在目前恐怖主义袭击的严重影响下继续维持金融稳定。

国内政治控制：资本，连续性，能力和承诺

渥太华会议取得全面、巨大成功的第五个原因，是二十国集团成员的政治控制：资本、连续性、能力与承诺。部分成员国国内发生重大变化，从而获得了更强的政治控制力和更多的政治资本，并明显产生右倾趋势。这一转变始于新上任的美国总统小布什。他新任命的财政部长保罗・奥尼尔上任之初就提出了几个质疑：第一，七国集团财政部长会议有何价值；第二，七国集团各国政府为抵御外国金融危机提出的所谓“第二道防线”是否有效——国际货币基金组织和多边开发银行已经完成了其中的大部分工作（包括为俄罗斯的民主化提供支持）；第三，七国集团能否成功通过金融行动特别工作组开展反洗钱的治理。日本在 2000 年春季选举产生了新首相，小泉纯一郎开始执政。他大胆承诺，在任内结束目前的巨额财政赤字时代，带领银行业走出金融困境，切实开展结构改革。根据久为人们接受的凯恩斯理论，金融支持会加大赤字开支，而小泉纯一郎的这一承诺似乎违背了凯恩斯主义的正统理论。

2000 年的俄罗斯大选中,普京获胜,当选总统;2001 年 5 月,意大利总理贝卢斯科尼上台执政。所有这些变化都表明,二十国集团的部分成员国开始出现右倾趋势。

在二十国集团的非七国集团或八国集团成员国中,墨西哥在 2000 年底完成大选,来自偏右翼的国家行动党的比森特·福克斯·克萨达(Vincente Fox Quesada)接替埃内斯托·塞迪略(Ernesto Zedillo Ponce de Leon),出任新一届总统,结束了偏左翼的革命制度党的长期统治。其他成员国中,澳大利亚仍由霍华德总理及其偏右翼的联合政府执政,巴西由卡多佐执政,印度由人民党领袖瓦杰帕伊领导,该党派在社会和经济方面的理念较为保守。

另一方面,在英国,托尼·布莱尔领导的工党政府多为温和派,在 2001 年 6 月的大选中,布莱尔及其工党获得连任;一年前在加拿大,让·克雷蒂安领导的自由党也获得连任。在七国集团或八国集团成员国中,英国和加拿大实力相对较弱,而其政府的连任保证了他们的国内政治安全。除此之外,德国目前的“红绿联合政府”和法国的现任政府将继续执政至少一年。

在南非,在支持社会民主的非洲国大党的支持下,姆贝基当选为总统,而曼纽尔则继续担任财政部长。在土耳其,由于议会无法就推出候选人问题达成一致,最终阿赫迈特·塞泽尔获得提名,并于 2000 年 5 月就任总统。塞泽尔不属于特定政党,但他凭借世俗和自由的观点而为人所知,这一点与官方的保守反对党不同。在阿根廷,激进公民联盟领袖费尔南多·德拉鲁阿于 1999 年 12 月就任总统;此前,在 1989 年至 1999 年间担任总统的卡洛斯·萨乌尔·梅内姆试图连任,但根据宪法,他已不能继续参选。

二十国集团成员的总体变化增强了集团的政治控制力,提高了其政治资本。部分成员国在政治上的右倾趋势促使该集团首次将重点放在打击恐怖主义融资和解决阿富汗安全问题上。然而,对于将全球化与发展问题纳入议程,推动目前会议的进展,相当一部分成员国却依然坚持强烈的偏左翼立场。

最重要的是,创立二十国集团的中坚力量仍然在位,将继续为二十国集团治理作出更多贡献，他们是加拿大财政部长马丁、英国财政大臣布朗和南非财政部长曼纽尔。渥太华会议是马丁第三次担任二十国集团会议的主席，由于“9·11”事件发生，他与美国现任财长奥尼尔建立了联系。由于奥尼尔肩负着边境安全的重大责任，他同来自邻国加拿大的马丁就边境问题展开了充分的讨论。两人也因此建立了深厚友谊。

有限参与俱乐部：二十国集团作为网络治理中心

渥太华会议取得全面、巨大的成功，第六个原因在于二十国集团作为全球治理的网络中心，进一步加强了对成员数量和范围的控制。在内部，美国的“9·11”事件促使二十国集团成员的财政部长、央行行长和官员紧密团结，围绕着同一个目标在他们组成的俱乐部里共同合作。虽然在打击恐怖主义方面他们依然存在分歧。什么是需要优先解决的事项，应采取什么方法来解决，在这些问题上，他们都没能形成一致的答案。但是，这并不影响二十国集团财政部长、央行行长和官员成为关系更加密切的同事，共同应对巨大的恐怖主义威胁。对于正在出现的金融危机，二十国集团在会上并未对经济摇摇欲坠的土耳其和阿根廷加以指责或说教；该集团虽未给两国提供实际金融援助，但向两国表示了关切和同情。

加拿大的会务组织安排增强了与会者对二十国集团这个俱乐部的归属感。加拿大一方面保留了七国集团或八国集团会议的传统；另一方面，由于会务准备仓促、住宿安排有限，以及目前的安全形势，参会各国只能派出包含五名成员的代表团，而非通常的二十五名。虽然此次参会的代表团规模较小，但这样能让与会代表更好地展开交流。

在渥太华会议上，另一个事实也表明，二十国集团已发展为参会者开展个人交流的俱乐部，即许多受邀官员事实上在会前作了很大的努力，争取参会，他们确实也顺利获邀。虽然“9·11”事件带来了诸多不便，部分参会者不得不绕道纽约或多伦多才能抵达渥太华，但是会议召开前，应到会的人员也都到齐，国际货币与金融委员会的每个成员基本上都参加了会议。

在机场的候机大厅和会场走廊,以及用餐期间,参会人员主动交流。所有人都认为这是一个关键性时刻,是检验大家是否值得信赖的时候——到底是“我们”还是“他们”,以及“你是和我们一起,还是站在我们的对立面”,这些问题的答案都将浮出水面。就连来自沙特的那些高度紧张的参会人员也想向二十国集团证明,他们同集团的所有成员站在一边。没有人提出异议。

所有人都坚决表态,绝不让恐怖分子得逞。加拿大也同样坚定地表示,此次会议召开的目的并不是让各国财政部长、央行行长和官员在渥太华会面,而是要向世界展示二十国集团携手共进、应对共同威胁的强大决心。这个威胁是对二十国集团和整个国际社会的考验。所有人必须团结在一起,明确地告诉人们,二十国集团及其价值观念终将在这场战斗中获胜。

与会者认为,二十国集团渥太华会议是一个合适的场合,所有成员能够采取积极行动,产生有效影响。与会各国表达了为打击恐怖主义共同奋斗的强烈诉求。二十国集团暂时搁置了传统使命,转而承担起道义责任,所有成员都凝聚力量,齐心协力,共同应对这场灾难。因此,此次会议具有开拓性意义。与会成员深信,是民主、透明和公开这些原则让二十国集团与众不同。除沙特以外,二十国集团大部分成员都将此次会议看作是对其社会公开性的证明,向世人展示了这些国家敢于直面敌人的决心;在其中,政治公开性既是各成员国作出这一举动的方式,也是其意图。许多与会者都感受到,渥太华会议是二十国集团人性化的特别经历,各成员国的财长和央行行长相互建立起密切的人际关系。在该意义上,这是二十国集团历史上一次前无古人,后无来者的会议。

在集团外部,此次渥太华会议已成为一个重要中心。二十国集团会议结束后,国际货币与金融委员会和七国集团会议紧接着也在渥太华召开会议。由此可见,渥太华会议加强了全球治理网络,同时也巩固了二十国集团作为全球治理必要核心的地位。自此,二十国集团成为其成员国在打击恐怖主义融资方面进行合作的永久性首要论坛,也成为“9·11”事件发生后，能在更广泛的全球网络中独立开展金融治理的唯一国际机构。在“9·11”事件发生前，西半球国家的财政部长于3月29日至30日召开会议，亚太经合组织财政部长论坛也于9月8日至9日在中国苏州召开。然而“9·11”事件发生后，英联邦国家原定于9月11日后召开的财政部长会议一再推迟。会议推迟五次后，最终被迫取消。

本章小结

二十国集团渥太华会议取得的全面、巨大成功体现在诸多方面。在“9·11”事件后不久，二十国集团就召开了会议，讨论打击恐怖主义融资问题，这向外界传递了一个信号，即二十国集团在应对全球危机方面扮演着积极、重要的角色，尤其是在应对直接针对美国的这次恐怖袭击时，有效地发挥了作用。到目前，二十国集团已不仅是其1999年的创立初衷所规定的应对金融和经济危机的专门论坛，它在应对安全危机方面也开始扮演关键性角色。

美国新一届小布什政府曾对前任克林顿政府创立的国际机构有一定的顾忌。但是，渥太华会议打消了小布什政府的顾虑，将二十国集团和布什政府紧密联系在一起。通过扩大会议议程的范围，解决新兴国家发展的优先议题，同时协助其打击恐怖主义融资，二十国集团赢得了更多新兴国家成员的支持。会议迅速、果决、细致地制订了《二十国集团打击恐怖主义融资行动计划》，并很快开始付诸实施；国际货币与金融委员会也随之采用了这一计划。上述两点表明，二十国集团已从一个协商、政策型论坛转变为一个强有力的决策型论坛，拥有明确具体的议程和强大的政治意愿和资本，从而能够顺利完成其任务。此外，二十国集团有能力通过引领像国际货币与金融委员会这样成员范围更广的机构来扩大其影响力。二十国集团渥太华会议与国际货币基金组织、世界银行同期开会，并正好在七国集团召开会议之前，这表明，二十国集团是一个不可或缺的论坛，与此同时，这样的会议安排也给予二十国集团合法性，巩固了其作为全球首要金融治理机构的中心地位。

虽然此次会议取得了很大的成功，但是有人认为，二十国集团应该提升至领导人级别。巴西前总统卡多佐也曾公开谈到这一想法。虽然该想法当时尚未得到二十国集团成员的广泛接受，但集团确实是在朝着这个方向前进。二十国集团在各成员国领导人和财长的能力范围内，提出了恐怖主义、融资、阿富汗问题和发展问题等议题，并合理、高效地将恐怖主义与融资以及阿富汗的恐怖主义与发展这两对议题联系在了一起。

同样地，国际货币基金组织总裁卡斯滕斯也向国际货币基金组织执行委员会提议，认为国际货币与金融委员会应该在最高领导人层面上开会。在国际货币与金融委员临时委员会在讨论将自身转变成为更强有力的组织时，卡斯滕斯提出了他的建议。然而，没有任何人采纳他的建议，七国集团成员国对此表示反对，而发展中国家认为这一提议并不切合实际。

然而，在二十国集团作出重大举措、推动其提升至最高领导人级别会议之前，该集团的财政部长会议仍需通过几个检验：第一，在接下来的几年，在没有新发生严重的全球金融危机或恐怖主义危机时，二十国集团能否有效发挥治理作用；第二，在二十国集团的主持权和主办权由保罗·马丁这位忠诚的创始者以及经验丰富的七国集团成员国转交至非七国成员后，二十国集团能否继续有效发挥治理作用；第三，如果集团富有卓识的创始人和前三年会议的唯一主席保罗·马丁意外离任，那么二十国集团能否继续有效发挥智力作用。

参 考 文 献

Bergsten, C. Fred and Henning, C. Randall. 1996. "Global Economic Leadership and the Group of Seven." Washington DC: Institute for International Economics. Birdsall, Nancy and de la Torre, Augusta. 2001. "Washington Contentions." *Politica Internazionale* 29 (January-April): 97—104.

Cerny, Philip G. 1995. "Globalization and the Changing Logic of

Collective Action." *International Organisation* 49(4):595—525.

Fratianni, Michele, Salvatore, Dominick, and Savona, Paolo, eds. 1999. *Ideas for the Future of the International Monetary System*. Boston: Kluwer Academic Publishers.

Freytag, Andreas, Kirton, John J., Sally, Razeen, and Savona, Paolo, eds. 2011. *Securing the Global Economy: G8 Global Governance for a Post-Crisis World*. Farnham: Ashgate.

G7.2001. "G7 Statement." Genoa, July 20. Available at: www.g8utoronto. ca/g7/summit/2001genoa/g7statement. html. Accessed: July 2011.

G20.2008. "The Group of Twenty: A History." Available at: www.g20.utoronto.ca/docs/g20history.pdf. Accessed: July 2012.

G20 Finance Ministers and Central Bank Governors. 2001a. "Communique." Ottawa, November 17. Available at: www.g20.utoronto.ca/2001/2001communique.html. Accessed: July 2012.

G20 Finance Ministers and central Bank Governors. 2001b. "G20 Action Plan on Terrorist Financing." Ottawa, November 17. Available at: www. g20. utoronto. ca/2001/2001communique. html # action. Accessed: July 2012.

Gill, Stephen, ed. 1993. *Gramsci, Historical Materialism, and International Relations*. Cambridge: Cambridge University Press.

Hale, David. 2001. "Have Hedge Funds Become an Agent of Monetary Policy?" Zurich Financial Services, 13 June.

International Monetary Fund. 2001. "World Economic Outlook: The Global Economy After September 11." December, Washington DC. Available at: www.imf.org/external/pubs/ft/weo/2001.03. Accessed: July 2012.

Kirton, John J. 1993. "The Seven Power Summits as a New Security Institution."

In *Building a New Global Order: Emerging Trends in Interna-*

tional Security, eds Dewitt, David, Haglund, David, and Kirton, John J.Toronto: Oxford University Press, 335—357.

Kirton, John J. 2001. "Guiding Global Economic Governance: The G20, the G7, and the International Monetary Fund at Century's Dawn." In *New Directions in Global Economic Governance: Managing Globalisation in the Twenty-First Century*, eds Kirton, John J., and von Furstenberg, George M.Aldershot: Ashgate, 143—167.

Kirton, John J. 2011. "G8 Sanctioning Success." In *Securing the Global Economy: G8 Global Governance for a Post-Crisis World*, eds Freytag, Andreas, Kirton, John J., Sally, Razeen, and Savona, Paolo. Farnham: Ashgate, 157—180.

Martin, Paul. 2001. "Globalization, Ataerrorism, and the World Economy." Speech delivered at a luncheon organized by the Reinventing Bretton Woods Committee and The Conference Board of Canada, Ottawa, Novermber 16. Available at: www.collectionscanada.gc.ca/webarchives/20071122093833/http://www. fin. gc. ca. ca/news01/01-105e.html. Accessed: July 2012.

Martin, Paul. 2008. *Hell or High Water: My Life in and out of Politics*. Toronto: McClelland and Stewart.

Salvatore, Dominick. 2000. "The Present International Monetary System: Problems, Complicatons, and Reforms." *Open Economies Review* 11(1):133—148.

Suskind, Ron. 2004. *The Price of Loyalty: George W.Bush, the White House, and the Education of Paul O'Neil*. New York: Sim on and Schuster.

Von Furstenberg, George M. 2001a. "Assembling a New Financial Architecture: The G7's 2001 Role and Response." Paper presented at the conference on Assembling a New International Financial Architecture: The Deeper Challenges, LUISS University, July17, Rome.

Von Furtenberg, George. M. 2001b. "US Dollarization: A Second-

Best Form of Regional Currency Consolidation." In *Guiding Global Order: G8 Governance in the Twenty-First Century*, eds Kirton, John J., Daniels, Joseph P., and Freytag, Andreas. Aldershot: Ashgate, 45—54.

第三部分

平等发挥治理作用:2002—2007 年

第六章

推动发展:2002 年新德里会议和 2003 年莫雷利亚会议

引　　言

二十国集团的前三次会议由加拿大担任主席国、履行主导职责。之后,其主办权和主席权移交至新兴国家成员。二十国集团第四次财政部长和央行行长会议于 2002 年 11 月 22 日至 23 日在印度新德里召开。新德里原本是二十国集团 2001 年第三次会议的召开地,但由于 2001 年 9 月 11 日的恐怖袭击,那次会议被重新安排在渥太华召开。

新德里会议后一年,二十国集团第五次会议于 2003 年 10 月 26 日至 27 日在墨西哥莫雷利亚召开。莫雷利亚会议是一次反思性会面。在会上,各国财长和央行行长回顾已取得的成就,共商二十国集团的未来发展方向。此次会议议程涵盖二十国集团此前处理过的所有议题领域。此外,会议增加了两个新的议题:防止金融系统中的舞弊和二十国集团未来的战略重点。

二十国集团的主办权和主席权移交至新兴国家成员,其意义不仅是主办地从大西洋国家向亚洲和拉美地区的地理变化。同时发生转变的还有二十国集团的工作重点,这种移交意味着二十国集团开始强调和关注其新兴国家成员,并优先考虑其发展问题。诚然,二十国集团此前已经讨论过发展问题,尤其是蒙特利尔会议上,在讨论全球化对发展中国家的挑战时,二十国集团已对这方面有所涉及。2002 年和 2003 年,二十国集团就发展这一问题自身的机制又作了更为深入的探究。

当时,二十国集团并非唯一优先考虑发展问题的国际论坛。2002

年3月，联合国在墨西哥蒙特雷举办了发展筹资问题国际会议（International Conference on Financing for Development）。包括二十国集团成员国在内的50个国家的元首或政府首脑以及200多位财长制定并达成了蒙特雷共识。共识涵盖了发展筹资的六大领域，包括完善国际贸易体制、增加对发展的技术援助以及改善诸如货币体系等的更广泛议题。

2002年，七国集团和八国集团同样将发展作为重要主题。当年夏天，由加拿大在卡纳纳斯基斯主办的八国集团峰会将非洲发展作为重点主题。峰会设立八国集团非洲行动计划，以表示对非洲发展新伙伴计划（NEPAD）的支持。当年的八国集团峰会进一步巩固了2001年峰会提出的包容性建议，邀请了四个非洲主要民主国家的首脑以及联合国秘书长，请他们以平等参与者的身份出席峰会最后一天的会议。

此时的八国集团工作范围愈加扩大，初步实现了制度化，这意味着二十国集团开始面临一个新的峰会级别国际机构的竞争。在21世纪头十年，八国集团将发展作为关键事务，邀请了越来越多的发展中国家和新兴国家，让他们更有组织、更平等地出席其峰会、部长级会议以及各类官方论坛。继2002年邀请非洲四国参会后，八国集团继续扩大出席国范围，2007年启动的“海利根达姆进程”对话机制（Heiligendamm Dialogue Process）实现了八国集团同包括巴西、中国、印度、墨西哥和南非的发展中国家五国的平等对话（Kirton, 2010a）。面对来自升级后的新八国集团的竞争，二十国集团最终更胜一筹，尤其是在其2008年同样跃升至首脑级别、开启峰会对话之后，这种优势变得更加明显。

二十国集团从部长级会议跃升至峰会，其直接原因是2007年至2008年的全球金融危机。然而，促使这一跃升的根本原因在于其财政部长及央行行长会议在2002年至2007年间的第二阶段工作中取得的进展。在这段时期，二十国集团在真正意义上成为属于新兴国家成员并为新兴国家成员服务的集团，主要体现在其机构领导制度、议程、政策主动权以及工作成效上。这也表明，二十国集团能够在国际货币基金组织和七国集团或八国集团长期努力却屡屡失败的领域中发挥作用，特别是在推动国际货币基金组织改革，以顺应新兴国家不断上升的权力和持续增长的需求这个方面。

2002年,二十国集团会议主席权和主办权移交给了印度——这个1947年独立的英联邦成员国,自此,二十国集团开始实现其作为国际体系内重要国家平等参与治理的集团的价值,开始由新兴国家成员发挥主导作用。这在2003年墨西哥莫雷利亚会议得到了延续。墨西哥是美国的邻邦,也是北美自由贸易协定(NAFTA)中美国和加拿大的合作伙伴——同时也是经济合作与发展组织(OECD)的成员国。2004年,二十国集团在德国柏林举行会议,这个当初在1999年反对创立二十国集团的国家最终表现出对该集团的强烈支持。2005年,二十国集团则在外交上争取到中国的支持。当年于中国举办的峰会上,二十国集团提出对国际货币基金组织进行"先讨论后投票"第一阶段的改革,以给予新兴国家更大的空间,这是当时二十国集团取得的最大成功。二十国集团通过新兴国家和守成国家轮流主办会议的方式实现其成员国平等参与治理的制度化过程,这一方式在2006年澳大利亚会议和2007年南非会议上得到进一步加强。由前任、现任和候任主席国"三驾马车"牵头机制的确立增强了守成国家和新兴国家之间的平等关系。

上述进展均是在没有新的全球性金融、经济或恐怖主义动荡的重创的情形下取得的。然而,不容否认,社会动荡、恐怖主义,以及生态和商品危机在不断提醒所有人,在日益全球化的世界,各国也变得越来越脆弱,同时也在提醒着所有人,应该将这些年来二十国集团取得的实际工作成效继续保持下去。不过,二十国集团在其发展的第二阶段表现得更为平等、更加有效,其中的关键原因在于新兴国家成员主动提出承担2002年、2003年、2005年和2007年会议的主导职责。在二十国集团创立的前九年中,有包括头四年在内的六年会议是由几个英联邦成员国作为主席国,承担主导职责。同样重要的因素还有新的领导制度,尤其是在中国和加拿大。保罗·马丁在缺席2002年和2003年的会议后,在2004年和2005年以总理身份回归二十国集团,大力支持将其提升至首脑级峰会的提议。最重要的是,二十国集团一直保持其成员国的集中性和有限数量,保证各成员国平等地参与治理。八国集团则截然不同,它只是增加了参与国家的数量,但这些国家并非平等地参与八国集团治理，而且也不都是来自新兴国家（Kirton，2010b，2010a，2010c）。总而言之，集团能否有效发挥治理作用，其主要因素不在于参与国是否具有代表性，而在于各国能否平等地参与治理。

二十国集团在2002—2003年的进展

与其创立最初三年相比，虽然二十国集团2002年和2003年的两次会议所取得的成功相对较小，但却取得了实质性的进展。取得这一进展很大一部分原因在于新兴国家成员平等地参与、举办和主持了这两次会议。在二十国集团不断扩大、更富灵活性的议程中，这一重大举措有助于巩固集团在其全体成员国以及更广泛的国际社会中所扮演的角色，并促使这一角色合法化。由此，二十国集团得以从最初处理危机的角色中转型，逐渐开始应对除恐怖主义融资以外更广泛的全球挑战，尤其是在重点解决新兴国家在狭义的金融和经济领域内外所面临的挑战中发挥着重要作用。两次会议取得实质性成功的第二个原因在于，其他国际机构未能将国际体系内重要的新兴国家视为平等的参与者，因而无法成功处理上面这些议题和事务。而二十国集团已做到开放包容，为这些重要的新兴国家提供平等参与的机会，这是其他机构未能或无法做到的。

2002年新德里会议

挑战

二十国集团第三次会议原本由印度担任主席国，并在印度召开。但由于2001年9月11日美国遭受恐怖袭击，会议改在加拿大召开（见第五章）。此后，2002年2月，各成员国决定，第四次会议应由印度主办并主持。因此，2002年11月22日至23日，会议在印度新德里召开。

新德里会议由印度财政部长贾斯万特·辛格（Jaswant Singh）担任协调人，议题主要围绕扶贫、全球经济和恐怖主义融资展开。对于频繁遭受恐怖袭击的印度,以及刚遭受“9·11”恐怖袭击、仍未走出阴影的美国而言,恐怖主义融资都是他们尤为关注的问题(Ben-Ishai et al., 2002)。

新德里会议是二十国集团在新兴国家召开,并由其担任主席国的首次会议。会议聚焦于四个主题:危机预防与解决、全球化、打击恐怖主义融资,以及发展问题。在此次会议上,二十国集团各成员国已经开始讨论集团应如何超越处理危机的角色,以应对更广泛的挑战。会议确立了由前任、现任和候任主席国组成的“三驾马车”牵头机制。这是一项制度创新,对未来举办会议并担任主席国的新兴国家尤为重要。

印度经济改革也是此次会议的重要话题之一。英国保证,将支持印度的私有化计划。同时,美国财政部长保罗·奥尼尔(Paul O'Neill)试图消除二十国集团对美国经济的疑虑,称美国经济正在好转,小布什总统计划敦促国会,在新增就业机会和经济刺激方面尽快作出改革(Ben-Ishai et al., 2002)。

不同流派的观点

新德里会议在持不同观点的各流派之间引发了一场关于其工作表现的争论。第一派观点认为此次会议取得了成功。二十国集团成员国的贫困现象得到显著缓解,各成员国地位不平等的现象也在减少。二十国集团成员国之间积极地相互吸取经验,集团的价值正逐步得到体现(Salai-i-Martin and Mohapatra, 2003; Mukherji, 2002)。

第二派观点认为,此次会议上,二十国集团未能就新兴经济体拖欠债务问题达成一致;同时认为,这次会议也没能在 2002 年的恐怖主义融资问题上取得任何显著进展。产生上述问题的原因在于,发达国家和新兴国家在有关议题上存在分歧(Luce, 2002; Gupta and Friel, 2002)。

第三派观点认为,二十国集团此次会议取得了更大的成功,在更广泛的问题上达成了一致。此外,此次会议也作出很好的总体承诺,但在具体的措施细节上,与会各成员国并未达成一致(Mahapatra, 2002)。

本章观点

作为二十国集团在新兴国家召开、并由其担任主席国的首次会议，2002年的新德里会议在其结构、议程和工作成效上取得了成功。会议在筹备阶段确立了独特的三驾马车治理机制。同时，这次会议上，二十国集团首次完全聚焦于发展问题。此外，会议还将重视和打击恐怖主义融资列为二十国集团的制度性工作之一，这表明，不论是对美国等发挥主导作用的守成国成员，还是对印度等发挥主导作用的新兴国家成员，恐怖主义融资这个体系议题都是其工作的重中之重。

计划和准备

2002年新德里会议的准备工作从2001年渥太华会议的筹备阶段就已开始。考虑到头两次二十国集团会议均由发达国家主持和主办，保罗·马丁和一些其他成员国代表认为时机已成熟，该由新兴国家主办会议了。马丁向他的同事们明确表示，本着建立共识的精神，二十国集团应当在新兴国家和发达国家间建立轮值主席制度。因此，各国代表广泛交换意见，对未来15年会议的轮值主席国作出详细安排。通过综合考虑七国集团与非七国集团的地位、地理区域和各国政府换届时间等因素，二十国集团最终一致通过了会议的轮值主席国次序。印度首先成为下一次会议的轮值主席国。不过，印度表现出了对开展轮值主席工作可能会遇到困难的担心。因此，加拿大作出承诺，会支持印度的工作，并保证让候任轮值主席国参与讨论，以便其提前开始筹备工作。如此一来，由前任、现任和候任主席国组成的首个“三驾马车”机制便确立下来。若干年后，亚太经合组织(APEC)论坛也借鉴了这项制度创新。

然而，“9·11”事件发生后，主席国加拿大提出将会议改在加拿大召开，这一提议得到了各成员国的支持。于是，二十国集团会议主席权到2002年2月才正式转交给印度。加拿大履行其诺言，同印度进行紧密合作，以确保各项工作顺利交接，并帮助印度制定了会议议程。在会议的大部分准备工作中，加拿大都为印度提供了很大的帮助。此外，澳大利亚储备银行和澳大利亚财政部于 2002 年 5 月 27 日至 28 日在悉尼举办了专题研讨会,讨论全球化、生活水平与不平等问题,进一步表现其与印度作为英联邦成员国的同盟关系和作为二十国集团成员国的同事关系(Gruen et al., 2002)。

代表会议过程　为了做好二十国集团 2002 年部长级会议的直接筹备工作,2002 年 7 月 16 日至 17 日,印度经济事务部长 C.M.瓦苏德瓦在新德里主持召开二十国集团代表会议。会议议程包括四个方面:全球化、危机预防与解决、发展与援助,以及打击恐怖主义融资。各国代表还讨论了世界经济、主权债务重组、资本流动性再生的国内政策要求,以及金融领域和公司管理的标准与规范等问题(G20 Finance, 2003a)。

各国代表确立了由加拿大、印度和墨西哥三国组成的二十国集团"三驾马车",保证了二十国集团会议运作的连续性。对印度这个首次主办会议的新兴国家成员而言,该机制的确立尤为重要。该机制也使二十国集团不需要建立常设秘书处(G20, 2008)。

到二十国集团举办第四次会议时,其常年讨论的议题已经深入人心。而这次代表会议新增了对发展与援助问题的讨论,并将其作为优先考虑的议题。在危机预防方面,代表们为各自国家的财政部长准备了照会,供其在正式会议上使用。

正式会议过程

在新德里会议上,与会各国有理有据地提出了一系列事实存在的议题,发表了不同的观点。他们细数了二十国集团在制定标准与规范、防止恐怖主义融资以及发布全球化报告等方面取得的进步。讨论全球化报告的深层原因在于该报告是开展其他工作的政治基础。

2002 年会议公报着眼于整体大局,成员国的财政部长和央行行长将发展作为贯穿公报的主线,而不是将全球化、贸易和发展等主题单列出来分别讨论。各国财政部长和央行行长回顾了在悉尼召开的"全球化、生活水平与不平等:近期发展与持续挑战"专题研讨会的结果以及与该问题相关的实际案例,最终指出,如果各国在国内实行恰当的政策，并且国际体系健康运作，在同时具备这两个条件的情况下，全球化将产生最大利益。对各国而言，这意味着加强制度建设、鼓励储蓄与投资、提升透明度与法治力度，以及加大基础设施和人才建设的投入。针对会议的每个次级主题，会议公报都在统一的大标题下用一个段落分别罗列。与“八国集团非洲行动计划”一样，善治在公报中占了最重要的地位。

与会成员国指出，减少贸易壁垒有助于扩大全球化的潜在利益。但是，他们当时并未作出减少贸易壁垒的承诺。这是后续工作，因为只有二十国集团能产生足够的政治凝聚力时，各成员国才可能不顾国内反对，作出上述承诺。

针对发展问题，二十国集团各成员国一致认可2000年发布的联合国千年发展目标（MDGs）的重要性，并重申对非洲发展新伙伴计划（NEPAD）的支持。他们指出，发展援助能发挥“重要促进作用，包括保证全球公共物品的供应”（G20 Finance，2002）。各国欢迎部分国家加强政府开发援助（ODA）以及根据《重债穷国动议》（HIPC Initiative）加强援助，但是，他们没有承诺加强政府开发援助或减清重债穷国的债务负担。

在维护金融稳定、预防危机和打击恐怖主义融资等方面，2002年会议公报认可并赞赏了目前的措施。这份公报基本上没作出新的承诺。

全球化：通过善治实现发展　澳大利亚全球化专题研讨会的主旨报告引发了与会各国的热烈讨论。此前，澳大利亚、加拿大、中国、法国、德国、韩国、墨西哥、俄罗斯、南非、美国和英国对全球化对各自的影响做了案例分析，那次专题研讨会便是基于这些案例而召开的。在2000年的蒙特利尔会议上，各国原本商定将这些案例分析汇编成册，一年后交付出版。但在一年后的渥太华会议上，人们的关注点全都集中在打击恐怖主义融资问题上，因此案例分析的出版事宜被推迟。澳大利亚研讨会决定将这些案例分析公开出版，以供公众、智库以及各国政府都能了解全球化带来的影响。二十国集团委托世界银行负责案例的出版工作。

在2000年蒙特利尔会议上,二十国集团各成员国部长和央行行长一致表示,全球化的影响既有积极的一面,又有消极的一面;到了2002年,他们已将全球化以及发展与援助作为会议的主要议题。在这样的情形下,二十国集团各成员国在新德里会议上提出,“国际社会应对世界上贫穷国家的境况给予特别关注”(G20, 2008)。虽然如此,但是与会成员国并未贬低受援国可以扮演的角色。善治,包括设立高质量的机构和实行恰当的国内政策,也是推动全球化发展的必要条件。

各成员国财政部长和央行行长继续肯定了“蒙特利尔共识”,并再次表态要努力实现联合国千年发展目标。他们一致认为,只有将资源实际转交给发展中国家,才是真正向它们提供了援助。各国也统一观点,认为受援国的能力建设应当包括建立制度框架、实行恰当的政府政策和保证公众参与这三方面。

危机预防　2001年,二十国集团各成员国部长和央行行长的代表们按要求就危机预防问题做了报告。他们总结道,国与国之间联系日益紧密,这将各国置于外界动荡的环境中,并使他们更容易受到他国不良国内政策的影响。如需建立健康的国际金融体系,一个负责和有效的国际金融机构体系(IFIs)和国际监管体系是必不可少的。二十国集团的财政部长和中央银行行长将会考虑各位代表的建议。

由于国家间的经济一体化深入发展,以及各国共同的脆弱性,各国的国内政策逐渐进入二十国集团等国际机构工作的视域。各国财政部长和央行行长默认了这一主权概念和表现形式的转变。他们肯定了只有建立一个健全的国家金融体系,同时巩固国际架构,才能维持全球经济健康发展,降低金融危机的风险和损害。他们还呼吁建立更加有序的危机管理制度,以便国际社会更快、更协调地采取应对措施。他们特别签署了“集体行动条款”(CACs)、通过了“主权债务重组机制”(SDRM)和一项合理行动准则。

打击恐怖主义融资　2001年,二十国集团财政部长和央行行长作出承诺,冻结恐怖分子资产,执行国际标准,各国之间互通信息并提供技术协助。他们也保证,将在2002年回顾在上述承诺事项中所取得的进展。他们在新德里会议上接受这项职责,并指出各国确实已开始实施联合国的相关对策,在国内立法,将恐怖主义融资列为犯罪行为。与会成员国集中讨论了有必要增强正规的转账渠道,从而减少非正规转账渠道转账。他们还讨论了建立监管体系和发出预警信号等问题。

成就

2002 年新德里会议在某些方面不如前三次会议成功。此次会议虽然将议题范围拓宽至聚焦发展,也取得了制度上的进步,但因没有迫在眉睫的危机需要应对,二十国集团没有太多直接行动。

新德里部长级会议以很重要的方式扩大了二十国集团的关注范围和工作议程。二十国集团的每次会议都有一个核心议程,包含三个主题——全球经济增长和态势,贸易自由化,国际规范与标准。除几乎全部围绕危机展开讨论的 2001 年会议外,另两个主题,即金融体系的脆弱性和危机的应对与预防(这是本论坛最初的焦点),都是二十国集团固定不变的议程。2000 年,二十国集团又向前迈出了很大一步,增加了两项议题——扶贫和政府开发援助,这两项议题也成为每年会议议程的固定议题。2001 年,二十国集团将打击恐怖主义融资列入其永久议题。2002 年,二十国集团的国际议程新增了联合国千年发展目标和非洲发展新伙伴计划。二十国集团的治理范围不再局限于维护金融稳定和应对危机,而是更加重视从宏观经济层面关注全球经济的可持续、均衡增长。

另外,二十国集团三驾马车机制正式确立,保证了前任主席国能够将经验传递给候任主席国(G20, 2008)。

各项工作

新德里会议取得的些许成就在二十国集团治理的六项工作中都有具体表现。

国内政府管理　在国内政府管理方面,二十国集团在会议公报中对候任主席国墨西哥作了一次积极评价(参见附录 D-1)。相比之前一年,这是一个小进步,当时加拿大没有向印度发表这类赞赏。主办二十国集团会议也提升了印度政府的声望，此前，印度从未主办过此类高层次经济活动。

不过，与前三年的二十国集团会议相比，出席新德里会议的财政部长和央行行长人数有所减少。其原因并不是他们对此次二十国集团会议缺乏信心，也不是此次会议不重要，而是由于会议举办地的距离远、路途耗时长的实际问题。2001 年二十国集团会议在渥太华召开时，国际货币基金组织和世界银行的会议也同期召开；而在新德里，只有二十国集团一个会议召开。

协商　纵观二十国集团历年的部长级会议，在协商方面，新德里会议的表现是史上第二差的(参见附录 E)。各国财政部长和央行行长发布了一份区区 989 字、仅有 10 个段落的公报，篇幅少于 2000 年和 2001 年的公报。而且，新德里会议公报也没有提供任何附录。

虽然二十国集团的协商工作已显现出不尽如人意的迹象，但是，会议议程的特定议题以及该议程中继承传统与开拓创新方面，大大盖过了协商工作走下坡路的最初迹象。从表面上看，1999 年，二十国集团会议的独立议题起步缓慢，议程上仅有五个议题。而后，议题大大增加，2000 年增至 19 个。到 2001 年，由于会议几乎全部围绕危机展开讨论，议题下降至 13 个。到 2002 年，会议议程所包含的议题数量又回到 19 个之多，涵盖范围广泛。就使会议议程恢复蒙特利尔会议的规模而言，新德里会议所作的努力取得了成功。

方针制定　新德里会议在方针制定方面取得了很大进步，尤其是在民主原则和规范方面，批准的事项增至五个之多，所涉内容广泛(参见附录 F-1)。二十国集团不仅是在由富裕的七国集团担任主席国时将民主视为首要原则，在新德里会议这样由落后新兴国家主办的会议上也同样如此。因此，新德里会议凸显了民主对二十国集团的重要性。

在创立的最初四年，二十国集团作出了一系列重大拓展性举措，包括在经济全球化和社会全球化环境中的嵌入式自由主义问题上达成新共识，以及在政治领域，如果不是实现个人自由，那么就是在开放民主问题上达成新共识。在这一意义上，二十国集团越发向八国集团的核心规范承诺靠拢。

自创立以来，二十国集团始终将其核心价值或目标定为稳定、增长与公平。1999年公报提出，二十国集团要努力“实现世界经济稳步、可持续增长，以惠及所有人”。2001年渥太华会议将该目标拓展为“惠及我们所有人的增长、公平和社会安康”。2002年，新德里会议更为详细地重申“实现更加稳定、繁荣和公平的世界经济”的重要性。

第一项显著的规范性发展是在开放民主方面。1999年创立时，二十国集团仅以透明度方针为单薄的基础。到2000年，集团迅速将保证国际流动性和公民接受世界各国观念的渠道列入其方针。自2001年起，善治成为新的核心。在长期实行民主制度的印度召开的2002年会议上，首次将全球监管、法治以及对非洲发展新伙伴计划的支持纳入二十国集团的方针。

二十国集团是如何将上述方针以更紧密的因果关系模式逐渐联系在一起的？其实现方式更值得重视。新德里会议将法治放在首位，认为法治是基础性方针。会议宣称，“强大的组织制度、促进储蓄与投资的氛围、透明度与法治，再加上增加对发展中国家基础设施与人力资本的投资，这些是促进增长、缓解贫困的要素”。

在这项二十国集团共识中，以善治和法治的形式体现的民主是实现增长、公平、社会安康和缓解贫困这些终极目标的必要条件。实现发展的民主是首要问题。同时，在为自由贸易、通过援助与融资促进发展，以及民主善治这三者之间建立联系时，二十国集团也发挥着不可或缺的作用。

第二项规范性进展是在分配或公平方面。20世纪90年代“惠及所有人的增长”的分配原则内容不够全面，到2000年，该原则的内容扩充为重视收入不平等、扶贫，以及为最落后的国家寻求利益。2001年的渥太华会议扩充的内容不多。2002年的新德里会议的扩充内容则更具体，将联合国千年发展目标加入进来。由此，二十国集团进一步巩固了其所作的长期为世界上最落后的国家、最脆弱的社会群体寻求利益的有力承诺。

第三个规范性进展是在全球化环境中的嵌入式自由主义方面(Ruggie，1983)。这一进展集中于几个主要衡量标准的变化，包括国际开放或封闭、国内开放或封闭、调整适应或加强巩固，以及这几方面之间的平衡。国际开放度是一个长期存在的标准。2002 年，二十国集团先是通过了“有序的”资本账户开放原则，而后又调整为“适当”顺序的资本账户开放原则。从 2001 年起，二十国集团还增加了对恐怖分子“不提供安全避风港”的国内干预原则。然而，由于各国政府更加强调国内保护，这项针对形式多样的国际开放度的规范性附加条款从一开始就受到冷落。各国政府的国内关注重点转为建立健全符合国际最佳实践、良好的结构性政策以及高效、稳固的市场要求的良好国内政策。不过，这些与国内相适应的新自由主义附加条款受到同样强大的扩张力量的制衡，包括强大的组织制度、健全的社会政策、对基础设施与人力资本的投资，以及对改革过程的适度管理。各国政府的总体重心从探讨政府能够和应该在多大程度上为国内提供保护、政府能够和应该以何种方式提供保护的问题，转向探讨政府应当在国内建设什么的问题。然而，曾在 1999 年和 2000 年酝酿将环保标准纳入会议的计划最终流产，使二十国集团在努力达成嵌入式生态主义共识的道路上止步。而嵌入式生态主义已成为八国集团的重要特色(Kirton, 2002)。至此，二十国集团已成为一个发展俱乐部，但它并未实现生态可持续发展。

决策　新德里会议在决策方面表现不佳(参见附录 G)。从一开始，二十国集团会议在集体承诺上就已形成逐年稳步增加的特征。然而，2002 年，二十国集团仅作了两项承诺——承诺数量为史上最少。两项承诺中，一项是关于发展，另一项是关于恐怖主义。此次会议使二十国集团又回到协商性的制定方针的论坛。

承诺的兑现　在承诺兑现方面，二十国集团试探性地增强其工作表现。由于新德里会议上只有两项承诺，此次会议没有多少承诺需要兑现。即便采用延缓任务的方式，或者采用二十国集团成员国首脑不熟悉、而在八国集团发挥重要作用的履约督促方式，此次会议几乎不用兑现什么承诺。

全球治理的发展　在全球治理发展方面，二十国集团新德里会议表现得好得多。在集团内部，自创立的四年来，二十国集团努力将自身打造为一个由 20 个成员国平等参与的更团结、依然灵活并富于创新的机构。它符合自由制度主义的标准,能够提供可预测的处理问题的出发点,并能对未来发展产生影响,从而增强有效互动、透明度与互信。至此,二十国集团每年秋天为各成员国财长和央行行长创造一次会面的机会,会期两天,以开幕晚宴开始,第二天召开全天会议。会议基本上避开了其他社会活动或八国集团、新兴国家团体或其他机构团体举办核心会议的时间,从而减少外界的干扰和影响。新德里会议实现了新兴国家担任会议主席国的可能,确立了"三驾马车"牵头机制。

在集团外部,相比前两次会议,新德里会议对其他国际机构关注较少(参见附录 C-1)。但此次会议作了六次对其他国际机构的援引,而对二十国集团本身的援引仅有两次。在其所作的外部援引中,会议首次加入非洲发展新伙伴计划,主要侧重于发展制度和手段,由此加强上述六项工作之间的连贯性。

取得成效的原因

二十国集团 2002 年会议取得上述工作成效的主要原因在于其体系俱乐部模式。由于这段时间没有发生新的严重动荡,没有产生对各国造成同样威胁的影响,此次会议所取得的成效相对较少,仅有一些实质性进展。这些进展虽然不大,但颇具意义,在实现过程中,国际机构的失败、均等能力以及民主趋同等因素发挥了突出作用。

由动荡引发的共同脆弱性　2002 年是二十国集团第一次真正未经历动荡的一年。2001 年的阿根廷和土耳其金融危机得到了遏制,至少在国际体系中已不会对二十国集团内大多数强国产生影响。虽然各国财长和央行行长也知悉印度尼西亚和俄罗斯发生的恐怖主义冲击,但这些冲击所造成的伤亡数量有所减少,没有前一年的"9·11"事件那样严重(参见附录 I)。二十国集团在创立的头三年尤为热衷生态问题,而到了 2002 年,像对葡萄牙、西班牙和法国海岸造成严重危害的"威望号"油轮燃油外泄这样的生态灾难似乎已经不再是二十国集团的关注重点。新德里会议在决策方面未取得显著成效,主要原因也在于这一年没有发生严重动荡。

国际机构的失败　如果不用考虑从新兴民主国家的角度满足全球需求而作的改革，二十国集团表现低迷的第二个原因则在于其竞争对手在工作结果上取得的成功。在二十国集团总体表现低迷的同时，国际货币基金组织准确预测了全球经济增长，是二十国集团成立以来所做预测准确度最高的一次（参见附录J-1）。然而，由于未能发布主权债务重组机制，国际货币基金组织依旧是一个未改革、七国集团主导下的俱乐部。像阿根廷和韩国这样的国际体系内的重要国家仍将其视作不灵活的制约因素，而不是应对危机的有效支撑。金融稳定论坛（FSF）是由七国集团主导的另一个俱乐部，没有协助应对危机的资金，对发展问题和其他新兴国家并无真正兴趣。

七国集团或八国集团正在扩大其工作范围，邀请部分非洲发展中国家参与，这样的改革确实对二十国集团造成了一定的竞争，但同时对其工作有所促进。七国集团或八国集团在推动民主方面取得的成功促进了二十国集团顺利制定方针。然而，二十国集团很早就认识到有必要扩大参与成员的数量，然而，在这方面，七国集团或八国集团动作较迟，几乎没有借鉴二十国集团的经验。在财政部长级别，七国集团在1998年开始邀请处理多边事务的世界银行和世界贸易组织的行政主管出席，但之后没有任何其他新增参与成员。直至2004年10月，七国集团才邀请中国出席会议，2005年仅增加了印度、巴西和南非三国出席。在首脑级别，八国集团在2001年开始邀请新的国际组织（类似1996年）和国家出席会议，以非洲国家和相关国际组织为主。但这个专门的扩容尝试是七国集团和八国集团自身的决定，在这项工作中，七国集团和八国集团仍未给予新兴大国确定的平等地位，尤其是，无论是国际货币与金融委员会、金融稳定论坛、七国集团，还是八国集团，新兴国家都从没有机会主持其会议。2002年在新德里召开的二十国集团部长级会议成为新兴国家首次担任主席国的此类会议。

集体主导、内部平等的能力　二十国集团新德里会议取得较小却实质性进展的第三个原因在于，集团外部主导力略有下降，成员国的相对能力也略微表现出内部不平等（参见附录K）。集团的外部主导力占全球主导力的比例从两年前的82%小幅降至81%。随着基尼系数从一年前的 0.55 上升至 0.56,以及系数最高的成员国与最低的成员国之间的系数比从一年前的 86.76 升至 103.59,二十国集团内部平等的水平也有所下降。

民主趋同　新德里会议取得进展的第四个原因,尤其是在方针制定方面的进展,在于其国内的民主趋同。新德里会议上,民主趋同主要表现为会议由二十国集团中实行民主政策最长的新兴国家成员担任主席。2002 年,二十国集团的民主在各守成国家和新兴国家成员中保持原有水平的基础上,得到了进一步发展,其主要变化在于让民主国家印度担任主席国。

政治控制、资本、连续性、能力和承诺　造成本次会议在决策制定方面表现不佳以及全球治理外部发展的第五个原因,是因为二十国集团成员国在政治控制、资本、连续性、能力和承诺这几方面均有所减弱。新德里会议是二十国集团创始人保罗·马丁未参加的首次部长级会议。马丁于当年 6 月不再担任加拿大内阁成员,约翰·曼利(John Manley)接任其财政部长职位。而英国方面,戈登·布朗当时还是财政大臣,但他决定不出席此次会议,而是委派财政次长埃德·鲍斯(Ed Balls)参会。法国、中国、韩国和土耳其此次派出各自的新任部长参加(参见附录 L)。约翰·斯诺(John Snow)第二次代表美国参会,日本的财务大臣盐川正十郎(Masajuro Shiokawa)也是第二次参会。出席新德里会议的二十国集团创始人仅有德国的汉斯·艾歇尔(Hans Eichel)、澳大利亚的彼得·科斯特洛(Peter Costello)、南非的特雷弗·曼纽尔、巴西的佩德罗·马兰(Pedro Malan)和沙特阿拉伯的易卜拉欣·艾尔-阿萨夫。

会议由曼莫汉·辛格(Manmohan Singh)主持,辛格是一位出色的经济专家。不过,由于这是他第一次牵头主办、主持和参与二十国集团会议,新德里会议显得与 1999 年柏林会议颇为相似,这也很正常。辛格办事高明、思维缜密。在会议上,许多成员国的财长和央行行长的发言都是直接读其代表提前准备好的声明。但在会场外的走廊上,辛格有效地打破了这一僵局。

有限参与俱乐部:二十国集团作为全球治理网络中心　新德里会

议的总体进展较小,其第六个原因在于,二十国集团正在缓慢地发展为处于全球治理网络中心的有限成员参与的俱乐部。第四年的会议没有邀请成员国以外的其他国家。但是,在此次会议前后,全球治理网络中也没有发生新的危机,没有给二十国集团发挥其效用的机会。

在集团内,新德里会议使二十国集团成为新兴国家体系共同体的财政部长集会。二十国集团成员国众多,各国在政治结构和信仰等方面都有所不同,其批评者,甚至还包括其支持者都在猜测,这种集团如何能就国际问题展开讨论、形成共识。与会人员对此所作的部分回应,认为二十国集团治理的重点仍是金融领域中比较专业的方面。即使各个新兴国家成员的金融系统的复杂程度有所不同,其财政部长和央行行长在该领域都具备很强的专业知识和很丰富的经验。因此,所有参会国家在治理观念和金融专长这两方面有一定的相似性。参加过 2001 年和 2002 年两次二十国集团会议的加拿大银行行长大卫·道奇(David Dodge)记录道,从 2001 年的会议开始,各国财政部长和央行行长之间平等地展开对话,他们之间其实有很多共同点:“这并不像人们想象的那么困难,因为我们的背景颇为相似,在理解这些事务的过程中,我们自然会有相似的观念”(2001)。二十国集团自始至终都不应该是发展中国家借鉴发达国家经验的论坛。它是由各成员国平等参与的会议,专业人士齐聚一堂,共同解决全球经济问题。解决这些问题所需的国际合作与配合已达到前所未有的高度。2002 年,在辛格的主持下,二十国集团成员国进一步实现了观念的一致性。

二十国集团外,由于集团发挥的体系中心连接作用,一年前受“9·11”恐怖事件影响而基本陷入停滞状态的全球金融和经济网络重新恢复了正常运转。

2003 年莫雷利亚会议

挑战

在接下来的 2003 年,二十国集团财政部长会议连续第二年由新兴成员国主办。墨西哥召开的莫雷利亚会议主要讨论了全球经济复苏和经济可持续发展这两个主题,各国财政部长和央行行长围绕发达国家与发达国家之间以及发达国家与欠发达国家之间的不均衡问题展开讨论。他们继续讨论了新德里会议的突出议题:危机预防与解决、全球化、打击恐怖主义融资以及发展融资。此外,防止金融系统中的舞弊以及提升透明度、促进信息交换也被列入议程。各成员国还进一步讨论了未来的优先考虑事项(G20, 2008)。

2003 年春天,以美国为主的联合部队对伊拉克发动的军事行动给二十国集团带来了诸多挑战。墨西哥和德国问道,这个世界是否已变得过度依赖美国经济?美国的经常项目赤字和公共财政赤字都作为问题在会上被提出。美联储主席格林斯潘承认,由于各种冲突,如伊拉克战争,美国经济确实有所倒退。美国财政部长约翰·斯诺一再倡议打击恐怖主义,并鼓励成员国为伊拉克重建捐款。斯诺将经济发展的责任交给欧洲和亚洲。在与俄罗斯、中国、阿根廷、德国、墨西哥、土耳其、南非和法国的财政部长和央行行长进行的非公开双边会谈中,斯诺讨论了上述议题(Watson, 2003)。然而,关于美国为何会在此次军事行动的驱使下而主导世界,大多数成员国并未就此交换意见。

不同流派的观点　关于莫雷利亚会议的成效,主要有三派不同观点。第一派认为,二十国集团此次会议并不成功,因为它偏离了其讨论目标。持这一观点的人认为,二十国集团会议并不是讨论诸如伊拉克债务这类问题的合适时机或场所(ITAR-TASS, 2003)。

第二派认为,此次会议取得了成功,它使全球经济步入了复苏的轨道(Perez, 2003)。

第三派观点是,墨西哥会议表明,二十国集团富有成效,建立了共识,是云集政治与金融专业人士的论坛(G20, 2008)。

本章观点　本章认为,二十国集团墨西哥会议又是一次成就较小,但取得实质性进展的会议。会议最成功之处在于其在全球治理内部的发展,这是通过推进二十国集团的结构性要素和制度性要素实现的。但相比之下,在制定所讨论问题的政策内容上,本次会议则不尽完美。各国财政部长和央行行长已涉及应对危机以外的其他问题,并已承担反腐败等问题的义务。然而,新德里会议后一年内,各成员国不同程度地受到各种动荡的打击,这使他们在会上无暇专注于上述问题。此外,以美国为主的联合部队对伊拉克新近发起的军事行动在国际社会引发分歧,致使各成员国停止讨论,也导致决策过程受限。

计划与安排

二十国集团墨西哥会议的最初计划于印度会议结束后几天发布。墨西哥财政部提议,这次会议的工作议程中应包括全球化和危机预防及解决的话题,尤其是要关注主权债务问题;他们也提出,还应讨论部分国家或地区提供避税场所的问题(*El Economista*, 2002)。

墨西哥多次召开筹备会、座谈会和研讨会,以准备 2003 年的这次集团年会。2003 年 3 月 3 日至 4 日,二十国集团代表在坎昆首次会面。此次会面为部长级会议的议程选定了六个议题:危机预防和解决、防止国际金融系统中的舞弊、提升透明度与促进信息交换、全球化与制度建立在金融领域的作用、发展融资以及打击恐怖主义融资。几天后,在 3 月 9 日,巴黎举办了一场座谈会,讨论改进"国际债务结构调整机制"的建议(G20 Finance, 2003c)。5 月 26 日,二十国集团在墨西哥城召开研讨会,讨论主权债务重组(G20 Finance, 2003c)。

二十国集团代表第二次会面于 9 月 24 日至 25 日在伦敦举办。这次会面仅为会议议程选定了四个议题:保留了上一次会面选定的两个议题——发展融资和打击恐怖主义融资,另外补充了债务重组以及全球化与经济增长问题(G20 Finance, 2003c)。二十国集团首次讨论了建立金融制度的重要性。金融制度的建立能够促进经济的发展与增长。2004 年由德国和加拿大共同主持的渥太华会议继续就这些问题展开了讨论(G20 Finance, 2004)。

墨西哥为 10 月 26 日至 27 日的莫雷利亚部长级会议准备了讨论文件,讨论议题包括危机预防与解决、防止国际金融系统中的舞弊、提升透明度与促进信息交换、全球化与经济增长,以及制度建立在金融领域的作用。英国协助起草了有关发展融资议题的文件,美国则为起草关于打击恐怖主义融资议题的文件准备了背景材料(G20 Finance, 2003c)。

会议过程

莫雷利亚会议的主要议题是危机预防与解决、防止国际金融系统中的舞弊、提升透明度与促进信息交换、全球化与经济增长和全球化及制度建立在金融领域的作用。另外,会议还在其他五个次要方面开展工作,其分别是:除了起草发展融资报告,各国代表还起草了一份关于打击恐怖主义融资的报告;墨西哥银行通过对除阿根廷、印尼、沙特阿拉伯和欧盟以外的16个成员国进行案例分析,做了一个全球化影响报告;会议讨论了二十国集团的未来和有效性;与会各国正式表决了来年会议的主席国(G20 Finance, 2003b)。

在2003年的会议公报中,二十国集团财政部长和央行行长们强调了均衡增长的重要性。在此次会议上,二十国集团着重提出应重启贸易对话。在二十国集团召开会议前几天,10月17日至18日,在泰国曼谷召开的亚太经合组织部长级会议就已提出重启贸易对话;此前,9月10日至14日在坎昆举行的世界贸易组织第五次部长级会议上,关于这个问题的讨论结果令人失望。二十国集团会议公报中还重申了预防和解决危机的任务,并回顾了打击恐怖主义融资和反洗钱所取得的进展,践行2002年作出的承诺。他们重申了缓解全球贫困的承诺、落实联合国千年发展目标的承诺以及蒙特雷发展承诺。二十国集团首次提前两年宣布峰会的主办国——2004年由德国主办,2005年由中国主办。这更为深入地推进了二十国集团会议在新兴国家和发达国家之间的轮值主席制度。

部分与会成员国还提出了自己的议题。约翰·斯诺赶赴莫雷利亚参会前,参加了西班牙马德里的伊拉克捐助者大会。他坚持说服二十国集团帮助清偿伊拉克的债务。然而,并非所有成员国都对这个提议感兴趣,俄罗斯财政部长阿列克谢·库德林就是其中之一。因此,会议公报最终没有提及伊拉克。斯诺还鼓励中国采取更灵活的货币体系,并要求欧洲和亚洲国家强劲经济增长,以平衡美国的经济增长单引擎。

阿根廷财政部长罗伯托·拉瓦格纳在场外会见了七国集团成员国的与会代表,讨论了阿根廷面临的金融难题。二十国集团来年会议的主席,德国财政部长汉斯·艾歇尔一再要求在年内设立预防危机的自愿行动准则(Authers, 2003)。

成就

莫雷利亚会议取得的成就并不多,主要成就是达成了一项有关解决金融危机的共识。其“关键性突破”在于,各国代表在 3 月召开的会议上宣布了具有国际约束力的集体行动条款(G20, 2008)。如果负债国无法遵守贷款承诺,集体行动条款则能为其提供债务重组框架。

各项工作

莫雷利亚会议的成就不多,但其六项特定工作中都有一定的体现。

国内政府管理　在国内政府管理方面,莫雷利亚会议的进展十分有限。二十国集团在公报中对其成员作了两次积极评价,评价次数在二十国集团前五年会议中位列第二(参见附录 D-1)。其中一次高度评价了墨西哥“出色的组织能力”,另一次则是对德国主动提出主办 2004 年会议的肯定。然而,实际上,墨西哥并未有效利用其主席国的地位来推进其国内的政治议程。

协商　在协商领域,会议也没取得太大的进展。莫雷利亚会议发布的公报仅有九段,没有附件。公报全文共 1 185 字,虽然篇幅比之前一年的公报长,但也是迄今为止短的公报(参见附录 E)。公报的重中之重是宏观经济,其次是贸易和金融监管,早先的议题没有再涉及。由此可见,二十国集团仍是一个灵活的论坛,面对世界各国不断变化的需求,能在继承传统与开拓创新之间达成良好的平衡。

方针制定　在方针制定方面,莫雷利亚会议有所退步。此次会议仅对民主原则作了三次援引:一次是在善治方面,另两次是在信息和知识交换方面(参见附录 F-1)。公报称:“二十国集团在加深援助、善治、融资与贸易的联系方面独树一帜。”对内嵌式的分配自由原则所做的肯定在数量有所下降，范围也有所缩小。

决策　在决策领域，二十国集团作出六项承诺，较上一年的承诺数量有所增加(参见附录 G)。莫雷利亚会议的六项承诺所涵盖的范围包括宏观经济和反腐败——这两个领域各占一项，以及贸易和打击恐怖主义。各国财政部长和央行行长首次作出反腐败的承诺，该议题对主办国墨西哥尤为重要。

承诺的兑现　莫雷利亚会议虽然没作太多决策，但其承诺都得到了有力的兑现。经评估，大多数成员国在实际工作中高水准地兑现了他们在 2003 年的承诺。如果评估标准是＋1.00 到－1.00 的区间，那么其兑现承诺的平均成绩可达＋0.42(71%)(参见附录 H-1)。也就是说，此次部长级会议与同期的八国集团峰会承诺兑现情况持平。事实上，二十国集团受评估的 5 个非八国集团成员国以相同的水平兑现了 2003 年八国集团埃维昂峰会的承诺(参见附录 H-2)。这些成员国似乎已做好准备参加八国集团会议，甚至成为八国集团俱乐部的正式成员。在兑现防止金融舞弊、打击恐怖主义和贸易等方面的承诺中，各成员国作出了最有力的行动。而在兑现莫雷利亚会议的承诺上，八国集团成员国比非八国集团成员国做得更好，但其优势并不明显，且并非每项都更具优势。在兑现承诺这个关键问题上，二十国集团正在成为由各成员国平等参与的集团。

全球治理的发展　在全球治理发展方面，二十国集团莫雷利亚会议前进了一小步。在内部，二十国集团自身的制度化程度有所提升，这主要表现在与会成员国不仅宣布了德国作为 2004 年会议的主席国，还宣布了中国是 2005 年的主席国。由此，会议由守成国家成员和新兴国家成员轮值担任主席国成为集团的惯例。

在外部，二十国集团莫雷利亚会议对其他国际机构所作的援引次数较去年相比翻了一番(参见附录 C-1)，总共是 14 次，超过了二十国集团对其自身的四次援引。其中，对国际货币基金组织的援引有五次，使该组织又成为二十国集团援引最多的国际机构。

取得成效的原因

与2002年一样,2003年莫雷利亚会议取得成效的主要原因也是二十国集团治理的体系俱乐部模式。

由动荡引发的共同脆弱性　最突出的动荡是2003年3月,以美国为主的联合部队对伊拉克发动的军事行动。这是一次有计划、由一国所做决定而引起的传统型动荡。这加剧了二十国集团成员国脆弱性的不平等,只有极少数的成员国加入了以美国为首的联合部队。油价创下新高,攀升至每桶37.96美元,是自1999年二十国集团成立以来的最高价格——虽然在美国发起军事行动前,油价就已涨至顶峰,而且到二十国集团会议秋季召开时,油价上涨的影响已逐渐减弱(参见附录I)。这段时间,也没有太多的恐怖袭击事件发生。

欧洲和印度持续受热浪袭击,也是2003年世界面临诸多挑战的原因。欧洲有40 000多人、印度有1 200多人死于这一年的热浪。同样,另一主要问题是"非典"(严重急性呼吸道综合征,SARS)肆虐。截至2003年底,全球有超过8 000例病例报告、774例死亡报告(World Health Organization, 2004)。这些动荡虽然体现出成员国的新的脆弱性,但是,这些事物对二十国集团过于陌生,他们很难应付处理,无法从金融与经济方面以及从健康与环境方面与其建立起联系,也无法反向在各方面之间建立联系。

国际机构的失败　与2002年相比,2003年其他国际机构的失败不多。联合国拒绝批准以美国为主的联合部队对伊拉克发起军事行动。国际货币基金组织非常准确地预测了全球经济增长(参见附录J-1)。

最重要的是八国集团再次扩员,邀请了更多欧洲国家参与峰会,最终也开始将二十国集团的新兴国家成员纳入会议邀请范围。在众多非八国集团成员中,法国邀请了中国、印度、巴西、墨西哥和沙特阿拉伯参加八国集团埃维昂峰会。但有些人依然认为,这些国家仅是作为次等成员一次性参与,一切都需服从八国集团主办国。此外,在财政部长级会议上,七国集团仍将所有非成员国完全拒于其俱乐部的大门外(参见附录J-3)。

集体主导、内部平等的能力　二十国集团的全球主导力和国内生产总值的内部平等性(以基尼系数为标准)略有下降(参见附录K)。最强和最弱成员之间的差距回落至2001年的水平。而八国集团峰会的扩员是其对世界各国正在发生变化的相对实力所作的合理反应。

民主趋同　2003年会议上,二十国集团在民主趋同方面没有发生变化。各国国内没有明显加强民主原则或实践的转变。经过又一年在各成员国之间广泛共享民主,二十国集团俱乐部的共同原则逐渐得到了强化。

政治控制、资本、连续性和能力　莫雷利亚会议的政治连续性较差。巴西、中国、日本、韩国和美国都更换了财政部长(参见附录L-2)。阿根廷、加拿大、法国、印度和土耳其的财政部长也仅是第二次参会。以美国为例,新任财长约翰·斯诺缺乏会议经验,强力寻求通过这次会议推进美国的伊拉克议程。但是,几乎没有几个成员国支持该议程,因而其努力收效甚微。

有限参与俱乐部:二十国集团作为网络治理中心　在内部,在莫雷利亚会议上,二十国集团成员国的数量和范围连续第五年维持不变,其成员国集中地开展工作。但由于美国新任财政部长的与会观念打破了集团原有的凝聚力。

在外部,二十国集团周边的网络有所扩大。莫雷利亚部长级会议上的双边活动激增,尤其是美洲国家之间的双边活动。这对会议的主旨和影响力有一定的负面作用,但加固了二十国集团作为全球治理网络中心的地位。更重要的是,2003年,二十国集团成员国除在从美国转移至西班牙的巴塞尔银行监管委员会(BCBS)中发挥引领作用外,还在其他所有主要国际金融机构中发挥主导作用(参见附录J-2)。2003年8月,发展中国家组成了一个同名集团:“二十国集团”,以共商贸易议题。二十国集团发展中国家在9月于坎昆举行的世界贸易组织部长级会议后举行了首次会晤。[1]在二十国集团莫雷利亚会议前不久,亚太经合组织峰会和财政部长会议在曼谷召开。

本 章 小 结

尽管二十国集团拓宽了其主席国和议程的范围,它还是紧紧围绕七国集团或八国集团的核心原则开展工作——开放民主、个人自由和社会进步。即使在导致成员国产生共同脆弱性的动荡平息后,世界格局恢复常态后,二十国集团也依然如此。经过最初的五年,二十国集团这个国际机构已有能力应对部分难度更大的体系性金融问题。除严格意义上的金融监管以外,二十国集团已开始在全球化、打击恐怖主义和发展这些领域拓展其影响力。

即便二十国集团的主办权由七国集团国家交接至新兴民主国家成员,其最初三年所取得的成效基本上得到了延续。在 2002 年新德里会议上,对发展和民主这两方面的重点强调表明,二十国集团中民主制度实施最完善、实力排名第二的新兴国家成员已接纳并认可了这个当时的新兴集团。二十国集团也将在未来不断施展其影响力。2003 年在莫雷利亚,墨西哥主办的二十国集团会议印证了该趋势。由此可见,二十国集团已做好准备,来年回到其创始地柏林召开时,将又一次向前迈出有力的一步。

参 考 文 献

Authers, John. 2003. "G20 Meeting Upbeat over Outlook for World Economy." *Financial Times*, October 28.

Ben-Ishai, Elizabeth, Aburto, Daniella, Fiorello, Carrie, Harrison, Judah, and Dolkar, Karma. 2002. "G20 in New Delhi: Fight Trade Barriers and Money Laundering." *G8 Bulletin*, November 18—24. Available at: www.g8.utoronto.ca/g8bulletin/vol6/issue12.htm. Accessed: July 2012.

Dodge, David. 2001. "Interview with Candida Tamar Paltiel." November 18. Available at: www.g8.utoronto.ca/oralhistory. Accessed:

July 2012.

El Economista. 2002. "Mexico to Preside over G20 During 2003." November 25.

G20. 2008. "The Group of Twenty：A History." Available at：www.g20.utoronto.ca/docs/g20hisroty.pdf. Accessed：July 2012.

G20 Finance Ministers and Central Bank Governors. 2002. "Delhi Communiqué." Delhi，November 23. Available at：www.g20.utoronto.ca/2002/2002communique.html. Accessed：July 2012.

G20 Finance Ministers and Central Bank Governors. 2003a. "Economic Reform in this Era of Globalization：16 Country Cases." Available at：www.g20.utoronto.ca/docs/economicreform.pdf. Accessed：July 2012.

G20 Finance Ministers and Central Bank Governors. 2003b. "G20 Communiqué." Morelia，Mexico，October 27. Available at：www.g20.utoronto.ca/2003/2003communique.html. Accessed：July 2012.

G20 Finance Ministers and Central Bank Governors. 2003c. "Mexico 2003：G20 Work Program." Available at：www.g20.utoronto.ca/2003/2003program.pdf. Accessed：July 2012.

G20 Finance Ministers and Central Bank Governors. 2004. "G20 Workshop on Developing Strong Domestic Fnancial Markets." April 26—27. Available at：www.g20.utoronto.ca/docs/financialmarketsworkshop.pdf. Accessed：July 2012.

Gruen，David，O'Brien，Terry，and Lawson，Jeremy，eds. 2002. *Globalisation，Living Standards，and Inequality：Recent Progress and Continuing Challenges*. Sydney，Australia：Reserve Bank of Australia. Available at：www.g20.utoronto.ca/biblio/rba-at-2002.pdf. Accessed：July 2012.

Gupta，Surojit and Friel，Terry. 2002. "G20 Nations Unsure How to Cut Money for Terrorism." *Reuters*，November 24.

ITAR-TASS. 2003. "It Is Premature to Discuss Donations to Iraq—Kudrin." October 27.

Kirton, John J. 2002. "Global Community Outreach: The G20 and Africa." G8 Online, Lecture No.9. Available at: www.g8.utoronto.ca/g8online/2002/english/2002/09.html. Accessed: July 2012.

Kirton, John J. 2010a. "The G20 Finance Ministers: Network Governance." In *Rising States, Rising Institutions: Can the World Be Governed?*, eds Alexandroff, Alan S., and Cooper, Andrew F. Washington DC: Brookings Institution Press, 196—217.

Kirton, John J. 2010b. "The G20, the G8, the G5, and the Role of Ascending Powers." Paper prepared for a presentation at a seminar on "Ascending Powers and the International System," December 14, Mexico City. Available at: www.g20.utoronto.ca/biblio/kirton-g20-g8-g5.pdf. Accessed: July 2012.

Kirton, John J. 2010c. "The Group of Eight's Legacy, Limitations and Lessons." In *The New Dynamics of Summitry: Innovations for G20 summits*, eds Bradford, Colin I., and Lim, Wonhyuk. Washington DC and Seoul: Brookings Institution Press and Korea Development Institute, 17—60.

Luce, Edward. 2002. "G20 Countries Disagree on Debt Defaults." *Financial Times*, November 25.

Mahapatra, Rajesh. 2002. "G20 Ministers Agree on Early Removal of Trade Barriers and Phasing Out Subsidies." Associated Press, November 23.

Mukherji, Biman. 2002. "Worldwide Trade to Benefit from G20 Pledge." Agence France Presse, November 24.

Perez, Santiago. 2003. "G20 Summit Ends, Sees Global Economic Recovery Underway." Dow Jones, October 27.

Ruggie, John G. 1983. "International Regimes, Transactions, and Change: Embedded Liberalism in the Postwar Economic Order." In *International Regimes*, ed Krasner, Stephen D. Ithaca: Cornell University Press, 195—232.

Salai-i-Martin, Xavier and Mohapatra, Sanket. 2003. "Poverty, Inequality, and the Distribution of Income in the Group of 20." *Economic Roundup* Autumn. Available at: archive.treasury.gov.au/documents/580/HTML/docshell.asp?URL=Poverty_Inequality.asp. Accessed: July 2012.

Watson, Sheri. 2003. "G20 Bulletin." October 28. Available at: www.g8.utoronto.ca/g20bulletin/g20v2n1.htm. Accessed: July 2012.

World Health Organization. 2004. "Summary of Probable SARS Cases with Onset of Illness from November 2003 to 31 July 2003." Geneva. Available at: www.who.int/csr/sars/country/table2004_04_21/en. Accessed: July 2012.

注释

1. "二十国集团"发展中国家包括以下二十三个成员国：阿根廷、玻利维亚、巴西、智利、中国、古巴、厄瓜多尔、埃及、危地马拉、印度、印度尼西亚、墨西哥、尼日利亚、巴基斯坦、巴拉圭、秘鲁、菲律宾、南非、坦桑尼亚、泰国、乌拉圭、委内瑞拉和津巴布韦。

第七章
携手柏林:2004 年柏林会议

引　言

挑战

2004 年 11 月 20 日至 21 日,二十国集团财政部长和央行行长召开第六次会议。此时,二十国集团面临着两个发展方向:第一是像 1999 年在德国召开的第一次会议关注的那样,让二十国集团回归为主要关注金融稳定的论坛;第二是在其已有基础上走一条更广阔的路,使其成为更大的全球治理中心,让全球化为所有国家服务,并通过经济、社会和政治开放来促进这个全球化世界的发展。

二十国集团最初五年是一个关注金融、经济的论坛,现已发展成为一个扩大了议程事项、建立新的规范指导方向以及采取和传达集体决定的论坛。同时,通过强化自身体制结构、与其他多边组织和多边机构进行有意识合作以及隐形竞争,二十国集团也使全球化治理得到了发展。通过减少其发达成员以及新兴成员之间的差异、加速论坛外的重要议题达成协议,二十国集团逐渐产生了自主的、直接的影响力。

二十国集团取得成功的部分原因在于,它与七国集团保持密切合作。七国集团与二十国集团结构相似,治理经验更丰富,且凝聚力更强。两个集团都支持提升透明度、增强公开性、推动民主和社会进步的公认原则。连续发生的一系列动荡对这些原则产生影响,在二十国集团向独立自主、高效运作的机构发展的道路上,这些动荡发挥了至关重要的作用。该集团中,越来越多的新兴成员国可以参与主导论坛,大多数成员国可发挥其影响作用，所有成员开始逐步接受越来越多的民主准则。

2004年初，1997年至2002年的经济危机以及2001年恐怖袭击造成的影响进一步消退，全球经济增长也强势回归。国际货币基金组织的一份报告显示，全球经济在2003年的低潮后正在逐渐回升。毋庸置疑，包括印度尼西亚、韩国、马来西亚、新加坡和泰国在内的亚洲国家拥有良好的发展基础，据此，国际货币基金组织对未来十多年内经济发展的最佳时机作出预测。在一些较大的拉美国家，尤其是阿根廷和巴西，其经济也有所发展。2004年夏的八国集团美国海岛峰会之后，七国集团的财政部长与八国集团的领导人非常重视这个经济上升的转折点。但是，对二十国集团而言，进一步避开严重的金融和经济危机意味着需重新思考其核心任务。自从二十国集团创立以来，所有成员国共同应对了1997年至1999年亚洲金融危机，携手迎接了由“9·11”事件引起的新挑战，一个稳定、安全的全球金融经济体系已开始形成，但是，这同时也对世界构成了潜在威胁。长期以来，二十国集团是一个应对危机的国际组织；然而，在全球经济进入持续、强劲、稳定的发展时期后，这个集团能否继续生存下去呢？

在某种程度上，发展会带来新的挑战，因此，二十国集团有能力继续生存下去。事实上，它也确实生存了下来。国际油价的上升是一个绕不开的话题。国际货币基金组织曾警告，经济倒退会引发风险；二十国集团在2004年公报中重申了这个警告，各成员国部长表示，“由于油价浮动、持续的外部失衡和地缘政治问题，这种风险已大大提高”(G20 Finance, 2004a)。公报中提及了地缘政治问题，这表明二十国集团已再次扩大其议程范围，且在更大范围的全球安全问题上不再保持沉默。上述变化均在以美国为主的联合部队对伊拉克发动的军事行动之后的一年产生——二十国集团中，德国、日本、法国、加拿大以及几乎所有的非八国集团成员都没有加入这个联合部队。

此外，全球经济力量的平衡态势正在发生转变。由于受传统的经济和人口等结构性问题制约，欧洲经济没有进行改革和扩张的强大动力，因此未能实现迅猛发展，这与正在快速发展的美国、中国、印度以及其他新兴国家形成鲜明对比。发展中国家的新兴市场日益成为全球经济活动场所,而高涨的油价保证了俄罗斯的稳定发展。2005 年,国际货币基金组织预计,世界经济增长会暂时减缓,但亚洲经济仍会首先实现稳定发展。

这些新兴国家的迅猛发展及其带来的新挑战,还有扩大的议程为二十国集团提升至领导人层次、组织召开峰会创造了条件。保罗・马丁成功当选加拿大总理为这一意义重大的跃升提供了强大的个人力量。

不同流派的观点

在柏林会议的召开前后,各方对二十国集团的评价集中于几个主要观点,产生了四个不同流派。

第一派观点认为,由于美国方面对汇率问题缺乏兴趣而很难达成共识,二十国集团在应对汇率危机问题上较为失败。汇率是最重要的议题,然而二十国集团对这个问题仅发表了一些笼统观点,而且美国对该问题并没有像欧洲国家那样强烈的兴趣(Thomas, 2004a)。会议召开前,汇率问题便已凸显,但未被正式纳入议程。有些人便指出,二十国集团在处理重大的紧急问题上效率不高(Brown, 2004)。在美元的影响下,人民币贬值,中国的出口因此变得更具竞争力。中国的经济学者黄益平认为,外汇不会是中国政策制定者优先考虑的问题(Brown, 2004)。柏林会议前,美国财政部长约翰・斯诺也认为,二十国集团并不是适合讨论汇率问题的论坛(Reuters, 2004)。而会议之后,因二十国集团没有表现出介入外汇市场的兴趣,其被指责没有能力平复扰动的市场。

第二派观点认为,柏林的二十国集团会议是一种专业型的成功,在相对严格的金融监管核心领域中表现出色。德国财政部长凯欧・克哈维萨(Caio Kochweser)对汇率浮动问题轻描淡写,并指出“需要实事求是地明白在如此大型的会议上应该讨论什么问题”(Agence France Presse, 2004c)。

第三个流派以保罗·马丁为代表,认为二十国集团非常成功,它应当成为未来的一个综合性、领导人层次的管理中心。澳大利亚财长彼得·科斯特洛支持将二十国集团转变为领导人层次的会议,指出“如果没有中国的参与,讨论经济协调将会变得非常困难”(Uren, 2004)。前加拿大外交部副部长戈登·史密斯(Gordon Smith, 2004)支持马丁的倡议,他将二十国峰会视为更好地管理“日益增强的全球相互依存”的方法。同样的,美国前财长劳伦斯·萨默斯认为七国集团不再是讨论全球重要议题的论坛,取而代之的是更为合适的二十国集团(Business Times Singapore, 2004)。世界银行行长詹姆斯·沃尔芬森(James Wolfensohn)也呼吁二十国集团扮演一个更为重要的角色,但也不能忽视八国集团:“需要增加新机制,需要中国、印度、南非和来自伊斯兰国家的代表参与二十国集团”(Agence France Presse, 2004h)。

第四个流派则更大胆地宣称,二十国集团将取代并应当取代八国集团。科林·布拉德福德和约翰·林(Bradford and Linn, 2004)认为除人口和经济的压力之外,全球化已经改变了国家间经济上的互动方式,金融市场的一体化意味着我们需要新的国际管理方式。由于政策领域越来越多地重叠,管理方式不应继续被划分到不同议题领域,只有二十国集团有充分代表性并且有足够广泛的授权来处理这一新的治理挑战。“在最高政治层面,没有其他的代表性论坛有权处理这些跨领域、跨制度议题,而这些却是二十国集团成立原则的一部分”(Bradford and Linn, 2004, 4)。为了应对国际管理结构中的不平衡,他们倡议将二十国集团提升至领导人层次。加拿大驻联合国前大使保尔·海因贝克也见证了二十国集团逐渐取代八国集团的过程,但同时指出,它不会对联合国构成竞争,也不会挑战联合国的地位,“二十国集团能够努力在增多复杂的国家群体中取得共识,联合国则因其拥有众多的成员国而依然是最具合法性的国际主体”(McCarthy, 2004)。

本章论点

本章认为,2004 年二十国集团柏林会议实现了扩大治理范围的预期目标,但跃升为领导人级别的会议并不在此列。事实表明,这次会议取得了巨大成功,它在有关宏观经济政策协作上的议程设定和政策调整方面取得了重大进步,包括汇率、债务重组以及国际金融机构改革。它在协商和民主方向构建方面达到了新高度,并且在决策制定以及全球治理发展上表现强势。

柏林会议表现强劲,其主要原因并非产生了新的动荡——尤其是足以促成创立二十国峰会的动荡,其原因更多地在于布雷顿森林体系的失败以及七国集团或八国集团的重心转移。七国集团或八国集团的重心已转移至债务重组和国际金融机构改革等对新兴国家尤为重要的议题。然而,与此同时,由美国主持的八国集团海岛峰会将国际体系内的重要国家降级,而一年前八国集团在法国召开的峰会上,这些国家曾在其重要国家之列。二十国集团中,新兴国家逐渐增强的相对能力使其影响力进一步凸显,成员国持续的民主主体特征为集团增加了凝聚力。来自发达国家和新兴国家的诸多重要人物引导集团达成共识,取得集体性成功,其中包括担任此次会议主席的集团创始人汉斯·艾歇尔,还有英国的戈登·布朗、南非的曼纽尔、澳大利亚的彼得·卡斯特洛等。二十国集团创始人、现任加拿大总理保罗·马丁富有远见,发起了一场将二十国集团提升至首脑级别的运动,并将其命名为二十国集团领导人会议(L20)。随着一连串事件的产生,尤其是曾怀疑二十国集团治理作用的艾歇尔转而对其大力支持,二十国集团进一步在社会心理层面和理性工具层面成为一个“非危机催生”的俱乐部。

马丁关于二十国集团领导人会议的倡议

长期以来,保罗·马丁都认为,世界需要一个二十国集团峰会。然而,在担任财政部长时,马丁从未与总理克雷蒂安讨论过这个设想,因为该设想很难得到克雷蒂安的支持。相比于七国集团或八国集团,加拿大自身在更大集团中能够发挥的作用越来越小,因此,克雷蒂安和加拿大外交与国际贸易部部长对二十国集团持怀疑态度。马丁则认为,从会议无法绕开的议题来看,二十国集团十分有必要邀请中国、印度、巴西和南非的领导人参会,因此,二十国集团必须以峰会这一最高级别召开会议。

马丁当选总理后,立即加快了推动二十国提升至峰会的进程。正式就职前一天,马丁在渥太华的晚宴上向中国总理温家宝提出了这个想法,并得到他的强烈支持(Martin, 2010)。八国集团成员起初的观望态度逐渐转变,二十国集团的非八国集团成员亦对此热情高涨。然而,当马丁第一次与小布什会晤并提出这个想法时,小布什并未表态。在布什主持的海岛峰会上,马丁(2010)争辩道,他们没有理由不与中国、印度和巴西这几个新兴国家的领导人会见。虽然该想法在集体领导人会议上被提出并得到认可,但是小布什仍然不同意。实际上,马丁每次与布什会面时,都会与他提及二十国峰会,但都收效甚微。但在其他国家,马丁为推行这个想法而进行的环球游说得到回报。俄罗斯的普京表示了兴趣,日本的小泉纯一郎起初反对这个想法,但随后改变主意,表示愿意参加这样的峰会,并表示,如果峰会能够发挥作用,以后还会更多地参与进来。

从目前情况看来,二十国峰会制度最早很可能在第二年就能创立。马丁在巴黎、莫斯科和华盛顿大力推广他的提议。意大利外交部长弗朗科·弗拉蒂尼同加拿大外交部长皮埃尔·帕提格鲁举行了谈话,随后表示,他支持加拿大提出创立二十国峰会的想法(Agence France Presse, 2004d)。德国财政部长汉斯·艾歇尔表示,“二十国集团尚未完全挖掘潜力——理论上说,我们可以拭目以待,在未来某个时候看到各国首脑齐聚二十国峰会”(Agence France Presse, 2004a)。柏林会议后,日本官员表示,尽管有人认为,二十国集团过于庞大,已经不能称之为集团,但是,日本方面支持创立一个范围更广、更具代表性的领导人论坛。

美国政府也作出表态,以较委婉的方式肯定了二十国集团持续上升的重要性。美国财政部长约翰·斯诺参加柏林会议的前几天,一名财政部官员表示,“作为一个讨论型论坛,二十国会议具有越来越重要的意义”。此外,“这是讨论新兴市场、集体行动条款以及国际货币基金组织改革的极佳论坛”(Agence France Presse, 2004g)。

计划和准备

为了筹备柏林部长会议,二十国集团召开了两次代表会议和三次研讨会。第一次研讨会于 4 月 26 日至 27 日在渥太华举行,内容是发展有实力的国内市场。7 月 1 日至 2 日在巴黎举行的第二次研讨会围绕人口统计和发展问题展开。第三次研讨会于 9 月 22 日至 23 日在北京举行,内容为全球化框架下的区域经济一体化。

七国集团和八国集团的财政部长增强了二十国集团的潜力。2003 年 9 月,在迪拜举行的七国集团财政部长会议在某种程度上为二十国集团登上历史舞台做了铺垫。次年 2 月,七国集团财政部长再次在佛罗里达州的波卡拉顿召开会议,由马丁新任命的财政部长古德尔提议,该会议的参会者应从七国集团扩大至二十国集团。6 月 8 日至 10 日,在美国主持的八国集团海岛峰会上,各国领导人共同提出,将八国集团扩容,或将其直接转变为由领导人参与的二十国集团会议。

11 月,艾歇尔表示,油价的惊人上升将成为柏林会议的重要议题。关于汇率问题,艾歇尔并未细谈,仅是指出,如果欧元持续攀升,七国集团将会就美元对欧元的汇率问题展开讨论。但在柏林会议召开前,艾歇尔明确宣布,汇率问题不会出现在二十国集团的官方议程上,居高不下的欧元和持续低迷的美元问题都不会在会上得到讨论。

会议前一天,美国财政部长斯诺再次强调了柏林会议将不会讨论外汇汇率问题。英国财政大臣戈登·布朗同样希望二十国集团不要讨论汇率问题,它一再呼吁,会议应讨论老龄化社会的人口问题,因为这是其自身的优先议题。由于欧洲经济复苏步伐缓慢,二十国集团会议的正式议程将聚焦于如何促进经济增长和加快贸易自由化这两个问题。

会议过程

柏林会议的开幕式上,艾歇尔在发言中指出,二十国集团的主要目标是与国际金融系统的威胁作斗争,包括打击恐怖主义融资、反洗钱以及改革不公平的税收制度。

经济与发展议题

第一个议题是当前的经济与发展。国际货币基金组织为该议题准备了一份照会。美联储主席格林斯潘首先发言，他对美国的经济复苏给予了全面和积极的评价。然而，他也指出，经济复苏却没有带来资本投资的大幅提升。私营部门的利润率增速缓慢，过去的高生产率可能会下降，核心通胀也暂时性提高。目前，高价能源还未对工资产生影响，尽管如此，格林斯潘还是表示他会密切关注这个问题。格林斯潘对降低美国赤字表现得十分乐观。虽然亚洲还存在短时期内无法解决的问题，但他期望财政收入能够随经济发展而增加。此外，他提出了一个有关美元的警告，因为国际收支差额表明，货币资产的总体需求低于美国的融资需求。经常账目平衡需要有所调整。格林斯潘较为乐观地预测，如果资本和劳动能继续保持灵活性，那么无需大幅调整汇率，经常账目平衡的调整就能完成。

继格林斯潘后，欧洲央行行长让·克洛德·特里谢(Jean Claude Trichet)是唯一提及汇率的发言人。他表示并无证据表明欧元升值会影响欧洲经济复苏，这与他之前的公开声明相矛盾。这一矛盾显示，二十国集团已经成为一个成员国能够不受舆论影响，自由进行对话、发表意见的论坛。会议过后，许多与会者对汇率发表了见解。包括日本、土耳其、意大利和沙特阿拉伯在内的大多数成员国认为，不论是汇率上升，还是油价的飙升，这些都只会对不平衡的经济造成进一步的干扰(Reuters, 2004)。

在全球平衡问题上，特里谢认为，目前，发展中国家在用他们的存款为工业国家提供资金，但事实上应该由工业国家为发展中国家提供资金。二十国集团中，除美国以外的所有成员都一致认为，美国的往来账户和预算赤字是造成宏观经济不稳定的主要原因。欧洲和日本的账户盈余为美国减少财政赤字提供了资助。尽管美国官员否认其因财政赤字而“陷入难堪”，斯诺仍承认其对预算平衡原则以及对二十国集团其他成员国负责的承诺。他说，“我想让我的同事明白，我们对解决赤字的态度是迫切的、真诚的、深刻的，我希望他们明白，本届政府会对其财政行为完全负责”（Agence France Presse, 2004f）。

德国强烈建议其他欧洲国家达到与美国一样的生产力水平，并且呼吁更多的国际劳动力流向欧洲。斯诺备受鼓舞，称其为他所见过的最巧妙的解决方法。世界银行行长詹姆斯·沃尔芬森展示了一份研究报告，该报告显示最近的油价上涨对低收入国家造成了 250 亿美元的负面影响。印度财政部部长齐达巴兰姆也对不断上升的油价表示担忧，因为今年年初，油价已经飙升到每桶 50 美元的新高。然而，二十国集团财政部长和央行行长预测，油价增速会更加平缓，约为百分之四，与国际货币基金组织在《世界经济展望》上发布的数据一致。

发展是会议关注的重要问题，布朗对联合国千年发展目标的落实未取得进展表示出担忧。他提到即将到来的 2005 年联合国千年发展目标峰会，认为会议将不得不承认许多非洲国家距离这个发展目标还有“一个世纪”之远。布朗想要解决债务免除问题，并为发展提供资金。他替发展中国家发声，提出了 2005 年在英国格伦伊格尔斯举行的八国集团峰会的计划纲要，强调应该解决发展中国家尤其是非洲国家的问题。布朗的担忧表明，二十国集团已成为这样一个论坛：尽管包括美国在内的诸多成员国并不情愿，发展中国家问题和分配标准仍可通过八国集团和二十国集团联盟得到解决和提升，这些发展中国家包括那些未参加会议的最贫穷国家。

金融系统中的舞弊

第二个议题关涉金融系统中的舞弊，主要聚焦于逃税问题。经济合作与发展组织在促进国际合作上的大量工作得到广泛支持。关于反洗钱，墨西哥财政部长弗朗西斯科·希尔·迪亚斯建议支出交易应通过国际中心机构进行，比如国际货币基金组织或国际清算银行，清算所可对可疑交易进行调查，并与国家机构进行沟通。许多成员国对中国即将成为反洗钱金融行动特别工作组（FATF）成员表示欢迎，这将是中国的发展融入全球政策制定主体的标志，使二十国集团向全球治理网络中心再迈进了一步。

人口挑战

第三个议题以7月举行的研讨会为基础，这次研讨会讨论了发达国家和发展中国家日益显现的人口问题。对德国这样的发达国家而言，它们需要担心老龄化带来的预算压力。而发展中国家的问题则表现为劳动人口年龄的增长。柏林会议的与会者提到了这次研讨会，指出维持稳定的金融系统以控制不同阶段人口转变流动的重要性。其公报呼吁强化监控，呼吁国际货币基金组织提供关于此长期挑战的综合分析，并且每隔四年对所有国家进行分析，这一要求是国际货币基金组织没有预料到的。

持续的发展与改革的议程

第四个议题产生了两个在会议上讨论的附加文件，分别是持续发展和具体施行政策。尽管一些国家希望将这个改革议程称为“共识”，其他国家却成功说明了华盛顿“共识”并不值得重复。改革议程包括一份由每个国家作出的单边政策陈述合集。其中，最值得注意的是合集中关于中国的冗长章节并未涉及汇率灵活性问题。这份合集主要重申了先前的政策及承诺，与七国集团和八国集团成员所遵循的政策和承诺差异不大。但是，这项议题展示了二十国集团作为一个团体在结构上和凝聚力上的发展，成员国认识到他们需根据书面文件评估自身改革，作为问责制的第一步，集体背景下的自我评估拉开了序幕。

金融领域的增强

全球背景下的“区域经济一体化”没有在会议上得到讨论。不过，会议讨论了金融产业中的机制构建，由副财长所作的相关报告受到各国财长的欢迎，他们同意会议议程保留这项议题。澳大利亚指出，如要解决国内货币债务，国家需要交易兴旺的市场。加拿大央行行长大卫·杜奇大力强调了遵守国际标准与准则的重要性，他主张对一些国家的标准制定应少一些自愿性，而多一些强制性，暗示国际机构应扮演监控和强制执行的角色。在破产权的问题上，大多数成员欢迎世界银行制定的一系列准则。中国呼吁世界银行、国际货币基金组织以及二十国集团帮助其尽快改善破产制度。

资金流动与债务重组

在讨论资金流动与债务重组时，与会代表展开了充分而富有成效的交流。由于缺少国际信贷，又不想受到偿还债务的指责，阿根廷没有参加柏林会议。更重要的是，阿根廷拒绝遵守二十国集团通过的行为准则。这些准则要求债务人提升透明度，不论形势好坏，各国都应保持紧密对话，在债务重组过程中采取善意行动，并公平地对待所有债权人。巴西对此表示强烈支持，而阿根廷违反了所有这些原则。由于部分准则由法国率先提出，法国自然非常欢迎这些准则。2002 年，特里谢还是法兰西银行行长，在筹备八国集团峰会时，他就开始推动制定这些准则。这表明，二十国集团已成为一个共识性论坛。该论坛如果不能让违反准则的国家羞耻，至少也能让其退避三舍；同时，在这个论坛中，传统的南北国家划分方式也很快消失了。

这些善意金融行为准则作为集体行动条款（CAC）的补充而提出，被纳入债权契约来指导债务重组，以防政府债务出现困难。一些国家抱怨这些原则无法处理暂停偿债问题，即国家暂时停止还债。其他国家也后悔遗漏了债权人费用的承担问题，这意味着如果一个国家停止还债，政府将不得不支付重组费用以及信用评级费用和诉讼费用。这是阿根廷不愿意参加会议的原因之一。在七国集团中，集体行动条款被视为应对国家债务违约的快速行动机制，然而这项条款并不受欢迎。在斯诺之前，美国的财政部长保罗·奥尼尔曾要求国际货币基金组织审查债务违约问题，而国际货币基金组织声称其没有权力或公正性进行审查。与此相反，二十国集团在这个领域取得了进展，包括通过自发途径实现债务重组。处理这个问题的权力已由七国集团直接转至二十国集团，某种程度上是因为二十国集团的成员国中既有债权国也有债务国。因此，二十国集团在一项七国集团和国际货币基金组织都未能解决的问题上取得了成功。

虽然二十国集团没有直接提及减免伊拉克债务的问题，但在会议间隙，有参与者提出，巴黎俱乐部将减少伊拉克百分之八十的债务。有关债务的技术问题在巴黎俱乐部的巴黎会议上曾经得到讨论。这是俄罗斯、法国、德国与美国、英国之间的妥协，此前，俄罗斯、法国和德国拒绝超过百分之五十的债务减免，而美国和英国则一直要求减免百分之九十五的债务（Weiss，2005；Agence France Presse，2004e）。

国际金融机构改革

柏林会议的最后一个议题是布雷顿森林体系的战略改革。二十国集团在议程设定上取得了重大进展。在最近的八国集团峰会上，各成员国领导对国际货币基金组织开展了评估。德国认为，由于二十国集团聚集了大多数重要股东，因此二十国集团是处理国际金融机构改革的合适论坛。美国的斯诺支持这个观点，并强调有必要由二十国集团来讨论这项议题。英国作出保证，这些议题将在2005年格伦伊格尔斯峰会得到讨论，所有与会者都表示欣然接受。作为新当选的下一次会议主席国和主办国，中国承诺将国际金融机构改革保留在议程上。此举的目的并非吹毛求疵，而是要在这个变化的世界中维护国际金融机构的价值，并确保他们能有效地完成任务。这个为所有成员共同接受的议程进展得比七国集团或八国集团顺利，在此之前，七国集团或八国集团要求更高的效率、更详细的预算和适度的预算增长，要求世界银行和国际货币基金组织的金融资源使用拥有清晰的目标和规则。

国际货币基金组织总裁罗德里戈·拉托进行了一些重要的调停干涉。为了不受命于七国集团或八国集团以及二十国集团而进行改革，国际货币基金组织正在竭力进行自我分析，并争取这项议题的所有权。除了机构主权外，他还要求采纳所有不同的意见，而不仅是由二十国集团的成员国说了算。世界银行的詹姆士·沃尔芬森对此持防卫性态度,但同意改变的必要性。

英国坚定地表示国际金融机构不应该自我评估。他们要求二十国集团向该机构询问基本问题,审查他们的工作及结构是否能保持相关性。英格兰银行行长默文·金对这样的评估没能早十年进行而感到沮丧,那时正是布雷顿森林体系成立的第五十周年,这次他不会让这个议题再次被忽视。

加拿大也坚持让二十国集团评估布雷顿森林体系。大卫·杜奇将此与微妙的汇率问题联系在一起,并表示,国际货币基金组织的问题在于其采取了范围有限的调整手段,以管理传统布雷顿森林体系的调整机制与浮动汇率体制之间的不稳定共存关系。

土耳其和巴西等新兴国家成员提出疑问,如果必须有一个基本评估过程,那么谁来做决定?巴西称,由于需要国际货币基金组织帮助的国家都是那些加快同全球经济一体化的国家,七国集团或八国集团阻碍了国际货币基金组织为新兴国家创立适宜的危机防御机制。巴西财政部长安东尼奥·帕洛奇要求国际货币基金组织安排预防性措施以防范危机,他强烈建议七国集团或八国集团在第二年表明立场。

亚洲国家也为这场辩论作了贡献,普遍支持二十国集团领导人提出的改革想法。韩国和日本野心勃勃地要求讨论集团代表性的问题,指出在二十国集团管理结构中,欧洲国家代表过多,新兴国家代表过少。欧洲国家拒绝接受这个要求,而中国承诺会在其主持 2005 年二十国集团会议时优先考虑这一问题。

2005 年的规划

会议接近尾声时,中国表明了次年的会议意向以及会议的重要事项。2005 年 10 月 15 日至 16 日,中国将在北京郊区举办二十国集团年度会议,另外还要举行两次代表会议,一次于 3 月 14 日至 15 日在重庆举行,另一次于 9 月 1 日至 2 日在大连举行。会议主题是加强世界经济下的全球合作以及平衡,关注三个主要议题:首先,更加合理的生产要素流动;其次,世界经济的持续发展,包括国际金融机构改革、贸易及发展机制以及国际经济机构间的协同合作；第三，建立法规以管理平衡的世界经济。二十国集团也决定，由澳大利亚将主持两年后的2006年部长级会议，届时将确认其对未来的影响，并将首次确立主办国在发达国家和新兴国家之间轮换的轮值主席制度。

成 就

二十国集团柏林会议收获颇丰。在政策内容方面，其在宏观经济政策协作以及国际货币基金组织先讨论后投票改革的第一阶段取得了重大进展。在制度方面，此次会议保证了与未来的对接以及发达国家与新兴国家作为主持人和主席角色的轮换。从个人层面来看，此次会议见证了艾歇尔的态度转变，他从1999年最初持怀疑态度，转变为富有经验的、对二十国集团格外忠诚的支持者。在艾歇尔的引领下，二十国集团进入了后危机阶段。

各 项 工 作

对二十国集团六项工作的系统评价表明，柏林会议是一次巨大、全面的成功。

国内政府管理

一些成员国的财政部长并不关心国内政府管理领域的问题。但是，会议对二十国集团成员作了5次积极评价，数量为迄今为止的第二高(见附录D)。其中3次是评价八国集团成员，2次是评价新兴国家成员。

对澳大利亚来说，被选中主持2006年会议能够很好地提升其声誉。澳大利亚财政部长卡斯特洛强调了二十国集团的重要性，称其为“国际经济和金融决策制定的关键论坛”，并且表明澳大利亚作为主持人在设定会议日程上的角色(*Daily Telegraph*，2004)。

加拿大努力将二十国集团提升至领导人层次的举动对其国内政府管理产生了影响。正如其坚定的总理保罗·马丁建议的一样，阿德里安娜·克拉克森总督在发言中称，“政府将致力于召开一次处理共同和紧迫问题的二十国集团领导人会议”(Canada, Governor General, 2004)。这个国家政策发言向加拿大公民展示了其在国际上扮演的角色。

协商

在协商方面，柏林会议的公开书面记录数量可观，是截至当时最多的(见附录 E)，共产生四份文件，总计 3 971 字。

会议公报共十一段，还有三份共二十九段的附加文件，柏林会议公报的篇幅创下四十段的新高，比之前最高的蒙特利尔会议的三十八段还多。作为主题的宏观经济决策所占篇幅最多。

私下来看，讨论的力度表明二十国集团已经成为一个高效、协商的论坛。柏林会议有八个主要议程事项，其中一些得到细致讨论并产生了意想不到的效果。

关于会议本身，讨论开诚布公。尽管汇率问题不是正式议程的一部分，与会成员国的部长依然可以另外提及这个问题。中国人民银行行长周小川指出，中国已准备好“与二十国集团其他成员讨论包括汇率问题在内的长远经济政策”(Dow Jones Chinese Financial Wire, 2004)。

方针制定

在方针制定上，柏林会议强有力地促进了民主原则和规范的传播。它对民主价值的六个肯定达到了迄今二十国集团年度会议的最高水准(见附录 F-1)。核心公报首先确立了透明的民主规范，其次是信息和知识的交流，在添加债权人权力的同时申明监督、监控以及问责事宜。三份附属文件正文肯定了广泛的民主规范，认为“可持续发展”、每位成员的经济“改革”和“信息透明和交换”这些价值都同等重要。在公报中，分配原则和嵌入式自由主义同样得到肯定，只是受援引的次数比

1999年后的会议低。

决策

在决策领域，柏林会议表现强硬、高效，这一点尤为突出。本次会议的核心公报写入十条承诺，数量迄今为止排第二，主要公报平均一年只纳入五条，所有的文件一年加起来共十四条(见附录G)。因此，2004年二十国集团会议上产生的承诺数量可以与七国集团财政部长会议从1999年到2004年产生的承诺数量匹敌(尤其是2002年4月20日至2003年5月17日平均每次会议十五条)。在柏林会议上，宏观经济政策占大多数。

柏林会议一致通过三个重要文件：第一，《可持续增长协定》，这是成员国内部改革的动力(G20 Finance, 2004b)。改革的共识通过协议的签订得以巩固，协议强调成员国对高效宏观经济架构、竞争市场以及坚定不移的国内体制的承诺；第二，《二十国集团改革议程》，其中，成员国同意执行协议内容，将其转变为具体的政策措施，并定期评估这些措施(G20 Finance, 2004c)；第三，《二十国集团税收信息透明与交换声明》，这是二十国集团承诺打击恐怖主义融资的进一步说明(G20 Finance, 2004d)。

承诺的兑现

柏林会议在承诺的兑现上表现也十分出色。会议在确保成员国遵守和兑现所作承诺方面付出了巨大努力。从改革议程来看，为了执行所制定的持续发展政策，2005年中国和2006年澳大利亚的年度会议将进行审查和再次承诺。只有当二十国集团提升至领导人级别后，上面的协议才会被取代。

全球治理的发展

柏林会议在全球治理的发展方面也取得了巨大成功(见附录C-1)。二十国集团制度已得到充分发展。从内部来看，它将未来两次会议的主席和主持人明确在发达国家和新兴国家之间轮换，确立了会议主席国的轮值制度，并对自身的制度发展作了八次援引，其次数比往年都要多。

从外部来看，二十国集团对外部机构作了二十一次援引，到目前为止，该援引次数在历次会议中位列第二。其中，援引次数最多的是反洗钱金融行动特别工作组和经济合作发展组织，两个组织分别被援引五次。

会议开始积极向领导人层次前进。2004 年 4 月，马丁在华盛顿发表了一场外交政策的演说，表示世界需要二十国集团那样的全球领导来解决所面对的疑难问题(Fagan，2004)。加拿大官员认为美国也同意这个想法，尽管加拿大在柏林会议上也向其他国家试探过，当时的会议并未提及这一话题。美国不愿意将其有限的政治资本花在回报未必丰厚的投资上。

取得成效的原因

二十国集团的体系中心模式再次证明，柏林会议是一次全面成功。成功不是来自于外部的强大、连续的动荡，而是来自于集团内部的不同力量和积极代表，这在二十国集团历史上也是第一次。

在动荡中产生的共同脆弱性

二十国集团柏林会议取得成功的第一个原因是在动荡中产生的共同脆弱性，但这并不是柏林会议取得成功的直接原因。2004 年，这些动荡产生的冲击得以控制(见附录 I)。尽管亚洲蔓延至全球的金融危机和“9·11”事件的影响仍然存在，但二者已经过去很久。由于国际货币基金组织在处理金融危机上表现不佳，许多受到影响的亚洲国家对其依然抱着不信任的态度，因此他们支持改革。次年，中国在香河会议上着手处理了这项议题。

新的冲击来自能源领域。就在柏林会议前几周，油价突然创新高，而在“9·11”事件之后，国际油价一直保持回落的趋势。攀升的油价是政治和生态不断小碰撞的结果——尼日利亚和挪威的罢工以及美国的暴风，另一个原因还有供求关系之间的不匹配。

除此之外，美元的疲软也是压力之一，其最明显的表现是美元对欧元汇率的下跌。会议前一周，欧元对美元汇率创下1.30的新高，这引发了欧洲国家的担忧，欧洲谴责美国缓慢的经济复苏状况。

不过，总体而言，这些金融系统和经济上不断增加的压力并未像1999年那样产生持续冲击，或像“9·11”事件那样对政治产生重大影响。二十国集团成员依然在考虑让这个论坛处理全球经济问题，包括敏感而艰难的汇率问题。

国际机构的失败

二十国集团柏林会议取得巨大成功的第二个原因是国际机构的失败，这是一个重要驱动力。国际货币基金组织没能预测到2004年全球经济会有5.1%的增速(见附录J-1)。尽管有人表示，金融泡沫正在显现，但是这种担忧很快被打消。布雷顿森林体系和七国集团或八国集团对国际金融机构的改革失败使二十国集团着手处理这个问题。而且，随着世贸组织和八国集团打破多哈贸易谈判僵局的失败，二十国集团也开始处理这个最棘手的贸易问题。欧盟贸易专员帕斯卡尔·拉米和世贸组织总干事巴尼巴迪选择与二十国集团财长讨论如何推进贸易谈话，而不是与八国集团领导人在海岛峰会上讨论该问题(Bradford and Linn, 2004)。在发展问题上，除了在伊拉克债务项目上七国集团和巴黎俱乐部还有持续发言权外，二十国集团正日益发挥着重要作用。

作为支持二十国集团跃升至峰会层次论坛的一员，澳大利亚财政部长卡斯特洛称，二十国集团的成立是由于国际货币基金组织无法对亚洲金融危机作出适当回应，总是忽略亚洲经济中的重要预警，而且也未对该地区给予足够重视(Uren, 2004)。这使得加拿大官员在华盛顿提出二十国集团领导人会议的想法理由显得更加充分。外交部部长比尔·葛利衡将联合国描述为一个“非常正式的、极度官僚的机构,不允许领导人之间进行非正式谈话”(McCarthy, 2004)。这份观察报告强调了二十国集团的重要性,认为该机构比七国集团或八国集团以及联合国安理会更具代表性,但是又比联合国大会规模小,还允许更多非正式自发谈话。

2004 年,七国集团或八国集团作为全球金融经济管理者无法在一些关键问题上发挥作用。确切地说,2004 年 10 月,七国集团财长首次邀请中国参与他们的会议。然而,国际体系内的其他重要国家并未受到邀请(见附录 J-3)。小布什作为八国集团峰会的主持人,致力于在海岛峰会上讨论新的大中东地区和北非方案、非洲发展和安全问题,几乎没有涉及金融和经济问题。最重要的是,他没有邀请巴西、印度、中国和墨西哥,而这些国家前一年都首次受邀出席八国集团会议。然而,八国集团会议对这些国际体内的重要国家降级却有力推动了马丁的二十国领导人会议设想的实现(Kirton, 2010)。

集体主导、内部平等的能力

第三个原因是二十国集团集体主导、内部平等的能力,这对解释其取得的成效同样很有说服力(见附录 K)。尽管二十国集团的集体主导力稍稍有所下降,但它依然高达百分之八十。而且除基尼系数外,其内部平等在各个方面都有所体现(Bradford and Linn, 2004)。二十国集团内的八国集团成员所占世界经济份额从百分之六十五下降到百分之六十四,而非八国集团成员所占份额从百分之一上升至百分之十七。最富裕国家与最贫穷国家的国内生产总值比保持持续下降的趋势,这一比率 2002 年因阿根廷的参与而达到最高值。

民主趋同

第四个原因比较次要,是国内民主趋同。到 2004 年,二十国集团成员包含了 14 个由美国自由之家划分的完全自由国家,2 个部分自由国家,以及 3 个“不自由国家”。因此,超过半数的非八国集团成员可视为完全自由国家。民主传统的集体性由于德国作为二十国集团主席而得到加强，德国包括如今已经完全同化的民主德国。

国内政治控制、资本、连续性、能力和承诺

柏林会议取得成功的第五个原因是成员国的国内政治控制、资本、持续性、能力和承诺，这是除柏林会议主席和主持人以及马丁的倡议之外最重要的原因。

汉斯·艾歇尔是二十国集团的创始人之一，如今这是他第六次参加部长级会议。艾歇尔主持了二十国集团第一次和第六次部长级会议，是除马丁之外第二个两次主持二十国集团会议的财长。这位在1999年还对二十国集团持怀疑态度的财长，如今已成为该集团忠诚的主导者。他得到来自集团创始便一直提供帮助的老伙计们的支持——英国的布朗、南非的曼纽尔、澳大利亚的卡斯特洛以及沙特阿拉伯的阿萨夫（见附录L-2）。然而，有五位财长没有出席柏林会议，包括法国的新任财政部长尼古拉·萨科齐、日本的谷垣祯一、俄罗斯的阿列克谢·库德林和韩国的李贤宰。据报道，萨科齐正奔波于他的竞选活动，而库德林则身体抱恙。日本和韩国的部长正专注于其国内的预算。这些部长都派代表出席了会议。

阿根廷的罗伯托·拉瓦尼亚没有出席会议。阿根廷正忙于处理其1 030亿美元的债务重组问题。据报道，他害怕因为阿根廷拖欠债务而遭到来自二十国集团其他成员的责备。阿根廷驻德大使给出的官方消息称是“日程安排问题”导致了罗伯托的缺席（Agence France Presse，2004b）。艾歇尔对阿根廷的决定表示遗憾，认为这是不幸的决定，因为他们将自己“逼进了一个角落”，但是艾歇尔还表示，会给阿根廷留一扇门，留出未来谈话的机会（Thomas，2004b）。此外，阿根廷也不同意与会议议程提案重要部分相关的规则，它是唯一没有派代表参加会议的国家。

实际与会情况对某些议题的结果造成了影响。油价是一个重要议题，二十国集团将一些主要产油国聚集在一起，包括产油大国沙特阿拉

伯。但因身体抱恙的俄罗斯财政部长缺席,二十国集团在未来油价问题上没能提出广泛、清晰的解决方法。

在领导人层面,不论是从个人角度,还是从政治角度,马丁都忠诚于二十国集团,并一直努力将其提升为领导人级别的论坛。如今作为总理的马丁致力于建立二十国集团领导人会议的共识,同时也致力于其他外交政策优先事项,如联合国改革、和平与安全问题、经济问题、人类安全问题,以及促进国家保护责任原则的发展,这些事项将在 2005 年的联合国大会上得到支持。

有限地参与俱乐部:二十国集团作为网络治理中心

二十国集团柏林会议取得巨大成功的第六个原因最为重要,即二十国集团作为网络治理中心,控制参与俱乐部的国家数量和范围。从内部看,二十国集团五位创始人的出现,尤其是艾歇尔的转变,使其毫无悬念地成为一个社会心理意义以及理性工具意义上的俱乐部。七国集团或八国集团成员之间的凝聚力依然比二十国集团成员之间更强,但除此之外,也没有其他的自然联盟。中国和巴西之间建立了制衡七国集团的联盟关系,这两个国家虽然在不同的大陆上,但都是大国,它们对美国抱有怀疑态度,并迫切希望与其他国家发展关系。在亚洲,中国、日本、韩国和印度在许多方面都存在差异,非七国集团成员之间的新关系在二十国集团内得以重组。

在某种程度上,七国集团依然比二十国集团重要。然而,二十国集团包含了债权和债务成员,使其在国际金融领域里独树一帜。七国集团和八国集团间有凝聚力、有长久的历史、有定期会议,并有能力根据迅速达成的共识而作出有力的决定。然而,二十国集团也逐渐承担起重要工作并且有能力完成这些工作。它承担了国际金融机构改革议题,债务重组中的良好行为准则得到除阿根廷外的所有成员国的认可。

从外部看,围绕二十国集团的财政部长联系网如同一个网络中心得到加强。2004 年 1 月 12 日至 13 日,各国财政部长与他们的领导人一同受邀,参加在墨西哥蒙特雷召开的美国特别峰会,第一次特别峰会是 2001 年在魁北克举行。在秋季的 9 月 2 日至 3 日,亚太经合组织论坛的财政部长在智利聚首,联合体的财政部长也于 9 月 28 日至 30 日在圣基茨和尼维斯会面。

总的来说,由于不是拒绝邀请二十国集团中的非八国集团成员再次参加八国集团峰会,这些成员表现出防卫性的立场和回避风险的态度。而马丁设立的二十国集团领导人会议给这些国家提供了机会,显而易见,是二十国集团而不是八国集团提供了开展全球治理峰会的最佳机会。

此外,由布莱尔和克林顿提出的并得到克雷蒂安支持的所谓“改革峰会”,于 2004 年和 2005 年邀请马丁和二十国集团其他成员及其他领导人一起,关注对保护责任原则的讨论。

本章小结

截至 2004 年,二十国集团在国际治理体系结构中确立了地位,成功证明了其处理重要金融事务的努力,涵盖了包括恐怖主义、金融犯罪、贸易、发展以及能源问题在内的更广泛话题。在 1997 年至 1999 年亚洲金融危机后,二十国集团开辟了一条后危机道路。除阿根廷以外,二十国集团发达国家成员和新兴国家成员现在能全面、平等地聚集在这个集团中。二十国集团逐渐开始同其他机构进行更密切的合作,包括七国集团或八国集团,以及国际货币基金组织这些依然不接纳新兴力量的机构。

二十国集团领导人会议的创立大幕已拉开。它是否或能否进行和发展?它应该处理哪些事务?它是否应当包含现存的二十国集团成员在内?这些都是未知数。关于这些问题的更多讨论将在 2005 年出现,这一年的二十国集团会议将由迅速发展的中国主持,这将进一步推动二十国集团取得更多成就,尤其在国际金融机构改革方面。同时,八国集团峰会重新邀请的国家不仅有中国,印度、巴西、墨西哥和南非等国家的领导人也将参加 2005 年的格伦伊格尔斯峰会。

参考文献

Agence France Presse. 2004a. "After Five Years, G20 Forum Still Teething." November 16.

Agence France Presse. 2004b. "Eichel Criticizes Argentina's Pullout from G20 Meeting." November 19.

Agence France Presse. 2004c. "Exchange Rate Developments Could Come Up at Central Bankers' Meeting." November 10.

Agence France Presse. 2004e. "Russia Blocking Paris Club Debt Relief for Iraq." November 21.

Agence France Presse. 2004f. "Snow Pleased by G20 'Broad Endorsement' of Pro-growth Agenda." November 21.

Agence France Presse. 2004g. "US Sees Growing Importance of G20; Wants to Avoid Dollar Spat." November 16.

Agence France Presse. 2004h. "Wolfensohn Says Economic Powers Should Formalize G20 to m thrConsult." September 24.

Bradford, Colin I. and Linn, Johannes F. 2004. "Global Economic Governance at a Crossroads: Replacing G7 with the G20." Brooking Institution Policy Brief 131. Available at: www.brookings.edu/papers/2004/04globaleconomics_bradford.aspx. Accessed: July 2012.

Brown, Owen. 2004. "China Watch: Yuan Grumbles at G20, But No Moves Likely." Dow Jones International News. November 19.

Business Times Singapore. 2004. "US Dollar Danger Ahead." October 8.

Canada. Governor General. 2004. "Speech from the Throne to Open the First Session of the 38th Parliament of Canada." October 5. Available at: www.pcobcp.gc.ca/index.asp?lang=eng&=information&sub=publications&doc=aarchives/sft-ddt/2004_2-eng.htm. Accessed: July 2012.

Daily Telegraph. 2004. "G20 Host Adds to Status." November 22.

Dow Jones Chinese Financial Wire. 2004. "China Central Banker: Prepared to Talk on FX Rates at G20." November 19.

Fagan, Drew. 2004. "PM's Plan Pushes UN to Sidelines." *Global and Mail*, April 30, p.A1.

G20 Finance Ministers and Central Bank Governors. 2004a. "Communiqué." Berlin, November 21. Available at: www. g20. utoronto.ca/2004/2004communique.html. Accessed: July 2012.

G20 Finance Ministers and Central Bank Governors. 2004b. "G20 Accord for Sustained Growth." Berlin, November 21. Available at: www.g20.utoronto.ca/2004/2004growth.html. Accessed: July 2012.

G20 Finance Ministers and Central Bank Governors. 2004c. "G20 Reform Agenda." Berlin, November 21. Available at: www.g20.utoronto.ca/2004/2004reform.html. Accessed: July 2012.

G20 Finance Ministers and Central Bank Governors. 2004d. "G20 Statement on Transparency and Exchange of Information for Tax Purposes." Berlin, November 21. Available at: www. g20. utoronto. ca/2004/2004transparency.html. Accessed: July 2012.

International Monetary Fund. 2004. "World Economic Outlook: Advancing Structural Reforms." April, Washington DC. Available at: www.imf.org/external/pubs/ft/weo/2004/01. Accesssed: July 2012.

Kirton, John J. 2010. "The G20, the G8, the G5, and the Role of Ascending Powers." Paper prepared for a presentation at a seminar on "Ascending Powers and the International System," December 14, Mexico City. Available at: www. g20. utoront. ca/biblio/kirton-g20-g8-g5.pdf. Accessed: July 2012.

Martin, Paul. 2010. "Address to te 2010 Couchiching Conference on 'Watershed Moment or Wasted Opportunity'." August 6, Geneva Park, Canada.

McCarthy, Shawn. 2004. "Ottawa Still Supports UN, Graham

Says." *Globe and Mail*, May 1.

Reuters. 2004. "'Highlights: G20 Delegates' Comments on FX." November 21.

Smith, Gordon. 2004. "An Idea Whose Time Has Come." *Globe and mail*, October 22, p.A19.

Thomas, Andrea. 2004a. "Dollar Decline Bedevils G20 Officials, Little Relief Seen." *Globe and Mail*, November 18.

Thomas, Andrea. 2004b. "Germany's Eichel Sees G20 Progress on Debt Restructuring." *Globe and mail*, November 20.

Uren, David. 2004."Costello Backs Bid to Power Up G20." *Australian*, May 3.

Waki, Natsuko. 2004. "Japan Says G20 Too Large But Possible to Expand G7." Reuters, November 21.

Werss, Martin A. 2005. "Iraq: Debt Relief." March 11, Federation of American Scientists, Washington DC. Available at: www.fas.org/sgp/crs/mideast/RS21765.pdf. Accessed: July 2012.

第八章

争取中国:2005 年香河会议

引　言

挑战

2005 年是世界被几大危机困扰的年份,海啸、飓风、猛增的能源价格、禽流感,还有恐怖袭击接踵而来;也是经济金融等危机豁免领域中充满稳定和机遇的一年。以中国为首的新兴大国凭借相对的实力向前猛跃了一大步。八国集团对此作出了回应,英国首相托尼·布莱尔为展现英国在发展中的优势地位,邀请中国、印度、巴西、墨西哥和南非作为特意增加的五国集团,参加由他 7 月在格伦伊格尔斯主持的八国集团峰会。格伦伊格尔斯峰会受到了新兴经济体的高度重视,在经济问题上发挥了极为重要的作用。与此同时,峰会创造了新的国家集团即五国集团,这样五国集团和八国集团可以在峰会层面共同工作,更可以在部长层面共同工作。它还进一步表明,有了中国、印度及其他国家参加的共同协商,世界可以在应对气候变化和能源等挑战上获得进展,而这些领域联合国多次召开会议研究讨论都进展不大。

面对八国集团国家采取的行动,二十国集团会如何回应呢?它们是否会利用其固有优势,一开始就在经济部长和中央银行行长论坛中接纳新兴国家作为平等的成员参加会议呢?第一个关键性的峰会导向的动议来自于加拿大的总理保罗·马丁,他持续推动并支持将二十国集团提升到领导人层面,即召开二十国集团领导人会议(L20)。马丁与中国讨论,中国是否有可能与加拿大共同主持在联合国大会中二十国集团领导人的会程和 2005 年 9 月的千年回顾峰会？马丁与中国的非正式对话使得其支持性行动达到了高潮。他这么做的考虑是,中国是当年二十国集团财政部长和银行行长会议的主持人,中国的认可会让其他的成员更有可能参加。中国很快表示,同意共同主持这样一场二十国集团峰会。

马丁最终曾经以非正式的途径在亚太经济合作组织领导人会议上试探过美国的看法,可是美国总统小布什拒绝参加哪怕是一场非常短的二十国集团会程,甚至连举世瞩目的流行病危机也不愿参与讨论。因此,二十国集团领导人层面的会晤一次也没有发生。然而,与他在 1997 年至 1999 年试图发起部长层面的二十国集团会议相比,马丁在 2004 年至 2005 年发起的这个行动有着惊人之举,因为最强大的八国集团成员民主美国作为他唯一的搭档,并非其本次行动最开始合作的对象,相反,他选择了最强大的非八国集团成员中国。在两次倡议二十国集团的行动过程中,中国都很积极地表示同意缔建新的平等成员集团。这一次美国并不是第一批共同领导者,而是拖后腿的人。它将二十国集团由部长级层面向领导人层面的跃升推迟了三年,直到 2008 年经济上脆弱的美国爆发了一场金融危机。这场危机使小布什改变了想法。

对于八国集团国家在格伦伊格尔斯会议的挑战,二十国集团作出第二个的回应发生在财政部长和央行行长层面。2005 年,二十国集团成功地在政治上吸引中国作为感兴趣、有能力、愿意领导又积极参与的一名成员加入,标志着二十国集团全球治理的重大进展。10 月 15 日至 16 日在河北香河,中国第一次领导二十国集团年会。中国郑重地承担了主持国的责任。它制订了一套雄心勃勃的计划。2003 年上任的中国国家主席胡锦涛在二十国集团部长和行长会议上致了开幕词。中国作出保证,他们将会在 2008 年以前改革国际货币基金组织的议题以及其他议题传递下去,不管是传递给 2006 年主办会议的澳大利亚还是传递给 2007 年主办会议的南非。

不同流派的观点

中国首次主持二十国集团会议的表现及其在二十国集团中扮演的

角色,引起了五大主要流派的争论。

第一派考虑到中国与二十国集团内其他成员的巨大差别,怀疑中国成功主持二十国集团会议的能力。虽然不少国家认为中国在2005年主持二十国集团会议反映了全球权力的转移,但是仍然有人对中国是否能够经受住内部考验和外部挑战,主持好一场全方位的重要会议表示了怀疑(Holbrooke, 2005)。

第二派认为,中国逐渐而积极地融入七国集团甚至二十国集团的财长论坛是一种信号,它表明在经济领域中国是值得且有必要维系的一员(Whyman, 1995; Hodges, 1999; Baum and Shevchenko, 2001)。对某些人来说,中国如果不能说是以政治为核心的八国集团俱乐部的领导者,至少是部长级别的侧重经济的七国集团的合法成员(Jayawardena, 1989; Smyser, 1993; ul Haq, 1994; Commission on Global Governance, 1995; Brzezinski, 1996; Bergsten, 1998; Economist, 1998; Desai, 2006)。

第三派将香河会议视为新纪元的开始。中国主持这场会议,强调了一些重要的建设性的议题,这会持续出现在未来几年二十国集团的议程上(de Brouwer and Yeaman, 2007)。

第四派认为,2005年的二十国集团会议可以说是取得了部分的成功。在能源问题上,财政部长和央行行长们直面挑战,极为高效地解决了迅速上涨的油价问题。但是,会议上有一个大的缺陷,即没有在中国货币问题上进行充分沟通和达成共识(Wheatley and Love, 2005)。

第五派则认为中国不仅在二十国集团中,甚至在当今世界上,都拥有广泛的国际参与、完全平等的身份,还具备天然的国际领导风范,因此,它能够成功主持和领导这样的部长级会议,并有能力和加拿大共同争取其他成员的同意,建立一个领导人级别的俱乐部(Martin, 2005b; Kirton, 2007, 2005a)。

本章论点

本章认为,2005年的二十国集团会议取得了很大的成功,原因不仅在于它的年会,而且在于中国与加拿大在创建领导人级别俱乐部上的成功努力。在二十国集团年会上,中国重视选定对新兴国家和发达国家都具有吸引力的议题,达到了使各国都满意的结果。会议成功开启了改革国际货币基金组织和世界银行的正式协商,而这些是各组织自身无法做到的。二十国集团采取拓展议程、稳定结构和 G7 及其他多边组织通力合作尤其是成功地倡议改革 1944 年布雷顿森林体系等方式,从一个为了解决各种危机事务而设置新规范新方向并采取共同措施的特别审慎的论坛,发展为参与全球治理的国际组织。中国不仅因为主持和主办会议进一步融入了这个集团,更展示出日后领导和胜出的必然。我们可以很震惊地看到这个成功特别是当三年后中加尽力使二十国集团成为领导人级别的俱乐部获得预期的结果。

上述进展,是由新的经济危机所引发的。当然,即使其中最重要的禽流感灾难,也最终未能推动乔治·W.布什在 2005 年召开二十国集团峰会。另一个造就二十国集团部长及行长会议成功召开的关键原因,是过去多边组织尤其是世界银行在国际金融体系改革上的失败。这给了目前迅速崛起的国家与它们日益膨胀的能力相符的发言权和投票权。民主趋同越来越明显:印度、印度尼西亚朝着民主向前跨了一大步。中国财政部部长金人庆主持会议的过程中吸取了过去两次会议的经验。最重要的是,二十国集团越来越成为全球治理的拓展网络的中心。八国集团发起的格伦伊格尔斯对话主要关注气候变化、清洁能源、持续发展等领域,它的成员和二十国集团大部分重叠。除了沙特阿拉伯之外的二十国集团国家和另外几个国家的卫生部长进行了第一次会晤,以解决禽流感危机。

从领导人层面来说,2005 年诞生了“八国集团加五国”,八国集团在吸收迅速崛起的新兴国家并平等待之方面反应和速度极为缓慢,以二十国集团为中心的全球网络不断深化,这些因素对二十国集团峰会的面世产生了强大的推动力。然而八国集团在格伦伊格尔斯会议上只允许部分五国集团国家参与特定议题,其中 4 个是八国集团成员中的民主政体国家。二十国集团适应了各国的呼声应运而生,虽然为美国不乐见,最后却成为 2008 年国际制度的赢家。这是因为二十国集团包括并且自身也灵活地调整为新兴的牵一发而动全身的实体。而且，2005年在以美加墨为主的北美国家和以中国为主的东亚国家的引导下，新的国际多边峰会增加了，以二十国集团国家为中心的领导人层面的会议网络得到了加强。从理性的角度将二十国集团会议本身提升到领导人层面，这个应对之策成为各方面都接受的基本原则或者说是共识。(Martin，2005b，2005a；Canada，2005a，2005b；Ibbitson，2005；Cooper，2007)。

但是，单独的代理人类似于美国的小布什最终在推迟二十国集团对转换相关能力、积累系统连通性、对世界上新的议会级别的机构的需要的理性回应中有很重要的作用。基于上述因素，二十国集团的繁荣，一度仅仅作为的财长和领导人的全球网络中心而缺乏实质性的功能，直到三年后一个巨大危机降临美国，这场危机改变了布什关于二十国集团的想法，并把保罗·马丁的远见变成现实。

2005年加拿大与中国为了二十国集团领导人会议的共同努力

2005年1月，或许是因为对应对禽流感特别关注(Canada，2005a，2005b)，中国国家主席胡锦涛和印度总理曼莫汉·辛格支持加拿大总督保罗·马丁关于二十国集团领导人会议的提议。他们与马丁的双边会晤集中在恐怖主义、发展、公共卫生及环境(Martin，2005a；Canada，2005b)等方面。2月之前，俄罗斯、法国、英国、墨西哥和巴西都支持召开二十国集团峰会的想法。仍然不愿意召开峰会的是德国、日本和美国(Ibbitson，2005)。日本是除了美国之外最不愿意的国家，它警惕地看着邻居中国的迅速崛起，珍视它建立的八国集团俱乐部(Dobson，2004；Kirton，2007)。然而，最终日本首相小泉纯一郎同意参加一次二十国集团会议，条件是如果2005年的会议取得成功他会参加更多的会议。

2005年，中国除了主持二十国集团财政部长会议和央行行长会议之外，还加深了与七国集团财政部长会议的关系(Kurton，2008；

Desai，2006)。中国第二次应邀出席了七国集团财政部长和央行行长 2 月 5 日在伦敦的非正式会议，并与有关国家就七国集团的财政和货币政策、亚洲经济和兑换比率的波动性交换了看法(G7 Finance，2005b)。中国还应邀参加了七国集团在 9 月 23 日的经济扩大会议。在这个会议上，七国集团第一次邀请了巴西、印度、俄罗斯和南非(G7 Finance，2005a)。12 月，七国集团又召开了一次特别经济会议，再次邀请了中国、巴西和印度(Brown，2005)。

与此同时，中国开始定期参加八国集团峰会。2005 年格伦伊格尔斯峰会是中国参加的第二次八国集团峰会，中国第一次参加的时间是在 2003 年(Kurton and Panova，2007；Blair，2010)。在格伦伊格尔斯会议上，中国确定了自身的地位。从八国集团经常性邀请中国与会，以及中国连续参加四次八国集团峰会，可以看出中国国际地位的巩固(Aslund，200；Vickers，2006)。中国是新格伦伊格尔斯对话(针对清洁能源和气候变化)的创立者之一，这个对话的成员包括澳大利亚、巴西、加拿大、中国、法国、德国、印度、印尼、意大利、伊朗、日本、墨西哥、尼日利亚、波兰、俄罗斯、南非、西班牙、英国、美国以及欧盟。这个对话的有效期延长到了 2008 年。

八国集团为了应对恐怖主义而在格伦伊格尔斯召开的峰会，使得保罗·马丁坚定地认识到，举行一场二十国集团峰会将有重要价值。他传达给八国集团的与会者这样一个观点，那就是，将五国集团的领导人置于次要的地位，或者不赋予他们正式的与会身份，不能建立起对全球治理的共同领导地位。再者，五国集团领导人更倾向于各自会晤以准备参与八国集团峰会，而八国集团对他们的接纳，能够有效地防止类似于五国集团这样的对立体系的建立。

在午饭时间，八国集团领导人、五国集团领导人和世界贸易组织领导人讨论了贸易话题，包括多哈贸易协商以及农业的关键因素。世界贸易组织总干事帕斯卡尔·拉米极力促成合作，制止了美国布什和印度辛格之间的一次争论。其他国家的领导人也参与了这个争论。各国领导人参与这个争论过于投入，以致他们忽略了议程上仍然需要解决的其他事情。布什和辛格告诉对方，他们并不知道讨论了什么，也不知道学习了什么。在这种“自发的骚动”使所有的领导人指导他们的官员结束多哈进程之前,议程已经按计划完成了。五国集团领导人突然间被迫退出了八国集团峰会。

马丁倡议召开二十国集团领导论坛的意愿大大增强了,主要有几个考虑。首先是希望能阻止五国集团峰会作为八国集团的替代品或者对立面出现。其次就是金砖国家实力迅速崛起,高盛资产管理公司的吉姆·奥尼尔组合并确认了金砖国家这个概念,用来指巴西、俄罗斯、印度和中国。再次,对是否会突然出现对不包括加拿大在内新的大国集团而感到担忧。解决方法就是,在加拿大已经是核心成员的二十国集团中占据领导地位,将二十国集团升级成领导人级别的俱乐部,以便管理全球化带来的新世界。

在格伦伊格尔斯峰会之后,马丁对召开二十国集团峰会进行了最后一次推动。主要的想法是,9 月由中加共同主持在纽约联合国首脑会议期间以晚餐的形式召开第一次二十国集团领导人会议。对于这场峰会,大多数二十国集团领导人已经计划要参会了。在他的设计中,餐桌上有包括中国在内以及其他许多大国。美国小布什总统觉得他需要出现,虽然他并不喜欢参加这么多的峰会,也不相信需要二十国集团这样的会议。议程可以包括类似于最近的禽流感、2003 年影响中国与加拿大切身利益的非典型肺炎,以及比小布什总统关注范围更广的恐怖主义问题。二十国集团最小的成员愿意来参加晚宴。加拿大人对时间和形式的安排比较灵活。然而最终小布什并没有同意,之前也没有直接对马丁正式提出过问题。美国官员暗示,在经历了阿根廷召开的美洲峰会、联合国大会等几场大规模的峰会之后,小布什总统并不想为了参加另外一场没有成果的会议而只是读读准备好的演讲稿,更不愿为此而改变甚至几个小时的行程。

鉴于美国不情愿的态度变得越来越明显,加拿大人后来放弃了召开二十国集团领导人会议的倡议。考虑到美日自 1945 年以来的亲密关系,小布什和布莱尔之间良好的私人关系,以及召开这场峰会在构建全球共识方面的关键目的,没有理由在小布什不在场的情况下进行。而且,各方会议参加者都忙于准备联合国峰会,致力于超越千年发展目标，改革联合国安理会，改善维护人权状况，以及签署关于国际责任的历史性的原则性文件。

马丁在 2004 年组建了少数派政府，他的政府在 2006 年的大选中被击败，即使再赢得一次大选也无法召开本想进行的会议。但仅仅三年后的 9 月份，在美国纽约爆发了一场前所未有的经济危机，小布什总统的态度变得积极起来，在华盛顿白宫重新恢复召开了二十国集团会议，将注意力聚集在经济改革上，而不是聚集在纽约联合国改革会议上。

计划和准备

作为二十国集团会议的主办国，中国将 2005 年会议的主题定为“全球合作：推进平衡有序的世界经济发展”。为准备这场会议，中国于 3 月和 9 月召开了两次级别不高的会议和三次研讨会，会议的成员都是八国集团以外的国家。

第一场研讨会于 6 月 29 日至 7 月 1 日在巴西召开，内容关于“创新发展财政机制”；第二场研讨会于 8 月 4 日至 5 日在南非召开，内容关于经济发展；第三场研讨会于 8 月 28 日至 29 日在澳大利亚召开，内容关于人口统计上的挑战。

中、德、澳三国间召开了好几次视频会议来决定财长和行长的行程。主题是经济和发展问题，主要是评估 60 年来布雷顿森林体系、联合国千年发展目标、发展援助和创新财政机制以及在可持续发展上的二十国集团协议，这是 2004 年柏林会议上最重要的成果之一，成员们一致同意 2005 年对上述重新议题进行重要评估。

高油价一直是大家所关心的问题之一，包含在经济大类的讨论中。对国际金融机构体系的评估是从柏林开始的，对中国来说特别有吸引力。他们作为主持人竭尽全力来讨论这个问题。二十国集团同样也希望延续之前的议程，在人口变化的大框架下讨论移民和汇款的问题。二十国集团协议中，中国继续努力将申请变成政策行动并将可持续发展作为单独的部分来讨论。

发展问题需要重视。这并不奇怪，因为这个问题在年头岁尾都居于峰会议程的首位。在7月的八国集团格伦伊格尔斯峰会上,发展问题更是处于最优先讨论的地位。9月14日至16日,联合国召开2005年世界峰会高层会议,讨论了联合国千年发展目标在头五年的进展。

二十国集团各国在召开年会前,进行了双边和多边的会议。美国财政部秘书约翰·斯诺与日本财长谷垣祯一见面就讨论油价、布雷顿森林制度的改革以及疯牛病(BCE)对日本向美国出口牛肉的影响。欧洲各国财政部长见面时讨论了提高利率的可能、石油价格、布雷顿森林制度改革以及新巴塞尔协定。

会议过程

10月15日,胡锦涛主席在北京发表了主题为"加强全球合作,促进共同发展"的演讲,宣告了这次年会的开始(Costello, 2008,183)。他建议二十国集团采取四种方式,加强全球在推动经济平衡发展上的合作。第一种是尊重发展模式的多样性,促进世界不同发展模式在竞争比较中取长补短、在求同存异中共同发展。第二种是加强各国宏观经济政策的对话和协调,特别是要加强在一些涉及世界经济发展全局和各国共同利益的重大问题上的协调,以共同促进世界经济平衡有序发展。第三种是完善国际经济和贸易体制和规则,使世界各国特别是发展中国家能从中受益。第四种是二十国集团帮助发展中国家加快发展,逐步建立长期、全面的新型南北合作伙伴关系(Pan, 2005)。

香河会议第一天的讨论关注以下问题:全球经济前景、国际发展尤其是联合国千年发展目标(MDGs)和国际经济机构的改革。人口变化和移民以及创新发展是第二天的论题。其他关键的问题包括高油价、贸易和人民币。

在香河会议之后,二十国集团发布了4份文件:除了公报,还有关于布雷顿森林体系改革、全球发展以及针对各国主创性的二十国集团改革议程的文件。公报的内容涉及全球不平衡、油价、贸易、人口老龄化问题、逃税和集体行动条款的进展。香河会议讨论了发展问题和联合国千年发展目标及蒙特雷承诺书,以及发展如何符合二十国集团持续发展的条款(G20 Finance, 2005a)。

成 就

国际金融机构改革

二十国集团发表了改革布雷顿森林机构的宣言,强调了世界银行和国际货币基金组织将继续在经济和金融管理中扮演重要角色。这些国际金融机构与二十国集团形成的是补充关系而非竞争关系。然而,也有人指责世界银行和国际货币基金组织已经过时,不能反映创立以来不断变化的世界。二十国集团的财政部长和银行行长们都认同这一点,应当对其配额、代表、管理以及运营结构进行改革(G20 Finance, 2005d)。

发展

二十国集团关于全球发展的宣言,将千年发展目标作为重点内容。它强调了单个国家策略的适当性,并欢迎捐赠国为实现0.7%的国内生产总值这一目标设置官方发展援助时间表。宣言支持八国集团关于债务减免的格伦伊格尔斯承诺,并鼓励为发展而提高援助效率并促进贸易(G20 Finance, 2005c)。

国内经济改革

在二十国集团国内经济改革的议程上,美国确认未来将实行新的税收政策与卫生和养老金政策,以促进进一步的经济发展。加拿大承诺将专注于增加就业、维持收支平衡和稳定财政。欧盟承诺将改革劳动力市场,以稳固公共财政和退休金制度,并且加强创新。德国保证将提高税收体系的竞争性,完善劳动力市场,改革卫生政策和退休金政策。法国承诺将加强对劳动力市场的投入和管理。意大利表明将简化行政程序,实行能源市场的自由化,并且加大对于研究开发、科学技术和创新教育方面的投资。英国承诺将维护经济政策的稳定,加强科学与创新,改善公众服务。俄罗斯保证加大在人力资本尤其是健康和教育上的投资力度,改善投资氛围。

非八国集团的成员中,阿根廷承诺将纠正不平衡的问题。巴西保证将强化其宏观经济结构。墨西哥承诺将实现公共收支平衡。土耳其保证改革金融行业,完善社会保障制度和税收制度,改善投资氛围。南非承诺将增加在基础设施以及人力资本上的投资。沙特阿拉伯保证将使经济多元化,降低石油依赖度,并改善投资氛围。印度承诺对基础设施和农业方面的政策进行改革。印度尼西亚保证改善公共债务管理并减少贫困。韩国保证将加强社会安全网络并加快其经济复苏。发达经济体澳大利亚称将重点提高就业率和生产力。

中国是唯一没有作出新承诺的成员。它只是申明了一些已经启动和实施的举措(G20 Finance, 2005b)。

汇率

以美国为首的七国集团的代表们试图说服中国采用更加浮动的汇率。中国拒绝了。财政部长和银行行长们会后留下来发表一份概括性声明,以表达他们关于"实施必要的财政、货币及汇率政策,并且加速结构调整以解决这些不平衡并化解风险"的决心(G20 Finance, 2005a)。紧接着二十国集团的会议,中国和美国举办了双方的第十七届中美联合经济委员会会议,会议上双方再次就人民币汇率和油价波动进行了讨论。

贸易

贸易方面,二十国集团会议比多边贸易谈判的传统商讨方式有了进一步的发展。它接受了诸如南南贸易、贸易和投资、为发展而贸易等理念(参见附录 G)。一项独立的分析表明,贸易是一个问题范围,其对于作为一个平等性论坛而具有均衡模式的二十国集团来说,受到了之前七国集团和二十四国集团立场上的支持(Martinez-Diaz, 2007, 11)。

各项工作

对二十国集团全球治理的六个方面进行系统性回顾,证实了香河峰会取得了强有力的成果。

国内政府管理

在国内政府管理方面，2005 年的二十国集团部长会议有不错的作为。许多部长认为参加会议符合国内的利益。参与了八国集团的财政部长有：美国的约翰·斯诺，日本的谷垣祯一，法国的蒂埃里·布雷顿，以及俄罗斯的阿列克谢·库德林。（德国的汉斯·艾歇尔由于德国议会选举的僵局留在了柏林，故由卡奥·科赫伟瑟代为出席。科赫伟瑟自从 1999 年起一直是财政部副部长，并从柏林的第一次会议起就一直参与二十国集团的事务。）与会的五国集团财政部长包括中国的金人庆，印度的齐丹巴兰，墨西哥的弗朗西斯科·希尔·迪亚斯。其他财政部长包括澳大利亚的皮特·科斯特洛，阿根廷的罗伯特·拉瓦利亚，沙特阿拉伯的亚拉伯罕·阿萨夫以及印度尼西亚的安瓦尔。

作为会议的主办方，中国国内受益最多。国家主席胡锦涛利用这一对二十国集团来说不寻常的场合，做了开幕演讲。中国表现出的积极性标志着二十国集团的绩效与领导国密切相关。胡锦涛主席认识到了全球化带来的益处和机遇。但是，他也强调了尊重国家主权以及国内优先权，国内优先权是至关重要的，每个国家都拥有选择它的发展道路的权利。胡锦涛强调了中国改革的成功。

公报仅对会议主办国这一个成员国作了积极评价（参见附录 D）。二十国集团不仅对中国举办本次会议——现在已经是常规情况——表示了感谢，还对它这些年的“卓越管理”提出了肯定（G20 Finance, 2005a）。

协商

经过会议协商，2005 年的二十集团会议取得了多方面的成绩，在其公开的绩效上，比前一年柏林会议创下的新峰值稍有下降。香河峰会产生了 4 份文件，同 2004 年一样，但是这些文件总共只包括了 3 462 个字（参见附录 E）。香河峰会的 4 个文件形成了意义重大的 35 个事项。然而它比柏林的40个以及蒙特利尔的38个稍少一些。

公报的重点在宏观经济方面。有史以来第一次,财政部长和央行行长们围绕国际金融机构改革进行了大量讨论。这一议题的重要性紧随宏观经济之后,跃升至了前所未有的高度。贸易也是一个重要的主题,重要性排在第三位。

会议上的讨论成果颇丰。随着油价在会议召开前一天达到了62.61美元/桶,二十国集团试图借助论坛安抚各方面产生的担忧。而尽管汇率再次没有出现在正式议程中,与会者们还是在正式会议前的场边以及双边会议上讨论了汇率问题。

方针制定

在方针制定上,香河峰会继续传播着民主的原则和规范(参见附录F)。它有6条关于民主的条文,这一数字与柏林会议并列第一。透明善治以及信息和知识的共享便是所申明的民主的三条准则。

决策

在决策制定上,香河峰会作出了8个共同的承诺(参见附录G)。尽管这一数字与2004年的10个和2001年的24个相比有所下降,至今为止它还是处于第三位。这些承诺中,贸易领域的有4条,发展和国际金融机构改革各两条。

最重大的承诺是关于国际金融机构改革的。二十国集团的成员(2005d)作出了具体承诺,将"明确配额改革的原则,并将这些原则列入拟于2008年1月完成的国际货币基金组织的第13次配额总审查中的重要内容"(G20 Finance, 2005d)

承诺的兑现

香河峰会在承诺兑现方面做得不那么好。中国作出的承诺整体偏弱。许多承诺都不是要求几年内完成的。八国集团峰会的证据表明,持续多年的目标和时间表在会议召开之后若干年往往难以遵从并实现。“千年发展计划”距离 2015 年的目标仍有 10 年之远。国际货币基金组织的改革也至少要再等 3 年。然而，会议的计划是，澳大利亚将于 2006 年再度审视这些承诺。

不过，仍有充足的理由相信，作为主办国的中国将遵守其在自己主持的会议上作出的承诺(Guebert, 2008)。关于 2003 年二十国集团在莫雷利亚作出的承诺中，中国获得了所有受到评估的八国集团中最高的守约分数，为 +0.67(83.4%)，比起非八国集团的平均分 +0.36(68%)来要好得多。并且中国的分数也比八国集团的平均分 +0.51(75.5%)要高。确实，在信守承诺方面，中国整体上仅次于俄罗斯，俄罗斯的平均守约分数为 +0.75(87.5%)。2003 年，中国第一次参加八国集团峰会，再次以可观的 +0.73(86.5%)的分数脱颖而出。这比非八国集团国家的 +0.48(74%)高出不少，同时也高于八国集团当年的平均分 +0.51(75.5%)(Kirton and Kokotsis, 2004; Kokotsis, 2005; G8 Research Group, 2004)。

然而，到香河峰会的第二年 2006 年，国际社会对八国集团和五国集团遵守其气候变化的承诺进行评估时，中国获得了所有参与国家中的最低守约分(八国集团 Research Group, 2007)，−0.2(40%)的分数同印度并列最后，比已经很糟糕的五国集团平均分 −0.04(48%)还要低，与八国集团平均分(包括欧盟) +0.2(60%)比起来相差更远。在所有承诺中，中国做得最不够的一条是，“与私营部门合作，加速相关创新技术的应用，以促进更高效的碳氢化合物的生产，并减少其生产使用过程对环境的影响”(G8, 2006)。尽管如此，在承诺促进“环境友好型发展和能源利用，并部署、转移清洁能源技术以帮助应对气候变化”上，中国比五国集团其他国家高出一筹(分别为 0.00 与 −0.40 即 30%)。那一年，在承诺评估中，墨西哥得分最高(+0.20，即 60%)，巴西和南非并列第二(0.00，即 50%)。

2007 年，在八国集团作出的有关气候变化、投资、能源及发展的承诺中，中国表现大有进步，平均有 +0.71(85.5%)，在五国集团中位居第一(八国集团 Research Group LSE/Oxford, 2007)。这远超五国集团的平均分 +0.40(70%)，甚至比八国集团—欧盟的平均分 +0.48

(74%)还要高。除了两个能源效率方面的承诺之外,中国完全履行了评估所涉及的所有承诺。

总体而言,除了2006年在气候变化方面分数较低之外,中国每年都取得了正的守约分。自从2003年第一次受邀加入八国集团以来,中国在守约分排名中一直靠前,它持续领先于五国集团的其他成员国,甚至八国集团和其他延伸的参与国,包括一些“发达的”国家如澳大利亚,印度尼西亚和韩国。从中国遵守承诺的种种记录来看,二十国集团上升至领导人层面并就广泛的议题进行讨论一事就显得很清晰了。

全球治理的发展

在全球治理的发展方面,香河峰会有着不凡的成绩。对内而言,会议作了8条关于二十国集团自身建设的规范性援引,同前一年一样(参见附录C-1)。2007年,南非将继2006年澳大利亚之后担任主办国,这进一步证实,发达国家和新兴国家轮流举办一年一度的二十国集团会议。

对外而言,2005年七国集团和二十国集团的财政部长和银行行长层面的关系得到了加强,共计有39条关于其他国际机构的援引,这一数字创下了新的峰值。这一年来自中国、巴西、印度、南非以及俄罗斯的财政部长,受邀参加了七国集团的金融会议(参见附录J-3)。八国集团还邀请五国集团的领导人参加其峰会。八国集团邀请二十国集团中许多非八国集团成员国,以正式成员的身份参加了格伦伊格尔斯对话,讨论了涉及气候变化、清洁能源和可持续发展的议题。七国集团意识到,全球治理尤其在金融和能源方面的治理,需要七国集团这一排他性老牌俱乐部之外的新的力量,不过,七国集团并未走到将二十国集团作为一个整体予以支持的程度。

取得成效的原因

系统性的轴心模式对香河峰会的出色表现进行了新的解释,认为这种出色表现与成员受到危机冲击时产生的共同脆弱性及其激发出来的强烈反应行动有关。

在动荡中产生的共同脆弱性

二十国集团在 2005 年的出色表现首先是突然爆发的新的非政府性冲击，这些冲击影响了所有成员，其中受害最深的是亚洲国家，但是美国和巴西也受到了影响(参见附录 I)。这些冲击以一种复杂的方式出现在金融与经济领域之外。

这一年是以 2004 年 12 月 26 日发生的印度洋海啸灾难开始的。对于这场灾难，世界人民特别是亚洲人至今记忆犹新。23 万的伤亡人数使它成为有记录以来最为致命的一场自然灾难。海啸给印度尼西亚和印度带来了最大的直接冲击。但是面对一场最为严重的袭击地球的灾难，需要全球共同应对。二十国集团的成员国聚集在一起提供援助，包括人道主义救援和财政支持。

2005 年 8 月又一场来自海洋的毁灭性的自然灾难，带着致命和毁灭性的力量，袭击了一个强大的二十国集团国家。这一次受害国是美国。飓风卡特里娜以一种军事策划师只在冷战时期的核武器对抗游戏中才能想象到的方式，毁灭了新奥尔良。8 月 29 日"卡特里娜"飓风袭击了美国的海湾沿岸。造成超过 2 000 亿美元的损失，以及至少 1 833 人死亡，使之成为美国代价最为昂贵的自然灾害(Dolfiman et al., 2007; Knabb et al., 2006)。"卡特里娜"飓风还恶化了美国的能源不足问题，并推动能源价格上涨。2005 年油价攀升到了新的高度。在二十国集团在中国开会之前，油价达到了 61.61 美元/桶，几乎要达到当年的最高价 69.92 美元/桶。与之前 2004 年二十国集团峰会时的46.30 美元/桶相比，这是一个大幅增长。

第三场危机是影响力小得多的禽流感。它始于中国，但是在二十国集团中越来越多的国家产生了担忧。病例数从 2003 年的 4 例和 2004 年的 46 例升到了 2005 年的 98 例(World Health Organization, 2012)。截至 2005 年底，共有 43 个死亡病例，大部分发生在印度和中国。2005 年禽流感病例数在中国，亚洲，北美洲以及其他范围内持续上升。亚洲出现的生态与健康的冲击，为二十国集团从部长级会议上升至领导人层面的会议提供了新的激励和动机。

第四个危机的冲击来自恐怖主义。2005 年的恐怖袭击次数几乎增长了 4 倍(DeYoung, 2006)。七月八国峰会间，伦敦成为了基地组织重大恐怖袭击的受害者，袭击中包括炸弹袭击者共有 56 人死亡，另有超过 700 人受伤(MI5, 2006)。由于亚洲、美国和欧洲都遭遇了这一系列的冲击，由二十国集团这一平台协调国际社会采取一致的全球性响应，就显得尤为适当了。香河峰会的反应是直接对上述危机受害的若干区域进行处理。然而，瞄向美国的重大冲击飓风“卡特里娜”发生在 8 月 28 日，距离 2005 年联合国世界高峰会议开始的时间 9 月 14 日仅有两周。但是在那之前，保罗·马丁提议的二十国集团峰会已经选定健康问题而非飓风或能源问题作为其重点议题。小布什总统此前一直忙于新奥尔良的生态袭击和应对 2001 年发生在美国、2005 年 7 月发生在英国的恐怖袭击。他现在因为差两周的时间因素没有接受到专门针对危机的激励，因此，他没有动机参加哪怕是在纽约举行的简短的二十国集团峰会。而因为他缺席，加拿大人认为继续参与这件事，形成一个美国不在场的“除美皆在”的小组并没有什么太大的意义。

国际机构的失败

第二个原因，国际机构的失败，对推动香河峰会的成功起到了重要作用。

多边组织　多边组织的失败在金融领域是显而易见的，而金融领域一直是二十国集团从创立之初便开始彰显核心竞争力的领域。2005 年二十国集团着手讨论国际货币基金组织的改革问题时，国际货币基金组织的缺陷便公开显示出来。国际货币基金组织无法纠正自身内部构架的缺陷，二十国集团便承担起了这一任务。2005 年，二十国集团的经济实力超过了组成国际货币与金融委员会的 24 个成员国的经济实力，这激励中国和其他国家依靠二十国集团来领导国际金融机构的

改革。

国际货币基金组织再次对世界经济的前景作出了蹩脚的预测（参见附录J-1）。2004年春，它预测全球国内生产总值将增长4.4%。当年秋，将预测下调至4.3%。而事实是，2005年结果显示增长达到了显著更强的4.9%。

金融监管的失败存在于所有的国际金融机构之中，二十国集团也有这方面的缺陷。当一些个人想知道泡沫是否可能正在形成时，主流反映是功能良好，甚至更加复杂精巧的金融市场只是在按它们固有的方式运行。

金融之外，其他多边组织也存在失败的情况。世界卫生组织在2003年应对"非典"危机爆发时表现糟糕，2005年又艰难地处理禽流感问题(Cooper et al., 2007; Cooper and Kirton, 2009)。再者，联合国方面，联合国气候变化框架公约有关方的商讨、会议进程似乎推进得过于缓慢，以至于几乎难以调动相应的国家实现控制气候变化的目标。将近12月份召开的蒙特利尔会议就充分说明了这一点。

七国集团或八国集团　七国集团或八国集团受危机的冲击激发，极为敏捷地意识到将快速崛起的新兴力量拉入其治理核心这一系统性需求，并作出了反应。但是它的反应，尤其是与中国有关的反应依旧太少太迟。从1975年到2000年间，七国集团或八国集团对待中国的实际表现反映出它正越来越接纳中国(Kirton, 1999, 2001a)。1975年到1999年间，七/八国集团对这个国家的态度已然发生了变化。紧接着，中国在1997年至1999年关于应对国际金融危机的负责任的立场，它关于国际金融体系改革的方式与七国集团某些成员国在核心问题上的一致性，它在二十国集团中扮演的角色，以及香港对二十二国集团(G22)财政部长和金融稳定论坛(FSF)的贡献，都为中国在二十国集团领导人层面同七/八国集团进行联系提供了充足理由。因此，2000年八国集团邀请中国参加峰会前的晚宴对话(Kirton, 2001a)，但被中国拒绝了。直到2003年，胡锦涛成为中国领导人之后，中国才同其他新兴发展中国家一起，参加了它的第一次八国集团峰会。继2004年未收到邀请之后，中国在2005—2009年间作为五国集团的一部分回到了峰会(Aslund, 2006; Vickers, 2006)。

八国集团加五国　到2005年,七国和八国集团越发明显地需要新兴经济体出现在会议桌上,尤其在讨论关于金融、能源和气候变化方面时这种需要就更加强烈。专业化的能力正在发生转变。将二十国集团上升到领导人层面的主张获得了诸多支持(Ibbitson, 2005; Martin, 2005a; Canada, 2005a, 2005b)。然而这不是国际社会提出的唯一解决方案,因为"八国集团加五国"的方案也问世了。

托尼·布莱尔决定邀请中国、印度、巴西、墨西哥和南非这些五国集团的成员国参加2005年格伦伊格尔斯峰会,这一做法开创了历史的先例。2006年,首次举办峰会的俄罗斯也在劝说之下遵从了这一做法。2007年德国延续了这一做法,并增加了一个官方级别的海利根达姆对话进程,并通过这一进程申明了所有13个成员的平等性。2008年的日本以及2009年的意大利都沿用了前任举办国的做法。国际社会认为,2005年7月第一次出现的"格伦伊格尔斯八国集团加五国"取得了成功,却降低了二十国集团峰会的吸引力,前者聚焦专门议题,越发不把新的全球金融体系产生的问题计入议程当中。

然而,尽管八国集团作出了这样的扩大,它与新兴国家的相关性越来越受到认可,但是,它从来不允许新兴国家以完全平等的身份参加八国集团峰会的所有议题的讨论。甚至在2005年七月,当受邀请的中国、印度、巴西、墨西哥和南非的领导人与托尼·布莱尔及其八国集团的同僚们比肩而立,共同谴责恐怖主义袭击的那一天,十三国集团关于重要的安全问题所展示出来的团结一致如此让人印象深刻,却也未能激励八国集团、五国集团成员的地位提升到依旧只有八国的俱乐部才能达成的水平上。2005年之前,一些人认为印度应在八国集团中占有一席,这次也被排除在考虑之外(Kirton, 2005b; Thakur, 2007)。

金融诸边　在部长级会议层面,唯有中国脱颖而出。中国在五国集团的同伴们尚未参加的时候,便开始参加七国集团的财政部长会议了。2005年12月的会议,墨西哥和南非缺席,中国参加了。2006年6月的会议,巴西没有参加,而二十国集团成员的韩国和澳大利亚参加了。而在那些中国缺席的会议,八国集团之外的国家也都没有参加。

集体主导、内部平等的能力　这在一定程度上解释了二十国集团在2005 年的强劲表现。可以肯定的是,它在全球范围内支配性的均衡能力略微降至 79%,而其内部公平性有所提高,如其基尼系数所示(参见附录K)。然而,二十国集团最强成员和最弱成员相对能力之比下降,集团内各成员之间变得更加平等。

民主趋同　2005 年二十国集团的民主趋同度有所提升。这一年中,印度尼西亚改善了本国政治权利和公民自由,旨在成为一个完全自由民主的国家。现在,二十国集团中 15 个国家被视为完全自由民主的国家。印度尼西亚在 2005 年的发展反映了亚洲民主的上升趋势。这一进展与香河会议对民主原则的坚定主张相吻合。

国内政治控制、资本、连续性、能力与承诺

这同样极大地提高了二十国集团的代表性。积极参与者保罗·马丁,如果是一个少数,现在已经可以像总理一样授权。他积极推动二十国集团峰会的宣传活动,2006 年 1 月他选举失败后就停止了宣传活动。英国的托尼·布莱尔和他重新任命的财政大臣戈登·布朗在2005 年春获得连任,第三次当选首相。

政治上的连续性具有实质意义。来自澳大利亚、德国、沙特阿拉伯、南非和英国的财政部长在 1999 年第一次二十国集团峰会上就执掌权力(参见附录 L-2)。来自中国和美国这两个最具实力的非八国集团和八国集团国家的财政部长都参加了香河会议,各自一共出席了三次。与会者还包括来自墨西哥、印度、俄罗斯、法国和遭受飓风袭击的印度尼西亚的有关官员。

尽管并非所有的财政部长都出席了香河会议,此次会议仍然汇集了自 1999 年到 2009 年二十国集团年度秋季峰会中最具经验的部长们。2005 年在中国的财政部长们在二十国集团的时间加起来长达 56年。其中非八国集团成员 35 年,八国集团成员 21 年。经验与连续性的平衡转换为集团中的新兴国家,甚至核心连续性中的公平性已经推动集团向俱乐部演变。

有限地参与俱乐部:二十国集团作为网络治理中心

二十国集团鹤立于全球治理之中,这直接解释了他们为何能够在2005年有所作为,同时也推动自身领导层次向前跨越一大步。

从二十国集团自身角度看,胡锦涛主席出席开幕式并发表讲话,有力证明了二十国集团这个组织的规格层次,同时也展示出领导者个人在该组织中的重要地位。在高层领导中,只有小布什总统反对二十国集团成为峰会级别的全球治理组织。

从外部看来,全球治理网络在二十国集团中生根发芽。在金融领域,APEC 财政部长于9月8日至9日在韩国济州岛召开会议。随后,各联邦财政部长于9月18日至20日在巴巴多斯召开会议。11月15日至16日,韩国釜山亚太经合组织峰会前夕,与会财长们讨论的议题重点是贸易,这和几个月前二十国集团在中国讨论的议题一致。然而,二十国集团还涉及粮食与农业、腐败、反恐、卫生、自然灾害和能源等其他议题(APEC, 2005b)。二十国集团还建立了部长级别的格伦伊格尔斯对话机制,将大部分的二十国集团参与者都囊括其中。在二十国集团会议上,除了沙特阿拉伯,多数国家的卫生部长第一次聚在一起共同探讨解决禽流感的对策。这场卫生会议紧随在10月15日至16日的二十国集团香河会议之后,于10月25日在渥太华举行(International Meeting of Health Ministers, 2005)。

在领导者层次,以二十国集团为中心的网络延伸得更广。于2005年11月25日至27日在马耳他举行的联邦首脑会议上,52位与会者中有38位谈及众多议题,包括政治价值、恐怖主义、联合国改革、武器控制和人权(Commonwealth Heads of Government, 2005)。亚太经合组织首脑于11月18日至19日在釜山会面主要讨论了商业贸易、人类安全和国际组织的未来。(APEC, 2005a)于11月4日至5日在阿根廷马德普拉塔举行的美洲第四次峰会上,34位出席者主要关注创造工作机会和民主(SOA, 2005)。

2月22日北约峰会在布鲁塞尔举行,来自七国集团中的6个国家和土耳其领导人强调金融和经济上的合作之外,还重申了共同防御和共享价值观的承诺,并讨论了阿富汗、伊拉克、巴尔干半岛、俄罗斯、乌克兰和中东周边的区域性安全议题。7 月 5 日,成立于 2001 年的上海合作组织在哈萨克斯坦首都阿斯塔纳举行了第五次峰会。在俄罗斯和中国的引领下,各成员国集中讨论了在安全、经济、救灾、教育、旅游和媒体关系方面需要进一步合作的事项(Xinhua, 2010)。12 月 7 日至 8 日,第三次伊斯兰合作组织峰会在沙特阿拉伯麦加召开,57 个成员国领导人讨论广泛,议题涵盖恐怖主义、商业贸易、发展、能源和伊拉克、塞浦路斯、苏丹等其他区域性事务。

2005 年也见证了两个区域性组织的创举,这两项创举来自二十国集团的发达国家和新兴国家成员,同时也反过来加强了这种网络联系。3 月 23 日,由美国发起的一年一度的北美领导人峰会第一次在得克萨斯州韦科举行,小布什作为东道主领导人,美国、加拿大和墨西哥参加了这次峰会。12 月 14 日,由中国倡议的东亚峰会在吉隆坡举行了第一次会议,与会国家包括日本、中国、韩国和印度尼西亚,俄罗斯也受邀出席了此次会议。后者将超越二十国集团的格局,将国家带入以二十国集团为中心的治理网络中去。

本章小结

2005 年的二十国集团外交和香河会议有三个重要影响:使二十国集团会议和议程更进一步,特别是在国际金融机构改革等架构性问题上有所发展;提升了中国在集团中的参与度;深化了提升二十国集团为领导人级别的讨论。

中国积极支持包括发展、人口以及国际金融机构改革在内的国内外重要议题。对布雷顿森林体系的改革是二十国集团的关键议题。各成员保证继续将这一话题纳入未来会议的议程。最终,他们在一些议题上达成了妥协,而这是其他多边机构如国际货币基金组织、世界银行和七国集团或八国集团无法达成的。

香河会议对于加深中国参与度至关重要。这次会议表明,中国在二十国集团中不仅仅是参与者、跟随者或“搭便车”者。它可以作为一个完全平等的成员举办会议,担任主席,设置议程。这与它在七国集团财政部长及央行行长会议、八国集团领导人峰会中扮演局外人的角色截然不同。

2005年,举办二十国集团峰会的想法最终集聚了各方力量,并且几乎完成了预期目标。但是围绕二十国集团峰会是否为恰当的论坛,峰会应当讨论哪些议题,第一次峰会在哪里召开,各方面还有许多争论。然而,2005年达成的诸多共识,离成功举办峰会只差咫尺之遥,且为2008年召开的第一次二十国集团峰会奠定了基础。

参 考 文 献

Asia-Pacific Economic Cooperation. 2005a. "Busan Declaration—Towards One Community: Meet the Challenge, Make the Change." Leaders' declaration, Busan, November 18—19. Available at: www.apec.org/Meeting-Papers/Leaders-Declarations/2005/2005_aelm.aspx. Accessed: July 2012.

Asia-Pacific Economic Cooperation. 2005b. "Joint Statement—Towards One Community: Meet the Challenge, Make the Change." Ministerial meeting, Busan, November 15—16. Available at: www.apec.org/Meeting-Papers/Millisterial-Stateinents/Annual/2005/2005_amm.aspx. Accessed: July 2012.

Aslund, Anders. 2006. "Russia's Challenges as Chair of the G8." *Policy Brief* No.06-3, March, Institute for International Economics, Washington DC. Available at: www.iie.com/publications/pb/pb06-3.pdf. Accessed: July 2012.

Baum, Richard and Shevchenko, Alexei. 2001. "Bringing China In: A Cautionary Note." In *The New Great Power Coalition: Toward a Concert of Nations*, ed Rosecrance, Richard. New York: Rowman and Littlefield, 327—344.

Bergsten, C.Fred. 1998. "The New Agenda with China." *Interna-*

tional Economic Policy Briefs 98(2):1—2.

Blair, Tony, 2010. *A Journey*. London: Random House.

Bradford, Colin I, and Linn, Johannes F. 2004. "Global Economic Governance at a Crossroads Rep lacing the G7 with the G20." Brookings Institution Policy Brief 131. Available at: www.brookings.edu/papers/2004/04globaleconomics_bradford.aspx. Accessed: July 2012.

Brown, Gordon. 2005. "Statement at the Conclusion of G7 Finance Ministers Meeting." London, December 3. Available at: www.g8.utoronto.ca/finance/fm051203_brown.htm. Accessed: July 2012.

Brzeziniski, Zbigniew. 1996. "Let's Add to the G7." *New York Times*, June 25, p.A11.

Canada 2005a. "Joint Declaration by Canada and China." Beijing, January 20. Available at: epe. lac-bac. gc. ca/100/205/301/prime_minister-ef/paul_maitin/06-02-03/www.pm.gc.ca/eng/news.asp@id=397. Accessed: July 2012.

Canada 2005b. "Joint Declaration by Canada and India." Delhi, January 18. Available at: epe. lac-bac. gc. ca/100/205/301/prime_minister-ef/paul_maitin/06-02-03/www.pm.gc.ca/eng/news.asp@id=391. Accessed: July 2012.

Commission on Global Governance. 1995. *Our Global Neighborhood: The Report of the Commission on Global Governance*. Oxford: Oxford University Press.

Commonwealth Heads of Government. 2005. "Final Communique." Malta, November 25—27. Available at: www.thecommonwealth.org/Templates/Internal.asp?NodeID=147565. Accessed: July 2012.

Cooper, Andrew F. 2007. "The Logic of the B(R)ICSAM Model for G8 Reform." *CIGI Policy Brief* No. i, Centre for International Governance Innovation, Waterloo ON. Available at: www. Cigionline.org/public ations/2007/5/logic-bricsam — model-g8-reform. Accessed: July 2012.

Cooper, Andrew F., Antkiewiez, Agata and Shaw, Timothy M. 2006. "Economic Size Trumps All Else? Lessons from BRICSAM." Centre for International Governance Innovation, Waterloo ON. Available at: www.cigionline.org/publications/2006/12/economic-size-trumps-all-else-lessons-bricsam. Accessed: July 2012.

Cooper, Andrew F. and English, John. 2005. "Introduction." In *Reforming from the Top: A Leaders' 20 Summit*, eds English, John. Thakur, Ramesh, and Cooper, Andrew F. Tokyo: United University Press.

Cooper, Andrew F. and Kirton, John J., eds. 2009. *Innovation in Global Health Governance: Critical Cases*. Farnham: Ashgate.

Cooper, Andrew F., Kirton, John J., and Schrecker, Ted, eds. 2007. *Governing Global Health: Challenge, Response, Innovation*, Aldershot; Ashgate.

Costello, Peter. 2008. *The Costello Memoirs: The Age of Prosperity*. Melbourne: Melbourne University Press.

De Brouwer, Gordon and Yeaman, Luke, 2007. "Australia's G20 Host Year: A Treasury Perspective." Treasury, Australian Government, Canberra, Available at: www. g20. utoronto. ca/biblio/debrouwer-yeaman_2007.pdf. Accessed: July 2012.

Desai, Seema. 2006, "Expanding the G8: Should China Join?" January. Foreign Policy Centre, London. Available at: fpc.org.uk/fsblob/749.pdf. Accessed: July 2012.

DeYoung, Karen. 2006, "Terrorist Attacks Rose Sharply in 2005, State Dept. Says." Washington Post, April 29. Available at: www.washingtonpost. com/wp-dyn/content/article/2006/04/28/AR2006042802181. html. Accessed: July 2012.

Dobson Hugo. 2004. Japan and the G7/8, 1975—2002. London Routledge Curzon.

Dolfman, Michael L., Fortier Wasser, Solidelle, and Bergman,

Bruce. 2007. "The Effects of Hurricane Katrina on the New Orleans Economy." *Monthly Labor Review*, 130 (6): 3—18. Available at: www.bls.gov/opub/mlr/2007/06/aitlexc.htm. Accessed: July 2012,

Economist. 1998. "Welcome to China, Mr Clinton," January 25. Available at: www.economist.com/node/137669. Accessed: July 2012.

Fues, Thomas. 2007. "Global Governance Beyond the G8: Reform Prospects for the Summit Architecture." *Internationale Politik und Gesellschaft* 2: 11—24. Available at: www. fes. de/ipg/inhalt_d/pdf/03_Fues_US.pdf Accessed: July 2011.

G7 Finance Ministers and Central Bank Governors. 2005a, "Statement by G7 Finance Ministers and Central Bank Governors." September 23. Available at: www g8. utoronto. ca/finance/fm050923. htm. Accessed: July 2012.

G7 Finance Ministers and Central Bank Governors. 2005b. "Statement of G7 Finance Ministers and Central Bank Governors." London, February 4—5. Available at: www. g8. utoronto. ca/finance/fm050205_statement.htm. Accessed: July 2012.

G8. 2006. "Global Energy Security." St. Petersburg, July 16, Available at: www, g8. utoronto. ca/summit/200etersbtirg/energy. html. Accessed: July 2012.

G8 Research Group. 2004. "2003 Evian Filial Compliance Report" Available at: www. g8. Utoronto. ca/evaluations/2003evian_comp_final. Accessed: July 2012.

G8 Research Group LSE/Oxford. 2007. "The G8 and Climate Change since Heiligendamm: Final Compliance Report for the G8 and Outreach Five Countries." Available at: www. g8. utoronto. ca/oxford/g8rg-Iseox-final-2007-080720.pdf Accessed: July 2012.

G8 Research Group Oxford. 2007. "Governing Global Climate Change: St. Petersburg Compliance Report for the 'G8 Plus Five' Countries." Available at: www.g8. utoronto. ca/oxford/2006complianceox.pdf. Accessed: July 2012.

G20 Finance Ministers and Central Bank Governors. 2005a, "Communique." Xianghe, Hebei, China, October 16. Available at: www.g20.utoronto.ca/2005/2005communique.html. Accessed: July 2012.

G20 Finance Ministers and Central Bank Governors. 2005b. "G20 Reform Agenda 2005." Xianghe, Hebei, China, October 16, Available at: www.g20.utoronto.ca/2005/2005reform.html. Accessed: July 2012.

G20 Finance Ministers and Central Bank Governors. 2005c. "G20 Statement on Global Development." Xianghe, Hebei, China, October 16. Available at: www.g20.utoronto.ca/2005/2005cievelopment.html. Accessed: July 2012.

G20 Finance Ministers and Central Bank Governors. 2005d. "G20 Statement on Reforming the Bretton Woods Institutions." Xianghe, Hebei, China, October 16, Available at: www.g20.utoronto.ca/2005/2005bwi.html, Accessed: July 2012.

Guebert, Jenilee. 2008. "China's Compliance with G8 Commitments," G8 Research Group, Toronto.

Gurria, Angel. 2005. "A Leaders' 20 Summit?" *Li Reforming from the Top: A Leaders' 20 Summit*, eds English, John, Thakur, Ramesh, and Cooper, Andrew F. Tokyo: United Nations University Press, 63—71.

Hodges, Michael R. 1999. "The G8 md the New Political Economy." In *The G8's Role in the New Millennium*, eds Hodges, Michael R., Kirton, Joh J., and Daniels, Joseph P.Aldershot: Ashgate.

Holbrooke, Richard. 2005. "China Makes Its Move," *Washington Post*, May 27. Available at: www.washingtonpost.com/wp-dyn/content/article/2005/05/26/AR2005052601540.html. Accessed: July 2012.

Ibbitson, John. 2005. "The Prime Minister's Passion for the L20." Globe andMail, Feburary 22.

International Meeting of Health Ministers. 2005. "Ottawa 2005:

Global Pandemic Influenza Readiness." October 25, Ottawa. Available at: www.who.int/mediacentre/events/2005/05_Ottawa_Canada_Ian_Shugart.pdf. Accessed: My 2012.

Jayawardena, Lal. 1989. "World Economic Summits: The Role of Representative Groups in the Governance of the World Economy." *Journal of the Society for International Development* 4:17—20.

Kirton, John J. 1999. "The G7 and China in the Management of the International Financial System." Paper prepared for "China in the 21st Century and the World," sponsored by the China Development Institute, the China International Center for Economic and Technical Exchange, and the National Institute for Research Advancement, Japan, November 11—12, Shenzen. Available at: www.g8.utoronto.ca/scholar/kirton199903. Accessed: July 2012.

Kirton, John J. 2001a. "The G7/8 and China: Toward a Closer Association." In *Guiding Global Order: G8 Governance in the Twenty-First Century*, eds Kirton, John J., Daniels, Joseph P., and Freytag, Andreas. Aldershot: Ashgate, 189—222.

Kirton, John J. 2001b. "The G20: Representativeness, Effectiveness, and Leadership in Global Governance." In *Guiding Global Order: G8 Governance in the Twenty-First Century*, eds Kirton, John J., Daniels, Joseph P., and Freytag, Andreas. Aldershot: Ashgate, 143—172.

Kirton, John J. 2004a, "Getting the L20 Going: Reaching Out from the G8." Paper prepared for a workshop on "G20 to Replace the G8: Why Not Now?" sponsored by the Brookings Institution, Institute for International Economics, and the Centre for Global Governance, September 22, Washington DC. Available at: www.g8.utoronto.ca/scholar/kirton2004/kirton_040922.htmL Accessed: July 2012.

Kirton, John J. 2004b, "Toward Multilateral Reform: The G20's Role and Place." Paper prepared for a conference on "The Ideas-Institutional Nexus; The Case of the G20," sponsored by the Centre for International Governance Inovation, United Nations University, FLASCO, and the University of Waterloo, May 19—21, Buenos Aires. Available at: www: g8. utoronto. ca/ schoIar/ kirton2004/ kirton_g20_2004. pdf. Accessed: July 2012.

Kirton, John J. 2005a, "From G7 to G20: Capacity, Leadership and Normative Diffusion in Global Financial Governance." Paper prepared for the International Studies Association convention, March 1—5, Honolulu. Available at: www. g8. utoronto. ca/ scholar/ kirton2005/ kiil: on_isa2005. pdf. Accessed: July 2012.

Kirton, John J. 2005b. "The Future of the G8." In *G8 Summit 2005: Mapping the Challenges*, ed Fraser; Matinee. London: Newsdesk Publications. Available at: wwwg8. utoronto. ca/ newsdesk/ G8—2005. pdf. Accessed: July 2012.

Kirton, John J. 2007. " Facing Global Trade Imbalance: Cooperation and Development." Paper prepared for a conference sponsored by the Global Trade Development Forum and the Sixth Annual Academic Meeting on China and the World Trade Organization, November 9—12, Beijing.

Kirton, John J. 2008. "From G8 2003 to G13 2010? The Heiligendamm Process's Past, Present, and Future." In *Emerging Powers in Global Governance: Lessons from the Heihgendamm Pwcess*, eds Cooper, Andrew F., and Antkiewicz, Agata, Waterloo ON: Wilfrid Laurier University Press, 45—79.

Kirton, John J. 2010. "The Group of Eight's Legacy, Limitations, and Lessons." In *The New Dynamics of Summitry: Innovations for G20 Summits*, eds Bradford. Colin I., and Lim, Wonhyuk. Washington DC and Seoul: Brookings Institution Press and Korea Development Institute, 17—60.

Kirton, John J. and Kokotsis, Ella. 2004. "An Evaluation of the

G8's Commitment to the Kananaskis Pledges." Discussion paper prepared for a meeting of the Council on: Foreign Relations G8 Africa Round Table, February 4, Washington DC. Available at: www. g8. utoronto. ca/scholai/kirton2004/kirton_africa_040204. html. Accessed: July 2012,

Kirton, John J., and Panova, Victoria. 2007. "Coming Together: The Evian Legacy." In *Corporate, Public and Global Governance: The G8 Contribution*, eds Fratianni, Michele, Savona, Paolo, and Kirton, John J., Aldershot: Ashgate, 201—30.

Knabb, Richard D., Rhome, Jamie R., and Brown, Daniel P. 2006. "Tropical Cyclone Report: Hurricane Katrina, 22—30 August 2005." August 10, National Hurricane Center. Available at: www.nhc. noaa.gov/pdf/TCR-AL122005_Katrina.pdf Accessed: July 2012.

Kokotsis, Ella. 2005. "Explaining Compliance with G20 Commitments: The Democratic Institutionalist and Conceit Equality Models Compared", Paper prepared for the annual International Studies Association convention, March 1—5, Honolulu. Available at: www.g8.utoronto.ca/scholar/kokotsis_isa2005.pdf. Accessed: July 2012.

Lesage Dries. 2007. "Globalisation, Multipolarity, and the L20 as an Alternative to the G8." Global Society 21(3): 343—6L, Martin, Paul. 2005a, "Address to the Canada-Chili a Business Council." Beijing, January 21. Available at: epe. lac-bac. gc. ca/100/205/301/primeminister-ef/paul_martin/06-02-03/www.pm.gc.ca/eng/news.asp@id=399. Accessed: July 2012.

Martin, Paul 2005b. "A Global Answer to Global Problems." *Foreign Affairs* 84(3): 2—6, Available at: www. foreignaffaiis. com/ articles/60792/paulmartin/a-global-answer-to-global-problems. Accessed: July 2012.

Martin, Paul 2010. "Address to the 2010 Couchiching Conference on 'Watershed Moment or Wasted Opportunity'." August 6, Geneva

Park, Canada. Martinez-Diaz, Leonardo. 2007. "The G20 after Eight Years: How Effective a Vehicle for Developing-Country Influence?" Global Economy and Development Working Paper No.12, Brookings Institution, Washington DC. Available at: www.brookings.edu/papers/2007/1017development.aspx. Accessed: July 2012.

MI5. 2006. "Report of the Official Account of of the Bombings in London on 7th July 2005." May 11. Available at: www.mi5.gov.uk/output/news/reports-on-7-7-bombings-published.html. Accessed: July 2012.

Pan, Letian. 2005. "Hu Calls for Strengthening Global Cooperation," Beijing, October 16, Available at: english.gov.cn/2005-10/16/content_78172.htm. Accessed: July 2012.

Smyser, W.R. 1993. "Goodbye, G7." *Washington Quarterly*(Winter): 15—28.

Summit of the Americas. 2005. "Declaration of Mar Del Plata: Creating Jobs to Fight Poverty and Strengthen Democratic Governance." November 5, Mar Del Plata, Argentina, Available at: www.summit-americas.org/iv_summit/iv_summit_dec_en.pdf. Accessed: July 2012.

Thakur, Ramesh. 2007. "India's Rising and shining: Will It Prove a False Dawn?" Centre for International Governance Innovation, Waterloo ON. Available at: www.cigionline.org/publications/2007/7/indians-rising-and-Shining-will-it-prove-false-dawn. Accessed: July 2012. ul Haq, Mahbub. 1994. "The Bretton Woods Institutions and Global Governance." In *Managing the World Economy*, ed Kenen, Peter B.Washington DC: Institute for International Economics, 409—418.

Vickers, Brendan. 2006, "Heading Toward the St. Petersburg Summit: What's In It for Africa?" *Global Insight*(63).

Wheatley, Alan and Love, Brian. 2005. "Oil Dominates G20 Talks as Yuan Takes Back Seat" *Reuters*, October 16.

Whyman, William E. 1995. "We Can't Go On Meeting Like This: Revitalizing the G7 Process." *Washington Quarterly* 18(3):139—165.

Wilson，Dominic and Purushothaman，Roopa，2003. "Dreaming with BRICs：The Path to 2050." Goldman Sachs，New York. Available at：www. goldmansachs. com/our-thinking/topics/brics/brics-reports-pdfs/brics-dream.pdf Accessed：July 2012.

World Health Organization. 2012. "Cumulative Number of Confirmed Human Cases for Avian Influenza A (H5N1) Reported to WHO, 2003—2012." July 6，Geneva，Available at：www.who.int/influenza/human_animal_interface/H5N1_cumulative_table_archives/en/index.html. Accessed：July 2012.

Xinhua 2010. "Shanghai Cooperation Organization Summits." China Daily，June 9. Available at：www. chinadaily. com. cn/china/2010sco/2010-06/09/content_9955838.htm. Accessed：July 2012.

第九章

加强可持续性:2006 年墨尔本会议与 2007 年克莱蒙德会议

引　言

二十国集团财政部长和央行行长分别于 2006 年和 2007 年举行了第八次和第九次会议。其中,2006 年的会议于 11 月 18 日至 19 日在澳大利亚墨尔本(Melbourne)召开,2007 年的会议于 11 月 17 日至 18 日在南非克莱蒙德(Kleinmond)召开。两次会议都致力于推动国际金融机构体系的进一步改革,协调宏观经济政策以及应对能源安全和气候变化问题。

作为 2005 年二十国集团中国会议的延续,国际货币基金组织及世界银行内部话语权和表决权的改革依然被排在会议议程的前列。气候变化和能源问题也获得了新的发展动力。2006 年的会议中,澳大利亚热切推动二十国集团的制度化进程。为此,澳大利亚和南非密切合作以确保他们的提议在 2007 年的会议上也可以获得优先讨论权。

2007 年,一场新的全球金融危机正在酝酿当中。当时,七国集团、八国集团和国际货币基金组织尚未对此作出反应。而二十国集团作为全球经济与金融治理者的重要性也由此提升。尽管直到 2008 年二十国集团才上升到首脑会议的级别,但 2006 年和 2007 年的会议展现了二十国集团在国际上的成功及其所扮演的重要角色,为其晋级铺平了道路。

二十国集团在 2006—2007 年的进展

本章将会论述 2006 年和 2007 年间,二十国集团会议取得的多方面的实质性成功,主要包括拓展会议议程,推动解决关键问题,以及寻找应对棘手挑战的方法。澳大利亚和南非并非八国集团成员,但他们也认识到了成功举办会议的重要性及可能带来的好处。他们提出了需要二十国集团成员同意的、更为广泛的诸多国际问题,如国际金融机构体系改革、气候变化、能源问题以及日渐成长的二十国集团内部需要解决的发展问题。

2006年墨尔本会议

挑战

2006年11月18日至19日在墨尔本举办的第八次二十国集团会议的主题是"建设和维持繁荣"。作为主席国的澳大利亚有两个主要目标。第一个目标是寻求全球发展繁荣。第二个目标是加大二十国集团作为经济金融论坛的影响,对于一个处于七国集团、八国集团外围的发达国家而言,这无疑是一个明智的选择。在墨尔本会议上,气候变化第一次进入了二十国集团的会议议程,而能源和矿产问题占据着核心位置。这也使墨尔本会议成为二十国集团史上第一次有关能源和环境的会议。墨尔本会议与同样在该周末在河内举行的亚太经合组织领导人会议一样吸引着全世界的注意力。亚太经合组织是一个峰会级别的国际组织,在2006年有21个国家出席,其中10个国家也是二十国集团的成员国。在亚太经合组织会议上,各国领导人发表了有关自由贸易的演讲,肯定了多哈回合的重要性,尤其是世贸组织的贸易调解的重要性,同时提出了太平洋自由贸易区的概念(APEC, 2006)。在拥有诸多国际组织的今天,二十国集团仍需要证明,同其他国际组织的峰会相比,它是一个独特的部长级会议;同时它也需打造同其他国际组织的合作关系,尤其是包括亚太经合组织在内的许多首脑级会议,这些会议每年也举行财政部长会议。

不同流派的观点　关于墨尔本会议,主要有三种不同流派的观点。第一派观点认为墨尔本会议是失败的,因为它没能充分解决发展问题。

第二派观点认为墨尔本会议在能源问题上取得了成功，但在其他包括气候变化等问题的解决上都是失败的(Agence France Presse，2006)。第三派观点认为墨尔本会议实质上在国内政府管理方面取得了成功。澳大利亚财政部高度认可了这场会议，将其称为“在澳大利亚召开过的最重要的经济会议”(Hoy，2006)。

本章论点 墨尔本会议成功地实现了主办国的两个主要目标，其分别是：第一，寻求推动全球发展繁荣的相关问题；第二，将二十国集团打造为解决经济金融问题的核心论坛。会上对于能源、采掘工业以及气候变化问题的讨论都具有创新性且富有成效。民主原则得到了前所未有的认可。会议通过了国际货币基金组织改革的历史性协议。主席国手册的编写和研究小组的创立都体现了二十国集团在制度建设方面的进步。然而，会议并没有在澳方增加的其他问题上取得任何实质性进展，尤其是气候变化问题。

取得上述进展的原因不是因为新产生的动荡，而是因为其他多边组织无法仅凭自身力量在国际金融机构体系改革、多哈回合以及气候变化控制等关键问题上作出改变。然而，新的多边组织竞争的出现，如英国发起的格伦伊格尔斯对话(British-initiated Gleneagles Dialogue)，美国发起的能源安全和气候变化主要经济体会议以及关注清洁能源和气候变化的亚太伙伴关系，它们都赋予了二十国集团新的发展灵感。会议主持人澳大利亚财长彼得·科斯特洛(Peter Costello)是二十国集团的创始人，同时拥有八年参会经历，他在整整两年中对会议的准备是墨尔本会议成功的重要原因。

计划和准备

2006年墨尔本会议的准备在2004年澳大利亚被选为主办国后就紧锣密鼓地开始了。在早期阶段，澳大利亚曾建议，通过建立非正式的研究小组来对财长和副财长们将要讨论的问题收集技术分析资料。澳大利亚组织过一个关于人口变化和劳动力流动方面的研究小组(G20，2008)。

澳大利亚为2006年会议设定了三大目标：第一，解决全球经济问题以支持可持续发展;第二,加强作为全球性经济论坛的二十国集团峰会内部制度化,重点鼓励制定加强法治和市场导向的国内政策,并致力于推动国际合作;第三,借主办二十国集团会议的契机加强国内政府管理,提高澳大利亚的国际声誉(de Brouwer and Yeaman, 2007, 31)。

2006 年年初,澳大利亚就开始规划具体的会议议程。澳方试图将发展问题更全面地融入议程。2005 年二十国集团在中国举办的会议将发展作为独立的主题,澳大利亚会议与之不同。此次会议希望将发展主题融入更广泛的议程当中,并将其凸显出来。

会议开始前,议程上有五个问题。第一,延续 2005 年的会议,澳大利亚肯定了布雷顿森林体系的改革仍将是 2006 年的首要任务(Costello, 2008)。2005 年,科斯特洛曾提到国际货币基金组织中亚洲代表太少的问题。增加国际货币基金组织中亚洲代表的席位受到了七国集团中的加拿大、英国以及日本的支持,但在国际货币基金组织中占有过多席位的欧洲大陆国家表示反对。第二,世界经济。这是二十国集团会议多年来不变的主题。延续着 2004 年柏林会议和 2005 年国际货币基金组织在新加坡举办的年会上所取得的进步,澳大利亚仍致力于讨论经济政策改革。第三,澳大利亚想要突出人口变化带来的挑战。第四,能源问题被确定为适合二十国集团会议讨论的重大问题,因为与会各国中既包括能源矿产的出口国(澳大利亚、巴西、加拿大、印度尼西亚及沙特阿拉伯),也包括一些重要的能源消费国(中国,欧洲,印度,日本,韩国及美国)。议程中的最后一个问题讨论发展援助及其有效性,这个问题在 2005 年经济合作与发展组织发布了《关于援助有效性的巴黎宣言》后日益受到关注(OECD, 2005)。

副财长会议过程　各国副财政部长分别在 3 月和 10 月进行了会面,为墨尔本会议做准备。这两次会议由澳大利亚副财政部长马丁·帕金森(Martin Parkinson)主持。两次会议的顺利举办受益于三场研讨会。第一场于 2 月在东京举办,讨论布雷顿森林体系的改革。第二场于 6 月在加拿大班夫举办,讨论能源资源问题。第三场于 7 月在悉尼举办,讨论金融市场和人口变化。三场研讨会分别带来了不同问题方面的专家。背景资料由澳大利亚政府准备妥当。这两场会议在墨尔本会议之前对多种观点进行了检验，具有重要价值。

正式会议过程

澳大利亚作为墨尔本会议的主办国，希望能在历史遗留问题和澳方声援的新问题之间找到平衡点(G20, 2008, 106)。能源与矿产市场问题是澳大利亚提出的最主要的新问题(Martinez-Diaz, 2007)。与会国家讨论了议程中的五个问题，并重点关注国际货币基金组织改革问题和能源安全问题。

全球经济前景　二十国集团各国部长对世界经济现状普遍持乐观态度。他们提到，世界经济已经连续四年以超过平均水平的态势增长，尽管他们预测在未来的一年可能出现轻微下跌。他们重申，稳定的经济增长率离不开开放贸易和对财政货币政策的不断调整。在贸易方面，他们将会坚定支持多哈发展议程，并称这种坚持对开放贸易市场的稳定性和持续消除贫困而言是必不可少的。尽管二十国集团一直呼吁世贸组织恢复会谈，但面对着受阻的协商却并没有任何新的建设性的贡献(G20 Finance, 2006)。

国内经济改革　在二十国集团精神的指导下，各国财政部长和央行行长关于国内经济改革进行了广泛而实际的探讨。他们分享了各国以往的经验并关注如何以实用的方法实施包含在“二十国集团持续增长协议”(“G20 Accord for Sustained Growth”)当中的改革(参见 G20 Finance, 2004)。

布雷顿森林体系改革　二十国集团的成员国都肯定了它们对于国际金融机构体系改革的决心。这是 2005 年中国作为主办国时的遗留问题。国际货币基金组织在新加坡召开的会议上同意由二十国集团领导审查时，二十国集团成员国已经对于初步改革达成了一致(G20 Finance, 2006; de Brouwer and Yeaman, 2007, 36)。一个进行国际货币基金组织改革的二十国集团工作小组认为，鉴于许多批评矛头指向不公正的配额增长，配额增长改革有必要先行。工作小组一致认为，中国、韩国、墨西哥和土耳其的配额应该增长。

全球能源和矿产市场　在墨尔本会议议程中,能源和矿产在其众多新问题中位列首位。能源问题曾是八国集团圣彼得堡峰会的中心问题。二十国集团各国财政部长和央行行长详细说明了一系列强化能源与矿业市场的方法,包括减少对资源的财政补贴与推动采掘公司和资源国家内部的透明化(de Brouwer and Yeaman, 2007, 36)。他们预见性地警告,“受到包括强大的世界经济、收入的增加以及工业化和城市化的影响,全球对于能源和矿产品的需求将会在未来十年内显著增加”(G20 Finance, 2006)。他们同意“通过巩固市场来加强全球贸易,通过促进投资和提高效率来确保可持续发展,这是建立长久资源安全的最好方法”。

二十国集团各国财政部长和央行行长总结道,由于许多国家都正在努力确保自身能源资源的安全,因此将能源供应问题归为安全问题无疑制造了一种紧张氛围。集体行动也因此失去了方向。这将会“削弱供求能力,增加不择手段谋求国家安全利益的政治狂热,破坏国际关系的稳定,并且很有可能增加冲突的风险”(de Brouwer and Yeaman, 2007, 36)。工业化和城市化趋势在包括中国在内的新兴国家当中迅速发展,其他工业国家的强势经济增长也加剧了对能源和矿产品的需求,压榨着备用产能空间,也提高了商品的价格,因此,更能证明由全球重要能源出产国和消费国组成的二十国集团是解决能源问题的合适论坛(Parkinson, 2006)。解决资源安全问题最持久的办法就是确保市场运转的顺畅,二十国集团各国在这一点上达成了一致,同时暗示了未来对于能源供应的投资将会加大(de Brouwer and Yeaman, 2007)。“确保稳定、可预见性的能源矿产供应不一定是一场零和游戏”(Parkinson, 2006),该认识表明各成员国已达成共识,对于多维度问题,需寻求集体而非单一国家的解决方法。

二十国集团同样支持《采掘业透明度行动计划》(EITI)的进行,《采掘业透明度行动计划》致力于确保从能源行业得来的收入被用于可持续发展,免于遭受腐败或被挪用。在这种精神指导下,二十国集团呼吁《联合石油数据倡议》(JODI)不应只局限于石油行业,由此可以建立起对于能源储藏的共同定义。

在对待能源和矿产的态度上,二十国集团墨尔本会议大体上同八国集团圣彼得堡峰会相同(Kirton, 2010)。只是墨尔本会议的原则得到了更多国家的认可,包括一些重要的能源出产国,如沙特阿拉伯。

气候变化　虽然在之前的能源安全大背景下,气候变化问题曾被简单提及,但在墨尔本会议上,参会各国首次正式讨论了该问题(McMillan, 2006)。各国部长认可了以下几个问题:国际政策框架和行动、正常运转的市场、清晰的价格信号、开放贸易及投资、市场透明度、善治、公司间的有效竞争、新供应的投资、效率及新科技、替代能源及可再生能源的使用以及知识和资源的跨国流动(G20 Finance, 2006)。对于二十国集团而言,要将气候管理进行到决策领域是很困难的,因此美国在2007年创立了一个相似的论坛,即拥有17位成员国的能源安全和气候变化主要经济体会议,致力于解决能源和气候变化问题。墨尔本会议在气候问题上遇到困难是因为,一些新兴国家坚持气候问题应该在由发展中国家主导的联合国多边框架会议下解决,而不是在新兴国家与发达国家比例均衡的二十国集团会议上。

人口变化、移民和医疗保险　在之前的二十国集团会议上,日益凸显的人口挑战问题就曾被提出。2006年,财政部长和央行行长们为人口变化问题增加了金融市场方面的考量。他们考虑通过提高诸如医疗保险等社会服务的可转移性,来减少移民尤其是临时工人的交易费用。移民和医保就这样一并出现在了二十国集团的议程上。

政治安全　虽然墨尔本公报中未提及朝鲜十月的核试验活动,但二十国集团成员国普遍对此表示谴责(Australian Associated Press, 2006a)。因此,虽未曾公开说明,但二十国集团实际上已经扮演着核扩散这个高位政治领域中的全球安全治理者角色。

成就

墨尔本会议最显著的成就莫过于成功在国际货币基金组织中提高了未被充分代表的二十国集团成员国的配额,中国、韩国、墨西哥和土耳其都是受益国。二十国集团提出了两个步骤的方法来确保配额改革在未来数年中得到执行。国际社会期待二十国集团能够实行国际货币基金组织的改革,二十国集团也由此获得了巨大的自信。

二十国集团因此协助打破了长久存在于国际货币基金组织中关于份额改革的僵局,因为二十国集团本身就是发达国家和发展中国家的平等、广泛代表。重要的新兴国家的参与不止增加了二十国集团论坛本身的正当性,也提升了其决议的正当性。二十国集团同样代表了占全球90%的国内生产总值的国家,80%的国际贸易以及三分之二的世界人口,因此在这里作出的决定也会被国际货币基金组织彻底接受。中型国家,如澳大利亚的参与,有利于缓解大国竞争带来的紧张和压力。在其他既有国际组织无法发挥作用的领域,二十国集团也达成了行动共识,尤其是在对待避税这一经济合作与发展组织无法发挥作用的问题上。

第二个实质性结果是在能源和矿产市场领域。科斯特洛总结道:"这场会议最大的突破在能源和矿产市场问题上"(Chappell, 2006)。各国财政部长就可持续发展和公平利益分配对能源市场进行了重要的讨论。墨尔本会议的主要成功是将平等发展问题融入更广泛的议程。科斯特洛将能源安全与全球安全相联系,并不再局限于可持续发展的范畴,他强调:"如果不能通过市场调节来确保新兴的大国获得他们发展所需要的能源和矿产的话,国家间的分歧、摩擦和混乱将会加剧——甚至会超出经济的范畴"(Brinsden, 2006)。为了更好地保障安全和发展,二十国集团致力于让市场顺畅地运转。能源安全是一个有趣而新鲜的话题,关于它的讨论使得二十国集团可以不仅仅作为一个全球安全治理者而存在。

关于气候变化,中国揭示了会议中一项重要政策的转变。尽管中国人民银行行长周小川承认,对于发展中国家而言,为能源市场标价是一项非常困难的事情,但他表示中国会支持碳税的征收,并保证中国会鼓励使用更为清洁环保的能源(Murdoch, 2006)。这是非常重大的突破,因为中国作为一个快速发展的经济大国,在此之前一直对全球能源定价体制保持沉默。

会议在其他领域也取得了进展。面对人口变化的挑战,二十国集团提出了几个具体的倡议来获得更多相关信息,但是并没有达成任何坚定承诺。然而,该话题在国际市场的背景下得以探讨,本身就有着重大的意义。二十国集团各国部长同样表达了对于多哈贸易谈判失败的担忧,也在援助的有效性和联合国千年发展目标的重要性上达成了一致。然而,所有国家对发展问题达成共识非常重要。二十国集团这个近一半成员国为发展中国家的国际组织,可以在这些问题上发表声明,加深了成员国对于核心原则的理解及成员国间的融合。

因此,2006 年的二十国集团会议拓宽了会议的议程范围,它将新兴国家的影响和经济发展问题融入更大的金融稳定概念中。二十国集团认识到,由于国家间、市场间的联系日益紧密,将新兴国家的影响纳入考量变得越来越有必要。从问题根源上讲,全球不平衡正是在于"全球"二字。作为众多国际论坛之一,二十国集团着眼全局来解决全球问题,这使其在国际层面更为重要。

墨尔本会议也成功地推进了二十国集团的制度化。通过引入研究小组和起草二十国集团主席国手册来指导未来的主办国,澳大利亚会议增强了研究小组的实用性和效率性。

各项工作

通过系统考量墨尔本会议在二十国集团治理方面的六项工作,我们可以看出,此次会议取得了实质性成功。

国内政府管理　在国内政府管理方面,澳大利亚作为 2006 年会议的主办国,利用二十国集团会议来推动其自身利益,巩固政府作为可持续政策的支持者和公开灵活的二十国集团成员的形象。作为一个人口小国,澳大利亚是一个中型经济体,非常富有,也非常有实力。由于澳大利亚坐落在单独的大陆上,它并不是七国集团或八国集团成员国,尽管美国和日本都曾努力想让它加入该组织。正因这种地缘上和国际组织上的孤立,澳大利亚一直试图加入国际组织,增强自身的国际影响力。其包括加入亚太清洁发展伙伴关系和能源安全和气候变化主要经济体会议(Fullilove, 2010)。戈登·德·布劳威尔(Gordon de Brouwer)和卢克·伊曼(Luke Yeaman)(2007, 31)在《财政前景报告》中提到,墨尔本会议的第二个"战略目标"就是"要加强二十国集团在经济金融政策建构领域的突出地位”,想必是因为二十国集团是澳大利亚参与的一个重要论坛的缘故。

澳大利亚的特别关注问题在议程上有很大的优先性。彼得·科斯特洛早先表示,他试图利用这次部长级会议来推动一个他关注已久的问题,即人口的挑战。对于澳大利亚而言,就是人口老龄化问题。二十国集团会议给予澳大利亚在全球视角下考虑国内问题的机会。科斯特洛向各国财政部长和央行行长提出一系列问题来研究人口挑战:“它会对劳动力流动带来什么影响?它会对……资本流动产生什么影响?又会对贸易平衡和汇率产生什么影响?”(Uren, 2006)二十国集团会议的议程是基于主办国的国内问题而制定的。

同时,墨尔本会议对非八国集团成员国作了三次积极评价(参见附录 D)。

协商　在商议过程中,墨尔本会议的执行起到了实质性的作用(参见附录 E)。会议制定了两份文件:一份是会议公报本身,另一份是二十国集团改革议程。两份文件内容丰富,共 3 477 字。公报由 36 段组成,段落数量虽未超过 2000 年蒙特利尔会议和 2004 年柏林会议,但多于上年的中国会议。

继在中国召开会议后,公报的内容又一次根源于宏观经济、国际金融机构体系改革以及贸易,其中宏观经济的篇幅占公报的 58%。然而,气候变化首次成为了议程的重要部分。

方针制定　在方针制定方面,墨尔本会议取得了巨大成功。主办方澳大利亚作为一个民主国家,将民主价值共识嵌入了二十国集团会议中。关于民主原则的援引创下新高,升至 22 条,是之前会议的三倍,这一数字很难再被超越(参见附录 F-1)。其中,八条援引关于善治,七条关于透明度,四条关于监管和调控,两条关于信息知识交换以及一条关于思想的国际流通性。

决策　在决策方面,墨尔本会议同样表现强劲。二十国集团作出了十项承诺(参见附录 G),多于上一年在中国举办的会议上达成的八项承诺。它与 2004 年的柏林会议紧密相连,后者是继 2001 年渥太华会议以来作出承诺第二多的会议。墨尔本会议的承诺平均分布在一系列广泛的问题上，包括宏观经济、国际金融机构体系、贸易、社会经济、能源和恐怖主义。其中最具实质性的承诺是在布雷顿森林体系改革领域。二十国集团承诺要完成一系列改革，包括实施一套新的份额系统和增加有表决权资格的国家数量。

承诺的兑现　墨尔本会议在执行这些决定方面也取得了实质性进展。有一种力量可以确保成员国遵守各自的承诺。为保证承诺实现，成员国需要检测承诺实现的进度，同时不断回顾已完成的部分，尤其是在布雷顿森林体系改革问题上。二十国集团还发布了两份报告，其中记录了两项提议的实施进展，包括打击恐怖主义融资和遵守标准和准则以维护金融体系的稳定。同时，所有在2006年会议上作出的承诺都应当在下次会议前完成，哪怕只是部分完成。这样一个为期一年的议程表会使得承诺更快地得到执行。

全球治理的发展　在全球治理发展方面，墨尔本会议同样取得了不错的成果(参见附录C-1)。就内部而言，会议上有五条针对二十国集团本身的援引，比起去年和前年的八条有所下降。二十国集团研究小组第一次投入使用便收效良好，促进了坦诚的非正式辩论。研究小组的存在诚然是有价值的，但是，它的运转也极为耗时。因此，二十国集团提议将研究小组会面次数定为一年一次。这当中也有澳大利亚主办方希望使二十国集团会议进一步制度化的努力。

对外部而言，会议上形成了针对其他国际组织的32条援引，数量在会议史上排名第二。援引数量最多的是国际货币基金组织。国际能源机构和全球税收论坛首次得到援引。澳大利亚试图通过二十国集团来克服在其他论坛尤其是国际货币基金组织中出现的僵局。这个做法与1999年二十国集团创立时所做的选择背道而驰，当时各国决定应聚焦于容易解决的问题。

取得成效的原因

二十国集团墨尔本会议取得上述实质性成就的驱动力包括几种力量，其中最为突出的是其体系俱乐部模式。

由动荡引发的共同脆弱性　第一个原因是由动荡引发的共同脆弱性,它帮助拓宽了二十国集团会议议程的广度和成就,使之不止局限于经济和金融层面,也加深了其本身的民主共识。其中一个面临着潜在冲击的领域是能源和矿产市场。另一个是朝鲜 2006 年 10 月 9 日开展的核试验带来的核扩散威胁。各成员国国内的动荡将它们联系在一起:20 个国家中有 16 个国家在 2006 年遭到恐怖袭击,其中 11 个国家有人员伤亡(参见附录 J)。因此,墨尔本会议在能源和恐怖主义方面作出承诺是顺理成章的。

在金融方面,亚洲金融危机的实质性冲击早已消失,全球经济近年来也在快速发展。二十国集团成员国对于未来的持续发展十分乐观。尽管墨尔本会议没有受到直接的经济金融冲击的影响,但因为二十国集团各国的市场是相通的,脆弱性也从相互依赖中产生。会议公报中提到:“国家间更深层的联系是从贸易、投资及人员资本流动中形成的”,并且各国要“共同承担来自市场全球化的挑战”(G20 Finance, 2006)。相互依赖意识的增强,有利于宏观经济、国际金融机构体系改革以及可持续发展。

国际机构的失败　第二个原因在于国际机构的失败,这对二十国集团的成就同样起到了重要作用,尤其是在拓宽二十国集团会议议程以及保障国际金融机构体系改革方面。国际货币基金组织自身管理安排的失败使之无法跟上世界经济的变化,损害了国际货币基金组织的有效性和权威性。包括亚洲在内的快速发展的新兴市场的份额已经不能代表它们的经济实力。国际货币基金组织自身无法实现对自我的改革或者引导成员为其带来新的资源。二十国集团代表了国际货币基金组织中超过 60%的表决权,因此被视为是对国际货币基金组织机构改革进行监督的正当且合适的组织。并且,国际货币基金组织大大低估了 2006 年全球经济的增长状况(参见附录 J-1)。

2006 年,非正式的多边组织七国集团或八国集团对新兴国家毫无响应。俄罗斯作为八国集团峰会的主办国,只是不情愿地对五国集团重申了格伦伊格尔斯邀请,除了重申五国集团准则外,并未让其参与任何重要事务。再者,在 2006 年召开的前两场八国集团财长会议中,主办国俄罗斯没有邀请任何其他国家(参见附录J-3)。2006年6月,俄罗斯仅邀请了澳大利亚、中国、印度、韩国、尼日利亚和南非。

包括二十国集团会议在内,国际会议都普遍存在一个失败现象,就是关于国内金融市场泡沫的对话没有结果。当德国提到对美国房地产市场的担忧时,美国会以对德国市场的担心回应之。即便他们可能都清楚在何处有何泡沫,他们也不知该如何应对。

集体主导、内部平等的能力　第三个原因是集体主导、内部平等的能力,它实质上促成了2006年二十国集团会议的成功。实际上,它在全球的主导性有所下降,但仍保持在78%的份额(参见附录K)。但是,它的基尼系数大大增长。实力最强的成员和最弱的成员间相对能力的比率连续第二年大大下降。

民主趋同　因为二十国集团成员国继续着他们国内民主性的讨论,所以第四个原因民主趋同为成就也作出了一些贡献。二十国集团作出的保持开放与透明这两个民主价值的共同承诺是2006年会议的核心。作为老牌的全面民主国家,二十国集团的主办国澳大利亚比起部分新兴的民主国家,如八国集团的主办国俄罗斯,能够更好地去捍卫这些核心民主价值。

政治控制、资本、连续性、能力和承诺　第五个原因是政治控制,资本,连续性,能力和承诺。2006年,二十国集团财政部长和央行行长大面积换届(参见附录L-2)。阿根廷、巴西、加拿大、德国、意大利、日本、韩国和美国在上次会议之后都任命了新的财政部长。澳大利亚、意大利、韩国、土耳其和美国都任命了新的央行行长。相比八国集团成员,非八国集团成员的持续性要更强。

然而,正如彼得·科斯特洛作为二十国集团会议的主持人和主席时那样,一位财政部长,持续性、能力和承诺最强的时候是其最有决定权的时候(参见附录L)。科斯特洛是二十国集团的创始人,也是第八次二十国集团部长级会议的主席。他也在第十年的澳大利亚财长任期中表现出了高度的政治能力(参见附录L-2)。在这个方面,他超越了1999年、2000年和2001年的主席:加拿大的保罗·马丁(Paul Martin)。不仅如此,作为非八国集团国家的财长,科斯特洛致力于将二十国集团打造成一个全球性的重要团体。

有限地参与俱乐部:二十国集团作为全球治理网络中心　第六个原因,即有限地参与俱乐部:二十国集团作为全球治理网络中心,也是取得成就的原因之一。内部而言,墨尔本会议结束后,许多参会国家称之为最友好也最重要的一次会议(Australian Associated Press, 2006)。德国的佩尔·施泰因布吕克(Peer Steinbrück)称,部长们未就提高能源安全的具体策略达成一致,但也没有否定任何的具体措施(Brown, 2006)。讨论公开而有趣,尽管没有得出结论或承诺。

外部而言,二十国集团是日渐发展的全球治理网络的中心。2006 年的二十国集团会议恰好举办在亚太经合组织部长级会议之后,后者于 11 月 15 日至 16 日在越南举办。这一年的二十国集团会议之后的一年,澳大利亚将会主持亚太经合组织会议。作为主办国,也是经济合作与发展组织发展援助委员会的老牌成员国和非八国集团成员,澳大利亚强势表达了对成熟市场和新兴市场的关切。墨尔本会议跟随着第二次格伦伊格尔斯对话的八国集团相关部长级会议以及圣彼得堡八国集团峰会的脚步,都关注着能源问题。

其他与二十国集团有重叠成员国的组织也将继续跟随墨尔本会议的步伐。2006 年 9 月,印度、巴西和南非的领导人首次会面。2007 年 9 月,拥有 17 个二十国集团成员国的能源安全和气候变化主要经济体会议将会首次召开。

从个人层面而言,四位二十国集团创始国的财长中的三位——澳大利亚财长彼得·科斯特洛、英国财长戈登·布朗以及南非财长特雷弗·曼纽尔——也是英联邦俱乐部的成员,他们同沙特阿拉伯的阿尔-阿萨夫(Al-Assaf)一起代表了二十国集团的八国集团、五国集团和其他团体。

2007 年克莱蒙德会议

挑战

2007 年 11 月 17 日至 18 日,正当 2007 年 9 月全球金融危机聚力的时候，南非在克莱蒙德承办了第九次二十国集团会议。此次会议的主题为“分享——影响、责任和知识”。这体现了南非延续二十国集团会议的决心，以及对于可持续经济发展和金融问题多边合作的强调。会议有三个主要议题：商品周期及其对金融稳定性的影响、为发展创造财政空间，以及布雷顿森林体系的继续改革。

此次二十国集团会议首次在非洲举办，也为会议解决国际金融和发展结构方面的系统性不平衡增加了压力。此次是世界银行和国际货币基金组织新任领导出席的第一次会议，也因为以上机构的改革已经成为二十国集团会议的经常性问题而显得尤为重要。2007 年 7 月 1 日，世界银行新任行长罗伯特·佐利克(Robert Zoellick)对非洲经济的增长兴趣浓厚。多米尼克·施特劳斯-卡恩在 2007 年 11 月 1 日成为国际货币基金组织的新任总裁。

不同流派的观点　克莱蒙德会议又激起了三个流派的辩论。第一个流派认为，二十国集团会议没能解决实质性的问题。例如，美元走软没有得到解决(Dickie et al., 2007)。第二派认为二十国集团会议与其他国际经济论坛一样缺少预见性和前瞻性。会议结束后，包括俄罗斯财长阿列克谢·库德林(Alexei Kudrin)在内的一些与会者表示，二十国集团已经成功地“跨越了危险地带”，表示成员们对于即将到来的经济衰退毫无准备(Interfax, 2007)。第三派认为 2007 年的会议是成功的。二十国集团可以在其他竞争者之前预见和提出将要到来的全球金融危机，省去了国际清算银行的麻烦(Kirton, 2007)。

本章论点　南非的克莱蒙德会议在几个重要方面取得了实质性成功，尤其是在强有力的决策表现上。它认清了全球金融市场的混乱现状。尽管它并没能阻止即将到来的金融危机，但它仍然超越了其他大多数国际组织，因为二十国集团公开承认了全球经济中有一些问题正在发酵。它促进了国际货币基金组织改革。它涵盖了非洲拓展计划的成员。南非作为主席国，举办了一些由非洲国家和二十国集团官员参加的外围会议。这些会议上的讨论将会影响到最后公报的内容。

二十国集团取得成就的原因如下：(1)英美金融机构的失败所带来的小幅震荡；(2)国际货币基金组织和八国集团没能预见即将到来的经

济风暴;(3)二十国集团成员国的强势均衡能力;(4)备受尊敬的主席特雷弗·曼纽尔(Trevor Manuel)对第九次会议的持续参与和他的杰出能力;(5)能源安全和气候变化主要经济体会议的召开及海利根达姆对话进程的启动共同促成了以八国集团为中心的网络发展。

计划和准备

南非在举办二十国集团会议上面对一些特殊的挑战。最初南非甚至怀疑他们能否承办这次会议,但是在与之关系最密切的成员国的帮助下获得了信心。作为二十国集团中唯一的非洲国家成员,南非无疑代表了整个非洲大陆。同料想一致,非洲大陆国家所面临的经济财政挑战都具体地呈现在议程上。

在策划会议时,二十国集团历史遗留问题占据了重要位置,因此这次会议看上去仍会聚焦在国际货币基金组织和世界银行的改革上。在 2006 年会议结束后,曼纽尔就开始确定会议要优先讨论的问题。他宣布,“国际货币基金组织和世界银行的问题仍有必要存在”,但是它们要同会议“更加相关”(Dow Jones International News, 2006)。南非称他们会跟随澳大利亚的脚步,讨论商品周期、主权财富基金以及套期保值等问题(G20, 2008)。

在克莱蒙德会议之前有三场二十国集团研讨会。第一场研讨会于 2007 年 3 月在巴西举办,讨论国际货币基金组织改革第二阶段的完成问题。第二场于 2007 年 5 月在华盛顿举行,针对商品周期、金融稳定性和 2006 年会议提到过的能源安全问题。第三场研讨会于 2007 年 7 月在土耳其伊斯坦布尔举行,讨论公共金融管理在支持经济增长中所扮演的角色。每一场研讨会所探索的主题都对克莱蒙德会议的议程有直接的帮助。

会议过程

全球经济前景　2007 年 11 月,参加克莱蒙德会议的二十国集团各国部长和央行行长对全球经济前景的态度远远不及上一年的墨尔本会议来得乐观。他们认识到了"近期金融市场的混乱",提及了前几个月开始的次贷危机和美国房市的崩溃(G20 Finance, 2007a)。在这样的大背景下,他们强调了健全的宏观经济政策的重要性,也在提高对金融冲击的传播的理解方面达成了一致。

二十国集团同样认识到了,不断上涨的食品和能源价格可能会成为市场压力来源之一。公报无法充分体现出他们自由开放的讨论。会议后,与会者提出,空前走软的美元成为了整个讨论的重心。新上任的国际货币基金组织总裁卡恩透露道,货币的不平衡问题是讨论的主题之一,"这样的讨论越谨慎就越有效"(MacNamara and Russell, 2007)。

二十国集团改革议程　在二十国集团改革议程中,各国财政部长和央行行长阐明了他们对2004年柏林会议达成的《二十国集团持续增长协议》的意见,形成了适用于每个国家的具体政策行为。改革议程勾画出了一些国内政策,它们需要每个国家来实施以为二十国集团之前达成的全球承诺作贡献(G20 Finance, 2007b)。最初的协议曾是二十国集团会议的标志性成就。而将协议通过协调各国意见落实为政策措施也是非常重要的一步。

增长与发展的财政要素　为了更有效地利用财政空间,大部分的讨论都集中在财政空间和实施框架上。财政空间可以用来为长期的社会经济发展提供资金,也可以为支出项目提供重要的组织原则。二十国集团参会者公开讨论了这些想法以及分享经验教训的重要性。因为没有确立任何坚定的承诺,二十国集团会在下次会议上继续这些讨论。在对未来的预测中,他们将反周期财政政策作为稳定持续经济发展的工具来评估。

商品周期　与会者同样讨论了商品价格和金融稳定性问题。他们强调,良好运行的市场能够促进经济有效的可再生资源的发展。他们很关注商品价格的反复无常性。他们强调了良好的宏观经济政策对缓解激烈的价格变化所发挥的重要作用。他们对于善治、透明度及合适的机构框架有利于长期宏观经济稳定性的保持方面达成了一致。参会者再次重申了他们对《采掘业透明度行动计划》和《联合石油数据倡议》的支持。

能源和气候变化　在金融稳定和增长的大背景下,与会者也讨论了应对气候变化可能采取的行动。他们讨论了国内生产总值发展及潜在的生活资源和清洁科技之间的关联,提到了进一步探索这些关联将会带来的好处。这次会议也注意到了两个重要的报告,其中一个是英国研究小组所作的关于气候变化的报告。

布雷顿森林体系改革　二十国集团报告了国际货币基金组织改革的进展。他们提到了"2007 年论坛的努力为国际货币基金组织成员意见的融合作了贡献"(G20 Finance, 2007a)。与会者重申了他们对于配额和话语权改革的承诺,许诺会努力在 2008 年春天前对各要素达成统一。

二十国集团制度　会议提到了一篇关于二十国集团发展历史的报告,这份报告由作为二十国集团构想者和协调者的加拿大的研究小组撰写。

成就

克莱蒙德会议的主旨是全球力量的不平衡。这个主题是由布雷顿森林体系改革以及全球公平贸易和长期宏观经济稳定性之间关系的讨论中发展而来的。参会者致力于 2008 年春天之前在配额和话语权的改革问题上达成一致。

在非洲举行是此次会议非常重要的一个特点。南非财长特雷弗·曼纽尔称二十国集团会议"也许是在南非举办过的所有经济政策会议中最为重要的一个"(Paterson, 2007)。正因为在二十国集团最贫穷的成员国和全球最贫穷的大陆上举办了这次会议,二十国集团向着全制度平等迈出了重要一步。

会议的全面冲击和影响范围并不是立刻显现的。美元走软是讨论的重要议题,但是并没有被写进公报中。然而,对于各国财政部长和央行行长而言,通过传统财政政策来控制信贷市场的成效并不明显,因此他们需要尝试其他的方法。二十国集团会议结束后的一个月内,加拿大银行、美联储、欧洲央行和瑞士国家银行宣布,将向金融市场投放一笔前所未有的大额资金。据称,各国的财政部长和央行行长已经以七国集团为中心,在克莱蒙德会议上开始进行这项合作投资活动(Conway and Aldrick, 2007)。这样一来,二十国集团已经成为金融领域快速应对危机的全球治理者,最起码为较小的俱乐部提供了一个可以协商合作的中心。

各项工作

通过系统考量克莱蒙德会议在二十国集团治理方面的六项工作,我们可以看出,此次会议取得了实质性成功。

国内政府管理　在国内政府管理方面,作为由前任、现任和候任主席国组成的"三驾马车"的一员,南非会议的影响范围和具体安排在其国内产生了良好反响。不难预料,会议议程也因此反映了一些南非的独特角度和其对于二十国集团本身的不满。

会议直接探讨了南非的国内政策。特雷弗·曼纽尔(2007)在2007年2月的预算演讲中就提出了他对二十国集团会议的计划。他强调了二十国集团会议对于南非的重要意义。南非总统姆贝基的国内民调评级在会议前下降了14个百分点,然而在11月底又开始回升(Angus Reid Global Monitor, 2007)。克莱蒙德会议公报对二十国集团各成员国作了四次积极评价,针对八国集团成员和非八国集团成员各两次,其中第三次的评价最高(参见附录D-1)。

协商　在协商方面,此次会议取得了很大的成功。克莱蒙德会议形成了一份公报和一份改革议程,共计3 858字,延续了自2005年以来的上升趋势(参见附录E)。此份公报的篇幅在二十国集团历史上排名第二,是平均字数的近两倍。与2006年相同,宏观经济政策、国际金融机构体系改革以及气候变化是三个主要话题。

方针制定　然而,在方针制定方面,此次会议退步明显,表现平庸。会议对二十国集团的民主价值仅做了五条援引(参见附录F),是2003年来最少的一次。但在民主方针制定上,克莱蒙德会议在二十国集团9年来的会议中表现平平。它再次强调了透明度和善治的重要性。

决策 在决策方面,克莱蒙德会议表现得非常强势。会议上达成了 20 条承诺,是前一年的两倍。这个数目是历年来的第二高,接近 2001 年的 24 个。克莱蒙德会议上达成的承诺中,有关宏观经济政策的有 9 条,有关国际金融机构体系的有 5 条,与能源相关的有 3 条,与贸易相关的有 2 条,以及社会经济 1 条。

承诺的兑现 在承诺兑现方面,除了以七国集团为中心协调进行的货币干预以外,其他并不是那么成功。它在公报中对二十国集团只做了 3 条援引,而针对其他国际组织有 20 条(参见附录 C-1)。二十国集团还发布了两份进展报告,包括打击恐怖主义融资和遵守标准与准则以维护金融体系的稳定。然而,与会各国并未作出监测进展或回顾承诺兑现状况的保证。这与前几年相比是一种退步。

全球治理的发展 以二十国集团为中心的全球治理发展十分有限。对内而言,会议上对二十国集团的援引仅有三条。为了进一步推动二十国集团会议制度化,南非同之前的"三驾马车"尤其是前任主办国澳大利亚紧密合作。他们起草了供与会财政部长和央行行长回顾的小组历史。他们主办了其他几场会议,其他非洲国家的参加推进了二十国集团的进程。

取得成效的原因

体系俱乐部模式再次解释了 2007 年二十国集团会议取得实质性成就的原因,尤其是在决策领域的成就。

由动荡引发的共同脆弱性 第一个原因是由动荡引发的共同脆弱性自 1999 年首次在金融危机中以传统模式出现后再次出现。在克莱蒙德会议期间,一场新的金融危机正在迫近。这次起源于发达的大西洋地区,而不是新兴的亚洲地区。2007 年 11 月,当二十国集团各国的财政部长和央行行长会面时,美国的次贷危机刚刚开始(Savona et al., 2011)。在连续几年的经济增长后,国际经济将进入一个相对缓慢的发展阶段。

二十国集团认识到了脆弱的国际经济现状:"近来金融市场的混乱

突出了健全的宏观经济和金融政策以及保持警惕的重要性”(G20 Finance 2007)。最新的经济动荡激发了二十国集团成员间的集体行动,他们逐渐开始关注相互关联的市场。

另外的动荡来自能源和食品方面(参见附录I)。石油价格从2006年的最高峰每桶77.05美元剧烈飙升至2007年的每桶99.16美元。食品价格也剧烈上涨,导致了许多贫困国家发生了食物暴动,造成许多人死亡。然而,2012年却是二十国集团创建以来成员国遭受恐怖袭击最少的一年,也没有重大的自然灾害需要集体行动。

国际机构的失败　第二个原因是国际机构的失败也很重要。尽管金融市场出现了混乱,但不论是国际货币基金组织还是八国集团都没有意识到加强监管的需要。在2007年4月的《世界经济展望》中,国际货币基金组织声称:“世界经济为2007年和2008年的强劲增长蓄势待发”(IMF, 2007, 1)。2007年或许是这样,但2008年不是。

尽管德国总理默克尔想要在2007年6月由她主持的八国集团海利根达姆峰会上提出对冲基金方案,但只有二十国集团预见并试图提出即将到来的金融危机(Kirton, 2010)。更普遍地说,持久广泛地参与是有效成功治理所必须的,这一点在海利根达姆会议上表现明显。八国集团试图通过开启海利根达姆对话进程或者五方外展(O5)来提出该项认识。从此,八国集团开始慎重地同包括巴西、中国、印度、墨西哥和南非在内的二十国集团新兴国家成员在能源、发展和跨国投资等问题上进行协商。老牌八国集团意识到了仅凭它们自己的力量是无法处理这些问题的。

集体主导、内部平等的能力　第三个原因是集体主导、内部平等的能力也扮演了重要角色。2007年,八国集团成员代表了全球国内生产总值的57%,而非八国集团成员只有20%,与上一年相比发生了很大的变化(参见附录K)。

发达国家和新兴经济体也日益发展出相对经济能力。基尼系数再次大幅上升,而实力最强大的成员和最弱势的成员的相对能力比率再次大幅下降(参见附录K)。

民主趋同　第四个原因是二十国集团成员国的国内民主制度在这

一年里持续发展。

政治控制、资本、连续性、能力和承诺　第五个原因是政治控制、资本、连续性、能力和承诺，同样具有假设性的影响。会议主席曼纽尔强调了连续性、政治能力以及承诺的重要性，这些从 1999 年开始就已经是二十国集团会议的一部分。因此，他非常清楚能够辅助会议成功举办所需的进程、外交手段和话题。其他地方有几个显著的变化。自从该组织创建以来，在创始人戈登·布朗最终像保罗·马丁一样从财政部长荣升为国内首脑之后，第一次有了新任的财政大臣——阿里斯代尔·达林(Alistair Darling)。在阿根廷、中国、法国、墨西哥和日本也有了新的财政部长。然而，2012 年的克莱蒙德会议上，代表美国出席的是财政部长亨利·保尔森(Henry Paulson)，并不是往年的副部长罗伯特·基米特(Robert Kimmitt)。

有限参与俱乐部：二十国集团作为全球治理网络中心　第六个重要原因是二十国集团作为全球治理网络中心，是一个有限地参与的俱乐部。内部而言，自从 1999 年二十国集团创建以来，南非一直被认为是组织中的领导者之一。一些发达国家和新兴国家都反复提倡，南非应该主持一次会议。尽管曼纽尔称七国集团已经“过时”，但他依然尊重八国集团和非八国集团成员。

对外而言，七国集团在 2 月、4 月和 10 月举办了金融会议；东盟在 4 月举办了财政部长会议；八国集团在 5 月举办了财政部长会议；9 月在澳大利亚举办了亚太经合组织部长级会议；10 月也举行了英联邦财政部长会议。二十国集团会议是这些会议的延续。它将这些会议上的讨论集中起来，为 2008 年即将展开的辩论奠定了基础。

本章小结

墨尔本会议和克莱蒙德会议召开时，正值 2007 年至 2009 年严重金融危机开始的时候。二十国集团会议认识到了这些不稳定因素，并开始着手考虑应对策略，即反周期财政政策。更重要的是，这些会议提升了二十国集团的价值，它是一个非八国集团成员也能成功主持领导的组织。因此,他们重点关注重要的新兴国家及其优先权利。并且,二十国集团会议对于实现国际货币基金组织的表决权和话语权的初期改革起着重要的作用。

澳大利亚和南非举办的会议表明,二十国集团已经胜过了作为竞争对手的其他国际组织,尤其是国际货币基金组织和八国集团的海利根达姆对话进程。因此,二十国集团已经开始建立起自己在八国集团、非八国集团成员、外部国家和其他国际组织眼中的有效性、正当性和有用性——在面对下一年蓄力到来的全球金融与经济危机时,二十国集团成为了值得所有成员国信赖的选择。

参 考 文 献

Agence France Presse. 2006. “Economic Leaders to Act on Energy Security But Not Climate Change.” November 19.

Angus Reid Global Monitor. 2007. “South Africans Divided on Mbeki's Tenure.”

December 13. Available at: www. angus-reid. com/polls/29613/south_africans_Asia-Pacific Economic Cooperation. 2006. “Ha Noi Declaration: Towards a Dynamic Community for Sustainable Development and Prosperity.” Leaders' declaration, Ha Noi, November 18—19. Available at: www. apec. org/Meeting-Papers/Leaders-Declarations/2006/2006_aelm. aspx?t=1. Accessed: July 2012. Australian Associated Press. 2006a. “G20 ‘Universally’ Condemns N.Korea Nuclear Tests.” November 19.

Australian Associated Press. 2006b. “Melbourne G20 Hailed a Success.” *Sydney Morning Herald*, November 20. Available at: www. smh. com. au/news/NATIONAL/Melbourne-G20-hailed-a success/2006/11/20/1163871298527.html. Accessed: July 2012.

Brinsden, Colin. 2006. “G20 Baton Handed to South Africa.” *Australian Associated Press*, November 19.

Brown, Owen. 2006. "G20 Didn't Exclude Any Energy Reform Strategy-Germany." *Dow Jones*, November 19.

Chappell, Trevor. 2006. "G20 Dialogue on Energy, Minerals Was a Breakthrough-Costello." *Australian Associated Press*, November 19.

Conway, Edmund and Aldrick, Philip. 2007. "Rescue Bid Cooked Up under the Cover of G20 Event." *Daily Telegraph*, December 13.

Costello, Peter. 2008. *The Costello Memoirs: The Age of Prosperity*. Melbourne: Melbourne University Press.

de Brouwer, Gordon and Yeaman, Luke. 2007. "Australia's G20 Host Year: A Treasury Perspective." Treasury, Australian Government, Canberra. Available at: www.g20/utoronto.ca/biblio/debrouwer-yeaman_2007.pdf. Accessed: July 2012.

Dickie, Mure, Guha, Krishna, and Garnham, Peter: 2007. "Chinese Join Chorus of Alarm on Weak Dollar." *Financial Times*, November 20. Available at: www.ft.com/intl/cms/s/0/067f2a4c-970c-11dc-b2da-0000779fd2ac.html#axzz20iSIum2u. Accessed: July 2012.

Dow Jones International News. 2006. "G20 to Focus on IMF, World Bank." November 22.

Fullilove, Michael. 2010. "With Friends in High Places: Australia's G20 Membership." Australian, March 13. Available at: www.bookings.edu/research/opinions/2010/03/13-australia-fullilove. Accessed: July 2012.

G20. 2008. "The Group of Twenty: A History." Available at: www.g20.utoronto.ca/docs/g20history.pdf. Accessed: July 2012.

G20 Finance Ministers and Central Bank Governors. 2004. "G20 Accord for Sustained Growth." Berlin, November 21. Available at: www.g20.utoronto.ca/2004/2004growth.html. Accessed: July 2012.

G20 Finance Ministers and Central Bank Governors. 2006. "Communique." Melbourne, November 19. Available at: www.g20.utoronto.ca/2006/2006communique.html. Accessed: July 2012.

G20 Finance Ministers and Central Bank Governors. 2007a. "Communique." Kleinmond, South Africa, November 18. Available at: www.g20.utoronto.ca/2007/2007communique.html. Accessed: July 2012.

G20 Finance Ministers and Central Bank Governors. 2007b. "G20 Reform Agenda 2007: Agreed Actions to Implement the G20 Accord for Sustained Growth." Kleinmond, South Africa, November 18. Available at: www. g20. utoronto. ca/2007/2007reform. html. Accessed: July 2012.

Hoy, Greg. 2006. "Costello Brothers Clash over G20." Transcript, November 20, Australian Broadcasting Corporation. Available at: www.abc.net.au/7.30/content/2006/s1793207.htm. Accessed. July 2012.

Interfax. 2007. "Russian Economy Over Risk Zone Overall-Kudrin." November 19.

International Monetary Fund. 2007. "World Economic Outlook: Spillovers and Cycles in the Global Economy." *Executive Summary*, April, Washington DC. Available at: www. if. org/external/pubs/ft/weo/2007/01/pdf/exesum.pdf Accessed: July 2012.

Kirton, John J. 2010. "The G20 Finance Ministers: Network Governance." In *Rising States, Rising Institutions: Can the World Be Governed?*, eds Alexandroff, Alan S., and Cooper, Andrew F.Washington DC: Brookings Institution Press, 196—217.

MacNamara, William and Russell, Alec. 2007. "G20 Silent on Dollar Impact on World Markets." *Financial Times*, November 19. Available at: www. ft. com/intl/cms/s/0/2c783062-962c-11dc-b7ec-0000779fd2ac.html#axzz20iSIum2u. Accessed: July 2012.

Manuel, Trevor: 2007. "Budget Speech 2007 by the Minister of Finance." February 21. Available at: www.info.gov.za/speeches/2007/07022115261001.htm. Accessed: July 2012.

Martinez-Diaz, Leonardo. 2007. "The G20 after Eight Years: How Effective a Vehicle for Developing-Country Influence?" Global Economy and Development Working Paper No.12, Brookings Institution, Washington DC. Available at: www.brookings.edu/papers/2007/1017development.aspx. Accessed: July 2012.

McMillan, Stuart. 2006. "Free Trade and Energy on Regional Meeting Agendas." National Business Review, November 24.

Murdoch, Scott. 2006. "China Says Yes to Carbon Trading." Advertiser, November 19. Available at: www.adelaidenow.com.au/business/china-says-yes-to-carbon-trading/story-e6frede3-1111112550015. Accessed: July 2012.

Organization for Economic Co-operation and Development. 2005. "The Paris Declaration on Aid Effectiveness: Ownership, Harmonisation, Alignment, Results, and Mutual Accountability." Paris. Available at: www.oecd.org/dataoecd/11/41/34428351.pdf. Accessed: July 2012.

Parkinson, Martin. 2006. "The G20: Addressing Global Challenges." Presentation to the Australian Business Economists Luncheon, November 9, Sydney. Available at: www.g20.utoronto.ca/biblio/parkinson_2006.pdf. Accessed: July 2012.

Paterson, Damian, 2007. "G20 Meeting Not Just More Idle Chatter." *Pretoria News*, November 16.

Savona, Paolo, Kirton, John J., and Oldani, Chiara, eds. 2011. *Global Financial Criss: Global Impact and Solutions*. Farnham: Ashgate.

Uren, David. 2006. "Costello Plots Resources Pact." Australian, January 3.

第四部分

创建峰会俱乐部:2008—2010 年

第十章

直击巅峰:2008 年华盛顿峰会

概　　况

挑战

2008 年 11 月 14 日至 15 日,世界上具有影响力的 19 个国家以及欧盟的领导人相聚美国华盛顿特区,共同出席以“金融市场和世界经济”为主题的会议,这是二十国集团有史以来的第一次峰会。显然,这场全球性的金融和经济危机仅仅依靠各国财政部长及中央银行行长(部长级会议在一周之前刚刚举行)进行磋商是不够的,更需要各国领导人的直接参与。美国总统小布什担任本次峰会主席并主持会议。小布什认为,仅仅依靠美国的力量已经不足以解决这场源于美国本土的前所未有的严重危机。为了有效地解决这场 21 世纪全球性金融危机,世界不仅要依赖于原有的多边国际货币基金组织,甚至还要依赖于七国集团、八国集团,以及最近出现的五国集团这几个排他性的新精英组织。

新兴国家已经表示愿意与美国、七国集团中的其他国家以及国际社会一起,共同应对这场危机。于是,二十国集团峰会逐步取代了八国集团峰会。这是因为近几年来,八国集团峰会未能有效地处理金融、宏观经济及贸易方面出现的问题。首次二十国集团峰会通过解决诸如企业高管薪酬这样的细节问题,深入探讨了长期受企业管理者们严密控制的内部管理。峰会的召开、进程和成果标志着首脑级别的新俱乐部——二十国集团诞生了。二十国集团峰会源于私营企业推动的全球化。在全球化的进程中,经济权力正由发达国家向新兴强国转移(Altman, 2009)。该俱乐部宣称,用不了一年的时间,二十国集团即会成为其成员们永久性的国际经济合作中心。

金融公司纷纷崩塌、股票市场持续暴跌、经济增长率和就业率急剧下降,令人震惊。对于普通民众,以及公司高管、银行行长、专家学者而言,几个关键问题立即凸显出来(Wolf, 2008; Rotman School of Managament, 2008; Kirton, 2008c; Alexandroff and Kirton, 2010)。各国的金融进一步全球化,相互关联、异常复杂,充满着不确定性。任何政府间论坛,无论多么强大,无论多么有先见之明,在这场危机的影响下,能否管控这种新的局面?如果说有这样的论坛,比如仓促之间召集的二十国集团峰会,通过提供诊断和处方,逐步解决全球经济治理问题,包括决策和发展,就能获取全球经济治理权吗?更具体地说,二十国集团峰会是否已做足准备,开启恰当应对这一连串危机和风险的进程了吗?归根到底,有众多新兴大国参与的首脑级别论坛,是否有利于解决全球经济治理问题?

不同流派的观点

五个不同的经济思想流派围绕这次仓促召集的二十国集团峰会及其重要性和紧迫性展开了持续的激烈争论。这些思想流派先前主要为二十国集团财政部长和中央银行行长的会议建言献策,现在又忙于为这个新的首脑级别论坛提供各种解释。

第一派观点断定华盛顿峰会将会功亏一篑,不了了之。这个观点之前就认为,既然已有诸多国际金融监管机构,二十国集团实为多余。理查德·邓肯(Richard Duncan, 2008)认为,这场危机的起源是,"37年的不兑现货币和浮动汇率实验彻底失败,已经到了构筑全球领导人论坛,制定并开始实施一种新的基于稳健货币和平衡贸易规则的国际货币体系的时候了。当前二十国集团的运作远不能满足需要。"同时,华盛顿峰会最终会功亏一篑,原因在于二十国集团对于危机的真正原因没有作出正确的判断。肯尼思·罗格夫(Kenneth Rogoff)写道:"任何人都休想指望二十国集团为其误判全球金融危机发表认错声明”(Lander，2008)。二十国集团的首脑们都“淡化了美国和欧洲在政治领导上的巨大罪责，这一点令人费解”。

第二派包括了拒绝论者，他们指责华盛顿峰会谨小慎微，但又称赞峰会推动了迫切需要的财政刺激政策和贸易自由化。高盛集团的吉姆·奥尼尔(Jim O'Neill)认为，如果二十国集团能在 3 月之前完成其庞大的计划，“世界会变得更好”。但二十国集团的声明仅专注于未来计划，缺乏扭转严峻形势的近期具体措施(Zeng，2008)。《经济学人》认为，美国和德国未能采取他们在峰会上制定的迅速、重大、持续的财政刺激政策，俄罗斯、印度和法国也未履行他们在未来 12 个月停止保护主义行动的承诺(*Economists*，2008c，2008d，2008a，2008b)。

基于八国集团治理采取美国领导模式的理念，还有人寄希望于美国的候任总统。他们认为在奥巴马就职之前，二十国集团峰会几乎会一事无成。《星期日泰晤士报》社论称，虽然峰会本着良好的初衷，大力推进财政刺激政策，推动多哈回合贸易谈判，但作出这样的决定说起来容易，做起来难，而且需要等到 2009 年 1 月 20 日奥巴马就职后才能实施(Sunday Times，2008)。国际货币基金组织前首席经济学家西蒙·约翰逊(Simon Johnson)认为，这些决策是“空洞无物、不用开会就能达成的协议”，“难道有什么新东西吗？只不过是二十国集团代替了七国集团罢了”(Lander，2008)。不过，他补充说，奥巴马参加下一次峰会时，“美国将可能作出大动作”。

这一派观点还认为，与创建于 1944 年的布雷顿森林机制相类似，峰会具有巨大的潜力，对二十国集团可能带来的国际金融体系重塑表示乐观。然而，他们又对其结果感到失望，认为“政策议程实际上并未在较大程度上突破原有国际合作的范围”(Helleiner and Pagliari，2009，276)。

第三派观点主张领导人应该推进经济刺激。大卫·史密斯和乔纳森·奥利弗(David Smith and Jonathan Oliver，2008)总结道：“尽管缺乏全球行动计划，财政刺激和降息确实帮助一些国家避免了经济衰退的最坏后果”。专注于国内政治管理的人们尤其关注一点：峰会给了各国领导人一些国际层面的理由来改变其国内政策。彼得·伍斯滕克罗夫特(Peter Woolstencroft)指出,加拿大总理斯蒂芬·哈珀“以二十国集团为由”放弃了原先关于不出现赤字的承诺(Laghi, 2008)。2010年,巴西总统路易斯·伊纳西奥·卢拉·达席尔瓦撰文赞扬道:在经历了大萧条以来最严重的经济衰退后,二十国集团成功地帮助全球实现了经济复苏。发展中国家在全球经济复苏中发挥着日益重要的作用。他认为,二十国集团论坛有利于实现多边体制的实质性改革。美国国内人士也认为他们的峰会是一次巨大的成功(Hennessey, 2008)。

第四个流派专注于全球经济治理的发展,认为峰会在改革全球金融治理、建立全球管理新体制方面,朝着正确的方向迈出了重要一步。沃尔特·迈特利和恩奈瑞·伍茨(Walter Mattli and Ngaire Woods, 2008)称,“银行和金融监管需要的是崭新的总体结构”,“二十国集团华盛顿峰会提出的‘为所有主要的国际金融机构建立监管部门’的建议”是正确的。

第五派包括了替代论者,他们认为新的二十国集团峰会最终会替代既有的八国集团。保罗·马丁(2008)认为,充分融入新兴市场的国家必须解决不断加深的金融危机;由于八国集团中的国家在经济上已失去了往日的优势,我们必须提高国际合作水平,以应对当前的全球性问题。

尚未解决的问题

这些流派普遍认为,在财政刺激政策、反对贸易保护以及二十国集团初始制度化方面,华盛顿峰会比以往的汇率制度和金融监管改革做得更好。他们认为峰会的成果不在于具体决策的制定和实施上,而是在国内政治管理、协商、方针制定以及二十国集团治理能力的发展上。

然而,国际社会没有充分地认识到二十国集团峰会的可能影响缺乏充分的评估。针对二十国集团第一次峰会的准备情况和会议成果,前期的论述并未作出全面的说明。对会议成效的因素,没有人作出完整、连贯、多层次的分析。将失败归咎于不兑现货币和浮动汇率这两种国际体系性因素,并不能令人信服。在过去的 36 年中这两种因素并未主导全球金融,它们导致金融危机的说法便无从谈起。从另一方面看,峰会内二十个成员平等参与,某一位美国总统可以决定新的二十国集团的荣辱成败的说法同样令人难以置信。当今世界,美国已经不再占据绝对的主导地位,反而美国经济更具有毁灭性,可能是一切经济危机的根源。

本章论点

本章认为,二十国集团第一次峰会极为成功,主要体现在其作为国际组织的六个方面。2007 年至 2008 年的金融危机影响规模大,蔓延速度快,波及范围广,社会影响深远,这都是前所未有的;在金融危机的影响下,以美国和大西洋为核心的国际体系脆弱性也充分暴露出来,这为峰会的成功提供了条件。同时,这种成功还来自于发现了以往多边组织缺乏独立预测、预防和有效应对危机的弱点,迅速将多边组织的中心从受影响极重的国家转移到受影响较轻的新兴大国。八国集团成员维护市场民主和社会进步的共同愿望,促使美国、法国领导人和八国集团其他国家的领导人克服其国内政治的缺点,增强了二十国集团领导人的凝聚力,共同致力于社会和政治的稳定。在过去十年间已经证明了这样的国际组织可以应对金融危机,到 2008 年,这一国际组织就已经成为一个多维的、首脑级别的全球经济治理网络。

起　　源

创建二十国集团领导人会议

加拿大总理保罗・马丁在 2004 年至 2005 年期间发起了创建二十国集团领导人会议的倡议,由此,知识型和政策型领导开始致力于创建二十国集团峰会。作为加拿大财政部长,马丁建议在二十国集团财政部长论坛的基础上,共同创建应对 1997 年至 1999 年由亚洲蔓延到全世界的金融危机的平台,并将其发展成首脑论坛,解决国际社会所面临的最为关键的问题(Kirton and Koch, 2008; Martin, 2008; Summers, 2008; English et al., 2005)。

到2006年1月23日,加拿大自由党选举失败,马丁卸任总理职务,峰会仍未建立起来。但马丁的个人魅力以及他与八国集团同事们的关系已经使他拥有了一批支持者,包括法国的雅克·希拉克总统。所有二十国集团国家的首脑都熟悉这一峰会价值的概念及其内涵。2008年秋,金融危机日益严峻,其他首脑都同意召开二十国集团峰会,只有美国总统小布什反对。其实,在此之前,马丁提出成立首脑论坛之时,他就已经拒绝过马丁的建议。

萨科齐的建议

2008年9月15日,美国投资银行雷曼兄弟公司申请破产,随着股票价格暴跌、银行倒闭、信贷冻结等事件的发生,国际上又出现了召开领导人特别会议的建议(Paulson, 2010)。2008年9月23日,在纽约举行的联合国大会上,法国总统尼古拉斯·萨科齐带头呼吁召开七国集团或八国集团会议,以应对前一年已经出现、至此日趋严重的金融危机。同时,萨科奇建议可以邀请中国、印度和巴西等国参加峰会。他认为:

> 让今天的和明天的大国团结起来,共同担负起处理世界事务的责任……我们不能再等下去,必须尽快邀请中国、印度、南非、墨西哥和巴西等国参加,将八国集团发展为十三国集团或十四国集团。下届峰会主办国意大利提议将沿着这个方向迈出一大步。这样做是对的!……我坚信,今年年底之前,与金融危机直接关联的国家元首和政府首脑有责任召开会议,共同商讨如何应对这场20世纪30年代以来最严重的金融危机。(Sarkozy, 2008)

萨科齐之所以建议峰会在纽约举行,是因为纽约是全球金融危机的发源地。

联合国大会期间,萨科齐的私人代表、最高会议筹备官员让-达维德·莱维特(Jean-David Levitte)召集所有八国集团的同事，希望他们对总统的严肃建议作出积极回应。然而，许多会议筹备官员并未向其国家元首汇报，也没有与财政部门通气。萨科齐的建议起初遭到质疑，被认为是哗众取宠。一断时间以后，当人们认识到危机的严重性时，才开始考虑是否需要召开峰会及是否需要扩大八国集团。可是，萨科齐没有提出峰会与会人员的具体名单。

英国首相戈登·布朗对此并不怀疑。他知道自2008年年初以来，萨科齐一直主张扩大七国集团，以应对危机(Brown, 2010)。然而，也未确定邀请哪些人参加峰会。布朗在访问萨科齐的乡间别墅时，两人一致认为，二十国集团应该是应对危机的最佳组织；他们应携手共进，推动西班牙和荷兰加入二十国集团。两人共同建议召开二十国集团领导人会议。

在9月25日的联合国大会上，布朗召集仍然在纽约的领导人开会，其中包括巴西总统卢拉、澳大利亚总理陆克文(Kevin Rudd)。陆克文听了萨科齐在联合国大会上的讲话并向他表示祝贺。参加布朗召集的会议的还有几位非二十国集团成员的领导人，以及欧洲委员会负责人若泽·曼努埃尔·巴罗佐(José Manuel Barroso)。他们讨论了正在加剧的危机以及机构应该作出的反应。他们一致认为，八国集团之外需要建立新的国际组织；在2009年1月1日之前二十国集团主席国应该由巴西转到英国；布朗、萨科齐应该先后去游说布什(Brown, 2010)。第二天，小布什总统在白宫会见了布朗。布朗认为，小布什认为二十国集团会议“真正的胃口”是解决金融和就业问题，提高人民生活水平，美国总统想要的不仅仅是口头承诺。布朗着重指出了二十国集团领导人需要解决的众多金融问题，确保既定政策的实施。他指出，既然已经有了二十国集团财政部长和中央银行行长会议，就不必创建二十国集团以外的论坛。他认为二十国集团峰会有助于推进贸易发展。小布什提出条件，峰会必须在华盛顿举行，因为他不能在总统交接期间离开华盛顿。

联合国大会新任主席、尼加拉瓜前外交部长米格尔·德斯科托·布罗克曼(Miguel d'Escoto Brockmann)也提议召开二十国集团峰会，以应对危机。但是,德斯科托与萨科齐不同,萨科齐在联合国大会开幕式上讲话只有7分钟,而德斯科托的就职演说冗长、漫无边际,只字不提危机的事。虽然他和萨科齐的呼吁似乎都没引起关注,但他随后还是组织了几次关于危机的特别会议,并于2008年10月成立了特别小组,旨在促成11月底和12月初在卡塔尔举行的发展筹资大会。德斯科托试图凭借一己之力,迅速在联合国寻求支持,但事与愿违。当二十国集团最终选择召开首脑级别会议时,他坚持会议应该尽早召开,而且联合国所有成员国均应参与。

到10月初,萨科齐和联合国秘书长潘基文已达成一致,认为这次峰会应在纽约联合国总部举行。美国人当然不愿轻易地让法国和联合国控制峰会,而且峰会在金融危机发源地纽约举行,会让人将金融危机归咎于美国。于是,他们宁愿峰会在华盛顿举行,以表明白宫在国际货币基金组织的支持下可以控制市场所造成的危机。

美国的反应

随着美国市场和全球市场暴跌,到10月6日美国国会已经通过了问题资产救助计划,并抹去超过2万亿美元的股票市值,白宫已经开始考虑小布什是否应该召开峰会应对危机(Paulson, 2010, 334—335)。白宫考虑邀请7至24个国家参加峰会。为了避免成立特别小组进行谈判和游说活动,美国决定以二十国集团为基础召开峰会。这样一来,一些金融中心,如瑞士和新加坡,将被排除在外。在星期一的午餐会上,美国财政部长亨利·保尔森告知总统国际事务助理丹·普赖斯(Dan Price)、总统国家安全事务助理史蒂夫·哈德利(Steve Hadley)和总统经济事务助理基思·亨尼西(Keith Hennessey),应当在11月4日总统选举结束后尽快召开峰会;小布什总统也应该致电其他国家领导人,请他们派财政部长在届时举行的世界银行和国际货币基金组织半年度会议期间,参加二十国集团的特别会议。他们决定要求当年的二十国集团轮值主席国巴西于10月11日召开财政部长会议。

随着欧洲危机加剧,冰岛处在破产的边缘,10月7日,布朗致电小布什，建议召集二十国集团各国领导人讨论日益严峻的危机。小布什虽然接受了建议，但他坚持在世界银行和国际货币基金组织会议期间，召开七国集团财政部长会议，制定一项协调计划（Paulson，2010，159）。届时，大家面临的主要问题已经不是是否举行这样的峰会，而是峰会举行的时间、地点、参加人员、具体议程，以及预期效果。

当天，美国、英国、日本和瑞士中央银行，以及欧洲中央银行采取联合行动，提供美元流动资金，挽救崩溃的美国金融体系。中国和瑞典的中央银行也采取行动提供支持。

为了准备 10 月 9 日的七国集团财长会议，美联储主席本·伯南克（Ben Bernanke）向保尔森提出了 9 条建议。当时人们正在考虑这些建议，或已将其包含在美国制定的七国集团公报草案中。随后，美国财政部副部长大卫·麦考密克（David McCormick）将这些建议纳入题为“行动计划”的附录。当天下午，冰岛关闭了其股票市场，并控制了其最大的银行。保尔森与小布什总统会面，并确认他在接下来要举行的八国集团和二十国集团部长级会议上应发挥的作用（Paulson，2010 年；Brown，2010）。

10 月 10 日，日本财政大臣中川昭一（Shoichi Nakagawa）（他是日本两年内的第四任财政大臣），在双边会谈中敦促保尔森向处于困境的美国银行注入政府资金（Paulson，2010，347—357）。当天下午 2 时，七国集团财政部长会议在美国财政部现金厅召开。会上，欧洲成员们愤怒地指责美国允许雷曼破产，从而导致欧洲各国陷入困境。然而，当人们指出有几家欧洲机构债台高筑，使这些国家的经济本身就不堪一击时，欧洲成员国很快就停止了类似的指责。也有人提出，七国集团应该安排领导人会晤，以应对危机。英格兰银行行长默文·金（Mervyn King）提出，用一份简洁明了的单页文件替代公报草案。麦考密克及其他成员国的财政部副部长起草了另一份草案，供各成员国财政部长修改。这份草案的主要内容是七国集团不会再让银行破产。这份包含七点声明的单页文件发布当天，各国财政部长士气高涨，然而，股票市场依然持续低迷，继续大幅下跌；伦敦银行同业拆借利率（LIBOR）和隔夜指数掉期利率（OIS）之间的利差进一步扩大。全球金融危机已经显现。

早在10月11日上午7时,在美国财政部罗斯福厅,小布什第一次会见了七国集团财政部长。他承认,这场危机在美国已经开始,并表达了他希望在卸任前开始针对危机采取措施的意愿,而他的任期仅剩三个月。小布什多次考虑,召开领导人会议,共同应对危机。但是,除了七国集团领导人以外,小布什还未确定应当参加会议的其他国家领导人。他和部长们走到白宫外面的玫瑰园,记者们正在那里等候。小布什向媒体分析了危机的严重程度,讲述了他的应对措施,公布了他们的行动计划,当时七国集团财政部长就站在他身后(Paulson, 2010, 352—353)。

当天,国际货币基金组织和西半球财政部长会议同时举行。下午6时,二十国集团财政部长在国际货币基金组织召开会议,由巴西财政部长吉多·曼特加(Guido Mantega)主持。亨利·保尔森和欧洲央行行长让-克洛德·特里谢(Jean-Claude Trichet)率先发言,强调七国集团在会议中应该发挥的作用和美国解决问题的意愿。下午6时20分左右,小布什进入会场。他承认美国引发金融危机的事实,表明美国要承担责任和解决问题的决心,最后的结论是“已经到了解决这场危机的时候了”(Paulson, 2010, 354—355; Kirton, 2008a)。这又是一个史无前例的举动,标志着危机的严重性,同时表明美国愿意将国际合作扩大到七国集团之外的其他论坛,言外之意,是他更倾向通过二十国集团来应对这场危机。

然而,并非所有的参会部长都对布什在会上的出现表示欢迎。诚然,这是小布什首次与七国集团、二十国集团以及另一个集团的财政部长们会面。有人认为,二十国集团会议不过是提供了一个合影机会而已。据报道,人们对这次会议的反应即便不是愤怒,至少也非常失望。9月,二十国集团轮值主席曼特加已经在巴西召开了一次会议,并在11月安排了另一次会议。二十国集团财政部长会议被迫改在华盛顿举行,以满足小布什之前提出的条件,有些人认为,小布什其实并不想与他们有过于密切的合作。相比之下,小布什与七国集团财政部长和另一个集团的会晤却不仅是一次合影机会。而小布什在二十国集团会议中途进入会场，显然是想引起人们的注意。曼特加在结束当时讨论的议题后宣布休会，让小布什与二十国集团财长合影留念。随后，会议继续进行，小布什借故离开。

七国集团和二十国集团都讨论过出席峰会的领导人数量和范围，但名单始终没有确定。加拿大财政部长吉姆·费海提(Jim Flaherty)认为，鉴于事态的严重性和不确定性，有必要举行一次峰会。但雷曼兄弟破产后，人们坚持不再允许任何银行破产，这需要各国领导人共同应对。除此之外，对于举行峰会的问题，七国集团中没有任何成员回应。费海提认为，对全球经济的实际评估说明，巴西、俄罗斯、印度和中国，即金砖国家的领导人，以及七国集团领导人必须携手共进。

澳大利亚总理陆克文，自 2008 年年初就开始关注世界局势，并对此表示担忧。他认为，国际机构反应应该来自二十国集团峰会，而不是十四国集团或八国集团峰会。同时，他认为这样的集团需包含诸多中等经济体，而二十国集团已具备这样的结构。中等经济体包括亚洲的印度尼西亚。这样一来，可以避免八国集团和金砖国家之间的极化。二十国集团成员中有 5 个来自欧洲、5 个来自美洲、5 个来自亚洲、5 个来自其他地区。与以欧洲为中心的较小集团相比，二十国集团更有理由被称作全球性组织。二十国集团做不到的，即使八国集团加上五国集团也做不到。

基于上述情况，陆克文率先推动二十国集团，而不是萨科齐极力追捧和世界银行行长罗伯特·佐利克最初提议的较小的十四国集团，更不是日本看好的八国集团。法国认为，较小的集团容易达成协议，而反对这一观点的人认为，这样会提升法国在集团中的影响力。

陆克文深夜致电各国领导人，对法国发起激烈、强硬的外交攻势。他的重点是美国，而美国最初考虑的是十四国集团。陆克文的重点还有英国和中国，这两个国家大力支持创建更大范围的集团，德国亦是如此。墨西哥支持陆克文，其原因在于，它对巴西作为十四国集团中拉丁美洲的唯一代表耿耿于怀。与来访的萨科齐共同举行新闻发布会时，卢拉似乎支持十四国集团，陆克文立即致电卢拉，得知卢拉已经为此左右为难。意大利总理贝卢斯科尼似乎支持所有来电的领导人。但二十国集团在加拿大似乎并没有在一开始就得到支持。

至于峰会议程，陆克文也强调了美国在其中的作用。陆克文认为峰会应该提出全面的议程，涉及所有金融监管、财政刺激和经济增长的长效机制。事实上，华盛顿会议议程的主要内容是由美国总统小布什、英国首相布朗、德国总理延斯·魏德曼(Jens Weidmann)、中国外交部副部长何亚非、澳大利亚总理陆克文共同确定。他们都积极地参与华盛顿、伦敦和匹兹堡公报的起草。

在七国集团和二十国集团会议随后的一周，美国重新提出了他们的主办峰会的计划。保尔森(2010, 373)强调了发展中国家的重要性。他和财政部副部长罗伯特·金米特(Robert Kimmitt)认为，如果举办峰会，必须有二十国集团成员国领导人参与。

2008年10月17日，在魁北克市举行的法语国家与地区峰会上，加拿大总理哈珀会见了萨科齐，并向他表示支持。为召开此次峰会而对七国集团进行扩员，这一意见也受到意大利经济部长朱利奥·特雷蒙蒂(Giulio Tremonti)的支持，虽然当时新集团的确切性质仍未确定。

10月18日，萨科齐、法国财长拉加德和欧盟委员会主席巴罗佐前往戴维营与小布什、保尔森和美国国务卿赖斯会面(Paulson, 2010; Brown, 2010)。萨科齐主张峰会规模应小于二十国集团，认为八国集团成员之间有共同的价值观，容易达成共识。他不信任那些“一来就一味指责我们的专家”，主张峰会应将重点放在更多的专业细节上(Paulson 2010, 375)。但是，小布什却坚持创建一个更具包容性的集团，并专注于有关监管和制度改革更广泛的原则。戴维营会晤之后，小布什、萨科齐和巴罗佐发表联合声明，称美国大选之后，他们将邀请其他国家领导人出席一次特别的峰会(White House, 2008)。潘基文主动提出在纽约联合国总部主办这次峰会。但小布什此前一直对萨科奇表示，将峰会安排在华盛顿，由布雷顿森林机构协助举办。

两天之后的10月20日，布朗致电小布什，与其商量邀请二十国集团所有成员国、西班牙和荷兰的领导人出席峰会，并争取邀请除南非以外的更多非洲国家领导人参与。布朗(2010年)表示，他和小布什在这一问题上取得了进展。

10 月 22 日,美国宣布将于 11 月 14 日至 15 日在华盛顿举办峰会。与会者将包括二十国集团国家领导人、国际货币基金组织执行主席、世界银行行长、联合国秘书长以及金融稳定论坛主席。月底,峰会的主会场将设在华盛顿国家建筑博物馆。

华盛顿会议正式名称为“金融市场和世界经济峰会”,这清楚地表明了会议议程:当前的金融危机及其对全球经济的影响。与会者将回顾近几周在应对危机方面取得的进展,分析了危机产生的深层原因,并就改革全球金融的监管与机构体制的改革原则达成共识。他们将制定金融监管和体制改革的行动框架。

与会领导人还将讨论贸易、投资以及开放市场经济的需要。澳大利亚、德国及世界银行表示,他们将讨论多哈发展议程。针对部分国家提出的一系列关于如何尽最大努力应对金融危机的建议,他们也将进行审议。有人预测,这次会议将是“第二代布雷顿森林体系”。不过,国际货币基金组织执行主席多米尼克·施特劳斯-卡恩和其他人告诫说,这次会议不会有大刀阔斧的改革。

伙伴的反应

受邀的非七国集团国家普遍作出积极反应。很多二十国集团国家领导人当即接受了小布什总统的邀请。中国国家主席胡锦涛第一个接受了邀请(Paulson, 2010, 375)。当小布什邀请中国参与讨论召开峰会的相关事宜时,中国尚不知道峰会召开的具体时间、地点及与会人选。关于峰会时间,法国曾提议在 2008 年 10 月召开;关于与会人选,可能将在以下三人中产生:主管经济的副总理、总理和国家主席本人。最后,胡锦涛主席亲自出席本次峰会。中国对于峰会并未做足准备,因此,胡锦涛主席在华盛顿峰会上说:“妥善处理好本国事务就是中国对世界的最大贡献。”随后,其他与会成员向中国征询了意见和建议。

加拿大总理哈珀迫不及待地接受了美国的邀请。加拿大认为二十国集团可以发挥其应有的作用。加拿大其实是八国集团俱乐部成员,并且将在 2010 年举办八国集团峰会。加拿大认为,10 月举行的七国集团财政部长论坛在应对危机方面行之有效。然而,甚至在2008年10月之前,加拿大在财政部官员提供的备忘录中就已作出了预测,在这样一个"四国集团"、"三国集团"或"十国集团"的新体系中,加拿大并未被包含其中,从而会处于尴尬的境地。费海提(Flaherty)对此深信不疑。加拿大花了很大功夫对经济实力列入全球前10名的国家进行了研究,并得出结论认为,二十国集团把加拿大排到中间位置,是不容易受到非议的。美国和其他国家有可能决定建立专门的危机应对机构,而把加拿大排除在外,加拿大当然不愿冒此风险;作为二十国集团的重要成员,它更愿意支持受到美国青睐的二十国集团峰会。此外,费海提赞成召开二十国集团金融论坛。自从2006年年初就职以来,他一直出席二十国集团金融论坛。在峰会开始之前,2008年11月初,在巴西举行的二十国集团部长级会议上,七国集团财长中只有他和法国的拉加德出席。他把加拿大关于完善二十国集团机构建设的建议带到了巴西,希望赋予峰会更多的决策功能。

韩国对小布什的邀请更为热衷。11月初,小布什的峰会筹备官丹尼尔·普赖斯与其韩国筹备官安豪荣(Ahn Hoyoung)通话30分钟,询问韩国对峰会安排的期待。韩国已做好了充分的准备。当第一次听到萨科齐的讲话时,他们就相信,如果萨科齐所倡议的会议确将召开,那必定应该是二十国集团会议,而不是没有韩国的"七国集团"、"十三国集团"或"十六国集团"会议。韩国认为,世界正面临金融危机。1999年以来,二十国集团在应对金融危机方面成绩斐然,而七国集团与二十国集团之间任何规模的集团,都会引起被排除的国家极为不满。10月18日之前,他们通过外交途径向七国集团成员转达了此意见,并通过金融渠道向七国集团部分成员重申了他们的观点。当美国于10月22日宣布将发起二十国集团领导人会议时,韩国对此感到欣慰。他们准备了一份备忘录,从五个方面阐明立场,第一个方面就是使二十国集团峰会机制化。11月4日,丹·普赖斯与安豪荣进行了一小时长谈。最后,安豪荣将备忘录发给了普赖斯。

澳大利亚、印度、意大利、南非、巴西和日本的领导人也很快就接受了小布什的邀请,而有些国家则犹豫不决。沙特阿拉伯担心,如果参会,其他国家会指责其油价过高,并向其施压,认为沙特应资助较贫穷的国家。保尔森(2010, 376)致电沙特财政大臣易卜拉欣·阿萨夫(Ibrahim al-Assaf),让其不必担心。巴西愿意参会,同中国一道,代表发展中国家和新兴国家在峰会上发出声音。如此一来,峰会一方面可以保护南方国家,使其免受源自北方国家的危机影响;另一方面,也可以推动国际金融机构改革,使其在更大程度上给予新兴国家和发展中国家应有的话语权和表决权。

一些未被邀请的其他国家的领导人也表示愿意参加此次峰会。西班牙首相何塞·萨帕特罗表现得尤为迫切,但陆克文等人并不支持。他们认为这样一来,集团中欧洲国家数量过多。西班牙向萨科齐施压。当时,法国是欧洲理事会轮值主席国。因此,为了维护欧洲的团结,萨科齐宣布,法国将放弃其欧洲"二把手"的地位,让萨帕特罗能够出席二十国集团峰会。西班牙试图动员其在美洲的原殖民地国家,以寻求支持(Beattie, 2010)。

墨西哥总统费利佩·卡尔德隆(Felipe Calderón)是帮助西班牙获得邀请的关键人物(Kirton, 2012)。卡尔德隆是经济学硕士,就任总统以来一直重视内向型经济。令他感到幸运的是,墨西哥已被列入二十国集团峰会邀请名单。卡尔德隆与萨帕特罗进行协商后,极力劝说小布什及后来的奥巴马邀请西班牙参加二十国集团峰会。卡尔德隆的介入取得了预期效果,西班牙最终获得了邀请。1994 年墨西哥广受北美国家的指责,当时墨西哥还是金融安全公共物品的消费者。而这一次是美国对墨西哥态度的极大转变。更广义地说,现在是墨西哥帮助其从前的宗主国在这个全球顶级集团中谋求一席之地。但这不能与墨西哥在二十国集团中的地位相提并论,墨西哥从一开始就是二十国集团部长级会议和首脑峰会的正式成员。事实上,在峰会筹备期间,卡尔德隆就与其北美伙伴美国和加拿大进行了磋商,而并没有和拉美的两个"大麻烦"巴西和阿根廷进行磋商。

荷兰首相扬·彼得·巴尔克嫩德(Jan Peter Balkenende)也谋求能够参加峰会。而荷兰的这种要求也很难被拒绝,因为荷兰是传统的金融中心和十国集团成员,比西班牙更适合参加金融监管改革的讨论。

为此,萨科齐将法国出色的财政部长克里斯蒂娜·拉加德的参会机会让给了巴尔克嫩德。巴尔克嫩德去了华盛顿,但由于父亲去世又立即返回阿姆斯特丹。荷兰改派财政大臣扬科·内利斯·代·雅格(de Jager)出席了峰会。

委内瑞拉、波兰和其他国家也希望能够参与峰会,但未成功。

萨科齐建议,捷克共和国财政部长米罗斯拉夫·卡卢塞克(Miroslav Kalousek)出席峰会,理由是2009年捷克共和国将接替法国担任欧盟轮值主席国,但这个建议未被采纳。一些非洲国家和民间社会组织指出,非洲与其他地区贫穷国家的代表不足。7个非洲国家元首强烈建议刚果(布)总统德尼·萨苏·恩格索(Denis Sassou Nguesso)出席峰会。恩格索说,一个规划未来全球金融体系的峰会,不邀请非洲国家出席,是"不可接受的"(Agence France Press, 2008c)。

11月4日美国总统大选结束,有人猜测,美国候任总统是否会参加10天之后的会议。即使候任总统本人不能亲自到场,也会有人代表他出席。白宫证实,只要候任总统本人愿意便可参加。然而,候任总统奥巴马本人不愿意参加,理由是在同一时间里美国只有一位总统。

联合国秘书长潘基文说,如果受到邀请,他将参加峰会。事实也的确如此。潘基文强调,倾听那些未受邀的非洲国家的意见十分重要。他示意需要创建一个非排他性的多边机构,强调在改革国际体系结构的过程中,二十国集团必须考虑发展中国家的需求(Agence France Press, 2008d)。

峰会期间,一些与会者安排了双边会谈。俄罗斯总统德米特里·梅德韦杰夫计划会见德国、中国和英国的领导人。日本首相麻生太郎、韩国总统李明博、澳大利亚总理陆克文等希望与美国候任总统会面。奥巴马则表示,他不会与任何领导人会晤,但可能安排其顾问与大家碰面。一些领导人也希望与布什举行双边会谈。但小布什也宣布不会在会议间隙与出席会议的领导人会晤。

每位国家领导人都有一位私人代表或筹备官陪同。加拿大选择了八国集团会议筹备官莱恩·爱德华兹(Len Edwards)随同加拿大财政部代表团出席会议。印度总理曼莫汉·辛格(Manmohan Singh)选择计划委员会副主席蒙特克·辛格·阿卢瓦利亚(Montek Singh Ahluwalia)作为他的私人代表。土耳其总理雷杰普·塔伊普·埃尔多安的私人代表是副总理纳兹姆·艾克伦、国务部长穆罕默德·希姆塞克和财政部副部长易卜拉欣·恰纳克彻。澳大利亚财政部长韦恩·斯旺已经确认将参与峰会筹备。中国、日本和韩国财政部长也已经确定在华盛顿峰会之前到达。

巴西选择驻华盛顿大使马可·奥雷奥·加西亚(Marco Garcia)作为会议筹备员。加西亚原来是一位直言不讳的大学教授,是卢拉的密友,与其共事多年。外交部长塞尔索·阿莫林(Celso Amorim)作为总统顾问参加了华盛顿峰会,帮他准备文件,但在会议中没有具体的角色。由于峰会议程主要涉及金融问题,曼特加是部长们的带头人。巴西财政部副部长马科斯-加尔旺担任巴西二十国集团峰会金融代表。

二十国集团财长和央行行长会议

11 月 8 日至 9 日,峰会前一周,按照惯例,二十国集团在巴西圣保罗召开财政部长和中央银行行长年度会议,此次会议是二十国集团峰会的筹备活动之一。西班牙向巴西施压,要求参加。西班牙宣称将派代表前往圣保罗。曼特加回应,巴西不会允许西班牙代表进入会场。

在会议召开前夜,金砖国家会晤并发表声明。金砖国家高级官员与南非和墨西哥高级官员举行会议之后,巴西财政部长吉多·曼特加宣布,与会者一致认为国际金融体系改革,尤其是布雷顿森林机构改革势在必行(Clendenning, 2008)。他说,目前,现有的七国集团是“不充分的”,需要反映日益增长的新兴国家的影响(Burleigh, 2008)。金砖国家承诺“采取一切必要措施,减轻近期动荡对经济活动的影响,保持经济中长期增长”。

一些国家举行了双边磋商(Kirton and Guebert, 2009)。曾有意见认为,二十国集团第一次峰会或将标志着“第二代布雷顿森林体系”协议的产生,其中的细节将在圣保罗制定。然而,对于圣保罗会议的期望很快落空了。保尔森并未出席,而是由负责国际事务的财政部副部长大卫·麦考密克代为出席。费海提在会议上强调国内金融改革的重要性,这是加拿大一再重复的话题。加拿大历来主张首先"搞定银行"。

经过长期准备、精心策划,圣保罗会议的中心议题是制定财政政策,刺激经济增长,改善公共部门支出效率和社会融合。此外,议程上的其他核心议题依然受到重视,包括商品市场、清洁能源和生物燃料。然而,危机再次使维护金融稳定这一二十国集团的核心使命成为焦点。二十国集团中,以美国为首的守成国家已出现严重的金融危机,以中国为首的新兴国家成员迅速崛起,具有足够的资源、经验、信心和包容意识,可以帮助它们走出困境。

现有议程中又添加了新的信贷市场和金融部门危机。"金融稳定和世界经济"这个主题从一开始就集中在危机及其蔓延的原因上,而后开始关注已采取的政策措施的效力、金融市场压力对发展中国家的影响、目前和今后需要采取的预防措施以及世界金融的前景。圣保罗会议与会者试图对华盛顿峰会进行微调,消除欧洲、北美、亚洲及新兴国家之间的分歧。

圣保罗会议的首要目标是进一步改革布雷顿森林机构。巴西认为在国际货币基金组织、世界银行等国际金融机构让新兴国家发出更多声音的时机已成熟。会议首次提出了国际货币基金组织话语权和投票权改革的具体细节,要求提出衡量进展的标准,以及扩大金融稳定论坛,这一点很快就实现了。巴西提出提升和加强新兴市场和发展中国家的地位与权力,这也是大部分参与国所期待的,同时满足了外部世界的需求。

圣保罗会议所列的参会部长和央行行长名单虽然人数较少,但已满足最低要求。这段时间内,二十国集团成员国财长和央行行长会议多、日程安排紧,除此次会议外,还有 11 月 4 日在比利时的欧盟会议,11 月 5 日至 6 日在秘鲁的亚太经合组织会议,以及二十国集团华盛顿峰会前一天晚上的会议。与会财长和央行行长中,有不少人自二十国集团 1999 年创立以来连续参会,比如南非的特雷弗·曼纽尔。然而,虽然此次会议的主席曼特加缺少足够的经验,国际认可度和威望较小,但他于 10 月 11 日顺利主持了二十国集团第一次应急会议,收效良好。

美国和日本这两个最大的经济体的财政部长均未出席会议。美国候任总统奥巴马的经济顾问团队也没露面。继美国、日本、德国和英国之后,中国在最后一刻决定不派其财政部长谢旭人出席。不过,在 11 月 7 日金砖国家财政部长会议上,中国表示将向国际货币基金组织和世界银行加大投入,从而增强在其中的话语权和表决权。虽然在目前的前任、现任和候任主席国的“三驾马车”机制下,二十国集团将选择韩国作为 2010 年的轮值主席国,但由于苛刻的立法治度,韩国的财政部长不得不留在国内,无法出席本次会议。法国的拉加德和加拿大的费海出席了会议,成为七国集团成员的代表。

二十国集团开会的前一天,印度、巴西、南非对话论坛(IBSA)召开会议,并邀请墨西哥参加。金砖国家财政部长首次正式会议对具有历史意义的二十国集团峰会表示欢迎。他们呼吁,二十国集团峰会可多借鉴七国集团协商一致的措施,如国际协调、反周期政策、监管改革、透明度、信贷准入、需求刺激、资本流动、贸易和投资、反保护主义和结束严重逾期的多哈回合贸易谈判(BRIC Finance Ministers, 2008)。他们还强调了二十国集团长期关注的问题,如就业扶持、社会参与、扶贫、基础设施投资、援助低收入国家、多边和金融机构改革,特别是给发展中国家更大的话语权和表决权,同时要求七国集团增加金融稳定论坛成员。

巴西总统卢拉出席了二十国集团会议。他在讲话中呼吁扩大金融稳定论坛规模,改革国际货币基金组织和世界银行的话语权和表决权,强化对贫穷国家的经济保护和社会保护。加拿大认为二十国集团应加强行动力、多举行会议、选取更有影响力的时机,从而强化其本身的金融机制,发挥二十国集团峰会自身的作用。

部长级会议在大多数方面取得了实质性进展(Kirton, 2008b),在很大程度上奠定了七国集团改革国际金融体系的基础,即采取金融稳定论坛在其 10 月 10 日报告中一致通过的多数原则和半数行动。作为回报,七国集团成员接受了大部分新兴国家的关键要求。二十国集团公报宣布,“金融稳定论坛必须增加新兴国家会员”,“新兴国家和发展中国家在布雷顿森林机构中应该有更大的话语权和代表性”,金融稳定和全球经济增长以“扶贫和社会包容”作为同等优先目标(G20 Finance, 2008)。

二十国集团财政部长和中央银行行长称赞，11 月 14 日至 15 日的峰会为“加强国际合作的重要一步”，有利于改善全球解决方案和原则，承诺随时准备提供帮助，注重“具体政策结果”，期望更频繁、更适时地召开部长级会议(G20 Finance，2008)。他们承诺“采取全面、协调和及时的措施”。但是，他们追加财政刺激的措施比较谨慎，有两个条件：一是国情允许；二是注重财政的长期性和可持续性。但是，对于额外的财政刺激他们，认为只有在情况允许的国家和拥有长期的“财政可持续性”。

二十国集团以平衡的方式将危机归咎于不良市场行为、政府不一致的宏观经济政策以及国家的管制力度不够等原因，而不是完全归咎于七国集团或美国。二十国集团表示要“共同努力，采取一切必要行动”来解决所有成员国信贷和金融危机，支持就业，抵制贸易保护主义和投资保护主义，毅然结束多哈回合贸易谈判。二十国集团进一步要求继续政府开发援助，也希望布雷顿森林机构更多地帮助贫穷国家。公报对二十国集团做了六次援引(一次是关于接下来要召开的峰会，其余五次关于财政部长论坛)。公报对其他国际机构做了十五次援引，其中国际货币基金组织八次，世界银行和布雷顿森林机构各三次，金融稳定论坛一次。

各成员的不同立场

华盛顿峰会即将召开，但主要成员国仍然公开提出截然不同的议程和架构。

美国

美国的立场是循序渐进、从长计议、留有余地和轻举轻放，与金融稳定论坛工作方式保持一致。

“循序渐进”是指应在小布什离任前召开峰会，但时间应在美国宣布下一任总统之后，也指峰会应走向常态化。第一次峰会的目标是确定指导方针、议程,并需组建若干个新的工作小组,向后续的一些会议报告成效。这些后续会议不一定是首脑级别或专门的二十国集团峰会,有别于现有的八国集团。同时,峰会也可迅速采取一些行动。

美国甘愿这么做,是因为它已别无选择。组织第一次二十国集团峰会,美国需要做足后勤工作,并与下一任总统协调工作;在仍然脆弱的金融、经济和政治市场中,美国亟须重塑信心。它也需认识到,进行危机管理、预防和系统性改革不是一朝一夕的事情。

"从长计议"是指给候任总统奥巴马、其政府和新一届国会更多时间,以便新一届政府能够更快启动工作,相互协调,确定有效的战略与立场,进行必要的外交活动以获取外交成果。这个过程很可能要超过一年。消除危机、迎来转机则可能需要更长的时间。时间长短在一定程度上取决于新任财政部长的人选,如果萨默斯(Lawrence Summers)当选,那么所需时间会大大缩短。奥巴马在金融与经济方面没有突出的专长、经验和兴趣,他的起步需要一些时间。美国已经出现危机,而且愈演愈烈,奥巴马要做的是控制住危机,而不是做得风生水起。

"留有余地"是对"从长计议"做法的补充。美国仅仅希望遏制当前的金融危机、防止其反复、找出危机发生及蔓延的原因,解决危机造成的经济放缓问题。它最初不愿在原本已繁杂的议程上再增加更多负担,也不愿处理贸易、发展和国际金融机构改革中的突出问题。

"轻举轻放"指的是改革现行体制,而不是彻底改变或取代现行体制。首先,依靠自愿行业自律和政府监管,而不是政府调节、控制或所有,也就是维持原来的国家调控,进行适当的国际交流、合作和协调,而不是一步到位,实现统一的国际共同监管,更不用说超越美国主权的超国家机构控制。美国的中心目标是捍卫和加强以市场为导向的资本主义制度,而不是用任何其他制度来替代。

美国在七国集团内部有其盟友。在过去的一年,无论是日本还是加拿大,均未经历银行或金融危机。因此,他们觉得没必要急于进入快速的革命性反应。两国都已向国际社会展示出其国内政治模式的强大生命力。事实上,日本称其国内一些运作良好的银行正在收购陷入困境的美国银行。

欧洲

另一个立场来自欧洲，以法国为首，英国、德国和意大利紧随其后。虽然“欧洲团队”内部存在某些差异，但其立场基本上是求快、求简、求广、求深。

“求快”指的是加快峰会召开的节奏，以便尽快找到解决方案并付诸实施。法国表明，华盛顿首次峰会结束后一周就可以举行第二次会议，起码在美国候任总统就职之后立即举行。法国也主张尽快在华盛顿作出决策。

“求简”就是要尽快结束峰会进程，尽快取得结果。德国总理默克尔主张几个月之内完成。欧洲担心会议进程过长会导致政治意愿及其核心丧失，尤其担忧 9 月 15 日的金融恐慌加剧，最终演变为经济衰退。

“求广”指的是议程和行动计划所涉及的范围应该更加全面，包含不同领域，并认识到这些领域之间关系密切。在金融方面，它不仅包括对冲基金，还包括一个涵盖全球规则和全球性监管机构的整体架构。德国人认为，金融监管自然是主要议题，但议程应该广泛。默克尔曾提议制定“金融市场章程”，内容广泛，以发挥引导作用。她还对环境、气候变化、能源、贸易和多哈回合贸易谈判等问题表现出兴趣。

“求深”指的是尽可能朝着制定一套全球规则和建立一个全球监管机构方向发展。欧盟的 27 个成员国普遍对此表示欢迎，尤其是那些一开始就期待着利用其较大的实体在广阔的舞台上实现自己意愿的国家。萨科齐将“第二代布雷顿森林体系”视为 21 世纪单一的全球市场监管机构，而意大利贝卢斯科尼则想将对冲基金排除在议程与行动计划之外。其他人则希望出现新的国际权威，修改市场准则和增加国际货币基金组织资金。法国在其立场上作出了一定的让步，希望在目前加大国际监管协调力度，随后再使其演变成为一个国际权威。

圣保罗部长级会议之后，由于欧洲调整对美国的立场，大西洋两岸国家之间的关系得到了极大发展。华盛顿准备就引发近期危机的原因达成一致，寻求共同准则，以避免危机再次发生，并采取了一些具体行动，如加大金融市场的透明度和监管，偿还贷款债务，调整对冲基金制度。美国的极简主义立场似乎比法国的极繁主义立场更受欢迎。欧洲国家在对待二十国集团峰会议程和组织架构的立场上存在分歧，在欧盟初始成员国中，没有国家完全支持以法国为首的立场。大多数来自中欧和东欧的新成员国觉得他们最近脱离苏联而获得的自由来之不易，因此支持极简主义立场。一些欧盟初始成员国在西班牙的带领下，将更多精力投入到谋求参加峰会上，而不再顾及峰会的内容。

中国

二十国集团内的非七国集团新兴国家成员的立场也有分歧。墨西哥对 1994 年的比索危机记忆犹新，对法国表示同情，中国则没有。中国国内没有发生直接的金融危机。中国根本不会将其国内金融置于任何欧美主导的全球监管机构之下。

经济规模庞大，经济增长速度快且富有弹性，拥有近 2 万亿美元的充足外汇储备以及没有发生过真正的银行业危机或金融压力，因此中国在国际舞台上举足轻重。然而，由于经济增长率下降，中国也急需采取措施，进行调整。

11 月 4 日，中国国务院总理温家宝发表讲话，初步表示中国会积极参加华盛顿峰会，并承担其全球责任。在 10 月 24 日召开的第七届亚欧首脑会议上，中国国家主席胡锦涛呼吁强化国际政策协调，加强国际合作，携手共进。他还指出，中国的国内经济增长促进了国际经济增长和金融稳定。中国已经采取了与七国集团国家及瑞士同步的货币政策调整，但较之七国集团成员国本身，这样的调整力度相对有限。虽然英国首相布朗认为，中国的外汇储备是国际货币基金组织有吸引力的新资金来源，但胡锦涛和温家宝都表示，中国保持自身经济的增长就是对世界最大的贡献。中国的三大指导原则是：第一，把中国自己的事情办好；第二，促成全球性行动；第三，加入国际集体行动。

在 11 月 6 日关于胡锦涛主席出席华盛顿峰会的媒体吹风会上，中国外交部副部长何亚非表示，中国期待公正、包容和高效的国际金融体系(Xinhua, 2008)。中国认为，峰会议程涵盖了引发危机成因、国际反应评估以及为未来的金融监管和改革制订计划。中国的立场集中在三点:(1)各国应迅速采取金融监管行动，加强信心和促进经济增长；(2)国际金融机构改革应反映经济变化，加大发展中国家的代表性，通过公平比较选择高级官员；(3)发达国家在应对危机时应考虑到发展中国家，并为其提供帮助。

中国认为华盛顿会议的召开非常及时。中国将采取建设性的立场，寻求达成应对危机的共识。金融危机对发展中国家尤其是最不发达的国家影响更为严重，发达国家应该通过增加投资和官方发展援助来帮助它们。

发达国家、国际金融机构和世界银行应该提供帮助。当务之急是恢复消费者信心，稳定全球金融市场。峰会仅仅是全球金融体系改革较长过程的开始。美国应该保持其自由贸易政策不变。

巴西

在其他新兴大国的支持下，巴西采取的主要措施是着手开始治理。尽管巴西需要应对危机，提高金融监管，但巴西认为其不应对危机负责。巴西在愿意提供帮助、接受议程的同时，也要求调整全球金融治理结构。

调整方法之一，深化国际货币基金组织和世界银行的第一轮改革，而不是等到之前约定的 2013 年的第二轮改革中进行调整。华盛顿公报国际金融机构全面改革协议提及了巴西的建议。

调整方法之二，向新兴国家开放原来封闭的金融论坛。巴西被排除在七国集团、金融稳定论坛和巴塞尔银行监管委员会、国际证监会组织技术委员会和国际会计准则委员会之外。巴西不仅要求加入金融稳定论坛，还要求加入巴塞尔银行监管委员会。巴西和金砖国家均要求在金融稳定论坛获得三个席位:金融、央行和证券委员会，与七国集团成员国平起平坐。

计划和准备

筹备过程中领导人的磋商

华盛顿峰会前召开了一些其他峰会,各国领导人在许多场合密集会面,累积了一些成果。10 月下旬,布朗与萨科齐确定了共同的欧洲立场。布朗和默克尔策划了金融市场经济和改革会议。梅德韦杰夫分别与陆克文和贝卢斯科尼会晤。麻生派野上义二等代表走访二十国集团国家,包括八国集团国家和印度尼西亚。

奥巴马与澳大利亚、英国、加拿大、法国、德国、日本、韩国、墨西哥及以色列等国领导人进行了电话交谈,主要议题是经济危机。哈珀与辛格进行电话交谈,强调二十国集团成员国之间需要有实际的对话和团结。10 月,北京亚欧会议峰会讨论了华盛顿峰会议程的几个问题。11 月 7 日的欧盟峰会一致同意,给予新兴国家更大的话语权,遏制欧洲市场的短期行为,确保加强信用评级机构监管及全球金融市场问责制和透明度。在前一天的二十国集团峰会上,梅德韦杰夫、萨科齐和巴罗佐确认出席欧盟-俄罗斯峰会。

11 月 14 日至 15 日的二十国峰会仅是一个开端,日后还会召开更多的峰会。这正是美国最初的计划,并得到了其合作伙伴的响应。有人猜测第二次峰会可能于 11 月 21 日在联合国举行,或于 2009 年 2 月至 4 月之间在巴黎举行。欧洲期待在百日之内尽快见到美国的新总统。下一次峰会很可能会在美国之外举行。同时,各个工作小组将促使各自的国家领导人根据第一次峰会达成的原则为下一次峰会做准备,最终目标是控制危机。

峰会筹备官和财政部副部长会议

为了准备 11 月的峰会,丹·普赖斯在华盛顿主持召开了峰会筹备官会议。最重要的一次是在峰会前一天举行的。在这一阶段,财政部长和副部长们发挥了重要作用,为随后的峰会筹备官会议和首脑峰会奠定了基础。对金融业来说,最重要的是解决银行的问题。

普赖斯在仓促之中为华盛顿峰会做准备。为此,他必须集思广益,然后用平易、直接的语言表达出来。这次峰会具有开拓意义。之前二十国集团召开过财政部长和央行行长会议,但峰会筹备官会议和首脑会议还是头一次召开。八国集团成员国筹备官,尤其是英国乔纳森·坎利夫(Jonathan Cunliffe),对会议讨论的关键问题十分精通。他们的经验和专业知识将在最终结果中得到显示。

时间急迫,华盛顿峰会的筹备紧锣密鼓。峰会召开前一周,二十国集团会议筹备官和财政部副部长就峰会公报草案许多方面达成共识。然而,直到11月13日,才就为最大的国际银行提供集体监管机构达成共识。当天,金融稳定论坛主席马里奥·德拉基(Mario Draghi)和国际货币基金组织总裁多米尼克·斯特劳斯-卡恩最终确认了这两个机构在被二十国集团峰会增强的国际金融体系中,各自所扮演的角色及其相互关系(Engelen, 2008)。金融稳定论坛将设置标准,然后由国际货币基金组织进行监督和执行。公报草案中贸易自由化部分保持常规化。

从11月14日下午开始,各国财政部副部长举行会议,起草首脑峰会公报和行动计划部分内容。国际货币基金组织发挥了关键作用,执行很多随之而来的工作。国际货币基金组织不得不一直积极参与,以确保完成二十国集团首脑峰会分配的任务。

筹备官会议对财政部副部长会议准备的文字材料进行了严格审查。由于这是筹备官员会议首次准备二十国集团峰会文件,一些筹备官字斟句酌,甚至格外关注副部长会议准备的文字材料的措辞。当晚,首脑们晚餐时,各项准备工作顺利进行。

然而,其中一个难题是,在认定如何承担危机的"不平衡"责任上,中美之间存在分歧,僵持不下。中国亮出"底线",拒绝接受公报中的"不平衡"说法,认为其暗指人民币,不予让步。而美国,则不愿意承担引发危机的全部责任。这种公开的意见分歧让人们陷入漫长的讨论,如何避免类似的问题再次发生,因为二十国集团未来还会面对更多的不平衡问题。

另一个分歧在于贸易。在巴西的支持下,法国要求尽快召开会议,最好是首脑会议,完成多哈回合谈判。但美国已经在草案中确认领导人准备为此进行干预。经过在贸易领域的辩论,美国最终取得胜利。

巴西加入巴塞尔银行监管委员会的要求遇到了一定阻力,原因是财政部长们在华盛顿无法将巴西纳入中央银行。2009 年 4 月,在伦敦峰会上,巴西与金砖国家其他成员均在金融稳定论坛获得三个席位。同时,巴西通过一位中央银行官员个人的帮助进入巴塞尔银行监管委员会和国际会计准则委员会,成为第一个加入国际会计准则委员会的拉美国家。

峰 会 过 程

伴随着白宫工作晚餐的进行,二十国集团峰会于 11 月 14 日傍晚开幕。从他们的讨论中,我们很快可以看到,一些首脑没有意识到当下正在发生的危机的严重性和系统性。美国,英国,德国,中国,澳大利亚五国力图使其他国家相信自己面临的任务刻不容缓。

晚餐以四个国际组织的领导发言开始,包括联合国,国际货币基金组织,世界银行和金融稳定论坛。每人做了 5 分钟的发言。联合国秘书长潘基文的发言倾向于发展中国家,强调了传统观点的重要性。他试图把联合国放置在一个非常重要的地位,并提议让联合国主办下一届二十国集团峰会。

国际货币基金组织总裁卡恩提出了四点看法。第一,危机远没有结束。发达国家将面临负增长,新兴国家正遭受着不断干涸的金融流动和疲软的市场的沉重打击,同时形势也在恶化,风险将会加剧。第二,现在各国必须采取鼓励经济发展的政策措施。二十国集团成员国应该在可支配的条件下尽可能运用各种手段促进经济发展。对于实力最强的那些国家而言,通货膨胀不再是风险,许多国家在实行进一步的货币政策和大量的财政宽松政策方面仍有余地。当前环境下极易产生贸易保护主义,各成员国应该加以抵制。经济发展的需求迫在眉睫,各国在最高政治层面上抵制贸易保护主义尤为重要。只要有可能,就应当实行进一步的财政扩张政策。卡恩说，他将会晤各国领导人，制定详细具体的财政与货币政策行动框架。国际货币基金组织分析表明，协调性的财政政策将促使各国更加有效地应对危机，但采取行动的时间和方式可以有所区别。然而，如果贸易伙伴之间同时采取行动，行动效率将得到提高。这是一种主要基于各国区域经济一体化的方法。第三，卡恩请求资金上的支持。新兴市场的融资需求问题亟待解决。这些市场融资极为困难，甚至无法维持，急需采取果断、快速的行动给予支持。国际货币基金组织具有足够的放贷能力，因为迄今为止其 2 300 亿美元的贷款储蓄仅借出 500 亿美元。但随着借贷需求的逐步增加，这种情况在接下来的几个月内很快将会改变。各国领导人需确保，提供反周期贷款的国际机构在任何时期都有充足的资源。同时，现在时机已成熟，应当考虑国际社会如何增加国际货币基金组织财力。对于日本向国际货币基金组织提供 1 000 亿美元的打算，卡恩为此向麻生太郎表示感谢，并询问下一个有此意愿的国家。在与各国领导人的双边会议上，卡恩谈到，他希望明确各国向国际货币基金组织提供的资金份额，以便向新兴国家提供贷款。第四，为了做好风险预警和政策应对，必须着手建立一个新的全球合作框架，这需要加强监督和监管规则，完善早期预警系统。国际货币基金组织是建立和操作更强健的规则与系统的平台。他号召，当预警系统显示需要采取措施时，各成员国应当按照政策制定者的承诺采取行动。

卡恩的号召得到了许多与会成员国领导人的响应。那些仍有力刺激经济发展的国家强有力地支持财政刺激。许多国家领导人表示，在接下来的几周内，伴随着这些计划，他们将进一步推进这样的行动计划。卡恩肯定，国际货币基金组织已做好准备，帮助各国决定刺激经济的力度和如何最大化地增加经济刺激政策的有效性。国际货币基金组织的行动计划已经起草完毕。各国已经充分认识到全球经济所面临危机的严重性。

晚饭期间，大家指出，因为市场仍然处于危险时刻，各国仍需保持市场的有序性，这一观点也随即得到了认可。对银行提供必要支持，并防止世界上发生更多的意外，这是非常重要的。目前，各国都依然存在许多不确定因素，但并不是所有的成员国之间都观点一致。起初，新兴国家的金融系统并没有处于危险之中，他们并未表示出过多的担忧。因为他们与西方国家之间相互依存，他们只是担心西方经济的崩溃会给自身带来影响，这种担忧远不及七国集团成员本身。

二十国集团成员国财政部长先前相互之间已经通过电话进行了广泛的交谈，当晚，各国财政部长又进行了另一场晚宴。次日上午，加拿大领导人会见各国财政部长并交换意见。

11 月 15 日，首脑会议在宽敞的美国国家博物馆进行。本次会议只有首脑发言。按照外交惯例，布什在沙特阿拉伯国王之后发表演讲。每位领导人要求的发言为 5—7 分钟，其间没有问答环节。2 个小时后，坐在沙特阿拉伯国王对面的加拿大领导人哈珀发言。

轮到西班牙首相萨帕特罗发言时，小布什直接跳过他，让萨科齐发言。小布什此举被视为一个强烈的信号。但法国总统萨科齐发言完毕后，他本人把话筒交给了萨帕特罗。随后，又把话筒交给了代替荷兰首相出席的财长德亚格，发言共计十五分钟。此时，拉加德从后排坐到了前排。

午饭期间讨论热烈。各国领导人强烈号召重启多哈回合谈判，使之早日结束，签署有关贸易公报。萨科齐花了很长时间斡旋。他指出，多哈回合谈判在技术层面陷入停滞，因此各国领导人必须行动起来。包括陆克文在内的许多国家领导人都认为，具有专业知识的谈判官员缺乏决定权，而具有决定权的领导人则缺少专业技术知识，这就形成了恶性循环。陆克文和其他国家领导人则认为包括法国在内的欧盟是影响多哈回合谈判的主要障碍。讨论的结果令人欣慰，即继续推动多哈回合谈判，形成两点具体意见：第一，接下来一年继续反对贸易保护主义；第二，在 2008 年年底，提出方案，结束多哈回合谈判，虽然表面上大家一致同意讨论结果，但一些与会领导人对此持怀疑态度，因为他们知道推动多哈回合谈判的领导人有一部分正是那些阻止该结果的人。

所有领导人都认为应该有后续峰会。会议间歇，各成员国讨论了下一届峰会的举行地点，布朗主动提出由英国举办下届峰会。他之所以这么做，是因为他曾经担任了 10 年的英国财政部长，在业内享有很高的信誉。

会议上,许多国家领导人超过规定时间,发表了长篇大论,涉及内容范围广泛,甚至超出了会议议程,却没能清楚表达立场。意大利总理贝卢斯科尼的演讲有点跑题,他提到小布什即将离任,并赞赏他的英明伟大,在“9·11”事件发生后,他带领世界打击恐怖主义、争取自由,为此他表示感谢。但他没有对经济作出任何评价。萨科齐在峰会期间始终尽力留下自己的印记,不断重复自己的一套观点,并要求每个成员国坚持同一主旨。

默克尔、陆克文和哈珀的观点简明扼要,引人注目。即使会议的重心在于刺激经济的需求上,但哈珀一开始就坚持要找到解决问题的最终出路。他同样强调当下形势严峻,指出现在需要采取措施,帮助在金融和银行系统已经崩溃的国家重塑信心。哈珀直率有力,谈到了国际经济问题,因为加拿大的金融机构没有崩溃,大家普遍认为他提出了很多建设性意见,尤其是在财政政策、银行和金融体系方面。加拿大在国际贸易中贡献巨大,并且在各种峰会场合发表积极陈述,呼吁二十国集团成员国应抵制贸易保护主义的诱惑,受到大家一致赞赏。

在二十国集团治理方面,哈珀的观点更多的是协调及方针制定,而不是决策或全球治理的发展。加拿大政府认为,健全的金融监管必须先从国内开始,而国际组织则能够促进其他国家与其保持一致。(McCarthy, 2008; Thorpe, 2008a, 2008b; Agence France Presse, 2008a, 2008b; Compte, 2008; Menon, 2008)。尽管哈珀和其他领导人一起积极参加峰会和准备会议,但他提醒大家,对会议的结果不要期待过高。

峰会期间,加拿大采取了折中或平衡兼顾的方式,其中包括对市场的谨慎监督。哈珀鼓励各国采取有效的经济刺激措施,但他反对监管流于形式。他更认可小布什对自由市场资本主义的维护,而不是像欧洲和澳大利亚那样,认为危机的根源是缺乏市场监管以及无节制的市场投机行为。关于会议的成果,加拿大继续扮演守信用的中间人角色,敦促各国领导人在国际与国内管理之间寻求折中。

许多参加峰会的国家领导人想直接告诉小布什,美国应该对危机负责。和欧洲国家领导人不一样,部分金砖国家领导人不时对美国进行指责。在某种意义上,这就是一次批评会,没有人像贝卢斯科尼一样对小布什即将离任的消息感到惋惜。但所有国家的领导人都承认,大家共同面临着严峻的问题。

巴西总统卢拉迫切要求全球金融和经济管理改革。因为极为关注并能很好地把握细节,他将重点放在贸易问题。

阿根廷媒体报道,总统克里斯蒂娜·费尔南德斯·基什内尔(Cristina Fernández de Kirchner)和其他领导人一起都在危机责任方面将矛头指向小布什。她在合影时迟到,显然激怒了一贯守时的小布什。

此次会议结束后,一些受邀参加会议的非成员国领导人并未对会谈作出多少贡献。西班牙首相萨帕特罗未对正在崩溃的经济、房地产行业和病态的金融行业发表看法,但他争取到了一次与小布什进行简短双边会谈的机会。荷兰也未发表看法,荷兰首相巴尔克嫩德刚抵达华盛顿就开始了回国的行程。

萨科齐的主动性和主人翁精神一直持续到会议结束。会议的最后一天,他的代表参加了峰会筹备官会议,审议最后的公报。法国代表要求峰会采用萨科齐提供的更简短的公报。当普赖斯询问大家意见时,没人同意这一要求。两个小时后,法国方面指出,萨科齐接受了现在的这份公报。

成　　就

华盛顿峰会最突出的成就有二:第一,在众多的国际机构中,人们最终选择二十国集团峰会来应对这场危机;第二,峰会得以成功召开,并有效发挥了作用。这样的结果,主要是由于小布什的大力推动,而此前,他一直对二十国集团心存疑虑;同时,候任总统奥巴马同意出席不久后举行的第二次峰会,这也是促成这次峰会取得成功的因素。华盛顿峰会更令人瞩目的成功在于其同时调动了大规模的财政刺激和货币刺激,制定了方针、路线以及从整体上修复银行和金融系统的严格时限。为了将这些原则运用到金融监管改革中,华盛顿峰会成立了四个工作小组,完成了在此后四个月中受到与会人员称赞的工作。

各 项 工 作

二十国集团华盛顿峰会主要在各国国内政府管理、协商、方针制定、决策和全球治理的发展等方面取得了巨大成就。同时,峰会在由各国政府控制的贸易、财政刺激和国际金融制度改革方面达成了共识。在各国领导人自身缺乏经验和专门知识的私有金融方面,华盛顿峰会通过上述方针和路线来指引工作。

国内政府管理

在国内政府管理方面,各国领导人通过这次峰会,取得了短期强有力的成功(参见附录 D-2)。他们的出席向其国内选民表明,他们非常关注这次危机,并在想方设法解决,同时在和全球其他国家领导人一道积极应对这次危机。此前,有一些国家领导人担心,如果建立一个新的国际机构,或通过更小规模的机构,举行专门的峰会应对此次危机,他们会被排除在外。因此,能否出席这次峰会事关他们的名誉和地位。对西班牙和荷兰而言,在国内银行纷纷倒闭和十国集团是否继续保留的紧要关头,二十国集团华盛顿峰会对这两个国家显得尤为重要。

华盛顿峰会给各国首脑提供了通过政治改变其国家现有地位的契机,尤其是在财政刺激上。英国首相布朗放弃了他一直推行的“黄金法则”,提出一个主要的一揽子建议。他利用二十国集团峰会和七国集团的共识证明其政策转变的合理性。10 月 14 日刚刚连任的加拿大总理哈珀,在二十国集团峰会上许诺绝不允许加拿大出现财政赤字。2008 年 11 月 19 日,他在就职演说中明确提到了二十国集团峰会,但并没有提及比其历史更悠久的八国集团。

这次峰会有助于维护和增强部分国家民众对政府的支持,其中受益最大的是英国首相布朗。德国总理默克尔和加拿大总理哈珀的支持率有所回升。有关这次峰会的态度,印度总理辛格表现得最为积极。

回国后,他说道,他原本认为峰会不会取得什么成效,但峰会结束后,他对峰会已另眼相看。

对于东道主美国而言,此次峰会毁誉参半。通过这次会议,小布什展示了其全球领导能力,同时获得了共和党对新的大规模财政刺激计划的支持。然而,当奥巴马力图控制美国急剧增加的财政赤字和债务,小布什的财政刺激政策的中期效果已显得不容乐观。

协商

本次峰会在协商方面取得了巨大的成功。确切地说,从周五晚餐开幕到周六下午的闭幕新闻发布会,各国首脑会见时间很短,不到 24 个小时,还不及 2008 年八国集团峰会的一半。八国集团峰会在 3 天会期里,共持续至少 48 个小时。然而,二十国集团峰会首次给予了不同国家领导人之间见面的机会,并促进了他们的私人交往。

对外,本次峰会发表了两个文件,共计 3 567 字,与 1975 年第一次八国集团峰会 1 129 字的总结性文件相比毫不逊色。但是,二十国集团华盛顿峰会的文件字数总量少于 1975—2008 年间八国集团会议文件 9 000 字的平均水平。

华盛顿峰会的文件涉及议题领域很广,重点在于有序地进行金融监管,发展经济贸易,开展金融机构改革。此外,与会国家领导人还尝试突破上述领域,宣称“我们致力于迎接其他关键的挑战,例如能源安全,气候变化,食品安全,法治以及打击恐怖主义,消除贫困和减少疾病”(G20, 2008)。二十国集团治理在领导人层面从一开始就在处理全球性问题和政治安全问题。尽管文件并没有直接提及二十国集团首脑将通过峰会解决问题,但这个号召与二十国集团财长在 2000 年蒙特利尔的声明遥相呼应,即论坛必然与经济问题息息相关。

对内,各国领导人的讨论大部分已事先精心安排好,而阿根廷总统柯克纳的西班牙语发言十分冗长。在峰会期间,美国和其他国家未免有些失望,尤其是在开幕晚宴上。与会成员国领导人仅仅发表了演讲,并没有公开讨论和交换意见。但个别与会领导人在会议中所作的承诺和他们的热情是可圈可点的，这些在第二天的贸易谈判中尤为明显。多位国家领导人谈及贸易保护主义对世界经济的威胁，这也促使有关贸易的公报更加明确有力。

方针制定

在会议方针的制定和原则规范化方面，华盛顿峰会也取得了巨大的成功。就原则方面，本次峰会的方针制定是迄今为止最全面，最明确的，它有利于指导未来金融稳定、金融监管和经济发展的决策。会议原则强调开放市场带来的好处。

公开原则延伸到了政治领域。华盛顿峰会公报共发表十二项声明，包含六个方面。透明度居首位，共涉及五项声明，其次是法治和开放，各自涉及两项，善治、信息或知识交流和责任问责制各涉及一项。此外，华盛顿峰会公报修订了2000年蒙特利尔会议达成的共识，通过确认有必要处理范围较广的社会和公平问题。

小布什在自己有关峰会成就的回忆录中，记述了峰会的六项工作。其中，方针制定方面的成就最为突出。他写道："11月15日，参加峰会的各国领导人签订了共同宣言，'指引我们工作的共同信念是：市场原则、开放的贸易和投资机制以及有效监管的金融市场能够激发活力、促进创新、培养冒险精神，这些是确保经济发展，就业和减贫的必要因素。'"

决策

在集体决策方面，华盛顿峰会取得了巨大的成功，因为峰会原则被转换为许多清晰的承诺。即使会议重点在于提供可在接下来的数月内指导决策的原则和工作计划，峰会还是产生395项承诺，这些承诺主要涉及宏观经济和金融监管，一些则涉及贸易，还有一项有关发展。本次峰会同样也达成了雄心勃勃的协定，根据法国的要求，二十国集团在避税场所的问题上广泛达成了一致，这个问题七国和八国集团一直都没能解决。

华盛顿峰会领导人所做的 95 项承诺,比一周前在圣保罗召开的二十国集团财长会议数量多,但远不及 7 月在日本召开的八国集团峰会所做的 296 项承诺。同时本次华盛顿峰会的 95 项承诺也远远多于 1999 年二十国集团第一次财政部长会议的 4 项承诺和 1975 年七国集团领导人在朗布依埃召开的第一次峰会上所做的 14 项承诺。二十国集团从而从一个主要关于讨论方针制定的论坛转变为一个更为强劲的决策论坛,比起八国集团几乎没有人要求二十国集团峰会避免扮演督政府的角色。

承诺的兑现

在峰会结束到 2009 年 4 月初伦敦峰会召开的四个半月,会议在兑现承诺方面取得了前所未有的成功。成员国领导人清楚地认识到信守和快速兑现承诺的重要性,他们一致同意在 2009 年 4 月 30 日前召开第二次峰会,此举证明他们愿意信守承诺。因此,和区域性的欧洲委员会相似,二十国集团前两次峰会时间间隔很短,比 1975 年七国集团召开的两次峰会时间间隔还短。

进一步促使他们兑现承诺的动力是领导人为实施其短期决策而制定的紧凑时间表:这些他们在公报上详细列举的承诺将于 2009 年 3 月 31 日前兑现。在八国集团框架下,将兑现承诺的时间表限定在一年甚至更短时间内通常是使成员国信守诺言的重要保证。事实上,二十国集团在华盛顿达成的 95 项承诺,也是对八国集团兑现承诺的有效保证。其中 39 项承诺援引了紧凑的时间表,14 项承诺包括对核心国际组织的援引。只有 13 项承诺援引了其他国际组织,而这些国际组织不能保证八国集团能够遵守诺言。

包括在 2009 年 4 月 30 日召开二十国集团第二次峰会在内的诸多承诺可在其短期时间表内兑现。然而,另一部分承诺并未得到兑现,如反对保护主义协议。俄罗斯和印度上调了汽车进口关税,法国调整了共同农业政策计划,美国对从加拿大进口的肉类制定了标签要求。然而,他们没能兑现的承诺是,在 2008 年 12 月 31 日世界贸易组织会议上一致通过的具体方案，以结束超期的多哈发展议程。事实上，各国贸易部长甚至都未能如期召开会议。

然而，尽管有这些遗憾，在下一届的峰会开始的时候，如果评估标准是＋1.00 到－1.00 的区间，那么二十国集团成员国在反对贸易保护主义方面兑现承诺的平均成绩可达＋0.58(79%)(据二十国集团调查组和国际组织研究所 2011 年数据)。后续分析中加入了更多数据，从而称其兑现承诺的成绩为＋0.51(75.5%)(参见附录 H-3)。对于市场完整性的金融规则上，兑现率为＋0.47(73.5%)。在财政刺激方面，多数成员国在接下来的几个月出台了大量根据最新情况制定的刺激政策，兑现率上升到了极高的＋0.75，即 87.5%。

全球治理的发展

在全球治理方面，华盛顿峰会无论在二十国集团内部还是在全球范围内都非常成功。在集团内部，华盛顿峰会是二十国集团召开的第一次峰会，各成员国决定很快将举行第二次会议，这表明二十国集团峰会制度开始常态化。与会成员还要求二十国集团贸易部长参加会议并发挥作用，同时创建了四个官员级别的工作小组，每一工作小组由守成国家和新兴国家共同主持，一起决议。该公报对二十国集团做了五次援引，一次峰会，三次是财政部长级会议，还有一次是民间团体。

在民间团体层面上，二十国集团指导新的任务组和专家一起开展有关多方利益的讨论会，然而这仅仅以知识和功能社群为基础，并不代表广泛的利益攸关者。大部分受危机影响的民众在全球治理方面根本没有话语权。

在集团外部，峰会指导了金融稳定论坛扩员和推进其他方面的改革。它传递了同布雷顿森林机构和其他国际监管机构(尤其是国际证监会和民间国际会计准则理事会)相似的改革信号。此外，峰会帮助明确在稳固的全球金融架构中这些机构之间的关系，创造了新的国际组织，例如全球银行监管人协会。峰会也对其他国际机构总共做了 40 次援引：援引最多的是国际货币基金组织，为 12 次；金融稳定论坛 8 次；

世界银行5次;国际金融机构体系3次;布雷顿森林体系、世界贸易组织、联合国以及多边发展银行各2次;金融行动专责委员会、经济合作与发展组织、巴塞尔银行监管委员会以及国际证监会组织各1次。这样做有利于为全球经济与金融治理建立范围更广、涉及领域更多的网络。

取得成效的原因

华盛顿峰会取得巨大成功的原因,很大一部分在于二十国集团治理的体系中心模式。

由动荡引发的共同脆弱性

促使二十国集团峰会的发起、制度化和巨大成功的第一个原因,是一系列严重的金融动荡,它暴露了包括世界头号经济大国美国在内的国际体系内重要国家的共同脆弱性,以及一些国家的社会甚至是政治稳定问题。这次突发的连续性金融动荡无论是在严重程度、涉及范围、扩散速度,对主权国家和社会的渗透性影响是前所未有的;同时,这一系列动荡以美国、英国和大西洋沿岸国家为核心,这也是前所未有的。虽然动荡的源头是美国、英国、德国,但其影响深远,后果由脆弱的二十国集团成员国共同承担,也平衡了二十国集团各成员之间的相对能力差异。这与1997年至1999年源于亚洲并蔓延至全球的金融危机颇为相似。

9月18日,美国财政部长亨利·保尔森和美联储主席本·伯南克向小布什汇报,他们正面临着自“大萧条”之后最严重的金融恐慌。小布什决定以“罗斯福的国家干预政策而不是胡佛坚持的市场自由主义”来应对此次危机。他讲道:“应对危机的策略是对自由市场的干预,这违背了我的直觉。但有必要把国家从恐慌中救出……此次金融危机覆盖全球,目前最主要的问题是决定怎样在国际舞台上加以应对。”

能源动荡也是危机产生,甚至可能是其加剧的原因之一,虽不是突然发生，却也带来了严重的后果。此次危机首先冲击美国、日本、德国、英国和石油净进口国。国际油价创造历史新高使得世界强国变得更加脆弱。同时，油价的上升高平等地提升了加拿大，俄罗斯，巴西，印度尼西亚和沙特阿拉伯这几个石油国家的实力，使得二十国集团的相对实力有所下降。

新的全球恐怖威胁已经出现，不单单是2001年和2005年分别在美国和英国发生的恐怖袭击，现在俄罗斯、印度和中国也受到恐怖主义威胁。恐怖主义正在从之前的七国集团守成国家蔓延至新兴国家。

为应对危机，法国总统萨科齐构想建立一个专门“自愿联盟”，通过在八国集团峰会上召开地区间会议实现。或许还可邀请中国、印度和部分其他国家出席。这些其他国家中并未包含墨西哥和土耳其，这两国在1994—2001年的危机中遭受严重的破坏，成为重要的受害者，但在这次始于2007年的危机中它们扮演金融安全的稳定供应者。与上次危机相比，韩国和阿根廷的情况也有所转变。

因此，通过二十国集团应对危机是一个理性的选择。该组织创立的目的就是为应对1999年的全球金融危机；在小布什执政的第一年，它曾在美国打击恐怖主义中发挥重要作用；该集团能对不断发展的全球经济以及新出现的能源和气候挑战作出迅速反应；集团内的成员国都具备应对目前动荡所需要的脆弱性和能力。促使二十国集团跃升至峰会级别的原因为何是2008年的金融危机，而不是2001年发生在美国的恐怖袭击，解释有三：第一，2008年的金融危机非常契合二十国集团1999年的核心使命；第二，2008年金融危机的根源在美国，而不是在阿富汗；第三，到2008年，小布什已执政8年，经验丰富，知道二十国集团如何能为美国和世界带来好处；而2001年，他刚上任不到一年，经验不足。

国际机构的失败

二十国集团峰会创立和取得巨大成功的第二个原因在于，联合国和国际货币基金组织的硬法多边主义的失败，非正式的七国集团或八国集团之间多边组织以及二十国集团部长会议并没有足够对策来解决这一系列新的动荡。虽然连续性的危机已经在美国全面爆发,但美国单方面的应对措施并不能有效地应对全球危机。

旧的多边组织不能够独自处理这场经济危机,有五个方面的原因:(1)法律不够灵活;(2)任务不匹配;(3)谨慎的官僚主义文化;(4)资源短缺;(5)无法真实反映全球新兴国家的真实经济实力。在许多有关管理全球金融的多边组织中,仅有国际结算银行的首席经济学家威廉·怀特之前预测到即将发生的危机并清晰有力地公开过自己的观点。

国际货币基金组织的分支,国际货币与金融委员会在应对这场危机中未能发挥作用。英国首相布朗一开始就担任国际货币与金融委员会主席,他认为英国的改革能够加强该组织的能力,言外之意是他承认该组织在应对危机方面能力不足。“在发表声明时,部长们仅仅照本宣科,该进程是对我们过去工作的改进,但是最不留情面的评价是,针对二十国集团和对国际货币基金组织的研究都仅是对日益增长的不平衡和金融风险指指点点,却不见实际行动”(Brown, 2010, 80)。相反,二十国集团华盛顿峰会给国际货币基金组织总裁卡恩提供了时机和听众,直接向国家领导发出警告,他认为存在对新资源的需求,并且有必要将国际货币基金组织的技术分析付诸政策实践。

联合国温和的警告同样被忽视,虽然凯末尔·德尔维什(Kemal Dervis)在世界银行工作 30 年,并且非常熟悉国际货币基金组织,作为此次华盛顿峰会联合国的会议筹备官,他在塑造潘基文的经济干预号召力方面发挥着重要作用。联合国工作小组过去一直记录着即将发生的金融危机的不同方面。在联合国体系的其他场合,也出现了警告,包括过去很长一段时间都在发布类似警告的国际贸易和发展会议。此外,联合国已开展了独立的宏观经济分析,直接与其成员国合作,尤其是 80 个经济强国。然而,该工作很大程度上被国际货币基金组织忽视。随着危机隐现,国际货币基金组织首席经济学家声称,当危机从次贷市场转移到庞大的抵押信贷市场时,危机就会停止。联合国的经济学家不能理解为何危机会停止。

在非正式的多边组织中,七国集团和八国集团同样在应对危机中没有发挥作用(Kirton, 2010)。在其应对危机的方式中,七国集团成员国曾指责国际货币基金组织的警告,即银行系统的崩溃能够引起另一场经济大萧条,这个卡恩后来判断这样的回应明显是在拒绝面对现实(Talley, 2010)。七国集团成员国财政部长已在10月份召开的二十国集团财政部长会议中发挥带头作用,但其他二十国集团成员国成员拒绝机械地接受他们并没有参与创造的框架。这种新的全球金融危机要求一个更具包容性的组织来处理危机,应包括世界上的经济大国,从而通过一套共同应对危机的方案。

在峰会层面,八国集团并没有有效地应对金融和经济问题,尽管安格拉·默克尔在2007年她所主持的峰会上,希望专门解决对冲基金问题以及其他总体的经济问题。八国集团在2008年7月的北海道峰会上很明显地也没有预测到即将到来的金融危机(Kirton, 2010)。2008年秋天,危机全面爆发时,日本正担任七国集团轮值主席国,但即将离任的日本首相福田康夫和即将上任的麻生太郎都没有要求举行专门的八国集团峰会。洞爷湖峰会取得的成就在于小布什创立了应对气候变化的经济大国能源安全与气候变化论坛(MEM)。他开始的构想是一个部长级会议,而后提议将其提升至领导人会议,作为八国集团洞爷湖峰会的一部分。

随后,小布什在非领导人层面上提出应对气候变化的计划,即亚太六国合作计划,当加拿大加入该组织后,共七个成员。小布什于2005年与墨西哥和加拿大领导人共同创立北美安全与繁荣联盟(SPP),也就是后来的北美首脑峰会(又称"北美峰会")。2001年的全球卫生安全倡议部长级会议,旨在回应2001年9月11日美国发生的恐怖袭击,随后该组织将墨西哥纳入七国集团。那些恐怖袭击迫使二十国集团将重点转向打击恐怖主义融资,这也证明了二十国集团对小布什新政府的重要性。

小布什开辟了道路,率先提出进一步将多边峰会扩员,从其邻国墨西哥开始,与新兴国家合作。这条道路帮助小布什最终选择现有的二十国集团召开2008年华盛顿峰会。

集体主导、内部平等的能力

华盛顿峰会创立和取得巨大成功的第三个原因是，二十国集团在全球范围内卓越的全球主导能力和内部平衡能力。本次峰会迅速开展大规模财政刺激行动，进行国际金融机构改革，推动二十国集团制度化，缓慢开展金融监管。峰会在上述方面的影响最为明显。二十国集团成员国占有全球大部分资金、经济和人口。正因如此，危机正在不断蔓延，在二十国集团内部，正在崛起的中国在金融方面“相对封闭”，它拥有 2 万亿美元的外汇储备，而金融开放的美国则会向中国提出请求，要求中国购买其政府债券，从而很快获得 2 万亿美元资金。美国，中国，日本和其他国家要求强有力的刺激措施以阻止经济增速下降和国际贸易衰退的趋势。但在国内金融监管方面，绝大多数老牌七国集团成员仍具有相关的专业能力和专业知识。

二十国集团的集体主导与内部平衡的能力促使小布什没选择七国集团，而选择召开全球卫生安全倡议二十国集团，应对即将到来的危机。他在回忆录中写道：“目前的问题是邀请那些国家参加峰会，我听到一些欧洲国家领导人更倾向于召集七国集团峰会，但七国集团成员国的经济总量仅占有全球的三分之二。我决定选择二十国集团召开峰会，因为它包括中国、俄罗斯、墨西哥、印度、澳大利亚、韩国、沙特阿拉伯及其他具有经济活力的国家……经济总量占全球经济的 90%。”(Bush, 2010, 465—467)

民主趋同

二十国集团华盛顿峰会创立和取得巨大成功的第四个原因，是它能够在具有如此多元化的成员国中实现民主趋同。其很好地解释了在贸易方面取得迅速成功以及在金融监管方面缓慢发展的原因。这种民主趋同首先清晰地表现在小布什对本次峰会的总结上：“长远看来，保护自由市场的唯一办法就是短期内进行经济干预”(Bush, 2010, 459)。民主趋同的第二个表现在于，亲美的萨科齐代表所有的民主的欧盟成员国呼吁召开峰会，而华盛顿峰会的召开便是布什对萨科齐作出的积极回应。在其他方面,民主趋同表现为二十国集团成员国共同作出的承诺。在经济发展,开放贸易和社会稳定方面,二十国集团成员国所有领导人都持一致的观点——所有国家在上述方面都面临着日益严峻的威胁。

政治控制、资本、连续性、能力和承诺

二十国集团华盛顿峰会创立和取得巨大成功的第五个原因,是由危机所增强的国内政治控制、资本、持续性、竞争力和领导人的承诺。峰会主持人小布什即将届满卸任,而所在的共和党将在 11 月 4 日失去对国会两院的控制。英国首相布朗在国内不受欢迎,不会参选下一任首相(Mandelson, 2010)。大多数其他七国集团领导人要么在其立法机构中没有控制权,要么正面临民众强烈的不满(参见附录 L-1)。

但政治控制、资本以及目前各国与美国的融洽关系是峰会得以在美国召开并由布什主持的原因。最为典型的是接受欧盟区域援助的法国。萨科齐是第一个表示愿意参加峰会的国家领导人。据小布什(2010, 456)回忆:"在法国担任欧盟轮值主席国时,出现了动荡。一贯亲美的法国总统尼古拉·萨科齐敦促我召开国际峰会。我渐渐发现这是个好想法。"

动荡的发生以及危机的进一步严重,加强了各国国内对二十国集团的支持。二十国集团得以迅速采取行动,采取财政刺激措施、推动贸易自由化和国际金融机构改革。由于奥巴马当选下一任总统,民主党和共和党共同为二十国集团峰会及其各项工作提供了有力支持(Paulson, 2010)。

连续性和能力也是重要因素。小布什连续八年参加八国集团峰会。辛格和胡锦涛也多次参加八国集团峰会和几次经济大国能源安全与气候变化论坛领导人会议。辛格、哈珀和布朗都具备丰富的经济专业知识和经验,多次参加七国集团或八国集团会议。尽管经济不景气,哈珀再度执政,通过 10 月 14 日的大选组成了强有力的少数党政府。正是这些人,而不是那些长期负有责任的人,要在 2008 年秋创立二十

国集团的第一次峰会。

有限参与俱乐部:二十国集团作为全球治理网络中心

二十国集团华盛顿峰会创立和取得巨大成功的第六个原因,在于其成员国固定的有限参与制度。各成员国的领导人、财政部长及央行行长已成为应对诸多事务的全球治理网络中心。

在二十国集团内,通过十年的财政部长会议,其 19 个永久性成员国、欧盟,以及国际货币基金组织和世界银行在贸易、国际金融机构体系对布雷顿森林机构的改革、宏观经济和国内金融改革等方面已取得良好成效。二十国集团通过财长和央行行长的策划、咨询、专业能力以及个人关系,在给定的二十四天内帮助其成功召开峰会,尤其是在 11 月召开的二十国集团圣保罗部长级会议和华盛顿峰会上的第一次特别会议上,这表现得格外明显(Price, 2009)。

小布什信赖二十国集团俱乐部的部分原因很可能是 2001 年他第一次就任总统时,二十国集团财长会议取得的显著成就。小布什就任总统时,八国集团可再生能源工作组突然解散,但其工作表明,一位没有多边主义倾向的新任共和党总统不会在一开始就立即接受在野的民主党人比尔·克林顿和拉里·萨默斯(Larry Summers)建立的国际机构。但是,小布什就任总统后的第一次二十国集团会议迅速、灵活、果断地应对了“9·11”事件后的恐怖主义融资。

二十国集团在首脑峰会上继续展现出其紧凑的连续性。西班牙和荷兰只能作为欧盟或法国代表团的成员参加华盛顿峰会。对于峰会的成功,它们几乎没有发挥作用,只不过是代表国内选民的利益参加了峰会。二十国集团十年之久的有限、紧凑和封闭的成员参与制度基本上与其首脑峰会无缝对接。

二十国集团第一次峰会仅在制度上表现出首脑俱乐部的性质,而在社会心理上并无此表现。从贝卢斯科尼向即将离任的小布什说出的那番溢美之词以及峰会的午餐期间更多领导人表现出对贸易的热情中,多少隐现出与会领导人之间的私人关系。然而,以金砖国家领导人为代表的部分国家领导人仍在指责小布什及其他西方国家，认为他们应对危机负责。在会上，由于各国领导人仅会将精力投入对他们本国有利的集团，他们尚未与所有人完全达成一致、形成统一观念，也尚未对本国的利益和地位作出让步。小布什称："我知道，要在二十国领导人之间形成一致意见并非易事。但经过一番努力，甚至略施压力，我们最终还是做到了。国家安全委员会的资深律师普赖斯和财政部分管国际事务的副部长麦考密克接受了重任，在他们的推动下，各国才最终达成一致"(Bush, 2010, 466)。抛开私人关系，通过理性的谈判外加略施压力，峰会最终获得成功。

在外部，二十国集团财政部长在1999年就已铺好道路，大多数领导人已在这条道路上开展了大量工作。2001年，八国集团峰会率先开启了同多边组织和非成员国首脑的定期会晤；2004年在小布什的干预下，2005年启动了八国集团"8+5对话会"模式。2008年夏，小布什提出的经济大国能源安全与气候变化论坛召开领导人会议。通过将该会议纳入成熟的八国集团峰会，小布什政府取得了较大成就。经济大国能源安全与气候变化论坛表明，来自十七个守成国家和新兴国家的领导人能够就某一项议题通过召开多边峰会展开平等对话。小布什选定用于治理经济和金融问题的二十国集团峰会不过是在经济大国能源安全与气候变化论坛领导人会议的基础上，增加了沙特阿拉伯、土耳其和阿根廷三个国家。

从二十国集团创立开始，在其峰会召开前几年，就已有更多峰会在二十国集团成员内外的国家与组织之间召开，这些峰会都证明守成国家和新兴国家有共事的可能。这些峰会包括北美峰会和东亚峰会这类区域性峰会(Kirton, 2006)，以及1993年创立的亚太经合组织领导人会议、1994年创立的美洲国家峰会和1996年创立的两年一度的亚欧会议这类历史更为悠久的跨地区峰会。

本章小结

华盛顿峰会是一次巨大的成功。二十国集团上升至首脑级别，超越了许多其他同类峰会而成为治理金融和经济问题的首选,满足了与会领导人的要求。由此,促成各国领导人愿意在几个月内再度聚首,就相同的议题召开第二次峰会。峰会在诸多方面表现突出,包括财政刺激、贸易自由化、反洗钱和二十国集团制度化,以及国内政府管理、方针制定、决策,尤其是二十国集团治理的发展。然而,此次峰会在汇率制度和金融监管方面进展不大,将这些问题留给了其他国际经济组织解决。虽然峰会在推动全球经济治理的发展方面有一定进展,但它并未在创立新的国际货币体系或第二代布雷顿森林体系方面作出努力。

二十国集团治理的体系中心模式很好地解释了此次峰会取得相关成就的原因。与八国集团在三十五年前一样,二十国集团也是由于一场金融危机的爆发而出现在国际舞台上。危机爆发时,老牌多边组织和现有的那些脆弱的守成国家已无法靠一己之力对其加以控制。因此,建立一个新的具备集体主导、内部平等能力的国家组织来有效应对危机显得尤为必要;该组织的领导人应有较多的共同观念,并在其国内得到足够的政治支持。就新的二十国集团峰会而言,其关键任务是这个由国际体系内重要国家组成的紧凑集团需在全球网络的中心发挥治理作用。

二十国集团第一次峰会标志着全球治理的转折。尽管国际社会对其褒贬不一,但峰会期间,各国领导人正视眼下的重大挑战,并约定在不久的将来再次会晤,这本身就传递出各国领导人未来会积极应对全球金融危机、共商全球性经济政策的信心。华盛顿峰会所作的承诺将在 2009 年 3 月前兑现。二十国集团第二次峰会似乎从其筹备阶段开始,就具备了比第一次峰会更大的潜力,势必产生具体、明确的效果。

抛开峰会的具体政策内容不谈,二十国集团第一次峰会具有明显的代表性意义。峰会既在积极应对日益严重的经济危机,又预示着包容性经济治理的新时代即将来临。峰会取得了显著进展,促使从沙特阿拉伯到德国的世界上的不同国家最终达成一致,采取集体行动,共同应对危机,治理全球经济。峰会公报支持自由市场,反对保护主义,指出各国需加强国内金融监管,推动国际金融机构改革。有论述指出,召集二十国集团峰会实为美国经济疲软、走下坡路态势的表现。一些美国官员依然就此争论不休。而美国财政部长保尔森则承认,"我们之间相互依存已是不争的事实"(Paulson, 2010, 451)。由此可见,二十国集团第一次峰会是全球经济治理的一个重大转折。

参 考 文 献

Agence France Presse. 2008a. "Canada Tempers Hopes for G20 Crisis Talks." November 7.

Agence France Presse. 2008b. "Canada Wants Home Remedies to Financial Crisis, Not Overhaul." November 5.

Agence France Presse. 2008c. "Congo President Plans to Attend G20 Economic Summit." October 30.

Agence France Presse. 2008d. "Les pays pauvres doivent etre entendus au sommet du G20(Ban Ki-moon)." October 24.

Alexandroff, Alan S. and Kirton, John J. 2010. "The 'Great Recession' and the Emergence of the G20 Leaders' Summit." In *Rising States, Rising Institutions: Challenges for Global Governance*, eds Alexandroff, Alan S, and Cooper, Andrew F. Washington DC: Brookings Institution Press, 178—195.

Altman, Roger C. 2009(January/February). "The Great Crash, 2008: A Geopolirical Setback for the West." *Foreign Affairs* 88(1): 2—14

Ambrosio, Thomas. 2010(November). "Constructing a Framework of Authoritarian Diffusion: Concepts, Dynamics, and Future Research." *International Studies Perspectives* 11(4):375—392.

Beattie, Alan. 2010. "International Economy: A Display of Disunity." *Financial Times*, October 22. Available at: www. ft. com/intl/cms/s/0/3ff4c528-de0f-ildf-88cc-00144feabdc0. html # axzz215UCNXWY. Accessed: July 2012.

BRIC Finance Ministers. 2008. "Brazil, Russia, India, and China

Finance Ministers Joint Communiqué." São Paulo, November 7. Available at: www. Brics. utoronto. ca/docs/081107-finance. html. Accessed: July 2012.

Brown, Gordon. 2010. *Beyond the Crash: Overcoming the First Crisis of Globalization*, New York: Free Press.

Burleigh, Marc. 2008. "Key Emerging Economies Want Financial System Overhaul." Agence France Presse, November 7.

Bush, George W. 2010. *Decision Points*. New York: Crown Publishers.

Clendenning, Alan. 2008. "Big Emerging-Market Nations Unify to Demand Bigger Role in Fixing Global Finance System." *Associated Press*, November 7.

Compte, Michel. 2008. "Canada's PM Calls for Compromise at G20 Financial Crisis Talks." *Agence France Presse*, November 14.

Da Silva, Luiz Inacio Lula. 2010. "The G20 Moment." *New Perspectives Quarterly* 27(1):33—44.

Duncan, Richard. 2008. "Bring Back the Link between Gold and the Dollar." *Financial Times*, November 23. Available at: www. ft. com/intl/cms/s/0/ba673d22-b977-11d-99dc-0000779fd18c.html#axzz215UCNXWY. Accessed: July 2012.

Economist. 2008a. "The Coddle and Protect Policy." November 20. Available at: www.economist.com/node/12636308. Accessed: July 2012.

Economist. 2008b. "Miss World Goes Missing." November 20. Available at: www.economist.com/node/12641700. Accessed: July 2012.

Economist. 2008c. "No Time to Waste." November 20. Available at: www.economist.com/node/12637027. Accessed: July 2012.

Economist. 2008d. "Where's Angela?" November 20. Available at: www.*Economist*.com/node/12637035. Accessed: July 2012.

Engelen, Klans C. 2008 (September). "Rift Barely Acknowledged." *International Economy* 22(4):10—11.

English, John, Thakur, Ramesh, and Cooper Andrew F, eds. 2005. *Reforming from the Top: A leaders'20 Summit*. Tokyo: United Nations University Press.

G20. 2008. "Declaration of the Summit on Financial Markets and the World Economy." Washington DC, October 15. Available at: www.g20.utoronto.ca/2008/2008declaration1115.html. Accessed: July 2012.

G20 Finance Ministers and Central Bank Governors. 2008. "Communiqué of the Meeting of Finance Ministers and Central Bank Governors." Sao Paulo, November 9. Available at: www.g20.utoronto.ca/2008/2008communique1109.html. Accessed: July 2012.

G20 Research Group and International Organizations Research Institute. 2011. "2010 Seoul G20 Summit Final Compliance Report." November 6. Available at: www.G20.Utoronto.ca/compliance/2010seoul-final. Accessed: July 2012.

Helleiner, Eric and Pagliari, Stefano. 2009 (June). "Towards a New Bretton Woods? The First G20 Summit and the Regulation of Global Finance." *New Political Economy* 14(2):275—287.

Hennessey, Keith. 2008. "What Was Accomplished at the G20 Summit?" KeithHennessey.com (Blog). November: Available: keithhennessey.com/2008/11/20/what-was-accomplished-at-the-g-20-summit. Accessed: July 2012.

Kirton, John J. 2000. "The Dynamics of G7 Leadership in Crisis Response and System Reconstruction." *In Shaping a New International Financial System: Challenges of Governance in a Globalizing Word*, eds Kaiser, Karl, Kirton, John J., and Daniels, Joseph P. Aldershot: Ashgate, 65—94.

Kirton, John J. 2006. "East Asian Summitry and Regional Community Creation." *In the Road to East Asian Community*, ed Takita, Kenji. Tokyo: Chuo University Press, 61—88.

Kirton, John J. 2008a. "The G20 Takes Centre Stage." In

Growth, *Innovation*, *Inclusion*: *The G20 at Ten*, eds Kirton, John J., and Koch, Madeline. London: Newsdesk, 16—17. Available at: www.G8.Utoronto.Ca/newsdesk/G20at10.pdf. Accessed: July 2012.

Kirton, John J. 2008b. "The Performance of the Meeting of the of G20 Finance Ministers and Central Bank Governors." Sao Paulo, November 9. Available at: www. g20. utoronto. can/analysisi/2008performance1109. html. Accessed: July 2012.

Kirton, John J. 2008c. "Prospects for the Meeting of the of G20 Finance Ministers and Central Bank Governors." Sao Paulo, November 8. Available at: www. g20. utoronto. can/analysisi/2008prospects1008. html. Accessed: July 2012.

Kirton, John J. 2010. "The Group of Eight's Legacy, Limitations, and Lessons." In *The New Dynamics of Summitry*: *Innovations for G20 Summits*, eds Bradford, Colin I., and Lim, Wonhyuk. Washington DC and Seoul: Brookings Institution Press and Korea Development Institute, 17—60.

Kirton, John J. 2010. "La gobernanza del G20 para el Nuevo mundo." *Foreign Affairs Latinoamerica* 12(2):8—21.

Kirton, John J. and Guebert, Jenilee. 2009. "A Summit of Substantial Success: The performance of the G20 in Washington in 2008." March 7. Available at: www.g20.utoronto.ca/biblio/g20-2008-performance.pdf. Accessed: July 2012.

Kirton, John J. and Koch, Madeline, eds. 2008. *Growth*, *Innovation*, *Inclusion*: *The G20 at Ten*. London: Newsdesk. Available at: www.g8.utoronto.ca/newsdesk/G20at10.pdf. Accessed: July 2012.

Kirton, John J., Larionova, Marina, and Savona, Paolo, eds. 2010. *Making Global Economic Governance Effective*: *Hard and Soft Law Institutions in a Crowded World*. Farnham: Ashgate.

Laghi, Brian. 2008. "World Leaders Let Harper Off Deficit Hook." *Globe and mail*, November 17. Available at: www.the globeandmail. com/news/national/world-leaders-let-harper-off-deficit-hook/article663403. Accessed: July 2012.

Lander, Mark. 2008. "World Leaders Vow Joint Push to Aid Economy: Big Decisions Delayed." *New York Times*, November 16, p.1. Available at: www.nytimes.com/2008/11/16/business/worldnusiness/16summit.html. Accessed: July 2012.

Lukov, Vadim. 2010. "G20 and G8 in Search of Solutions: Global Problems of Economy and Society." *International Affairs* 56(5): 58—76.

Mandelson, Peter. 2010. *The Third Man: Life at the Heart of New Labour*. London: Harper Collins.

Martin, Paul. 2008. "Time for the G20 to Take the Mantle from the G8." In *Growth Innovation, Inclusion: The G20 at Ten*, eds Kirton, John J., and Koch, Madeline. London: Newsdesk, 22—27. Available at: www.g8.utotonto.ca/newsdesk/G20at10.pdf. Accessed: July 2012.

Mattli, Walter and Woods, Ngaire. 2008. "A New Architecture for Global Financial Regulation." Economists' Forum(Blog). *Financial Times*. November 19. Available at: blogs.ft.com/economistsform/2008/11/a-new-architecture-for-global-financial-regulation/#axzz217HT8Uwl. Accessed: July 2012.

Menon, Nirmala. 2008. "Canada Fin Min Sees Econ Stimulus by More Countries." Dow Jones International News, November 9.

Paulson, Henry M. 2010. *On the Brink: Inside the Race to Stop the Collapse of the Global Financial System*. New York: Grand Central Publishing.

Price, Daniel M. 2009. "Recovery and Reform." In *The G8 2009: From La Maddalena to L'Aquila*, eds. Kirton, John J., and Koch, Madeline. London: Newsdesk, 24—26. Available at: www.g8.utoronto.ca/newsdesk/g8-2009.html. Accessed: July 2012.

Putnam, Robert and Bayne, Nicholas. 1987. *Hanging Together*:

Co-operation and Conflict in the Seven-Power Summit. 2nd ed. London: Sage Publications.

Rotman School of Management, ed. 2008. *The Finance Crisis and Rescue: What Went Wrong? Why? What lessons Can Be Learned*. Toronto: University of Toronto Press.

Sarkozy, Nicolas. 2008. "Speech delivered by H. E. Mr. Nicolas Sarkozy, President of the French Republic." 63rd session of the United Nations General Assembly, New York, September 23. Available at: www. un. org/en/ga/63/generaldebate/pdf/france-fr. pdf. Accessed: July 2012.

Smith, David and Oliver, Jonathan. 2008. "Fighting the Financial Inferno." *Sunday Times*, November 16.

Summers, Lawence. 2008. "The Birth of the G20." In *Growth, Innovation, Inclusion: The G20 at Ten*, eds Kirton, John J., and Koch, Madeline. London: Newsdesk, 29—31. Available at: www. g8. utoronto.ca/newsdesk/g8-2009.html. Accessed: July 2012.

Sunday Times. 2008. "Prudence Will Still Have a Role to Play." November 16. Talley, Ian. 2010. "IMF Chief: Global Financial Crisis Has Washed Away Old Economic Order." *Dow Jones*, December 8.

Thorpe, Jacqueline. 2008a. "Canada, Bastion of Free Markets?" *National Post*, November 10. Available at: www. nationalpost. com/opinion/columnists/story.html?id=8ad4cc7b-3248-4bcd-b9c7-dc4fbbf1bde3. Accessed: July 2012.

Thorpe, Jacqueline. 2008b. "G20 Summit Looks to Market Overhaul." *National Post*, November 15, p.A1.

White House. 2008. "Statements by Bush, Sarkozy, EU Commissioner at Camp David: France, European Union Agree on a Summit to Address Financial Crisis." Washington DC, October 20. Available at: www.america.gov/st/texttrans-english/2008/October/20081020115655eaifas0.1981623.html. Accessed: July 2012.

Wolf, Martin. 2008. *Fixing Global Finance*. Baltimore: Johns Hopkins University Press.

Xinhua. 2008. "China Expects 'Fair, Inclusive' World Finance System." November 6. Available at: english. people. com. cn/90001/90776/90883/6528949. Html. Accessed: Juy 2012.

Zeng, Min. 2008. "Support Seen for Dollar, Yen." *Wall Street Journal*, November 17. Available at: online. Wsj. com/article/SB122687265714531785.html. Accessed: July 2012.

第十一章
遏制经济萎缩:2009 年伦敦峰会

引　　言

挑战

2009 年 4 月 1 日至 2 日,二十国集团领导人在伦敦多克兰召开第二次峰会,这次峰会距第一次华盛顿峰会(Kirton and Koch, 2009b)仅相隔短短 4 个半月。在 20 世纪 30 年代以来最严重的经济萎缩中,伦敦峰会拉开了帷幕。这次峰会由英国首相戈登·布朗主持。与主持第一次峰会的美国总统小布什相比,布朗的政治生涯更长,并因担任过财政大臣而经验卓越。1999 年,原二十国集团论坛建立时,他正好担任财政大臣。伦敦峰会是新任美国总统奥巴马参加的首次二十国集团峰会,标志着他登上世界舞台(Bergsten, 2009)。由于奥巴马拥有全新的理念,并且在接下来的四年中拥有很强的政治控制力,他自然成为本次峰会的焦点。他参与此次峰会的目标是扩大峰会议程,筹集大量新资金,并支持气候变化联合公报。

在二十国集团第一次峰会的委托和二十国集团财政部长发布全面具体的报告的基础上,二十国集团伦敦峰会公报于 2009 年 3 月 31 日如期发布,各国领导人做出了重大决策,以期调整未来几年中世界金融体系、改善世界经济状况。峰会议程内容全面,各项议程之间相互关联,包括财政、货币与汇率政策、国际金融机构改革、贸易自由化与融资、投资以及基础设施。此外,会议涉及的其他方面包括管理和规范银行、证券、会计、信贷率、金融衍生产品、对冲基金和私募公司。峰会致力于创立全球银行监管机构、创建早期预警体系,从而防止金融危机再次爆发。二十国集团领导人将在此次峰会上提出诸如气候变化的新议题,尤其会为未来峰会制定路线,帮助寻找全球财政和经济治理的新机构,与八国集团峰会形成互补。二十国集团领导人会因此采取第二步,即为 21 世纪的世界创建新的金融和经济管理体系。

伦敦峰会之后几周,二十国集团成员国内部出现了几个重大分歧,这些分歧既存在于原有的七国集团、八国集团成员国内部,也存在于七国集团或八国集团同主要的新兴国家成员之间。第一是七国集团和八国集团早先在有关首要优先议题上的分歧再次出现。如今,奥巴马与萨科奇和默克尔意见相左。奥巴马希望尽快采取更多财政刺激措施,而另两位领导人则注重更强的跨国金融监管。

第二个分歧存在于守成国家和新兴国家成员之间。守成国家强调加强宏观刺激和金融监管,而新兴国家成员则注重贸易自由化、贸易融资、经济发展和国际金融机构改革,以使新兴国家成员获得更大的话语权和表决权。在由联合国领导的各类发展组织的支持下,新兴国家成员期望采取以发展为目标的大规模刺激措施。他们认为,最贫穷国家是这场全面爆发的大衰退中最大的受害者。伦敦峰会准备会议期间,潘基文致信布朗,提出投入 1 万亿美元,以发展为目标,展开刺激行动(*Financial Times*, 2009)。

第三个分歧出现在英国及部分七国集团成员国和新兴国家成员之间。英国及部分七国集团成员国在峰会上希望采取行动,应对气候变化问题,这遭到了新兴国家成员的反对。英国决心将气候变化提上议程,原因部分在于英联邦的非洲合作伙伴的大力推动。几位非洲国家领导人已拜会布朗,提出他们对峰会的期望(Millard, 2009)。他们并没有按原定计划先讨论发展,而是提出了对控制气候变化的迫切要求。他们讲到乞力马扎罗山顶的冰雪融化,将其作为气候危机来临的显著信号,也表明需立即采取行动应对这一危机的紧迫性。布朗接受了他们的恳求,并尝试借助二十国集团峰会推动解决气候问题。然而,他的提议受到了多方面的阻力,其中一部分来自二十国集团数个成员国,其领导人认为金融和经济问题应是峰会的唯一重点;另外一部分阻力来自集团外,一些人认为二十国集团不是讨论气候变化的合适论坛,《联合国气候变化框架公约》签约方召开的会议才是唯一的合适场合。

不论如何,伦敦峰会取得极大成功,这一点毋庸置疑。与 20 世纪 30 年代不同,面临这次全球金融和经济危机,国际体系内的重要国家召开了第二次峰会,并做出集体承诺,应对危机。伦敦峰会筹集到 1.1 万亿美元,用于财政刺激和经济发展,这是前所未有的数值。接下来的数月至几年中,资金按承诺陆续到位。

不同流派的观点

关于伦敦峰会取得成功的大小和原因,不同流派之间展开了激烈争论。不过,各流派就此都作出了积极评价,这与其对以前会议的评价大有不同。

第一派观点认为,峰会的成功的原因在于两个方面,一是此次峰会所面对的全球经济危机规模空前,二是奥巴马在危机中的执政能力强、权力范围大,这是前所未有的。有人重点肯定了峰会"为应对经济危机,大大增加筹集资金量的努力"和"为打击避税天堂、加强金融监管所作的努力",但也指出,"接下来还需在诸多原则上有所跟进——今年晚些时候召开的下一次会议上,二十国集团将会制定部分原则"(Fidler et al., 2009)。

第二派观点认为伦敦峰会总体上是一次发展民主的成功。他们认为国际货币基金组织再次筹集资金,将特别提款权增加 2 500 亿美元,并投入新的贸易资金,作出这些举动原因是由于担忧。他们担忧"经济加速下滑会提升风险,危机会扩大并加深,远超出目前范围。在新的民主国家,无论是非洲还是中东欧,都已到了最危险的时刻。在部分较贫穷国家,危机甚至会导致战争和饥荒……匈牙利和罗马尼亚已向国际货币基金组织寻求帮助,越来越多的国家都在这样做"(*Financial Times*, 2009)。

第三派观点认为,此次峰会上相互依存的发展中国家取得了成功。劳伦斯·诺曼和克莱尔·科纳哥汉总结道,"发展中国家是此次会议的主要受益者”(Laurence Norman，2009)，因为“国际货币基金组织新筹措的大量资金，国际金融组织的快速改革，承诺保证发展中国家在全球机构中受到公平待遇，是上述三点促进世界经济权力平衡的重要重塑。”会出现这种情形的原因是已有成员国意识到，“在相互依赖、高度联系的全球经济中，帮助新兴国家就等于帮助自己”。

第四派认为这是峰会在政策驱使下为发达国家建立自信的短期成功。马丁·索罗尔认为经济不久就将复苏，因为“美国、英国和其他国家采取了大规模财政刺激措施……然而，我们从未成功地总结出全球化的优势，也不是所有人都从中受益”(Martin Sorrell，2009)。

第五派进一步指出伦敦峰会取得了历史性成功。科林·布莱福德和约尼斯·林认为它是“史上最成功的峰会”(Colin Brad ford 2009)，“因为各国同心协力增加财政收入，这是前所未有的，可能成为应对大萧条之后最严重的经济衰退的转折点。在金融体系和金融机构的监管和规范方面，此次峰会发起了国际和国家层面的改革。而且还发起了国际金融机构的流程改革，如国际货币基金组织和世界银行的改革，其中，应当恢复国际货币基金组织在全球金融体系中的核心地位，还应提供扮演好这一角色的必备资源。”

第六派更为乐观，认为二十国集团峰会取得很大的成功，应“替代”八国集团。崔熙男(Choi Hee-nam，2005)对加强二十国集团峰会框架表示欢迎，认为二十国集团可能替代七国集团，原因是“发达国家和新兴国家之间”越发需要“密切合作”，二十国集团“是平等代表世界各大地区的理想论坛”，并具有应对全球重大金融问题的管理能力。巴西外长塞尔索·阿莫里姆大胆称，“八国集团已经不复存在。它不能再代表任何地区。”他还表示，“八国集团将始终保持重要地位，但却无法取代中国、巴西或印度的关键地位”(Agence France Press，2009)。

本章论点

本章认为，伦敦峰会取得了巨大成功。它将筹措的 11 000 亿美元，直接用于全球金融支持，大部分是用于支持发展中国家。它增加了国际货币基金组织的特别提款权,扩大了国际货币基金组织的资源,帮助实现了承诺过的财政刺激和金融监管,并将气候变化提上了二十国集团峰会议程。伦敦峰会让二十国集团成员国平等地参与金融稳定委员会。此举具有标志性意义,对各国政治尤为重要,是七国集团首次承认金融稳定委员会及其他国际金融机构需要改革,给予新兴国家更大的话语权。由此,伦敦峰会呼吁加快国际货币基金组织和世界银行全球治理管理及话语权改革。它将二十国集团峰会从一个应对危机的专门论坛,转变为不断发展的全球治理论坛,而且有一位新的美国总统全力加入。

大西洋沿岸国家的金融危机现已发展为全球经济危机,并且在发展中国家引起了社会和生态动荡,这两者使得伦敦峰会取得了显著成就。同样重要的原因还有,国际货币基金组织一直无法自行改革,而二十国集团成员国受金融危机伤害较小,相对实力日趋上升,超过了八国集团。另一重要原因是,新的冲击带来了恐惧,人们担心经济衰退不仅会破坏发展,也会随之破坏民主,破坏 1994 年至 2001 年来取得的巨大民主进程,甚至会破坏十几年前冷战胜利取得的民主发展。此外,一个关键原因是峰会主持人布朗的强烈意愿和专业能力。他对消除全球贫困做出郑重承诺,支持"凯恩斯主义",长期担任财政大臣、二十国集团财政合办人、七国集团财政部和国际货币基金组织的国际货币和金融委员会主席,积累了大量的专业知识和经验。这些联系,再加上英联邦、亚欧会议和欧盟,使二十国集团伦敦峰会向着全球治理网络中心更进一步。

计划与准备

华盛顿峰会遵循已设定的路线,取得了成功,这是伦敦峰会的良好准备(Alexandroff and Kirton, 2010)。英国还没有开始正式履行主席国职责时,他们就已经在为伦敦峰会做准备。参与筹备峰会的人员包括布朗的峰会筹备官乔纳森·坎利夫、财政大臣阿利斯泰尔·达林及政府其他工作人员。英国主管外交和联邦事务的国务大臣马克·麦勒克·布朗负责联络非二十国集团成员国。布朗邀请了南非之外的两个非洲领导人参加峰会。他也邀请了西班牙和荷兰领导人以各自名义参加,而不是作为欧盟成员国参加会议。从1月到4月,为二十国集团峰会做准备是英国政府最重要的事(Brown, 2010)。

奥巴马即将入主白宫时,英国和美国进行了商谈,英国向其他国家宣布二十国集团未来的机构性质,伦峰峰会的国际准备于此时开启。布朗称,他们"一致认为二十国集团伦敦峰会应成为经济合作的首要论坛"(Brown, 2010)。奥巴马就职后不久,布朗就与他会晤,但此时奥巴马政府尚未组建完成,也没有全面投入工作,包括经验丰富的劳伦斯·萨默斯还未就任国家经济委员会主席一职。布朗还多次对话国际货币基金组织执行总裁多米尼克·施特劳斯-卡恩和世界银行行长罗伯特·佐利克。卡恩呼吁采取即时且影响深远的行动,而佐利克则突出强调危机对低收入国家的影响,同意在世界银行建立贸易金融应急机构。

在财政部长层面,英国方面最终是的是金融监管和类似内容的制定细节,重视遵循华盛顿峰会设立的原则、流程和时间表。为了制定细节,英国方面建立了四个工作组,每个工作组都由一个守成国家成员和一个新兴国家成员各共同主持。财政管理工作组由加拿大财政部副部长麦克雷恩(Tiff Macklem)和印度银行副行长拉凯什·莫汉(Rakesh Mohan)共同主持。峰会准备过程中,新增了第五个工作组,该工作组主要针对就业问题。伦敦峰会计划的第一稿以工作项目为基础,具有专业性,有些人认为是国际货币基金组织官员的资历较浅的官员起草。计划初稿中包含一系列具体步骤,每一个步骤的进展似乎都很有限。甚至在准备过程的后期,计划仍基于具体的步骤,没有更深入的认识。

然而,为应对严重的金融危机并吸引担心本国经济状况迅速恶化的民众的注意,长期以来,英国政府选择为这次峰会设立最高的政治规格,此次峰会更注重从总体上进行大胆规划,而不是聚焦于金融和经济的具体细节。由于政府工作人员的推动,英国决定为伦敦峰会需要提供主要的财政支持。

非二十国集团成员国和二十国集团主要成员国一致认为,需要通过国际金融机构进行大规模融资,也需要从这样同心协力的全球活动中获得自信(Brown, 2010)。有人指出英国的解决方案不符合国际货币基金组织规定,此后,英国汇集了一系列融资工具,足以建立所需的自信。布朗指示最初勉强的坎利夫(Cunliffe),让他争取二十国集团同僚对这一系列融资工具的认可,并且对总值 1 万亿美元筹款保密,这样在峰会结束时才能产生最大的增强自信的效果。为了支持坎利夫,布朗会见了几个二十国集团同僚,峰会开始时已和所有同僚都有过交谈。峰会前一天,布朗和澳大利亚总理陆克文在圣保罗大教堂展开对话,呼吁全球经济中应有更强的伦理要求,通过达到联合国千年发展目标来满足穷国的需求(Brown, 2010)。

到 2 月,联合国工作人员也完成了一项建议措施列表,在 3 月 20 日致二十国集团全体领导人的信中,潘基文首先指出,“全球不稳定的严重危机”将对“我们所有国家的安全和稳定产生深远影响。”他呼吁二十国集团应在如下四个领域发挥引领作用:切实满足发展中国家需求的全球刺激方案、贸易、绿色增长和气候变化、新的国际金融和经济体系。首先,他“估计在 2009 年和 2010 年间帮助发展中国家度过危机至少需要 1 万亿美元。”这包括贸易融资,可以通过国际货币基金组织特别提款权来筹集

3 月 25 日,布朗和潘基文在纽约联合国总部会面。布朗请联合国不要提高对伦敦峰会的期待。他特别请求联合国不要宣传或者公布信件内容。但是,媒体已经看到了。之后,大家想尽办法,努力挽回。当时布朗正在为峰会制定筹资措施。当联合国发出 1 万亿美元这一数据时,据说,这激励了雄心勃勃的英国,促使其提升筹款总额。

2009 年 2 月,联合国首次在信件草稿中呼吁全球绿色新政。联合国部分成员国强烈反对这一提议。但支持者将其写入信中。联合国开发计划署反对支持者,但联合国最高会议筹备官科马·德威斯(Kemal Dervis)提出了声援。

关于大规模的新的特别提款权拨款问题,联合国自 1969 年已发出呼吁,国际货币基金组织也呼吁了多年,但并未引起由英美领导的二十国集团主要成员国的政治兴趣。然而,在伦敦峰会准备过程中,布朗带

领下的英国正在为“超主权储备货币”努力，而恰好在3月23日，中国人民银行行长周小川也公开呼吁建立“超主权储备货币”。他们得到了美国的萨默斯、财政部长盖特纳和国际货币基金组织工作人员的全面支持。布朗一直致力于将国际货币基金组织特别提款权拨款作为融资选择，他知道没有美国，自己无法得到国际货币基金组织特别提款权，因为美国在国际货币基金组织具有否决权。之后美国开始推进国际货币基金组织特别提款权。周小川具备充足的专业知识，强大的个人自信，他注重改革。他当时发表的文章是对此重要的公开支持。

并非只有英国认为联合国信使整个情形变得复杂。1.1万亿美元大部分由二十国集团财长会议筹得。国际货币基金组织和美国财政部共同筹集现金，对于国际货币基金组织来说，联合国的倡议分散了注意力，不再全力关注所需的支持资金。

伦敦峰会的正式议程大部分是根据二十国集团华盛顿峰会的公报所确立。议程和公报包含以下五项核心内容：财政刺激、金融监管、国际金融机构改革、贸易和投资自由化以及发展。当各国领导人抵达伦敦时，峰会主持人兼主席布朗成功加入了两个新议题：微观经济层面上的就业、培训和社会包容以及气候变化。

伦敦峰会召开前出现了一系列戏剧性的问题。比如，以下两个议程哪个会发挥主导作用？第一个议程是增长。美国新任民主党总统奥巴马倡导快速、同步、大规模的国际化刺激；另一个议程是财政刺激，以法国和德国为首的欧洲大陆国家要求对所有金融业进行强烈的、甚至是超国家的监管，尤其是对税收保护、对冲基金和银行从业人员津贴采取严厉措施。由于处于大西洋两岸之间，布朗不得不采取措施，平衡上述两个方面，从而拿出令大家满意的结果。

在二十个国家平等参与的集团中，引发这一系列戏剧性问题的结果的因素首先在于许多其他成员国的立场。在七国集团俱乐部中，仍是世界第二强国的日本极其需要新的财政与货币刺激，但却丝毫不要求新的金融监管。意大利的银行基本未受影响，立场与日本大致相同。其财长特雷蒙蒂很清楚意大利面临着巨大的债务负担，因此并不愿意用国内预算来提供财政刺激。

对于提供新的财政刺激，加拿大同样表现得比较勉强，因为其在经济增长状况及其前景上的表现都优于美国。该国虽在非银行资产支持的商业文件方面存在一个小问题，并且其13个省和地区都由不同的证券监管人独立管理，但其金融系统依然运转良好。独立分析人士一再强调，加拿大的银行在全球范围运转良好。在2009年1月的预算中，加拿大已推出一项大型财政刺激来救市，因而它没有必要急于推出更加便于行事的刺激方案。加拿大在伦敦峰会的首要任务是确立一些基本原则，它传递了一个简洁、直接的信号，即“先稳住银行”，并实施占成员国国内生产总值4%的财政刺激，这是二十国集团在几个月前华盛顿峰会上做过的承诺。

加拿大总理哈珀和财政部长费海提二人分别在宏观经济学和金融方面经验丰富，他们怀疑英国突出强调的其他问题，尤其是1.1万亿美元财政和全球银行税款，是为在英国国内产生较大的财政影响而设计，并不是为了真正的全球经济影响。3月14日至15日，财长和央行行长在伦敦南部的霍舍姆会晤。加拿大从一开始就反对全球银行税款，认为这并非一个很好的做法，提出征收全球银行税款的最初原因是源自惩罚“坏银行”的政治意图，而加拿大和大部分的二十国集团成员国都没有这样的坏银行。广义上说，加拿大认为，洗钱、对冲基金等问题是一些次要事实，并非核心问题。一些欧洲人时不时会提出对冲基金问题，加拿大希望通过采纳经济合作与发展组织的标准与协议，共享税务信息，从而开展反洗钱行动。加拿大认为这是成功的方案。至于气候变化，加拿大认为这一问题是由布朗的国内政治担忧引发的，而不是当时的基本经济问题——尤其是全球民众都在担心失业和居住问题时，他们对气候变化失去了兴趣。

两次峰会筹备官会议

此次峰会在伦敦召开了两次筹备官会议。第一次会议是一次临时会议，组织过程鲜有人注意，于3月中旬在兰卡斯特宫召开。由于英国邀请了世界银行、国际货币基金组织、国际经济合作与发展组织及世界贸易组织参加峰会,会议筹备过程更加复杂。每个人都挤在狭长的房间里,英国筹备官坎利夫主持了会议,然而筹备官会议开始呈现出标准化的特点。这是英国方面提出的想法,并得到很好执行。相反,在华盛顿峰会上,其筹备官会议是由普莱斯(Daniel Price, 2009)紧急召集的。的确,对于华盛顿方面,召开一次会议必须通过电话联系,这是非常不方便的,因为参会者很难听到对方在说些什么。

就伦敦方面,筹备官会议沿用四个工作小组模式,这四个工作小组是为了解决金融问题而设立的。筹备官听取了国际货币基金组织、经济合作与发展组织和世界贸易组织的报告,在许多新问题中,接下来的核心问题是金融监管。会议筹备官由财政代表陪同,因此会议用大量时间解决代表们正在着手的各种问题。

从英国接手二十国集团峰会开始,很多人都明白,伦敦峰会既关于布朗的国内政治,也是国际挑战。布朗希望成为用国际资源解决危机的人。筹备官会议表明,将产生一揽子协议,但并没有预计到会是一个总额超过 10 000 亿美元的协议。财政的大部分金额由财政部长筹得,他们是解决问题的核心。

峰会筹备官意识到这是一个渐进的过程,他们担心参会的中等收入国家是否能得到所需的金融资源来渡过这一困难时期。对最脆弱的国家和人民的讨论也很多。筹备官担心,每人都自扫门前雪,他们讨论了国际货币基金组织特别提款权及筹得所需基金的方式,虽然这个问题比较专业,且更多的是财政领域的问题,气氛异常热烈。

峰会筹备官希望收到关于发展国际货币基金组织和世界银行的监管方式和融资报告,因为目前已有一份很好的关于财政刺激措施的报告,这对刺激措施发挥有效作用非常重要,其他国家转向其他议题,而加拿大仍让大家修复银行,打击保护主义,因为他认为这是最重要的两大问题。

在这 1.1 万亿筹款中,有 2 500 亿美元来自新的国际货币基金组织特别提款权的新的拨款方案,虽然需要采用某种方法来稳住正在衰落的市场,关于如何拨款的问题,人们还犹豫不决。因为坎利夫做过二十国集团财政代表,而且非常熟悉这一议题,他充分利用了自己的能力。

英国在 3 月中旬的首次筹备官会议上提出了气候变化问题,而部分国家认为这个问题并不那么重要,欧洲在迎合新组建的华盛顿政府,认为美国有丰富的条件推进气候变化讨论,而他们在布什主持的华盛顿峰会上没能推动成功。这是美国的立场第一次得到其他国家的追捧。现在该是布朗展现领导力的时候了。

峰会过程

协商

伦敦峰会开始几天前,其联合公报草案被透露,但 10 000 亿数据并未包含在内,有些人认为这是英国方面有意而为,因为政府无力面对国内知名度不高的问题。英国方面立刻开始起草联合公报文件,内容不变,但形式不同,有些部分将在现场由领导人亲自起草,这种方式与布朗近十年前在华盛顿主持首次国际货币与金融委员会的做法相似。

伦敦峰会于 4 月 1 日开幕,伊丽莎白女王在白金汉宫招待了出席会议的元首及其配偶。之后,唐宁街 10 号举办了仅有领导人参加的晚宴;次日,峰会继续,从早餐时间持续到下午。

在晚宴的开幕致辞上,布朗回顾了 1933 年失败的伦敦会议,以及接踵而至的 20 世纪 30 年代经济萧条和保护主义。他表示,“那次失败预示着二十年来所有可怕的事故”(Brown, 2010, 121)。因此,峰会的首个确切性纲领让人们直接想起了经济萧条,独裁代替民主,毁灭性的世界大战及因此发生的大屠杀,布朗邀请其他领导人针对全球危机发表讲话。作为回应,奥巴马首先发言,美国愿意承担首先引发经济危机的责任,令人印象深刻。其他国家领导人相继发言,有些讲得很随意,领导人相互尊重,倾听彼此的谈话,认真考虑下一步计划。领导人的专注程度前所未有。最终,联合公报基本达成一致。晚上 9 点,他们准时离开,心情积极坚定而严肃(Brown, 2010, 122)。

部分成员国担心,1 万亿美元资金规模大,英国希望涵盖全球发展的数字目标高。因此,布朗率团队连夜打消成员国之间的异议。新一稿的联合公报分成了几个部分。峰会筹备官会议直到凌晨两点才结束。当时,他们还不知道自己看到的公报草稿进度如何。次日上午,与其他成员国领导人讨论后,布朗努力使大家同意 1 万亿美元筹资,但不会包含全球发展的数字目标,因为个别二十国集团成员国不接受全球发展目标,更不接受这个目标中包含的数字。

4 月 2 日,在会议桌上,领导人不像华盛顿峰会那样轮流谈论自己关心的问题,布朗提议讨论应紧密围绕每一个议题进行(Brown, 2010)。工作小组会加入峰会来协商并起草某些文件,如有关反洗钱问题的文件。有些参会领导人认为,整个过程安排混乱。但在上午,根据各国领导人协商的结果,公报草稿已经可以相互传阅,布朗亲自起草了公报的前几段,其他领导人都仔细通读了公报全文。

萨科齐在峰会准备阶段公开提出,税收保护是金融危机的主要原因,他向与会领导人施压,如果峰会不同意对税收保护采取严厉措施,他就离席。伦敦峰会变得一波三折(Brown, 2010)。大多数七国集团成员和澳大利亚总理陆克文认为,税收保护与各国领导人面临的严重的系统性问题无关,非二十国集团成员国坚持认为不应采取这种措施。布朗认为税收保护是国库税收漏洞的原因之一,也引起了极端的监管竞争,他希望参考经济合作与发展组织所列举的不让步管理权限来寻求解决方案。但这引发了几方面的异议。折中方案是,提议用经济合作与发展组织的列举的不让步管理权限作为工具,确认并公开向不配合管理权限施压。中国默认了,部分原因在于解决方案未在实质上影响香港和澳门的利益。经济合作与发展组织列表会与二十国集团公报同步发布。

通过改革全球治理结构来促进经济增长,对于这一不自量力的提议,印度总理曼莫汉·辛格(Manmohan Singh)提议布朗准备一份峰会后的报告,说明国际组织怎样更有效地促进经济增长(Brown, 2010),他已经同意下一次二十国集团峰会发表这份报告。

虽然公报正式发布还需等待一段时间,但是峰会通过的公报内容已经复印,供所有领导人审阅。在等待期间,布朗继续讨论议程上的下一个项目。整个过程中,奥巴马表现得沉着冷静、善于把握要义、能取信于人,这充分体现在峰会结束时奥巴马振奋人心的行动,这有助于团结所有的领导人,在关键时刻展现世界需要的全球领导力。

午餐在会议中心进行,领导人、财长和会议筹备官在三个相邻区域就餐。听说布朗已经宣布领导人会亲自起草公报的终稿,部分筹备官感到吃惊。达林提前离开,返回办公室工作。

公报文本协商直到最后才见分晓。在布朗开始召开新闻发布会,宣布峰会结束时,公报的措辞还在斟酌,仍未最终定稿。筹备官的传真机造成了一些技术困难,他们在抵达时传真机出现了碎纸问题。官员们试图同时记录文本并聆听领导人谈话。一些筹备官觉得这种状况无法令人满意,因为这种情况下他们两样工作都做不好。峰会结束后,巴西官员不得不连夜将公报翻译成葡萄牙语。因为卢拉和很多其他领导人都不讲英语,而公报是用英语起草和发布。

然而,在峰会结束时,布朗大步走到会议中心的发言席,突然宣布1.1万亿美元的融资,令现场的记者目瞪口呆。全球估计有约10亿电视观众在收看当晚的新闻发布会直播(Brown, 2010)。

成员国的优先事项、角色与结果

新当选的美国总统奥巴马是伦敦峰会上最年轻的领导人,他说自己是来聆听和学习的(Alexandroff and Kirton, 2010)。美国努力实现自己在经济刺激、金融监管以及贸易与投资方面的目标。但美国在气候变化上进展很小,只在一篇文章中支持联合国而不是主要经济体能源气候论坛。美国发起筹款活动,为国际货币基金组织筹得5 000亿美元。

日本也起到了一定的引领作用。它努力实现了日美偏爱的宽松金融监管(Kirton, 2009b)。日本的引领作用体现为,2008年11月,日本为国际金融机构提供100亿美元,也促使美国和欧盟分别投入1 000亿贷款,作为伦敦峰会11 000亿融资的一部分。因此,在为公众谋福利的关键问题上,日本与美国和欧洲同样重要。继前一年夏季召开的八国集团北海道洞爷湖峰会后,日本也推进了国家气候变化这一优先事项。

法国将重心放在避税或不配合管理权限问题上。尽管萨科齐在伦敦峰会临时序幕会公开宣布上述问题是他的主要担忧，但包括加拿大在内的大多数其他成员国，都认为这不是金融和经济危机的主要原因，也不是解决方案。然而，在伦敦峰会期间，由于会议接近尾声时，萨科齐坚持认真对待税收保护，因此这一话题占据了领导人过多时间。这一问题不是布朗在峰会上的核心问题，因此，布朗表现出不满。

加拿大在七国集团成员国中实力最弱，它遇到了麻烦，无法使峰会集中关注修复银行、抵制保护主义、加强监管体系、确保华盛顿峰会制定的财政刺激方案实施并发挥作用。加拿大在国内实施了大力的刺激预算。其他国家也是如此。只有在当前预算范围内筹到新的投资，加拿大才愿意支持采取更多措施。但是，加拿大认为，伦敦峰会在整体信息传达上脱轨，整体信息关注的是调集大量资金支持国际货币基金组织，并将资源用于帮助各国满足国际融资需要。哈珀认为二十国集团不能忘记加强金融监管的必要性。加拿大的信念仍是“首先修复银行”和“好的监管从国内开始”。它支持巴塞尔银行监管委员会的合作和普通标准方案，而不是一些欧洲国家寻求的超国家方案。加拿大对伦敦峰会支持监管工作组的建议表示满意，这一工作组由财政代表麦克勒姆协助主持。如果银行修复措施使一些国际合作伙伴处于劣势且美国政府控制银行，加拿大也担心出现金融保护主义。二十国集团峰会开始讨论更多退出机制，哈珀认为很明智。现在考虑银行紧急援助何时需要国家参与，并不是太早。最终加拿大的大部分需求都得到了满足。

中国是最大的新兴国家成员，表示愿意承担全球责任。中国经济看起来稍好，因为政府刚刚实施了大规模刺激措施。另外，伦敦峰会前一周，央行行长周小川大胆提议从单一依靠美元到以国际货币基金组织特别提款权作为全球储备货币，且将国际货币基金组织特别提款权中包含人民币在内（Frayianni and Alessandrini，2009；Zhou，2009）。这一举措显然是有利于中国，因为中国大量外汇储备都是以美元形式存在，也因为中国担心未来美国通货膨胀加剧，导致美元贬值。但这是中国公开为全球治理改革所做的重大政策提议。在伦敦的各国领导人决定,拨款 2500 亿美元给国际货币基金组织特别提款权,但划拨依然基于现有份额,这无疑是中国的成功。新的拨款是史上第三次整体国际货币基金组织特别提款权拨款,第一次在 1970—1972 年,而第二次是在 1979—1981 年。现有的 214 亿美元国际货币基金组织特别提款权存量有了极大的提升。

中国避免国际干预它稳定的金融系统监管,同时在更为包容的金融稳定论坛中获得完全成员国席位。中国也成功保护了其主权和需求,中国渴望开发内地金融中心,将香港和澳门排除出二十国集团加强的税收保护机制。在抵制保护主义方面,中国和加拿大十分积极,也做出了极大的推动工作。关于气候变化,中国为所希望的“普通却不同”原则及联合国论坛“京都外”协商赢得支持。

作为顶级国家集体俱乐部的成员,中国已准备好承担全球责任,为证明这一点,中国愿意为国际货币基金组织的 5 000 亿新融资支持计划提供至少 400 亿美元。这比日本、美国或欧洲集体份额少得多,但这表明中国会承担全球责任,并且在获得相应的国际权利之前履行上述责任(Deudney & Ikenberry, 2009)。中国会当即向国际货币基金组织提供贷款,而中国(及其他国家)在国际货币基金组织日益受重视的话语权和表决权只能在 2011 年才能得到提升(Traman, 2009a).

印度是第二大主要新兴国家成员,主张宽松的金融监管政策,为伦敦峰会作了重大贡献。印度成为金融稳定论坛的新成员,且赞同联合国在气候变化问题上的核心地位。只有在财政刺激问题上,印度主张提供更多的资金,但却没有得到满足,这和美国与日本的情况相同。

巴西的优先事项仍是国际金融机构改革,尤其是国际货币基金组织的话语权和表决权改革。它也希望采取金融监管行动。在 4 月 2 日召开的领导人会议上,卢拉和其他领导人拒绝接受布朗的部分提议。

选取候任主办国

伦敦峰会结束时,在讨论避税和联合公报内容的最后时间里,下一个二十国集团峰会的主办国产生了争议。下一次峰会在哪个国家召开,具有不确定性。峰会已在美国和欧洲召开过,应该轮到亚洲国家了。部分成员国毛遂自荐。日本,尤其是法国,希望做主办国。而美国已暗示自己不介意主办下一次峰会。但仍有下一次峰会主办权属于亚洲的感觉。然而,日本当时国内政局正处在新一轮弱势政府当中,不足以担此重任;中国不感兴趣;澳大利亚谈到可能主办第三次峰会;有几个成员国,包括加拿大,对哪个国家主办下届峰会保持中立。

在所有考量和声明中,有两点格外突出:第一,美国新任总统奥巴马参与到二十国集团峰会很重要,如果美国有兴趣主办,这是一种有效方式,确保美国人真的参与进来;第二,美国是此次全球金融危机的核心,能够也应该成为解决危机的核心。没有人会认为,若美国成为下一届峰会主办国,这是一个糟糕选择。奥巴马在伦敦峰会称:“这只是个开始。我们的问题不会在一次会议得到解决,也不会通过两次会议得到解决。我们必须主动出击,发起事件,持之以恒,监督我们的进展,决定是否需要未来行动。”

诚然,伦敦峰会的一个重要成果不是由布朗或其同事在闭幕时宣布的事项,而是确立了未来几次二十国集团峰会的主办顺序,保证了这一论坛的机制化,而且是通过由原有体系内大国和新兴国家成员领导的体系来确保。在这个过程中,陆克文和其他领导人发挥了重要作用。陆克文知道,奥巴马不太偏好国际峰会,因此,他努力说服这位新任美国总统从机构和个人的角度,将二十国集团峰会性质视如己出。同时,陆克文认为,必须落实二十国集团峰会上的大胆决定,否则二十国集团领导人应作出解释,其声望也会因此受到负面影响。他们需为未来绘制政策图,将国家预算重新用于平衡短期商业周期以外的东西。

下届峰会主办权花落谁家,二十国集团内部存在不同的声音。此时,陆克文担心英日之间会达成隐性约定,由日本主办下届峰会。他担心日本首相麻生太郎无法准确把握二十国集团峰会工作的诸多细节,认为他会将更多精力投入八国集团,并不会将二十国集团视为世界的中心经济论坛。此外,奥巴马和韩国总统李明博也有政治协定——韩国将在某个阶段主办二十国集团峰会。另外,2010 年和 2011 年八国集团峰会的主办国分别是加拿大和法国,因此二者都不太可能为二十国集团峰会做全力准备。陆克文坚信,二十国集团峰会需要一个能力强、且能全力投入的主办国。因此,他推举澳大利亚,这一决定得到了多数高层的同意。

在伦敦的小组会议上,拉德向奥巴马表示,虽然多数高层倾向澳大利亚,但需尽快由亚洲国家主办二十国集团峰会,因此,韩国自然是首选。拉德提议二十国集团峰会应该现在确定未来三届的主办国,下一届峰会由美国主办,接着由主办完八国集团峰会的加拿大接棒,再由韩国在2010年底主办。这样做既能防止二十国集团峰会在2011年法国主办八国集团峰会前脱节,又可以证明,二十国集团峰会不只是富有的西方国家俱乐部,因为韩国融入了二十国集团峰会,而日本却没有。奥巴马暗示,二十国集团中有位重要的领导人提名由美国主办下届峰会

默尔克告诉陆克文,法国不会支持澳大利亚主办下届峰会,而后,陆克文有意去接近萨科齐,告诉萨科齐,他的战略目的是维持组织的运行。奥巴马希望加大力度,主持下届二十国集团峰会,如果萨科齐提名奥巴马,奥巴马会非常感激。

萨科奇在领导人会议上提名了奥巴马,这让麻生太郎感到以外;奥巴马则推荐了主办八国集团峰会的加拿大,而后是韩国。各国领导人毫无争议地通过了这次领导人会议的安排。

成　就

最后,布朗认为,伦敦峰会在最危急的时刻成功拯救了世界经济,因为峰会给各成员国金融机构提供了所需资源,发起并迅速推动力度最大、范围最广的银行业改革,从而很大程度协调了财政和货币刺激(Brown, 2005, 127)。伦敦峰会上,各成员国领导人制定了三份文件,解决了几大难题,尤其是宏观经济刺激、财政支持、金融管理、国际金融机构改革和贸易,以及社会包容和气候变化。通过众多协议,伦敦峰会筹集了11 000亿美元,用于刺激和发展经济,并将金融稳定论坛打造为更包容、更强大的金融稳定委员会。

宏观经济政策

在宏观经济管理方面，二十国集团领导人承诺将采取刺激财政和货币的行动，以帮助经济恢复增长。除了开出刺激经济的这张“空头支票”，二十国集团还将筹集额外资金的决定权交由国际货币基金组织，由该组织确定需要多少资金，以结束各国竞相进行的货币贬值形势，加大其对二十国集团成员的经济与金融部门的监管力度。由此可见，“刺激优先”的优势首先体现在工作准则上，最终也会通过信息传达体现出来。

金融治理

此前，有些人士期待此次峰会能在金融治理方面迅速产生强势、集权、超国家的成果；但针对这样的预期，更多人表现得忧心忡忡。然而，从峰会召开的情况来看，其在金融治理方面的成果远低于上述预期。

第一，伦敦峰会确立了基于市场原则的有效监管这一基本原则，其目的是恢复借贷、重塑信任、重振信心。在这一原则中，面临考验的是已实施的监管规则，衡量其有效与否的最终标准则是市场的参与者。该方式极为宽松，因为它并未明确提出应惩罚造成过去市场监管问题的责任人，而是呼吁确保相似的问题不再发生。唯一要务是解决当前亟待解决的问题，而不是一上来就消灭引起这些问题的系统性隐患。

第二，峰会一致认为，恢复国内借贷是建立财政和货币刺激的关键，而这些刺激政策正是恢复经济增长的关键。除了应对资产流动性供应，再度资本化和弱化资产问题，二十国集团成员国政府会采取一切必要行动，恢复金融体系中信贷的正常流动，并确保二十国集团内重要机构的健全构建(G20, 2009)。信贷流动自由处理权是对加拿大财长吉姆·费海提提议的核心观点的肯定。这对支持“刺激优先”、正缓慢进行核心银行业改革的美国而言也不失为一种鼓励。

第三，二十国集团领导人对实施更为切实有效的财政退出战略的呼声比华盛顿峰会更大。这表明，他们已意识到金融保护主义的危险，并已开始在恢复借贷、重塑信任方面作出努力。这也是对美国的高盛和摩根大通这两个曾得到应急财政援助的集团后来呼吁政府控制松绑的预先回应。

第四,应在国内建立一系列力度强大、符合国际高标准的监管体系。该主张的重点是各国在国际范围内的横向一致与合作,而不是为了监管而监管的纵向规范或监督。监管制度的实施过程应以支持"竞争与活力"为主(G20, 2009)。规范与监督应覆盖所有在国际体系内具有重要影响的机构和地区,而细节则由新的金融稳定委员会、国际货币基金组织和金融行动特别小组在随后由英国主持的二十国集团财长和央行行长会议上确定,该会议将于 2009 年 11 月在苏格兰的圣安德鲁斯举行。

国际金融改革

在新筹集的 1.1 万亿美元中,除将 2.5 亿美元分配给国际货币基金组织,用于其注资特别提款权以外,另有 1 000 亿美元分配给世界银行。各成员国国领导人也为布雷顿森林体系话语权和表决权改革定下了严格的时间表:世界银行是 2010 年春,而国际货币基金组织是 2011 年 1 月。

贸易

在贸易和投资方面,二十国集团领导人将延长反保护主义贸易和促进投资承诺到 2010 年底(Layton and Smith, 2009)。在此之前,它们已经基本停滞。二十国集团增加了补救措施,纠正任何违背承诺的状况,同时承诺避免财政和金融领域的保护主义。二十国集团成员国采用了新方法,至少为贸易财政筹款 2.5 亿美元。为帮助完成责任,各国领导人呼吁,应通过世贸组织或其他国际机构的监管来确保成员国遵守反保护主义的承诺。

发展、食品安全与社会安全

为加强新注入的 1.1 万亿美元在实际发展中的作用,二十国集团领导人公开支持联合国"千年发展目标"和各成员国官方发展援助承诺，包括在 2005 年八国集团格伦伊格尔斯峰会上的承诺，即到 2010 年，为撒哈拉沙漠以南的非洲国家加倍提供官方发展援助。他们进一步致力于通过双边贡献和其他国际发展机构为食品安全筹措更多资金，援助最贫穷国家；也努力为男女平等就业创造机会，提高工资支持。

气候变化

在气候变化方面，尽管起初存在各种不同意见，各国领导人都一致支持代际平等和可持续性。他们承诺“进行包容，绿色和可持续性的恢复”，加强环境和经济之间的联系（G20，2009）。然而他们对气候变化的特别努力附加在“确保为所有人进行公平、可持续的复苏”部分的末尾，仅是确认领导人将“在普通而有区别责任的原则下应对不可逆气候变化威胁”。它期待 2009 年 12 月在哥本哈根召开的联合国气候变化会议能取得圆满成功。

成果

取得上述成果的原因在于此次峰会相对平衡的动力。会上，不同的偏好和联盟关系将守成国家与新兴国家区分开来。这些新兴国家和发展中国家在此次峰会上的收获比第一次峰会大得多，主要收获是筹集了 1.1 万亿的额外资金，并产生了支持发展的强烈影响，还创立了金融稳定委员会。

各 项 工 作

二十国集团伦敦峰会主要在六个方面取得了巨大、显著的成功。

国内政府管理

在国内政府管理方面，峰会主持人布朗此前一度不太受国民欢迎，而伦敦峰会的举办则是一场及时雨，让他的民众支持率迅速上升（参见附录 D-2）。这给布朗暂时带来了新希望，让他能够赢得一年后的大选。然而,尽管峰会是布朗的短期成功,他赢得大选却不能完全依赖于这份成功。事实证明,伦敦峰会的耀眼光环只是昙花一现。

除了帮助同为七国集团成员的峰会东道主外,峰会筹集的这1.1万亿美元的成果也成功地为集团其他国家的国内政治服务。印度总理辛格利用这项成果参加了竞争激烈的大选。此次峰会结束后不久,辛格在伦敦峰会的表现帮助他在5月13日以压倒性优势连任印度总理。

伦敦峰会的联合公报受到各方的赞赏。公报的相关措施为另一新兴国家墨西哥所采用,在其决定寻求更灵活的信贷额度时发挥重要作用。

协商

伦敦峰会在协商方面非常成功。峰会联合公报和两份附录共6155字,几乎是华盛顿峰会文件的两倍(参见附录E)。其中,宏观经济政策篇幅占27%,高于华盛顿峰会的18%;发展方面的篇幅占28%,高于华盛顿峰会的18%。

此外,集团成员领导人积极签订关于峰会的协议,甚至私下商讨联合公报的措辞,以反映峰会成果。在伦敦峰会开幕前一天夜间,英国决定重新起草联合公报,替换已提前泄漏内容的版本,确保更多领导人参与。布朗能使对话围绕各国领导人举行,他充分利用早餐进行会面,这种方式体现了布朗这位老道的英国主持人的优势。

方针制定

在民主化目标的设定方面,伦敦峰会非常成功(参见附录F-2),几乎和华盛顿峰会一样。伦敦峰会在众多领域确立民主原则,数量多达10项。峰会目标的确立由三份声明构成,包含国际机构透明性和责任性两部分。在气候变化方面,伦敦峰会在环境和经济之间建立了联系。

决策

伦敦峰会的决策也非常成功(参见附录G)。各国领导人做了88

项承诺,数量几乎与华盛顿的 95 项相当。在金融管理方面,最为突出的是下列三项承诺:

避税问题是欧洲大陆的主要担忧。二十国集团峰会大胆宣告,“银行业保密时代已经结束”(G20, 2009)。但二十国集团峰会的全部承诺是“准备好部署制裁”,而不是真的要用于反对倾向于保守的司法部门。这方面的赢家是中国和其他二十国集团成员国,例如英国,它在加勒比海和其他地区的避税天堂都受到了保护。

针对对冲基金的监管仅在“对国际体系有重要影响的”机构和活动范围内实施(G20, 2009),因此,对冲基金遵循标准的“统一一致”原则,而不是作为金融体系中的有害部分被单列出来特别处理。这与德国和意大利提出彻底取缔对冲基金的要求截然不同。英国和美国是世界对冲基金的主要产生国,这两个国家成为伦敦峰会实施对冲基金监管的赢家。

在会计领域,伦敦峰会致力于推动标准制定者与监管者尽快合作,创建国际通用的高规格监管体系。在该体系中,二十国集团各国自觉退出政府主导和干预,由独立于政府的专业人士决定如何行使其专门、复杂的会计职责。

然而,整体看来,伦敦峰会的金融管理决策数量有所减少。华盛顿峰会作了 58 项承诺,而伦敦峰会只有 22 项。伦敦峰会在决策方面的最大收获体现在贸易、发展、宏观经济和国际金融机构改革这几个领域。伦敦峰会也推进了气候变化和能源问题的讨论,二十国集团首次在这两个领域作出承诺。

承诺的兑现

在峰会结束后六个月,在承诺的兑现方面,伦敦峰会表现欠佳。在接受评估的五项承诺中,在－1.00 到＋1.00 评估区间内,成员国的承诺兑现成绩仅有＋0.23(61.5%)。在上述评估区间中,－1.00 代表未兑现承诺或行动与承诺相违背,0 代表承诺部分兑现或兑现工作仍在进行中,＋1.00 代表完全兑现(国际组织研究机构,2009)。承诺兑现成绩虽处于正区间内,但低于华盛顿峰会和八国集团接近+0.50(75%)的均值。结合对其他国家及其承诺的评估,通过后续分析可见,伦敦峰会承诺兑现的整体成绩是+0.42(71%)(参见附录 H-3)。

进一步分析表明,在伦敦峰会的承诺兑现方面,八国集团成员的兑现成绩是+0.62(81%),好于非八国集团成员+0.25(62.5%)的成绩(参见附录 H-3)。承诺兑现最好的国家是英国,成绩为+1.00(100%),德国、法国、加拿大和澳大利亚紧随其后。七国集团成员在承诺兑现上起到了显著的带头作用。国际货币基金组织话语权和表决权改革是伦敦峰会的关键性承诺。2010 年 11 月的首尔峰会上,二十国集团将完成该项改革的时间截点约定在 2011 年 1 月。由此结果可见,该承诺已在规定时间内兑现。

全球治理的发展

伦敦峰会在推动全球治理发展上取得了极大成功。峰会对改进二十国集团治理上作了巨大贡献。在集团内部,各成员国国领导人在部分文件中作了 12 次援引,其中两次关涉峰会,十份关涉财长论坛。在第二次峰会上,二十国集团峰会已成为一个持续性的论坛,而不是一次性的活动。伦敦峰会进一步落实了第一次峰会的成果,肯定了这一模式的价值,并为即将召开的第三次峰会提供了经验。一些人虽然表面上同意召开第三次峰会,私底下还决定未来四届峰会的主办国顺序,但他们仍将二十国集团峰会视为临时召集的应急活动。尽管如此,在伦敦峰会上,各成员国领导人还是为推动二十国集团制度化迈出了决定性的一步。二十国集团使峰会筹备过程变得更加规范,并于峰会召开前创办了针对就业的工作组。

在集团外,二十国集团伦敦峰会公报对其他国际机构和组织所做的援引大大增加,总共 116 次,约为华盛顿峰会对其他国际机构和组织所作 40 次援引的 3 倍(参见附录 C-2)。伦敦峰会援引次数最多的是国际货币基金组织,共 36 次,而援引世界银行 10 次、巴塞尔银行监管委员会 7 次。峰会对金融稳定委员会作了 23 次援引,而华盛顿峰会对其前身金融稳定论坛仅有 8 次援引。由此可见,金融稳定委员会成为伦敦峰会的大赢家。二十国集团因而决定,在既有 1944 年建立的国际货币基金组织体系的基础上,通过 1999 年成立的二十国集团自身和金融稳定委员会这两个多边机构,加大二十国集团的治理范围和力度。在大多情况下,二十国集团在全球治理中发挥主导性作用,对其他国际机构和组织进行指导,而非提供支援和资助。国际机构和组织提供支援和资助的一个例子是八国集团,其在英国主办的格伦伊格尔斯峰会上,提议将用于扶贫的官方开发援助翻一番。

通过采取更多的物质手段,国际组织最大限度地筹集到新的资金。截止到当时,国际货币基金组织已获得 7 500 亿美元;世界银行次之,获得 1 000 亿美元。然而,金融稳定委员会和联合国却榜上无名。

取得成效的原因

由动荡引发的共同脆弱性

伦敦峰会取得成功的首要原因是受动荡引发的共同脆弱性,因为以美国为中心的金融危机导致全球范围内经济严重衰退(参见附录I)。在 2009 年第一季度,严重的金融系统危机蔓延到欧洲。在七国集团内只有日本和加拿大的金融系统未受影响。此次金融危机的蔓延速度、扩散程度、影响范围、影响规模和严重程度都达到了前所未有的高度,其对所有发达国家的实体经济、许多新兴国家和发展中国家实体经济的影响也前所未有。因此,这是自“大萧条”以来最恶劣的经济局势。在 1997—1999 年的危机中,几乎未受影响的七国集团挽救了处于水深火热中的新兴国家。而现在与当时的情形不同。作为国际体系内金融和经济安全供应者,八国集团应当抵御和扼制前所未有的危机;然而,集团中几乎没有一个国家未受到此次动荡的影响,

另一个危机是全球气候的惊人变化,乞力马扎罗山突然冰雪正在急剧消融。这一变化的后果如今已显而易见,产生了严重危害,虽然变化速度缓慢,但其影响正在逐渐积累,并开始影响世界上更为贫穷的国

家和民族。在金融危机对既有的富裕国家造成严重打击的同时,气候变化正在危害长期处于贫穷的国家,现在,拯救整个世界共同体的责任落到了二十国集团内部的新兴富裕国家肩上。

国际机构的失败

伦敦峰会取得成功的第二个原因在于,在面对这些前所未有的动荡和危机时,既有多边组织自身未能充分做出响应,尤其是在大量增加新资源方面,各国需用这些资源遏制全球经济衰退。

国际货币基金组织同美国和英国进行了有效的合作,通过《新巴罗协议》将其特别提款权用于即时资产流动性投入。此外,其总裁卡恩呼吁投入至少全球国内生产总值 2%的资金,刺激正在加重的财政赤字。此举对于国际货币基金组织的总裁而言非同寻常,而二十国集团接受并执行了该举措。

然而,危机的核心是美国国内的房地产和金融体系,国际货币基金组织在该领域的专家有限,且只有 2 500 亿美元可供支配。其管理体系只能保证给新兴国家稍高的话语权和表决权,而且要求应是问题较少、资金较多的国家(依据源自二十国集团财长论坛的一项协议)。这次新的、节奏快的冲击始于欧美金融体系,远超出商业银行范畴,严格依照法律运转的执行委员会和国际货币基金组织无法对此做出快速、全面的响应。

表面上看,联合国的提议似乎起到了一定的作用。联合国秘书长潘基文曾在 3 月 20 日向二十国集团领导人致信,信的开头提出了至少筹集 1 万亿美元的要求。这封信中的诸多内容都在伦敦峰会的联合公报及成果中得到了直接体现。但在背后,国际货币基金组织发现联合国并没有起到多大的推动作用。峰会与联合国之间的关系,往好里说,是一种平行关系,而往差了说,则是一种竞争关系。虽然英国的马克·麦勒克·布朗为二者提供了交流和协调的自然渠道,但是他与潘基文的关系并不是特别近。另外,二十国集团在联合国内部的差异限制了联合国的影响力。但不论如何,联合国确实推动了二十国集团的进程,并使筹措资金的过程更加高效。在这一点上,布朗本人功不可没。

更广泛地说,由于联合国和国际货币基金组织的机构特点,中国长期以来是作为发展中国家七十七国集团(G77)成员的代表认真研读参与方针,而不是作为可以采取灵活行动或进行自由思考的个体,单独在会上作出决定、签署协议。在众多参加峰会的国家既有发达国家,又有新兴国家,还有在世界上已经形成的固定联盟。中国已有能力在峰会上找到相关议题的伙伴、认清对手,因此,从伦敦峰会开始,二十国集团允许中国官员采取上述两种方式中的第二种,独立作出决定、签署协议。在二十国集团已开始主导国际货币基金组织的形势下,此举的意义更加重大。

在多边机构和组织中,二十国集团的金融论坛在执行力方面也受到限制。它继续履行着共识导向、以决策为传统的俱乐部义务,并不能采用革新方法迅速应对危机。在二十国集团跃升至峰会级别,由领导人直接发挥主导作用的今天,尤其如此。金融稳定论坛也未能应对挑战,因为中国、印度、巴西、墨西哥和南非这几个主要新兴国家仍被排除在外。

八国集团领导人在当年 7 月召开意大利召开峰会前,没有对危机采取任何行动(Kirton 2009a, 2009c; Kirton and Koch 2009a)。将这一烂摊子留给了二十国集团。面对金融危机,既有多边组织和新兴多边机构缺乏响应,这为二十国集团创造了空间,也要求它作为更新、更有效的论坛发挥积极作用。

集体主导、内部平等的能力

峰会取得极大成功的第三个原因是发达国家和新兴国家之间,以及七国集团或八国集团成员国内部的全球主导能力和内部平衡能力。(参见附录 K)。美国是世界上最大的经济体,在 2008 年第四季度,其经济以季度性调整幅度的 6.3%萎缩,2009 年第一季度,又进一步以 6.1%的幅度萎缩。根据 2009 年 4 月底的统计,世界第二经济强国日本在截止 2009 年 3 月的过去一年里,其经济萎缩幅度为 3.1%,2009 年全年为6.2%。经济排名第三的德国2009年萎缩幅度据估计可达5.4%,较前两个国家略小。对于欧盟27个成员国,2009年的萎缩幅度甚至低至4%。然而,据加拿大银行统计,七国集团中实力最弱的加拿大经济在2009年第一季度将以年平均值高7%的幅度萎缩,是史上最严重的下滑。

与七国集团经济的重大下滑形成鲜明对比的是最大的新兴国家中国。2008年第四季度,中国经济几乎没有衰退。据估计,2009年第一季度,中国经济至少要增长6.1%,且有迹象表明,其经济增速会进一步加快。印度的经济似乎也维持了高于5%的增长率。

使实体经济中这些变化稍稍得到补偿的就是短期的汇率变动。美元短期内正在上涨,因为有人需要调动资金弥补在美国的损失,因而买入美元。但整体来看,发达国家的经济普遍萎缩,相对而言,新兴市场增长稳定,尽管有些受抑制,但这有助于使这些国家的相对能力趋于平等,使二十国集团在平等参会的基础上创造更广阔的空间。

民主趋同

伦敦峰会取得重大成功的第四个原因是二十国集团成员国国内的民主趋同。这一点集中体现为各国对维护社会和政治稳定、日益提高政治开放性的承诺。在中东欧和欧盟外围地区,七国集团或八国集团,尤其是欧盟,对经济危机给新兴或未来的欧盟成员国民主制度造成的危害表示关切。在新兴国家成员中,较新的民主国家如印度尼西亚、韩国、墨西哥引发了人们的关注。伦敦峰会的闭幕新闻发布会上,部分二十国集团领导人表达了他们的共同担忧。他们认为,经济萧条会引发社会动乱、政治极端主义和专制主义。他们指出,在20世纪30年代"大萧条"期间,欧洲和日本就有上述状况发生,对于其后果,人们依然记忆犹新。同样地,当下的事实也足以让中国警惕,虽然其国内出现的社会不稳定现象已经让人担忧,但这种不稳定还在加剧。二十国集团成员国将维护社会与政治稳定视为共同目标,这个目标加大了集团的凝聚力,并使之集中精力,携手阻止新兴民主国家和发展中国家经济衰退。

政治控制、资本、连续性、能力和承诺

伦敦峰会取得极大成功的第五个原因是整体上强大的政治控制、资本运转、连续性、能力和二十国集团领导人在国内外事务上的承诺。英美在八国集团中处于领导地位。美国的新任总统奥巴马有着广泛的民意基础,他所在的党派也控制着立法部门,同时距离下一次大选还有很长时间;日本和德国的领导人都有联合政府,没有党派控制,且在秋季面临大选;默克尔在国内很受支持,赢得下次大选的可能性很大,她甚至不需要社会共和党的盟友就能执政。八国集团之外,除了印度总理辛格,其他国家领导人都将继续执政。辛格在峰会后的几周内就面临大选。尽管最后辛格赢得了大选,但在峰会期间,人们并不看好他在此次大选中的表现。一般来说,面对危机,立法部门、中央银行人员和选民都会假定领导人没有过错。国内政治的主要阻力来自美国国会,因其越来越不愿意批准第二个财政支出和银行紧急援助。

英国国内的政治压力也影响了峰会结果。在筹备会议上,政府干预帮助一系列先前陷入困境的技术细节成功转化,并使之进入 1.1 万亿美元的全球发展资金之中。

伦敦峰会表现出了强大的连续性。参加伦敦峰会的二十国集团所有领导人中,除奥巴马外,都参加了 14 周之前举行的华盛顿峰会。奥巴马的不同不仅在于他是新一任美国总统,而且他的领导能力、行事风格和对国际合作的开明思想都与小布什形成强烈对比。在峰会邀请的其他国家领导人中,荷兰首相扬·彼得·巴尔克嫩德此次出席了会议。总体而言,峰会上的老面孔比新面孔多,并且大部分的老面孔都在本国和世界拥有很大的政治资本。

各成员国领导人率领二十国集团会议经验丰富的财长参加会议,能从集中准备和会议背景知识中受益。其中两位重要的领导人——来自发达国家的布朗和来自新兴国家的辛格,他们在二十国集团财长俱乐部中拥有更丰富的经验。他们都曾积极致力于消除贫困。布朗在担任英国财政部长时,曾以这种方式极大地影响八国集团格伦伊格尔斯峰会的设计和结果,峰会于 2005 年由英国主办。因此,他有能力精心

策划伦敦峰会,使之取得极大成功。

布朗将自己的深刻信念带到了伦敦峰会上。他个人十分关心英国国内和其他国家的消除贫困和发展事业,他也极为关心教育和金融管理的细节。布朗致力于这些问题,支持发展和金融,并认为筹集 1.1 万亿美元资金至关重要,因为筹资的重点正是保护穷人。

在高层官员层面,英国的坎利夫对擅长处理经济问题,且对八国集团和二十国集团论坛也很有经验。在 2009 年初,曾担任联合国开发计划署署长并参加华盛顿峰会的德尔维什已退休。而这次峰会上,几个高级同事坚持让他继续带领联合国的团队参加峰会。德尔维什的优势不仅在于他是一位出色的经济学家,也在于他过硬的外交能力。德尔维什全程参与了伦敦峰会的高层会议。然而,他的工作并未得到所有同事的一致响应。如果其官员能齐心协力、团队合作,联合国有能力发挥更大的作用。

有限地参与俱乐部:二十国集团作为全球治理网络中心

伦敦峰会取得巨大成功的第六个原因是此次峰会成功凝聚了各国领导人,形成了各国共同参与的全球治理网络(参见附录 N)。除了新面孔奥巴马外,二十国集团几乎所有的领导人都在前一次华盛顿峰会上加强了各自的联系。墨西哥总统卡尔德隆在伦敦峰会前向西班牙、美国和加拿大咨询,而不是巴西或阿根廷。由此可见,这样的联系防止了旧边界再次出现。然而,集团内部的固定派别也很明显。“金砖四国”——巴西、俄罗斯、印度和中国在峰会前就举行会谈,一致同意要求调整国际货币基金组织特别提款权结构。同时,它们也就向国际货币基金组织提供资金的数额提前通气。

伦敦峰会邀请集团外参会国家领导人时,在华盛顿峰会的名单基础上,临时增加了部分国家和人选,包括泰国总理,当时泰国是东南亚国家联盟主席国,以及其他几个国际组织的领导人,共有 29 位领导人出席了伦敦峰会。尽管这样一来使得集团不太紧凑,但其仍具有一定的效力。

在集团外，尤其是有了上述成就后，二十国集团领导人逐渐成为全球治理网络的中心，这一全球治理网络已可接触所有重要多边峰会机构，包括发达国家和新兴国家，这些机构是不受地区限制。个体和国家之间的联系在发达国家和和新兴国家都有体现。

在发达国家参会成员中，峰会主持人布朗这位昔日经验丰富的财政部长曾参与建立几个全球金融网络。他也是二十国集团金融论坛的初创成员，参与建设二十国集团财长级会议，并自 1999 年开始长期担任国际货币金融委员会唯一的创立主席。1997 年以来，布朗连续参加七国集团季度财长会议，并作为首脑参加了 2008 年的八国集团年度峰会。在新兴国家中，印度总理辛格地位与之相似。

本 章 小 结

英国政府希望将伦敦峰会巨大成功的成果用于下一届二十国集团峰会，包括备受争议的气候变化问题、气候金融和国际货币基金组织话语权和投票权改革问题。英国政府收到了中国对此次峰会成果的反馈。中国尖锐地批评了欧洲的表现，批评会议上“声音过于单一，话语权过多地集中在欧洲。”

然而，伦敦峰会在改革方面成就显著，这主要体现在国际金融治理的主流观点上。在伦敦峰会最后一次新闻发布会上，布朗总结了二十国集团取得的成果，所涉及的不仅是 2009 年 4 月的峰会，也包括历届二十国集团会议。他说，“过去的华盛顿共识已告一段落。今天我们达成了新的共识——我们将共同采取全球行动，解决我们面对的问题；我们会做所需的一切来恢复经济增长和就业；我们会采取关键的行动重塑对金融体系的信心和信任，防止类似的危机再次发生”（Brown，2009）。在伦敦峰会上，世界银行和国际货币基金的角色发生了改变，其目标不再是致力于降低经济监管力度，现在转变为向指导和安全保障提供服务。广义上的华盛顿共识代表了对自行监管的市场的坚定信心，这一共识让步于“管理的全球化”，政府管理会致力于金融管理并发展金融管理。2000 年蒙特利尔峰会的共识最终遏制了 1997 年至 1999 年亚洲引起的全球危机；十年后的今天，在伦敦，面对，2007 年至 2009 年间在美国爆发的全球金融危机，二十国集团在领导人层面上再次“激活”了《蒙特利尔共识》，共同治理 21 世纪的世界。

参考文献

Agence France Presse，2009. “Brazil Sees Chance to Alter World Decisions at BRIC Summit.” June 14.

Alexandroff，Alan S.and Kirton，John J.2010. “The ‘Great Recession’ and the Emergence of the G20 Leaders’ Summit.” In *Rising States，Rising Institutions：Challenges for Global Governance*，eds Alexandroff，Alan S，and Copper，Andrew F.Washington DC：Brookings Institution Press，178—195.

Bergsten，C.，Fred，2009，“Obama’s 500-Day Report Card” *International Economy* 23(2)：10—19. Availableat：www.international-economy.com/TIE_Sp09_Obama500Days.pdf. Accessed：July 2012.

Bradforg，Colin I. and Linnj，Johannes F. 2009. “Welcome to the New Era of G20 Global Leadership.” In “G20 Summit：Recovering from Crisis，” G20 Summit Report No.3，Brookings Institution，Washington DC. Available at：www. brookings. edu/research/reports/2009/09/17-g20-summit. Accessed：July 2012.

Brown，Gordon. 2005. “Statement at the Conclusion of G7 Finance Ministers Meeting.” London，December 3. Available at：www. g8. utoronto.ca/finance/fin051203_brown.htm. Accessed：July 2012.

Brown，Gordon. 2009. “G20 Press Conference.” London，April 3. Available at：www.number10.gov.uk/Page18934. Accessed：July 2012.

Brown，Gordon. 2010. Beyond the Crash：*Overcoming the First Crisis of Globalization*. New York：Free Press.

Choi，Hee-nan. 2009. “Enhancing Korea’s Standing though the

G20." Korea Herald, July 9.

Deudney, Daniel and Ikenberry, G.John. 2009. "The Myth of the Autocratic Revival: Why Liberal Democracy Will Prevail." Foreign Affairs 88(1):77—93.

Fidler, Stephen, Davis, Bob, Mollenkamp, Carrick, and Weisman, Jonathan. 2009. "G20 Bin London: Measured Gains for G20." *Wall Street Journal Europe*, Apirl 3.

Financial Times, 2009. "The First Bricks in a New World Order," Apirl 3.

Fratianni, Michele and Alessandrini, Pietro. 2009. "The Common Purse." In *The G8 2009: From La Maddalena to L'Aquila*, eds Kirton, John J., and Koch, Madeline. London: Newsdesk, 52—53, Available at: www.g8.utoronto.ca/newsdesk/g8-2009.html. Accessed: July 2012.

G20. 2009. "Global Plan for Recovery and Reform." London, April 2. Available at: www. g20. utoronto. ca/2009/2009communique0402. html. Accessed: July 2012.

International Organizations Research Institute. 2009. "G20 London Summit Commitments Compliance Report 2009." September 18, Moscow. Available at: www. g20. utoronto. ca/analysis/hse/2009-london-compliance.pdf. Accessed: July 2012.

Jha, Pem Shankar. 2009. "Globe in a State." *World Today* 65(3): 4—7.

Kirton, John J., 2009a. "Coexistence, Co-opperation, Competition: G.Summits." *Aspema* (43—44). Available at: www.g20.utoronto.ca/biblio/kirton-aspenia-2009.pdf. Accessed: July 2012.

Kirton, John J. 2009b. "A Committed Contributor: Japan in G8 and G20 Governance." Paper prepared for a workshop on "Japan(Still) Matters: What role in the World," May 1, National Institute of Japanese Studies, Sheffield University, Sheffield. Available at: www. g8.

utoronto.ca/scholor/kirton-japan-sheffield.pdf. Accessed: July 2012.

Kirton, John J. 2009c. "A Summit of Sound Success: Prospects for the G8 at L'Aquila 2009." July 6. Available at: www.g8.utoronto.ca/evalutions/2009laquila/2009prospects090706.html. Accessed: July 2012.

Kirton. John J. and Koch, Madeline, eds, 2009a. *The G8 2009: From La Maddalena to L'Aquila*. London: Newsdesk Available at: www.g8.utoronto.ca/newsdesk/g8-2009.html. Accessed: July 2012.

Kirton. John J. and Koch, Madeline, eds. 2009b. *The G20 London Summit: Growth, Stability, Jobs*. London: Newsdesk. Available at: www.g8.utoronto.ca/newsdesk.g20london2009.pdf. Accessed: July 2012.

Layton, Duane and Smith, Tiffany. 2009. "Ditching Doha?" *International Economy* 23(2): 21—23. Available at: www.international-economy.com/TIE Sp09Layton.pdf. Accessed: July 2012.

Millard Robin. 2009. "African leaders Tell G20 Economic Crisis Threatens 'Chaos'." Agence France Presse, March 16.

Morries, Harvey. 2009. "Ban Ki-moon Urges 1,000bn for Developing World" *Financial Times*, March 26.

Norman, Laurence and Connaghan, Clare. 2009. "Developing Econs the Big Winners from G20 Ascent." Dow Jones Newswires, April 2.

Obama, Barack. 2009. "News Conference by President Obama" London Summit, April 2. Available at: www.whitehouse.gov/the-press-office/news-conference-presient-obama-40209. Accessed: July 2012.

Price. Daniel M. 2009. "Recovery and Reform." In The G8 2009: from La Maddalena to l'a quila, eds Kirton, John J, and Koch, Madeline. London: Newsdesk, 24—26, Available at: www.g8.utoronto.ca/newsdesk/g8-2009.html. Accessed: July 2012.

Sorrell, Martin. 2009. "The Pendulum Will Swing Back." *Financial Times*, April, 8.

Truman, Edwin M. 2009a: "The G20 and International Financial

Institution Reform: Unfinished IMF Reform."(Blog) *VoxEU*. January 28. Available at: www.voxeu,org/artile/imf-reform-unfinished-agenda. Accessed: July 2012.

Truman, Edwin M. 2009b. "Globalization Goes into Reverse?" Realtime Economic Issues Watch(Blog). *Peterson Institute for International Economics*. January 30. Available at: www.petersoninstitute.org/realtime/?P=453. Accessed: July 2012.

Zhou, Xiaochuan. 2009. "Reform the International Monetary System." Beijing, March 23. Available at: www.pbc.gov.cn/publish/english/956/2009/20091229104425550619706/20091044255506197 06.html. Accessed: July 2012.

注释

1. 潘基文的这封信发表于《金融时报》网站,参见 Harry Morris, 2009。

第十二章
为峰会建立制度:2009 年匹兹堡峰会

引　言

挑战

2009 年 9 月 24 日至 25 日,各国领导人齐聚宾夕法尼亚州的匹兹堡召开二十国集团第三次峰会。对于在国内外皆享有盛誉的新任美国总统奥巴马而言,这是他主持的第一场全球性峰会,让他第一次有机会站在世界舞台的中心,以东道主的身份作出重大历史贡献。(Kirton, 2009; Kirton and Guebert, 2009)

这种贡献表现在诸多方面。匹兹堡峰会宣称,二十国集团日后将作为一个永久性首要论坛,以促进成员国的国际经济合作。通过创立"强劲、可持续、平衡增长框架",此次峰会有助于预防经济危机,并保持未来经济的持续强化(Joicey and Pickford, 2011)。领导人们进一步许诺,逐步停止对非可持续化石燃料的补贴,这对于财政整顿、能源安全以及控制气候变化都有重要作用(Kirton and Boyce, 2009)。在匹兹堡举办的二十国集团峰会也由此从一个应对危机的特设委员会升格为一个关于金融和经济的全球治理机构。

不同流派的观点

关于匹兹堡峰会的贡献和原因引发了大量争论,争论方为三大流派。

第一个流派沿袭了"拒绝派"的传统,视此为一大败笔。保罗·多诺万(Paul Donovan, 2009)将矛头指向了自伦敦峰会后二十国集团成员所实施的一百多条贸易保护主义措施,而在伦敦峰会上,他们也曾作出过不提升贸易壁垒的承诺。气候变化融资在每一次会议上皆未取得进展,尤其是继 2009 年 11 月匹兹堡峰会召开的苏格兰圣安德鲁斯财长及央行行长会议之后(Giles, 2009; Winning and Parkinson, 2009)。该流派中的一部分人认为,二十国集团看重自我褒奖而并未作出太多实质性贡献,因为财政部长们似乎对二十国集团的存在感到满意,但是在诸如气候融资这样的共同政策目标方面,他们仍未兑现核心承诺(Giles, 2009)。

第二个流派持"完善论"的观点,这些人是谨慎的乐观主义者,对该集团所面临的很多困难持有一种现实主义的认知。匹兹堡峰会在经济治理方面实现了从七国集团和八国集团到二十国集团的转变,马克·威斯布罗(Mark Weisbrot)将其称为重大的"象征性变化"。他承认在集团内部存在竞争对手,包括之前的七国集团和后来集结了巴西、俄罗斯、印度和中国的金砖四国,并且它们将持续发挥更大的权力。在斯蒂芬·英格兰德(Steven Englander)笔下,尽管新兴国家参与谈判使得外交和决策变得更加困难,但二十国集团协议仍然占有更重的分量(Johnson, 2009)。保罗·圭列里(Paolo Guerrieri)指出:"在治理全球宏观经济失衡的关键问题上,2009 年 9 月在匹兹堡举办的二十国集团峰会上所达成的协议是朝着正确的方向迈出的第一步",但在具体行动和执行机制方面还运作不够(Guerrieri, 2010, 690; Helleiner, 2010, 634)。

第三个流派认为,此次峰会取得了成功,美中不足的是峰会的代表性没有涵盖人口略占多数的未参会国家(Payne, 2010)。杰弗里·萨克斯(Jeffrey Sachs, 2009)称,领导人们在匹兹堡"恳切的发言中蕴含着智慧、温和及洞察力",这很大程度上源于奥巴马对此的庄重之态以及和世界其他国家合作的意愿。如今的二十国集团是"一次实验",而"这个星球的成功与否都取决于这个临时搭建的实验平台"。然而萨克斯也表示在此集团中,至少有 20 亿人口的利益未得到体现,因此它的合法性仍然远不及联合国。同时,在诸如气候变化、金融监管和能源安全这些问题上,该集团缺少专业见解。非洲开发银行行长唐纳德·卡贝鲁卡(Donald

Kaberuka）同样称二十国集团是“重要并且不可逆转的”，但是它还有“未完之业，即确保将低收入国家的利益纳入考量范围”。（Guha，2009）

本章论点

本章认为，匹兹堡峰会是一次巨大的成功。它的成果主要有：宣称二十国集团峰会是一个以促进成员国经济合作为目的，正在发展中的首要经济论坛；建立该集团峰会的运作框架；承诺逐渐停止对化石燃料进行补贴；扩大社会议程的范围。值得一提的是，它自称在国际众多机构中处于持久显要的地位，这对于其非八国集团成员而言是一大优势，如今非八国集团成员在这个长期位于前列的集团中已获得确定的地位。在更广泛的意义上，二十国集团的发展道路显然是由其财政部长和央行行长们铺设而成的。在源于亚洲的金融危机发生时，他们创立了二十国集团，2000 年危机结束不久，他们在蒙特利尔召开会议确立了拓展二十国集团的宏伟目标。随着奥巴马担任峰会主持人，二十国集团领导人成功地把这个新兴的集团与美国新总统和新政府联系起来。美国新政府由另一个党派领导，与不到一年前创立该峰会的党派不同。而且不同于 2001 年的二十国集团金融论坛，这次峰会前后美国没有受到恐怖袭击或类似事件的影响。

匹兹堡峰会成功举办的关键原因之一，即 2007 年至 2009 年金融和经济动荡所带来的巨大、深远、持久的国内影响。尤其在美国，很多人都认为要恢复良性增长和就业，还需要很长的时间。关于另一个原因，越来越多的证据表明，国际货币基金组织、七国集团或八国集团以及其他机构仅能针对两方面采取有效行动并进行改革：第一，来自二十国集团的隐性竞争、接纳与承认，以及合法化；第二，二十国集团为最大程度发挥国际货币基金组织的专业作用而专门制定的最高水平政治方针。另一个原因是新兴成员国的愿望。与危机肆虐的欧美国家相比，新兴国家发展迅速，它们正在努力跻身世界前列，寻求一个有保证的、制度化程度更高的场所，同时也越来越乐意接受必要的责任，包括为该集团中的守成国家所推崇的民主原则和实践。还有一个原因在于二十国集团创始人劳伦斯·萨默斯(Lawrence Summers)在奥巴马政府中的胜任能力,以及各成员国领导人工作的连续性,而这些领导人也开始对自己创立的这个封闭性集团逐渐产生感情。目前,该集团正在尝试使之变得更像一个俱乐部,并通过扩大集团外部网络来增强其对全球问题的敏感性。

计划和准备

较之前的峰会而言,二十国集团匹兹堡峰会的议程更广。它建立在2009年4月伦敦峰会的巨大成就之上,并且通过多种渠道实现了良好的运作。

会议时间和地点的确定

伦敦公报宣布下一届峰会将于“今年年底”举行(G20, 2009b)。伦敦峰会上,各国领导人未就下一届峰会召开世间达成一致,因此,公报中的这一说法就如同插入的占位符一样,并未明确开会时间。峰会有可能在六个月内举办,而不是拖到年底。在伦敦峰会之后,英国首相戈登·布朗给所有的二十国集团领导人寄出了一份跟进信函。之后,美国接手了这一进程。二十国集团成员国最初认为这次峰会将再次在华盛顿召开。经过一段时间后,美国才决定将匹兹堡定为举办地。

七国集团和二十国集团财长和央行行长会议,四月

伦敦峰会之后,在二十国集团成员间进行的有关对冲基金和会计准则的争论还在继续。争论中新加入的问题包括银行压力测试和有关会议准则。这些准则将在三周后即4月24日七国集团和二十国集团财长会议的预备会议和正式会议上派上用场。在他们的公报中,七国集团财长对二十国集团领导人的行动表示直接支持(G7 Finance, 2009)。

英国财政大臣阿利斯泰尔·达林和美国财政部长蒂莫西·盖特纳

(Timothy Geithner)共同主持了二十国集团财长和央行行长会议,会议持续了不到两个小时。会议主要关注了如何优先兑现伦敦峰会上多数领导人所做的承诺,以及全球经济的增长情况。根据随后国际货币基金组织悲观的新预测,全球经济将在 2009 年回落 1.3%。会议并未发表联合声明。

在这两场会议中,法国财政部长克里斯蒂娜·拉加德力图更加关注细节,尤其是要明确影响全局的对冲基金的具体含义。国际货币基金组织预计,世界各国的银行账目上有 4.1 万亿美元的不良资产,其中欧洲负债最多,而欧洲代表对其预测方法表示质疑。但所有国家都一致认为,美国目前发展速度稳定,有足够的能力来解决其银行资产受损问题,符合全球经济复苏的必要先决条件。此外,会议并未对加强外部银行监管提出要求。

伦敦峰会广泛而深入的承诺履行得相当顺利,在上述两次会议上,各成员国都表现得非常乐观。紧随 2008 年强效的激励政策,日本公布了关于财政支出的一大新方案。拉加德称,若需要出台第二个激励政策,她也将予以支持。她的加拿大同事吉姆·费海提表示,如果有必要他也愿意继续推进激励政策。七国集团也再次承诺,目前已经出现了经济复苏的苗头,他们将根据需要采取进一步的刺激政策。

经济合作与发展组织(OECD)曾发布过一份避税国家黑名单,二十国集团将目前黑名单上所剩的三个国家全部作为避税场所,并对其立即采取了打击行动。这意味着没有必要再对他们进行制裁。在伦敦峰会上,各成员国在反对贸易保护主义方面作出一系列承诺,其中既包括正在酝酿中的措施,又包括已经实施的措施。一份贸易报告显示,自伦敦峰会举办三周以来,9 个成员国没有兑现其承诺,4 个国家已经采取自由化措施。这好于二十国集团华盛顿峰会后的情况,或许反映出伦敦峰会在杜绝贸易保护主义方面所做的新努力。

在金融支持方面,会议进展顺利。伦敦峰会的一个亮点是,二十国集团承诺向国际货币基金组织提供 1.1 万亿美元,其中日本、美国和欧洲国家分别承诺了 1 000 亿美元(欧洲国家部分包括英国的 150 亿美元和法国的 160 亿美元)。加拿大按其一贯做法,以占美国贡献的

10%的比例，承诺提供100亿加元。俄罗斯和沙特阿拉伯仍然不愿作出任何承诺。他们寻求其他选择，支持伦敦公报中让国际货币基金组织发行公债的替代性方案。只有加拿大明确称，若国际货币基金组织有需求，他们将考虑给予更多。

二十国集团财长和央行行长会议，九月

9月5日，二十国集团财政部长和央行行长再度聚首伦敦，专门召开了独立会议。这次会议的目的是，跟进领导人们在华盛顿和伦敦会议上的承诺，同时也为几周后的匹兹堡峰会做准备。参会者评价了他们在发表伦敦“全球经济复苏和改革计划”方面所取得的进步，以及在社会保障、低收入国家的贸易、贸易融资和国际货币基金组织的借款新安排方面所做的资金承诺。支持借款的方案获得一致同意，这包括处理不良资产和进行强大的压力测试。各国部长就提高就业率和处理商品价格波动问题达成一致意见。他们还讨论了协调但可变的退出策略。各国部长重申了二十国集团反对贸易保护主义的许诺，同时作出了结束多哈发展议程的承诺。他们还重申了改革国际金融机构(IFIs)的承诺，包括在2010年春完成对世界银行的改革以及在2011年1月前完成对国际货币基金组织的份额调整(G20 Finance, 2009b)。各国部长发表了一份关于银行业的独立声明，称他们认为需将更多的努力投入企业治理与薪酬，对“有重要全局性影响的企业”进行管理和监督，提出资金需求，进行非合作管辖，协调国际标准，尤其是在信用衍生品、信用评价机构、对冲基金和安全领域的标准，以及开发一套独立的全球性会计准则(G20 Finance, 2009a)。

二十国集团峰会筹备官会议

华盛顿，一月

匹兹堡峰会第一次筹备官会议于七月在华盛顿布莱尔大厦(Blair

House)举行。美国的主办官员提出了他们期待的峰会议题。议题之一是努力纠正全球失衡现象,尽管在华盛顿峰会上中国曾拒绝公报中出现“失衡”一词。另一个议题是提出互评概念,它为“强劲、可持续、平衡发展框架”提供生命力。第三个议题有关能源。美国仍在忙于为即将举办的峰会做仓促的物质准备,而他们起初并未明确其所处的境况。

华盛顿,九月

第二次筹备官会议于 9 月 10 日至 11 日在华盛顿的国务院举行。由于距离匹兹堡峰会召开仅剩两周,此次会议多少有些仓促。美国已向参会各国下发了会议的基础材料。海伦・克拉克(Helen Clark)代替凯梅尔・德尔维斯,担任联合国秘书长的会议代表(她于 2010 年 5 月卸任联合国筹备官)。包括亚太经合组织论坛在内的其他国际组织的代表也受到了邀请,这让一些筹备官感到惊讶。在会议当中,这些受邀代表坐在筹备官的身后,但在晚餐时,所有参会者都挤在国务院的一间小屋里,并围坐在同一张桌旁用餐。

美国筹备官迈克尔・弗罗曼(Michael Froman)在推动会议的顺利进行中扮演着重要角色。为了保证会上讨论有据可依,他提前将有关文件发给筹备官,让其有充分的时间做准备。因此,在抵达华盛顿时,各国筹备官已对讨论内容有所准备。美国副财长莱尔・布雷纳德(Lael Brainerd)和她的财政部官员们已经与二十国集团财政代表们提前见过面。弗洛曼让财政部官员起草所有与技术问题相关的内容,这些内容包括金融监管、国际金融机构改革以及第一版的宏观经济政策。各国筹备官随后将注意力集中在经济、公报草案的文本概述以及包括贸易在内的非金融问题上。财政官员们参加了筹备官会议,并审议了这些文件。

会议文件的一般条款提出对化石燃料补贴采取行动。这是萨默斯长期关注的问题。作为国家经济委员会主任,萨默斯能够将其纳入峰会进程的优先议题并使之得到解决。在萨默斯的影响下,美国财政部着手处理这项事务。事实上,该问题也受到美国环境领域的非政府组织的关注。这些组织规模不大，以解决问题为导向，在匹兹堡峰会召开前已在减少化石燃料补贴方面起到了促进作用。

关于逐步取消化石燃料补贴的倡议由美国白宫的弗罗曼和戴维·利普顿(David Lipton)首次提出，他们是总统在国际经济事务方面的特别助理。在刚刚开始的时候，美国赞扬了印度尼西亚为削减补贴所做的努力。印度的筹备官阿鲁瓦利亚(Montek Singh Ahluwalia)看起来对问题摆上桌面表示满意，因为印度政府已经为之进行了长期的努力，国内化石燃料补贴得以不断地减少。中国未对美国提出的措施表示反对。峰会在结束时完成了各项议程。至此，有关逐步取消化石燃料补贴的倡议已取得了一定进展，美国似乎对这一结果感到满意和惊喜。

在会议期间，弗罗曼拜访了来自巴西、中国、印度、墨西哥和南非的筹备官，询问他们是更乐意接受八国集团加一个受邀国家组成的待定集团(与“八国集团加五国”不同)，还是更愿意接受将二十国集团作为未来全球治理的中心论坛。上述国家的官员们已经在八国集团海利根达姆对话中有过合作，并于2009年7月将这一对话发展为八国集团海利根达姆—拉奎拉进程。同时，上述国家的领导人已经和八国集团首脑进行了会晤，催生了“八国集团加五国”领导人会议。

这五个国家在此问题上交换了意见。巴西、中国和印度明显更倾向于将二十国集团作为未来全球治理中心论坛。墨西哥是“海利根达姆—拉圭拉进程”的“托管人”，因此它想要继续保持“八国集团加五国”领导人会议。巴西却认为二十国集团运作得不错。由于八国集团成员和其他受邀国家之间总有不对称的情况发生，巴西在“八国集团加五国”对话会议中的经历并不那么愉快；而且它也不清楚八国集团再加上其他国家而形成的论坛应当如何运作。另外，在华盛顿峰会上，巴西总统卢拉称，十分有必要巩固二十国集团的地位。

事实证明，八国集团内部有一些人反对将二十国集团作为全球治理的中心论坛。意大利和俄罗斯首先表示更乐意接受“八国集团加五国”领导人对话会议。加拿大也对选择二十国集团有些不悦，因为这可能会冲淡加拿大的相对地位和发言权。因此，加拿大在决定放弃八国集团的中心地位时有些勉强。然而作为二十国集团金融论坛的核心创始国,加拿大很清楚二十国集团所带来的益处。

除了磋商与协商一致之外,美国提出将二十国集团作为其成员的永久性首要论坛,这一说法得到了二十国集团成员的认同。然而,尽管他们已经对外宣布了该提法,还有些人对此感到不悦,认为这是美国处心积虑、专门打造的用词。

另一个制度性倡议来自巴西。卢拉曾是巴西工会主席,在华盛顿峰会期间,他专程同美国劳工总会与产业劳工组织(AFL-CIO)的主席进行会晤,随后要求将劳工问题纳入二十国集团议程。在伦敦时,他要求下一届峰会邀请国际劳工组织(ILO)参加。该要求得到了下届峰会主席奥巴马的认可,因为奥巴马的当选很大程度上依赖于工会的支持。

匹兹堡,九月

峰会前夕,9 月 23 日至 24 日,第三次筹备官会议在匹兹堡召开。各国筹备官在 9 月 23 日晚开始了讨论,会议一直持续到次日凌晨三时。在第一天晚上,各国筹备官看到了美国提供的一份长篇文件,该文件包括一个总结、含有三十一个要点的公报以及几个附件。这是他们第一次也是最后一次看到,但他们对这份期待已久的文件非常满意。

气候融资是公报草案和筹备官会议面对的唯一难题。该议题从一开始就在筹备官的议程上,然而美国在推进过程中几乎没有受到过帮助。他们努力促成在控制气候变化和气候融资方面的合意,并将此问题交由财政部长处理。奥巴马政府向欧洲释放积极信号,让其相信这些问题会有所推进,但这种做法仍然为时过早。对于加拿大而言,只要问题的处理结果既不削弱私营部分的地位,也不过分强调融资的公共来源,他们也将对此给予支持。大多数筹备官都想要将融资的讨论引向私营部分的角色。然而,英国仍在强调公共资源的重要性。漫长的讨论一直到深夜才结束,几乎所有人都从中能找到些许共识。

然而,中国却是例外,它从一开始就比较勉强,认为应该由联合国主持这样的磋商。9 月 24 日临近午餐时分,当各国领导人正在会面、其筹备官在审议公报中有关气候变化的内容时,中国才否决了草案中的这一部分。弗罗曼意识到讨论不会取得任何进展，便建议删除那段有关气候融资的冗长表述。结果，公报在气候变化问题上只有一小段表述，没有太多实质性内容。

化石燃料　提前发放的预备文件中包含美国对逐步取消化石燃料补贴的倡议。一开始，人们认为该方案具有可行性：化石燃料发电厂的供电价格高昂，而对消费者的用电补贴使他们不必为化石燃料用电付出高昂的价格，这样一来，消费者补贴不利于市场定价。美国最初将倡议描述为自愿行为。加拿大支持该倡议，因为它的用途仅限于消费者补贴。然而，金砖国家成员反对美国的这份草案，并给出一份替代性文本。9月24日凌晨三时，印度和美国等国经过商谈达成了妥协。金砖国家通过印度成功地将"合理化"一词写进承诺中，插在了"逐步消除"补贴的表述的前面。筹备官会议制定了一个使包括沙特阿拉伯的石油生产商在内的各方都乐意接受的工作计划。

首要经济论坛　最后一次筹备官会议的公报草案显示，各成员国似乎已默认将二十国集团打造为经济治理的永久性首要论坛，非金砖国家尤其认为如此。尽管所有的二十国集团成员表面上都支持这样的表述，但实际上并非如此，日本显得尤为不安。首要经济论坛这一概念涉及以下两个问题：下一届峰会由哪个国家主办；是否应扩大新兴的二十国集团峰会的议程。美国建议将"经济的"一词在公报中改为"我们的经济合作"。以上措辞经过了深思熟虑，它没有自称此论坛是世界的永久性首要论坛，而仅是二十国集团成员的永久性首要论坛。这样的意图并非故意讲给外人听，而是专门强调集团自身的合作。实际上，二十国集团的工作将仅仅局限于经济领域，把政治安全和其他问题留给了其他机构，尤其是日本很重视的八国集团。

"强劲、可持续、平衡增长框架"　根据戈登·布朗在伦敦峰会上的要求，此次筹备官会议形成了"强劲、可持续、平衡增长框架"。在美国的敦促下，加之英国和德国的大力支持，前两次筹备官会议已经讨论了该框架的名称。

在伦敦峰会上，德国一再要求制定一份准则章程，以引导成员国之间的合作，尤其需要一份新的国际章程以规范经济行为，从而对市场进行监管,防止出现"以邻为壑"的政策。德国总理默克尔提出了九点建议,总体陈述了她的目的。她提到的内容或许方便讨论,但大多数成员认为这并没有太大意义。在伦敦峰会上,她曾试图让各成员国考虑她的建议;在华盛顿峰会上她再次为此作出了努力。今年夏天,她作出了第三次努力——在匹兹堡峰会正式召开前,德国又一次希望促成各国接受其建议,然而这次的推进力度并不大。最终,该建议被措辞更为客观的匹兹堡框架所取代。二十国集团的议程正在从应对金融危机逐步扩展到宏观经济层面,而该框架是这一转变的一个具体表现。其要旨是使二十国集团改变关注点,更加重视预防危机的再次发生。

包括加拿大在内的一些国家从一开始就提议二十国集团必须首先完善金融体系。在加拿大看来,即使在峰会成为永久性首要论坛时,这仍然是二十国集团的主要目标。眼下的问题是,二十国集团峰会能否熬过危机。一旦危机结束,二十国集团峰会就能被称为永久性集团。但这样一个集团能够做什么呢?它是否会像当初那样持续发挥作用呢?在规划这个永久性论坛的未来时,这份框架是一大关键内容。加拿大认为,峰会必须将促成国际经济行为的再平衡列入议事日程,而要达到这一平衡,各国应处理好国内的储蓄与消费。

金融监管　在金融监管方面,财政官员的工作卓有成效。然而与华盛顿和伦敦两次峰会不同,该议题已不再是各国关注的焦点。官员们继续跟进监管部门的工作,进一步推动其发展,并重点讨论了融资问题。然而,匹兹堡峰会的重点转移到框架问题后,金融监管和发展融资虽然仍旧重要,但已不再是优先议题。

在金融监管改革完成之前,加拿大不希望"强劲、可持续、平衡增长框架"将其取代,成为峰会的焦点议题。加拿大认为当下的重中之重是整顿银行系统,帮助金融系统恢复正常运作,并将金融监管单独列上议程。加拿大虽然支持这个框架,但认为这并非它的优先考虑事项。

国际金融机构改革　国际金融机构改革是匹兹堡峰会的另一重要议题。各国财政部长和官员努力在国际货币基金组织的份额改革议题上寻求共识。在份额转移的中心问题上,美国将大部分的决定权都交与欧洲和新兴国家,让它们在内部寻求一致。由于该议题与英国息息相关，英国在其中表现得尤为活跃。峰会最终发布的公报内容较为保守，仅作出了5%的份额转移承诺。

在峰会开始的前一天，部分国家的财长和会议代表组成了一个小组并举行会谈，商讨国际货币基金组织和世界银行改革。该小组包括美国、英国和"金砖四国"的官员。此前，美国与日本和加拿大举行过协商，英国与欧洲成员国举行过协商。通过这次会谈，他们达成了供参会领导人采纳的共识。

贸易　在保护主义方面，筹备官们收到的另一份报告显示，二十国集团成员在抵制保护主义措施方面表现出色。

领导人的参与

各国领导人直接参与了匹兹堡峰会的筹备工作。戈登·布朗(2010)作了一份关于国际机构改革的报告，其中提出两个问题：第一，如何在未来数年内提高经济增长率和就业率；第二，匹兹堡峰会如何在这两个方面发挥最大作用。8月，布朗致信奥巴马，就全球经济增长战略提出了几点雄心勃勃的想法，涉及几个方面的协调措施，包括不平衡问题、货币储备、货币和财政政策，可能还涉及贸易。奥巴马回复道，他们必须携手共进，达成合意，并且要求美国政府制定方案，使之与英国的方案相一致。到峰会开幕时，在全球经济增长战略这一问题上，二十国集团领导人都已做好准备，这一战略便是"强劲、可持续、平衡增长框架"。

峰会过程

匹兹堡峰会有两个倡议：其中一个由一国提出，另一个由一个较小的国家集团提出。

在峰会召开前夜，加拿大单方面宣布向非洲开发银行捐献26亿美元的可催缴资本。这一提议是在加拿大财政部和加拿大银行的会谈中产生的，该机制能对多边开发银行(MDBs)起到帮助作用。加拿大也和美洲开发银行进行了商讨，内容是如何通过相似途径对其给予帮助。

加拿大的推动作用让匹兹堡峰会在发展领域取得了更大的成功。

会议期间,峰会主持人奥巴马同英国首相布朗、法国总统萨科齐以及德国总理默克尔进行会晤,发布了关于伊朗问题的公开四方声明。在声明中,四位领导人谴责了伊朗的核计划,认为伊朗违背了其国际承诺。他们指出,正因如此,四国将发起新一轮制裁。此前,美国曾称,这一次的二十国集团峰会将会是伊朗服从行动的最后期限;同时,各成员国领导人也能借机商讨如何以恰当的方式处理伊朗问题。美国曾经考虑,由二十国集团全体成员在匹兹堡峰会上集体提出这个问题。然而,美国选择了这个更小的四国联盟来做这件事。尽管如此,在峰会上,二十国集团全体成员都接受了这一国际政治信号。因此,我们可以说,二十国集团已间接地进入了这个传统的高政治安全领域。

此次峰会提出了一个全面的议程,涉及领域有金融与经济问题、全球性跨国议题,甚至还有政治安全问题。该议程包括宏观经济政策、货币流通、规范金融秩序的经济章程、银行家红利及其他金融监管、多边贸易自由化、国际金融机构改革、气候变化控制、二十国集团制度化、发展问题、食品和安全,还有曾在议程之外的伊朗核计划问题。其最大亮点,便是"强劲、可持续、平衡增长框架"。

宏观经济政策和框架

峰会的开幕晚宴上,二十国集团对目前的经济形势作了全面而广泛的探讨。至 2009 年 9 月,全球经济开始显现出增长迹象。由于经济低迷状态已结束,全球经济将保持发展势头进入 2010 年,各成员国领导人开始对未来两年作出展望,将注意力迅速转移到"强劲、可持续、平衡增长框架"上来。随着各国就框架达成的新共识,以及对该框架的重视,再也没人提及默克尔建议的那份准则章程。

退出策略这一问题再次出现。尽管几个国家都已宣称,他们的预算中包含主要财政激励机制,但现在评价这些激励机制的效果还为时尚早。因此,不能轻易断言二十国集团的财政激励机制已发挥了作用。

目前,德国和法国的经济开始增长。他们希望峰会将重点放在撤销主要财政和货币激励机制上，这项激励机制看似能达到两个目的：第一，防止“大萧条”再度发生；第二，重振全球经济。然而，美国、英国和加拿大的经济仍然处在水深火热之中，这三国的失业率上升、消费水平急剧下降、市场信心的大幅减弱。他们认为这种复苏是政府前所未有的激励机制所带来的结果，目前这种复苏还处于不够稳定的状态。因此，在私营市场、企业以及消费水平都开始恢复正常前，各国政府必须继续保留这项机制。二十国集团的其他成员国大都支持德国和法国的观点。匹兹堡峰会的要旨因而变成了将激励措施“坚持到底”，而非采取“急于退出”的策略。尽管如此，各成员国通过了强有力的方案，以此来制定一致的退出策略。如果一切顺利，在接下来的一年中，二十国集团将讨论这些退出策略。虽然各成员国需要立即建立“强劲、可持续、平衡增长框架”，但是针对汇率波动和失调、国际收支不平衡，以及全球货币体系的实际行动不能操之过急，需等到经济复苏得以稳固后再开始。

金融监管

各国领导人对金融监管仅给予了有限的关注，并未取得多少新进展。这项监管工作由财政官员推动，但在领导人中间的关注度并不太高。尽管如此，金融监管方面还是取得了些许进展，因为与会各国再次呼吁加强与协调国内金融监管，从银行的资本和流动性入手，调整银行从业人员的薪酬结构。峰会提出，到2012年底，应开始分阶段引入新规则，以提高全球具有重大影响力的银行的资本比率，这或许是峰会所做的最重要的承诺。许多评论者估计，在新规则下，所需资本比率将从一级资本的4%提升到8%。

各国财政部长、央行行长以及在金融监管领域更专业的人士将开展一系列后续工作，二十国集团领导人在峰会上也为其工作设定了明确的最后期限。领导人为诸如金融衍生产品、决议机制以及会计等关键问题所设定的准则较为空泛。大部分人都对凸显银行家红利的政治压力表示理解，然而极少数专家则认为，红利是近期金融与经济危机的主要诱因,也是应对危机的关键。在金融监管方面,匹兹堡峰会的成功并不在于其制定的政策,也不在于其新创立的准则,而在于会议的具体运作过程和国内政府管理。峰会在国内政府管理上取得的成功为二十国集团治理者潜在地提供了时间和空间,使这些具体的解决方案得以顺利落实。

在实施银行税收这个争议性问题上,布朗得到了萨科齐和默克尔的支持。他在二十国集团的声明中要求,截至 2010 年,国际货币基金组织需要出具一份关于金融税收的报告。在 2009 年 11 月于苏格兰圣安德鲁斯举行的二十国集团财长会议上,布朗进一步重申了这个要求。

国际金融机构改革

国际金融机构改革方面的主要议题是国际货币基金组织份额改革,这是一个颇具争议的问题。二十国集团领导人还就补充多边开发银行的资金来源展开了讨论,关于这个问题的分歧相对较少。

二十国集团领导人在峰会的开幕晚宴上对国际金融机构改革问题进行了讨论。卢拉和其他发展中国家代表称,关于这一问题的讨论不够深入。巴西为发展中国家寻求最大转型的可能,同时保护那些在第一轮谈判中表现良好的国家。中国国家主席胡锦涛和印度总理辛格这两个新兴大国的领导人带头响应,随后,许多其他国家也参与进来。美国已作出继续推进改革的决定,所以也在极力地说服欧洲,而别无选择的欧洲将是改革中损失最大的一方。即便他们没有占领道德高地,他们仍然在维护自身利益。加拿大持一副放松之态,因为它不会失去任何的份额。最后,奥巴马要求各国财长针对国际金融机构改革制定一份更好的方案。

各国财政部长已按奥马巴的要求开始策划方案,但这项工作并未持续太久。他们将其留给了副财政部长,请他们制定一份协议,调整份额比例,使之更倾向于新兴国家。金砖四国与欧洲国家进行了商谈,在美国的协调下,各国副财政部长最终一致同意将至少 5%的份额转给新兴国家。筹备官随后将此数字纳入公报中,巴西对此感到欣慰。国际货币基金组织特别清楚，虽然份额调整的范围已设定，但是，哪个国家要放弃什么，哪个国家将收获多少份额，这两个细节性问题更加重要也更难解决，仍需通过协商来确定。因此，这个5%的比例对于国际货币基金组织也是一个喜讯。尽管有些人认为，这份文件的英语表述很糟糕，但这个5%的数字对于改革的走向却是一个明确的信号。

最后，这个结果是匹兹堡峰会成功的一个关键要素。“强劲、可持续、平衡增长框架”被广为宣扬，对国际货币基金组织治理的改革则是一大进展，并且也可能是国际金融机构改革中不可或缺的重要环节。二十国集团提出的“强劲、可持续、平衡增长框架”得到国际货币基金组织在政策和理论上的大力支持。当新兴国家成员知道他们在国际货币基金组织中获得了更大的话语权与表决权时，他们会更愿意在落实这份框架中作出更大贡献。

二十国集团制度主义

在峰会的开幕晚宴上，奥巴马宣布，既然各成员国领导人都已达成一致，要使二十国集团峰会成为其国际经济合作的首要论坛，他们需要更深入地思考该机构应如何运作。这一表述很快得到了各成员国的积极响应。这些领导人都希望参与一个能正常运作的永久性峰会，而不愿意参与可能将他们排除在外的临时性论坛。

匹兹堡峰会在制度方面最大的成就在于，它选择了二十国集团，将其作为成员国国际经济合作的永久性首要中心。它最终会给予新兴国家和守成国家平等的中心地位，这反映出集体主导的能力和世界在诸多领域的多样性。该集团将平等对待守成国家和新兴国家。它将在国际货币基金组织、世界银行和世界贸易组织的基础上增设金融稳定委员会，使之成为全球“行政部门”的第四大支柱，为二十国集团建言献策，并且贯彻二十国集团领导人的集体决定。

气候变化

在匹兹堡峰会上，墨西哥总统卡尔德龙（Felipe Calderón）成为二十国集团在气候变化方面的主导者。联合国将在 12 月召开有关气候变化的会议,而萨科齐称他担心会议失败。他提议专门召开一次有关气候变化的二十国集团峰会以挽救局面。但是卡尔德龙提出,召集二十国集团成员举行视频会议,讨论应对气候变化问题的措施,以此来替代现场会议。他随后同几位主要领导人举行了视频会议,包括澳大利亚总理陆克文、丹麦首相拉斯穆森以及联合国秘书长潘基文。随后,在新加坡的亚太经合组织会议上,卡尔德龙、陆克文以及潘基文召开了一次早餐会,虽然他们和美国的关系有些紧张,但奥巴马仍然参加了此会议。

成　　就

二十国集团匹兹堡峰会是一次巨大的成功。这是十二个月内二十国集团召开的第三次峰会。所有领导人再次参与其中,包括中国国家主席胡锦涛。7 月,在八国集团拉奎拉峰会召开的前一天晚上,胡锦涛因事离开了意大利。在匹兹堡,二十国集团领导人启动了广泛的议程,涵盖了经济和发展的关键问题,新增了环境问题,例如气候融资、能源效率、食品安全,以及处于边缘位置的针对伊朗核扩散的政治安全问题。

匹兹堡峰会在政策上的第一个成就在于它发出了强烈且统一的信号,即在确保经济真正走向长期复苏之前,二十国集团全体成员将继续实施激励政策。第二个成就是,各成员国领导人一致认为,目前时机已成熟,可以开始规划灵活、详尽、兼具针对性和市场敏觉性的退出策略,若经济条件允许,这些策略可能将于明年实施。第三个成就是,峰会创建了一个框架,为增长中的全球经济提供了更稳固的基础:中国、德国及日本等主要经济大国的消费者拉动了内需、推动了进口;同时,该框架最终使美国有条件在国内积累储蓄。第四个成就是,通过提高银行资本和流动性以及调整银行从业人员薪酬结构,峰会加强并改善了国内金融监管的国际协调。第五个成就是,峰会在国际金融机构改革上取得了一大进步,承诺守成国家将至少 5%的份额转移给发展迅速的新兴国家,并加大其在国际货币基金组织的表决权,同时也承诺上述工作将在 2011 年前完成。第六个成就是,会议同意使化石燃料补贴合理化,并逐步将其取消,这是一个史无前例的决定,关系到主要财政问题、碳排放控制、能源安全以及人类健康福利。

此次峰会也在气候融资方面取得了些许进展。它创立了一系列准则,以规范所需资金的来源、其管理方式以及最终的去向。这将帮助发展中国家缓解碳污染问题,并有助于其应对由目前气候变化带来的灾难性后果。过去,二十国集团峰会议程的焦点是资金问题,而此次会议创立的这些准则打破了峰会有关气候谈判的僵局,取得了有效进展。当时,联合国正在筹备哥本哈根世界气候大会,来自192个国家的环境部长将展开讨论,以在《京都议定书》(Kyoto Protocol)一期承诺到期之前,提出一项更加有效的后续方案。

匹兹堡峰会也存在不足。它在国际贸易方面的进展微乎其微。二十国集团领导人承诺放弃新的贸易保护主义措施,调整过去的行为,尽快结束逾期的多哈发展议程,实行贸易自由化,降低气候友好型商品及服务的关税,而且同时减少贸易和投资壁垒。上述承诺均未取得任何突破性进展。"领导人宣言"并未包含兑现承诺的具体措施。

此次峰会上,二十国集团直接讨论了失业这个关键问题。然而,如何确保当下的经济复苏产生更多的就业机会,以帮助二十国集团及世界其他国家消除收入与性别的不平等?关于这个问题,峰会几乎没有提出任何行动措施。在发展问题上,尽管有像加拿大这样的热情国家,主动提出向非洲开发银行追加26亿美元的援助,但作为一个整体,此次峰会仅将宏观金融纳入了议程,而几乎未对世界穷困国家和人民筹集援助资金。当"猪流感"(Swine)以及其他大型流行疾病在世界范围内爆发之时,峰会也未提出任何加强卫生安全的措施。

各项工作

通过系统考量匹兹堡峰会在二十国集团治理方面的六项工作,我们可以看出,此次会议取得了巨大成功。在某种程度上,它甚至比前两次峰会更加成功。但在国内政府管理和承诺的兑现这两项工作上,此次峰会没有取得进展。

国内政府管理

在国内政府管理方面,匹兹堡峰会毁誉参半。峰会几乎没有对主持人奥巴马的国内政府管理工作产生帮助。峰会召开时,第二大经济强国日本已于 8 月 30 日完成大选;而第三大强国德国将于 9 月 27 日举行大选。日本和二十国集团其他国家意识到,继续采取激励机制能够加大国内政治优势。在德国大选中,默克尔表现更为突出,她的政党赢得了较 2005 年更多的席位。在匹兹堡会议后,韩国和南非的领导人在国内的支持率得到提升。和在华盛顿峰会一样,匹兹堡峰会的公报并未单独对某个成员国提出赞赏。

协商

在协商方面,匹兹堡峰会的书面发言文件内容丰富,而其实际交流却大打折扣。根据协商记录,成员国领导人的发言共计 9 257 字——在 3 次峰会中,这是发言总字数最多的一次,是华盛顿峰会的两倍多,也比伦敦峰会领导人发言的总字数多出许多(参见附录 E)。宏观经济政策、国内金融监管和发展再次成为领导人谈论的主要话题。

然而,领导人的实际讨论较伦敦峰会有所退步。在伦敦峰会上,各成员国领导人以华盛顿峰会的发言为标准,亲自参与了会议发言稿的讨论与起草。匹兹堡峰会的参与者众多,加上来自国际组织的官员,共计 54 人。这么多人坐在会议桌前很难进行有效交流。虽然许多参会者都不是第一次参会,但与伦敦峰会相比,会议坎坷重重,时常冷场,讨论气氛颇不自然。相反,伦敦峰会的主持人经验丰富,因而会议重心突出,讨论过程顺畅。在匹兹堡峰会缺少伦敦峰会的亲切氛围。在匹兹堡峰会结束后,二十国集团领导人自己也承认参与讨论的人确实太多。

方针制定

在方针制定方面,匹兹堡峰会的成效十分显著(参见附录 F-2)。二十国集团成员国批准通过了 29 条共享民主原则,这一数量几乎是伦敦峰会的 3 倍,创下了历史新高。这些民主原则涵盖了六方面内容,其中大部分内容已在前两次峰会上出现。所占比例最大的是对透明度重要性的强调，其次是对监督与管理、开放性和信息与知识交流的强调。这些民主原则也对法治与问责机制有所涉及。

由于美国是主席国，峰会的方针制定过程显现出很强的民主特性也就不足为奇。二十国集团决定转型为其成员国的永久性首要论坛，民主的方针制定过程是该决定的内容之一，因此，它的意义尤为重大。

决策

在集体决策方面，匹兹堡峰会同样成效显著(参见附录 G)。峰会承诺数量创下新高，达到 128 项。其中有 30 项有关宏观经济，24 项有关金融监管，18 项有关能源(在伦敦峰会 3 项的基础上大幅增加)，15 项有关发展，13 项有关国际金融制度。其他承诺涵盖了贸易、社会经济、气候变化以及腐败等方面的问题。

上述承诺中有几项颇为特别。第一项是各成员国领导人承诺，将二十国集团打造为“其成员国进行国际经济合作的首要论坛”(G20, 2009a)。第二项承诺是提出了“强劲、可持续、平衡增长框架”。第三项承诺是，“逐步取消无效的化石燃料补贴，适度推动其合理化，同时为最贫困国家提供对口支持”。但是，会议并未集体筹集大量新的资金，这与不到六个月前召开的伦敦会议截然不同。

承诺的兑现

在承诺兑现方面，匹兹堡峰会的成就并不大(参见附录 H-3)，其表现不及伦敦峰会。如果将评估标准设定在＋1.00 到－1.00 的区间内，那么，在匹兹堡峰会结束的八个月后，其兑现承诺的成绩可达＋0.28(64％)，该成绩大大低于伦敦峰会结束六个月后＋0.42(71％)的兑现成绩(在上述评估区间中，－1.00 代表未兑现承诺或行动与承诺相违背，0 代表承诺部分兑现或兑现工作仍在进行中，＋1.00 代表完全兑现)。匹兹堡峰会后，八国集团成员兑现二十国集团承诺的平均成绩为＋0.56(78％)，而非八国集团成员承诺兑现的成绩勉强处于正区间内，是＋0.04(52％)。因此,八国集团在兑现承诺方面再次好于非八国集团成员。整体而言,与同年的八国集团拉奎拉峰会相比,匹兹堡峰会表现欠佳。拉奎拉峰会的承诺兑现成绩为＋0.53(76.5％)。在兑现匹兹堡峰会所做的五项有关清洁能源和气候变化的承诺方面,美国、加拿大和墨西哥这三个北美成员做得较好。

全球治理的发展

在全球治理的发展方面,匹兹堡峰会工作成效极为显著。在内部,领导人发布的三份文件对作为国际机构的二十国集团做了 47 次援引,这几乎是伦敦峰会的四倍。其中,二十国集团峰会受援引的次数最多,共 24 次;紧随其后的是财政部长和央行行长论坛,共 16 次;接下来是官员层面的援引,共 6 次,以及公民社会层面 1 次。对二十国集团峰会本身的援引第一次居于首位。全球治理发展最关键的决定是将二十国集团制度化,使之成为其成员开展国际经济合作的新型永久性首要论坛。匹兹堡峰会最终将中心角色给予了二十国集团这个让新兴国家平等参与论坛的国际机构,同时承认了这个集团中各成员能力的平等和各层面的多样性。在二十国集团中,守成国家和新兴国家最终获得了重要的平等地位。

尽管金融和经济危机的影响开始减弱,二十国集团领导人仍希望在接下来的一年中召开两场峰会。第一场由七国集团成员中的非宗主国加拿大主持,第二场由亚洲的韩国这个非七国集团、非金砖国家成员主持。守成国家成员和新兴国家成员之间的平等如今已上升到新的高度,体现在平等地主持和主办峰会这一方面。

二十国集团成员达成一致,下一次的峰会与下一次的八国集团峰会将于 2010 年 6 月在加拿大同时召开,由此,二十国集团和八国集团间的任务分工得到明确,合作得到加强。八国集团和二十国集团财长论坛所搭建的平台如今都可以为新的二十国集团峰会服务。这种合作精神在匹兹堡公报中显而易见,公报多次强调、认可和借鉴八国集团先前所做的决定,或作出落实这些决定的承诺。

在部长层面上，各国领导人要求其能源、环境、贸易和劳动等部门的部长在工作中应逐步兑现各项承诺。在官员层面上，他们同意建立二十国集团金融专家组，以帮助该集团“从给予贫穷国家财政扶持的创新方法中总结经验教训”(G20，2009a)。

在外部，匹兹堡峰会领导人发布的文件对其他国际机构作了117次援引，比伦敦峰会多1次，创下援引次数的新高。援引次数最多的两个机构分别是国际货币基金组织，共34次，以及世界银行，共14次。同其他的援引一样，上述援引绝大多数都具有积极性。这种趋势表明，二十国集团通过高度合作的方式，努力建立和加强它与既有多边组织的关系。在这种新型关系中，最显著的一例是，二十国集团和国际货币基金组织紧密合作，共同创立与落实“强劲、可持续、平衡增长框架”。此外，峰会文件还对其他国际机构做了援引，包括联合国8次、国际劳工组织5次，以及联合国贸易和发展会议、联合国粮农组织、国际农业发展基金会和世界粮食计划署各1次，如今这些都是二十国集团治理不可或缺的一部分。

值得注意的是，二十国集团针对八国集团体系做了4次援引，包括2005年格伦伊格尔斯峰会、主要经济体论坛、全球农业和粮食安全伙伴关系，以及2009年拉奎拉峰会。所有这些援引都具有积极性和肯定性。显然，奥巴马和布朗凭借他们的领导能力和专业能力在其中发挥了重要作用。

取得成效的原因

二十国集团的全球治理体系中心模式再次成为峰会取得巨大成功的原因。

在动荡中产生的共同脆弱性

第一个原因是，近期的经济和金融动荡持续时间长，在各国国内造成了重大而深远的影响，尤其是会议主席国美国，其经济增长和就业在遭遇重创后恢复缓慢(参见附录Ⅰ)。根据国际劳工组织在匹兹堡峰会上向二十国集团领导人提供的报告,截至2009年3月,二十国集团成员国的失业率已经增至8.5%(ILO, 2009)。虽然失业率在二十国集团成员中都有所增长,美国所受冲击尤其严重,它的失业率从2008年的5.8%增长到了2009年的9.4%。美国的高失业率持续时间异常漫长。土耳其也遭受重创,失业率从11.2%上升到14.3%(OECD, 2010)。在二十国集团中,几乎所有成员国的政府支出、财政赤字和债务均持续增长。大部分八国集团成员国和许多非八国集团成员国也都处境艰难。

国际机构的失败

匹兹堡峰会取得巨大成功的第二个原因是国际机构的失败。国际货币基金组织、七国集团或八国集团、二十国集团财长和央行行长论坛以及其他国际机构没有足够能力应对自身面临的危机。国际货币基金组织未能准确预测2009年的全球经济增长率,根据它的预测,经济增长率将超过3%,然而事实上却下跌了0.6%(参见附录J-1)。另外,4月底举行的世界银行和国际货币基金组织的春季会议收效甚小。

奥巴马和其他领导人认为,八国集团拉奎拉峰会及其筹备过程不会产生太大作用。虽然八国集团领导人确在峰会上讨论了经济问题,但他们大多重申了之前二十国集团发出过的呼吁。八国集团领导人意识到,应避免作出某些行动,以免得罪二十国集团中的非八国集团成员,防止阻碍匹兹堡峰会的进展。大多领导人在八国集团峰会上都非常失望。在二十国集团峰会启动、奥巴马开始掌权后,七国集团的财政部长论坛得以保留,原因是美国财政部长盖特纳认为这个老牌论坛依然重要。即将担任2010年峰会主持人的加拿大财长费海提也持相同观点。二十国集团财长几乎没有作出承诺,他们将这个任务交给了领导人。

其他国际机构失败最明显的表现是领导人所做的以下决定:使二十国集团成为其成员国开展国际经济合作的首要论坛,以及在接下来的一年中继续召开两次峰会。它的另一个表现是二十国集团对国际金融机构改革的承诺,他们要使之更为“合法且有效”(G20, 2009a)。但凭自身力量,这些机构无法做到这一点。

集体主导、内部平等的能力

匹兹堡峰会取得巨大成功的第三个原因是二十国集团成员在全球范围内集体主导的能力,以及在集团内八国集团成员和非八国集团成员间平等的能力(参见附录K)。所有的八国集团成员在2009年都进行了续约。中国继续保持发展势头,其国内生产总值的增长率为9.1%,继续位列在新兴国家成员之首;而俄罗斯的增长率则下降到7.9%(IMF, 2010)。新兴经济体尤其是金砖国家正处于上升状态。根据世界银行七月发布的各国经济总量排位报告,中国的国内生产总值排名与德国互换,从第四上升至第三。巴西从第十位跃至第八位,俄罗斯从第十一升至第九。

二十国集团在守成国家和新兴国家间的平等性体现在与全球经济治理相配套的论坛。以目前的形式,国际货币基金组织和八国集团已不及昔日,无法代表新的世界经济格局。

民主趋同

匹兹堡峰会取得巨大成功的第四个原因是二十国集团成员不断趋同,其主要表现是它们承诺维护国内政治稳定和公开,以及在国内采取相应行动。大多二十国集团成员正在为实现稳定的经济体制和促进就业的市场复苏作出努力,在这一过程中,它们依然十分重视国内的普遍民主制度。韩国选择在2010年主持二十国集团峰会,成为第一个担任峰会主席国的非八国集团成员,这说明二十国集团的驱动力并非仅源于其守成和新兴国家成员间平等的能力,而且也源自几乎所有成员共享的民主制度。

政府管理、资金、持续性、能力和承诺

匹兹堡峰会取得巨大成功的第五个原因,即二十国集团领导人自

身在政府管理、资金、持续性、能力和承诺等方面所发挥的影响。新上任的奥巴马依然备受欢迎,他在国会中握有对两党的控制权。德国总理默克尔在峰会后即将参加大选,她也很受拥戴。这是奥巴马参加的第二次二十国集团峰会。事实上,除了南非的新任总统祖玛和日本首相鸠山由纪夫以外,其他领导人都参加过二十国集团峰会。陪同领导人参会的还有二十国集团各成员国经验丰富的财政部长和实力出众的官员。美国的代表团中有二十国集团创始人劳伦斯·萨默斯,他目前任奥巴马政府的国家经济委员会主席。由他提出的逐步减少化石燃料补贴的倡议,是他所作出的重大贡献。

有限参与俱乐部:二十国集团作为网络治理中心

匹兹堡峰会取得巨大成功的第六个原因,在于二十国集团作为网络治理中心严格限制峰会参与者的数量与范围。首先是集团内部因素,即二十国集团中的非八国集团成员对该峰会的归属感不断增强。它们越发认为二十国集团峰会是一个有价值的俱乐部,它们不久也能在其中发挥主导作用。在匹兹堡,韩国得到了中国和日本的支持,成功当选 2010 年二十国集团峰会的主席国和主办国。墨西哥希望在那之后也能获得一次机会。中国也表示希望成为 2011 年峰会的主席国与主办国,最终却将机会让给了法国。

第二个因素是参会国家和国际组织的数量不断增加。峰会新增的参会领导人来自西班牙、荷兰、东盟(由泰国代表)、非洲发展新伙伴计划(由埃塞俄比亚代表)、世界银行、联合国、国际货币基金组织、金融稳定论坛、世界贸易组织、国际劳工组织以及经济合作与发展组织等国家或组织,这些人中的大部分已连续三次参会。因此,二十国集团峰会本身的范围也在日益扩大,不断吸纳更多国家和组织,在这个体系中心共同开展全球治理。然而,参会者数量的上升付出了两个代价:第一,集团因此丧失了紧凑性;第二,峰会在协商方面的表现不及伦敦。

第三个因素是集团外部,即二十国集团成员国与多边峰会机构密切合作的方式,它们以此来推进该集团的运作。第五次美洲国家峰会在2009年4月底举行。参会者强调称他们正在努力处理目前的经济和金融危机。当上海合作组织6月在俄罗斯会晤时,参会者讨论了增强经济合作以应对金融危机的需要。金砖国家的第一次峰会也于6月在俄罗斯举行,巩固了这4个新兴经济体作为特定集团的地位,加强了4国的联系。金砖国家领导人讨论了当时的经济局势,直接提及了二十国集团。在二十国集团宣称使之成为其成员开展国际经济合作的首要论坛前,此举加深了该集团的影响(BRICs, 2009)。

7月举行的八国集团拉奎拉峰会也类似地提及以下几点:第一,二十国集团;第二,各成员国领导人对峰会的承诺;第三,二十国集团已作出的承诺(G8, 2009)。在八国集团峰会会议间隙,主要经济论坛也召开了会议以讨论气候变化问题。拉奎拉峰会的闭幕会议总共有四十五个国家的首脑出席,这为二十国集团成员国领导人提供了深入交流的机会,使他们得以讨论一系列广泛的议题,在匹兹堡峰会前召开实际意义上的二十国集团第三次峰会。部分二十国集团成员对拉奎拉峰会的扩大会议反应有些消极,这更有力地证明,这个由二十个国家组成的紧凑集团是一个更有价值的论坛。

本 章 小 结

匹兹堡峰会的召开是一次巨大的成功,它在一些问题上取得了显著成就,展现了奥巴马执政的美国在全球的领导力。峰会让这位民主党的新总统参与到这个新的领导人论坛中,使其和现有的部长级论坛一样,都具有了两党性质,但与1999年至2001年之间两党在其中的参与顺序相反。美国和其所有伙伴的密切关系体现在成员国领导人的决定上,即让二十国集团峰会成为他们国际经济合作的永久性首要论坛。各国领导人扩大了论坛主席国和主办国的范围,从英美两个老牌宗主国到八国集团成员加拿大,再到非八国集团与非金砖国家的成员韩国。他们同样扩大了议题,囊括了社会和人类安全事务,以及处于边缘的核不扩散的硬安全问题。

这些制度上的成就令人印象深刻,与此同时,峰会所取得的政策性成就同样意义重大。匹兹堡峰会创立了“强劲、可持续、平衡增长框架”,这可以指导各成员国未来在严格、协调的宏观经济与结构改革方面作出努力。领导人们一致认为,国际货币基金组织 5%的份额将会转移至迅速发展的新兴国家。二十国集团承诺逐步取消化石燃料补贴,这是各国领导人首次在二十国集团峰会上作出意义重大的行动以应对能源和自然环境问题。

峰会取得上述成就的驱动力是 2008 年全面爆发的金融危机和随之而来的经济动荡,以及在经济复苏中逐渐显现的脆弱性。产生上述成就的原因还在于更多的多边组织和七国和八国集团愿意支持二十国集团在经济中发挥引领作用,以及迅速崛起的新兴国家渴望借助这个平等的集团来应对关键的经济问题。同样起到推动作用的是:二十国集团领导人共同承诺,通过更大的政治公开性实现社会稳定;奥巴马处于当选蜜月期,拥有很强的政治控制力和充足的资金。在匹兹堡峰会召开时,几乎所有成员国领导人在不到一年的时间已举行三次会晤,由此可见,二十国集团的成功运作越发依赖其成员国领导人的连续性。不论是对成员国本身,还是对作为其永久性首要经济论坛的整个集团,这种连续性都显得日益重要。

参 考 文 献

BRICs. 2009. “Joint Statement of the BRIC Countries' Leaders.” Yekaterinburg, June 16. Available at: www. Brics. utoronto. ca/docs/090616-leaders.html. Accessed: July 2012.

Brown, Gordon. 2010. *Beyond the Crash: Overcoming the First Crisis of Globalization*. New York: Free Press.

Donovan, Paul. 2009. “What Is the G20 Really Fighting For?” *Jakarta Post*. October 19.

G7 Finance Ministers and Central Bank Governors. 2009. “Statement of the G7 Finance Ministers and Central Bank Governors Meeting.” Available at: www. g8. utoronto. ca/finance/fm090424. htm.

Accessed: July 2012.

G8. 2009. "Responsible Leadership for a sustainable Future." L'Aquila, Italy, July 8. Available at: www.g8.utoronto.ca/summit/2009laquila/2009-declaration.html. Accessed:July 2012.

G20. 2009a. "Leaders Statement: The Pittsburgh Summit." Pittsburgh, September 25. Available at: www.g20.utoronto.ca/2009/2009communique0925.html. Accessed: July 2012.

G20, 2009b. "Global Plan for Recovery and Reform." London, April 2. Available at: www.g20.utoronto.ca/2009/2009communique0402.html. Accessed: July 2012.

G20 Finance Ministers and Central Bank Governors, 2009a. "Declaration on Future Steps to Strengthen the Financial System." London, September 5. Available at: www.g20.utoronto.ca/2009/2009banking0905.html. Accessed: July 2012.

G20 Finance Ministers and Central Bank Governors, 2009b. "Meeting of Finance Ministers and Central Bank Governors: Communique." London, September 5. Available at: www.g20.utoronto.ca/2009/2009communique0905.html. Accessed: July 2012.

Giles, Chris. 2009. "Finance Minister Fall Short on Global Aims." *Financial Times*, November 9.

Guerrieri, Paolo. 2010. "Multipolar Governors and Global Imbalances." *International Affairs* 86(3):681—692. doi: 10.1111/j.1468-2346.2010.00905.x.

Guha, Krishna. 2009. "Africa's Plea for Poor to Be Heard." *Financial Times*, September 26.

Helleiner, Eric. 2010. "A Bretton Woods Moment? The 2007—2008 Crisis and the Future of Global Finance." *International Affairs* 86(3):619—636. doi: DOI: 10.1111/j.1468-2346.2010.00901.x.

International Labor Organization. 2009. "Promoting Jobs: A Survey of Country Employment and Social Protection Policy Response to the Global Economic Crisis." A report submitted to the G20 Leaders' Summit, Pittsburgh, 24—25 September, Geneva. Available at: www.ilo.org/public/libdoc/jobcrisis/download/protecting_people_promoting_jobs.pdf. Accessed: July 2012.

International Monetary Found. 2010. "World Economic Outlook: Recovery, Risk, and Rebalancing." October, Washington Dc. Available at: www.imf.org/external/pubs/ft/weo/2010/02/. Accessed: July 2012.

Johnson, Steven C. 2009. "G20 Means G7 No Longer Only Game in Town on Currencies." Reuters, September 29.

Joicey, Nicholas and Pickford, Stephen. 2011. "The International Monetary Fund and Global Economic Cooperation." In *New Economic Diplomacy: Decision-making and Negotiation in International Economic Relations*, eds Bayne, Nicholas, and Woolcock, Stephen. Farnham: 283—302.

Kirton, John J, 2009. "Prospects for the Pittsburgh G20 Summit." *IBFed Newsletter*, Summer, pp.3—4. Available at www.g8.utoronto.ca/g20/biblio/kirton-ibfed.pdf. Accessed: July 2012.

Kirton, John J, and Boyce, Madeline. 2009. "Making History: G20 Governance form Pittsburgh to Muskoka." September 25. Available at: www. g20. utoronto. ca/analysis/2009performance0925.html. Accessed: July 2012.

Kirton, John J, and Guebert, Jenilee. 2009. "Prospects for the Pittsburgh Summit." In The 2009 G20 Pittsburgh Summit: Sustainable Global Recovery, eds Kirton, John J., and Koch, Madeline. London: Newsdesk, 28—29. Available at: www.g8.utoronto.ca/newsdesk/pittsburgh/kirton.html. Accessed: July 2012.

Organization for Economic Co-operation and Development. 2010. "Government Final Consumption Expenditure in US Dollars." Economics: Key Tables form OECD, No.2, December 13, Paris. doi:10.1787/2074384x-2010-table2.

Payne, Anthony. 2010. "How Many Gs Are There in 'Global Governance' after the Crisis? The Perspectives of the 'Marginal Majority' of the World's States." *International Affairs*: 86(3):729—740.doi:10.1111/j.1468-2346.2010.00908.x.

Sachs, Jeffrey. 2009. "American Has Passed On the Baton." *Financial Times*, September 29.

Wining, Nicholas and Parkinson, Joe. 2009. "G20 Fin Mins Come Up Short on Climate Change." Dow Jones, November 7.

第十三章

控制欧债危机:2010 年多伦多峰会

引　　言

挑战

二十国集团第四次峰会于 2010 年 6 月 26 日至 27 日在加拿大多伦多召开,由加拿大总理哈珀主办并主持。韩国总统李明博曾经主办并主持了 2010 年二十国集团财政部长和中央银行行长会议,并将于 2010 年 11 月 11 日至 12 日在首尔主办并主持二十国集团第五次峰会。

多伦多峰会是首次在召开八国集团峰会之后一天就举行,八国集团峰会在临近的穆斯科卡举办,这使人开始关注两个集团间的关系并猜想,这个更新的、涵盖更多国家的二十国集团未来是否有可能会取代老旧的、小圈子型的八国集团。作为在匹兹堡首脑宣言之后的第一次峰会,由于宣言中称二十国集团已经是"国际经济合作的最高论坛",他们想要使这个雄心勃勃的称号名副其实面临巨大的压力(G20, 2009)。早在 2010 年春季,当 2007 年到 2009 年的经济危机消退时,有人觉得二十国集团也应该隐退,因为作为一个解决危机的论坛,当危机过去后它就不再有存在的必要了。然而,当一月在希腊出现欧洲第一个主权债务动荡并在 4 月爆发时,多伦多峰会有了一个需要它来遏制的新生经济危机。

就会谈的内容来看,多伦多会议看起来注定是迄今为止意见分歧最大的峰会。会上美国与欧洲在财政刺激、退出和整顿方面意见相左,加拿大抗议欧洲和美国联合开征全球银行税,而发达国家要求发展中国家控制失衡以便使匹兹堡的“强劲、可持续、平衡增长框架”发挥作用。二十国集团在2008年危机袭来时有效地促成合作,同时释放出大规模经济刺激,而今要制定有效的退出计划并保持财政可持续性的同时,又需要遏制正在形成的欧债危机并支撑经济复苏,想要达成这些目标则困难得多。政府的花销增长起来很容易,但要削减则没那么简单,尤其当经济还没有进入强劲复苏期时更是如此。

不同流派的观点

这些挑战使针对多伦多会议的评论中产生了不同的预测。有人认为讨论多伦多峰会会否成功为时尚早。斯温·贝伦特(Sven Behrendt)觉得“暂时还无法断定二十国集团能否在面对各国的国家利益时,将原则有效转化为更具体的政策,并建立一个能够守护全球经济活力的金融架构”(转引自 Dale, 2010)。牛新春(音)也发表了类似的观点,他认为当所有国家都处在危机中时更容易达成协议,而一旦经济复苏近在眼前时,“小算盘”又将重现(转引自 Dale, 2010)。

也有人认为多伦多峰会在开幕前就已成功,因为它促使成员国提前进行调整,比如中国就在峰会前夕重估了其货币体系(Subramanian, 2010)。还有“完善派”希望多伦多峰会能在联合国2009年12月哥本哈根气候峰会失败的情况下推进气候变化控制(McColl, 2010)。他们还希望二十国集团能削弱联合国体系内现存的一些有害集团的势力,为联合国和其他国际组织营造“良性竞争”,同时鼓励发展中国家参与并承担更多责任(Patrick, 2010)。也有“取代派”将多伦多峰会作为二十国集团峰会取代八国集团峰会的时刻(Currah, 2010)。

峰会过后,各派新观点扩大了争论,现在争论集中在多伦多峰会的实际表现以及造成这种表现背后的原因。

有人认为此次峰会是失败的,并从不同角度进行分析。一派人认为八国集团国家联手将它们的态度强加到二十国集团这个更大的舞台上,它们拖延发展中国家期望的国际金融机构改革(IFIs),也未能将八国集团和二十国集团的议程切实可行地区分开。(Garcia, 2010; M.D.

Nalapat 转引自 Smith, 2010)。另一派认为由于成员国未能达成一致或者单纯因为各方失职,导致了国内政府管理和具体决策的失败(Masters, 2010; Crook, 2010; Schirm, 2012)。第三派认为二十国集团作出紧缩政策是个错误,因为根据当前增长和通胀数据,依照凯恩斯主义来看更需要刺激(Makin, 2010; Krugman, 2010; Frank, 2010)。

第四派认为峰会只达成了一个貌合神离的协议。这是由于金融和经济危机已经过去,对新的危险缺乏共识,市场持续主导政府,欧洲分裂,德国总理默克尔民意支持率低迷,跨大西洋关系破裂,大国不愿转让主权,有效而合法的国际机构缺位,首脑间缺乏信任(Stephens, 2010; Roubini and Bermmer, 2010)。

第五派认为峰会毁誉参半是因为领导者的思维混乱。马丁·沃尔夫(Martin Wolf, 2010a, 2010b)指出政策前后反复,尽管"2010 年第一季度,引领全球的七国集团各个成员国国内生产总值仍皆低于危机前的峰值",但却谨慎地转向紧缩政策。这是出于以下几个原因:全球经济复苏比在伦敦峰会时预计的更快;希腊财政危机;英国保守党领导的联盟面临大选。此外,政策制定者们未能全面理解这个问题的相互关联性,他们往往将财政整顿作为单独的措施,还"普遍相信紧缩政策将增强信心,产生新的私人支出",全然不顾国际清算银行年度报告的内容(Wolf 2010a)。西尔维亚·奥斯特利(Sylvia Ostry, 2010)认为财政整顿取得了一些积极进展,但她不确定政策是否会得到执行,她认为还需要更多进展。她同时认为多伦多峰会未能处理重大事项,没有建立一个新的机构来应对主权债务重组、经济不平衡、世界收入极化和气候变化。

也有其他人看到了峰会成功的地方。第六派看到了八国集团催生的成功,"老牌大国在多伦多重振旗鼓,"因为它们仍占至少百分之五十的全球经济总量,由于其经济增速大大落后于新兴经济体的爆发式增长,因而它们亟须调整,而且这种情况不会因中国调整汇率而改善(Pisani-Ferry, 2010)。安德鲁·科因还发现,二十国集团多伦多峰会达成的经济共识和承诺使之成为了新的经济合作与发展组织(OECD),二十国集团的新兴经济体采纳了一些此前反对过的原则和政策，在仅仅二十年前七国集团就向他们提出过这些内容。

第七派认为危机促使加拿大成功主办峰会(Charlebois, 2010; Clark, 2010; Coyne, 2010; Gotlieb, 2010; Watson, 2010)。有三方面因素促进了政策向必要的财政整顿倾斜：哈珀身为东道主、加拿大强大的金融和经济地位以及正在爆发的欧债危机。多伦多峰会设定了艰难的目标和时间表来稳固财政，明智地否决了银行税，延续了反对贸易保护主义的承诺，并使哈珀的加拿大模式和国际化外形深度结合起来，以便强制实行任何他所希望的国内紧缩措施。

第八派认为峰会在回应危机方面取得了意义深远的成功(Kirton, 2010b; Lee, 2010; Stewart, 2010; Lukov, 2010a, 2010b)。二十国集团多伦多峰会明智地将增长、就业和复苏放在首位，通过承诺在中期控制赤字和债务安抚了紧张的市场，还加强了银行业监管，否决了银行税方案，完善了强劲、可持续及平衡增长框架，改革了世界银行在内的国际金融机构，在金融安全网及金融发展方面作出了合理决定，促使几个最大的成员国以恰当的方式进行了调整，并巩固了二十国集团作为其成员国最高经济论坛的作用和地位。峰会成功的原因是由于不断扩散的欧债危机、不平衡且不确定的全球经济复苏、迫在眉睫的 11 月首尔峰会以及二十国集团和八国集团之间合理分工。

本章论点

本章论述认为多伦多峰会取得了圆满成功，尤其在于峰会成功完成了应对危机和宏观经济政策管理这两项核心任务。峰会明确了先刺激、后退出、再整顿财政之间的妥善安排，以此来恢复市场信心，将肇始于希腊的欧元区中正在爆发的新一轮金融危机从全球性危机的边缘拉回来，支撑了正在进行的脆弱复苏。多伦多峰会为完善峰会框架、健全银行监管和反对贸易保护主义提供了动力，并为反腐、发展和金融安全网提供了新的推力。峰会的表现受到当下来自欧元区的第二轮金融动荡的驱动，而这次动荡表现为主权债务的形式。巴塞尔银行监管委员会(BCBS)等其他机构进展缓慢，多数领导人则政治控制稳固，这两点都助力于峰会的成功。作为致力于平衡预算的经济学家东道主哈珀,他同法国的萨科齐、德国的默克尔以及印度的辛格几位老将一起以他们的秉持态度、个人能力和承诺使峰会取得了成功。另外,接连召开的八国集团和二十国集团峰会使这两个机构共同合作,增强了二十国集团的地位,使它成为全球网络治理中心,并稳步成长为受成员国领导人重视的俱乐部。

多伦多峰会的计划及其准备

主席国席位协商

在匹兹堡峰会上宣布了于何时何地召开下一次二十国集团峰会的决定,但从很久以前就开始为此进行实质性的协商工作。协商得出了一个不寻常的安排,将下一次二十国集团峰会在时间和空间上紧凑地安排在原先定好的八国集团峰会之后。前三次二十国集团峰会依次在美国、英国而后又回到美国举办。这样一种英美独揽主办权的形式对于一个由二十个成员国平等参与的集团而言似乎并不相称,尤其是在全球经济权力中心由大西洋向亚太地区转移,由守成大国向新兴大国转移时,情况更显是如此。

从筹办到第一次华盛顿峰会,日本一直致力于申办下一次二十国集团峰会,为此还承诺给国际货币基金组织 1 000 亿美元的经济贷款。在伦敦,当决定美国将主办第三次二十国集团峰会时,多数人都认为第四次峰会应当在亚洲举办,甚至到最后连渴望申办的法国都这么认为。韩国提出申办并得到了日本和中国的支持。所有人都接受这样一个逻辑,而且韩国已经开始计划主办 2010 年二十国集团财政部长和中央银行行长会议。韩国提出在 2010 年 4 月举办峰会,和之前一次伦敦峰会的月份相同。因此,当匹兹堡峰会临近时,人们似乎觉得下一次二十国集团峰会将于 2010 年 4 月在韩国举办(Lee, 2009)。

然而,奥巴马此前就计划于 2010 年春天主办一场特殊的单一议题的峰会以讨论核安全,届时将有 35 个国家的领导人到华盛顿出席会议。美国起初想把这场峰会设在3月，但之后还是定在4月。不过领导人不太可能在一个月里出访两次，去一次华盛顿，再去一次韩国。八国集团和二十国集团首脑普遍都希望减少此类会议及其所需花费的行程时间。美国建议韩国将二十国集团峰会放在2月，李明博则觉得时机不太成熟。

加拿大作为八国集团亨茨维尔峰会主办国，早已计划好2010年6月25日至27日在安大略省的峰会，他们已经知道他们将与作为2010年二十国集团金融论坛主办国的韩国展开密切合作。他们在早期阶段就开始与韩国沟通。双方的关系在雷奥纳德·爱德华兹（Leonard Edwards）的帮助下保持良好，他是哈珀二十国集团和八国集团的筹备官，曾任加拿大驻首尔大使。哈珀和李明博在2009年7月的八国集团拉奎拉峰会上会面，李明博当时正以成员国身份出席主要经济体论坛（MEF）。双方在探讨中认识到加拿大作为八国集团主办国与作为2010年二十国集团主席国的韩国有必要紧密合作。

意大利举办的八国集团峰会夹在2009年4月和9月两场二十国集团峰会之间。八国集团拉奎拉峰会因而被纳入一场更大范围的经济讨论中。意大利于是邀请了许多非成员国首脑到八国集团，第三天时甚至达到了45人。加拿大和其他国家觉得这个方法不可行。加拿大为了使八国集团保持其意义和价值冥思苦想寻找替代方案，他们考虑了好几个想法。由于八国集团峰会的日期已经宣布，加拿大无法改动。但他们知道以后每年都会有至少两场峰会——一场八国集团峰会和一场二十国集团峰会。如果有人因为二十国集团峰会六个月一次的频率感到困扰，而所有人又都认为这样一个频率是有必要的，那么加拿大也将面对同意大利一样的难题，因为八国集团峰会在2010年夏天，又会被夹在春天和秋天两场二十国集团峰会之间。加拿大因此认为需要协商出一个方案来解决上述两难困境。

2009年9月3日至4日，爱德华兹前往韩国与韩国总统会晤。他11月再次到访韩国。不少国家不希望有太多峰会。某些八国集团国家，尤其是美国，不希望一年里开三个分开的“G”字头峰会，就算有三场，也只想出访两次。在9月的会议上，爱德华兹经过哈珀的许可提出了一项方案，由韩国作为主席国举办 2010 年全年的二十国集团部长级会议，并在匹兹堡峰会一年后在韩国举办二十国集团峰会，加拿大则在主办一场八国集团峰会后紧接着再办一场二十国集团峰会。两国将在整个 2010 年进行合作。韩国对此很感兴趣，加拿大则充分利用加韩友好双边关系顺势而为。哈珀将于 12 月到访韩国。

两周后，为准备匹兹堡峰会，二十国集团在华盛顿召开了筹备官会议，会上李明博的首席金融顾问尹三康(Il SaKong)会见了爱德华兹和美国代表。尹三康和爱德华兹两人会面后，两国合作主办的想法看起来将会得到李明博的批准。然后双方进入到举办时机这个议题。爱德华兹事先就与他的同事通过电话进行了有效的商讨，获得了他们对双方合作举办这个想法的支持。

加拿大获得主办权引起了关于下一次主办方的更大范围的讨论。萨科齐想在 2011 年主办二十国集团峰会来启动他的连任竞选。由于法国加入竞争，中国对此也更加重视。他们看到二十国集团峰会在华盛顿召开，在伦敦召开，在匹兹堡召开，然后在加拿大召开，之后在韩国召开。除非确定法国是否将成为下一次的主办国，中国不会为加拿大主办 2010 年二十国集团峰会开绿灯。在一次联合国会议上，胡锦涛与萨科齐达成协议，中国支持法国主办 2011 年峰会。中国打消主办峰会的念头是因为法国已获得美国的支持，法国以萨科齐需要在 2011 年主办峰会来为总统连任竞选造势为理由说服了美国。中国此前提议要么按国家首字母轮流主办，要么按洲轮流。但法国已经取得了二十国集团成员国中的 13 个的支持，所以中国也决定支持法国。

墨西哥因此决定寻求在匹兹堡申办 2012 年的峰会。他们的竞争对手包括土耳其和中国，他们在筹备官会议上都暗示了这个意向。俄罗斯也在匹兹堡峰会上提到希望将来能主办峰会。但直到 2010 年 1 月筹备官在墨西哥城会面时，他们才开始着手解决更多细节问题。最终，各方一致同意由法国主办 2010 年峰会和部长级会议。加拿大主办 2010 年八国集团峰会，法国则主办 2011 年八国集团峰会，有人认为或许是这两个即将主办八国集团的国家在匹兹堡一致同意达成的交换，使二十国集团成为其成员国国际经济合作的首要常设论坛。同样持这种观点的人认为,在不久的将来二十国集团峰会就会像财政部长和中央银行行长会议那样由发达国家和发展中国家轮流主办。

12月哈珀访问韩国时,他和李明博在首尔青瓦台就细节进行了更多讨论。哈珀告诉李明博加拿大由于安全和后勤保障的原因将先举办八国集团峰会再举办二十国集团峰会。李明博愿意接受这个决定,但他的官员对这个决定则有更多考虑。李明博拒绝了哈珀在匹兹堡作出的提议,认为两国联合主持加拿大二十国集团峰会太过麻烦。作为回馈,哈珀给予李明博多伦多峰会发言顺位的优先权并让他在峰会的总结发言上发出来自韩国的邀请。12月7日双方会议结束时,哈珀公开宣布峰会将在6月26日至27日在多伦多召开,而下一次峰会将于11月在首尔举办(Office of the Prime Minister of Canada, 2009)。

在2010年举办两场二十国集团峰会使二十国集团的制度化得到了巩固,也使八国集团和二十国集团峰会区分了各自功能并形成互补关系。这项安排也有助于实现二十国集团峰会和亚太经合组织峰会的整合,开启新的亚洲主导进程,由亚太经合组织中两个民主大国进行合作,在11月11日至12日于首尔召开二十国集团峰会,并紧接着在11月13日至14日于日本横滨召开亚太经合组织领导人会议。在这轮亚洲姐妹峰会上,二十国集团峰会将先行一步。

协商具体事宜

将下一次二十国集团峰会同2010年6月举办的八国集团峰会串联起来这个决定,立刻催生了后勤保障和政策性问题。加拿大想在为八国集团选择的小型旅游城市亨茨维尔举办两场峰会,该城市位于风景如画的加拿大穆斯科卡地区。但他们后来发现由于安全和后勤保障的缘故,他们不得不在多伦多这个加拿大最大城市的闹市举办更为庞大的二十国集团峰会。多伦多有能力接待届时与会的超过30个代表团的数千人。此外,一旦决定将二十国集团峰会放在八国集团峰会之后举办,二十国集团峰会将赶上周末,从而最大程度上减少对多伦多市中心商业核心区的干扰。

峰会举办的顺序是一个有争议的议题。澳大利亚、巴西和中国认为应该首先举办二十国集团峰会。澳大利亚一直关注着这个议题,总理陆克文身边的人更是对此牵肠挂肚。他们将二十国集团看作他们的机构,因此对八国集团的功能以及举办顺序比许多二十国集团发展中国家成员更敏感。澳大利亚同中国一起提出认为,首先举办八国集团峰会感觉就像旧的集团在决定二十国集团峰会的议程和成果。俄罗斯在初步得知加拿大紧接着举办两场峰会的计划时也立即给出否定答复。他们认为应该有一段适当的间隔,这样不仅不会看起来像是八国集团支配了二十国集团,也不会使八国集团的决定因为二十国集团而失色。印度则几乎不怎么关心顺序问题。

对加拿大来说,后勤保障才是最首要的。加拿大认为两次峰会孰先孰后无关宏旨。一方面,加拿大不希望被误解为八国集团为二十国集团定下了议程和讨论内容。另一方面,考虑到金砖四国领导人和欧盟首脑在八国集团峰会前夜召开核心小组会议探讨共同立场,安排八国集团领导人在二十国集团峰会前会面,或许有助于消除八国集团成员间的一些分歧。这样能使短暂的二十国集团会议更富成果。

2010 年 1 月墨西哥筹备官会议是哈珀宣布峰会日期后召开的第一次会议,会上中国和少数其他国家正式提出它们此前表达过的对会议召开顺序的关注。但这只是为了传达一个信息。加拿大作出保证,两场峰会将会分别召开而且各有千秋,会议议程而不是时间安排将会证明这一切。

协调政策议程

关于峰会的政策内容,哈珀(Harper, 2009b)在 2009 年 9 月末匹兹堡峰会前首次公开但间接地表达了他的想法。他后来在 2010 年 1 月的达沃斯世界经济论坛上发表一场演讲,详尽地阐述了他的观点。

哈珀在九月宣称他这次峰会将着力于经济并贯彻二十国集团已经达成的承诺。这意味着健全金融体系、落实刺激和退出计划、推动贸易自由化、推进国际金融机构改革以及达成强劲、平衡、可持续增长框架

(Harper, 2009a, 2009b, 2010a; Edwards, 2010)。加拿大对扩大议程持谨慎态度,他们相信二十国集团需要首先实践既有的承诺。从更大的意义上讲,加拿大希望同韩国合作确保两次峰会能够互补。其中一个想法就是两次峰会应该各有一个不同的重点专题。

在设置议程时,加拿大从两个关键概念出发。首先,需要将二十国集团作为一个不同的论坛同八国集团区分开,因而议程需要反映这一点。俄罗斯支持这一想法。第二,加拿大强调了问责机制,就如同其在主办的八国集团峰会上强调的那样。加拿大认为落实过去的保证对于作为常设论坛的新二十国集团峰会来说格外重要。

二十国集团要求国际货币基金组织准备一份有助于指导多伦多峰会的报告。国际货币基金组织逐渐成为为二十国集团做幕后工作的主要国际组织。它为评估设置了基准并协助为公报定下了基调。针对多伦多峰会,二十国集团要求国际货币基金组织准备一份有关世界经济的报告、一份框架中呼吁的新相互评估程序(MAP)以及一份关于国际金融机构话语权和表决权改革的明确报告。

其他议题还包括气候融资,该议题在 9 月匹兹堡峰会、11 月二十国集团圣安德鲁斯财政部长和中央银行行长会议以及 12 月联合国哥本哈根气候变化大会上都遭遇了失败。多伦多峰会其他备选议程还有能源补贴、创新、绿色增长和就业。

圣安德鲁斯财政部长和中央银行行长会议,11 月

多伦多峰会的准备工作在二十国集团财政部长和中央银行行长例行年会上开始进行,这次年会由英国主办,于 2009 年 11 月 6 日至 7 日在苏格兰圣安德鲁斯举行。会议由英国首相布朗宣布开幕。他提出了几个大胆的提议,其中包括全球银行税(Brown, 2010)。这项提议被许多银行并未倒闭的八国集团和二十国集团国家所反对。俄罗斯支持欧洲和美国中任何国家对自己国家的银行征收这样一笔税款,设想这将导致这些银行转移到俄罗斯,从而有助于俄罗斯建立其所期望的全球金融中心。

在会前，加拿大财政部长费海提与美国财政部长盖特纳就告知英国财政大臣阿利斯泰尔·达林，加拿大反对银行税。让达林颇显难堪的是布朗在圣安德鲁斯的发言中强烈呼吁征收这一税种。布朗之后还在英国面对媒体重复了这一呼吁。盖特纳只能委婉地指出他认为布朗首相政治上准备不足。

鉴于现在美国支持另一种银行税而日本继续保持沉默，加拿大成了七国集团成员中唯一反对布朗征收全球统一银行税提议的国家。加拿大站在中国和印度尼西亚主导的二十国集团新兴成员的角度提出，一项“一刀切”的银行税事实上并不适用于所有国家，那些国家也不应该付出这个代价，因为它们的银行没有在本土破产。从 2009 年剩余的时间一直到 2010 年，银行税看起来始终是多伦多峰会所要解决的最富争议的议题。

在圣安德鲁斯，各国部长花了很多时间在气候融资这个有分歧的议题上，而他们的代表在之前也花了相当多时间。然而，他们没什么成果能够展示。退出计划也占用了很多时间。

另一项关注重点在峰会框架上。在圣安德鲁斯各国财长和行长保证将进一步完善框架，使之与“有效率和有弹性的金融体系”以及几个其他政策目标相一致(G20 Finance, 2009)。但会上没有提出促进它们相互联系的指导方案。

会上讨论的内容包括强化金融体系、严格监管制度、评估国际体系机构以及解决税收透明度问题。与会者认识到这些内容以及一些其他要素都应该成为新框架的一部分。圣安德鲁斯公报仅在七段文字中的一段提到了金融监管，其中提及了银行资本、银行高管奖金、问题解决机制和避税天堂。

圣安德鲁斯峰会针对过去二十国集团峰会的工作计划的执行情况，发布了一份三十七页的详尽过程报告(UK Chair of the G20, 2009)。在报告中回顾的九十三项承诺中，五十四项有关加强金融监管，占了一大半。二十国集团体系由此开始在一系列金融监管改革中稳步改进问责机制。

然而，由于某些首脑、中央银行和立法机构的单方面行动，二十国集团的承诺遭到了破坏。这些背叛行为在第一次二十国集团峰会期间就已经在贸易领域出现。2009年秋季，这种行为扩散到了货币政策领域，澳大利亚单方面退出了货币刺激，三次提高了政策利率。在匹兹堡峰会前，荷兰(受邀参加二十国集团会议)采取了单方面行动，没有履行银行高管奖金方面的承诺。在之后的圣安德鲁斯会议上，英国和法国都没有遵守二十国集团达成的共识和安排，单方面向银行家们的奖金征收税款。而在美国、日本和欧盟，加强和规范其他金融业的努力都陷入了停滞，甚至连问责机制也已停滞。

变革显然来自传统的众所周知的银行资本领域。2009年12月17日，巴塞尔银行监管委员会(2009b)发布了其所被要求制定的银行资本新规征求意见稿。当美国和英国寻求迅速向更高层次推进时，日本、法国和德国则使委员会宣布将“在足够长的时间内实行适当的渐进措施以及过渡期安排以确保向新标准的平滑过渡”(BCBS, 2009a)。这意味着新规或许要再花十年才能生效，这比二十国集团领导人们设想的2012年最后期限长久得多。对新规的拖延和执行上不确定与其他因素一同揭示了国家偏好对领导人们寻求达成的迅速有力的共同行动的负面作用，这在那些资本质量相对较低的日本和欧洲大陆银行表现明显。各国首脑将被要求在2010年再次回到这一主题以确保他们在匹兹堡的保证得到遵守。

2009年年末，二十国集团多数经济体恢复了增长和信誉。由此导致了一种担忧，认为2008年到2009年金融危机以及随之产生的统一行动的动力正在迅速消退。2010年初，迪拜和希腊以及欧洲银行的新的金融恐慌仅仅部分抵消了信心的恢复。

主办权转交加拿大

为二十国集团多伦多峰会所做的具体准备工作主要在四场筹备官会议上举行：1月12日至14日墨西哥城会议、3月18日至19日渥太华会议、5月24日至25日卡尔加里南面的云杉牧场会议，以及临近峰会开始前的6月23日至24日多伦多会议。

美国慢慢地才将匹兹堡峰会的制度事项交给加拿大来主导。在对匹兹堡峰会做后续跟进的时候，美国筹备官迈克尔·弗罗曼希望确保制度性决策能得到推进。爱德华兹让弗罗曼发挥领导作用，因为加拿大和美国在这方面思路非常相似。

墨西哥作为巴西、中国、印度、墨西哥和南非五国集团(G5)的主席，在 1 月中旬已经于墨西哥城举办了一场会议，讨论八国集团和五国集团的海利根达姆—拉奎拉进程(HAP)。这一进程作为两大集团的对话，始自 2007 年德国主办的八国集团海利根达姆峰会并在 2009 年意大利主办的拉奎拉峰会上得到延伸。由于二十国集团的十三个成员国将出席，爱德华兹和弗罗曼决定在那里举行第一次二十国集团筹备官会议以节省行程。五国集团和二十国集团会议都由墨西哥筹备官卢尔德·阿兰达·贝萨乌里主持，而弗罗曼联合主持二十国集团会议。

筹备官会议 1：墨西哥城(1 月)　作为 2010 年二十国集团的主办国和主席国，加拿大与韩国均同意 1 月 12 日至 14 日墨西哥城会议最主要的议程是研究落实各国首脑在匹兹堡所达成的协议，使二十国集团成为其成员国经济治理的常设高级论坛。会议文件材料基于一份美国文件和一份英国文件，这两份文件都在匹兹堡峰会之后发布，一同发布的还有一张需要筹备官讨论的事项清单。

在墨西哥城达成的最重要协议就是决定不再讨论峰会架构而是专注于实质问题，其中包括落实此前作出的保证。爱德华兹明确表示加拿大在 2010 年将明确地区分八国集团和二十国集团的议程，哈珀也确定八国集团将不会就经济议题发表声明(Harper, 2010b)。

墨西哥提出对 1 月 12 日重创海地的地震即刻发表一份声明。筹备官对此进行了短暂的辩论。没有人反对在二十国集团发表这一声明，而加拿大起初对此表示反对则是因为这可能发出一个信号，即二十国集团的议程扩展到了金融和经济领域之外。而后来所有人很快都表示了同意，他们认为此时此刻更应该表示同情。虽然严格来说，地震不是一个经济议题，但它是一个难以忽略的重大人道主义事件。当二十个成员坐在圆桌边，而地震近在咫尺，所有代表都会作出这个决定，没有理由不采取行动。俄罗斯筹备官向总统通电话以确保许可，总统立即批准了它。墨西哥于是变更了声明草案的措辞来反映这一共识，声明以二十国集团成员国的名义而不是各自领导人或筹备官的名义发表。

在二十国集团成员资格和参与权这个微妙的议题上，会议没有在扩容问题上达成共识。有人提出应当在吸纳新成员问题上设置一个选拔程序。有人提出只有对那些绝大多数成员同意的对象才能发出列席邀请，不能光由主席国决定。最终筹备官们同意向他们国家的领导人建议使二十国集团保持二十个成员国的数量不变，即包括欧盟在内的现有规模，作这样的考虑某种程度上是因为改变现有规模太过复杂。根据规定，主席国每年能够自行决定邀请少数对象列席，但仅当年有效。就地区性组织而言欧盟是一个特殊的类别。西班牙作为欧盟的轮值主席国参加了墨西哥城的会议。荷兰却没有参加。二十国集团封闭、紧凑和有限的性质由此得到了进一步明确。

所有筹备官都有一种非常强烈的感受，认为包括联合国在内的国际组织在峰会上不应该与二十国集团的各国首脑一同出席，只有当与这些组织有直接利害关系时他们才能出席。之后，随着多伦多峰会的临近，之前在墨西哥城表达了反对观点的筹备官反倒让他们的大使在纽约责怪加拿大没有邀请联合国秘书长。联合国的参与权问题引起了其他担忧。全球治理集团(3G)是一个由新加坡在联合国发起的旨在使中小国家向二十国集团表达他们观点的渠道，该集团认为联合国秘书长既不代表非二十国集团成员，也不代表联合国的成员，而只代表他自己和联合国秘书处。

筹备官们赞同二十国集团首脑更多直接参与到峰会中。某些会议将仅在首脑间召开，他们的身边不会有财政部长或是央行行长。公报将会简短、清晰和精炼，使公众能理解公报的内容并能监督落实结果。一个由两个成员国组成的团队将会负责监督落实情况，这两个成员国暂定为当值主席国和候任主席国。一个二十国集团公共主页将会上线，持续报告承诺履行情况。

随着二十国集团的出现，海利根达姆—拉奎拉进程就失去了存在的必要性。墨西哥和其他一些国家寻求支持维持这个进程。在海利根达姆—拉奎拉进程会议上,阿兰达希望推进它使之能够将工作转交给二十国集团。墨西哥一直尽最大努力试图保持这个进程,德国作为 2007 年进程的发起者也在一定程度上希望维持,意大利曾经拓展了这个进程,因此它们同经济合作组织一样也希望维持这个进程。它们在没有任何权威的情况下试图召开会议,导致了一个令人困惑的局面。

但大部分海利根达姆—拉奎拉进程和八国集团成员都反对继续维持它。主流的观点认为,随着二十国集团峰会的到来,新兴国家同八国集团的关系发生了极大的转变。中国坚决反对存在一个以八国集团为中心的太阳系系统,如果八国集团扮演太阳的角色,它就有权决定哪些国家能围绕其运转,并有权选择哪些国家被邀请参加会议。中国认为现在已经存在而且应当只有一个二十国集团,集团内所有成员平等参与讨论他们自己选择的议题,而不仅仅是讨论八国集团甚至是五国集团选定的议题。作为八国集团、"金砖五国"和"海利根达姆—拉奎拉进程"的成员,俄罗斯起初欢迎"海利根达姆—拉奎拉进程"作为一个更充分照顾到新兴国家利益的渠道。俄罗斯充分参与到了"海利根达姆—拉奎拉进程"全部四个工作小组中。但 2010 年年初,俄罗斯最终认为这些工作小组产生的更多是政治性、象征性和宣言性的结果而不是具体成果。因此,俄罗斯也与其他金砖国家伙伴一同强调由于二十国集团峰会已经制度化,"海利根达姆—拉奎拉进程"的"太阳系"模式必须终结。美国对此表示同意。墨西哥与南非同是海利根达姆—拉奎拉进程成员且都不是金砖国家成员,它们不愿意放手"海利根达姆—拉奎拉进程"。加拿大作为墨西哥的朋友,同许多其他国家一样都对将部分"海利根达姆—拉奎拉进程"工作合理地转交给二十国集团持开放态度,但中国的强硬立场终结了这种可能性。

有一种建议,应当在二十国集团成立相应的工作小组。但这个想法被否决了,否决的理由大多出于如下几个原因:"海利根达姆—拉奎拉进程"工作小组效果不好、工作小组需要资源和二十国集团应该专注于金融改革这个核心议程。中国和印度尼西亚强烈反对设立知识产权工作小组的提议。韩国建议召开一次二十国集团官员会议讨论移民议题,以便为 11 月于韩国举办的峰会做准备。

最终,筹备官决定将"海利根达姆—拉奎拉进程"工作小组的报告提交到二十国集团多伦多峰会,而不是原定的八国集团马斯科卡峰会。然后,在二十国集团多伦多峰会上再做决定是否成立工作小组解决这些议题。

关于二十国集团设立秘书处的问题,大家认为暂时还没有必要,但今后数年内可能会设立。在此期间将会设立一个电子秘书处,即一个用于二十国集团成员间讨论的私密且安全的网站。而就在几个月前的深秋,有人就以加拿大主席的名义发送过伪造的信息。

有关未来二十国集团峰会的主办和主席国顺序问题引起了计划外的讨论。一个选项就是各国首脑将现在财政部长及央行行长会议的模式倒过来,这个模式将 19 个主办国分为五个"大区"(G20, 2008, 130)。按这个模式,有些成员就不用等 15 年,等它们现任首脑都离任了才能主办了。另一项获得众多支持的提议是在发达国家和新兴国家间轮流主办。俄罗斯提议沿用现有的大区并采取发达—新兴成员轮流的方式,不过这个方案没有给予金砖国家特殊地位,因为可能遭遇反对。

该计划的实施遇到的阻力来自各国对眼前利益的考虑。在大区体系下,墨西哥将在 2011 年主办,俄罗斯和土耳其排在 2012 年。俄罗斯和土耳其都称它们希望在 2014 年前主办,而土耳其更希望在 2012 年。然而俄罗斯和土耳其在一个大区中。中国表示有兴趣在 2011 年主办,但后来放弃了这个意向。澳大利亚则希望在 2014 年或 2015 年主办。

当法国在匹兹堡确保将在 2011 年主办二十国集团首脑峰会以及财政部长和央行行长会议时,有人提出反向轮值担任主席国。法国私下和墨西哥谈妥将支持墨西哥申办 2012 年峰会。墨西哥总统卡尔德隆出于国内政治原因迫切希望在 2012 年主办,因为他将于 2012 年年底卸任。假如墨西哥被选定主办 2012 年峰会,俄罗斯和土耳其就得为申办 2013 年峰会竞争。直到多伦多峰会的时候墨西哥才被选为 2012 年峰会举办国,因为土耳其放弃了竞争。

关于二十国集团和八国集团峰会的时间上也有一番讨论。一个七国集团成员国私下提议在 7 月举办八国集团峰会而在 11 月举办二十国集团峰会。2011年两次峰会的举办时间则交给法国决定。俄罗斯重申,从时间安排上分开举办比哪一个先办更重要。

筹备官会议2:渥太华(3月)　第二次筹备官会议3月18日至19日在渥太华举行。会议聚焦于多伦多峰会的议程,花费了大约百分之八十的时间讨论政策主要内容。会上还再次讨论了峰会架构和具体操作。和墨西哥城的那场会议一样,大部分峰会架构的讨论落在参与权上。墨西哥城会议达成的共识是成员国将保持20个的规模。

考虑峰会议程时,筹备官们能够参考前一天在渥太华举行的一场专家会议的结果。出席那场会议的有爱德华兹、韩国团队的数位高级成员以及受邀参加的民间专家。加拿大和韩国双方委托撰写的研究报告也在会议中起到了推动作用(Canada-Korea G20 Seminar, 2010)。

筹备官在文明博物馆就餐时讨论了制度议题。在那里,墨西哥城的一揽子方案变得棱角更分明,也或多或少为人所接受。当筹备官无法就参与权和未来主席国的议题达成一致时,众人一致同意最多邀请5个嘉宾。人们认为亚洲和非洲应该有更多代表权。再次出席会议的西班牙也或多或少被接纳为嘉宾。这样还剩下2个席位供主席国选择。虽然不是所有人都同意这个方案,但筹备官们感觉这个方案可行。那些不喜欢这个方案的人也不会因为主席国将这个方案在多伦多峰会付诸实施而感到十分沮丧。

加拿大利用作为主席国的特权来为多伦多峰会做决定。加拿大将邀请有限数量的嘉宾来达成一些目标。第一个目标就是增加非洲国家的出席。哈珀邀请了作为非洲发展新伙伴计划(NEPAD)主席的埃塞俄比亚。非洲发展新伙伴计划在此前的峰会上也出席过。他还邀请了作为非洲联盟(AU)主席的马拉维,这个国家和这个组织都是第一次出席。第二个目标就是增加亚洲的代表权,哈珀邀请了作为东南亚国家联盟主席(ASEAN)的越南。这是东南亚国家联盟主席国第三次被邀请参加峰会。这些邀请没有一个受到质疑。

第三个目标就是安排好欧洲。在墨西哥城,筹备官讨论并明确希望将来欧洲国家的数目要少于8个,即匹兹堡峰会时欧洲国家的数目。根据新近通过的里斯本条约,欧盟产生了当年的轮值主席国西班牙,加上欧盟委员会主席巴罗佐以及现在欧洲理事会的新主席赫尔曼·范龙佩,欧盟的代表情况愈加复杂。有人建议将欧洲的代表规模缩小到7个甚至6个,因为已经有4个常任的欧洲成员在二十国集团之中,分别是意大利、德国、法国和英国。起初在1999年时,二十国集团里就已经有19个国家外加欧盟。荷兰和西班牙受小布什邀请去了华盛顿,被布朗邀请去了伦敦,又被奥巴马邀请去了匹兹堡。现在二十国集团成员们希望加拿大告诉这些欧洲人他们不能来了。欧洲建议欧洲理事会新主席和欧盟委员会主席算作一个议席,即2个席位拥有一个代表权。这样就有5个欧洲议席外加西班牙。大多数欧洲以外的国家认为那还是太多了。然而,西班牙语国家和巴西认为,西班牙应该出席二十国集团峰会。

最终,西班牙作为欧盟的轮值主席国获邀成为第四位嘉宾。对于第五位,加拿大官员为哈珀总理提供了几个选项。出乎很多人的意料,他邀请了荷兰。有些筹备官不理解他这么做的原因,因为此前大家一致认为荷兰不应该一再出席峰会,当然欧洲人表达得比较委婉。有人觉得这是因为荷兰的首脑即将面临大选,因此,继续出席二十国集团峰会对于他赢得国内选举非常重要。同领导人们一起出席峰会的还会有联合国、国际货币基金组织、世界银行以及其他国际组织的首脑。

至于筹备官间的实质性讨论方面,渥太华会议及时跟进了六个月前匹兹堡峰会的重要议题。全球经济形势发生了新变化,显示出世界经济还没完全复苏。讨论涉及延续国家经济刺激措施。加拿大最近公布了其财政预算,并努力将二十国集团的议程聚焦到经济刺激政策上。在此之前,各国就延续经济刺激事宜达成了一致。

会议的一个主要项目就是讨论匹兹堡峰会的强劲、可持续、平衡增长框架。实践证明,这个项目是最棘手的实质性议题,尤其考虑到这个框架的发起国很难达成政策协调。加拿大财政代表蒂夫·麦克勒姆与韩国一起牵头,引入了国际货币基金组织来强化方案。由于筹备官会议在国际货币基金组织/世界银行春季会议之前,筹备官们不知道国际货币基金组织的方案会将他们引向何方。但他们知道需要比过去开展更多协作,还需要监测刺激措施以便了解该措施在多大程度上发挥了作用。事实上,中国起初认为峰会框架带有浓厚的指手画脚的意味,不过他们的担忧正在减少。加拿大了解到,虽然框架取得了良好的反响,但仍有亟待改进之处。

峰会在经济形势、峰会框架和国内金融监管等专题中围绕麦克勒姆的新方案展开了讨论。加拿大希望传达这样一种信息,切勿忘记监管改革,哈珀(2010b)在 1 月的世界经济论坛就曾如此强调。

尽管发生过许多关于银行税的幕后讨论,但这个议题没有花费筹备官太多讨论时间。他们在等待国际货币基金组织将于 4 月完成的报告。哈珀和费海提已经明确公开表示,加拿大不欢迎银行税这个想法。在这个议题上各方保留了不同意见,要解决这些问题需要财政官员的更多努力。

会上没有直接讨论欧债危机。希腊的形势一直很明朗,起初看起来没那么糟糕,很快形势就急剧恶化起来。3 月的会议为此做了准备,而多伦多峰会的前期工作也稳步开展起来。主办国加拿大也乐于见到各国合作办好多伦多峰会。

会议之后,加拿大、韩国、英国、美国以及法国形成了二十国集团五国联盟,他们的领导人于 3 月 29 日联合向各国领导人致信,倡议继续推进二十国集团业已取得的“良好进展”。信的主题是问责机制和履行已经达成协议的必要性。内容涵盖了经济增长和增加就业、峰会框架、国际金融机构改革、贸易、清洁能源与化石燃料以及最重要的金融监管。不过,倡议信中只字未提迫在眉睫的欧债危机,也没有提到有必要通过中期财政目标和时间表释放宏观经济信号来应对欧债危机。

筹备官会议 3:云杉牧场(4 月)　第三次筹备官会议 5 月在云杉牧场(Spruce Meadow)举行,地处阿尔伯塔省的卡尔加里南 35 分钟车程的地方。第一天,筹备官们按计划讨论峰会框架。但正在爆发的欧债危机吸引了他们的注意,并使讨论内容完全围绕于经济议题。第二天,他们讨论其他议题,包括发展、贸易、化石燃料补贴和食品安全。韩国人分发了一份关于发展的草案,内容包括私营部门及其对最不发达国家的影响。筹备官一致同意在多伦多峰会上建议首脑建立发展工作小组以便为首尔峰会做准备。尽管已经提出要求必须及时对国际金融机构话语权和表决权进行改革,欧洲人丝毫没有放弃他们国际货币基金组织份额的意愿。

筹备官们如今充分意识到欧洲主权债务和欧洲银行的困难,也意识到他们缺乏透明度。欧洲采取了一些新措施以稳定形势并在国际货币基金组织的帮助下分配更多的资金。这一措施当时被认为是有效的。

在国际货币基金组织 4 月的会议之后,有关峰会框架的方案被认为太过温和。筹备官们正在等待新的方案,该方案将赶在计划于 6 月 4 日至 5 日于韩国釜山二十国集团财政部长及央行行长会议前完成。筹备官们希望届时的选择将有明显的不同。他们试图达成一项针对欧洲主权债务的政策措施的共识。关于财政整顿进行了相当多讨论,意见分歧较大。加拿大和欧洲基于各自需要联合在一起,欧洲努力推动该政策并计划根据情况采取措施。筹备官们认为多伦多峰会的形势由于危机的加深可能变得非常艰难。这样多伦多峰会就不仅仅是首尔峰会的铺垫了,会上将有非常重要的工作要完成。

云杉牧场会议显示出,在欧洲发生的危机使人们重新调整了想法。没有人提出任何针对峰会框架的异议。就连中国和其他一些国家也在讨论有必要进行合作。筹备官们的关注在英国和德国预算发布之后可能会更加明显。二十国集团成员国迅速采取措施开始整顿财政,英国尤其迅速。

有关强劲、可持续、平衡增长框架的讨论现在进入到需要做决定的阶段了。之前反对声音来自于中国,巴西也在一定程度上表示反对。现在巴西面临着一个有关汇率的问题。令人沮丧的是,中国的反对意味着二十国集团就算在峰会上也不能提及汇率问题。中国现在作出妥协,接受此前从未接受过的框架和相互评估程序。印度国内没有银行业的问题,他们支持加拿大认为某些国家需要修正他们的银行系统的主张,但他们同时也觉得银行受到了过多的指责。他们不认为需要过度监管和反对银行税。

筹备官们在几个其他议题上也花了时间。在化石燃料补贴问题上,经济合作与发展组织的一个小组致力于制定一个达成有限目标的计划。由于筹备官们深入讨论了议题,财政官员们同能源领域的同事合作,讨论因此延伸到了生产者补贴上,因而就更难取得进展了。加拿大对生产者补贴有意见,但对消费者补贴则没有。

美国人继续努力想将气候变化放到二十国集团议程上。金砖国家对此表示反对。世界银行提议在发展的部分加入气候金融。印度人则提出反对,他们认为气候属于联合国而非二十国集团的讨论范围。世界银行于是重新组织了这一段内容以便使之符合发展金融的主题。印度人接受了这个改动,所以它在多伦多峰会的公报上如此呈现。

食品安全问题有通用的解决方案。筹备官们谈及了中小型企业的挑战,但他们并未深入讨论,因为这些事情会自动得到推进。

然后开始了一项有关发展的讨论。它引起了几个有关发展的"旧说法"。韩国不希望讨论进入那个方向,他们更情愿优先讨论经济增长。印度和越南另外提出了一些仍在联合国及其下属经济和社会理事会盛行的传统发展的说辞。

韩国有关发展的文件提出了聚焦于基础设施以及其他问题的伙伴关系。在德国对韩国的支持下,筹备官同意建议首脑在筹备官会议中建立一个与之相关的工作小组以及一个针对反腐的工作小组,这是二十国集团工作小组首次在财政官员以外的范围内成立。

在金融安全网问题上,韩国人说服了英国人加入他们一方。出于对其 2010 年主办伙伴的尊重,加拿大没有表达出很强的立场,尽管他们认为这个议题需要谨慎考虑。加拿大专家说没有实际证据显示需要安全网,他们还说政府现有的经常项目足够对冲这种风险。在过去各国没有主动采取措施保护自身金融安全。但韩国还是将问题放到了讨论桌上研究推进的办法,并得到了有关方面的支持。

美国提出了反腐败的议题。他们认为《联合国反腐败公约》和经合组织反贿赂公约需要支持。讨论深入到了金融避税天堂和恐怖主义融资,这两项议题都已经被纳入二十国集团议程中。八国集团以外的国家需要在透明度方面作出更多努力。关于透明度议题完全没有争议,它对美国很重要,加拿大也表示支持。

在贸易方面,加拿大试图消除关税并给予最不发达国家以免税待遇。这遭到了一如寻常的反对，各方难以达成一致。巴西提出二十国集团应设立贸易部长会议，这个建议使会议气氛紧张起来，就连加拿大筹备官也感到紧张，因为如果召开该会议，加拿大将不得不担负起组织责任。最终，大家作出决定，认为召开这样的会议的时机还未成熟。

本次云杉牧场会议邀请了多个国际组织，参与讨论几个专题。国际货币基金组织的代表约翰·利普斯基(John Lipsky)也在邀请之列。

加拿大现在公开宣布希望推动财政整顿。不过，在成员国之间对此有明显的不同看法(Schirm, 2012)。美国和七国集团其他国家财政代表之间产生了巨大的分歧，而日本财政代表表态温和。筹备官之间的分歧则不太明显，且时常被中美间的分歧所掩盖。

就在多伦多峰会之前，加拿大团队会见作为二十国集团主席的哈珀讨论欧洲的危机。峰会前一周，6 月 17 日，哈珀向他的二十国集团同事们递交了一封措辞谨慎的信，强调了“使(发达国家)财政有序”的必要性，并呼吁他们作出一项保证，到 2013 年减半赤字，并在 2016 年稳定债务同国内生产总值的比率(Reuters, 2010)。“这势在必行，我们一定要采取可信和真正的措施，显示我们致力于实现一个有利于所有人的持续而持久的复苏。”他写道：“……要避免政策不落实现象的发生。”

二十国集团经常给赤字和负债整顿规定严格的目标和时间表，并有意仅仅将它们应用于发达国家。加拿大想把澳大利亚算作发达国家，却不希望把那些有经济刺激需要且尚有余力实行刺激的国家纳入发达国家行列。这样做的考虑是，永远不要让所有二十国集团国家穿同一件紧身衣。

哈珀可能承担巨大的风险，因为他没有事先向其他领导人推销这个倡议。他仅仅与八国集团内外的几个领导人通了电话了解他们的想法。英国新首相卡梅伦声称英国需要紧缩政策。德国和欧洲其他国家普遍支持加拿大的态度。不可否认，日本自身有多个层面的关切。新近就任的菅直人在 7 月即将面临参议院选举，而在参议院，紧缩措施显然是不受欢迎的。因此，加拿大为了日本，特意在倡议用词上做了一些调整。倡议发出之后，哈珀收到的基本意见是将这个倡议付诸实践。

在关于这项议题的讨论中,尽管有很多不同想法,但加拿大从未遇到对其可行性的质疑。相反,所有人都希望为之共同努力。大家认为,将财政整顿作为峰会主题是恰如其分的。

倡议对这些国家进行了适当的分类。人们努力使倡议取得成功,但只有美国签署倡议才能取得突破。加拿大不确定美国对此抱有何种态度。6 月 16 日,奥巴马(2010)也向其他首脑写了封信,提议“先刺激”,再进行财政整顿。巴西支持这个提议。

筹备官会议 4:多伦多(6 月)　第四次筹备官会议在峰会前夕的 6 月 23 日至 24 日于多伦多会议中心举行。爱德华兹主持了整场会议。同时,财政代表也在会晤中,下午他们一起参与了筹备官会议。

本次筹备官会议致力于起草公报。加拿大作为主办国事先同美国一起准备了一些筹备文件,而其中一份来自外交与国际贸易部的文件被泄漏给了媒体。但加拿大做好了保密工作,直到筹备官会议开始前才将全文发布。

多伦多筹备官会议的进展并不缓慢。然而,有人觉得爱德华兹面对反对意见时处理得有些僵硬,他经常在催促。不过,所有人都知道他面对着压力,因为截止日期即将临近。

第一晚,筹备官们花了很长时间来决定公报中经济部分第四段的内容,因为需要客观地判断全球经济进程。这正是二十国集团试图实现的,也是某些国家需要同时进行财政整顿的原因。其中的难点在于在刺激经济增长和控制财政赤字和负债之间取得恰当的平衡。

美国希望放出“先刺激”的信息。这一点很容易被接受,因为根据计划,在 2010 年也将延续刺激措施。但二十国集团是否应该在 2010 年之后继续保持刺激呢?美国强调需要延长刺激,这样就能再次采取相同的行动。加拿大主张在年内延续刺激的同时,需要让市场看到,当增长恢复时政府有计划控制赤字的迹象。欧洲希望明确地表达出必须现在就像德国和英国那样,控制财政赤字。

财政代表会议上讨论了公报的具体目标和详细的附件内容,影响了筹备官会议进度。两场会议在相邻的房间举行,而某些专题需要所有人一起讨论。当财政代表加入筹备官会议时,他们已经明确了各自立场。麦克·弗罗曼没有发表长篇大论的讲话。但美国财政代表拉埃尔·布雷纳德重申,美国反对公报中出现任何强调紧缩措施的语句,尽管她的立场与奥巴马信中相比更不坚决。

奥巴马将议题重新定义为中长期的财政稳定,他暗示二十国集团不应该考虑短期稳定性。这样一来,结果有所改变,财政整顿比原定方案更偏向中期。美国认为经济复苏尚未得到保障。美国并不要求释放强烈的信号,但认为二十国集团有领导的责任。

就在从奥巴马的信中得知,美国将采取同其他七国集团成员国不同的立场时,新兴国家与美国之间就可能形成联盟,虽然新兴国家之间通常无法达成一致。然而,联盟并没有形成。当奥巴马始终坚持他的立场时,萨科齐私下里一直含糊其辞。有些人看来,美国筹备官专门在所有事情上催促中国。

财政代表的草案传达出妥协的意味。草案文本转向了“多轨主义”——所有人各行其是,不进行协调。草案提出了中期目标,但没有约束力。筹备官的任务是使整个公报同附录相一致。最终,财政代表间提前取得了良好的沟通,与筹备官达成的共识相一致。

在贸易部分,如往常一样,筹备官花费了几个小时仔细协商公报的用语。加拿大使各方就将争议再搁置三年达成共识,并在贸易金融方面写入积极的内容。筹备官撤销了在年内完成多哈谈判的期限,因为这个目标不现实。

在发展方面,2009 年在伦敦二十国集团就要求联合国进行脆弱性检查。2009 年启动的联合国全球脉动倡议没有真正得到履行。同时,其他国际组织,特别是世界银行,一直在自己做脆弱性研究。英国筹备官乔纳森·康利富在联合国筹备官乔莫·夸梅·孙达拉姆的支持下,使最终公报为联合国脉动倡议保留一句话以示支持。阿根廷将国际货币基金组织特别提款权分配额加倍的提议迅速被驳回,因为伦敦峰会时确定的配额尚未完全耗尽。阿根廷则因为始终无视其国际货币基金组织义务,所以缺乏信誉。

由于在 5 月的筹备官会议上,美国试图让二十国集团对气候变化作出行动,而金砖国家表达反对。特别是中国,它不想在二十国集团峰会上讨论这个问题。中国的一贯立场是，各国都应履行京都议定书的义务，而与之相关的讨论应该被置于现有的联合国框架之下，任何其他方案都不可接受。印度除财政部以外的所有部门同样持这种观点。二十国集团中，一些小国的筹备官则没有得到指示，关于如何在二十国集团应对气候相关讨论。他们觉得二十国集团有一个三级成员关系，而他们处在最底层。因此，在加拿大峰会前夕，虽然潘基文公开号召二十国集团在多伦多峰会上优先推进控制气候变化，但没有取得成功。

财长会议：华盛顿和釜山（6 月）　为协助峰会的准备，二十国集团财政部长和央行行长于 4 月 22 日至 23 日在华盛顿的国际货币基金组织/世界银行春季会议前后会面，之后又于 6 月 4 日至 5 日在韩国釜山会面。他们还在 5 月 10 日针对欧洲金融危机发表了一份独立的声明，之前一天七国集团财政部长发布过一份更详细的声明（G20，Finance 2010b; G7 Finance，2010）。

在华盛顿，二十国集团财政部长们抛开了他们原先准备的议程，因为希腊债务危机即将爆发。同样在场的七国集团财政部长也对这个议题进行了坦诚而匆忙的讨论。

在釜山，有人认为会议没能达成多少成果（Wheatley，2010）。年初以来，七国集团和二十国集团均同意为了保持市场稳定需要平衡退出策略（*Financial Times*，2010）。但诸如退出刺激时间表此类复杂问题将留给筹备官来考虑，并最终交由各国首脑决定。加拿大在银行税的辩论中取得胜利：不会在全球统一征税。不过，每个国家可以在他们认为合适的时候采取这个措施。

在另一个议题中，有人提出二十国集团是否应该将议程延伸到政治—安全领域。从釜山二十国集团财政部长会议一直到多伦多筹备官会议，拉埃尔·布雷纳德提出，由于伊朗一直违反金融行动小组规定的义务并在资助恐怖主义，二十国集团应该对之点名，作为实施金融制裁的前奏。所有其他国家都表示反对，有一些反对的理由基于如下考虑，二十国集团公报中从未像这样单独列出一个特定的国家。这个观点取得了多数认同。所有人都知道真正的议题在于二十国集团是否集体支持对伊朗施加制裁，因为伊朗在核项目方面未能履行其国际义务。巴西、土耳其、中国和印度反对针对伊朗进行此类制裁。那些支持美国对伊朗制裁立场的国家也表示反对，因为它们认为这将违反二十国集团的共识，共识认为政治安全主题不应超出资助恐怖主义、犯罪和贪污的范围。于是，在一个有关和平与安全的高级政治议题上，一项有关非正式国际组织责任的程序安排胜过了二十国集团最强大成员国及其政策盟友的实质政策取向。

出席情况

在峰会召开会前，与会人员有一些调整。6 月 2 日，日本首相鸠山由纪夫上任仅 8 个月后就辞职了，他的财政部长和副首相菅直人在 6 月 8 日接任了首相。他既曾出席过在穆斯科卡的八国集团峰会，又出席过二十国集团多伦多峰会。

然而，在多伦多峰会上二十国集团各国首脑没能像八国集团那样保持完美的出席记录，后者在最近 36 年来保持首脑全体出席。八国集团以外的两个成员国领导人选择不参加二十国集团的第四次峰会。在周四，也就是周六晚上峰会开始前，澳大利亚总理陆克文被他所在政党执政党工党赶下台，由吉拉德接替他的位置。吉拉德派她的新副总理前财政部长韦恩·斯旺出席峰会。巴西总统卢拉称，他必须留在国内，处理巴西东北部的大洪水，并派他的财政部长吉多·曼特加出席。也有人认为卢拉失去了对二十国集团的热情，因为他未能推进多哈谈判，而国际金融机构改革和减少不平衡的进程进展缓慢。这两个国家的影响力也因此受到了影响。

两位首脑的缺席使得要达成此前宣称的目标更加困难重重，尤其鉴于其中一位是二十国集团的领军人物，而另一位刚在匹兹堡峰会帮助将峰会宣言成国际经济合作的最高论坛。

二十国集团履行承诺的情况

随着峰会临近，哈珀决心将问责机制作为此次峰会的特色，他的决心与其他成员国的表现相比得到了凸显，其他成员国们在履行他们在匹兹堡许下的承诺时进展甚少。与华盛顿峰会和伦敦峰会相比,二十国集团匹兹堡峰会并未很好地履行承诺,其结果明显低于八国集团相应标准(International Organizations Research Institute and G20 Research Group, 2010)。二十国集团中,八国集团成员国的承诺兑现情况好于非八国集团成员国。主办国加拿大的承诺兑现记录相对更好(参见附录 H-3)。

峰会过程

6 月 26 日,八国集团首脑从穆斯科卡(Muskoka)的乡村度假村启程加入多伦多市中心的其他二十国集团首脑之中。二十国集团峰会随着 6 月 26 日晚于约克皇家饭店举行的晚宴开幕,之后几天的会议在对面的多伦多会议中心举行。

从刺激到退出策略和财政可持续

峰会上,哈珀首先试图就减少发达国家不断膨胀的财政赤字达成协议。在开幕晚宴期间,看起来他提出的削减赤字和债务的目标和时间表未被接受。晚宴由哈珀安排,他如同往常一样事先选定了每个主题由哪位首脑发言。奥巴马毫无疑问被安排就延续经济刺激发表讲话。他明确将维持复苏放在首位,因为复苏尚未被确保。因此,财政可持续不应该在短期内讨论,而仅应该作为中期或长期计划。

受到了奥巴马的一些影响,其他领导人也自行修改了原定的讲话。所有人都清楚他们自己的立场并且坚定不移。但萨科齐在讲话中含糊其辞,他试图与他的同僚们进行目光交流以获得赞同。卡梅伦第一次参加峰会也试图与所有人进行目光交流,他同样含糊其辞。

阿根廷总统克里斯蒂娜·费尔南德斯·基什内尔对欧洲强调通货紧缩尤其持批评态度。欧洲对此的回应来自法国,萨科奇作了十分有力的辩解。虽然克里斯蒂娜在多伦多峰会上有条不紊,但她提出有必要进行刺激的讲话没有引起多少注意。巴西财政部长曼特加支持奥巴马,但他毕竟不是首脑,加上英语也不够流利,其发言未能引人关注。中国和印度领导人都试图采用“党代会”式的发言,朗读了他们的演讲要点。辛格支持奥巴马的主张。其他关键的新兴国家也表达了他们的关切,表达了支持刺激的观点。

韩国总统李明博和墨西哥总统卡尔德隆总体上还是站在哈珀这边,但他们保持沉默。国际货币基金组织总裁卡恩同往常一样受邀参加峰会,他左右逢源的讲话看起来和那些支持财政整顿的演讲者没什么区别。

晚餐后,官员们之间的谈判继续进行。巴西和印度以及之后加入的阿根廷表示他们不想受到约束,反对强调任何的财政整顿。爱德华兹和麦克勒姆告诉哈珀,对他签名倡议的反对正在增加。哈珀之后动员了加拿大的欧洲伙伴。他让默克尔第二天早上公开讲话,首先就是宣布各国首脑已就财政整顿达成协议。他还同萨科齐沟通,让他随后在上午的会议上发表有力声明,强调财政整顿的重要性(Curry et al., 2010)。

次日,在上午会议前,默克尔就对记者发表讲话,赞扬公报草案和其中对财政整顿的具体建议。随后,萨科齐在各国首脑面前发表演讲,请求各国给予投资者信心,让投资者相信二十国集团国家在认真对待赤字和负债(Curry et al., 2010)。这个由德国和法国联合支持提议在加入英国的支持后取得了几个其他国家的赞同。英国首相最近发布了严格的赤字削减预算。俄罗斯总统梅德韦杰夫称,哈珀在两个月前就要求他成为这个主题首要参与者的一员。俄罗斯在这个议题上有切实的利益,欧洲是俄罗斯至关重要的出口市场,由此造成了相互依赖并使其关注欧洲的经济状况。不过,日本仍旧不希望被说服签订任何针对其自身的紧缩协议,日本有非常高的赤字和债务以及低迷增长前景。

最后,在哈珀提议的基础上达成了一项协议:他为发达国家制定的具体债务及赤字削减时间表和目标将被写入最终公报,同时写入公报的还有对日本的豁免条款。这样,除了日本以外的所有发达国家都承诺,到 2013 年将本国赤字减半,到 2016 年将稳定或削减债务所占国内生产总值的比率。另外有几点附加声明解释了是增加赤字还是削减赤字对脆弱的经济有更大的风险。具体措施将“为每个国家量身定制”,同时对未能达到目标的国家也不会有制裁(G20, 2010)。萨科齐指出这些措施都是自愿的,每个国家可以自己定制自己的赤字削减计划。协议意在协调政策而不是统一政策。

伴随着的清晰可信的中期财政整顿信息,受到欧债危机惊吓的市场得以稳定,二十国集团峰会就能够随心所欲地强调奥巴马和几个关键新兴国家首脑想要的“先增长”信号。公报在开篇就强调这个信息,并将其贯穿全文。

在这一系列问题中,首脑在桌上很少讨论到希腊危机本身。所有人都认为解决这个问题是重要的,就像所有人都关注它一样。但欧洲急于把它描绘成他们能解决的小问题,他们不想要其他人的援助或建议。

金融调控和监管

多伦多峰会第二个重要任务就是以更广泛、面向未来以及国际协调的方式,加强二十国集团成员国的国内金融调控和监管(Macklem, 2011a, 2011b)。出于为银行提供新资本标准的需要,峰会成功地为上述工作注入了新动力,并强调了数个关键领域。二十国集团指出了巴塞尔银行监管委员会取得的进步,并向投资者保证将在11月前通过的新资本框架将有“明显提高的”资本水平以及“显著提升的”质量(G20, 2010)。事实上,巴塞尔协议Ⅲ在9月达成协议,也就是峰会后数月,比预计时间大大提前,部分原因就在于多伦多峰会的推动。

在更广泛的议题上,由于一揽子综合金融改革方案在美国国会的上下两院获得通过,美国可能成为其他国家的榜样,让它们能够制定自己的政策,还能够为二十国集团创造共同立场。公报的附录提供了一些具体细节。不过,很多技术性细节问题和重大决定都留待首尔峰会解决。

在具有分歧的全球银行税议题上,在釜山发出的否决意向得到了进一步的明确。

国际金融机构改革

多伦多峰会的第三个任务就是改革国际金融机构。二十国集团在匹兹堡已经保证,从相对萎缩的守成经济体转移至少百分之五的国际货币基金组织表决权给迅速兴起的新兴经济体。在多伦多峰会,梅德韦杰夫就这个主题发表了讲话。这是俄罗斯的首要议题。多伦多峰会公报重申了匹兹堡峰会的承诺,并将兑现承诺的截止时间从年底提前到11月的首尔峰会。然而,公报中没有提及代表权过高的欧洲国家将如何减少他们的份额,也没有提及将以何种方式使所有国际货币基金组织的所有成员国认可这个改变。不过,最终由于提前最后期限所增加的压力,他们在首尔成功达成了具体协议,这是二十国集团面对过的最艰难的零和议题。

其他重要议题还有增加国际货币基金组织和世界银行的资金,改善它们的治理能力,增强这两个机构在潜在的未来金融安全网中的地位,并为处于财政困境的欧洲以及欧洲以外的国家提供它们可能需要的支持计划。峰会在这方面取得了一定的进展。韩国还争取到了一个有关国际货币基金组织授权的短暂讨论。

多伦多峰会还对世界银行4月宣布的成功改革举行了庆祝。多伦多峰会的压力有效地推动达成了资助地区性开发银行的协议。会上达成协议,对世界银行和非洲开发银行发展基金的提供更多资助。二十国集团还同意取消海地政府的一切外债。

贸易和投资

第四个任务是推动贸易和投资自由化。这将为私营部门引领的增长和发展注入动力,在后刺激时代,未来全球的繁荣将越来越依赖新兴和发展中经济体。

二十国集团首脑将他们的承诺延长至2013年底,他们承诺不强加和增加贸易和投资壁垒,他们还将纠正过去的保护主义举措。这个延长的日期将在除美国以外的地方生效,因为美国的新一届国会要到2010年11月才能选出。

在仅有首脑出席的午宴贸易讨论中,英国首相卡梅伦应哈珀要求首先发言。卡梅伦敦促二十国集团首脑拯救多哈谈判。奥巴马回应说完成多哈谈判只能产生相当于一天的出口额,大约相当于国内生产总值的 0.03%。他补充说多哈谈判不符合最不发达国家的利益。并没有人对此提出异议。默克尔尤其活跃,她想显示她对这个主题的知根知底。她要求奥巴马澄清美国的立场是否表示将接受所有已经达成协议的事项,并仅在悬而未决的少数几点上进行谈判。世界贸易组织总干事帕斯卡尔·拉米(Paseal Lamy)此前提出过这样一种方案,即将附加的未完成项目数量减少到三个,包括补贴以及环保产品及服务的自由化。但各国首脑一致认为,现在应尽快结束多哈回合谈判。

他们还批准了地区贸易自由化和双边贸易自由化。后者对加拿大来说是一个有利条件,因为他们正在同美国进行自由贸易协定的谈判。这也有助于奥巴马政府完成其希望的同韩国的谈判。

发展

首脑间就发展问题进行充分的讨论,不过它几乎出现在公报的每一个部分,在国际金融机构的段落中尤其突出。二十国集团首脑确认了他们自称的对匹兹堡峰会承诺,为多边开发银行增加了 3 500 亿美元的资金。他们指出,正在进行的增加透明度和问责机制改革的相当重要。其中的关键任务就在于确保多边和地区性开发银行有足够资金应对任何可能出现的经济减速,并在 2015 年内达成千年发展目标(MDGs)。二十国集团首脑还建立了一个发展工作小组,负责起草一个适用于首尔峰会的发展议程和多年行动计划(Bronnert, 2011)。

气候变化和环境

气候变化是一项墨西哥坚持要纳入二十国集团议程的议题。中国同意卡尔德隆在会上提及 12 月将在坎昆举办的联合国气候变化大会。不过,中国仍旧坚持气候变化不应在二十国集团论坛上讨论,即使是作为联合国的补充。众所周知,中国的立场认为二十国集团应始终旨在应对金融问题，而不应该讨论其他议题，甚至连贸易问题都不应该在会上讨论，而应该放在别处解决。

气候变化原计划在午餐时候讨论。然而，午餐时有关贸易的讨论持续了近一小时，没有给其他议题留下多少时间。最终，当气候变化主题开始时，卡尔德隆应哈珀要求带头发言。卡尔德隆给出了对坎昆的新计划与展望。潘基文当时也在场，他承认哥本哈根没有取得成功，但他认为二十国集团在坎昆应该更实际，不要坚持达成一个综合性协议。胡锦涛没有发言。除了卡尔德隆以外，所有其他发言的新兴国家首脑都支持中国在气候变化问题上的立场。

在会议总结中，哈珀讲道，很明显联合国进程遭到了失败，领导人们应该考虑其他方向以取得成果，例如主要经济体论坛这样的论坛。他总结说，希望联合国秘书长恕他直言，联合国没有办法使各方达成协议。哈珀这样就使二十国集团明确支持美国发起和主导的主要经济体论坛。在公报中，二十国集团首脑仅对墨西哥主办坎昆气候变化大会表示感谢。

领导人们在公报中重申他们在匹兹堡作出的淘汰低效化石燃料补贴的承诺。但他们并没有明确其定义，也未推动采取实际措施。他们还指出了他们对绿色复苏的承诺。

公报还在俄罗斯的倡议下提及了美国墨西哥湾深水地平线海上钻油平台漏油的事故。这是美国历史上最糟糕的一次生态灾难之一。俄罗斯提议建立一个具有法律效力的海洋生态保护区，由二十国集团能源工作小组下属小组负责。俄罗斯的提议源自他们一个更宽泛的观点，他们认为二十国集团应该首先开始讨论，然后在原则上达成共识，之后进一步作出决定，将决定变成多边合法授权国际组织的具有法律效力的协议和条约。

金融安全网

二十国集团同意针对金融安全网建立一个工作小组。韩国在2009年7月发起了这项倡议。韩国认为1997年至1998年的亚洲金融危机导致部分受影响的国家产生自我保障的愿望，其结果就是在十多年后，韩国的外汇储备达到国内生产总值的 30%，而中国达到了其国内生产总值的 50%。英国是韩国倡议的首批支持者之一。韩国还向其他国家一一推销这个想法，但还有很长的路要走。不过，韩国作为一个非八国集团成员和作为八国集团成员的英国开展合作，带领二十国集团进入新的领域。韩国认为工作小组是一个重要步骤，因为只有当每个二十国集团国家都准备好投入官僚资源，它才能成立。

在相当大程度上，该项目是二十国集团对国际货币基金组织现有项目的支援，其中包括有关应急信贷额度和灵活信贷额度的计划。但二十国集团有能力发挥更大作用，从而避免任何亚洲基金组织替代国际货币基金组织，同时减少自我保障的倾向，使强劲、可持续及平衡增长框架和相互评估程序更易于生效。

食品和农业

食品和农业议题在二十国集团与八国集团都进行过讨论。多伦多峰会欢迎全球农业和食品安全项目的启动，这一项目是为落实二十国集团匹兹堡峰会对食品安全的承诺而建立的。同时，八国集团还作出一个明确承诺，落实拉奎拉食品安全倡议及其准则。因而，加拿大的八国集团峰会和二十国集团峰会都能够有助于调动承诺的资金，在奥巴马的领导下和 2008 年食品危机的影响下，实践由八国集团首先制定的共同原则。两个集团就此进行了良好的合作，为美国主导并由局势动荡催生的事业提供了支持。

反腐

在反腐败领域同样取得了进展，这同样是一个二十国集团与八国集团共有的议题。在多伦多峰会，这项美国在匹兹堡峰会发起的倡议见证了二十国集团首脑对“法治”的确认。他们还承诺：“建立工作小组以制定综合性建议供各国首脑在韩国审议。”议题内容包括“在公共和私人部门打击腐败”和“保护站出来反对腐败的检举人”(G20，2010)。这些改善治理的进展在中国和美国产生了独特的共鸣。

二十国集团外交态势

多伦多峰会的关键成果在于,产生了针对具体问题的联盟和调整,使之跨越了传统的分界线,不再基于七国集团/八国集团对抗金砖国家或发展中国家的格局结成联盟(Schirm, 2012)。在有关遏制欧债危机这个宏观经济信息的中心议题方面,加拿大表明了立场,欧洲表示支持,美国、日本、印度和几个新兴经济体表示反对。最终,会议未遇阻碍便使日本免于统一政策。奥巴马领导下的美国接受了中期目标和时间表。哈珀在峰会上取得了成功。多伦多峰会的信号取得了成功,有效地在下一次二十国集团峰会开始前的未来五个月中遏制了欧债危机,尽管它没有防止欧元的其他问题在希腊和其他地方爆发。在国内金融监管领域,在有关银行税的分歧重重的议题上,欧洲在美国的实际支持下试图主导该议题,但最终被加拿大带领的包括日本、澳大利亚和几乎所有新兴经济体参与的联盟所击败,而韩国试图扮演一个中立沟通的角色。这个结果显示出国际组织在塑造成果时确实有各自的差异。如果将银行税议题放在七国集团而非二十国集团讨论并作出决定,欧美联合看起来更可能获胜。

各 项 工 作

通过系统考量多伦多会议在二十国集团治理方面的六项工作,我们可以看出,此次会议取得了实质性成功。

国内政府管理

在国内政府管理方面,多伦多峰会表现强劲。峰会在公报中对其成员国作了六次积极评价,次数远多于过去(参见附录 D-2)。这些评价的对象是美国、欧盟、日本、加拿大、墨西哥和土耳其,其中四次针对八国集团成员国,另两次针对非八国集团成员国。

多伦多峰会在各国国内引起了极大的关注,并立刻为主席国的选举加分。哈珀的支持率从峰会前的 29%反弹至峰会后的 31%。尽管这两个百分点的收获只是一个很小的进步,但哈珀却是七国集团中唯一支持率上升的。

总体而言,媒体对峰会的描述对主席国加拿大作出了正面评价。多数加拿大评论员认为哈珀举办的峰会在宏观经济方案和信息上做法正确。减半中期财政赤字的重要信号受到了像哈珀、默克尔和卡梅伦的欢迎,他们希望达成这个目标,而奥巴马也表示欢迎,他将于不久后出于政治原因加入他们之中。实际上,安德鲁·科因(Andrew Coyne, 2010)总结道:"二十国集团走向加拿大模式是对哈珀的最理想评价:峰会支持主席国所做和所想。"

多伦多峰会在国内政府管理方面也有少许失败的地方。第一点在于未能保持二十国集团的完美出勤记录,因为澳大利亚和巴西领导人决定不出席。不过,他们的缺席几乎完全未得到公众注意,大家也没有把这看作东道主哈珀的怠慢。第二点在于多伦多街头对二十国集团的反应。在峰会期间和峰会过后,警车和商业财产受到伤害,抗议者和旁观者遭到大规模逮捕,导致了地方媒体的重大关注。但同此前的二十国集团和八国集团峰会不同,由于无人在多伦多身亡,老练的全球峰会媒体记者们都到别的地方去找故事了。之后,哈珀对多伦多峰会的成果及其相关的媒体报道感到十分满意,他将主办八国集团和二十国集团峰会同冬季奥林匹克运动会一起列入了 2010 年加拿大的年度成就,作为 2011 年新年演说的重要项目。

在多伦多峰会之后不到一年,在 2011 年 5 月 2 日加拿大大选的竞选活动中,哈珀主办多伦多峰会的事迹被反复提及,就连在电视转播的总理竞选辩论中都有提到。在选举中,对哈珀主办的多伦多峰会的最强烈批评者,加拿大自由党首领迈克尔·叶礼庭(Michael Ignatieff)眼见他的政党从强有力的第二位跌落至落后的第三位。哈珀的保守党政府首次确保取得了多数支持。

协商

在协商层面,多伦多峰会在文件上表现抢眼,但在首脑讨论时的实际行动稍逊一筹。峰会公报全文共 11 078 字,是二十国集团迄今为止篇幅最长的公报(参见附录E),字数几乎是第一次峰会的三倍。起初,起草公报的加拿大官员仅期望发布一份两页的公报,再加上几个附件,但包括哈珀在内的各国首脑认为这远远不够,他们希望向全世界传达一个更广泛详细而又可信明确的信息。多伦多峰会还见证了二十国集团议程的重要升华与延伸。由于多伦多峰会约有百分之八十的议程由相似的议题组成,多伦多峰会为之前的匹兹堡峰会和之后的首尔峰会建立了理想的桥梁,同时也深化了二十国集团未来不断增长的固有议程。新附加的主要内容包括韩国主导的新发展方案和韩国关于金融安全网的其他新议题,两者都在多伦多作为未来将在首尔推进的议题获得通过。新附加的发展部分相当重要,因为二十国集团需要对八国集团所关注的政府开发援助进行补充,还需要确保二十国集团中八国集团以外的正在崛起的大国作为新加入的政府开发援助捐助国为这项事业作出贡献。在以俄罗斯为代表的一些成员国眼中,由于贸易和投资与发展之间存在紧密联系,二十国集团是一个有效应对发展问题的恰当场所,因为在这里,两个经济议题能够从最初就建立起联系。

在会晤中,身为主席的哈珀进行了严格的控制。作为经济学家,他十分投入地讨论各项实际内容。他主持了会议的所有专题。为确保大家按时讨论,他会出面打断。在之前的会议上,演讲者滔滔不绝,因此,哈珀规定给每个人5分钟发言时间。这个办法效果很好。有的超时演讲被与会者自发地打断。那些有讲话要点的人没有发表很长的演讲,其中包括胡锦涛、辛格和李明博。与此前会议中某些领导人动辄15分钟的演讲相比,这是一个很大的进步。

领导人身后的官员少于预计,不过仍有不少。坐在首脑桌边的都是针对所讨论的特定议题的合适人选。与会官员都明白,他们出席会议旨在协助国家首脑,而不是平等地参会讨论。插话都相当克制且有针对性。演讲者对如何以及何时插话有很强的判断。

在会议室圆桌上和午餐及晚餐时,虽然参会各国偶尔发生一些激烈讨论,但总体气氛较先前轻松。次日,有关贸易专题的讨论最轻松,甚至不那么讲究礼节,所有首脑都紧挨着坐在一个小房间里用午餐。总体来说,本次峰会相较以往刻意安排更少。

不过,33 位首脑在一个房间内很难进行真正的讨论。一人提出某个好观点时,其他人便开始了其他主题。会上也仍旧强调政治正确,但未开展自由、坦率和深入的意见交流。

方针制定

在制定民主的方针方面,多伦多峰会取得了圆满的成功(参见附录 F)。峰会批准了 12 条对民主原则和准则。这比匹兹堡峰会的 29 条大大减少,但高于伦敦峰会和华盛顿峰会的九条。这些原则和准则中,有关提升透明度的内容最多,为 8 条;紧随其后,是问责机制,为 2 条;法治和开放各 1 条。加上附件,各国首脑共批准通过了 34 条民主原则。

决策

在决策方面,多伦多峰会取得了实质性成功。会上作出 61 条承诺(参见附录 G)。这比之前所有的峰会都少,也低于 4 次峰会 93 条的平均值。但这依然不是一个小数字。多伦多峰会足有 28 条承诺涉及宏观经济,这反映出源自希腊的欧债危机的影响。贸易是哈珀和李明博的关注点,因此以 10 条位居第二。发展问题以八条位列第三,国内金融监管的承诺有 7 条,国际金融机构改革承诺有 5 条,而关于气候变化的承诺有 3 条。另外,还有涉及问责机制、社会经济学、食品和农业、能源以及善治的承诺。如此一来,二十国集团就核心经济领域已达成较好的平衡,取得了实质性进展。

承诺的兑现

在承诺的兑现方面,多伦多峰会表现平平。峰会开始时,人们对其充满希望。承诺中有 18 条同八国集团成员在八国集团峰会上提出的金融和发展、气候变化和健康领域承诺相类似,有助于提高二十国集团中八国集团成员的承诺兑现情况。在二十国集团各成员国看来,为财政整顿设定具体中期目标和时间表是推动承诺兑现的一大动力。

他们还向几个多边国际组织发出请求,请求其协助监督二十国集团的承诺兑现情况。不过,事实上没有任何其他迹象显示出,二十国集团峰会像八国集团穆斯科卡峰会那样,使问责机制成为其典型特征。多伦多峰会的成果同八国集团穆斯科卡峰会所制定的问责机制报告及后续跟进相比相形见绌。

10月下旬,俄罗斯政府的内部监督称许多二十国集团成员正在尽力完成他们的多伦多峰会承诺。英国在这方面带了头。俄罗斯也认为,通过在2014年制定平衡的预算,其将稳步达成中期财政整顿的目标。

11月首尔峰会前夕,二十国集团研究小组和高等经济学院发布了对多伦多峰会承诺的系统性公共评估,显示峰会取得的成果更为有限(G20 Research Group and International Organizations Research Institute, 2010)。一项更广泛的评估显示,多伦多峰会的首要承诺平均履行情况是+0.28(64%),与匹兹堡峰会的承诺相同(参见附录H-3)。这意味着,尽管存在着源自希腊的新的欧债危机,2008年动荡的影响在承诺兑现层面正在缓慢且轻微地消失。多伦多峰会后,二十国集团中的八国集团仍旧比非八国集团成员遵守了更多约定。多伦多峰会的首要承诺履行情况以加拿大最高,他们作为峰会成果的监管人达到+0.78(89%)。排在之后的是英国和澳大利亚+0.67(83.5%),欧盟+0.57(78.5%),法国、意大利和韩国——下一任主办国和主席——各自是+0.56(78%)。

全球治理的发展

在全球治理发展方面,多伦多取得了圆满的成功。在集团内部,各国首脑在宣言中对作为机构的二十国集团做了71次援引,比匹兹堡峰会的47次有很大提升。多伦多峰会对二十国集团峰会做了五十四次援引,对其部长级论坛做了13次援引,但没有关于其"公民社会"方面的援引。多伦多峰会上宣布墨西哥将在两年后的2012年主办并主持峰会。这规划了二十国集团未来两年的趋势,并使其中的八国集团和非八国集团成员在担任主办国和主席国时达到更好的平衡。在新的五国联合中,墨西哥会立刻同韩国一道与法国、加拿大、美国和英国一起开展合作。二十国集团还创立了一批工作小组,这批工作小组由各国首脑负责,由其筹备官发布相关消息,与之前由财政部长发布消息的形式有所不同。多伦多峰会上,所有金融文件在呈送各国首脑前,将首先交由财政部长,继而给筹备官,以获得双方的批复。

在集团外,多伦多峰会显示出二十国集团如何将自己打造成国际金融机构的督导委员会。其首脑的文件中对二十八个其他国际机构做了 171 次援引,相比匹兹堡峰会的 117 次大有提升。其中援引最多的机构包括国际货币基金组织,共 35 次,金融稳定委员会,共 26 次,世界银行,共 19 次,多边发展银行,共 16 次,巴塞尔银行监管委员会,共 12 次。其他援引包括 9 次国际金融机构,7 次经济合作与发展组织,6 次联合国以及 5 次国际劳工组织;还有关于八国集团和农业和食品安全全球伙伴关系各 1 次。

二十国集团非常依赖国际货币基金组织为诸多事项提供报告,在强劲、可持续及平衡增长框架方面则需要它协助为会议的总体方向提供支持。二十国集团也要求国际货币基金组织在议程中除了贸易以外的所有实质议题上发言。卡恩直接对各国首脑就金融监管、财政整顿、相互评估程序以及国际货币基金组织改革进展作了发言。一位国际货币基金组织的高级官员指出,2010 年公报中财政整顿的部分直接源自国际货币基金组织。

多伦多峰会是二十国集团第一次同八国集团联合举办峰会,这使两者的关系和网络更加紧密。尽管哈珀明确希望将两个集团区分开,但两者间仍有相当多的重叠。虽然八国集团首脑在会议公报中仅简单地提及了经济形势,但他们在开幕午宴中花费了大量时间讨论这个问题。两个峰会的公报都包含贸易、海地强震、反腐、气候变化、发展以及食品与农业问题。因此,两者之间的相互联系得到了增强。

取得成效的原因

取得上述巨大成就的驱动力有很多,其中最为突出的是二十国集团治理的体系中心模式(Kirton, 2010a)。

由动荡产生的共同脆弱性

首先,由国际局势动荡引起的脆弱性导致了对二十国集团治理的需求急剧上升,它将所有成员国的脆弱性—能力结构拉到同一水平。这些动荡在多伦多峰会前夕以各种形式发生(Masson and Pattison, 2010)(参见附录Ⅰ)。

在金融和经济领域,2007 年至 2009 年爆发的由美国波及全球的危机前所未有,其余波的影响仍在继续。即便目前各国经济开始大面积复苏,但其力度并不强劲,依然存在诸多严重问题:美国就业和房地产市场疲软,欧洲银行糟糕的资产负债表尚未经过压力测试,尤其在欧洲财政赤字不断扩大、债务负担继续加重。英国与美国的财政赤字均已创下和平时期的历史新高。虽然多数受到较小影响的二十国集团成员国再次蓬勃发展,但是八国集团的多数国家都仍在危机的余波中继续挣扎。

通过大量财政和货币刺激以及直接财政支持等手段,二十国集团成员国开始对金融信用危机取得控制。正在此时,又一波金融动荡来袭,欧洲发生了主权债务危机,人们担忧债务展期和债务违约。这次动荡 2010 年春天在希腊出现,已经开始向葡萄牙和西班牙蔓延。危机很快在全球传播开来,以前所未见的速度和范围从政府债务向民间金融市场和实体经济蔓延。危机在 5 月 7 日至 8 日在欧洲达到顶峰(Van Rompuy, 2010)。它促使欧盟立刻协调一致,作出行动,在该周周末提出一项金融支持一揽子方案,5 月 9 日七国集团财政部长发布了一份支持性公报,5 月 10 日二十国集团财政部长发布了一份更为简短而笼统的公报。诚然,这场欧债危机对于实力强大的美国、日本和中国来说并未造成直接威胁,而八国集团的欧洲成员则不同。不过,二十国集团很快就发现了这场扩散性主权金融动荡,因为它与 1997 年至 1999 年那场促使该集团创立的金融危机相似。

在应对这两次在欧洲大陆发生的动荡时,二十国集团面临的挑战进一步加剧,因为政府支出作为应对第一次动荡的手段正是发生第二次动荡的原因。私营企业和市场经济仍在挣扎,人们并不清楚如何才能用与 2007 年至 2009 年相反的对策来帮助受危机影响的八国集团政府脱离困境。第二次动荡着实迅速地把七国集团财长带回到危机应对模式的全球金融治理中,二十国集团财长们增强了特别的对策,让欧盟和七国集团掌控的国际货币基金组织准备一个大额救助方案,这是多年来第二大的早期金融支持方案。然而,与 2009 年伦敦方案不同,这次的方案现在仅仅提供给发达世界中的一个国家。由希腊引发的动荡显示出欧洲现在或许同 2008 年的美国以及 1997 年的亚洲一样脆弱。

在希腊爆发了严重的抗议示威,而在欧洲南端的西班牙和葡萄牙也有可能爆发抗议,至此,这场源于欧洲,后来波及至全球的危机为金融危机增添了新的政治维度。由于抗议示威主要发生在少数经济合作与发展组织中由中间偏左政府执政的国家,这些动乱不被视为对二十国集团维持金融经济以及社会政治稳定核心目标的威胁。在欧洲的其他地方,尤其在英国,选民们略微倾向右翼。俄罗斯站在了新的欧洲和二十国集团伙伴这一边,而没有站到困难重重的南端国家那一边,试图将其纳入俄罗斯的影响范围。这与过去冷战时期的苏联有所不同,19 世纪 70 年代,欧洲共产主义席卷欧洲南部国家,并催生了七国集团峰会。

在能源与环境领域出现了最新形式的非国家冲击,即自然灾害。在 2009 年八国集团峰会举办地拉奎拉地震后的一年多内,新发生了几次自然灾害——海地和智利的强震,以及使跨大西洋空中航线瘫痪的冰岛火山爆发。另外,2010 年 4 月 20 日的墨西哥湾重大石油泄漏事件未得到控制,显示出包括美国在内的许多国家在面对造成巨大损害的突发灾害时的脆弱性。墨西哥湾石油泄漏事件和由此导致的美国对深海石油钻探的禁令,加剧了美国及其他二十国集团成员能源安全的脆弱性,也增强了加拿大和俄罗斯作为能源超级大国的地位。因此,2010 年多伦多峰会首次在公报中提出要采取行动应对海地强震和石油泄漏。

在传统安全领域,除了正在进行的阿富汗战争以外,在 2010 年 3

月还发生了朝鲜对韩国天安号军舰的无端袭击。在新安全领域,2009年12月25日,飞往底特律飞机上的恐怖袭击被勉强挫败,2010年5月纽约时报广场恐怖袭击未遂,同月莫斯科地铁发生致命袭击,这些都表明两个原超级大国依然相当脆弱。恐怖主义融资也因此再次在公报中出现。

在发展、气候、食品和安全领域没有发生直接的动荡。2009年4月突然爆发的"猪流感"疫情在夏天有所减弱,之后未爆发新的传染病疫情(Kirton and Guebert, 2010)。诚然,金融和经济危机加大了长期以来在食品、营养、水资源、善治、反腐败以及脆弱和不安全国家方面的挑战。墨西哥毒品暴力不断加剧,虽然这不是其美国邻居提出反腐倡议的直接原因,但二者息息相关。

国际组织的表现

老牌多边组织 多伦多峰会表现抢眼的第二个原因,在于原有的20世纪40年代多边组织在应对这些持续出现的动荡与挑战时屡战屡败。

在金融和经济领域,国际货币基金组织未能预测或从希腊这个源头上防止欧债危机。它没有立即采取行动,在数月中都认为欧盟这个地区性组织能够依靠自身力量应对危机。国际货币基金组织最终主动提出,为之后制定的一揽子支持方案提供2 000亿美元资金。但这只是国际货币基金组织援助的预期而非保证;如果真有这样的需求,国际货币基金组织不一定有足够的资金来实现这一方案。国际货币基金组织未能让欧洲大陆国家放弃所需的百分之五的份额,因而未能完成其第二阶段的话语权和表决权改革。

在能源、环境和自然灾害方面,在海地地震发生后,虽然援助活动主要依靠八国集团成员,尤其是美国、加拿大和法国,但是联合国体系也在海地人道主义救援方面表现良好(Holmes, 2010)。国际民用航空组织未能在应对冰岛火山喷发事件发挥明显的引领作用。联合国那些小型专门化的能源与环境机构也未能在墨西哥湾石油泄漏事件中作出关键性贡献。在气候变化方面，2009 年 12 月哥本哈根气候大会不尽如人意，仅是将这个问题留给了哥本哈根协议，而后又留给了八国集团/二十国集团峰会，会上参会各国同意，拿出 300 亿美元在 2010 年至 2012 年"快速启动"气候金融，以兑现该协议中所作的承诺。然而，八国集团和二十国集团都没有在 2010 年夏季的峰会上再为气候金融提供新的资金来解决哥本哈根会议的遗留问题。

此外，联合国还缺乏足够能力，无法确保充分实现八项"千年发展目标"。在 2000 年 9 月联合国所有成员国的首脑一致表示将在 2015 年达成这些目标。到 2010 年，时间已经过去了三分之二，实现该目标的任务则留给了二十国集团，作为其新发展议程的一部分。二十国集团认为有必要立即行动，作出决定将发展增设为一个新的主题，并为首尔峰会成立了发展工作小组。

新近的多边组织：七国集团或八国集团　尽管八国集团在多伦多峰会前召开的峰会为之提供了重要支持，新近的多边组织单独行动仍旧势单力薄。巴塞尔银行监管委员会在制定有关银行资金、流动性以及杠杆的新规则方面进展缓慢，需要二十国集团时常给予压力来推动它走出一些前进的步伐。国际能源机构(IEA)提供了充分的信息，但未能对各国的认识产生额外影响，无法兑现匹兹堡峰会淘汰化石能源补贴的承诺。虽然某些二十国集团成员提议让国际能源机构在化石能源补贴方面发挥更大作用，让经济合作与发展组织在二十国集团反腐倡议上发挥更大作用，但那些非国际能源机构以及非经济合作与发展组织的二十国集团成员成功地抵制了这一提议。

与之形成鲜明对比的是七国集团或八国集团表现良好，为二十国集团的成功提供了支持。在加拿大北极地区的伊卡卢伊特，七国集团财政部长会议在费海提的领导下回归了原来的亲密的"炉边谈话"形式，以此启动加拿大行使主办权的一年。尔后，他们努力应对希腊引发的欧债危机，并尽量满足平衡的财政退出计划的需要（*Financial Times*, *2010*）。在欧债危机爆发时，七国集团抢先于二十国集团发布了一份更具体的公报，后者在一天后的 5 月 10 日发布了一份篇幅更短、更笼统的公报。

另外，多伦多峰会前的八国集团穆斯科卡峰会以重要的方式为前者提供了帮助。很多年来，七国集团或八国集团体系中有关金融和经济的严肃讨论都在七国集团而不是八国集团财政部长和中央银行行长论坛中进行，因为俄罗斯不是其中的正式成员或参与国。在正常年份，俄罗斯财政部长阿列克谢·库德林(Alexei Kudrin)仅受邀参加七国集团财政部长工作午餐，因为工作午餐是国际货币基金组织/世界银行半年会的活动之一。他参与讨论的话题包括反洗钱和打击恐怖主义融资等。2010年在多伦多峰会的筹备阶段，二十国集团成员普遍同意由二十国集团峰会，而不是八国集团峰会来公开探讨金融和经济事务。然而，他们同样意识到他们无法阻止八国集团首脑自发讨论经济和金融议题。只要八国集团的讨论及其结果不被记录在八国集团的公报中，二十国集团首脑就愿意接受这一做法。

在穆斯科卡峰会上，这类有关金融和经济的讨论以半自发地方式进行。加拿大通知八国集团其他首脑，会议的主席哈珀个人重视经济，所以他希望谈及这些主题，而在峰会开始时他确实也是这么做的。穆斯科卡的开幕午宴讨论了欧债危机，并认为有必要提出可信的宏观经济对策。这次讨论有助于巩固八国集团的共识，成员国将在中期减半它们的财政赤字，同时允许日本做适当修正，而美国对此仍犹豫不决。一个在某些八国集团/欧盟国家中正要出现的潜在主权债务危机促使这些国家自身作出有力而迅速的行动，在危机蔓延到全球并对二十国集团和整个国际社会造成伤害之前使之得到部分遏制。但要安抚市场，仍需二十国集团峰会释放的信号。

从更广的方面来看，八国集团穆斯科卡峰会以辅助的方式对二十国集团经济议程发挥积极作用。贸易、发展、“千年发展目标”、海地强震和反腐败是两者共同关注的内容，双方相互强化，而未产生任何敌对和政策逆转。二十国集团中，几乎没有非八国集团成员注意到八国集团在金融、经济或许多其他共同问题上的工作，也没有对其表示怨恨。在某种程度上，这是因为穆斯科卡峰会的标志性成果母婴健康和儿童健康吸引了大量的关注，其关注度远远超过任何其他成果。

集体主导、内部平等的能力

第三个原因是,二十国集团受国际动荡强化向集体主导、内部平等的能力所做的努力,这同样对多伦多峰会的圆满成功有重要影响。

在2009年,二十国集团成员国涵盖了77%的全球国内生产总值(参见附录K)。它们占有80%的全球贸易总量和三分之二的世界人口。成员国之间的实力正在大步走向平等。八国集团国家占全球国内生产总值的份额从十年前的67%下跌到55%。中国、印度、印度尼西亚和韩国是亚洲的主要新兴国家,同时也仅是二十国集团成员,它们的国内生产总值自1999年以来增长了3倍多。中国引领了这一迅猛增长,其国内生产总值在1999年位列第七,2006年位列第四(超越了意大利、法国和英国),2007年位列第三(已经赶超德国),并将在2010年赶超日本跃居第二。

从短期来看,二十国集团国家中发达国家的预计增长率将在2010年落后于新兴国家。据国际货币基金组织2010年4月发表的《世界经济展望》,美国、日本和欧洲在2010年至2011年实际国内生产总值增长率预计将介于1%到3%之间(IMF, 2010)。非洲、亚洲和拉丁美洲以及峰会的主办国加拿大的预计增长率在3%到5%之间。中国和印度预计将增长5%以上。

然而,多伦多峰会召开的六周前,上述预估的国内生产总值趋势由于强烈而突然的汇率变动而被抵消。为应对由欧洲演化为全球性的债务危机,投资者抛出欧元,而美元疯涨。欧元、加拿大元和其他"商品货币"贬值。美国的领先地位以脆弱、避险和出口抑制的方式得到了强化。

实际国内生产总值的能力均等化同欧债危机引发的"避风港"式美元大幅升值相结合,提升了多伦多峰会上美国与新兴国家这一支持刺激政策联盟的前景,因此它们强调应立即采取刺激措施,而不是强调中期财政整顿这个标题信息。

民主趋同

第四个原因是民主趋同,它同样促进了多伦多峰会圆满的成功。

许多二十国集团成员从2009年到2010年取得了民主的进步。多伦多峰会的成就得到了2010年联合主席加拿大和韩国国内民主趋同的巩固。二十国集团的五国执掌集团同样在内部促成了有力的民主共性，其成员包括美国、英国和法国。除了越南以外的所有受邀参与过者也是如此。

在二十国集团成员国间，注重通过经济开放维持金融稳定和可持续增长的共识不断提升，其中包括透明度、问责机制、优秀的企业和公共治理以及法治。国内政治开放正在集团成员中缓慢传播，其影响之一是人们开始重视通过问责提高效率和合法性。另一个影响是，人们接受了美国的反腐倡议。

政治控制，资本，延续性，能力和承诺

多伦多峰会圆满成功的第五个原因，在于成员坚实、适度而又相互配合的国内政治控制、资本、延续性、能力和承诺（参见附录L）。这些要素推动产生有力的表现，但也产生了一些限制，使之无法取得进一步的成就。

峰会主席哈珀带领的是一个少数党政府，但他仍旧试图在加拿大两个主要省份反对的情况下推行全国性证券监管机构。不过，他促成了八国集团标志性成果穆斯科卡母婴健康和儿童健康倡议，因而受到强大的公众支持，拥有政治资本作为担保。益普索（Ipsos-Reid）在2009年11月11日至16日为世界宣明会做的一次民意调查显示，88%的加拿大人认同，“加拿大应该利用作为八国集团和二十国集团主办国的机会确保那些降低儿童死亡率的承诺得到遵守”，而87%的人认为，“尽管经济形势下行，由于加拿大和其他八国集团成员许诺，到2015年降低贫困国家三分之二儿童死亡率，加拿大仍旧应该信守这一承诺”（Ipsos-Reid，2009）。另外，有47%的人认为加拿大在世界舞台上应该关注的第一位事项是“全球经济复苏”。哈珀曾经攻读过经济学，作为八国集团和二十国集团的老将和二十国集团峰会的创始者，这是他在两年内参加的第四次二十国集团峰会。峰会在宏观经济方面的成功归

功于他通过经验和专业知识表现出的政治资本、政治延续性和能力,也归功于他对平衡预算和降低债务的个人承诺,同样归功于他同欧洲主要国家领导人的紧密联系。

哈珀 2010 年主办国的同事,韩国总统李明博在国内的政治地位稳固,并在最近获得了大量公众支持。这部分是由于其对朝鲜针对天安舰攻击作出回应的强硬态度。李明博在多伦多成功地推进了有关发展、金融安全网和贸易的优先议题。

二十国集团的其他首脑政治地位则不那么稳固。在美国,奥巴马的民主党仍掌控着国会上下两院,他刚刚在医保法案上取得一次成功,并即将在金融改革方面再次取得成功,但他面临着日益严峻的党派斗争。美国国内的失业率仍旧徘徊在 10%上下。墨西哥湾石油泄漏事件是美国历史上最严重的环境灾难之一。奥巴马个人支持率不断下滑,公众对飙升的赤字感到不满,11 月的国会中期选举迫在眉睫,即使他确保了峰会对优先增长的强调,他也无法再成功推行以刺激为中心的方案。奥巴马的政治软弱还导致了峰会在气候变化方面的失败,因为国会不断反对他的所有行动。

全球第二强国日本在未来将成为第三强国,其领导人的政治地位相比而言更不稳固。鸠山由纪夫在峰会前一个月内辞职,部分是由于他未能与美国盟友就冲绳基地达成协议而声望大跌——结合临近朝鲜半岛不断增长的紧张态势来看,这是亚洲安全的一个敏感问题(Kirton and Takase, 2002)。菅直人刚刚接任首相,当时几乎没有峰会经验,也完全没有首脑的经历,几周后他还将面临上院选举,这并非易事。不过,身为前财长,他在经济方面有一定的经验。他倾向于减少赤字,这有助于哈珀确保就中期赤字和债务削减目标达成协议。由于 7 月大选即将到来,菅直人为日本赢得了一次豁免。

在其他八国集团成员中,政治软弱也很多见。默克尔由于应对欧债危机不利而支持率下降,这促使她对裸卖空作出单边行动。萨科齐有相似处境,他刚刚在关键的地区选举中落败。意大利总理贝卢斯科尼是八国集团和二十国集团最资深的参会者,在上年主办的八国集团拉奎拉峰会上取得了一定的成功,而今却眼见他对联合政府的政治控制与他的民意支持率双双迅速下跌。英国新当选的首相卡梅伦处在少数党的联合政府中——这对英国而言非常罕见。

在国内和个人权力间平衡的责任因此就落在了新兴国家首脑身上。中国国家主席胡锦涛在国内有牢固的控制力。他从二十国集团峰会最初举办就开始出席,而且从 2003 年起就开始参加八国集团峰会(除了 2004 年和 2009 年)。

辛格在最近的选举中以压倒性优势获得连任。他也是二十国集团的老将,参加八国集团峰会的时间甚至更长。只要他的健康状况以及他现在的支持联盟伙伴允许,他将一直出席峰会。他还以他身为经济学家和前财长的专业知识和经验来领导二十国集团的各国首脑,尤其在英国首相布朗带着他对减少贫困和发展的热情离开时更是如此。辛格的讲话令人信服,尤其在宏观经济政策的讨论方面可信度很高。

在筹备官层面,基本上还是同一群人为他们的第四次峰会继续做准备。自 1988 年以来,加拿大的筹备官参加过所有二十国集团峰会和多场七国集团或八国集团峰会。印度在德高望重的经济学家蒙泰克·辛格·艾鲁瓦利(Montek Singh Ahluwalia)的带领下,成为了中流砥柱。在多伦多峰会的筹备过程中中国展现了成熟的一面。中国筹备官在匹兹堡峰会上新近加入,他花了一点时间来进入角色,但到多伦多峰会时他已成为一个强大而又精明的角色。他直言不讳,并清楚地知道何时有讨价还价的余地。

有一到两个筹备官在一些细微的要点上小题大做。那些国际经验丰富并随其领导人出访过的筹备官表现得更为成熟,且往往做得更好。经验不足的那些人,往往会因死扣细节而耽搁进程。

有限参与俱乐部:二十国集团作为全球治理网络中心

多伦多峰会取得圆满成功的第六个原因在于,峰会严格限制参会者的数量与范围,仅允许各国首脑与其重视的伙伴在同一俱乐部中开展对话、交流合作。这是此次峰会较过去其他峰会的显著进步。

峰会能否产生进展,第一个要素是参与。与出席匹兹堡峰会的大量首脑不同,出席多伦多峰会的首脑刚超过 30 位,大多数人都住在开会的同一幢大楼中。另外,峰会的圆桌仅仅为 20 个成员及少数受邀嘉宾准备了席位。事实上所有参加会议的多边组织领导人都坐在后排,只有在受邀参加与其职能相关的讨论时才坐到前排。在比以前会议更小的会议室中,各国财政部长第一次没有坐在领导人身边开会。有些财政部长选择同筹备官一起坐在领导人身后,还有一些选择呆在会议室外。仅有的例外就是加拿大和韩国的财政部长,他们受邀到桌边报告财长间的讨论与工作,并在一天的大多数时间里都坐在桌边。哈珀选择荷兰作为第五位受邀参与国,这增强了俱乐部的延续性和紧凑性。

峰会取得进步的第二个方面在于主席的主持技巧。哈珀将每位发言人的时间限定为五分钟,到时打断,这促使发言人比之前的峰会更自发地遵守时间,但在这方面还有很大的改进空间。

峰会是否成功的第三个要素,在于各国首脑能否更重视该俱乐部的会议,从而放弃与之同期国内外其他会议,选择出席本次峰会。在这个问题上,二十国集团遇到了一定的阻力。二十国集团峰会的关键人物卢拉和来自与二十国集团有很深渊源国家的吉拉德选择不出席会议,使得多伦多峰会成为四次峰会以来第一次丧失二十国集团完美峰会出席记录的峰会。卢拉的缺席受到关注更多是因为巴西是一个重要的参与者,而且卢拉的观点曾让讨论妙趣横生。吉拉德的缺席则未受到太大关注。在多伦多峰会上,澳大利亚发挥其特长介入到银行和贸易的话题之中。

在第四个方面,灵活、交叉的联合伙伴关系取代了僵化的固定集团,使多伦多峰会取得了又一项进步。二十国集团峰会前举行的八国集团峰会为前者提供了帮助而不是对其造成了伤害,后者也没有引起那些无法参加八国集团的人的不满。另外,在二十国集团内部有好几个制度化的小团体,其中一些打破了传统的分界线,并将集团外成员纳入位于国际体系中心的俱乐部。其中最具凝聚力、制度化程度最高的包括欧盟及其 27 个成员国、有数十年历史的七国集团财长及央行行长论坛以及俄罗斯期望成为正式成员的八国集团峰会。这使俄罗斯成为一个更重要的连接点,因为它也是金砖国家集团的正式成员和峰会创始国，金砖国家集团现在也开始定期召开首脑级峰会。金砖国家成员间的很多深刻分歧严重限制了它们作为一个团结集团的能力，使它们无法在二十国集团内部在有关国际金融机构代表权以外的更广泛议题上对抗七国集团。此外，澳大利亚、印度尼西亚、韩国、墨西哥、土耳其、沙特阿拉伯和南非既不属于八国集团，也不属于金砖国家，它们在二十国集团峰会上居中调解并加入某一边或组成有关某个特定议题的联盟。

第五个方面是对这个重要俱乐部的归属感。二十国集团在这一社会心理层面也产生了进一步的成就。到2010年，二十国集团峰会已经成为一个远超其最初机构意义的俱乐部，最初它仅是一个持续存在的自愿、专门的集体，其成员国领导人因在组织内而受到尊重并将那些组织外的成员排除在组织的利益之外。它现在开始成为一个社会心理层面的俱乐部，尽管繁忙的领导人们现在开始理性地计算能不能从2011年将俱乐部会面减少到一年一次。在个人层面，像墨西哥总统卡尔德隆这样曾更善于处理国内事务的首脑，现在也能在二十国集团中游刃有余。而那些参会时间更长的七国集团或八国集团领导人认为，将二十国集团称为俱乐部还为时尚早，他们将二十国集团视为正在成长的俱乐部，也将朝着更老牌、更紧凑、意见更统一的方向发展。二十国集团开始成为一个各国首脑相互了解的集团，他们准备好遵守原则并为产生一个代表集团成果的结果作出让步。他们不再从国家利益或偏好出发，在遥远的分歧中寻找共同点。二十国集团这样就成为了真正意义上的集团，尽管和七国集团或八国集团俱乐部还有一定的距离。

匹兹堡峰会和多伦多峰会在首脑的层面确立了这个“集体观念”。这基于一种信念，相信有理由进行会面，相信他们作出的决策不仅仅对领导人自身及其国家很重要，而且对整个世界都很重要，相信成员国将遵守足够多的原则来达成所要求的结果。人们提出了一个较大的忧虑，即担心二十国集团会变得太过繁冗，变得失去焦点，从而变得让其参与者失去兴趣，这样二十国集团就会失败。这种想法受到像曼莫汉·辛格这样的领导人的推动，他在思考时往往首先考虑国际体系和集团的利益，同样有这样想法的还有哈珀，他提出了“开明主权”的新概念。另一个关键事实也起到了推动作用，即在全球化世界大国首脑齐聚的制度化俱乐部中，各国首脑通过交往认识到他们自身的利益同整个国际体系以及他们集团的昌盛紧密相连。

在筹备官层面，个人对共同俱乐部的感受甚至更强。1 月的筹备官会议上，主办国墨西哥由于十分了解两场强震所造成的破坏，提出了一项特别声明。二十国集团几个其他成员也同样了解这种破坏，特别是体会过拉奎拉地震的意大利、经历过 2004 年 12 月海啸的印度尼西亚和印度，以及土耳其和中国。各成员国因为相似经历产生的共同情感而联系在一起，这种情感纽带超越了任何直接的理性考量，并打破了二十国集团最初规定的不讨论经济以外话题的限制（Linklater, 2007）。就在附近如此多的生命逝去时，没人想在这个问题上进行争论。这种自发的共同情感以多种方式强化了二十国集团俱乐部。它产生了二十国集团经济以外第一个独立的非会期声明。它显示出二十国集团真正关心集团以外世界上最贫穷的国家和民族。它强调了旧的和新的政府开发援助捐助国的共同责任，几乎所有的二十国集团成员都参与到了海地的人道主义救援中。例如俄罗斯立即派遣了几架大型飞机供联合国运输救援物资到灾区。多伦多峰会还取消了海地的外债。虽然最终二十国集团没有将自己转变为处理“政治议题”的机构，峰会未对无关感情且不造成冲击的伊朗核计划采取任何行动。

过去的两年已经证明，以往没有此类合作的成员国是能够在一起共同应对各类问题的。然而，与八国集团的筹备官往往更志同道合不同，二十国集团在作出决策的方式、细微要点的重要程度以及想要传达的总体印象方面还有待提高。虽然各国在一两个议题上仍存在争议，但最终各国还是希望能够达成妥协或一致意见，从而给他国留有一定空间。多伦多峰会与会者展示出了有目共睹的成熟。

在外部，通过与八国集团穆斯科卡峰会以及 11 月与亚太经合组织横滨会议的密切合作，作为网络中心的二十国集团得到了强化。尽管二十国集团与八国集团的议程大量重叠，很少有二十国集团成员或是集团以外的国家抱怨二十国集团峰会紧接着八国集团峰会召开。

诚然，在这个网络中也存在一些缺陷。卢拉的缺席意味着将不会举行金砖国家峰会。主要经济体论坛首脑会晤也不会作为八国集团穆斯科卡峰会的一部分召开。在部长级会议层面，俄罗斯仍被排除在世界贸易组织、经济合作与发展组织以及国际能源机构之外。而在官员层面，海利根达姆—拉奎拉进程也走到了尽头。

各种原因的共同作用

多伦多峰会巨大成就的两个核心内容表明，上述六个原因在很大程度上是在共同作用，从而产生现有结果。第一个核心内容是宏观经济政策管理与向市场释放信号。在体系中心模式中的次要因素的辅助下，欧债危机产生的直接、最初的动荡很快转化为二十国集团治理的预想成果。2007 年至 2009 年间由美国蔓延至全球的严重动荡一波未平，现在，欧洲的新动荡一波又起。后者以主权债务形式出现，二十国集团很快就发现了这场动荡，因为该集团创立的初衷便是用以应对1997 年至 2002 年，发生在亚洲、俄罗斯、美国和中东地区的那场与此相似的动荡，当时该集团对动荡作出了有力控制。二十国集团伦敦峰会取得巨大进展后，专门控制此类动荡的二十国集团能够有力说服市场，且会为帮助欧洲及其他国家走出困境而提供大量新资金，而此时，国际货币基金组织本身没有用于援助的现成资金。二十国集团的保证实际上得到了中国及其他非八国集团成员国的暗中支持，这些国家拥有这样的资金，尤其是能够通过调用外汇储备提供支持。高速增长的非八国集团国家赤字较少，债务负担较低，且拥有大量外汇储备，这使二十国集团更为透明、可信，成为一个更平等的俱乐部。各成员国基于现状，就维护金融稳定、促进经济增长、保持社会与政治稳定原则达成共识，同时在希腊、欧洲及其他国家问题上形成民主趋向，在这两个大背景下，经验丰富的峰会主持人和创始人哈珀才能更快地如愿争取各国同意开展中期财政整顿，并能同非八国集团成员携手推动取消全球银行税。八国集团和二十国集团峰会先后举行，二者都为共同的经济与社会议题作出相同努力，因此，多伦多峰会发挥着国际体系核心的作用，通过成员国和参会者，用其观念和影响力影响世界大部分地区。

第二个核心内容是逐步淘汰化石能源补贴,这是二十国集团多伦多峰会对财政整顿、能源安全与控制气候变化几方面所作的贡献。虽然二十国集团有机会在这几方面的一连串动荡中取得重大成就,但是它最终并无新进展。2007 年至 2009 年的金融危机以及随后引发的经济危机促使二十国集团俱乐部在华盛顿跃升至峰会,促使其在伦敦峰会上将应对气候变化纳入议程,还让其在匹兹堡峰会上承诺逐步淘汰化石能源补贴。源自欧洲并蔓延至全球性的金融和经济危机的余震导致在多伦多峰会上,除日本以外的发达国家成员国大幅降低财政赤字。截至 2013 年,各成员国财政赤字已减半。多伦多峰会前数月,墨西哥湾深水地平线海上钻油平台漏油的事故导致的能源动荡是对二十国集团峰会的又一刺激。哈珀曾承诺,多伦多峰会的"区别性特征"会是其问责机制,这本应加强集团内部对解决外部动荡的呼声。

多伦多峰会未能抓住上述动荡带来的三赢机遇,其重要原因首先是国际机构的失败。整个联合国体系在 2009 年 12 月的哥本哈根会议上彻底失败,也没有迹象表明,该体系能在 2010 年 12 月的坎昆峰会上取得成功(McColl, 2010)。然而,由于坎昆峰会与首尔峰会的召开时间间隔很短,它能为二十国集团提供动机,使其按照中国的意愿,将气候变化议题留给联合国,尽管潘基文本人在多伦多峰会的筹备阶段已将气候变化作为他在峰会上的优先议题。不可否认,在峰会前夕,在众多的多边组织中,国际能源机构在峰会召开前夜提供了一份可信的报告,指出全世界既能通过财政整顿获得超过 5 000 亿美元,又能通过履行匹兹堡峰会对逐步淘汰化石能源的承诺而显著减少二氧化碳排放(Tanaka, 2010; Runnalls, 2010)。虽然国际能源机构的上级,经济合作与发展组织,正在着手推动对其核心经济议题,但由于规模太小,它并未受到多伦多峰会邀请,无法直接接手此事。同样未受邀请的国际机构还有联合国气候变化框架公约秘书处,其在哥本哈根会议上的巨大失败使二十国集团成员在六个月后仍无法取得进展。在这个六阶段全球治理体系中心模式的第二阶段,逐步淘汰化石能源补贴的行动就此止步。继续深究其原因,我们会发现,虽然由美国提出并由各国一致通过的反腐问题为化石能源补贴与腐败建立了联系,但在化石能源与民主之间，却没有人明确地提出它们的联系。在领导人层面，峰会主席和其他参会国家领导人在气候变化问题上未能很好地履行承诺或展现能力。

本 章 小 结

在2010年多伦多峰会上，二十国集团面临的风险很高（Bradford Jr. and Lim, 2010）。峰会期间，国际货币基金组织指出，全球经济一方面正在以比匹兹堡峰会预期更快的速度复苏，同时，另一方面，其下行风险也有所增强，许多地区的不平衡现象有所加剧，欧债危机可能导致潜在的二次衰退。二十国集团此时绝对不能发出错误的宏观经济信号，也不能错误地开展宏观经济管理。

二十国集团确实做到了不出错。二十国集团成员国就财政整顿的时间表和预期目标达成了一致，并认为各国需根据自身情况落实计划。这种做法能够有效遏制欧债危机，并推动全球经济复苏。达到这一宏观经济平衡有一定的难度。由于全球经济复苏步伐并不稳健，部分成员国需立即进行主权债务整顿，例如希腊、西班牙、爱尔兰和意大利都需立即实施财政紧缩政策；而包括美国和欧洲某些国家在内的其他国家，由于复苏较慢，同时失业率处于高位，它们需等待一定时日，实施中期计划。考虑到各国的财政状况和政策取向有所不同，二十国集团成功制定了一个清晰、协调、可信的方案。事实证明，在接下来的五个月内，也就是从此次峰会结束到下一次峰会召开之前，该方案产生了一定的效果。

此次峰会的另一项重要成就在于活跃、密切的多边合作。有人担心，如进入衰退期，各国将制定严格的保护主义政策，甚至以损害全球利益为代价，来减轻其国内经济困难，通过优先考虑国内需求来安抚其国内选民。这种担忧不无道理。二十国集团早年的非凡成就为各国领导人提供了足够的集体国际意愿以抵御这种趋势。与大规模同步金融刺激和金融支持一道，这个结果本身就是一种迅速复苏。多伦多峰会是对复苏态势的进一步巩固。

衰退暴露了国际金融体系中潜在的不平衡,而二十国集团对未来通过合作消除这些不平衡寄予厚望。多伦多峰会的大赢家是匹兹堡峰会的强劲、可持续及平衡增长框架。加拿大当选轮值主席国时,就将推动该框架的运作作为最重要的任务。而欧洲仍在经历的主权债务危机最终成为峰会关注的中心,但这对框架运作本身依旧有利。欧债危机在很大程度上为框架创造了一系列政策选项。这些政策选项在多伦多峰会的公报有所呈现,同时对上述选项有所阐述的文件还有各国就进入下一个阶段的互评达成的协议,该协议过去评估集团的表现,而未来的评估对象将以国家为主。总而言之,这场危机让各国期待相互之间更大的合作。到多伦多峰会结束时,二十国集团不仅妥善应对了促使峰会创立的美国金融危机,也对萌芽阶段的欧债危机作出了及时反应。因此,与此前的二十国集团峰会一样,多伦多峰会也成功地应对了正在发生的金融危机,同时,作为紧接着匹兹堡峰会召开的一次峰会,此次峰会在会议重点、出席情况和会议管理这三方面为未来的二十国集团峰会树立了很好的榜样。

参 考 文 献

Basel Committee on Banking Supervision. 2009a. "Consultative Proposals to Strengthen the Resilience of the Banking Sector Announced by the Basel Committee." Press release, December 17, Bank for International Settlements, Basel. Available at: www.bis.org/press/p091217.htm. Accessed: July 2012.

Basel Committee on Banking Supervision. 2009b. "International Framework for Liquidity Risk Measurement, Standards, and Monitoring: Consultative Document." December 17, Bank for International Settlements, Basel. Available at: www.bis.org/publ/bcbs165.pdf. Accessed: July 2012.

Bradford, Colin I. and Lim, Wonhyuk, eds. 2010. *The New Dynamics of Summitry: Institutional, Policy, and Political Innovations for*

G20 Summits：*Issues and Essays*. Seoul：Korea Development Institute.

Bronnert，Deborah. 2011. "Making Government Policy：The G8 and G20 in 2010." In *New Economic Diplomacy*：*Decision-Making and Negotiation in International Economic Relations*，eds Bayne，Nicholas，and Woolcock，Stephen. Farnham：Ashgate，81—92.

Brown，Gordon. 2010. *Beyond the Crash*：*Overcoming the First Crisis of Globalization*. New York：Free Press.

Canada-Korea G20 Seminar. 2010. "Canada-Korea High-Level G20 Seminar：Report 2010." Norman Paterson School of International Affairs，Carleton University，March 17，Ottawa. Available at：www.g20.utoronto. ca/biblio/Canada-Korea-G20-2010-Report. pdf. Accessed：July 2012.

Charlebois，Sylvain. 2010. "Canada a Roadblock in Trade Talks." *National Post*，July 2. Available at：opinion. financialpost. com/2010/07/02/Canada-a-roadblock-in-trade-talks. Accessed：July 2012.

Clark，Campbell. 2010. "Harper's Pro-Austerity Position Could Seal His Legacy—For Good or Bad." *Globe and Mail*，July 7. Available at：www. theglobeandmail. com/news/politics/harpers-pro-austerity-position-could-seal-his-legacy-for-good-or-bad/artical1390298/. Accessed：July 2012.

Coyne. Andrew. 2010. "G20 Members：Embarking on a Great Experiment." *Maclean's*，July 5. Available at：www2. macleans. ca/2010/07/05/embarking-on-a-great-experiment/. Accessed：July 2012.

Crook，Clive. 2010. "The G8：The Greatest Show on Earth." *G8/G20 Summit 2010*，June，pp.32—33.

Curry，Bill，Waldie，Paul，Robertson，Grant，and Perkins，Tara. 2010. "Summit on the Brink：How Harper Saved His Deal." *Globe and Mail*，June 28.

Dale，Daniel. 2010. "What the Summit Pundits Said." *Toronto Star*，June 26.

Edwards, Leonard. 2010. "Looking Ahead to the G20 Seoul Summit: A Year of Canadian-Korean Partnership." Speech to the Annual General Meeting of the Korea-Canada Society, November 3, Ottawa.

Financial Times. 2010. "Financial Markets 'Do Not Understand the Euro'." December 5.

Frank, Robert H. 2010. "The Choices That Pay Us Back." *New York Times*, July 4. Available at: www.robert-h-frank.com/PDFs/EV.07.04.10.pdf. Accessed: July 2012.

G7 Finance Ministers and Central Bank Governors. 2010. "Statement of G7 Finance Ministers and Central Bank Governors." May 9. Available at: www.g8.utoronto.ca/finance/fm100509.html. Accessed: July 2012.

G20. 2008. "The Group of Twenty: A History." Available at: www.g20.utoronto.ca/docs/g20history.pdf. Accessed: July 2012.

G20. 2009. "G20 Leaders Statement: The Pittsburgh Summit." Pittsburgh, September 25. Available at: www.g20.utoronto.ca/2009/2009communique0925.html. Accessed: July 2012.

G20. 2010. "The G20 Toronto Summit Declaration." Toronto, June 27. Available at: www.g20.utoronto.ca/2010/to-communique.html. Accessed: July 2012.

G20 Finance Ministers and Central Bank Governors. 2009. "Communiqué." St. Andrews, Scotland, November 7. Available at: www.g20.utoronto.ca/2009/2009communique1107.html. Accessed: July 2012.

G20 Finance Ministers and Central Bank Governors. 2010a. "Communiqué: Meeting of G20 Finance Ministers and Central Bank Governors." Washington DC, April 23. Available at: www.g20.utoronto.ca/2010/g20finance100423.html. Accessed: July 2012.

G20 Finance Ministers and Central Bank Governors. 2010B. "Statement by the G20 Finance Ministers on the Euro Area Support

Measures." May 10. Available at: www. g20. utoronto. ca/2010/g20finance100510.html. Accessed: July 2012.

G20 Research Group and International Organizations Research Institute. 2010. "2010 G20 Toronto Summit Final Compliance Report." November 14. Available at: www. g20. utoronto. ca/analysis/2010toronto-compliance.html. Accessed: July 2012.

Garcia, John. 2010. "The G20 Yields Only Unfulfilled Promises for Latin America." Council on Hemispheric Affairs, August 2. Available at: www. coha. org/the-g-20-yields-only-unfulfilled-promises-for-latin-america/. Accessed: July 2012.

Gotlieb, Allan. 2010. "Not Just Another Foreign-Policy Review." *Globe and Mail*, August 3. Available at: www. theglobeandmail. com/commentary/not-just-another-foreign-policy-review/article1387986/? page-all. Accessed: July 2012.

Harper, Stephen. 2009a. "The 2010 Muskoka Summit." In *The 2009 G8 Summit: From La Maddalena to L'Aauila*, eds Kirton, John J., and Koch, Madeline. London: Newsdesk, 18—19. Available at: aww.g8. utoronto.ca/newsdesk/harper-2009.html. Accessed: July 2012.

Harper, Stephen. 2009b. "From Pittsburgh to Muskoka: Building a Sustainable Global Recovery." In *The 2009 G20 Pittsburgh Summit: Sustaining Global Recovery*, eds Kirton, John J., and Koch, Madeline. London: Newsdesk, 25—26. Available at: www.g8. utoronto.ca/newsdesk/pittsburgh/harper.html. Accessed: July 2012.

Harper, Stephen 2010a. "Recovery and New Beginnings." In *G8 & G20: The 2010 Canadian Summits*, eds Kirton, John J., and Koch, Madeline. London: Newsdesk, 14—15. Available at: www.g8.utoronto.ca/newsdesk/g8g20/g8g20-harper-en.html. Accessed: July 2012.

Harper, Stephen 2010b. "Statement by the Prime Minister of Canada at the 2010 World Economic Forum." Davos, January 28. Available at: www. g8. utoronto. ca/summit/2010muskoka/harper-davos. html.

Accessed: July 2012.

Holmes, John. 2010. "Building Effective Humanitarian Responses for the 21st Century." In *G8 & G20: The 2010 Canadian Summits*, eds Kirton, John J., and Koch, Madeline. London: Newsdesk, 32—34. Available at: www. g8. utoronto. ca/newsdesk/g8g20/g8g20-holmes. html. Accessed: July 2012.

International Monetary Fund. 2010. "World Economic Outlook: Rebalancing Growth." April, Washington DC. Available at: www.imf. org/external/pubs/ft/weo/2010/01/. Accessed: July 2012.

International Organizations Research Institute and G20 Research Group. 2010. "2009 Pittsburgh G20 Summit Compliance Report." June 21. Available at: www.g20.utoronto.ca/analysis/Pittsburgh_G20_compliance_report.pdf. Accessed: July 2012.

Ipsos-Reid. 2009. "World Vision Child Health Factum." November, Toronto. Available at: www. worldvision. ca/About-Us/Newsroom/press-releases/Documents/World%20Vision%20Child%20Health%20Factum.pdf. Accessed: July 2012.

Kirton, John J. 2010a. "The G20 and Broader Multilateral Reform." Paper prepared for a conference on "What Role for the G20 in a Post-Crisis World?," July 15—16, Club of Madrid and Fundación para las Relaciones Internacionales y el Diàlogo Exterior, Seoul. Available at: www. g20. utoronto. ca/biblio/kirton-fride-cdm. pdf. Accessed: July 2012.

Kirton, John J. 2010b. "In Substance, Summits Were a Success on Several Fronts." *Toronto Star*, June 28. Available at: www.g8.utoronto.ca/evaluations/2010muskoka/kirton-star.html. Accessed: July 2012.

Kirton, John J. and Guebert, Jenilee. 2010. "North American Health Governance: Shocks, Summitry, and Societal Support." *Revista Norteamericana* 5(1): 221—44. Available at: www. cisan. unam. mx/Norteamerica/PDFs%20COMPLETOS/Norteamerica%209.

pdf. Accessed: July 2012.

Kirton, John J. and Takase, Junichi, eds. 2002. *New Directions in Global Political Governance: The G8 and International Order in the Twenty-First Century*. Aldershot: Ashgate.

Krugman, Paul. 2010. "Keynes in Asia." The Conscience of a Liberal(Blog). *New York Times*. July 24. Available at: krugman.blogs.nytimes.com/2010/07/24keynes-in-asia. Accessed: July 2012.

Lee, Dong-hwi. 2009. "Third G20 Summit: International Political Economic Achievements and Prospects." IFANS Brief, October 12. Available at: www.g20.utoronto.ca/biblio/LEE-3rd-20091014-en.pdf. Accessed: July 2012.

Lee, Dong-hwi. 2010. "Assessment of the Toronto G20 Summit and Tasks Ahead in Preparing for the Upcoming Seoul Summit." IFANS Brief, July 13. Available at: www.g20.utoronto.ca/biblio/LEE-4-20100713-en.pdf. Accessed: July 2012.

Lesage, Dries, Van de Graaf, Thijs, and Westphal, Kirsten. 2010. *Global Energy Governance in a Multipolar World*. Farnham: Ashgate.

Linklater, Andrew. 2007. *Critical Theory and World Politics: Citizenship, Sovereignty, and Humanity*. Abdingdon: Routledge.

Lukov, Vadim. 2010a. "G20 and G8 in Search of Solutions: Global Problems of Economy and Society." *International Affairs* 56(5): 58—76.

Lukov, Vadim. 2010b. "Partnership for Progress: From the 2010 Muskoka-Toronto Summits to the Seould Summit." Conference on "Partnership for Progress: From the 2010 Muskoka-Toronto Summit to Seoul Summit" at the State University Higher School of Economics, October 27, Moscow.

Macklem, Tiff. 2011a. "Global Financial Reform: Maintaining the Momentum." Remarks presented to the "G20 Workshop," Paris, July

7. Available at: www. bakofcanada. ca/2011/07/speeches/global-financial-reform. Accessed: July 2012.

Macklem, Tiff. 2011b. "The Role of the G20 in Sustaining the Recovery and Protecting Financial Stability." Remarks presented to the Federation of Indian Chambers of Commerce and Industry and the Indian Banks' Association, Mumbai, August 24. Available at: www. bankofcanada. ca/2011/08/speeches/role-g-20-sustaining-recovery. Accessed: July 2012.

Makin, John. 2010. "It Is Time to Face Down the Threat of Deflation." *Financial Times*, July 16.

Masson, Paul R. and Pattison, John C. 2010. "Financial Regulatory Reform: Using Models of Cooperation to Evaluate Current Prospects for International Agreement." Rotman School of Management, University of Toronto, Toronto. Available at: www. g20. utoronto. ca/biblio/G20reforms.pdf. Accessed: July 2012.

Masters, Brooke. 2010. "Move to Reassure Banks on Tough Rules." *Financial Times*, June 28.

McColl, Velma. 2010. "Letter from the President to G20 Leaders." June 16, White House, Washington DC. Available at: www. whitehouse. gov/the-press-office/letter-president-g-20-leaders. Accessed: July 2012.

Office of the Prime Minister of Canada. 2009. "PM Announces G20 Leaders Will Meet in Toronto in 2010." Seoul, December 7. Available at: www.pm. gc. ca/eng/media. asp?category=1&featureId=6&pageId=26&id=3026. Accessed: July 2012.

Ostry, Sylvia. 2010. "Pessimism of the Intellect, Optimisim of the Will." August 7, Available at: www.g20. utoronto. ca/biblio/ostry-cipa. html. Accessed: July 2012.

Patrick, Stewart. 2010. "G8, G20: A View of Canada's Summits." Council on Foreign Relations, June 21. Available at: www.cfr.org/canada/

g8-g20-view-canadas-summits/p22463. Accessed：July 2012.

Pisani-Ferry，Jean. 2010. “Back to the G7?” By Invitation(Blog). *Economis*. June 29. Available at：www.bruegel.org/blog/detail/article/46-back-to-the-g7/. Accessed：July 2012.

Reuters. 2010. “Canada PM Harper's Letter to G20 on Deficits.” June 18. Available at：www.reuters.com/article/2010/06/18/g20-canada-deficits-idUSN1817964220100618. Accessed：July 2012.

Roubini，Nouriel and Bremmer，Ian. 2010. “Sagging Global Growth Requires Us to Act.” *Financial Times*，July 12.

Runnalls，David. 2010. “Fossil Fuel Subsidies and the G20.” In *G8 & G20：The 2010 Canadian Summits*，eds Kirton，John J.，and Koch，Madeline. London：Newdesk，164—65. Available at：www. g8. utoronto.ca/newdesk/g8g20/g8g20-2010.pdf. Accessed：July 2012.

Schirm，Stefan A. 2012(July). “Global Political Are Domestic Politics：A Societal Approach to Divergence in the G20.” *Review of International Studies*：1—22. Doi：dx.doi.org/10.1017/S0260210512000216.

Smith，Gordon. 2010. “The Last Thing We Need Is a G12 Competing with a G8.” *Globe and Mail*，July 9. Available at：www.theglobeandmail. com/commentary/the-last-thing-we-need-is-a-g12-competing-with-a-g8/article4323467/. Accessed：July 2012.

Stephens，Philip. 2010. “Splintered Solidarity Has Put Global Governance in a Spin.” *Financial Times*，July 1.

Stewart，James B. 2010. “One Good Review for the G20's Performance.” *Wall street Journal*，July 7. Available at：online.wsj.com/article/SB10001424052748704178004575351050968234196. html. Accessed：July 2012.

Subramanian，Arvind. 2010. “G20 Rules：Time for Germany Bashing.” The Baseline Scenario(Blog). June 20. Available at：baselinescenario. com/2010/06/20/g-20-rules-time-for-germany-bashing. Accessed：July 2012.

Tanaka, Nobuo. 2010. "Fresh Momentum for Tackling Global Energy Challenges." In *G8 & G20: The 2010 Canadian Summits*, eds Kirton, John J., and Koch, Madeline. London: Newsdesk, 178—80. Available at: www. g8. utoronto. ca/newsdesk/g8g20/g8g20-2010. pdf. Accessed: July 2012.

United Kingdom Chair of the G20. 2009. "Progress Report on the Economic and Financial Actions of the London, Washington, and Pittsburgh G20 Summits." St. Andrews, Scotland, November 7. Available at: www. g20. utoronto. ca/2009/2009progressreport1107. pdf. Accessed: July 2012.

Van Rompuy, Herman. 2010. "Overcoming the Crisis in Europe and in the World." In *The G20 2010 Seoul Summit: Shared Growth Beyond Crisis*, eds Kirton, John J., and Koch, Madeline. London: Newsdesk, 30—31. Available at: www. g8. utoronto. ca/newsdesk/seoul/seoul-vanrompuy-en. htm. Accessed: July 2012.

Watson, William. 2010. "Canada's Moment." *National Post*, July 1. Available at: opinion. financialpost. com/2010/07/01/canadas-moment. Accessed: July 2012.

Wheatley, Alan. 2010. "G20 Strives to Cut Deficits Without Killing Growth." Reuters, June 3. Available at: in. reuters. com/article/2010/06/03/idINIndia-49012120100603. Accessed: July 2012.

Wolf, Martin. 2010a. "This Global Game of 'Pass the Parcel' Cannot End Well." *Financial Times*, June 29, p.4.

Wolf, Martin. 2010b. "Why the Battle Is Joined over Tightening." *Financial Times*, July 18, p.9.

第五部分

结　　语

第十四章
二十国集团治理的未来

从 1999 年创立至 2010 年 6 月这十二年间，二十国集团不论是在名义上，还是在实际中，都已成为这个全球化的世界进行全球经济治理的中心。该集团诞生于 1999 年为期两年的国际制度试验结束之际，成为三个新国际机构中的一员。这三个机构相互竞争、相互合作，以在机构甚多的世界蓬勃兴起。自创立以来，该集团迅速扩展关键任务，从 1999 年柏林的第一次会议推动金融稳定，扩展到 2000 年通过蒙特利尔共识促使全球化的成果遍及世界，再到 2001 年渥太华会议打击诸如美国“9·11”事件的全球恐怖主义带来的新型非国家威胁。由于其领导作用、主动性和创新力，并随着其主席国从 2002 年的印度轮值到 2003 年的墨西哥，再到 2004 年的柏林、2005 年的中国、2006 年的澳大利亚、2007 年的南非和 2008 年的巴西，二十国集团日益成为一个由发达国家和新兴国家真正平等参与的国际组织。2004 年至 2005 年，二十国集团曾尝试进行制度改革，将论坛提升至领导人级别，这个努力几近成功，但后来被搁置。到 2008 年，二十国集团最终跃升至领导人级别，随后于 2008 年 10 月、2009 年 4 月、2009 年 9 月和 2010 年 6 月分别在华盛顿特区、伦敦、匹兹堡和多伦多密集召开峰会，接下来几年的峰会分别于 2010 年 11 月在首尔、2011 年 10 月在戛纳、2012 年 6 月在洛斯卡沃斯召开。在匹兹堡峰会上，各成员国领导人宣称，使二十国集团成为其成员国开展国际经济合作的永久性首要论坛。在 2010 年的多伦多峰会上，二十国集团在应对新近爆发的欧债危机问题上发挥积极作用，这表明，它事实上已在世界范围内成为全球经济治理中心。

二十国集团在如此短的时间内获得中心地位，其首要原因在于接踵而至的危机,尤其是一系列的动荡,它向所有人表明,在这个紧密相连、日益复杂、充满不确定性的全球化世界中,包括美国这个最强大国家在内的所有国家都会同等地受到新型非国家威胁的影响。然而,这些危机并非解释二十国集团发展的唯一原因。2002 年至 2008 年,新兴国家成员在二十国集团中开始日益发挥主导作用,推动二十国集团不断发展,并使之在众多国际组织中脱颖而出,表现出更强劲的发展势头。二十国集团走上这条发展路径的原因不仅仅是 1997 年至 2002 年的亚洲金融危机、2001 年美国的恐怖主义袭击和 2007 年至 2010 年美国和欧洲的金融与经济危机。二十国集团取得上述成果的原因还在于,其他老牌正式多边组织单凭自身力量无法满足全球治理的新需求,然而,它们却能为二十国集团治理提供越来越多的有力支持,其中最明显的例子是国际货币基金组织、七国集团和八国集团。二十国集团成员全球主导和内部平等的能力进一步推动了该集团的强劲发展。二十国集团中,19 个发达国家和新兴国家以及欧盟在国际体系发挥着重要影响力,这使“192 国集团”这个多边组织显得过于庞杂,而七国集团或八国集团这样的国际组织又过于单薄,均不足以在这个迅速发展、充分全球化的新型世界格局中发挥有效治理作用。

虽然二十国集团的成员关系相对复杂,但是每个成员都能在不断深化的国内趋同之中受益,这些趋同所涉领域包括促进金融、经济与社会的稳定与公开的观念与实践,以及由此产生的提升透明度、加强法治和问责制度的民主观念。二十国集团治理取得成功的关键在于政治控制、资本、连续性和能力,以及某些特定人群的承诺,这些人在集团创立、运作以及最终取得中心地位的过程中扮演了重要角色。这些人之中,最有代表性的是 1999 年创立集团的保罗·马丁和劳伦斯·萨默斯,以及最终同意出席集团峰会的小布什总统和胡锦涛主席。他们的个人智慧和政治投入促成了集团成员的紧密合作,并在最终推动了峰会提升至领导人级别。过去,二十国集团各成员从相互认同的全球权利与义务出发,开展客观、有效的治理工作;而今,它已转变为各成员领导人建立个人关系的俱乐部,他们对集团产生了归属感,重视“他们的”集团,并因此携手共进,紧密团结在一起。

二十国集团从创立到全球治理中心的发展阶段

从1999年在亚洲金融危机中创立到2010年成为全球治理中心，二十国集团经历了三个不同的发展阶段。

第一阶段：集团的创立，1999年至2001年

1999年至2001年，二十国集团经历了第一个发展阶段。在这段时间，集团得以创立，并成为由加拿大、美国和其他七国集团成员主导、各成员平等参与的有效组织。在治理过程中，该集团致力于维护金融稳定，促进全球化的成果惠及世界，并共同打击恐怖主义融资。

在此阶段，二十国集团从创立起便开始采取行动，应对1997年至1999年间那场波及世界的亚洲金融危机。此前，为了给予受危机影响的新兴大国更广的行动空间和更强的话语权，美国曾单独作出尝试，组建专门应对危机的非正式集团，欧洲也曾尝试组建较为正式的集团。二十国集团的主要创始人是当时的加拿大财政部长保罗·马丁和美国财政部长劳伦斯·萨默斯，他们平等地发挥重要作用，为二十国集团绘制蓝图，明确该集团的界线，最终共同创立了这个集团。

在创立之初，二十国集团在部长级层面召开会议，19个在国际体系内最具影响力的成员国的财政部长和央行行长一年聚首一次。1999年，加拿大和德国在集团中共同发挥引领作用，前者担任主席国，后者提供主办地。尔后，加拿大独立承担了会议的主持和主办任务，在2000年召开蒙特利尔会议。出乎意料的是，2001年美国发生“9·11”事件”，加拿大因此再次成为会议的主办国，在渥太华召开了第三次财政部长和央行行长会议。在该阶段尾声，其他国际机构无法开展工作，而二十国集团却能正常运作。虽然加拿大在既有的七国集团中实力最弱，但正因它发挥了积极主动作用，七国集团会议才得以在二十国集团会议召开后不久顺利重启。

从二十国集团创立开始，加拿大连续三年担任主席国，其任务和议

程得到大大拓展。二十国集团的任务和议程范围起初是提供保证金融稳定的全球公共物品，由于非七国集团成员国家缺乏这些公共物品，它们受到过严重影响；尔后，其范围扩大至满足份额分配的需求，让包括最贫穷国家在内的世界各国享受到全球化的成果；最后，集团的任务和议程扩大到为遏制恐怖主义融资寻求必要的安全措施，从而为美国提供保护，因为美国已受到来自世界最穷困的一个国家发起的直接、致命袭击，被置于新型非国家威胁之下。在此阶段，二十国集团工作重点的范围也有所扩大，从最初对新兴国家的国际金融监管制度进行改革，到对全球化的各项工作和影响进行引导，到最终关注 21 世纪发达国家和新兴国家所面临的主要安全威胁。

这样一来，二十国集团不仅成为一个公开对话的论坛，以在过去的华盛顿共识的基础上达成新的共识，而且也成为一个制定原则性方针的创新行为体。2001 年，二十国集团成为了一个以行动为导向的主要决策性论坛。集团所作的承诺得到迅速、可靠的响应，在接下来的若干年，大部分成员都切实履行了承诺。

二十国集团创立伊始，就有迹象表明，新兴国家成员在集团内的影响力持续上升。二十国集团中，成员占大多数的七国集团一度致力于推动资本账户的自由化，而加拿大则同新兴国家一道延迟了这项进程，并最终浇灭了七国集团的这份热情；同时，加拿大与新兴国家成员携手拓展了议程的范围，将新兴国家的优先发展和全球化的负面影响纳入其中。不过，总体而言，在创立的前三年，二十国集团治理的动机和结果仍是源自其成员中的七国集团。这一点在 2001 年 11 月的渥太华会议上得到充分体现，会议提出打击恐怖主义融资的议题，这是加拿大对同年 9 月 11 日袭击其邻国美国的恐怖主义事件作出的直接回应。尽管如此，美国和其他七国集团成员还是要直接依赖于几个新兴国家成员，因为这几个国家十分了解，非正式的伊斯兰金融网络为何能在运作方式上比七国集团任何成员国的财政部或中央银行要好得多。

在美国，二十国集团的创立是民主党政府的一项工作。小布什在刚上任时，并不支持这个由自己的政治对手创立不久的非正式国际组织。然而，随着渥太华会议的召开及其成效逐步显现，该集团开始受到这位新任共和党总统的重视。由此，渥太华会议使二十国集团在美国成为民主党和共和党的共同“资产”。这表明，不仅是诸如印尼和韩国这样在1997年秋遭受来自匿名市场危机威胁的新兴成员国家需要二十国集团，而且最强大的成员美国也需要它的帮助，因为在2001年秋，美国国内遭受了恐怖主义的直接致命袭击。这同时表明，在那个关键性时刻，二十国集团富有远见的加拿大创始人保罗·马丁依然以其非凡的能力和坚定的决心发挥着掌舵人的作用。

第二阶段：影响力的平等化，2002年至2007年

从2002年至2007年，二十国集团经历了第二个发展阶段，从诸多方面发展为一个真正意义上的平等集团。

第一个方面是会议主席权和主办权的平等化，以及随着这种组织制度而产生的权利、责任、认识和社会化等方面的平等化。在这一阶段，会议的主办权几乎都转交给了非八国集团成员，从2002年至2008年，会议的主办国先后是印度、墨西哥、德国、中国、澳大利亚、南非和巴西。从威斯特伐利亚体系的观念来看，这使二十国集团成为主要由主流中等强国引领的全球集团。在自创立的第一个十年中，二十国集团金融论坛从未由美国和日本这两个八国集团乃至世界的最强大国家主办，也从未由英美这两个大力推行与实践自由市场资本主义和以资本市场为中心的金融体系的“帝国”主办。非八国集团成员国中，印度和中国发挥了引领作用，成为会议较早的主席国和主办国。然而，沙特、阿根廷、印尼和土耳其这几个相对能力和政治经济体系处于外围的非八国集团成员国则从未主持或主办过二十国集团会议。然而，会议选择主流中等强国作为主办国的倾向二十国集团更具全球性。在二十国集团发展的第二阶段，会议主办国的范围由第一阶段的大西洋沿岸国家扩大至更多的地区，包括亚洲的印度和中国、大洋洲的澳大利亚、美洲的墨西哥和巴西，以及非洲的南非，同时继续在欧洲选择了德国。唯独没有中东，土耳其和沙特均未主办国会议。

第二个方面是二十国集团制度的平等化。在此阶段，二十国集团

确立了由前任、现任和候任主席国组成的“三驾马车”机制，架构了会议轮值主席的水桶体系。二十国集团有意地在全球范围内选择更多非八国集团成员担任主办国，这有助于让新兴国家在更长时间内以更确定、更易于预测的方式持续发挥影响力。

第三个方面是议程扩大过程中的平等化。每个成员国在主办和主持会议那年，既能以本国名义，也能代表新兴国家整体，为当年的会议议程加入其重视的议题。印度和墨西哥将发展问题纳入会议议程，中国则将贸易问题和国际金融机构改革加入议程。

第四个方面是新兴国家在集团内及其他全球金融治理机构中主动争取成功的能力开始逐步走向平等。在第一阶段，新兴国家与加拿大协力阻止美国为了实现资本账户自由化而改变国际货币基金组织宪章的行动；到了第二阶段，新兴国家主动出击，采取积极措施，最终获得了成功。国际货币基金组织第一阶段的话语权和表决权改革便是最显著的例证。这项改革计划由二十国集团率先提出，并在 2008 年得到全体成员的一致通过，但该计划的后续实施情况相当缓慢。这项改革提议早在 1944 年在布雷顿森林体系机构中就已产生，然而主导这些机构的七国集团国家却无法凭借自身力量将其成功落实。七国集团曾在 1995 年哈利法克斯峰会上正式提出试水国际金融机构改革，但这一尝试还是以失败告终。

通过这四个方面的平等化，二十国集团已在全球治理中充分发挥作用。正因如此，小布什总统才在诸多既有国际组织和其他可能特设的机构中选择了二十国集团，并争取新兴国家成员支持他的选择，将其提升至领导人级别，从而与 2008 年秋季全面爆发的那场史无前例的全球金融危机作斗争。

第三阶段：峰会的创立，2008 年至 2010 年

从 2008 年至 2010 年，二十国集团经历了第三个发展阶段，这又是危机频发的三年。在这一阶段，二十国集团跃升至峰会级别，并发展为全球治理的中心。相对而言，新兴国家成员在这一阶段未受危机影响，

发展势头迅猛，它们积极协助受危机困扰的欧美发达国家成员走出困境，共同制定相关的议程，增强了新兴国家的声音，并最终取得巨大成就。新兴国家成员与发达国家成员共同努力，在诸多方面取得了成功：它们缓解并控制了2007年至2009年美国爆发的全球经济危机的严重影响，遏制了2010年春欧债危机爆发后全球受到的威胁，一致同意将通过互评和调整来平衡全球增长，加大并聚合了其国内的金融监管力度，实现了贸易开放，促成了发展融资，逐步取消了化石燃料补贴，推动了国际金融机构话语权和表决权第二阶段的改革，削减了大部分发达国家成员的中期财政赤字与债务。

虽然二十国集团跃升至领导人级别由危机催生，但是，毋庸置疑，七国集团在此次跃升过程中发挥了主导作用。对此起到推动作用的首先是2004年至2005年时担任加拿大总理的保罗·马丁；尔后，2008年9月，法国总统萨科奇在纽约联合国总部提出创立峰会的建议；接下来作出积极响应的是英国首相布朗、澳大利亚总理陆克文以及其他几个成员国的领导人；最终，长期以来反对创立峰会的美国总统小布什作出决定，美国将策划、主办并主持二十国集团峰会，并将其定于2008年11月14日至15日在华盛顿召开。2009年4月1日至2日，随着布朗在伦敦主持的第二次峰会召开，二十国集团的领导权由美国扩大到大西洋对岸；而来自民主党的奥巴马总统在萨默斯的协助下，于2009年9月24日至25日在匹兹堡主持第三次峰会，二十国集团再次让来自两个党派的总统联系起来，但与第一阶段不同，这一次是通过峰会形式实现的。然而，峰会的主席权以及主办权很快便从七国集团的老牌“帝国”成员转移给了加拿大。2010年6月26日至27日，加拿大在多伦多主持了二十国集团第四次峰会；同年年底，11月11日至12日，二十国集团第五次峰会在首尔召开，其主办国韩国是新兴亚洲民主国家，它既非八国集团加五国领导人对话会议中的五国成员（包括巴西、中国、印度、墨西哥和南非），也非金砖四国成员（包括巴西、俄罗斯、印度和中国）。

二十国集团峰会加深了二十国集团的平等性，其制度化过程在近两年内也通过其他方式得以体现。2009年匹兹堡峰会上，二十国集团领导人宣称，要使二十国集团成为他们开展国际经济合作的永久性首要论坛。随后，第二次峰会的首次筹备会议在墨西哥召开，各成员国领导人的代表或峰会筹备官出席了会议。这次筹备会提出，二十国集团需要在参会领导人的数量和范围保持不变的情况下，将议程范围扩大至主要多边组织和世界上最贫穷的地区。2010 年，二十国集团正式提出，它不仅希望成为应对危机的集团，而且也希望成为全球治理者。鉴于其目前所取得的成就，从现在开始到 2011 年，二十国集团可将其会议的召开频度由一年两次降低至一年一次。

新兴国家成员日益增长的影响力以及由此在集团内部产生的平等化结果，主要体现在二十国集团扩大的议程中。二十国集团更为全面地将关涉非七国集团成员的问题纳入了议程中。因此，二十国集团的议题重心从最初华盛顿峰会上的国内金融监管和宏观经济管理，很快转向了伦敦峰会上的财政支援，再转向匹兹堡峰会上的国际货币基金组织改革；最后，首尔峰会的两项新提议将议题重心转向寻求不依赖政府发展援助的其他发展途径，以及建立更强的金融安全网，多伦多峰会通过了这两项提议。

新兴国家在议程设置上日益上升的影响力是二十国集团治理取得的关键性成就。一个明显的例子是，是金融稳定委员会替代了金融稳定论坛；另外一例是国际货币基金组织改革，即在匹兹堡峰会上，二十国集团承诺，将老牌发达国家（主要是欧洲国家）在国际货币基金组织的特别提款权至少 5％的份额转交给新兴国家（主要是亚洲国家）。

在第三个阶段，随着新兴国家成员影响力的提升，以及主导权在集团内的全面平等化，二十国集团逐渐变得更像个人俱乐部，创立集团和出席会议的领导人参与其中。它不仅是各成员国实现其自身利益的便利性论坛，而且也是一个为他们所重视的集团，能够满足各国自身、其公民以及整个全球社会的需要。

二十国集团治理的原因

二十国集团创立、发展，到最终成为一个中心集团，以及逐步成为一个交流性俱乐部，其第一个原因是危机。具体而言，关键原因是一系列的动荡，它向所有人表明，在这个紧密相连、日益复杂、充满不确定性的全球化世界中，即是再强大的国家都会受到这种新型非国家威胁的影响。世界的任何一个角落早晚会受到其冲击。1997 年至 1998 年的金融动荡源于市场，由亚洲波及世界，对美国产生影响，并导致 1998 年秋其对冲基金长期管理公司破产。因此，在 1999 年，二十国集团财长和央行行长共聚一堂，创立了一个新的集团。2001 年 9 月 11 日，恐怖分子对美国发起了致命的恐怖袭击，随后制造了炭疽威胁。这些使二十国集团在同类的国际机构中脱颖而出，所有成员国在第二年相聚渥太华，这也给了其他国家或机构会晤的机会。十年后，2007 年至 2008 年爆发的金融地震由英美波及全球，到 2008 年 9 月，美国已成为这场金融危机的中心，促使二十国集团跃升至领导人级别，两月后，各国领导人开始密集出席峰会。2004 年至 2005 年期间，保罗·马丁呼吁创立二十国集团峰会，这得到了除美国之外的其他成员国领导人的支持。然而，由于当时美国没有发生金融危机或受到恐怖主义威胁，小布什忽略了马丁的提议。2010 年春，欧债危机产生的金融动荡在希腊产生严重后果，这使多伦多峰会在遏制危机方面取得了重要成就。当然，通过依照特定的目标与中期时间表来释放先刺激、后退出、再整顿财政的宏观经济信号，以达到遏制危机的目的，这并不是那次峰会的具体方案。

这类动荡，尤其是在金融领域，促成了 1999 年二十国集团的创立，并使其在 2008 年跃升至领导人级别。然而，单凭上述动荡，二十国集团绝不可能按照现在这条路径发展，也无法在 2010 年成为全球经济治理的中心。事实上，对于二十国集团的出现，动荡本身的决定性影响越来越小。这一点体现在以下几方面：1999 年国际机构间的激烈竞争；2000 年动荡结束后蒙特利尔会议议程的扩大；2000 年至 2008 年新兴成员日渐上升的影响力；以及金融危机结束后匹兹堡峰会的宣言——使二十国集团成为一个后危机时代国际经济治理的永久性首要论坛。

二十国集团成为全球治理中心的第二个重要原因是，20 世纪 40 年代以来，老牌正式多边组织无法产生影响；此外，自 1997 年前后，越来越多的非正式多边机构也开始失败。这些机构和组织无法应对类似动荡，也无法在日益全球化的世界中继续发挥有效作用。诚然，早在2001年11月9日，恐怖主义对美国的袭击明显表明，只有这个新生的二十国集团论坛能够起效。恐怖主义给脆弱的美国和世界留下创伤，在这种情况下，七国集团和国际货币基金组织只有依靠二十国集团才能正常运作。2008年9月金融危机在美国正式爆发，然而即便如此，萨科齐甚至布什最初都认为，七国集团或八国集团，抑或八国集团加五国这些国际机构可以作为第一道防线。但不久他们就意识到，他们已离不开二十国集团这个能够有效发挥作用的既有机构，并需要使其以峰会的形式参与全球治理。从1999年二十国集团创立开始，国际货币基金组织就计划将该集团排挤在外，以实现其自身和国际货币与金融委员会(IMFC)的利益。随着二十国集团峰会召开，国际货币基金组织才真正打消了这个念头，同时转变计划，使之成为二十国集团工作中不可或缺的一部分。这样一来，二十国集团在七国集团盟友的基础上，又正式获得了来自全球192个国家的重要支持，从而与七国集团一并成为二十国集团的发展。在较低层面上，国际机构的失败同样也解释了为何1999年与二十国集团同期创立的其他机构最终会逐渐淡出，比如以七国集团为中心的金融稳定论坛和国际货币与金融委员会。前者到2010年演变为金融稳定委员会，这是一个数量与成员均与二十国集团相似；而国际货币与金融委员会这个由国际货币基金组织的24个成员组成的执行委员会，或其已不再发挥作用的部长级委员会，已经没有必要在全球治理过程中发挥引领作用，因为二十国集团领导人、财长和央行行长已经在这一方面作出了巨大贡献。

然而，作为对一系列动荡的必要补充，国际机构的竞争与合作并不能作为唯一因素去解释为何该集团的这二十个成员要创立一个与扩展中的七国集团或八国集团、国际货币基金组织和金融稳定论坛不同的新集团，该集团从1999年到2010年的成员保持不变。第三个原因是其在世界范围内的集体主导能力和在集团内部平等的能力，这成为解答上述问题的另一个重要答案。这20个成员赋予二十国集团重要的集体优势，而且从相对能力的角度赋予其越来越多的内部平等性，这正是其他同类国际组织所缺少的。诚然，如同现实主义者一直宣称的那样，相对能力仍然很重要，甚至在21世纪这个变化巨大的世界同样如此。然而，萨默斯和马丁提出了几个问题或见解，其中包括：哪个国家应该参与或退出二十国集团这个新机构，将南非和阿根廷纳入该集团，以及打破这份仅有19个国家的成员名单。这表明，除理性而准确地考量相对能力以外，二十国集团还有更多工作要做。最根本的问题是，对成员的选择标准不仅局限于相对能力，而且还有世界各国之间的关联性与其在国际体系中的重要性——这是集团的两位创始人的理性认识，以及当今这个日益全球化的世界已发生了重大改变，与1648年威斯特伐利亚体系下的世界大不相同。

并非所有在体系内有重要影响的候选国都成为了二十国集团的正式成员，比如最初的印度尼西亚，从1999年至今一直在候选名单之列的尼日利亚，以及2008年至2010年间颇受青睐的西班牙。因此，国内的民主趋同、政治公开性的实践以及它们的组成和影响，是二十国集团在形成、运作、尤其是制定方针等方面取得成效的第四个原因。同最初的印度尼西亚一样，尼日利亚需要经过更多的考验，证明其能否成为受承认的民主政体。但当尼日利亚通过考验时，二十国集团不再扩容，仅有原始成员参加。另外，尽管按照过去的威斯特伐利亚体系的逻辑，一个集团运作所需的“代表性”很大程度上取决于一个国家所处的地理位置，但二十国集团中几乎没有成员同意将非民主的埃及作为尼日利亚的替代成员。至于很快受到承认的印度尼西亚，甚至还有墨西哥、韩国和土耳其，民主的标准虽然程度不同，但都相当清晰。中国和沙特阿拉伯与二十国集团成员共享了其将政治稳定作为中心的核心理念，并指出政治稳定要以社会稳定以及经济和金融稳定为基础。1999年至2010年，该理念是体系内具有重要影响的所有集团成员国共享的观念。这在墨西哥、韩国、印度尼西亚、土耳其以及阿根廷的身上表现得最为明显。1994年至2002年期间，它们曾是经济上的失败者，但在2008年至2010年成为了胜利者。

二十国集团成员政治公开性的缓慢提升在一定程度上解释了该集团为何会按此路径开展治理工作——在2001年以及2008年至2010年分别经历了两次巨大飞跃，而在其他时候，例如2002年，其治理工作进展缓慢。其中出现了二十国集团治理的第五个原因——政府管理、资金、持续性、金融和经济能力，以及二十国集团各成员的财政部长、央行行长和领导人所作的个人承诺。在二十国集团高效发挥治理作用的道路上有一位关键人物，即保罗·马丁，他在步入政界前是曾担任过首席执行官，尔后，在1993年至2002年间担任加拿大财政部长，在2003年至2006年间担任加拿大总理。另一位关键人物是萨默斯，他在1999年至2001年担任美国财政部长，在2009年至2010年出任奥巴马的经济顾问。马丁和萨默斯都得到过英国前首相布朗、美国前总统小布什以及印度前总理辛格的支持，其中布朗和辛格都有担任财长的经历。马丁发挥了极为重要的作用，他不仅和萨默斯共同创立了二十国集团，并在1999年至2001年间带领其走上一条持续发展的道路，而且还大力推动了二十国集团峰会制度的创立。虽然在其任内峰会仍未召开，但是在他卸任三年后，受到2008年9月金融危机的影响，小布什最终同意设立峰会。

然而，若二十国集团要像其设想的那样，由更多成员国平等参与，有效发挥作用，那么二十国集团治理需要的不是仅由个别国家承担义务，而是由多数成员通过某种特定的方式集体主导。在财政部长和央行行长级别，以及领导人级别，二十国集团日益成为在这个不断扩大的全球治理网络中处于中心地位的高效、有效且合法的俱乐部。在二十国集团中，来自发达和新兴国家的代表们形成密集、多样且相互交叉的组合，频繁地会晤，从而合理地行使其责任和权利，开展全球治理，为其个人、集团以及更广泛的全球利益服务。通过这种做法，各国领导人逐渐开始以个人的名义展开交流，并将该俱乐部作为代表其个人兴趣，甚至在某种程度上代表其身份的核心因素，从而推动二十国集团发展为一个受其重视的交流性俱乐部。

对国际关系理论的贡献

本书以二十国集团治理为研究对象，为更大范围地研究全球治理和国际关系作出了五项具体贡献。

首先，本书强调，由于当今国际体系正在发生迅速转变，以主权、独立和领土为界定方式的威斯特伐利亚体系基础已不复存在，我们需要更加重视全球治理的需求方面，以及在21世纪，这个正在转型的世界如何产生新的激励因素，如何要求各国和其他行为体作出反应(Ruggie, 1993; Kirton et al., 2005)。尤其是如今，一系列由大国领导的国家中心行为体呈现出“卖方寡头垄断”的特征；同时，这些行为体在互动过程中形成了机械、线性的逻辑关系，其产生的威胁大小由国力的平衡与否决定。在全球化的大背景下，这种威胁正逐步为新型的非国家威胁所取代，易对各国造成致命打击，甚至关乎存亡，因此，这一系列行为体也成为全球治理的需求来源。那些新型非国家威胁随时随地都可能出现，它们蔓延速度快、影响范围广，总是出其不意，难以控制，即便是世界上最强大的国家也无法抵御其打击。目前，国际体系得到进一步巩固，各国联系紧密、关系复杂，不确定性日益显现，非国家因素日渐增加，这使脆弱性为世界各国平等地体验到。在这种情形下，注重同步性、非线性、发展路径及其速度变化的复杂适应系统便成为全球治理需求方面的重要出发点。

其次，本书认为，国际组织应当与主权国家携手共进，在全球治理和国际政治中发挥关键作用。1648年威斯特伐利亚体系下的世界还没有政府间组织，甚至也没有建立在一定制度基础上的机构(除主权分离、君主联姻以及外交以外)；而到21世纪，这个体系已被一大批密集发挥作用的国际机构所取代，这些机构或是极为正式，或是极为非正式，涵盖了全球范围内的多边、跨区域或有限区域内相互关联的国家和行为体(Ikenberry, 2001; Bayne, 2011b; Kirton et al., 2010)。毋庸置疑，尽管复杂适应系统产生了全球治理需求，一些议题依旧仅由极少数的正式多边组织专门掌控，比如能源与打击恐怖主义(Lesage et al., 2010)。然而，在许多其他领域，尤其是金融和经济领域，国际机构的数量正在迅速增加。学者们认为，国家是世界政治的主要行为体，其创立、竞争、合作与灭亡的动态变化长期以来是他们研究的主要内容。在上述领域，这四个方面的动态变化确实仍应位于中心；不过，国际机构如今应与主权国家一道，成为参与全球治理的行为体(Kirton et al.,

2005)。然而,除去政权嵌套和论坛选择外的原因,由于这些国际机构通常由同属诸多其他机构的国家组成,认清由其相互重叠的制度网络所形成的社会关系网极为重要,因为这样能够观察到哪些国家站在全球中心,获得了并发挥着全球影响力和领导力(Raustiala and Victor, 2004)。

第三,在描述和解释集体俱乐部治理时需要转变观念,从理性的激励与选择层面转换到社会心理层面。该转变的核心问题是,在作为重要俱乐部的国际机构内部,其成员国的密集互动如何在参会者之间建立个人关系纽带呢?各位参会者如何达到适应、调整和团结?(Stephens, 2010)实现这一转变需要发现并追踪理性的激励与选择是如何同社会心理层面错综复杂地结合在一起的?如果要对集体俱乐部治理作出全面解释,这两个方面必须同时考虑,缺一不可。

第四,在推动国际组织的工作以及通过国际组织开展全球治理的过程中,应重视高效、自治的机构在个人、官员、部长,以及最重要的领导人这四个层面上发挥的作用,在世界日益全球化这样的国际体系新格局中尤为如此。说到底,在全球治理工作中发挥重要作用的当属创立这些俱乐部的个人,他们持有自己的立场,能够以个人名义作出承诺,并具备高超的政治能力。通过俱乐部的工作,他们在其中也找到了归属感。

第五,本研究进一步强调了本体论意义上的复杂适应系统进行全球治理进行认识论转化的必要性,并认为,不应仅仅考虑相对实力的因果关系,甚至也不应该仅从多个进程的角度增加一些前后连贯的剩余物,对那些非因果关系的事项之间作出因果解释。我们应当首先树立一种新的观念,即注重更加全面的因果排列和因果节奏的观念,在这种观念之下,一部分原因与其他原因同时纠缠在一起,很难作出明快的预测,预测的结果也与预期大相径庭(Welch, 2005)。

二十国集团治理的未来

二十国集团治理的未来依然充满各种可能,原因在于它的命运掌握在各成员的手中,而它们必须对这个日益复杂、充满不确定性且飞速变化的世界作出反应，并发挥引导作用。未来，二十国集团可能成为一个多余的论坛，也可能进行改革，还可能使全球治理更加完善，或将取代其他国际组织，这很大程度上取决于七国集团或八国集团体系。在二十国集团创立初期，七国集团或八国集团扮演了中心角色；而到如今，它依然对全球治理十分重要。二十国集团未来的四种可能发展方向同样也适用于其他的同类非正式机构，包括迅速兴起的金砖四国、中美两国集团，以及未来可能出现的其他组织。二十国集团未来能否持久发展下去，它的道路能否成为全球经济治理主导模式，也受到各种建议的影响——它应该如何在制度上有所提高，从而更加有效、合理地在二十一世纪开展全球治理（Bradford and Lim, 2010）。然而，目前，二十国集团不论是在制度上还是在参会者的个人关系上，都表现得强劲有力，有足够的能力引领其应对即将对国际体系产生深远影响的变化与挑战，而不会无所作为，任其在未来不断转型的外部世界中由其他中心所取代。从1999年到2010年的十一年间，二十国集团已打下了牢固基础，铺设了平坦的道路。随后，从2010年11月11日至12日的首尔峰会到2011年11月3日至4日法国的戛纳峰会，再到2012年6月18日至19日墨西哥的洛斯卡布斯峰会，以及2013年7月即将在俄罗斯召开的圣彼得堡峰会，通过举行接下来的数次峰会，二十国集团的未来进一步成型。

2010年11月，韩国，首尔

诚然，2010年由韩国举办的首尔峰会取得了巨大的成功（Kirton, 2010; Lim, 2010; Bayne, 2011a）。它证明一个来自金砖四国之外的亚洲新兴经济体有能力如期设计、承办并主持一场峰会，这归功于峰会提出的一系列倡议。这些倡议同时从国内和国际两个方面来加强全球私人银行和国际货币基金组织这两个各不相同的中心支柱，来实现二十国集团关于促进金融稳定这个任务（Bayne and Woolcock, 2011）。它进一步履行了第二个任务，很快通过首尔发展共识强化了蒙特利尔共识，以使全球化通过二十国集团治理工作运作得更好。另外，东道主在首尔峰会还提出了加强金融安全网方面的倡议，这个倡议对近几场典型的金融危机采取预防性措施。这些危机并非像遥远的十年前那样源于亚洲和韩国，而如今是源于欧洲，在 2011 年春从希腊扩散，随后在峰会的当晚波及爱尔兰。

首尔峰会并未很好地应对源于爱尔兰明确而现实的危机。这场危机对亚洲又那么遥远。人们在峰会接下来的一周会更加清晰地察觉到这个失败。此时 2010 年欧债危机的第二波演化为持续的系统性危机。如果二十国集团领导人在首尔的集聚时间能够再多一点，举行一个为期两天而不是按照二十国集团峰会规定的不到一天的峰会，他们可能会更加充分地讨论出处理当时新危机的措施对策。这样一来，他们或许能凭自己的力量，对于在如今全球化的世界易扩散的危机采取一种仅限于地区层面的回应，从而能够采取优于欧洲人的应对方式。二十国集团领导人在首尔期间，他们推动二十国集团成为一个发展个人友谊的集团。会议期间，响起了几次由衷的掌声，他们为即将离职的同事巴西的路易斯·伊纳西奥·卢拉·达席尔瓦表示敬意。他们也向政治立场不太讨人喜爱的阿根廷总统克里斯蒂娜·费尔南德斯·基什内尔表示安慰，她的丈夫近期刚去世。

2011 年 11 月，法国，戛纳

对于在 2011 年的东道主法国，共同首创者尼古拉斯·萨科齐一开始就把二十国集团置于国内政治管理的中心位置。他早在首尔峰会的召开的 2010 年 8 月就为他的峰会提出了目标。(Sarkozy, 2010)在他确定的三个会议主题下，至少有 12 个新议题补充进了二十国集团扩展议程之中。

这些新议题个个都有相应的倡议。最温和的倡议是推进二十国集团自身的制度化，以延续百年的惯常方式增设一个固定的秘书处，以完善责任制加强二十国集团和其他国际组织的关系。这些倡议发展下去就会对 1944 年以来的国际秩序进行大的转换，进而改变美国潜在的金融霸权实力，具体地讲，改革国际货币体系，将其中美元作为储备货币

的独特地位替换为一种其他货币也占重要地位的新安排。最值得注意的是,萨科奇通过召开二十国集团2011年峰会,讨论1945年联合国"宪章"核心条款,改革联合国安全理事会。由此,萨科齐将二十国集团治理从一个被动的、应景的、注重解决具体问题的层面,提升到主动的、制度设计的层面,并将其带入了一个经典的、核心的政治安全领域。

除了建议设置二十国集团秘书处的建议之外,法国人采取多种途径迅速强化二十国集团制度治理功能。面对世界各国提出的宏伟议程,法国针对不断升级的欧债危机带来的困难逐一落实各项议题,他们抓住在2011年举办仅有一次的二十国集团峰会的机会来做到这一点,而在此之前都是一年举行两次峰会。法国增开了二十国集团农业部长的第一次会晤,从而推动了二十国集团部长级会议的深化和拓展。他们接受了加拿大的挑战,即在同一年同时承办和主持二十国集团和八国集团峰会,并因此进一步明确了两个国际组织间的关系,而如今的会晤相比2010年而言举办时间和地点都区别开来,互不干扰。另外,法国利用2011年它在法语国家与亚洲—欧盟会议定期峰会上的核心角色,强化了这样一种趋势,即无论是二十国集团峰会东道国还是二十国集团本身都越来越居于全球治理网络的中心位置。

戛纳峰会被证明取得了巨大的成功(Kirton, 2011b)。它包括遏制了在希腊和意大利都达到了临界点的金融危机的恶化,出手营救了欧盟,使欧盟从仅靠自身应对金融危机却屡战屡败的局面中解脱出来。二十国集团领导人重新提出中期财政整顿计划及一个短期激励措施创造机会和条件,切实增强汇率弹性,尊重和发挥市场的基础作用,支持采取力度更大、可持续性更高、更为平衡的经济增长方案。峰会提出应当支持和帮助国际货币基金组织,使之能够提高信用,为受市场恐慌影响的欧洲的大国或其他国家提供经济协助,推进国内早已作出重要承诺的迫切的改革。因此,它可以可靠地帮助受困于但在国内致力并迫切需要改革的国家。它同样也加强了金融稳定委员会的能力、作用和地位,任命马克·卡尼为该组织的新主席,希望他更好地领导这个组织,对国际金融市场进行更加及时、公平和广泛的监督管理。

还有一点成果不太凸显但仍然重要,二十国集团最终有效地宣布了世界贸易组织多达十年的多哈谈判的终结，转而选择采取小型化的贸易自由化措施，帮助为世界上最贫穷的国家解决贫困问题。此外，二十国集团一方面面对欧洲呼吁吸收更多低息贷款的强烈需求拒绝了全球金融交易税；另一方面否定设立二十国集团秘书处的动议，将二十国集团的所有权从世界上最强国家的领导人手中，转移到宣称以其名义行动的国际官僚手中。

2012年6月，墨西哥，洛斯卡沃斯

2012年墨西哥洛斯卡沃斯峰会的成功之处在于，在推动二十国集团从一个主要用来应对危机的委员会发展为一个引领全球经济发展的委员会(Kirton and Kulik, 2012; Cooper, 2012)，它一方面控制不断升级的欧债危机，另一方面通过各种重要途径推进优先事项，扩大内设议程，从而为全球社会提供了迫切需要的双重红利。

为了控制欧债危机，洛斯卡沃斯峰会承诺支持希腊进行改革和可持续发展的道路，并鼓励其欧元区成员，采取便捷、详细的短期措施，推动实现超国家的泛欧银行监管和存款保险制度进行快速明确的短期转变，并实施"一切有必要的措施来维护该地区的完备和稳定"(G20, 2012)。为了促进全球增长和就业，峰会制定了一个较为可信的策略，即当前强调激励政策，不久之后强调财政整顿，之后为目的的需要授权更为宽松和更为自发的以及结构性改革手段。这次峰会支持强化就业和社会保障、贸易和投资、国际金融体制、全球监管和金融性、食品安全和商品市场价格波动、发展、绿色增长、反腐以及二十国集团治理和责任制度，并且首次讨论了性别问题和大规模毁灭性武器扩散问题。

上述双重红利体现在14页核心公报的表述中，其中至少95条清晰承诺的出现，归根到底是因为爆发于欧洲形势严峻且正在蔓延的危机产生了影响，而在二十国集团领导人为扭转危局举行会晤前夕，西班牙国债的收益不断攀升为后来起到了推波助澜的作用。重要国际机构纷纷施以援手，比较突出的例子有，国际货币基金组织帮助筹集4 560亿美元，八国集团一月前在戴维营峰会率先提出了促进经济增长和就

业，强调财政负责的全球战略，七国集团在洛斯卡沃斯峰会前夕召开财长会议，发表联合声明，积极回应希腊中出现亲欧盟、偏紧缩的选举结果，而且金砖国家峰会 6 月 18 日对欧洲、国际货币基金组织以及二十国集团表示了支持。二十国集团领导人意识到，尽管北美经济的不断增长和欧洲及金砖国家经济的缓慢增长加剧了二十国集团内部的不平等，二十国集团仍然成为世界经济的重要组成部分，对世界经济也负有主要的国际责任。二十国集团成员在政治公开性上不断趋同，俄罗斯和中国的政治领导转变为这种趋同性带来了新的希望，而这种趋同性又巩固了二十国集团的团结合作。不少领导人刚刚走上国家领导岗位，一些领导人忙于迫在眉睫的选举，还有的国家处于转型之中，在这种情况下，在墨西哥总统、峰会主持者费利佩·卡尔德隆的积极而强有力的领导下，二十国集团峰会坚定的创始人和老兵形成了一个坚强的核心。这种个人纽带由在二十国集团内外互动而得到增强。二十国集团无论作为机构还是作为领导人个体都方兴未艾，逐步走向密集而广泛的全球治理整体网络的中心位置。

从制度上讲，洛斯卡沃斯峰会对于全球治理的第一个贡献在于，它重申并进一步加强了二十国集团峰会轮流主办的新传统，即发达的八国集团成员和新兴的非八国集团之间轮流承办和主持二十国集团峰会（Calderon，2010）。这确立了一项核心制度，在峰会层级上部分类别、不分国家，都有平等表达意愿的权利。在二十国集团峰会举办的第五年，墨西哥借助这种做法，于 2013 年举办了第五届财政部长和央行行长会议，并在这个层面上作出了贡献。墨西哥由此成为第一个在不同年份一并举办了二十国集团部长级和领导人级别的新兴国家，这样一种重复行为的经历使它受益匪浅。随着峰会 2010 年从美洲转到亚洲，2011 年从亚洲转到欧洲，2012 年又重新轮流回到美洲。另外，它还对在广泛界定的地理区域中如何实行轮流举办制度指明了方向。

墨西哥峰会将韩国创设的先例实现了制度化，即让二十国集团的非八国集团中的自民主政体主持峰会，将近期成立的金砖国家中更强的新兴国家排除在外。这种传统将在 2013 年 9 月俄罗斯举办的二十国集团峰会中得到加强，而它随后又在 2014 年 11 月回到了亚太地区的澳大利亚。

最终，墨西哥迎接了挑战，在八国集团峰会后不久就举办了二十国集团峰会，它是在区域的而非国家的基础上举办这次峰会的，因为美国正好在一个月前即3月18日至19日在马里兰州戴维营举办了八国集团会议，不久之后巴拉克·奥巴马就投身于连任大选的准备活动中。墨西哥既是始于1994年的美洲峰会的重要成员，又是2005年开始的北美领导人峰会的重要成员，它举办峰会进一步巩固了二十国集团作为全球治理网络中心的地位。

长远发展

从长远角度看，二十国集团的治理理念和治理制度的未来是怎样的呢？未来对于二十国集团的挑战将是，它要在一个危机不断、机构繁多的世界上保持其影响力。根据高效、负责且合法的重要标准，新兴的二十国集团、老的八国集团和更新的金砖国家或一些其他集团，谁的运作绩效估值会略胜一筹呢？它的运作表现将如何塑造新兴二十国集团和老的八国集团的关系呢？对于八国集团而言，二十国集团多余吗？对于二十国集团要不要持有拒绝的观点？需要加强二十国集团吗？二十国集团将要取代八国集团吗？

在理念上，要回答这些问题，要看二十国集团如何不断地增加对以八国集团为中心的民主价值的忠诚。这种忠诚在更广泛的意义上可以做这样的理解：二十国集团治理的进程是由全球金融危机界定和驱动的，1997年至1999年亚洲金融危机催生了二十国集团部长和行长会议，2008年至2010年美国和大西洋金融危机催生了二十国集团领导人级别的会议，并将其继续保持下来，发展为一个永久性首要全球治理论坛。这两次危机最让人惊讶的事情之一是，尽管所有被危机波及的国家遭受巨大的经济和社会灾难重创，危机并没有引发大规模的国内冲突，也没有引起政治权利的变动，而类似的危机曾经导致了20世纪30年代的大萧条和魏玛共和国至希特勒的激进主义运动。在1997年至1999年的危机中，显著的结果是印度尼西亚从独裁政体发展为民主政体，以及新兴国家中刚刚建立起来的民主政权经受住了考验。在2008年至2010年的危机中，处于危机重灾区的美国，总统、参议院、众议院的权力从由小布什领导的共和党转为奥巴马领导的“新政”民主党手中。在其他所有的二十国集团成员中，有些现任的政府返回至更强的多数统治（加拿大、印度），有些稍微右倾但仍在正常政治范围内（英国、德国），有些稍微左倾（日本、俄罗斯）。

在很多可能的答案中间，两种解释脱颖而出。第一种解释认为，1975年以来，由七国集团或八国集团带来的民主革命如此成功，以致它被证明产生持久影响，即便危机袭击了希腊、葡萄牙、西班牙以及后共产主义欧洲的意大利，也没有显示出欧洲共产主义回归的征候。第二种解释认为，是八国集团的民主革命在1997年至1999年并未终结，甚至2006年还在延续，正是那个时候，俄罗斯最后终被接受成为八国集团峰会的一个正式成员；民主革命非但没有终结，反而借助二十国集团得以传播进入21世纪，进入新兴大国的新时代，并以此走向整个世界。几乎从一开始，二十国集团治理就不仅仅关涉金融稳定及经济增长，还关涉公开民主、个人自由以及社会进步，关涉以上述卓越的政治方式和极为人道的方式为所有人服务的全球化事业。

在制度上，要回答哪些问题，关键仍然在于二十国集团对民主的忠诚度不断上升。因为这将会界定二十国集团和八国集团间的长期关系，而后者历史更长，而且会继续存在下去。全球化带来新的脆弱性和动荡，其中最为突出的包括1994年以来一连串的金融危机和2001年9月11日以来不间断的恐怖袭击。这些危机和袭击催生了二十国集团在1999年的创立，推动它日益发展成为更广泛、更加综合和更具实力的国际组织。二十国集团得以在金融、经济及相关领域提供全球治理的公共物品。当二十国集团成员提高了实力、效率，并由此增强了其作为新的全球中心集体领导的合法性时，二十国集团也扩大了成员数量，拓展了体系内重要国家的范围。在2008年，这场经由美国遍及全球的金融危机，最终推动二十国集团跃至领导人级别，这一变动带来了新的挑战和新的潜在影响。

中国和沙特阿拉伯从一开始就是二十国集团的主要成员，而二十国集团把稳定、增长、平等以及公开性作为其基本原则。二十国集团能够在多大程度上帮助传播其八国集团成员共享的民主原则呢？二十国集团能够下多大力气并基于什么原因推广七国集团和八国集团对于公开民主、个人自由以及社会进步的承诺呢？自从二十国集团会议由部长级提升至领导人级别后，这些问题就显得更加重要。

有人对二十国集团 1999 年以来的运行情况作了分析。分析显示，二十国集团的确已经在传播民主价值方面起了协助作用。由全球化滋生的脆弱性和动荡日益为所有国家所体验到，这实质上有助于阐明这个趋势。另外有助于阐明这个趋势的，还有深入发展的制度化。二十国集团在有经验的、实行民主制度的峰会承办方的领导下，日益发展为一个平衡、自主且富有意义的论坛。二十国集团只是在开始其峰会之后，才加强了民主传播，并增强了其在国内政府管理以及全球治理领域的协商、决议、承诺兑现和发展等环节的工作。如果照目前的趋势持续下去，从长远看，二十国集团及其所有成员能够和八国集团及其他所有成员共同致力于民主事业，当然，各自的方式并不相同。如果二十国集团和八国集团用上述共同的社会目标克服相对权力和争斗，消除成员间增多变杂带来的交易成本，而从长远角度看，一个平等成员组成的融合体中每个成员都平等地忠诚于共同的核心价值，那么它们就能够顺利地融为一体(Ruggie, 1983)。

参考文献

Bayne, Nicholas. 2011a. “The Decline of the G8 Summit and Lessons for the G20.” In New Economic Diplomacy: Decision-making and negotiation in International Economic Relations, eds Bayne, Nicholas, and Woolcock, Stephen. Farnham: Ashgate, 249—262.

Bayne, Nicholas. 2011b. “Plurilateralism and Multilateralism: Comparing Institutions.” *In The New Economic Diplomacy: Decision-making and Negotiation in International Relations*, eds Bayne, Nicholas, and Woolcock, Stephen, Aldershot: Ashgate, 205—229.

Bayne, Nicholas and Woolcock, Stephen. 2011. "The Future of Economic Diplomacy." *In The New Economic Diplomacy: Decision-making and Negotiation in International Relations*, eds Bayne, Nicholas, and Woolcock, Stephen, Aldershot: Ashgate, 359—378.

Bradford, Colin I. and Lim, Wonhyok, eds. 2010. *Towards the consolidation of the G20: From Crisis Committee to Global Steering Committee*. Seoul and Washington DC: Korea Development Institute and Brookings Institution.

Calderon, Felipe. 2010. "The G20 as a Lever for Global Development." *In The G20 2010 Soul Summit: Shared Growth Beyond Crisis*, eds Kirton, John J., and Koch, Madeline. London: Newsdesk, 18—19. Available at: www.g8.utoronto.ca/newsdesk/seoul/seoul-calderon-en.html. Accessed: July 2012.

Cooper, Andrew F. 2012. "The G20 as the Global Focus Group: Beyond the Crisis Committee/steering committee Framework." June 19. Available at: www.g20.utoronto.ca/analysis/120619-cooper-focus-group.html. Accessed: July 2012.

G20. 2012. "G20 Leaders Declaration." Los Cabos, June 19. Available at: www.g20.utoronto.ca/2012/2012-0619-loscabos.html. Accessed: July 2012.

Ikenberry, G.John. 2001. *After victory: Institutions, Strategic Restraint, and the Rebuilding of Order after Major Wars*. Princeton: Princeton University Press.

Kirton, John J. 2010. "A Summit of Substantial Success: The Performance of the G20 at Seoul." Seoul, November 13. Available at: www.g20.utoronto.ca/analysis/101113-kirton-seoul-perf.html. Accessed: July 2012.

Kirton, John J. 2011a, "Brazil's Contribution to G20 and Global Governance." Paper prepared for keynote address to the 16th ENERI Conference, Brasilia, May 18—19. Available at: www.g20.utoronto.

ca/bibio/kirton-eneri-110518.html. Accessed: July 2012.

Kirton, John J. 2011b, "Cannes 2011: A Summit of Substantial Success." Cannes, November 4. Available at: www.g20.utoronto.ca/analysis/111104-kirton-cannes-perf.html. Accessed: July 2012.

Kirton, John J., Fratianni, Michele, Rugman, Alan M., and Savona, Paolo. 2005. "New Perspective on the G8." In *New Perspectives on Global Governance: Why America Needs the G8*, eds Fratianni, Michele, Savona, Paolo, and Kirton, John J. Aldershot: Ashgate, 231—256.

Kirton, John J. and Kulik, Julia. 2012. "A Summit of Significant Success: G20 Los Cabos Leaders Deliver the Desired Double Dividend." June 19. Available at: www.g20.utoronto.ca/analysis/120619-kirton-success.html. Accessed: July 2012.

Kirton, John J., Larionova, Marina, and Savona, Paolo, eds. 2010. *Making Global Economic Governance Effective: Hard and Soft Law Institutions in a Crowded World*. Farnham: Ashgate.

Lee, Myung-bak. 2010. "*The Road to Seoul: Shared Growth Beyond crisis*." In the G20 2010 Seoul Summit: Shared Growth Beyond Crisis, eds Kirton, John J., and Koch, Madeline. London: Newsdesk, 10—11. Available at: www.g8.utoronto.ca/newsdesk/seoul/seoul-lee-mb-en.html. Accessed: July 2012.

Lesage, Dries, Van de Graaf, Thijs, and Westphal, Kirsten. 2010. *Global Energy Governance in a Multipolar World*. Farnham: Ashgate.

Raustiala, Kal and Victor, David G. 2004 (April). "The Region Complex for Plant Genetic Resources." *International Organization* 58(2):277—309.

Ruggie, John G. 1983. "International Regimes, Transactions, and Change: Embedded Liberalism in the postwar Economic Order." In International Regimes, ed Krasner, Stephen D. Ithaca: Cornell University

Press，195—232.

Ruggie，John G. 1993. "Territoriality and Beyond：Problematizing Modernity in International Relations." *International organization* 47(1)：139—174.

Sarkozy，Nicolas. 2010. "Plans for France's G20 Summit in 2011." In *The G20 2010 Seoul Summit：Shared Growth Beyond Crisis*，eds Kirton，John J.，and Koch，Madeline. London：Newsdesk，16—17. Available at：www. g8. utoronto. ca/newsdesk/seoul/seoul-sarkozy-en. html. Accessed：July 2012.

Stephen，Gina. 2010. "Information and Communication：G8 Institutionalization and Compliance in the DOT Force." In *Making Global Governance Effective：Hard and Soft Law Institutions in a Crowded World*，eds Kirton，John J.，Larionova，Marina，and Savona，Paolo. Farnham：Ashgate，201—215.

Welch，David. 2005. *Painful Choices：A Theory of Foreign Policy Change*. Princeton：Princeton University Press.

附 录

附录 A

二十国集团或八国集团治理研究的观点流派

		主导者	
		八国集团主导	二十国集团主导
关系	冲突(零和)	多余论	取代论
	合作(正和)	拒绝论	完善论

附录 B

二十国集团部长级会议和峰会列表

B-1　二十国集团财政部长和中央银行行长会议：1999 年至 2012 年

1999 年：
主席国：德国
时间：12 月 15 日至 16 日
举办地：德国柏林
2000 年：
主席国：加拿大
时间：10 月 24 日至 25 日
举办地：加拿大蒙特利尔
2001 年：
主席国：加拿大
时间：11 月 16 日至 17 日
举办地：加拿大渥太华
2002 年：
主席国：印度
时间：11 月 23 日
举办地：印度新德里
2003 年：
主席国：墨西哥
时间：10 月 26 日至 27 日
举办地：墨西哥莫雷利亚
2004 年：
主席国：德国
时间：11 月 20 日至 21 日
举办地：德国柏林
2005 年：
主席国：中国
时间：10 月 15 日至 16 日
举办地：中国北京
2006 年：
主席国：澳大利亚
时间：11 月 18 日至 19 日
举办地：澳大利亚墨尔本
2007 年：
主席国：南非
时间：11 月 17 日至 18 日
举办地：南非克莱蒙德
2008 年：
主席国：巴西
时间：10 月 11 日
举办地：美国华盛顿特区
时间：11 月 8 日至 9 日
举办地：巴西圣保罗
2009 年：
主席国：英国
时间：3 月 14 日至 15 日
举办地：英格兰霍舍姆
时间：4 月 24 日
举办地：美国华盛顿特区
时间：9 月 4 日至 5 日
举办地：英格兰伦敦
时间：11 月 6 日至 7 日
举办地：苏格兰圣安德鲁斯
2010 年：
主席国：加拿大、韩国，联合主席
时间：4 月 22 日至 23 日
举办地：美国华盛顿
2010 年：
主席国：韩国
时间：6 月 4 日至 5 日
举办地：韩国釜山
时间：10 月 9 日至 10 日
举办地：美国华盛顿
时间：10 月 22 日至 23 日
举办地：韩国庆州

（续表）

2011 年： 　　主席国：法国 　　时间：2 月 18 日至 19 日 　　举办地：法国巴黎 　　时间：4 月 14 日至 15 日 　　举办地：美国华盛顿特区 　　时间：8 月 8 日 　　举办地：电话会议 　　时间：9 月 22 日 　　举办地：法国巴黎 　　时间：9 月 23 日	举办地：法国巴黎(同规划发展部部长) 　　时间：10 月 14 日至 15 日 　　举办地：法国巴黎 2012 年： 　　主席国：墨西哥 　　时间：2 月 25 日至 26 日 　　举办地：墨西哥墨西哥城 　　时间：4 月 19 日至 20 日 　　举办地：美国华盛顿特区 　　时间：11 月 4 日至 5 日 　　举办地：墨西哥墨西哥城

B-2　二十国集团峰会：2008 年至 2012 年

2008 年： 　　主席国：美国 　　时间：11 月 14 日至 15 日 　　举办地：美国华盛顿特区 2009 年： 　　主席国：英国 　　时间：4 月 1 日至 2 日 　　举办地：英格兰伦敦 2009 年： 　　主席国：美国 　　时间：9 月 24 日至 25 日 　　举办地：美国匹兹堡 2010 年： 　　主席国：加拿大 　　时间：6 月 26 日至 27 日 　　举办地：加拿大多伦多	2010 年： 　　主席国：韩国 　　时间：11 月 11 日至 12 日 　　举办地：韩国首尔 2011 年： 　　主席国：法国 　　时间：11 月 3 日至 4 日 　　举办地：法国戛纳 2012 年： 　　主席国：墨西哥 　　时间：6 月 18 日至 19 日 　　举办地：墨西哥洛斯卡沃斯

附录 C

二十国集团的各项工作:1999 年至 2010 年

C-1　二十国集团财政部长和中央银行行长

	国内政府管理		协　商			方针制定	决策	承诺的兑现	全球治理的发展	
	成员（%）	平均援引	时间（天）	文件	字数	民主	承诺	履约促成因素	集团内	集团外
1999 年柏林	0	0.00	2	1	472	3	4	5	4	6
2000 年蒙特利尔	50	0.50	2	2	2 504	2	7	0	7	18
2001 年渥太华	0	0.00	2	2	1 646	4	24	3	6	31
2002 年新德里	5	0.05	2	1	989	5	2	−1	2	6
2003 年莫雷利亚	10	0.10	2	1	1 188	3	6	4	4	14
2004 年柏林	25	0.25	2	4	3 971	6	10	7	8	21
2005 年香河	5	0.05	2	4	3 462	6	8	3	8	39
2006 年墨尔本	15	0.15	2	2	3 477	22	10	2	5	32
2007 年克莱蒙德	20	0.20	2	2	3 858	5	20	6	3	20
2008 年华盛顿特区	0	0.00	2	1	257	1	4	2	1	2
2008 年圣保罗	15	0.15	2	1	1 737	5	27	3	6	15
2009 年霍舍姆	0	0.00	1	2	1 661	4	18	4	3	15
2009 年伦敦	0	0.00	2	2	1 382	7	27	7	5	20
2009 年圣安德鲁斯	10	0.10	2	1	1 276	5	22	14	5	37
2010 年华盛顿特区	0	0.00	2	2	2 085	5	10	5	11	37
2010 年釜山	5	0.05	2	1	1 524	14	18	9	8	28
总计	—	0.10	31	29	31 489	97	217	73	86	341
平均	10	0.10	1.94	1.81	1 968	6.06	13.56	4.56	5.36	21.31

C-2 二十国集团领导人

	参会情况（%）	国内政府管理		协商			方针制定	决策	承诺的兑现	全球治理的发展	
		成员（%）	平均援引	时间（天）	文件	字数	民主	承诺	履约促成因素	集团内	集团外
2008年华盛顿	100	0	0	2	2	3 567	12	95	0.53	0	40
2009年伦敦	100	5	0.05	2	3	6 155	9	88	0.42	12	116
2010年匹兹堡	100	0	0	2	2	9 257	29	128	0.28	47	117
2010年多伦多	90	30	0.3	2	4	11 078	12	61	0.28	71	171
总计	n/a	n/a	n/a	8	11	30 057	62	372	—	130	444
平均	97.50	8.75	8.75%	2.00	2.75	7 514	15.50	93.00	0.35	32.50	111.00

注：n/a指不适用。

附录 D

国内政府管理

D-1 二十国集团财政部长和中央银行行长

	公报中的积极评价		
	次数	对象	
		八国集团成员国	非八国集团成员国
1999 年柏林	0	0	0
2000 年蒙特利尔	10	4	6
2001 年渥太华	0	0	0
2002 年新德里	1	0	1
2003 年莫雷利亚	2	1	1
2004 年柏林	5	3	2
2005 年香河	1	0	1
2006 年墨尔本	3	0	3
2007 年科雷曼德	4	2	2
2008 年华盛顿	0	0	0
2008 年圣保罗	3	1	2
2009 年霍舍姆	0	0	0
2009 年伦敦	0	0	0
2009 年圣安德鲁斯	2	1	1
2010 年华盛顿	0	0	0
2010 年釜山	1	1	1
总计	32	13	20
平均	2	0.81	1.25

D-2 二十国集团领导人

	公报中的积极评价			舆论认可度		公众认可度变化（主办国）	国家政策演说（主办国）
	次数	对象		主办国	《纽约时报》		
		八国集团成员国	非八国集团成员国				
2008年华盛顿	0	0	0	0	NA	+2.0%	0
2009年伦敦	1	0	1	−1	0	+5.0%	1
2009年匹兹堡	0	0	0	0	0	−1.0%	0
2010年多伦多	6	3	3	0	NA	+2.0%	3
总计	7	3	4	−1	0	—	4
平均	1.75	0.75	1	−0.50	0	+2.0%	1

注：记数：+1=积极评价；0=中立评价；−1=消极评价；NA=数据缺失；未找到相关评价。国家政策演说=在即将举办峰会的下一个主办国的国家政策演说上提及二十国集团的总次数。

附录 E

协商:二十国集团会议公报分析结果

	字数	段落	文件	宏观经济数量(%)	金融监管(%)	国际金融机构改革(%)	贸易(%)	发展(%)	气候(%)	恐怖主义(%)
部长会议										
1999 年柏林	472	6	1	69.60	0.00	37.20	8.10	0.00	10.70	0.00
2000 年蒙特利尔	2 504	38	2	19.90	12.50	24.10	12.30	12.60	0.00	0.00
2001 年渥太华	1 646	31	2	30.60	1.80	15.20	18.70	41.60	0.00	56.30
2002 年新德里	989	10	1	53.90	8.40	33.20	6.20	45.00	0.00	12.50
2003 年莫雷利亚	1 188	9	1	69.10	15.60	53.30	23.80	35.10	0.00	12.70
2004 年柏林	3 971	40	4	48.10	2.40	13.50	9.30	7.60	11.30	4.10
2005 年香河	3 462	35	4	62.70	0.00	21.00	14.80	58.20	4.70	0.00
2006 年墨尔本	3 477	36	2	58.30	0.80	13.20	18.50	10.70	4.50	3.90
2007 年克莱蒙德	3 858	26	2	79.90	3.40	19.30	4.00	9.20	10.30	0.00
2008 年华盛顿	257	5	1	44.70	65.60	28.00	0.00	24.10	0.00	0.00
2008 年圣保罗	1 737	17	1	74.60	14.20	36.90	11.60	60.00	3.60	0.00
2009 年霍舍姆	1 661	34	2	18.80	46.20	41.30	2.40	13.10	0.00	0.00
2009 年伦敦	1 382	20	2	45.30	5.80	62.20	18.20	43.20	3.60	10.30
2009 年圣安德鲁斯	1 276	16	1	37.20	73.90	76.80	0.00	48.40	13.90	9.60
2010 年华盛顿	2 085	41	2	56.10	28.10	67.30	1.60	73.90	4.70	6.80
2010 年釜山	1 524	18	1	47.50	33.40	80.30	14.70	46.40	0.00	2.80
小计	31 489	382	29	816.30	312.10	622.80	164.20	529.10	67.30	119.00
平均	1 968	23.88	1.81	51.02	19.51	38.93	10.26	33.07	4.21	7.44

(续表)

	字数	段落	文件	宏观经济数量(%)	金融监管(%)	国际金融机构改革(%)	贸易(%)	发展(%)	气候(%)	恐怖主义(%)
峰会										
2008年华盛顿	3 567	82	2	17.80	100.00	29.40	12.00	17.80	1.70	2.80
2009年伦敦	6 155	164	3	27.40	66.60	45.40	16.10	27.60	1.00	0.00
2009年匹兹堡	9 257	129	2	30.00	100.00	38.30	9.70	24.50	9.70	4.10
2010年多伦多	11 078	192	4	33.40	50.00	41.00	4.60	34.50	7.40	2.50
小计	30 057	567	11	109	317	154	42	104	20	9
平均	7 514	141.75	2.75	27.15	79.15	38.53	10.60	26.10	4.95	2.35
总计	61 546	949	40	925	629	777	207	634	87	128
平均	3 077	47.45	2.00	46.25	31.44	38.85	10.33	31.68	4.36	6.42

注:百分比计算方法为:每个议题的字数除以每次会议的文件的总字数。大于100%是由于议题出现重叠。

附录 F

二十国集团的方针制定

F-1　二十国集团财政部长和中央银行行长

具体内容	1999年柏林	2000年蒙特利尔	2001年渥太华	2002年新德里	2003年莫雷利亚	2004年柏林*	2005年香河	2006年墨尔本	2007年克莱蒙德	2008年华盛顿	2008年圣保罗	2009年霍舍姆	2009年伦敦	2009年圣安德鲁斯	2010年华盛顿	2010年釜山
透明度	1	2	1	1		3	3	7	2		1	1	3	3	2	6
思想的国际流通	1							1								
思想表达自由程度	1															
善　治			1	1	1		1	8	3		1	1	1	1	1	2
可信赖的国际机构			1													
监督/控制				1		1		4			2	1	1			1
法律规则**				1												
对 NEPAD 的支持				1												
信息/知识交流			1		2		2	2						1	2	3
责　任						1					1		1			
债权人权益						1										
开放度***										1		1	1			1
多方参与的咨询																1
总　计	3	2	4	5	3	6	6	22	5	1	5	4	7	5	5	14
模式传播	3	1	4	5	2	4	3	5	2	1	4	4	5	3	3	6

注：仅为主要公报。NEPAD＝New Partnership for Africa's Development（非洲发展新伙伴计划）。

*　不包括机构建设以及法律机制。

**　包括法律体制。

***　包括政治、社会、文化、信息以及教育开放性，但不包括经济开放性。

F-2　二十国集团领导人

观　　　念	2008年 华盛顿	2009年 伦敦	2009年 匹兹堡	2010年 多伦多
透明度	5	2	14	8
针对提议的国际行动各国对提议的落实善治	1	1		
合法的国际机构		2		
监督或监测		3	8	
法治*	2		1	1
“非洲发展新伙伴计划”的支持信息交换或知识交流	1		2	
问责制	1		1	2
债权开放度**	2	1	3	1
总计	12	9	29	12
类型传播	6	5	6	4

注：仅见于主要公报，不包括腐败和内含物。

*　包括法定框架。

**　包括政治、社会、文化、信息以及教育这五方面的开放度，但不包括经济开放度。

附录 G

二十国集团的决策：会议承诺

	承诺总数	宏观经济	金融监管	国际金融机构改革	贸易	发展	社会经济	气候变化	能源	问责制	恐怖主义	腐败	其他
部长级会议													
1999 年柏林	4	2	0	2	0	0	0	0	0	0	0	0	0
2000 年蒙特利尔	7	3	0	1	0	2	1	0	0	0	0	0	0
2001 年渥太华	24	2	0	1	1	0	0	0	0	0	20	0	0
2002 年新德里	2	0	0	0	0	1	0	0	0	0	1	0	0
2003 年莫雷利亚	6	2	0	0	1	0	0	0	0	0	1	2	0
2004 年柏林	10	4	0	0	1	1	0	0	0	0	0	1	0
2005 年北京	8	0	0	2	4	2	0	0	0	0	0	0	0
2006 年墨尔本	10	2	0	2	2	1	1	0	1	0	1	0	0
2007 年科雷曼德	20	9	0	5	2	0	1	0	3	0	0	0	0
2008 年华盛顿	4	4	0	0	0	0	0	0	0	0	0	0	0
2008 年圣保罗	27	12	2	7	1	4	0	0	0	1	0	0	0
2009 年霍舍姆	18	5	5	6	1	1	0	0	0	0	0	0	0
2009 年伦敦	27	7	15	2	1	1	0	0	0	0	0	0	0
2009 年圣安德鲁斯	22	7	6	5	0	1	0	2	1	0	0	0	0
2010 年华盛顿	10	2	4	0	0	3	0	0	1	0	0	0	0
2010 年釜山	18	7	3	4	0	2	0	0	0	1	0	0	1
合　计	217	68	35	37	14	19	3	2	6	2	23	3	1
平均值	13.56	4.30	2.20	2.30	0.88	1.20	0.19	0.13	0.38	0.13	1.40	0.19	0.06

（续表）

	承诺总数	宏观经济	金融监管	国际金融机构改革	贸易	发展	社会经济	气候变化	能源	问责制	恐怖主义	腐败	其他
峰　　会													
2008年华盛顿峰会	95	8	58	12	5	5	0	0	0	1	0	4	2
2009年伦敦峰会	88	14	22	15	16	12	3	1	3	2	0	0	0
2009年匹兹堡峰会	128	30	24	13	9	15	7	3	18	0	0	2	2
2010年多伦多峰会	61	15	11	4	9	8	2	3	1	2	0	3	3
合　计	372	67	115	44	39	40	12	7	22	5	0	9	7
平均值	93.00	16.75	28.75	11.00	9.75	10.00	3.00	1.75	5.50	1.25	0.00	2.25	1.75

附录 H

二十国集团承诺的兑现:履约

H-1 2003年二十国集团莫雷利亚会议履约情况

国家	贸易	危机	准则	舞弊	海外金融中心	恐怖主义	总计
澳大利亚	+1.00	0.00	0.00	+1.00	−1.00	0.00	+0.17
加拿大	+1.00	n/a	0.00	+1.00	0.00	+1.00	+0.60
中国	0.00	n/a	n/a	n/a	+1.00	+1.00	+0.67
印度	+1.00	0.00	0.00	+1.00	n/a	0.00	+0.40
印度尼西亚	0.00	n/a	0.00	+1.00	+1.00	0.00	+0.40
日本	+1.00	0.00	n/a	+1.00	n/a	0.00	+0.50
韩国	0.00	n/a	n/a	n/a	n/a	0.00	0.00
俄罗斯	+1.00	n/a	0.00	+1.00	n/a	+1.00	+0.75
南非	+1.00	0.00	0.00	+1.00	0.00	+1.00	+0.50
美国	0.00	n/a	0.00	+1.00	0.00	0.00	+0.20
累计平均值	+0.60	0.00	0.00	+1.00	+0.17	+0.40	+0.42
G8平均值(4)	+0.75	0.00	0.00	+1.00	0.00	+0.50	+0.51
非G8平均值(6)	+0.50	0.00	0.00	+1.00	+0.25	+0.33	+0.36

注:n/a不适用。

H-2　2003年八国集团埃维昂峰会对参会的二十国集团成员的履约情况

	中国	印度	韩国	澳大利亚	南非	平均值
犯罪/恐怖主义融资	+1.00	0.00	0.00	+1.00	+1.00	+0.60
债　务	0.00	−1.00	n/a	0.00	0.00	−0.25
开　发	n/a	0.00	0.00	0.00	0.00	0.00
能　源	+1.00	+1.00	+1.00	+1.00	+1.00	+1.00
艾滋病/传染性疾病	+1.00	−1.00	0.00	0.00	+1.00	0.40
信息和通信技术	0.00	0.00	+1.00	0.00	+1.00	+0.20
海洋环境	+1.00	+1.00	+1.00	+1.00	+1.00	+1.00
恐怖主义	+1.00	0.00	+1.00	+1.00	0.00	+0.60
贸　易	+1.00	0.00	+1.00	0.00	+1.00	+0.60
交通安全	+1.00	+1.00	+1.00	+1.00	0.000.00	+0.80
大规模杀伤性武器	+1.00	+1.00	0.00	0.00	+1.00	+0.60
世界经济	0.00	0.00	0.00	0.00	+1.00	+0.20
平均值	+0.73	+0.17	+0.55	+0.42	+0.67	+0.48

注:某一议题领域的平均值,为所有国家对这一议题的兑现总分的平均值。国家的平均得分,为某一特定国家在该议题领域的兑现总分的平均值。总的兑现平均值,是在所有议题平均值和国家平均值的基础上再求平均值。n/a代表不适用。

H-3　二十国集团峰会履约情况

	平均值（总计）	2008年华盛顿峰会*	2009年伦敦峰会**	2009年匹兹堡峰会***	2010年多伦多峰会****
阿根廷	−0.16(33)	−0.25(4)	−0.18(11)	−0.20(10)	+0.00(8)
澳大利亚	+0.69(34)	+0.75(4)	+0.90(11)	+0.50(10)	+0.67(9)
巴　西	+0.21(31)	+1.00(3)	+0.73(11)	−0.50(10)	+0.29(7)
加拿大	+0.73(39)	+0.75(4)	+0.90(11)	+0.60(15)	+0.78(9)
中　国	+0.03(32)	+0.00(4)	−0.18(11)	+0.00(9)	+0.38(8)
法　国	+0.74(36)	+0.25(4)	+0.90(11)	+0.77(13)	+0.56(9)
德　国	+0.74(33)	+1.00(4)	+0.90(11)	+0.70(10)	+0.50(8)
印　度	−0.20(32)	+0.00(4)	−0.10(11)	−0.30(10)	−0.29(7)

（续表）

	平均值（总计）	2008年华盛顿峰会*	2009年伦敦峰会**	2009年匹兹堡峰会***	2010年多伦多峰会****
印度尼西亚	－0.42(33)	＋1.25(4)	－0.73(11)	－0.50(10)	－0.13(8)
意大利	＋0.50(34)	＋0.00(4)	＋0.64(11)	＋0.20(10)	＋0.56(9)
日本	＋0.37(32)	＋0.75(4)	＋0.09(11)	＋0.56(9)	＋0.50(8)
韩国	＋0.65(31)	＋0.00(1)	＋0.73(11)	＋0.70(10)	＋0.56(9)
墨西哥	＋0.15(36)	＋0.50(4)	＋0.00(11)	＋0.36(14)	－0.14(7)
俄罗斯	＋0.20(37)	＋0.25(4)	＋0.18(11)	＋0.20(15)	＋0.14(7)
沙特阿拉伯	－0.03(30)	＋0.00(1)	＋0.09(11)	－0.10(10)	－0.13(8)
南非	＋0.57(22)	＋1.00(4)	＋0.81(11)	＋0.70(10)	－0.14(7)
土耳其	＋0.24(29)	＋1.00(1)	＋0.73(11)	－0.20(10)	＋0.00(7)
英国	＋0.90(39)	＋1.00(4)	＋1.00(11)	＋0.90(15)	＋0.67(9)
美国	＋0.49(39)	＋0.25(4)	＋0.18(11)	＋0.73(15)	＋0.33(9)
欧盟	＋0.60(32)	＋1.00(4)	＋0.80(11)	＋0.40(10)	＋0.57(7)
全体	＋0.35(674)	＋0.53(70)	＋0.42(220)	＋0.28(225)	＋0.28(160)
八国集团	＋0.59(321)	＋0.69(36)	＋0.62(99)	＋0.56(112)	＋0.51(75)
非八国集团	＋0.16(353)	＋0.39(34)	＋0.25(121)	＋0.04(113)	＋0.10(85)

注：圆括号里面的数字是对各个国家的承诺逐一进行估算后的得数。分值依据了一份承诺兑现报告，这份报告是出自于以下机构或团队：多伦多大学二十国集团研究中心、国际研究大学高等经济学院的国际组织研究机构、莫斯科、北美墨西哥的蒙特雷科技大学的对话及研究中心。

* 承诺包括了贸易。具体表现为贸易保护主义的抵制(3)以及国内金融监管，具体表现为对管理监督的加强(1)这两方面。

** 承诺涵盖了宏观经济。具体表现为恢复经济增长和就业(1)；贸易，具体表现为抵制贸易保护主义(7)；国内金融监管(1)；以及开发，具体表现为确保所有成员国都进行了直接且可持续的恢复。(3)

*** 承诺涵盖了宏观经济。具体表现为压力测试(1)；贸易，具体表现为抵制贸易保护主义(2)；国内金融监管(1)；财政及规制改革(1)；国际金融机构改革，国际货币基金组织(1)和多边开发银行的改革(1)；发展，具体表现为官方的发展援助(2)；气候变化，具体表现为清洁技术(1)以及联合国气候变化框架公约(1)；能源，具体表现为化石燃料(1)；市场透明度(1)；投资激励(1)；以及腐败(1)。

**** 承诺涵盖了宏观经济，具体表现为发达经济(1)；赤字国家(1)；顺差国家(1)；贸易，具体表现为抵制贸易保护主义(1)；国内金融监管，具体表现为市场基础设施监管(1)；国际金融机构改革，具体表现为具体表现为国际货币基金组织(1)的改革；发展，具体表现为融资(1)；粮食及农业，具体表现为拉奎拉峰会关于食物安全的倡议；(1)；能源，具体表现为化石燃料(1)；腐败，具体表现为联合国公约对腐败的抵制(1)；气候变化，具体表现为绿色复苏(1)以及联合国气候变化公约(2)。

附录 I

动荡、脆弱性和相互依存关系

I-1 动　荡

年份	金融/经济				能源/生态				
	纽约证券交易所			事件	石油价格(美国标准)			事件	食品价格指数
	会议前	高	低		事件前	高	低		
1997		5 438.18	4 118.15	泰国，印度尼西亚，韩国		26.55	17.60	日本海漏油事件；朝鲜饥荒(1996—1998)；印尼火灾	113.5
1998		6 352.17	5 045.78	俄罗斯，美国，巴西		25.55	10.82	土耳其地震	103.7
1999	6 683.34	7 011.65	6 092.27		25.87	28.03	11.38	法国石油泄漏	91.1
2000	6 797.40	7 164.55	6 094.91		34.90	37.22	23.91	印度地震；南非石油泄漏；巴西石油泄漏	89.5
2001	6 130.50	7 048.13	5 331.38	土耳其，阿根廷	17.50	32.21	17.50		92.3
2002	5 214.12	6 445.01	4 452.49		27.00	32.68	18.02		90.2
2003	5 851.14	6 469.50	4 418.62		29.99	37.96	25.25	欧洲热浪；印度南部热浪	98.3
2004	7 002.91	7 273.18	6 211.33		46.30	56.37	32.49	印度洋海啸(十二月)	111.5
2005	7 362.59	7 867.59	6 902.51		62.61	69.91	42.16	美国卡特里娜飓风	114.7

（续表）

年份	金融/经济				能源/生态				
	纽约证券交易所			事件	石油价格（美国标准）			事件	食品价格指数
	会议前	高	低		事件前	高	低		
2006	8 897.17	9 188.17	7 708.11		55.90	77.05	55.90		122.4
2007	9 701.38	10 387.17	8 811.55		94.81	99.16	50.51		154.1
2008 华盛顿*	5 704.13	9 781.57	4 607.47		77.44	145.31	30.28	中国汶川大地震	190.9
2008 圣保罗*	5 871.98				61.06				
2008 华盛顿*	5 715.79				58.31				
2009 霍舍姆	4 721.00	7 288.23	4 181.75		46.22	81.03	34.03	澳大利亚火灾	151.5
2009 伦敦**	4 978.98				48.49				
2009 华盛顿*	5 372.10				48.46				
2009 伦敦**	6 546.60				67.90				
2009 匹兹堡	6 964.69				68.74				
2009 圣安德鲁斯	6 950.14				79.64				
2010 华盛顿*	7 644.67	7 743.74***	6 355.83***	希腊	82.78	86.54****	64.78****	美国墨西哥湾漏油事件；俄罗斯热浪	179.1
2010 釜山	6 860.39				74.62				
2010 多伦多	6 763.93				78.45				

说明：表格中的“金融”是指国家对国际金融支持的需求以及/或企业对国家政府或国际金融支持的需求。“会议前”是指会议开始的前一天。

* 部长级会议。

** 峰会。

*** 时间：2010 年 1 月 1 日至 2010 年 8 月 16 日。

**** 时间：2010 年 1 月 1 日至 2010 年 8 月 10 日。

I-2 动荡的特征

	主题	状态	起源	扩散	速度	规模：死亡数	规模：破坏	对民主产生怀疑
				政治安全				
阿富汗	战争	传统—新兴	广大的中东和北非	两国边境（巴基斯坦），地区（广大的中东和北非）				是
韩国天安舰事件	战争	传统	亚洲（朝鲜）	两国边境		49		
纽约	恐怖主义	新兴	也门—美国	非洲—美洲		0	0	
2009年12月25日，底特律	恐怖主义	传统	美国					
纽约（5月）	恐怖主义	新兴	美国					
莫斯科地铁事件	恐怖主义	新兴	俄罗斯	不适用		38		是
				能源—环境				
海地	环境	新兴自然灾害	美洲	多米尼加共和国		30 000—50 000		
智利大地震	环境	新兴自然灾害	美洲			300		
冰岛火山爆发	环境	新兴自然灾害	欧洲（冰岛）	欧洲—北美	2周	0		
墨西哥湾事件	环境—能源	新兴自然灾害	美国	美国—墨西哥	3个月	11		
				金融—经济				
2007—2009年美国—大西洋	银行业—金融	新兴	美国—英国—德国	全球	18个月	0		无
希腊债务	主权债务	传统	希腊	欧洲	数周	3		是
欧洲债务	主权债务（银行）	传统（新兴）	欧洲	全球	1天	0		是

I-3 二十国集团所受的恐怖主义冲击

年份	受冲击的二十国集团国家数量	受冲击的二十国集团国家比例	受袭击的二十国集团国家数量	受袭击的二十国集团国家比例	受冲击总数	受袭击总数
1997	17	89.5%	10	52.6%	607	1 327
1998	16	84.2%	8	42.1%	197	585
1999	16	84.2%	11	57.9%	520	1 210
2000	16	84.2%	8	42.1%	449	985
2001	15	78.9%	7	36.8%	498	3 883
2002	14	73.7%	7	36.8%	304	1 068
2003	15	78.9%	7	36.8%	367	1 071
2004	13	68.4%	7	36.4%	236	1 063
2005	13	68.4%	9	47.4%	302	816
2006	16	84.2%	11	57.9%	315	860
2007	11	57.9%	7	36.4%	271	760
2008	14	73.7%	7	36.4%	868	968
Average	14.7	77.2%	8.3	43.4%	441.2	1 216.3

资料来源:全球恐怖主义数据库,http://www.start.umd.edu/gtd/。
说明:欧盟除外。

附录 J

其他国际机构的表现

J-1 国际货币基金组织经济预测的准确程度

年　份	春季	秋季	实际
1999	2.3	3.0	3.4
2000	3.4	3.5	4.7
2001	3.9	4.2	2.2
2002	3.9	3.5	3.0
2003	4.0	3.7	3.9
2004	4.1	4.1	5.1
2005	4.4	4.3	4.9
2006	4.4	4.3	5.4
2007	4.7	4.9	5.0
2008	4.9	4.8	3.0
2009	3.8	3.0	−0.6
2010	1.9	3.1	5.1

资料来源：国际货币基金组织(1999—2011)，全球经济展望。
注：实际国内生产总值的百分比范围＝下一年的秋季报告。

J-2 多边组织的主席国/总部所在地

年份	二十国集团	国际货币基金组织	国际货币与金融委员会	世界银行	国际清算银行	巴塞尔银行监管委员会
1999	**德国/加拿大**	**法国**	**英国**	**美国**	**英国**	**美国**
2000	**加拿大**	**德国**	**英国**	**美国**	**英国**	**美国**

（续表）

年份	二十国集团	国际货币基金组织	国际货币与金融委员会	世界银行	国际清算银行	巴塞尔银行监管委员会
2001	**加拿大**	**德国**	**英国**	**美国**	**英国**	**美国**
2002	印度	**德国**	**英国**	**美国**	**英国**	**美国**
2003	墨西哥	**德国**	**英国**	**美国**	**加拿大**	西班牙
2004	**德国**	西班牙	**英国**	**美国**	**加拿大**	西班牙
2005	中国	西班牙	**英国**	**美国**	**加拿大**	西班牙
2006	澳大利亚	西班牙	**英国**	**美国**	**加拿大**	荷兰
2007	南非	**法国**	**意大利**	**美国**	**加拿大**	荷兰
2008	**美国**	**法国**	埃及	**美国**	西班牙	荷兰
2009	**英国/美国**	**法国**	埃及	**美国**	西班牙	荷兰
2010	**加拿大**/韩国	**法国**	埃及	**美国**	西班牙	荷兰

	经济合作与发展组织	十国集团	三十三国集团	七国集团	金融稳定论坛
1999	**加拿大**	瑞典	无	**德国**	**英国**
2000	**加拿大**	瑞士	无	**日本**	**英国**
2001	**加拿大**	**德国**	无	**意大利**	**英国**
2002	**加拿大**	**法国**	无	**加拿大**	**英国**
2003	**加拿大**	**加拿大**	印度尼西亚	**法国**	**美国**
2004	**加拿大**	**英国**	印度尼西亚	**美国**	**美国**
2005	**加拿大**	**法国**	印度尼西亚	**英国**	**美国**
2006	墨西哥	**意大利**	印度尼西亚	俄罗斯	**意大利**
2007	墨西哥	**日本**	印度尼西亚	**德国**	**意大利**
2008	墨西哥	荷兰	印度尼西亚	**日本**	**意大利**
2009	墨西哥	无	印度尼西亚	**意大利**	**意大利**
2010	墨西哥	无	印度尼西亚	**加拿大**	**意大利**

注：加粗体为七国集团成员。

J-3　七国集团财政部长会议的非成员参与情况

	澳大利亚	巴西	中国	印度	以色列	韩国	科威特	尼日利亚	挪威	巴勒斯坦	俄罗斯	沙特阿拉伯	新加坡	南非	阿拉伯联合酋长国	欧洲共同市场	国际货币基金组织	中东和平四方集团	世界银行	世界贸易组织
1992 年 4 月											1									
1992 年 9 月											1									
1995 年 4 月											1					1				
1995 年 10 月											1					1				
1997 年 9 月																	1			
1998 年 2 月																	1			
1998 年 4 月																	1			
1998 年 5 月											1					1	1		1	1
1998 年 10 月																1	1		1	
1999 年 2 月																1	1			
1999 年 4 月																1	1			
1999 年 9 月																1	1			
2000 年 1 月																1	1			
2000 年 4 月																1	1			
2000 年 9 月																1	1			
2001 年 2 月											1					1	1			
2001 年 4 月											1					1				
2004 年 10 月			1																	
2005 年 2 月			1																	
2005 年 9 月		1	1	1							1			1						
2005 年 12 月		1	1	1	1					1								1		
2006 年 1 月 **											1									
2006 年 2 月 **											1									
2006 年 6 月 **	1		1	1		1		1			1			1						
2007 年 2 月			1								1									
2007 年 5 月 **	1	1	1	1		1		1			1									
2007 年 10 月			1			1	1		1		1	1	1		1					
合计	2	3	8	4	1	3	1	2	1	1	14	1	1	2	1	12	27 **	1	2	1

注：*　表示八国集团财政部长会议。

**　包括 1992 年 4 月前 15 次会议的参与情况。

附录 K

二十国集团的经济实力:国内生产总值

国　家	1999年	2000年	2001年	2002年	2003年	2004年	2005年	2006年	2007年	2008年	2009年	2010年
阿根廷	283.69	284.47	269.05	102.74	129.54	153.02	183.00	214.03	262.09	328.13	310.35	369.99
澳大利亚	412.142	399.54	377.361	423.56	539.114	654.981	732.095	777.974	945.596	1 054.59	991.852	1 245.31
巴　西	586.92	644.28	554.41	505.71	552.24	663.55	881.75	1 089.16	1 366.22	1 650.39	1 622.31	2 142.93
中　国	1 083.28	1 198.48	1 324.81	1 453.83	1 640.96	1 931.65	2 256.92	2 712.92	3 494.24	4 519.95	4 990.53	5 930.39
印　度	453.66	476.35	487.80	510.29	590.97	688.74	808.67	908.47	1 152.81	1 251.37	1 253.98	1 597.95
印度尼西亚	140.00	165.02	160.45	195.66	234.86	256.84	285.74	364.28	432.19	510.96	538.70	708.35
韩　国	461.81	533.39	504.58	575.93	643.76	721.98	844.87	951.77	1 049.24	931.41	834.06	1 014.89
墨西哥	566.17	671.93	709.94	705.51	700.24	759.56	848.55	951.79	1 035.32	1 094.03	881.84	1 035.40
沙特阿拉伯	161.17	188.69	183.26	188.80	214.86	250.67	315.76	356.63	385.20	476.94	377.20	451.39

（续表）

国　家	1999年	2000年	2001年	2002年	2003年	2004年	2005年	2006年	2007年	2008年	2009年	2010年
南　非	133.105	132.964	118.563	111.357	168.22	219.426	246.956	261.175	285.805	274.186	284.236	363.475
土耳其	249.82	266.44	195.55	232.28	303.26	392.21	482.69	529.19	649.13	730.32	614.42	734.59
加拿大	661.25	724.91	715.44	734.65	865.90	992.23	1 133.76	1 278.61	1 424.07	1 502.68	1 337.58	1 577.04
法　国	1 457.07	1 331.59	1 340.27	1 458.20	1 796.68	2 055.36	2 137.95	2 259.58	2 586.77	2 842.55	2 631.92	2 562.76
德　国	2 133.84	1 891.93	1 882.51	2 013.69	2 428.45	2 729.92	2 771.06	2 905.45	3 328.59	3 640.73	3 307.20	3 286.45
意大利	1 209.70	1 107.25	1 124.67	1 229.51	1 517.40	1 737.80	1 789.38	1 874.72	2 130.24	2 318.16	2 116.63	2 060.89
日　本	4 432.60	4 731.20	4 159.86	3 980.82	4 302.94	4 655.82	4 571.87	4 356.75	4 356.35	4 849.19	5 035.14	5 488.42
俄罗斯	195.91	259.70	306.58	345.13	430.29	591.18	763.70	989.93	1 299.70	1 660.85	1 222.69	1 487.29
英　国	1 503.12	1 480.15	1 471.10	1 614.41	1 862.27	2 202.50	2 283.31	2 448.11	2 813.95	2 657.31	2 180.65	2 263.10
美　国	9 353.50	9 951.48	10 286.18	10 642.30	11 142.23	11 853.25	12 622.95	13 377.20	14 028.68	14 291.55	13 938.93	14 526.55
二十国集团GDP合计	25 478.76	26 439.75	26 172.38	27 024.38	30 064.19	33 510.68	35 960.95	38 607.73	43 026.18	46 585.29	44 470.20	48 847.16
八国集团GDP合计	4 531.77	4 961.54	4 885.77	5 005.67	5 718.02	6 692.62	7 886.98	9 117.38	11 057.83	12 822.28	12 699.47	15 594.66
八国集团GDP合计	20 946.99	21 478.21	21 286.61	22 018.71	24 346.17	26 818.06	28 073.97	29 490.35	31 968.35	33 763.01	31 770.73	33 252.50
全球GDP总量	31 326.85	32 299.02	32 090.91	33 357.75	37 484.38	42 136.20	45 571.19	49 342.42	55 677.54	61 166.63	57 760.76	63 074.93
全球GDP—二十国集团%	81%	82%	82%	81%	80%	80%	79%	78%	77%	76%	77%	77%
全球GDP—非八国集团%	14%	15%	15%	15%	15%	16%	17%	18%	20%	21%	22%	25%

（续表）

国　家	1999 年	2000 年	2001 年	2002 年	2003 年	2004 年	2005 年	2006 年	2007 年	2008 年	2009 年	2010 年
全球 GDP—八国集团%	67%	66%	66%	66%	65%	64%	62%	60%	57%	55%	55%	53%
二十国集团最高	9 353.50	9 951.48	10 286.18	10 642.30	11 142.23	11 853.25	12 622.95	13 377.20	14 028.68	14 291.55	13 938.93	14 526.55
二十国集团最低	133.11	132.96	118.56	102.74	129.54	153.02	183.00	214.03	262.09	274.19	284.24	363.48
二十国集团比例	70.27	74.84	86.76	103.59	86.02	77.46	68.98	62.50	53.53	52.12	49.04	39.97
非八国集团最高	1 083.28	1 198.48	1 324.81	1 453.83	1 640.96	1 931.65	2 256.92	2 712.92	3 494.24	4 519.95	4 990.53	5 930.39
非八国集团最低	133.11	132.96	118.56	102.74	129.54	153.02	183.00	214.03	262.09	274.19	284.24	363.48
非八国集团比例	8.14	9.01	11.17	14.15	12.67	12.62	12.33	12.68	13.33	16.48	17.56	16.32
八国集团最高	9 353.50	9 951.48	10 286.18	10 642.30	11 142.23	11 853.25	12 622.95	13 377.20	14 028.68	14 291.55	13 938.93	14 526.55
八国集团最低	195.91	259.70	306.58	345.13	430.29	591.18	763.70	989.93	1 299.70	1 502.68	1 222.69	1 487.29
八国集团比例	47.74	38.32	33.55	30.84	25.89	20.05	16.53	13.51	10.79	9.51	11.40	9.77
基尼系数—全部	0.54	0.54	0.55	0.56	0.54	0.53	0.56	0.61	0.76	0.75	0.67	0.77
基尼系数—非八国集团	0.33	0.33	0.34	0.36	0.32	0.30	0.30	0.39	0.66	0.65	0.51	0.62
基尼系数—八国集团	0.80	0.81	0.81	0.81	0.81	0.81	0.83	0.83	0.83	0.83	0.83	0.43

注：GDP 为国内生产总值。

资料来源：国际货币组织，2012，“世界经济展望数据库”，华盛顿 4 月；链接：www.imf.org/external/pubs/ft/weo/2012/01/weodata/index.aspx.访问：2012 年 7 月基尼系数：Wassa.net 访问：2012 年 7 月。

附录L

二十国集团成员国的政治实力

L-1　二十国集团成员国领导人的政治支持率

国家	领导人	日　期	民意调查公司	同意(%)	不同意(%)	净值
阿根廷	克里斯蒂娜·费尔南德斯·基什内尔	2010年5月	Poliarquia Consultores	29		
		2009年12月	Poliarquia Consultores	19	54	－35
		2009年8月	Poliarquia Consultores	23	53	
澳大利亚	陆克文	2010年5月2日	Newspoll/The Australian	39	50	－11
		2010年4月18日	Angus Reid	50	41	
		2010年3月28日	Angus Reid	51	39	
		2010年3月14日	Angus Reid	48	41	
巴西	路易斯·伊纳西奥·卢拉·达席尔瓦	2010年4月	Angus Reid	76	5	＋71
		2010年3月	Angus Reid	75	5	
		2010年2月	Angus Reid	76	5	
加拿大	史蒂芬·哈珀	2010年5月	Angus Reid	29	48	－19
		2010年4月	Ekos	33	49	
		2010年3月	Angus Reid	29	49	
中国	胡锦涛	未知	未知	未知	未知	未知
法国	尼古拉·萨科齐	2010年6月25—28日	TNS Sofres	26		
		2010年6月3—4日	ViaVoice	34	64	－30
		2010年5月5日	CSA/Le Parisien	37	58	
		2010年4月	CSA/Le Parisien	34	59	
		2010年3月	CSA/Le Parisien	36	58	
德国	安格拉·多罗特娅·默克尔	2010年5月	Infratest dimap	58	42	＋16
		2010年4月	Infratest dimap	55	44	
		2010年1月	Infratest dimap	59	39	
印度	曼莫汉·辛格	未知	未知	未知	未知	未知
印度尼西亚	苏西洛·班邦·尤多约诺	2009年9月	Angus Reid	84	16	＋68
		2009年3月	Angus Reid	80	20	
		2008年11月	Angus Reid	62	38	

(续表)

国家	领导人	日期	民意调查公司	同意(%)	不同意(%)	净值
意大利	西尔维奥·贝卢斯科尼	2010年7月	IPR Marketing/La Republica	39	55	−13
		2010年6月	IPR Marketing/La Republica	41	54	
		2010年4月	IPR Marketing/La Republica	44	54	
		2010年3月	IPR Marketing/La Republica	44	54	
日本	菅直人	2010年7月	Kyodo News	43	33	+17
		2010年6月26日	Nikkei	50	30	
		2010年6月21日	Kyodo	59		
韩国	李明博	2010年1月	Korea Research Center	52		
		2009年10月	Korea Society Opinion Institute	33	53	−20
		2008年10月	Korea Society Opinion Institute	24	64	
墨西哥	费利佩·卡尔德龙	2010年3月1日	Angus Reid	45	53	−8
		2009年11月	Angus Reid	52	46	
		2009年8月	Angus Reid	54	37	
俄罗斯	德米特里·阿纳托里耶维奇·梅德维杰夫	2010年5月	Yury Levada Analytical Center	70		+48
		2010年4月	Yury Levada Analytical Center	73	25	
		2010年3月	Yury Levada Analytical Center	73	22	
		2010年2月	Yury Levada Analytical Center	77	21	
		2010年1月	Yury Levada Analytical Center	75	23	
沙特阿拉伯	阿卜杜拉·本·阿卜杜勒·阿齐兹	未知	未知	未知	未知	未知
南非	雅各布·祖马	2010年2月	TNS Research Surveys	43	41	+2
		2009年11月	TNS Research Surveys	58	23	
		2009年9月	TNS Research Surveys	53	19	
		2009年6月	TNS Research Surveys	57	13	
土耳其	雷杰普·塔伊普·埃尔多安	2009年8月3日	MetroPOLL Strategic and Social Research Center	58	38	+20
英国	戴维·威廉·唐纳德·卡梅伦	2010年6月23—25日	Angus Reid	54	32	+22
		2010年5月21—24日	Angus Reid	54	25	
美国	巴拉克·奥巴马	2010年6月25—27日	安古斯里德	44	50	−6
		2010年6月18—20日	盖洛普	49	44	
		2010年5月25—26日	安古斯里德民意	48	45	
		2010年5月21—23日	美国有线电视新闻网/运筹学中心	51	46	
		2010年4月22—25日	美国广播公司/华盛顿邮报	54	44	
		2010年3月23—26日	今日美国/盖洛普	53	43	
欧盟	若泽·曼努埃尔·巴罗佐	2010年4月	哈里斯互动公司	34		n/a
		2009年11月	哈里斯互动公司	37		
净值						+7.8

注：措辞包括："你对某件事情有什么积极或消极的看法？""面对国家的问题，你在某件事情上是否有自信？""你对于某件事情的表现是支持的态度还是不支持的态度？""你对某件事情的政治工作是否满意？""表达过你对某件事情拥有赞同、些许赞同、些许反对和反对的看法？"n/a 代表不适用。

L-2　部长的政治连续性

	1999年	2000年	2001年	2002年	2003年	2004年
阿根廷	罗克·费尔南德斯	若泽·路易斯·马奇内亚	马多明戈·卡瓦洛	罗伯尔特·拉瓦尼亚	罗伯尔特·拉瓦尼亚	罗伯尔特·拉瓦尼亚
澳大利亚	彼得·科斯特洛	彼得·科斯特洛	彼得·科斯特洛·	彼得·科斯特洛	彼得·科斯特洛	彼得·科斯特洛
巴　西	佩德罗·马兰	佩德罗·马兰	佩德罗·马兰	佩德罗·马兰	安东尼奥·帕洛奇	安东尼奥·帕洛奇
加拿大	保罗·马丁	保罗·马丁	保罗·马丁	约翰·曼利	约翰·曼利	拉尔夫·古德尔
中　国	项怀诚	项怀诚	项怀诚	项怀诚	金人庆	金人庆
法　国	克里斯蒂安·索泰	洛朗·法比尤斯	洛朗·法比尤斯	弗朗西斯·梅尔	弗朗西斯·梅尔	尼古拉·萨科西
德　国	汉斯·艾歇尔	汉斯·艾歇尔	汉斯·艾歇尔	汉斯·艾歇尔	汉斯·艾歇尔	汉斯·艾歇尔
印　度	亚什万特·辛哈	亚什万特·辛哈	亚什万特·辛哈	曼莫汉·辛格	曼莫汉·辛格	P.奇丹巴拉姆
印度尼西亚	班邦·苏迪比奥	布利亚迪·普拉普托苏哈卓	波伊迪诺	波伊迪诺	波伊迪诺	尤素夫·安瓦尔
意大利	朱利亚诺·阿马托	维琴佐·维斯科	朱利奥·特雷蒙蒂	朱利奥·特雷蒙蒂	朱利奥·特雷蒙蒂	迪多梅尼科·西尼斯卡尔科
日　本	宫泽喜一	宫泽喜一	盐川正十郎	盐川正十郎	谷垣贞一	谷垣贞一
韩　国	康奉均	陈念	陈念	田允喆	金振杓	李宪宰
墨西哥	安赫尔·古里亚	安赫尔·古里亚	弗朗西斯科·吉尔·迪亚斯	弗朗西斯科·吉尔·迪亚斯	弗朗西斯科·吉尔·迪亚斯	弗朗西斯科·吉尔·迪亚斯
俄罗斯	米哈伊尔·卡西亚诺夫	阿列克谢·库德林	阿列克谢·库德林	阿列克谢·库德林	阿列克谢·库德林	阿列克谢·库德林
沙特阿拉伯	易卜拉欣·艾勒阿萨夫	易卜拉欣·艾勒阿萨夫	易卜拉欣·艾勒阿萨夫	易卜拉欣·艾勒阿萨夫	易卜拉欣·艾勒阿萨夫	易卜拉欣·艾勒阿萨夫
南　非	特雷弗·曼纽尔	特雷弗·曼纽尔	特雷弗·曼纽尔	特雷弗·曼纽尔	特雷弗·曼纽尔	特雷弗·曼纽尔
土耳其	叙梅尔·奥拉尔	叙梅尔·奥拉尔	叙梅尔·奥拉尔	凯末尔·乌纳基坦	凯末尔·乌纳基坦	凯末尔·乌纳基坦
英　国	戈登·布朗	戈登·布朗	戈登·布朗	戈登·布朗	戈登·布朗	戈登·布朗
美　国	劳伦斯·萨默斯	劳伦斯·萨默斯	保罗·奥尼尔	保罗·奥尼尔	约翰·斯诺	约翰·斯诺

(续表)

	1999年	2000年	2001年	2002年	2003年	2004年
欧　盟	佩德罗·索尔韦斯·米拉	佩德罗·索尔韦斯·米拉	佩德罗·索尔韦斯·米拉	佩德罗·索尔韦斯·米拉	佩德罗·索尔韦斯·米拉	佩德罗·索尔韦斯·米拉
♯变化		6	5	6	5	6

注:代表们包括出席当时二十国集团年度财政部长会议的各国财政部长和未出席会议的财政部长。

	2005年	2006年	2007年	2008年	2009年	2010年	♯变化
阿根廷	罗伯尔特·拉瓦尼亚	费利塞·米塞利	米格尔·佩拉诺	卡洛斯·费尔南德斯	阿马杜·布杜	阿马杜·布杜	7
澳大利亚	彼得·科斯特洛	彼得·科斯特洛	彼得·科斯特洛	格伦·斯旺	格伦·斯旺	格伦·斯旺	1
巴　西	安东尼奥·帕洛奇	吉多·曼特加	吉多·曼特加	吉多·曼特加	吉多·曼特加	吉多·曼特加	2
加拿大	拉尔夫·古德尔	吉姆·弗莱厄蒂	吉姆·弗莱厄蒂	吉姆·弗莱厄蒂	吉姆·弗莱厄蒂	吉姆·弗莱厄蒂	3
中　国	金人庆	金人庆	谢旭人	谢旭人	谢旭人	谢旭人	2
法　国	蒂埃里·布雷顿	蒂埃里·布雷顿	克里斯蒂娜·拉加德	克里斯蒂娜·拉加德	克里斯蒂娜·拉加德	克里斯蒂娜·拉加德	5
德　国	汉斯·艾歇尔	皮尔·施泰因布吕克	皮尔·施泰因布吕克	皮尔·施泰因布吕克	皮尔·施泰因布吕克	沃尔夫冈·朔伊布勒	2
印　度	P.奇丹巴拉姆	P.奇丹巴拉姆	P.奇丹巴拉姆	P.奇丹巴拉姆	普拉纳布·慕克吉	普拉纳布·慕克吉	3
印度尼西亚	尤素夫·安瓦尔	斯里·穆里亚尼·英德拉瓦蒂	斯里·穆里亚尼·英德拉瓦蒂	斯里·穆里亚尼·英德拉瓦蒂	斯里·穆里亚尼·英德拉瓦蒂	阿古斯·马托瓦多	4
意大利	朱利尼·特雷蒙蒂	托马索·帕多阿·斯基奥帕	托马索·帕多阿·斯基奥帕	朱利尼·特雷蒙蒂	朱利尼·特雷蒙蒂	朱利尼·特雷蒙蒂	6
日　本	谷垣贞一	尾身幸次	额贺福志郎	额贺福志郎	藤井裕久	野田佳彦	6
韩　国	韩直洙	权五奎	权五奎	姜万洙	尹增铉	尹增铉	8
墨西哥	弗朗西斯科·吉尔·迪亚斯	弗朗西斯科·吉尔·迪亚斯	阿古斯丁·卡斯滕斯	阿古斯丁·卡斯滕斯	阿古斯丁·卡斯滕斯	埃内斯托·科尔德罗	3

（续表）

	2005年	2006年	2007年	2008年	2009年	2010年	#变化
俄罗斯	阿列克谢·库德林	阿列克谢·库德林	阿列克谢·库德林	阿列克谢·库德林	阿列克谢·库德林	阿列克谢·库德林	1
沙特阿拉伯	易卜拉欣·艾勒阿萨夫	易卜拉欣·艾勒阿萨夫	易卜拉欣·艾勒阿萨夫	易卜拉欣·艾勒阿萨夫	易卜拉欣·艾勒阿萨夫	易卜拉欣·艾勒阿萨夫	0
南　非	特雷弗·曼纽尔	特雷弗·曼纽尔	特雷弗·曼纽尔	特雷弗·曼纽尔	普拉温·戈尔丹	普拉温·戈尔丹	1
土耳其	凯末尔·乌纳基坦	凯末尔·乌纳基坦	凯末尔·乌纳基坦	凯末尔·乌纳基坦	穆罕默德·希姆塞克	穆罕默德·希姆塞克	2
英　国	戈登·布朗	戈登·布朗	阿利斯泰尔·达林	阿利斯泰尔·达林	阿利斯泰尔·达林	乔治·奥斯本	2
美　国	约翰·斯诺	亨利·保尔森	亨利·保尔森	亨利·保尔森	蒂莫西·盖特纳	蒂莫西·盖特纳	4
欧　盟	华金·阿尔穆尼亚	华金·阿尔穆尼亚	华金·阿尔穆尼亚	华金·阿尔穆尼亚	华金·阿尔穆尼亚	奥利·雷恩	3
#变化	4	7	8	5	7	6	

L-3　八国集团或二十国集团成员国领导人的政治连续性

七国集团	#变化	1975年朗布依埃	1976年圣胡安	1977年伦敦	1978年波恩
加拿大	0	—	皮埃尔·特鲁多	皮埃尔·特鲁多	皮埃尔·特鲁多
法　国	0	吉斯卡尔·德斯坦	吉斯卡尔·德斯坦	吉斯卡尔·德斯坦	吉斯卡尔·德斯坦
德　国	0	赫尔穆特·施密特	赫尔穆特·施密特	赫尔穆特·施密特	赫尔穆特·施密特
意大利	1	阿尔多·莫罗	阿尔多·莫罗	朱利奥·安德烈奥蒂	朱利奥·安德烈奥蒂
日　本	1	三木武夫	三木武夫	福田赳夫	福田赳夫
英　国	1	哈罗德·威尔逊	詹姆斯·卡拉汉	詹姆斯·卡拉汉	詹姆斯·卡拉汉
美　国	1	杰拉尔德·福特	杰拉尔德·福特	吉米·卡特	吉米·卡特
欧　盟	0	—	—	罗伊·詹金斯	罗伊·詹金斯
总　计	4	0	1	3	0
平　均	0.5	0	0.14	0.38	0

二十国集团	#变化	2008年华盛顿	2009年伦敦	2009年匹兹堡	2010年多伦多
阿根廷	0	克里斯蒂娜·费尔南德斯·德基什内尔	克里斯蒂娜·费尔南德斯·德基什内尔	克里斯蒂娜·费尔南德斯·德基什内尔	克里斯蒂娜·费尔南德斯·德基什内尔
澳大利亚	1	凯文·陆克文	凯文·陆克文	凯文·陆克文	朱莉娅·吉拉德
巴西	0	路易斯·伊纳西奥·卢拉·达席尔瓦	路易斯·伊纳西奥·卢拉·达席尔瓦	路易斯·伊纳西奥·卢拉·达席尔瓦	路易斯·伊纳西奥·卢拉·达席尔瓦
加拿大	0	史蒂芬·哈珀	史蒂芬·哈珀	史蒂芬·哈珀	史蒂芬·哈珀
中国	0	胡锦涛	胡锦涛	胡锦涛	胡锦涛
法国	0	尼古拉·萨科齐	尼古拉·萨科齐	尼古拉·萨科齐	尼古拉·萨科齐
德国	0	安格拉·默克尔	安格拉·默克尔	安格拉·默克尔	安格拉·默克尔
印度	0	曼莫汉·辛格	曼莫汉·辛格	曼莫汉·辛格	曼莫汉·辛格
印度尼西亚	0	苏西洛·班邦·尤多约诺	苏西洛·班邦·尤多约诺	苏西洛·班邦·尤多约诺	苏西洛·班邦·尤多约诺
意大利	0	西尔维奥·贝卢斯科尼	西尔维奥·贝卢斯科尼	西尔维奥·贝卢斯科尼	西尔维奥·贝卢斯科尼
日本	2	麻生太郎	麻生太郎	鸠山由纪夫	鸠山由纪夫
韩国	0	李明博	李明博	李明博	李明博
墨西哥	0	费利佩·卡尔德龙	费利佩·卡尔德龙	费利佩·卡尔德龙	费利佩·卡尔德龙
俄罗斯	0	德米特里·梅德维杰夫	德米特里·梅德维杰夫	德米特里·梅德维杰夫	德米特里·梅德维杰夫
沙特阿拉伯	0	阿布杜拉·本·阿布杜勒阿齐兹	阿布杜拉·本·阿布杜勒阿齐兹	阿布杜拉·本·阿布杜勒阿齐兹	阿布杜拉·本·阿布杜勒阿齐兹
南非	1	卡莱马·莫特兰蒂	卡莱马·莫特兰蒂	雅各布·祖马	雅各布·祖马
土耳其	0	雷杰普·塔伊普·埃尔多安	雷杰普·塔伊普·埃尔多安	雷杰普·塔伊普·埃尔多安	雷杰普·塔伊普·埃尔多安
英国	1	戈登·布朗	戈登·布朗	戈登·布朗	戴维·卡梅伦
美国	1	乔治·沃克·布什	巴拉克·奥巴马	巴拉克·奥巴马	巴拉克·奥巴马
欧盟	0	若泽·曼努埃尔·巴罗佐	若泽·曼努埃尔·巴罗佐	若泽·曼努埃尔·巴罗佐	若泽·曼努埃尔·巴罗佐
总计	6	0	1	2	3
平均	0.3	0	0.05	0.10	0.15

附录 M

有限的俱乐部参与范围

M-1　二十国集团峰会领导人参与情况

峰　　会	西班牙	荷兰	新加坡	非洲联盟	东　盟	非洲发展新伙伴计划	总计
2008 年华盛顿峰会	1	1					2
2009 年伦敦峰会	1	1			1(泰国)	1(埃塞俄比亚)	4
2009 年匹兹堡峰会	1	1			1(泰国)	1(埃塞俄比亚)	4
2010 年多伦多峰会	1	1		1(马拉维)	1(越南)	1(埃塞俄比亚)	5
2010 年首尔峰会	1		1	1(马拉维)	1(越南)	1(埃塞俄比亚)	5
总　　计	5	4	1	1	3	3	16

注:“东盟”代表东南亚国家联盟。

M-2　二十国集团峰会多边组织参与情况

	国际货币基金组织	世界银行	联合国	金融稳定论坛/委员会	世界贸易组织	国际劳工组织	经合组织	总计
2008 年华盛顿峰会	1	1	1	1				4
2009 年伦敦峰会	1	1	1	1	1			5
2009 年匹兹堡峰会	1	1	1	1	1	1	1	7
2010 年多伦多峰会	1	1	1	1	1	1	1	7
2010 年首尔峰会	1	1	1		1	1	1	
总　　计	4	4	4	4	3	2	2	

M-3 财政部长和中央银行行长级别论坛的成员制度

	巴黎俱乐部（1956年）*	经济合作与发展组织（1960年）	十国集团（1962年）	巴塞尔银行监管委员会（1974年）	七国集团（1975年）	八国集团（1997年）	二十二国集团（1997年）	三十三国集团（1999年）	国际货币基金组织委员会（1999年）	二十国集团（1999年）**	金融稳定论坛（1999年）***	金融稳定董事会（2009年）****
阿尔及利亚									X			
阿根廷				X			X	X	X	X		X
澳大利亚	X	X		X			X	X	X	X	X	X
奥地利	X	X										
比利时	X	X	X	X				X	X			
巴　西				X			X	X	X	X		X
加拿大		X	X	X	X	X	X	X	X	X	X	X
智　利		X						X				
中　国				X			X	X	X	X		X
科特迪瓦								X				
捷克共和国		X										
丹　麦	X	X							X			
埃　及								X				
爱沙尼亚		X										
芬　兰	X	X										
法　国	X	X	X	X	X	X	X	X	X	X	X	X
加　蓬									X			
德　国	X	X	X	X	X	X	X	X	X	X	X	X
希　腊		X										
中国香港				X			X	X			X	X
匈牙利		X										
冰　岛		X										
印　度				X			X	X	X	X		X

（续表）

	巴黎俱乐部（1956年）*	经济合作与发展组织（1960年）	十国集团（1962年）	巴塞尔银行监管委员会（1974年）	七国集团（1975年）	八国集团（1997年）	二十二国集团（1997年）	三十三国集团（1999年）	国际货币基金组织委员会（1999年）	二十国集团（1999年）**	金融稳定论坛（1999年）***	金融稳定董事会（2009年）****
印度尼西亚				X			X	X	X	X		X
爱尔兰	X	X										
以色列		X										
意大利	X	X	X	X	X	X	X	X	X	X	X	X
日　本	X	X	X	X	X	X	X	X	X	X	X	X
韩　国		X		X			X	X		X		X
卢森堡		X		X								
马来西亚							X	X				
墨西哥		X		X			X	X		X		X
摩洛哥								X				
荷　兰	X	X	X	X				X	X		X	X
新西兰		X										
挪　威	X	X										
波　兰		X					X	X				
葡萄牙		X										
俄罗斯	X			X		X	X	X	X	X		X
沙特阿拉伯				X				X	X	X		X
新加坡				X			X	X	X		X	X
斯洛伐克共和国		X										
斯洛文尼亚		X										
南　非				X			X	X	X	X		X
西班牙	X	X		X				X	X			X
瑞　典	X	X	X	X				X				
瑞　士	X	X	X	X				X	X		X	X
泰　国							X	X				

（续表）

	巴黎俱乐部（1956年）*	经济合作与发展组织（1960年）	十国集团（1962年）	巴塞尔银行监管委员会（1974年）	七国集团（1975年）	八国集团（1997年）	二十二国集团（1997年）	三十三国集团（1999年）	国际货币基金组织委员会（1999年）	二十国集团（1999年）**	金融稳定论坛（1999年）***	金融稳定董事会（2009年）****
土耳其		X		X				X		X		X
阿拉伯联合酋长国									X			
英　国	X	X	X	X	X	X	X	X	X	X	X	X
美　国	X	X	X	X	X	X	X	X	X	X	X	X
总　计	19	34	11	27	7	8	22	33	25	19	12	24

注：括号中的日期代表成立时间，指向2012年或上一年运作中的会员资格。OECD＝经济合作与发展组织；BCBS＝巴塞尔银行监管委员会；IMFC＝国际货币基金组织委员会；FSF＝金融稳定论坛；FSB＝金融稳定董事会。

*　有十三个与巴黎俱乐部相关的国家都参与到了协商环节，它们受制于永久成员国以及债务国。这十三个国家分别为：阿布扎比、阿根廷、巴西、韩国、以色列、科威特、墨西哥、摩洛哥、新西兰、葡萄牙、南非、特立尼达和多巴哥和土耳其。

**　欧盟是二十国集团的第二十位成员。

***　以下国际组织和标准设定机构是金融稳定论坛的成员，该论坛于2008年被金融稳定董事会取代。国际清算银行、巴塞尔银行监管委员会、支付结算系统委员会、全球金融体系委员会、欧洲中央银行、国际会计准则委员会、国际保险监督协会、国际货币基金组织、国际证券委员会组织、经济合作与发展组织和世界银行。

****　以下国际组织和标准设定机构是金融稳定董事会的成员：国际清算银行、巴塞尔银行监管委员会、全球金融体系委员会、支付结算系统委员会、欧洲中央银行、欧洲委员会、国际会计准则委员会、国际保险监督协会、国际货币基金组织、国际证券委员会组织、经济合作与发展组织和世界银行。

M-4　二十国集团与多边机构的网络关系

	联合国常任理事国	国际货币基金组织董事会	国际货币基金组织委员会	经合组织	金融稳定委员会	二十四国集团	七十七国集团	东盟10＋3	总计
阿根廷					X	X			2
澳大利亚				X	X				2
巴　西			X		X	X	X		4
加拿大		X	X	X	X				4
中　国	X	X	X		X	X	X	X	7

（续表）

	联合国常任理事国	国际货币基金组织董事会	国际货币基金组织委员会	经合组织	金融稳定委员会	二十四国集团	七十七国集团	东盟10+3	总计
法　国	X	X	X	X	X				5
德　国		X	X	X	X				4
印　度			X		X	X	X		4
印度尼西亚			X		X			X	3
意大利		X	X	X	X				4
日　本		X	X	X	X			X	5
韩　国			X	X	X		X*	X	4
墨西哥			X	X	X	X	X*		4
俄罗斯	X	X	X		X				4
沙特阿拉伯		X	X		X				3
南　非			X		X	X	X		4
土耳其				X	X				2
英　国	X	X	X	X	X				5
美　国	X	X	X	X	X				5
总　计	5	10	16	11	19	6	6	4	

注："经合组织"代表经济合作与发展组织；"东盟"代表东南亚国家联盟。

*　墨西哥与韩国是七十七国集团的创始成员国，但在1994年加入经济合作与发展组织后退出了前者。

M-5　二十国集团通过多边峰会组织搭建的网络

	八国集团*	主要经济体会议	英联邦	法语地区	亚欧峰会	欧洲安全与合作委员会	亚太经合组织会议	美洲峰会	上海合作组织	北大西洋公约组织	伊斯兰合作组织	总计
阿根廷								X				1
澳大利亚		X	X				X					3
巴　西	X	X						X				3
加拿大	X	X	X	X		X	X	X		X		8
中　国	X	X			X		X		X			5

（续表）

	八国集团*	主要经济体会议	英联邦	法语地区	亚欧峰会	欧洲安全与合作委员会	亚太经合组织会议	美洲峰会	上海合作组织	北大西洋公约组织	伊斯兰合作组织	总计
法　国	X	X		X	X	X				X		6
德　国	X	X			X	X				X		5
印　度	X	X	X		X				X**			5
印度尼西亚		X			X		X				X	4
意大利	X	X			X	X				X		5
日　本	X	X			X		X					4
韩　国		X			X		X					3
墨西哥	X	X					X	X				4
荷　兰					X	X				X		3
俄罗斯	X	X				X	X		X		X**	6
沙特阿拉伯		X										1
南　非	X	X	X									3
西班牙					X	X				X		3
土耳其						X				X	X	3
英　国	X	X	X		X	X				X		6
美　国	X	X				X	X	X		X		6
欧　盟	X	X			X							3
总　计	14	18	5	2	12	10	9	5	3	9	3	

注：上表包括跨区域的多边峰会组织，其中成员国既包括发达国家又包括新兴的发展中国家。

MEM＝主要经济体会议；ASEM＝亚欧峰会；OSCE＝欧洲安全与合作委员会；APEC＝亚太经济合作组织；SOA＝美洲峰会；NATO＝北大西洋公约组织；SCO＝上海合作组织；SOA＝美洲峰会；OIC＝伊斯兰合作组织。

*　包括五名成员国。

**　观察国。

M-6 二十国集团领导人的网络关系

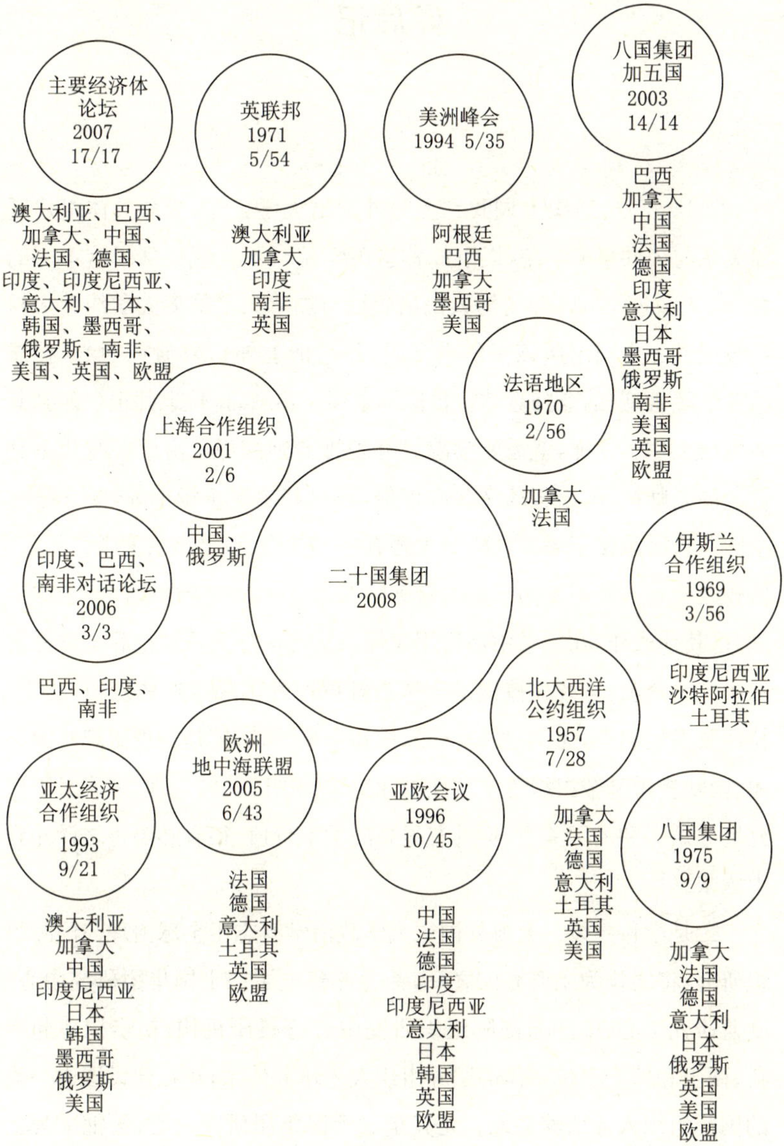

译后记

2014年夏，组织上调我到上海外国语大学工作，受命具体组建国际关系与公共事务学院(以下简称国关学院)，不久就接到了这本书的翻译。据了解，2013年上海人民出版社与加拿大多伦多大学约翰·柯顿教授签署合同出版该书的中文版，并邀请上外G20研究中心(挂靠国关学院管理)的老师具体负责翻译事项。不料，这位老师很快调到其他高校工作。这样，就需要学院另外安排老师翻译。由于一时找不到合适的老师接译，出版社又多次催促，我只好决定重操旧业，咬牙把这个活儿自己承接下来。这样做主要有三个考虑：一是该书的学术价值。柯顿教授是二十国集团研究的最著名专家之一，《二十国集团与全球治理》是其代表作，在该书中他运用建构主义等国际关系理论和丰富详实的第一手资料，系统地梳理了全球治理枢纽性国际组织的定位、历史、特征及发展趋势，无论对研究全球化和全球治理，还是对于研究八团集团、国际货币基金组织等全球性国际组织和国际公共管理，抑或对于研究世界秩序和大国关系，均具有很高的学术价值，很有必要将之译介到中国来。

二是学科建设。上海外国语大学政治学有志于全球治理与国际组织研究，将之作为主要方向之一，并为此建立了二十国集团研究中心、欧盟研究中心、中国与国际组织研究中心等科研机构，初步构建起本科、硕士和博士三位一体的国际组织人才培养体系，正在建设国内一流的国际组织人才培养基地。尤其是二十国集团研究中心，被批准为上海市重点建设基地，处在方兴未艾、蓄势待发的时期。然而，国内的相关理论研究总体上还属未开发的处女地。学科建设必须从基础做起，打基础的一个好方法是译介一批重要作品。《二十国集团与全球治理》

无疑是该领域内仅有的几本公认的权威著作之一，提出的体系中心模式等分析框架、核心概念和主要变量，自成一家，可以为相关研究提供理论参考。

三是为政策咨询研究服务。中国是二十国集团的重要成员、新兴国家的重要代表，而二十国集团是中国建设以合作共赢为核心的新型国际关系和构建公正合理健康国际秩序的重要平台。2016 年，二十国集团领导人峰会将在中国杭州召开，这是中美共议世界秩序、协商权力转移、谋求新型大国关系的大背景下召开的一次具有体系性意义的多边国际盛会，不可避免地要讨论国际金融体系改革、二十国集团的制度化、全球治理网络等问题，需要及时开展对策研究。然而，不少机构反映，关于二十国集团历史的中文文献资料较少，在缺乏历史比较的情况下很难进行预测分析。《二十国集团与全球治理》是史论结合的典范，实际上就是 1989 年至 2010 年二十国集团治理的“编年史”，因此，翻译本书能够为政策研究者提供服务。

在上述因素的激励下，国关学院决定把本书翻译列为 2014 年至 2015 年度二十国集团研究中心的重要工作，并纳入《政治学与国际公共管理丛书》加以推进。为此，学院组建了翻译小组，除了我本人之外，还有徐谙律博士，以及曾信凯、周义元、郭沁心、赵倩、宣昔池、梁晨、陆璐琰、张博昕等同学，个个都很能干，尤以徐博士为甚。经过近一年的紧张翻译，特别是 7 月份酷暑之下的集体校译，译稿于 7 月底按时送交上海人民出版社。

作为翻译小组的带头人，我深知翻译的不易。我对小组所有成员的辛苦劳动表示感谢，他们克服了工作和生活上的许多困难，任劳任怨、夜以继日地工作，令人感动。我还要感谢校方，特别是杨力副校长、学科办王志强处长、科研处王有勇处长，没有学校的支持，本书的翻译和二十国集团研究中心的建设不可能取得实质性的进展。最后，还要感谢上海人民出版社的潘丹榕编辑和龚权编辑，正是他们慧眼独具、全力支持，才有了该书的尽快面世。

我们在翻译的过程中，经常开展讨论，包括与作者本人的沟通。比如，关于书名的翻译，我们采取了意译的做法，觉得这样符合中文习惯，也对应了书的主要内容；又如，关于国际组织、国际制度和国际机构的用法，根据本书的原义，没有作出严格的区分，尽管理论上不是这样；而对于“由动荡引发的共同脆弱性”、“全球网络中心”、“集体主导、内部平等的能力”这些关键概念，采取了直译的做法，以期尽量体现作者的原创意图。我们也注意到，虽然本书很有参考价值，但是有一些值得商榷之处。比如，关于二十国集团是全球治理体系网络的中心地位的定位，虽然是积极的，但不一定完全符合当前的现实；又如，该书充分肯定了加拿大以及保罗·马丁在二十国集团创建和发展过程中的作用，这是对的，但有过誉之嫌；这里特别应当指出的是，书中不可避免地反映了西方中心主义的通病，把俄罗斯、中国、沙特和土耳其、印度尼西亚等国视为“不民主”、“非民主”或“半民主”国家，还在结论中说什么当代国际危机没有导致黑暗政治，是因为“二十国集团的确已经在传播民主价值方面起了协助作用”，这显然是错误的。民主有着不同的民族形式和历史形式，我国坚持中国特色社会主义民主政治道路，是世界民主事业的重要组成部分。国际危机没有导致黑暗政治，根本上是因为全球化导致了国际关系民主化，联合国等集体安全机制和人类命运共同体有着更加厚实的发展，中国等新兴国家更加有力地联合了一切爱好民主、和平的力量，进一步摈弃传统的强权政治，不断建设以合作共赢为核心的新型国际关系，和平发展更加成为不可阻遏的时代潮流。

最后需要说的一句话是，由于翻译量大，时间较紧，认识不深，能力有限，译文中肯定有不少错误，遗漏和不当之处在所难免，请大家提出批评意见，以利于今后改正。

郭树勇

2015年7月于上海外国语大学虹口校区科研楼

图书在版编目(CIP)数据

二十国集团与全球治理/(加)柯顿(Kirton，J.J.)著;郭树勇等译.—上海:上海人民出版社，2015
(政治学与国际公共管理丛书)
书名原文:G20 Governance for A Globalizaed World
ISBN 978-7-208-13337-2

Ⅰ.①二… Ⅱ.①柯… ②郭… Ⅲ.①国际关系-研究 Ⅳ.①D81

中国版本图书馆 CIP 数据核字(2015)第 240067 号

责任编辑 龚 权
封面装帧 王小阳

二十国集团与全球治理
[加拿大]约翰·J.柯顿 著
郭树勇 徐谙律 等译
世 纪 出 版 集 团
上海人民出版社出版
(200001 上海福建中路 193 号 www.ewen.co)
世纪出版集团发行中心发行 常熟市新骅印刷有限公司印刷
开本 635×965 1/16 印张 36 插页 4 字数 508,000
2015 年 11 月第 1 版 2016 年 6 月第 2 次印刷
ISBN 978-7-208-13337-2/D·2740
定价 88.00 元

政治学与国际公共管理丛书

二十国集团与全球治理	[加]约翰·J.柯顿 著 郭树勇 等译
民主与法治片论 ——人大工作的理性思考	郭树勇 著
组织逻辑与范式变迁 ——中国食品安全监管权配置问题研究	张 磊 著